Victoria Forner

STORIA PROSCRITTA
*Il ruolo degli agenti ebrei
nella storia contemporanea*

IV

L'OLOCAUSTO EBRAICO,
UN NUOVO DOGMA DI FEDE
PER L'UMANITÀ

Victoria Forner

STORIA PROSCRITTA
*Il ruolo degli agenti ebrei
nella storia contemporanea*
IV
L'OLOCAUSTO EBRAICO, UN NUOVO DOGMA DI FEDE PER L'UMANITÀ

Illustrazione di copertina:
Denkmal für die ermordeten Juden
(Memoriale degli ebrei assassinati in) a Berlino

HISTORIA PROSCRITA IV
*La actuación de agentes judíos en la Hª Contemporánea
Holocausto judío, nuevo dogma de fe para la humanidad*
Pubblicato per la prima volta da Omnia Veritas nel 2017

Tradotto dallo spagnolo e pubblicato da
OMNIA VERITAS LTD
OMNIA VERITAS®
www.omnia-veritas.com

© Omnia Veritas Ltd - Victoria Forner - 2025

Tutti i diritti riservati. Nessuna parte di questa pubblicazione può essere riprodotta con qualsiasi mezzo senza la previa autorizzazione dell'editore. Il codice della proprietà intellettuale vieta le copie o le riproduzioni per uso collettivo. Qualsiasi rappresentazione o riproduzione totale o parziale con qualsiasi mezzo, senza il consenso dell'editore, dell'autore o dei loro successori, è illegale e costituisce una violazione punita dagli articoli del Codice della proprietà intellettuale.

CAPITOLO XII 11

OLOCAUSTO EBRAICO, NUOVO DOGMA DI FEDE PER L'UMANITÀ 11
Parte 1 Persecuzione e deportazione degli ebrei europei 14
   Dall'emigrazione alla deportazione 15
   La deportazione degli ebrei ungheresi 28
Parte 2 Sui campi in Germania 45
   Buchenwald: le testimonianze di Paul Rassinier e Eugen Kogon 47
   Dachau 62
   Bergen-Belsen 68
Parte 3 Belzec, Treblinka e Sobibor, tre "campi di sterminio" 76
   Belzec 77
   Sterminio mediante elettrocuzione a Belzec 79
   Altri mezzi di sterminio a Belzec 86
   Dalle correnti ad alta tensione ai tubi di scappamento 91
   Il "Rapporto Gerstein" su Belzec 94
   Wilhelm Pfannenstiel, testimone a Belzec 100
   Indagini archeologiche a Belzec 102
   Belzec, campo di transito 109
   Treblinka 113
   Confusione sul metodo di sterminio a Treblinka 116
   Anche il monossido di carbonio è un must per Treblinka 120
   Treblinka, un campo da favola in cui tutto è possibile 123
   Il processo a John Demjanjuk a Gerusalemme 128
   Indagine su Treblinka con il GPR (Ground Penetrating Radar) 130
   Sobibór 132
Parte 4 Auschwitz 141
   I. G. Farben 143
   Propaganda delle organizzazioni ebraiche negli Stati Uniti 146
   Il War Refugee Board (WRB), all'origine della favola di Auschwitz 150
   La confessione di Rudolf Höss, secondo pilastro della favola di Auschwitz 153
   Sui forni crematori di Auschwitz-Birkenau 161
   L'alto tasso di mortalità a Birkenau 165
   Il *Rapporto Leuchter* su Auschwitz-Birkenau e Majdanek 167
   Breve recensione del *Rapporto Leuchter* 170
   David Cole, un revisionista ebreo, smaschera la favola di Auschwitz 180
   Il *Rapporto Rudolf* e le indagini forensi ad Auschwitz 183
Parte 5 La persecuzione dei revisionisti per crimini di pensiero 189
1. Principali vittime di persecuzione in persecuzione in Germania: 191
   Joseph Burg, un revisionista ebreo perseguitato da nazisti e sionisti 191
   Thies Christophersen condannato per "aver gettato discredito sullo Stato" 193
   Wilhem Stäglich, il giudice che ha chiesto giustizia per la Germania 196
   Ernst Zündel, "Dinamo revisionista", modello di resistenza 199
   Germar Rudolf: persecuzione e distruzione di un eminente scienziato 216
   Horst Mahler, da uomo di sinistra radicale a negazionista dell'Olocausto 228
   Sylvia Stolz, l'avvocato senza compromessi 236
   Günter Deckert, un simbolo persistente della libertà di espressione 244
   Udo Walendy, imprigionato per aver pubblicato testi revisionisti 248
   Ursula Haverbeck. L'indecente condanna di una venerabile donna anziana 250
   Reinhold Elstner, il revisionista che si bruciò vivo 255

2. Principali vittime di persecuzione in Francia persecuzione in Francia: 259
    François Duprat, assassinato da terroristi ebrei 259
    Roger Garaudy, il filosofo messo alla gogna per aver denunciato Israele 260
    Robert Faurisson, l'alma mater essenziale del revisionismo 268
    Vincent Reynouard, "I cuori salgono!". 280
3. Principali vittime di persecuzione in persecuzione in Austria: 283
    Gerd Honsik, vittima della resa del PSOE al sionismo 283
    David Irving condannato a tre anni di reclusione a Vienna 288
    Wolfgang Fröhlich, il "canarino" che canta ancora nella gabbia 292
4. Principali vittime di persecuzione in persecuzione in Svizzera: 297
    Jürgen Graf e Gerhard Förster condannati per aver scritto e pubblicato libri 297
    Gaston-Armand Amaudruz, un anno di carcere per un ottuagenario 301
5. Principali vittime di persecuzione in persecuzione in Belgio e nei Paesi Bassi: 304
    Siegfried Verbeke, ostinato combattente per la libertà di espressione 304
6. Principali vittime della persecuzione in persecuzione in Spagna 309
    Pedro Varela, un libraio onesto vittima dell'odio e dell'intolleranza settaria 309
    Post Scriptum 325
    Altri librai ed editori perseguitati in Catalogna 327
7. Principali vittime di persecuzione in persecuzione in Svezia: 332
    Ditlieb Felderer, l'ebreo beffardo che usa la satira corrosiva 332
    Ahmed Rahmi, architetto di *Radio Islam* e principale revisionista musulmano. 334
8. Principali vittime di persecuzione in Australia: 339
    Frederick Töben, imprigionato in Germania, Inghilterra e Australia 339
9. Altre vittime di persecuzione per crimini di pensiero: 348
    Tutti contro il vescovo cattolico Richard Williamson 348
    Haviv Schieber, l'ebreo che si tagliò i polsi per evitare la deportazione in Israele 351
    Hans Schmidt, l'americano imprigionato per quattro parole 352
    Arthur Topham, condannato in Canada per "odio" verso gli ebrei 354
10. Appendice sulla spietata persecuzione dei nonagenari 355
    Laszlo Csatary 356
    Samuel Kunz 357
    Johan Breyer 358
    Oskar Gröning 358
    Reinhold Hanning 359
    Siert Bruins 359
    Una donna di 91 anni 360

CAPITOLO XIII **361**

LA PRIMA GRANDE BUGIA DEL 21° SECOLO: GLI ATTACCHI DELL'11 SETTEMBRE 2001 361
    Una nuova Pearl Harbour o la bugia necessaria per iniziare la guerra 362
    Eventi rilevanti precedenti agli attacchi 365
    Gli attacchi 369
    Eventi significativi dopo gli attacchi 377
    Su Osama bin Laden, Al Qaeda e la falsa pista arabo-musulmana 380
    La verità è nota, ma tutti tacciono e obbediscono 384

BIBLIOGRAFIA 387
ALTRI LIBRI 405

CAPITOLO XII

OLOCAUSTO EBRAICO, NUOVO DOGMA DI FEDE PER L'UMANITÀ

Mai nella storia dell'umanità si è verificata una circostanza come quella che studieremo in questo capitolo: un fatto storico è diventato un dogma di fede e non può essere messo in discussione da storici, scienziati o ricercatori di qualsiasi branca del sapere. Due storici ebrei, Pierre Vidal-Naquet e Léon Poliakov, hanno firmato la dichiarazione di fede che è diventata universalmente accettata. In essa affermano: "Non è necessario chiedersi come sia stata tecnicamente possibile una tale morte di massa. È stata possibile perché è avvenuta. Questo è il punto di partenza obbligato di ogni ricerca storica sull'argomento. È questa verità che dobbiamo semplicemente ricordare. L'esistenza delle camere a gas non può essere discussa". Oggi, mettere in discussione tutto l'armamentario che circonda il mito dell'Olocausto è un crimine di pensiero ed è diventato un reato penale nei codici penali di molti Paesi. I revisionisti sono stati perseguiti e condannati ad anni di carcere per odio razziale o antisemitismo. Sono evitati dai media e le loro opere non meritano alcuna attenzione, in quanto considerate di nessun interesse e non dovrebbero essere diffuse.

Naturalmente, se le argomentazioni e le tesi del revisionismo fossero dei pamphlet privi del minimo rigore, si potrebbe accettare il generale disinteresse per il loro approccio; ma non è questo il caso, anzi. Le opere presentate coprono i diversi aspetti del presunto sterminio di sei milioni di ebrei e sono estremamente convincenti. Qualsiasi lettore interessato a scoprire la verità storica troverà nelle opere dei revisionisti tutto ciò che si può chiedere a un ricercatore rigoroso. Nonostante ciò, il numero di Paesi occidentali presumibilmente democratici che emanano leggi che violano la libertà di pensiero e di espressione in relazione all'Olocausto aumenta di anno in anno. Oggi questi Paesi sono: Austria, Belgio, Bosnia-Erzegovina, Canada, Repubblica Ceca, Francia, Germania, Paesi Bassi, Ungheria, Liechtenstein, Lussemburgo, Polonia, Portogallo, Romania, Spagna e Svizzera.

Al processo di Norimberga, i vincitori accusarono la Germania sconfitta, in particolare i nazisti, di aver pianificato e ordinato lo sterminio fisico degli ebrei europei e di aver usato le camere a gas come armi di distruzione di massa per portare a termine questo sterminio. Da allora, il mito dell'Olocausto è stato consolidato da una massiccia propaganda mediatica e dalla collaborazione incondizionata dei leader occidentali. Il 26 novembre 1991, Ian J. Kagedan, direttore delle relazioni governative della Loggia B'nai B'rith del Canada, ha dichiarato al *Toronto Star*: "Il dogma dell'Olocausto ebraico è la pietra angolare dell'arco del Nuovo Ordine Mondiale, il principio fondamentale della religione new age".

Per raggiungere questo obiettivo, i "mass media" - televisione, agenzie, giornali, case editrici e industria cinematografica - hanno il controllo totale. Le case di produzione di Hollywood, fiore all'occhiello dell'impero della propaganda ebraica, investono ogni anno miliardi nella produzione ininterrotta di spettacolari film di propaganda dell'Olocausto e di lavaggio del cervello per le persone di tutto il mondo: solo tra il 1989 e il 2003 sono usciti sul mercato mondiale 170 film sull'Olocausto. Con tutti questi mezzi, viene creato un mondo fantastico nella mente degli spettatori, che rende possibile la falsificazione della storia. Non viene promossa solo la dottrina dell'Olocausto, ma qualsiasi idea utile a realizzare l'utopia ebraica di dominare la Terra. Tutte le nazioni e tutte le razze hanno sofferto enormemente durante la Seconda Guerra Mondiale, ma nessuna razza o nazione ha sfruttato le proprie sofferenze come hanno fatto gli ebrei, che dopo la fine della guerra sono emersi come minoranza trionfante. Lo ha riconosciuto l'11 aprile 1953 il dottor Max Nussbaum: "La posizione del popolo ebraico nel mondo oggi", ha dichiarato, "è, nonostante le nostre enormi perdite, dieci volte più forte di quella di vent'anni fa".

Nel 1980, il professor Robert Faurisson riassumeva le conclusioni della ricerca revisionista in una frase: "Le presunte camere a gas hitleriane e il presunto genocidio degli ebrei formano un'unica menzogna storica, che ha permesso una gigantesca truffa politico-finanziaria, i cui principali beneficiari sono lo Stato di Israele e il sionismo e le cui principali vittime sono il popolo tedesco - ma non i suoi leader - e l'intero popolo palestinese". L'Olocausto, dunque, è il punto focale di una strategia messa in atto dalle organizzazioni ebraiche internazionali; ma è soprattutto una chimera sionista, poiché è stato concepito dai sionisti come espediente per raggiungere i loro obiettivi. Coloro che hanno spinto di più per far uscire gli ebrei dall'Europa sono stati i sionisti, che avevano molteplici organizzazioni che lavoravano per mandarli in Palestina. Faurisson, nato nel 1929 da padre francese e madre scozzese, professore di latino e greco, specialista nell'analisi dei testi letterari francesi moderni e contemporanei, nonché nella critica dei testi e dei documenti, ha insegnato alla Sorbona e all'Università di Lione fino a quando non gli è stato vietato di insegnare a causa delle sue posizioni revisioniste. Aggredito fisicamente per dieci volte da fanatici ebrei, è stato bandito dai media francesi: stampa, radio e televisione, ed è stato più volte condannato dai tribunali sul sito. L'ultima volta è comparso in tribunale a Parigi l'11 luglio 2006.

I musei dell'Olocausto, più di 250 in tutto il mondo, sono diventati i templi di una nuova religione insegnata nelle scuole del mondo occidentale;

non come una dottrina rudimentale, ma come un fatto storico incontrovertibile trasformato in un dogma di fede. Nessuna religione oggi ha il potere di imprigionare gli apostati che non credono in nessuno dei suoi dogmi, eppure gli eretici della religione dell'Olocausto ebraico sono perseguitati, arrestati, processati, condannati e imprigionati. Perché non si può mettere in discussione ciò che è realmente accaduto durante la Seconda Guerra Mondiale? Chi sono i revisionisti e quali sono i principali risultati delle loro accurate ricerche? Perché prestigiosi studiosi di vari campi del sapere e della cultura sono trattati come criminali per aver portato i risultati del loro lavoro all'opinione pubblica internazionale? Perché si può negare Dio, Cristo, Maometto, offendere cristiani e musulmani, disprezzare i simboli di tutte le religioni, mentre, al contrario, mettere in discussione l'Olocausto è considerato antisemitismo ed è punibile penalmente? Queste e altre domande saranno al centro della nostra attenzione nelle pagine che compongono questo dodicesimo capitolo.

PARTE 1
PERSECUZIONE E DEPORTAZIONE DEGLI EBREI EUROPEI

Il fatto che gli ebrei abbiano appoggiato gli inglesi durante la Grande Guerra e si siano offerti di facilitare l'ingresso degli americani nel conflitto in cambio della *Dichiarazione Balfour* fu considerato un tradimento in Germania. I sentimenti antiebraici aumentarono nel periodo della Repubblica di Weimar, un'epoca in cui l'influenza degli ebrei, pur costituendo solo l'1% della popolazione tedesca, era consolidata in tutti i settori: oltre a essere gli apostoli del comunismo, controllavano l'economia, la cultura ed erano largamente predominanti nelle professioni legali e giudiziarie, nella sanità, nel mondo dello spettacolo.... Tutto questo portò i nazisti, a torto o a ragione, a considerarli un elemento perverso della comunità, perché consideravano i loro valori decadenti e li vedevano come un fattore di degenerazione della vita culturale tedesca. Convinti della loro influenza nociva, cercarono di promuovere la loro completa emigrazione dalla Germania. Come abbiamo visto, nel 1939 la maggior parte degli ebrei tedeschi era già emigrata con gran parte dei loro beni. Nella sua pubblicazione *Unity in Dispersion*, il Congresso ebraico mondiale afferma che "la maggior parte degli ebrei tedeschi è riuscita a lasciare la Germania prima dello scoppio delle ostilità" e riconosce che circa 400.000 ebrei hanno lasciato il Paese prima del settembre 1939. Anche l'Istituto per l'Emigrazione Ebraica di Praga ha dichiarato che 260.000 ebrei hanno lasciato l'ex Cecoslovacchia. A questi vanno aggiunti 220.000 dei 280.000 ebrei austriaci, anch'essi emigrati prima dello scoppio della guerra. Sulla base di queste cifre, si stima che solo 360.000 ebrei siano rimasti nei tre Paesi.

Come premessa e punto di partenza, vale la pena ricordare alcuni fatti già esposti nei capitoli precedenti per collocare la questione della persecuzione degli ebrei, voluta dal sionismo internazionale per favorire l'afflusso di persone in Palestina. Come sappiamo, mentre il boicottaggio economico e la dichiarazione di "guerra santa" contro la Germania ebbero l'effetto di esacerbare i sentimenti antiebraici tra i cittadini tedeschi, la ZVFD, "Zionistische Vereinigung für Deutschland" (Unione Sionista di Germania) approfittò della circostanza e si affrettò a cercare un accordo con Hitler affinché gli ebrei tedeschi fossero inviati in Palestina alle migliori condizioni possibili. I nazisti stettero ingenuamente al gioco e iniziarono a collaborare con il sionismo. Autori ebrei come Lenni Brenner, Klaus Polkhen, Ralph Schönman e altri hanno dimostrato che non ci sono dubbi su questo fatto, denunciato dal "Centralverein deutscher Staatsbürger Jüdische Glaubens" (Unione centrale dei cittadini tedeschi di fede ebraica). Questa organizzazione, che era favorevole all'assimilazione e all'integrazione degli ebrei nella società in cui vivevano, dichiarò che le azioni della ZVFD, i cui obiettivi erano esattamente l'opposto, erano state per loro "una pugnalata alle spalle". Così, mentre i sionisti agivano liberamente e pubblicavano il giornale *Jüdische Rundschau* senza ostacoli, Hitler iniziò ad agire contro le organizzazioni ebraiche non sioniste. Ricordiamo inoltre che la loggia B'nai B'rith fu vietata solo all'inizio della guerra, nel 1939.

Rimandiamo il lettore all'ottavo capitolo, dove è stato spiegato in dettaglio il patto segreto tra il Terzo Reich e la Palestina ebraica. Al 18° Congresso sionista, tenutosi a Praga nell'agosto del 1933, una risoluzione anti-Hitler fu sconfitta in modo schiacciante, mentre fu approvata una risoluzione che vietava ogni forma di protesta antinazista. Sappiamo che l'Accordo di Haavara, pietra miliare dell'intesa tra nazisti e sionisti, fu firmato dalla ZVFD, dal Ministero tedesco dell'Economia e dalla Banca Anglo-Palestinese, che era uno strumento dell'Agenzia Ebraica. Nel 1937 la collaborazione era intensa e i sionisti, il cui obiettivo prioritario era quello di superare gli arabi in termini di popolazione, chiesero ai nazisti di mantenere la loro pressione antisemita e di intensificare l'emigrazione degli ebrei in Palestina. Ricordiamo che nel 1938 un migliaio di ebrei furono addestrati in campi in Germania e Austria per prepararli al lavoro in Palestina.

Temendo che gli ebrei emigrati dalla Germania e dalla Polonia potessero stabilirsi in modo sicuro in America o in altre nazioni europee, l'Organizzazione Sionista Mondiale rifiutò di partecipare alla Conferenza di Evian, tenutasi in Francia nella seconda settimana di luglio del 1938. Nulla era più contrario agli interessi dei sionisti del reinsediamento nei Paesi ospitanti: il loro obiettivo era provocare la persecuzione che avrebbe permesso loro di dirigere l'emigrazione degli ebrei europei verso la Palestina. La Germania offrì 3 miliardi di marchi alla Croce Rossa Internazionale o alla Società delle Nazioni perché gestissero il denaro e lo dessero ai Paesi disposti ad accogliere gli ebrei che i nazisti non volevano sul loro territorio; ma la riluttanza della maggior parte dei Paesi ad accettare gli emigranti servì agli scopi del sionismo internazionale. La Conferenza di Evian fu una vergogna sotto tutti i punti di vista e rese chiaro al mondo che i sionisti erano interessati solo a portare milioni di ebrei in Terra Santa il prima possibile per proclamare lo Stato di Israele in Palestina.

Dall'emigrazione alla deportazione

Dovendo preservare la propria posizione nei confronti dei Paesi arabi del Medio Oriente, la Gran Bretagna iniziò a inasprire la propria posizione con sull'immigrazione ebraica in Terra Santa. Nel maggio 1939 Londra pubblicò il Libro Bianco e l'ingresso dei sionisti in Palestina si ridusse a uno stillicidio. La Germania, tuttavia, continuò la sua politica di incoraggiamento all'emigrazione e all'evacuazione per sbarazzarsi definitivamente degli ebrei, e solo nel 1941 si cominciarono a delineare i piani di deportazione verso l'Europa orientale. Il volume 13 del Processo militare di Norimberga (NMT) contiene un rapporto presentato dall'accusa statunitense. Si tratta del fascicolo NG-2586, un documento in più parti che riassume la politica tedesca sulla deportazione degli ebrei. Arthur Robert Butz ne riproduce integralmente il testo in *The Hoax of the Twentieth Century*, un'opera pubblicata nel 1976 che rimane essenziale per comprendere gran parte di ciò che accadde durante la guerra. L'autore del memorandum, datato 21 agosto 1942, era Martin Luther, un alto funzionario del Foreign Office. Analogamente, in *Les Mythes fondateurs de la politique israélienne* (1996), Roger Garaudy cita diversi testi che coincidono con l'ampio documento presentato da Arthur R. Butz.

Secondo i documenti scoperti da questi e altri autori, i nazisti decisero di promuovere con ogni mezzo l'emigrazione ebraica dal loro territorio. Il maresciallo Göring, plenipotenziario per l'attuazione del Piano quadriennale, istituì nel 1939 il Dipartimento centrale del Reich per l'emigrazione ebraica e ne affidò la direzione al tenente generale delle SS Reinhard Heydrich, capo della Polizia di sicurezza. Il Ministero degli Esteri divenne membro del comitato del Dipartimento Centrale del Reich nel febbraio 1939. È interessante ricordare, come quasi nessuno fa, che Chaim Weizmann, presidente dell'Organizzazione sionista mondiale e dell'Agenzia ebraica, dichiarò guerra alla Germania a nome degli ebrei di tutto il mondo il 5 settembre 1939, pochi giorni dopo l'invasione della Polonia. L'8 settembre il *Jewish Chronicle* riprodusse le parole di Weizmann: "Gli ebrei fanno causa comune con la Gran Bretagna e combatteranno nel campo delle democrazie.... L'Agenzia Ebraica è pronta a prendere misure immediate per utilizzare la manodopera, la competenza tecnica e le risorse degli ebrei".

Nel dossier NG-2586 presentato dagli americani a Norimberga, si legge: "La guerra attuale offre alla Germania l'opportunità e anche l'obbligo di risolvere il problema ebraico in Europa". In questo documento si legge che dopo la schiacciante vittoria sulla Francia, nel luglio 1940 fu proposta "l'espulsione di tutti gli ebrei dall'Europa e la richiesta alla Francia dell'isola di Madagascar come territorio di accoglienza per gli ebrei". Il filosofo Roger Garaudy, deputato comunista e membro del Comitato Centrale, vicepresidente dell'Assemblea Nazionale tra il 1956 e il 1958, chiarisce che fu il 24 giugno 1940, dopo la sconfitta francese, che Heydrich inviò una lettera a Ribbentrop proponendo "eine territoriale Endlösung" (una soluzione finale territoriale), che consisteva nella deportazione in Madagascar. In questa lettera Heydrich informava il ministro Ribbentrop che "il problema dei circa 3.250.000 ebrei nelle aree sotto il controllo tedesco non poteva più essere risolto con l'emigrazione, per cui sarebbe stata necessaria una soluzione finale territoriale".

Il capo del Dipartimento ebraico del Ministero degli Esteri, Franz Räder, avvertì nel luglio 1940 che ci sarebbero voluti quattro anni per trasferire tutti gli ebrei sull'isola francese e che l'operazione avrebbe richiesto "mezzi considerevoli". In altre parole, nel pieno dell'euforia per il fantastico successo della guerra lampo contro la Francia, i nazisti passarono dalla ricerca dell'emigrazione degli ebrei dalla Germania all'espulsione dai Paesi conquistati. A tal fine, il Ministero degli Esteri del Reich accettò di intraprendere i lavori preparatori per questa operazione. L'Ufficio principale per la sicurezza del Reich (RSHA, "Reichssicherheitshauptamt") accettò il compito di attuare l'evacuazione e di supervisionare il piano Madagascar, una deportazione su larga scala che poteva essere intrapresa solo da questo organismo statale. Il piano dettagliato per l'evacuazione e l'insediamento degli ebrei in Madagascar elaborato dal RSHA fu approvato dal Ministero degli Esteri nell'agosto del 1940. Il progetto, che prevedeva diverse fasi, doveva essere finanziato da una banca intereuropea. Il dottor Paul Schmidt, interprete di Hitler, nel suo libro *Hitler's Interpreter. The Secret History of German Diplomacy 1935-1945* ricorda che Hitler disse a Mussolini che "uno Stato di Israele potrebbe essere fondato in Madagascar".

In Francia, Olanda e Belgio, le autorità amministrative tedesche ricevettero ordini relativi alle azioni da intraprendere in questi Paesi. Con l'approvazione dell'Ambasciata tedesca a Parigi, il comando militare francese fu il primo a emanare un decreto sul trattamento degli ebrei nella Francia occupata il 27 settembre 1940, seguito da testi simili nei Paesi Bassi e in Belgio. Come nelle leggi tedesche, questi decreti non tenevano conto della cittadinanza degli ebrei, e le critiche dall'estero seguirono immediatamente. L'ambasciata statunitense presentò una nota di protesta. Il documento NMT NG-2586 contiene il seguente commento sulla questione: "Il Ministro degli Esteri del Reich ha deciso, nel caso delle proteste americane, che non ritiene saggio far emanare regolamenti militari che facciano eccezione per gli ebrei americani. Sarebbe un errore respingere le obiezioni dei Paesi amici (Spagna e Ungheria) e d'altra parte mostrare debolezza nei confronti degli americani".

Oltre a essere un'operazione logistica estremamente costosa e complicata, il trasferimento degli ebrei europei in Madagascar richiedeva l'utilizzo di treni, navi e altri mezzi di trasporto prioritari per il proseguimento dello sforzo bellico. Con l'invasione della Russia, nel giugno 1941, la situazione subì una svolta definitiva: il piano del Madagascar fu riconosciuto come impraticabile e cominciò a farsi strada l'idea che fosse più facile trasferire gli ebrei nell'Europa orientale, dove apriva nuove aree per il reinsediamento. Il 31 luglio 1941 Göring, sempre sotto l'influenza dell'ebbrezza della vittoria prodotta dalla rapida avanzata in URSS, inviò la famosa lettera a Heydrich spesso citata da storici ebrei come Raoul Hilberg, Gerald Reitlinger e Leon Poliakov a sostegno delle sue tesi sterminazioniste. Quello che segue è un estratto della lettera riprodotto da Arthur R. Butz in *The Hoax of the Twentieth Century*, tratto dal vol. 13 del NMT (Nuremberg Military Trials):

"A complemento del compito affidatovi nel decreto del 24 gennaio 1939, cioè di risolvere la questione ebraica attraverso l'emigrazione e l'evacuazione, che è la via più favorevole secondo le condizioni attuali, vi incarico ora di effettuare tutti i preparativi relativi alle questioni organizzative, fattuali e finanziarie per una soluzione completa della questione ebraica nei territori europei sotto l'influenza tedesca.
Se la competenza di altre organizzazioni centrali è interessata da questo problema, tali organizzazioni devono essere coinvolte.
Le chiedo inoltre di inviarmi al più presto un progetto che illustri le misure organizzative, operative e finanziarie già adottate per l'attuazione della prevista soluzione finale della questione ebraica".

Coloro che sostengono che questo testo sia la prova che la "Soluzione Finale" fu un omicidio di massa degli ebrei europei di solito sopprimono il riferimento all'"emigrazione e all'evacuazione". Storici ebrei e sostenitori gentili affermano che fu alla Conferenza di Wannsee, vicino a Potsdam, che fu deciso lo sterminio degli ebrei europei. La Conferenza di Wannsee si tenne il 20 gennaio 1942. Heydrich, seguendo le istruzioni ricevute, riunì tutti i dipartimenti interessati al compito di evacuare gli ebrei a est. Martin Luther, l'autore del memorandum NG-2856 presentato dall'accusa statunitense all'NMT, scrive quanto segue in quel documento:

"... Il 20 gennaio 1942 il tenente generale delle SS Heydrich organizzò una conferenza di tutte le organizzazioni coinvolte, alla quale parteciparono i segretari di Stato di altri ministeri e il sottoscritto in qualità di membro del Ministero degli Esteri. Alla conferenza il generale Heydrich spiegò che il Maresciallo del Reich Göring lo aveva nominato su istruzioni del Führer e che il Führer aveva ora autorizzato l'evacuazione degli ebrei all'Est invece dell'emigrazione....
Alla conferenza del 20 gennaio 1942, chiesi che tutte le questioni relative a Paesi al di fuori della Germania avessero prima il consenso del Ministero degli Esteri, richiesta che il tenente generale Heydrich accettò e che fu fedelmente rispettata, così come l'Ufficio principale per la sicurezza del Reich (RSHA) che si occupava degli affari ebraici, che fin dall'inizio prese tutte le misure in stretta collaborazione con il Ministero degli Esteri. L'RSHA procedette in questa materia in modo quasi esageratamente cauto".

Molti ebrei tedeschi erano già emigrati, alcuni in Palestina, approfittando dell'Accordo di Haavara, altri negli Stati Uniti o in altri Paesi europei. Dopo la Conferenza di Wannsee, quelli che non l'avevano fatto cominciarono a essere evacuati. Allo stesso modo, i governi di Slovacchia, Croazia e Romania accettarono la politica di evacuazione e non chiesero il rimpatrio degli ebrei dei loro Paesi che si trovavano in territorio tedesco, ma accettarono la loro deportazione in Europa orientale. Grazie al rapporto di Martin Luther, sottosegretario di Stato al Ministero degli Esteri presente a Wannsee, si venne a sapere nel NMT che, poiché la manodopera non copriva il fabbisogno richiesto, fu chiesto agli slovacchi di organizzare la deportazione di 20.000 giovani ebrei, cosa che il governo slovacco accettò. Gli slovacchi informarono il Ministero degli Esteri del Reich che erano disposti a contribuire con 500 marchi per ogni ebreo evacuato. Questa decisione spinse l'Episcopato slovacco a sollevare le proprie obiezioni alle deportazioni presso il governo slovacco. Nel memorandum di Lutero c'è un paragrafo molto significativo sull'effetto della protesta della Chiesa slovacca:

> "... Nel frattempo 52.000 ebrei erano stati portati via dalla Slovacchia. Grazie all'influenza della Chiesa e alla corruzione di alcuni funzionari, 35.000 ebrei avevano ottenuto una legittimazione speciale. Tuttavia, il Ministro Presidente Tuka voleva che l'evacuazione degli ebrei continuasse, e quindi chiese aiuto attraverso l'influenza diplomatica del Reich. L'ambasciatore fu autorizzato a fare pressioni sul capo di Stato, il dottor Tiso, che fu informato che l'esclusione di 35.000 ebrei era stata una sorpresa per la Germania, soprattutto perché la cooperazione della Slovacchia sul problema ebraico era stata fino ad allora molto apprezzata. Queste istruzioni erano state trasmesse dal Sottosegretario di Stato alla Divisione Politica e dal Segretario di Stato".

Esiste un'altra fonte di origine ebraica che completa il memorandum di Martin Lutero, ovvero il *Rapporto del Comitato di Soccorso Ebraico di Budapest*, un documento di 188 pagine scritto a mano dal dottor Rudolf Israel Kastner (Rezsö Kasztner), pubblicato in parte dal collega ebreo Lenni Brenner nel suo *51 Documents. Zionist Collaboration with the Nazis* (2002). Secondo gli scritti di Kastner, nel marzo 1942 ondate di ebrei slovacchi entrarono in Ungheria come rifugiati. Nello stesso mese di marzo, i leader del Comitato di soccorso ebraico di Bratislava, Erwin Steiner, Gisi Fleischman e Rav Weissmandel, contattarono i nazisti per fermare le deportazioni di ebrei slovacchi a scopo di riscatto. Il testo di Kastner continua come segue:

> "Il tedesco al comando, il capitano Wisliczeny, dichiarò che dopo la deportazione di 55.000 ebrei, era disposto a rinunciare alla deportazione dei restanti 25.000 ebrei per 50.000 dollari, due dollari per ogni vita. Il denaro doveva arrivare dall'estero, ma non arrivò o arrivò molto lentamente. Wislizceny attese per molte settimane la somma concordata, poi inviò la propria richiesta di pagamento trasferendo tremila ebrei in Polonia. Dopo di che il denaro arrivò e le deportazioni cessarono".

Nel 1948 il Comitato Internazionale della Croce Rossa (CICR) pubblicò a Ginevra un rapporto in tre volumi, il *Report of the International Committee of the Red Cross on its Activities during the Second World War*, al quale faremo riferimento d'ora in poi, poiché Arthur R. Butz riproduce le pagine da 641 a 657 del primo volume, che appartengono al capitolo VI ("Special Categories of Civilians") e si riferiscono specificamente alla situazione degli ebrei in vari Paesi europei. Conferma che migliaia di ebrei furono costretti a lasciare la Slovacchia; ma aggiunge: "a gran parte della minoranza ebraica fu permesso di rimanere nel Paese e in certi periodi la Slovacchia fu persino considerata un rifugio sicuro per gli ebrei, specialmente per quelli provenienti dalla Polonia". Quelli che rimasero in Slovacchia sembrano aver goduto di sicurezza fino alla fine di agosto del 1944, quando ci fu una rivolta contro le forze tedesche". Per quanto riguarda gli ebrei slovacchi internati nei campi, il rapporto dice: "Se è vero che la legge del 15 maggio 1942 aveva portato all'internamento di diverse migliaia di ebrei, questi furono portati in campi dove le condizioni di vitto e alloggio erano tollerabili e gli internati potevano svolgere un lavoro retribuito a condizioni simili a quelle del libero mercato del lavoro. Nel 1944 la comunità ebraica aveva ottenuto la quasi completa cessazione dell'immigrazione forzata nei territori controllati dalla Germania".

D'altra parte, anche i croati ritennero opportuno deportare gli ebrei dalla Croazia, anche se l'evacuazione di circa 4-5.000 ebrei dalle zone occupate dagli italiani di Dubrovnik e Mostar non incontrò l'approvazione di Roma. Dal maggio 1943 alla fine del 1945, il rapporto del CICR afferma che la delegazione della Croce Rossa "ha assistito la comunità ebraica di Zagabria, che riceveva una media di 20.000 franchi svizzeri al mese dall'American Joint Distribution Committee di New York". Il rapporto aggiunge che nell'ottobre 1944 "le autorità tedesche, in conformità con le misure adottate nei Paesi vicini, arrestarono gli ebrei di Zagabria e confiscarono le loro scorte alimentari". La delegazione della Croce Rossa, tuttavia, riuscì ad ottenere dal governo croato la restituzione di queste scorte.

Anche la deportazione degli ebrei stranieri in territorio francese poneva un problema. Otto Abetz, l'ambasciatore tedesco nella Francia occupata, li considerava elementi che non potevano essere trattati in modo privilegiato in nessun caso, poiché molti di loro si erano dimostrati responsabili di atti di terrore e sabotaggio. Anche in questo caso, gli ebrei italiani in Francia costituirono un'ulteriore battuta d'arresto. Gli interessi economici dell'Italia giocavano un ruolo decisivo e i tedeschi ritenevano che, se non potevano essere evacuati, dovevano almeno essere rimpatriati da Mussolini. I membri del Comitato Internazionale della Croce Rossa visitarono i campi nel sud della Francia, dove nel campo di Gurs c'erano seimila ebrei del Palatinato bavarese, che furono assistiti con "misure appropriate". Inoltre, il rapporto del CICR fornisce informazioni sugli ebrei polacchi in Francia che avevano ottenuto il permesso di entrare negli Stati

Uniti. Così, secondo la Croce Rossa, "furono presi per cittadini americani dagli occupanti tedeschi, che accettarono di riconoscere la validità di circa tremila passaporti rilasciati agli ebrei dai consolati sudamericani". Il rapporto rivela che "furono alloggiati in campi esclusivamente per americani a Vittel".

Per quanto riguarda gli ebrei bulgari e rumeni, i negoziati con questi Paesi confermano ancora una volta che la cosiddetta "Soluzione Finale" era territoriale e mirava all'espulsione degli ebrei dalla sfera di influenza della Germania in Europa. In Romania, in particolare, il momento peggiore per gli ebrei fu quando la "Guardia di Ferro", con il sostegno della Gestapo e delle SS, prese il potere nel settembre del 1940. Gli ebrei furono quindi sottoposti a persecuzioni e deportazioni, ma nel settembre 1941 il maresciallo Antonescu prese il potere e iniziò la collaborazione. Il delegato della Croce Rossa a Bucarest ricevette una lettera da Antonescu in cui si diceva: "Il governo rumeno ripudia qualsiasi soluzione pratica contraria ai costumi civili e a scapito dello spirito cristiano che domina la coscienza del popolo rumeno". Il CICR ha lavorato in stretta collaborazione con la Croce Rossa rumena. Nel documento che abbiamo utilizzato si legge che a partire dal 1943 "il compito del Comitato in Romania è stato facilitato perché il delegato è stato in grado di ispirare fiducia al governo rumeno". Nel dicembre 1943, come certificato nel rapporto del CICR, "il signor Mihan Antonescu si incontrò con questo delegato che facilitò notevolmente le attività del Comitato a favore degli ebrei". Vediamo l'estratto completo:

> "Questi colloqui si sono concentrati sul caso degli ebrei deportati attraverso il Dniester in Ucraina, originari della Bessarabia e della Bucovina. Queste province erano state restituite alla Romania dopo la Prima guerra mondiale, ma in base al trattato tedesco-sovietico erano tornate sotto il dominio sovietico all'inizio della Seconda guerra mondiale. Dopo i cambiamenti del 1941, la Romania, che era diventata alleata della Germania contro l'URSS, rioccupò queste due province. Gli ebrei, che i rumeni consideravano colpevoli di aver accolto troppo bene il ritorno in seno alla Russia, furono deportati. Il piano del governo rumeno, preparato in accordo con la Germania, sembrava essere quello di insediare questi ebrei nei territori della regione del Mar d'Azov. Tuttavia, ciò non poteva essere fatto a meno che l'URSS non fosse stata sconfitta. In vista delle vittorie russe, alla fine del 1943 il governo rumeno decise di rimpatriare i sopravvissuti a questa deplorevole deportazione, il cui numero scese da 200.000 a 78.000. Mihan Antonescu sostenne gli sforzi del delegato a Bucarest per ottenere l'incarico di fornire i mezzi per questo rimpatrio e lo autorizzò a viaggiare in tutta la Transnistria distribuendo vestiti e aiuti a queste sfortunate persone. Inoltre, il delegato riuscì a far sì che gli ebrei di Czernowitz, gli unici che erano ancora obbligati a portare la stella gialla, smettessero di indossarla, poiché questo marchio li esponeva alla brutalità delle truppe tedesche con cui si imbattevano".

Il fatto che 122.000 deportati non siano tornati non implica che siano stati sterminati, né che tutti abbiano necessariamente perso la vita. È possibile che molti abbiano scelto di rimanere in Unione Sovietica. In un rapporto del dicembre 1944, la sezione di Bucarest della Croce Rossa afferma: "Grazie ai dispacci del Comitato congiunto di New York e alle raccolte fatte sul posto, è stato possibile venire in aiuto di 183.000 ebrei rimpatriati". In breve, i documenti tedeschi sopravvissuti dimostrano che i piani della Germania non avevano nulla a che fare con lo sterminio di massa degli ebrei europei. Tutti i rapporti della Croce Rossa dimostrano inoltre che i tedeschi fecero ciò che i documenti dicevano, e questo è stato confermato da autorità neutrali e talvolta anche da fonti ostili.

Arthur R. Butz fornisce in *The Hoax of the Twentieth Century* i testi degli atti della Conferenza di Wannsee, contenuti nel documento NG-2586-G presentato a Norimberga (NMT) dagli americani. "Il programma di emigrazione", si legge senza ambiguità, "è stato sostituito dall'evacuazione degli ebrei a est come possibilità più completa, in conformità con l'autorizzazione preventiva del Führer". Mentre questi riferimenti all'evacuazione a est sono ripetuti più volte, non è stato trovato un solo testo che provi l'esistenza di un programma di sterminio. Lo riconosce il professore ebreo Aryeh Leon Kubov dell'Israel Center for Jewish Documentation di Tel Aviv, che afferma senza mezzi termini: "Non esiste alcun documento firmato da Hitler, Himmler o Heydrich che parli di sterminio degli ebrei... e la parola 'sterminio' non compare nella lettera di Göring a Heydrich in relazione alla soluzione finale della questione ebraica". Anche la stampa alleata riferì ripetutamente durante la guerra sul programma di reinsediamento. Ecco alcuni paragrafi significativi di NG-2586-G, che, sorprendentemente, vengono utilizzati dai propagandisti dell'Olocausto per cercare di dimostrare che la "soluzione finale" era un programma di sterminio:

> "In modo appropriato, gli ebrei saranno ora portati a Est, nella zona della soluzione finale, per essere utilizzati come manodopera. In grandi gruppi di lavoro, con la separazione dei sessi, gli ebrei capaci di lavorare andranno in queste zone e saranno impiegati nella costruzione di strade, nel cui compito una buona parte cadrà senza dubbio per selezione naturale. Gli altri che alla fine riusciranno a sopravvivere - senza dubbio quelli più resistenti - dovranno essere trattati in modo adeguato, perché queste persone, che rappresentano la selezione naturale, saranno considerate il germe di una nuova evoluzione ebraica, se verrà loro concessa la libertà (si veda l'esperienza della storia).
> Nel programma di attuazione della soluzione finale, l'Europa deve essere setacciata da ovest a est. L'area del Reich, compreso il protettorato di Boemia-Moravia, dovrà essere trattata in anticipo, solo per ragioni di alloggio e altre necessità socio-politiche. Gli ebrei evacuati saranno prima

trasferiti gruppo per gruppo nei cosiddetti ghetti di transito, in modo da poter essere successivamente trasportati da lì verso est.

Una disposizione importante per la completa esecuzione dell'evacuazione, come ha spiegato il generale delle SS Heydrich, è l'esatta determinazione delle categorie di persone da includere. Non si prevede di evacuare gli ebrei di età superiore ai 65 anni, ma di portarli in un ghetto per anziani - Theresienstadt è in costruzione. Oltre a questi gruppi di anziani - dei circa 280.000 ebrei che al 31/10/1941 si trovavano nel vecchio Reich e in Austria, forse il 30% ha più di sessantacinque anni - anche gli ebrei con gravi ferite di guerra e decorazioni di guerra (Croce di Ferro, Prima Classe) dovranno essere inclusi nei ghetti per anziani....

In relazione al problema dell'effetto dell'evacuazione degli ebrei sulla vita economica, il Segretario di Stato Neumann riferì che gli ebrei impiegati in importanti industrie belliche non potevano essere evacuati per il momento, poiché non sarebbero stati disponibili sostituti adeguati. Il generale Heydrich sottolineò che questi ebrei, in conformità con la direttiva da lui approvata per l'esecuzione dell'attuale evacuazione, non sarebbero stati evacuati".

Per sradicare completamente gli ebrei evacuati, furono spogliati dei loro beni: denaro, mobili, gioielli, attività commerciali, ecc. in modo che non avessero nulla che li spingesse a tornare un giorno. Questo era esattamente ciò di cui i sionisti avevano bisogno: persone senza nulla da perdere a cui offrire protezione e una nuova vita nel futuro Stato di Israele. È quindi innegabile che centinaia di migliaia di ebrei furono deportati e le loro proprietà confiscate. La loro situazione e quella di altri prigionieri, come si vedrà in seguito, peggiorò progressivamente con il deteriorarsi delle condizioni nei campi a seguito dell'inevitabile sconfitta della Germania. Non è facile stabilire le cifre del numero di deportati, poiché molti ebrei europei emigrarono negli Stati Uniti, in Palestina o finirono in territorio sovietico, come nel caso degli ebrei polacchi nei territori occupati dall'URSS. Inoltre, circa 300.000 lasciarono la Polonia dopo l'invasione tedesca e si trasferirono anche nella zona comunista.

D'altra parte, il fatto che gli ebrei che emigrarono dall'Europa agli Stati Uniti lo fecero con passaporti tedeschi, austriaci, olandesi, polacchi, ecc. rende impossibile avere cifre affidabili. È noto, tuttavia, che dopo la fine della guerra l'immigrazione ebraica negli Stati Uniti fu molto significativa, nonostante i sionisti operassero liberamente nei campi per sfollati e si adoperassero per inviarne il maggior numero possibile in Palestina. Questi campi erano controllati dall'UNRRA, un'agenzia delle Nazioni Unite diretta prima da Herbert Lehman e poi da Fiorello La Guardia. Questi due sionisti permisero a ufficiali britannici e americani senza uniforme di dare addestramento militare a migliaia di ebrei, preparandoli all'invasione della Palestina. Nel 1944 quasi mezzo milione di sionisti erano già in Terra Santa. Cinque anni dopo, nel 1949, il governo israeliano dichiarò che in Palestina c'erano 925.000 ebrei. Nel 1957 quasi un milione di arabi erano rifugiati nei Paesi vicini, mentre la popolazione ebraica era raddoppiata a 1.868.000 persone.

Reitlinger e Hilberg, basandosi su documenti tedeschi e sui rapporti della Croce Rossa olandese per gli ebrei olandesi (circa 100.000), forniscono cifre molto simili per il numero totale di deportati da una dozzina di Paesi dell'Europa occidentale: Germania, Austria, Cecoslovacchia, Danimarca, Francia, Belgio, Lussemburgo, Norvegia, Paesi Bassi, Italia, Jugoslavia e Grecia. Secondo Reitlinger furono 816.000, mentre Hilberg ne stima 870.000. Poiché entrambi sono sterminatori o sterminazionisti, presumono che tutti siano stati uccisi.

Al contrario, i revisionisti insistono sul fatto che ebrei e gentili furono usati come manodopera e sostengono che non aveva senso istituire un programma di reinsediamento a est e organizzare una complicata e costosa operazione logistica nel bel mezzo della guerra solo per liquidare gli ebrei. Le domande che si pongono sono: a che scopo sprecare denaro, migliaia di tonnellate di carburante, personale e innumerevoli treni necessari per trasportare truppe e munizioni se lo scopo era quello di uccidere gli ebrei a migliaia di chilometri dai loro luoghi di origine? Perché è stata intrapresa la costruzione dei campi se dovevano servire solo come luoghi di sterminio? Non sarebbe stato più facile giustiziare gli ebrei dopo il loro arresto se questo era davvero l'obiettivo?

È particolarmente difficile sapere più o meno esattamente cosa sia successo in Polonia. Una fonte ebraica, l'*American Jewish Year Book 1948-1949*, indica in 390.000 il numero di ebrei residenti in Polonia alla fine del 1945. D'altra parte, un giornalista ebreo canadese, Raymond Arthur Davies, un convinto comunista che visse in URSS durante la guerra, pubblicò a New York nel 1946 *Odyssey through Hell*. In esso rivela che Schachmo Epstein, il leader del Comitato ebraico antifascista, gli confessò che attraverso l'evacuazione e altre misure l'Unione Sovietica aveva salvato almeno 3.500.000 ebrei europei. Secondo Davies, 250.000 ebrei polacchi che vivevano nella Polonia occupata dai tedeschi fuggirono in Unione Sovietica nel 1939. Descrive il ruolo di primo piano degli ebrei in URSS, dove migliaia di fabbriche e impianti bellici erano gestiti da ebrei. Un numero molto elevato di loro, osserva Davies, raggiunse posizioni di rilievo nell'esercito e nell'amministrazione. Ciò è confermato da un altro autore ebreo, Ralph Nunberg, in *The Fighting Jew* (1945), anch'esso pubblicato a New York, in cui Nunberg riconosce con orgoglio che non meno di 313 generali sovietici erano ebrei. R. A. Davies, da parte sua, racconta i suoi contatti con ufficiali ebrei dell'Armata Rossa, che si vantavano con lui di aver eliminato soldati tedeschi in esecuzioni di massa. Questo giornalista canadese rivela di aver avuto informazioni credibili sul fatto che non meno di 35.000 ebrei europei stavano combattendo a fianco dei partigiani di Tito.

Arthur R. Butz fa riferimento a uno studio di venti pagine scritto da Meir Korzen e pubblicato dal Governo di Israele (*Yad Vashem Studies*, vol. 3). Secondo Korzen, centinaia di migliaia di ebrei polacchi furono dispersi nell'URSS nell'ambito di un programma di evacuazione iniziato nel giugno 1940. A partire dal settembre 1941, molti di questi rifugiati ottennero la cittadinanza sovietica, ma fu loro impedito di lasciare l'URSS. Alla fine della guerra, come abbiamo visto, Beria scelse i nuovi leader del regime comunista polacco tra questi ebrei. Korzen scrive che "cambiarono i loro nomi in nomi dal suono polacco per mantenere segreta la loro origine ebraica". Il Joint Distribution Committee di New York mantenne i contatti con i rifugiati ebrei in Unione Sovietica durante la guerra e li assistette nei loro spostamenti postbellici. Nel suo lavoro sugli ebrei polacchi deportati e dispersi in Unione Sovietica, Korzen, sebbene sia stato assistito nelle sue ricerche dal governo sionista in, riconosce che il suo rapporto contiene enormi lacune nelle cifre. Per quanto riguarda gli ebrei che già vivevano in URSS, un censimento dell'inizio del 1939 afferma che erano più di tre milioni. Di questi, secondo il primo censimento del dopoguerra, circa due milioni e mezzo rimasero nel Paese nonostante l'ondata migratoria verso la Palestina e gli Stati Uniti e le inevitabili perdite subite durante la guerra.

Tra queste vittime, va ricordato che esiste una leggenda secondo cui gli "Einsatzgruppen" (gruppi operativi) avrebbero sterminato gli ebrei russi per mezzo di camere a gas mobili ed esecuzioni di massa. Al processo di Norimberga, il rappresentante sovietico della Procura, Roman Rudenko, accusò gli Einsatzgruppen di aver ucciso non meno di un milione di ebrei. In *The Destruction of the European Jews* Raul Hilberg indica una cifra pari a 900.000. Il fatto è che questi gruppi operativi, quattro unità speciali composte da elementi della Gestapo (Polizia segreta di Stato) e dell'SD (Servizio di sicurezza delle SS), per un totale di circa tremila uomini, eliminarono senza pietà ebrei e non ebrei che facevano parte dei partigiani che continuamente molestavano i tedeschi in territorio russo. La loro attività costituiva una grave minaccia per l'esercito, per cui Hitler diede a Himmler carta bianca per agire come riteneva opportuno sotto la propria responsabilità. Così, come rappresaglia per gli attacchi alle truppe tedesche, partigiani, commissari e funzionari comunisti furono impiccati o fucilati subito dopo la loro cattura. Va notato che i partigiani non si risparmiavano quando si trattava di liquidare i soldati che cadevano nelle loro mani.

Il Reichsfuhrer delle SS Heinrich Himmler visitò Mussolini a Roma l'11 ottobre 1942 e si lamentò con il Duce del fatto che migliaia di ebrei nei territori occupati erano partigiani impegnati nel sabotaggio e nello spionaggio. Himmler riconobbe che donne e bambini collaboravano con i partigiani in URSS e ammise che molti ebrei catturati erano stati giustiziati sommariamente dalle unità tedesche. Pare che Mussolini abbia approfittato del colloquio per ricordare a Himmler che la Chiesa cattolica si opponeva a misure estreme contro gli ebrei e lo avvertì che una politica di eccessi avrebbe potuto cambiare l'atteggiamento di Pio XII, che auspicava una vittoria dell'Asse sull'Unione Sovietica.

Non c'è dubbio, quindi, che il numero di ebrei che andarono ad ingrossare le file di questi gruppi partigiani che operavano nelle retrovie fu considerevole, tanto che decine di migliaia di loro, forse circa 80.000, compresi donne e bambini, furono giustiziati. In tempo di guerra, tali crimini sono una pratica comune negli eserciti. Ricordiamo che gli americani in Vietnam, ad esempio, non si fecero scrupoli a napalinizzare le popolazioni civili nei villaggi che si supponeva offrissero copertura o riparo ai guerriglieri "Viet Cong". Va notato, d'altra parte, che molti omicidi che attribuisce agli Einsatzgruppen furono commessi da nazionalisti ucraini che odiavano profondamente gli ebrei fin dai tempi della guerra civile seguita alla rivoluzione del 1917. Inoltre, tra il 22 giugno e il 2 luglio 1941, i comunisti uccisero in massa molti ucraini prima di ritirarsi. Agli occhi della popolazione civile, gli ebrei sovietici furono ritenuti responsabili delle uccisioni, in quanto considerati complici dei criminali comunisti.

Per motivi di sicurezza, durante la guerra gli ebrei polacchi furono raggruppati in ghetti situati nelle città più grandi. Diversi autori ebrei fanno riferimento ai grandi ghetti di Lodz, Varsavia, Bialystok, Lwow e Grodno, mentre in Lituania e Lettonia c'erano ghetti a Vilna, Kovno e Riga. Come sempre nel corso della storia, in questi ghetti gli ebrei stessi si governavano attraverso lo "Judenrat", un Consiglio ebraico con una propria polizia. Il Consiglio ebraico collaborava inevitabilmente con le autorità tedesche, che spesso gli chiedevano manodopera che veniva reclutata dalle stesse autorità ebraiche. Di conseguenza, esistevano organizzazioni che si opponevano al "Judenrat", i cui membri erano considerati burattini al servizio dei tedeschi. Tuttavia, grazie a questa collaborazione, i tedeschi revocarono l'iniziale divieto di frequentare scuole ebraiche e i bambini ebrei furono educati in scuole che operavano sotto l'autorità del Consiglio del ghetto o privatamente. La vita culturale del ghetto prevedeva la produzione di libri e spettacoli teatrali e musicali. Inoltre, un'agenzia di assistenza sociale ebraica, la "Jüdische Unterstützungsstelle" (JUS), riforniva i ghetti di cibo, medicine e vestiti, che otteneva dall'amministrazione civile tedesca. La JUS manteneva anche contatti con la Croce Rossa tedesca e con organizzazioni straniere che fornivano denaro e altri beni. Fino al dicembre 1941, la maggior parte di questi aiuti stranieri proveniva dal Joint Distribution Committee, ma l'entrata in guerra degli Stati Uniti rese illegali queste attività.

Eugene M. Kulisher, autorità riconosciuta nel campo della demografia e dei movimenti migratori, studia il problema dell'espulsione e dell'evacuazione degli ebrei in un'ampia sezione di *The Displacement of Population in Europe* (1943), un testo accessibile online su Internet. Questo libro, considerato assolutamente affidabile perché l'autore utilizza fino a due dozzine di istituzioni europee come fonti, rivela ciò che i nemici della Germania certamente sapevano della politica nazionalsocialista nei confronti degli ebrei, a prescindere dalla campagna propagandistica fuorviante. Per quanto riguarda i ghetti, Kulisher riferisce che i primi furono istituiti a Lodz nell'inverno 1939-1940. Il ghetto di Varsavia fu istituito nell'autunno del 1940. A tutti gli ebrei che vivevano al di fuori di esso fu ordinato di entrare nei suoi confini e ai polacchi che vivevano al suo interno fu ordinato di uscire. Il 18 ottobre 1941 *il New York Times* riportò che le autorità tedesche avevano dovuto inviare numerose ambulanze a Varsavia per la disinfezione del ghetto, dove vivevano circa 400.000 persone su un'area di 6,4 km2 che circondava l'ex ghetto medievale. È noto che le epidemie nei ghetti erano frequenti e venivano attribuite dai tedeschi alla "mancanza di disciplina" degli abitanti. Molti ebrei provenienti dall'estero furono trasportati nel ghetto di Varsavia e nella primavera del 1942 vi vivevano circa mezzo milione di persone.

Secondo gli ambienti polacchi di Londra, circa 1.300.000 ebrei erano stati raggruppati in undici ghetti sparsi in diverse parti del Paese. All'inizio dell'estate del 1942 l'Istituto per gli Affari Ebraici stimava la cifra a 1,5 milioni. Il 28 ottobre e il 10 novembre 1942, il Segretario di Stato per la Sicurezza del Governo Generale polacco emanò regolamenti sui ghetti ebraici in cinque distretti del Governo Generale: Varsavia, Lublino, Cracovia, Radom e Galizia. Secondo Kulisher, nel novembre 1942 tutti gli ebrei del Governo Generale erano confinati in due tipi di aree: i ghetti all'interno delle grandi città e le città abitate esclusivamente da ebrei, dalle quali la popolazione non ebraica era stata evacuata. In totale c'erano tredici ghetti e quarantadue città ebraiche in tutto il Governo Generale polacco.

Dopo l'invasione dell'URSS, furono istituiti ghetti nell'Ucraina occidentale, nella Bielorussia occidentale, negli Stati baltici e anche nella Russia occupata. Se l'invasione dell'URSS si fosse conclusa con una sconfitta sovietica, la politica di reinsediamento degli ebrei nell'Europa orientale sarebbe sicuramente continuata come previsto e le masse raccolte nel Governo Generale polacco sarebbero finite in questi ghetti nei Paesi più a est. Centinaia di migliaia di ebrei passarono attraverso i campi di transito, considerati campi di sterminio dalla storiografia ufficiale, nel loro viaggio verso est. Quando veniva annunciato un nuovo reinsediamento, spettava al Consiglio ebraico del ghetto presentare alle autorità tedesche gli elenchi degli sfollati.

La rivolta del grande ghetto di Varsavia del 19 aprile 1943 portò a un'accelerazione del trasporto degli ebrei verso l'est. Dopo una feroce resistenza e una battaglia che ha goduto di copertura e pubblicità a livello mondiale, la rivolta è stata sedata il 16 maggio e il ghetto è stato definitivamente liquidato. Si stima che ci siano state 12.000 vittime e che circa 60.000 abitanti siano stati trasferiti a est. Treblinka divenne il campo di transito per questo nuovo reinsediamento. Tre mesi dopo fu sgomberato anche il ghetto di Bialystock. Ci furono scontri per alcuni giorni, ma la resistenza fu debole. Secondo l'*Enciclopedia dell'Olocausto*, il 18 agosto iniziarono le deportazioni verso Treblinka, dove gli sterminazionisti insistono che i deportati furono gassati, Majdanek, Poniatowa o Auschwitz. Un treno con 1.200 bambini, inizialmente previsto per essere inviato in Palestina, passò per Treblinka all'indirizzo e fu infine diretto a Theresienstadt, il cosiddetto "campo modello", dove si svolgevano numerose attività culturali e artistiche, soprattutto nel campo della musica.

La deportazione degli ebrei ungheresi

Grazie al *Rapporto del Comitato di soccorso ebraico di Budapest* (*The Report of the Budapest Jewish Rescue Committee*) disponiamo di informazioni molto interessanti sulle attività dei sionisti a Budapest durante la guerra. Rudolf Israel Kastner, noto anche come Reszö Kasztner, presidente del Comitato e autore del rapporto scritto a mano, presentò il documento nel 1946 alla WZO (World Zionist Organization). Poiché Kastner fu liquidato il 15 marzo 1957 a Tel Aviv da Zeev Eckstein, un ex agente dei servizi segreti israeliani, è utile soffermarsi brevemente su questo assassinio prima di affrontare la controversia sulla sorte degli ebrei ungheresi.

L'assassinio del dottor Kastner nel marzo 1957 fu il primo crimine politico nella storia di Israele. Qualcuno decise che Rudolf Kastner avrebbe fatto meglio a sparire, apparentemente perché sapeva troppo della collaborazione dei sionisti con i nazisti e della sua responsabilità in alcuni eventi. Il criminale, Zeev Eckstein, sebbene pentito, non ha mai rinunciato alle persone che gli avevano ordinato di eliminare Kastner. Tutto ebbe inizio nel 1952, quando un albergatore di Gerusalemme di nome Malquiel Grünwald accusò i membri del governo laburista di collaborazione con i nazisti. Kastner, che nel 1952 era portavoce di Dov Yosef, ministro dell'Industria e del Commercio nel governo di Ben Gurion, fu preso particolarmente di mira. Nel 1953, il governo laburista, spinto da Kastner, denunciò Grünwald per diffamazione. Durante il processo, l'avvocato di Grünwald, Shmuel Tamir, accusò Kastner di aver testimoniato a favore del colonnello delle SS Kurt Becher a Norimberga, e produsse una lettera di Kastner a Eleazer Kaplan, un funzionario dell'Agenzia Ebraica presieduta da David Ben Gurion e Moshe Sharett, in cui scriveva: "Kurt Becher era un colonnello delle SS e fungeva da collegamento tra me e Himmler per la nostra opera di salvataggio. Fu rilasciato dalla prigione di Norimberga dalle forze di occupazione alleate grazie al mio intervento personale". Il giudice Halevi volle sapere chi avesse dato a Kastner il permesso di patrocinare Becher per conto dell'Agenzia Ebraica e del Congresso Ebraico Mondiale. Kastner sputò fuori un elenco di figure di spicco dell'Agenzia Ebraica in Israele.

Le cose si complicarono a tal punto che il 29 giugno 1955 *il New York Times* riferì che al governo israeliano, che era sotto processo insieme a

Kastner, era stato chiesto di dimettersi. Il processo durò tre anni. Joel Brand, uno stretto collaboratore di Kastner che molti avrebbero voluto vedere morto, testimoniò in tribunale e fu stabilito che anche David Ben Gurion, Moshe Sharett e lo stesso Chaim Weizmann erano coinvolti nel presunto sterminio degli ebrei ungheresi: uno sterminio inesistente che la propaganda aveva certificato e che non poteva più essere negato. Alla fine, il giudice Hálevi, considerando tutte le prove, si pronunciò a favore di Malquiel Grünwald e il governo di Israele si appellò alla Corte Suprema. L'omicidio di Kastner avvenne prima della decisione della Corte Suprema, che nel 1958 stabilì infine che egli non era colpevole di collaborazionismo, perché, come scrisse uno dei giudici, "non esiste alcuna legge che possa imporre obblighi a un leader in una situazione di emergenza nei confronti di coloro che dipendono dalla sua guida e seguono le sue istruzioni". Tuttavia, la Corte Suprema ritenne che egli avesse commesso una falsa testimonianza per conto di un nazista.

Spiegato questo, possiamo ora esaminare il rapporto presentato da Kastner alla WZO nel 1946, tenendo presente che il suo editore, Lenni Brenner, ne pubblica solo alcuni stralci selezionati da lui stesso in *51 Documents. Collaborazione sionista con i nazisti*. Kastner, uno dei leader, se non il presidente, del "Vaadat Ezra Vö-Hazalah" (Comitato ebraico di soccorso e salvataggio) di Budapest, conferma che, oltre a un'orda di ebrei provenienti dalla Slovacchia, ondate di ebrei polacchi entrarono in Ungheria come rifugiati nel marzo 1942. A molti di loro il Comitato fornì aiuti finanziari, alloggi e documenti legali falsificati. Per aiutare la grande moltitudine di rifugiati slovacchi e polacchi sarebbe stato necessario attingere ai fondi del "Keren KaYemeth" (Fondo Nazionale Ebraico) e del "Karen HeYesod" (Fondo di Fondazione), ma i leader sionisti che li controllavano si rifiutarono di fornirli con la motivazione che erano già stati raccolti per la Palestina. Tuttavia, nell'autunno del 1942 le organizzazioni di aiuto dell'Agenzia ebraica di Istanbul, guidate da Chaim Barlas, inviarono al Comitato di Budapest una "modesta somma" da utilizzare per il soccorso degli ebrei polacchi. Insieme al denaro inviarono un messaggio dall'ebraismo palestinese: "Aiutate i rifugiati! Aiutate gli ebrei polacchi!" Secondo Kastner, l'organizzazione per il salvataggio degli ebrei polacchi aveva il nome in codice di "Tikhul" ed era guidata da Joel Brand, la cui testimonianza al processo di Kastner a Tel Aviv ha sollevato delle perplessità.

Tutto andò relativamente bene fino al marzo 1944, quando i tedeschi occuparono l'Ungheria, temendo che gli ungheresi rompessero la loro alleanza con loro. I primi a sapere che l'occupazione era imminente furono i leader del Comitato di Soccorso Ebraico, che il 14 marzo ricevettero informazioni riservate da Joseph Winniger, uno dei loro collaboratori nel Servizio di Intelligence Militare, che li mise in allarme. Fu immediatamente convocata una conferenza alla quale parteciparono Otto Komoly, Joseph

Fischer, Ernest Marton, Hillel Danzig, Moshe Schweiger, Joel Brand e Rudolf Kastner. Il Comitato di soccorso ebraico di Budapest decise di allertare immediatamente Istanbul. Inoltre, contattò il Comitato di Bratislava, che aveva buoni rapporti con gli ufficiali delle SS, per sapere quali fossero le intenzioni dei tedeschi nei confronti dell'ebraismo ungherese. D'altra parte, l'Haganah, lo strumento di protezione degli ebrei, doveva essere immediatamente attivato. L'Haganah si rifiutò di farsi sentire nei primi tre o quattro mesi dopo l'occupazione, anche perché Moshe Schweiger, il suo leader in Ungheria, fu arrestato dalle SS.

Durante i primi giorni dell'occupazione, iniziata il 19 marzo, i membri del "Vaadah" (il Comitato di soccorso ebraico) e i leader sionisti tennero diverse riunioni per pianificare il lavoro da svolgere. Otto Kolmony fu incaricato di contattare i politici ungheresi e le chiese cristiane, alle quali chiese assistenza. Moshe Krause fu incaricato di mettersi sotto la protezione dell'ambasciata svizzera e di chiedere l'intervento di diplomatici neutrali. Il dottor Kastner e Joel Brand furono incaricati di stabilire relazioni con i tedeschi. Dieter Wisliczeny, assistente di Adolf Eichmann e capo dei "Judenkommandos" di Budapest, fu il contatto che permise loro di avviare negoziati con le SS.

Il 5 aprile 1944 Kastner e Brand furono ricevuti da Wisliczeny, al quale presentarono le loro aspirazioni che, secondo il rapporto di Kastner alla WZO, erano le seguenti: salvaguardare la vita degli ebrei ungheresi, evitare che venissero ghettizzati, impedire le deportazioni e permettere agli ebrei ungheresi con il visto di emigrare e di entrare in altri Paesi. Ecco cosa scrisse Kastner a proposito della risposta: "...Naturalmente", disse Wisliczeny, "insistiamo sul fatto che l'influenza degli ebrei in tutte le sfere deve essere radicalmente ridotta. Ma non insistiamo sul fatto di metterli nei ghetti o nelle deportazioni. Questa possibilità potrebbe verificarsi solo se ricevessimo ordini dai nostri superiori direttamente da Berlino". Vediamo il frammento della risposta di Wisliczeny che si riferisce all'immigrazione in altri Paesi: "Per quanto riguarda l'immigrazione, devo chiedere istruzioni ai miei superiori. Personalmente, non credo che il nostro alto comando sia interessato a un'immigrazione in numero limitato. Ma se voi foste disposti a concepire un piano per l'immigrazione di almeno centomila ebrei, cercheremmo di influenzare Berlino per renderlo possibile".

Il rapporto di Kastner aggiunge che Wisliczeny chiese due milioni di dollari e pretese, come segno di "buona volontà" e di capacità degli ebrei di raccogliere il denaro, che il dieci per cento fosse pagato in anticipo, cioè duecentomila dollari da versare in pengös, la moneta ungherese allora corrente. La conversione ammontava a sei milioni e mezzo di pengös e doveva essere effettuata al mercato nero. Gli ebrei decisero di pagare questa somma per mantenere aperto il collegamento e guadagnare tempo. Va notato che Budapest era stata per anni una città che aveva accolto i rifugiati provenienti dall'Europa centrale e orientale, diventando così un epicentro dell'"Alijah" (immigrazione ebraica in Palestina). Il capitano Dieter Wisliczeny, in seguito capo della Gestapo in Slovacchia, finì nelle mani dei comunisti cechi, che lo torturarono fino a ridurlo in fin di vita nella prigione di Bratislava nel novembre 1946 prima di giustiziarlo. Poliakov e altri sterminazionisti utilizzano le sue dichiarazioni per sostenere lo sterminio di sei milioni di ebrei.

Adolf Eichmann[1], direttore della politica ebraica presso l'Ufficio principale per la sicurezza del Reich (RSHA) delle SS e specialista in tutte le questioni ebraiche, era rimasto in secondo piano, ma entrò in scena non appena le trattative iniziarono a prendere forma. Joel Brand fu ricevuto da Eichmann il 25 aprile 1944. L'incontro ebbe luogo all'Hotel Majestic di Budapest. Kastner riproduce testualmente nel suo rapporto le parole con cui iniziò il colloquio:

> "Mi sono informato e ho scoperto che la 'Joint' è in grado di effettuare i pagamenti (dopo l'esperienza in Austria e Cecoslovacchia, tutto ciò che aveva a che fare con gli ebrei e il denaro era sinonimo di 'Joint'). Naturalmente, so delle conferenze tra Krumey e lei, ma questa è solo una sciocchezza. Ora le offro la grande opportunità di salvare un milione di ebrei ungheresi. Ho sentito che Roosevelt, in un discorso alla radio, ha espresso i suoi timori per la vita degli ebrei ungheresi. Ora vi darò l'opportunità di fare qualcosa per loro. Non ho bisogno di soldi. Non so cosa farne. Ho bisogno di materiale bellico, soprattutto di camion. Perciò ho deciso di permetterle di recarsi a Istanbul, in modo che possa riferire questa generosa offerta tedesca ai suoi amici del posto. Trasferirò tutti gli ebrei ungheresi in Germania, che verranno prelevati in un determinato luogo. Aspetterò due settimane per una risposta da Istanbul. Lei tornerà immediatamente da Istanbul per portarmi la risposta dei suoi amici. Se la risposta è positiva, potete prendere tutti gli ebrei per quanto mi riguarda, ma se la risposta è negativa, dovrete attenervi alle conseguenze".

Va notato che la parentesi nel frammento è testuale, ed è quindi una dichiarazione di Kastner, che ammette che i tedeschi erano ben consapevoli del potere del Joint Distribution Committee di New York, i cui agenti in

---

[1] Il caso di Adolf Eichmann divenne un evento mondiale quando, il 2 maggio 1960, fu catturato in Argentina da agenti del Mossad, che lo trasferirono in Israele per inscenare un processo-farsa. I media di tutto il mondo diedero il loro sostegno alla farsa di Gerusalemme. Il 28 novembre e il 5 dicembre 1960, la rivista *Life* pubblicò le presunte memorie di Eichmann per preparare l'opinione pubblica internazionale. Sebbene non fosse mai stato accusato di aver partecipato alle esecuzioni di ebrei, dopo le opportune torture e il lavaggio del cervello, al processo testimoniò di essere stato responsabile dello sterminio di oltre sei milioni di ebrei. Inoltre, pur sapendo che sarebbe stato giustiziato, fu costretto a scrivere "confessioni autentiche" in cui ratificava e aumentava il numero di ebrei che aveva eliminato. I lettori interessati a saperne di più sulla vicenda possono leggere *"La verità sul processo Eichmann"* di Paul Rassinier, pubblicato nel 1962.

URSS, come abbiamo visto, erano ferocemente contrastati da Stalin. Quanto a Hermann Krumey, il nome indicato nel testo, è un collaboratore di Eichmann. Kastner nota nel suo rapporto che le frasi di Eichmann erano brevi e pungenti e che Brand cercò di convincerlo che sarebbe stato più facile raggiungere un accordo se i tedeschi avessero rinunciato ai loro piani di deportazione. Joel Brand chiese ad Adolf Eichmann di sospendere questi piani perché "sarebbe stato più facile concludere la questione". Sembra logico che se la soluzione finale fosse stata un piano di sterminio degli ebrei europei, l'offerta di Eichmann non sarebbe stata possibile. Se ci fosse stato un ordine superiore e un piano di sterminio, la proposta di Eichmann di scambiarli con camion non sarebbe stata possibile.

Joel Brand si recò a Istanbul con un aereo postale tedesco. Prima del viaggio, tra l'8 e il 17 maggio, aveva negoziato con Eichmann a Budapest. Eichmann, convinto della potente influenza che gli ebrei esercitavano sugli Alleati, soprattutto sugli americani, era fiducioso che l'offerta di diecimila camion per un milione di ebrei, cioè un camion per la vita di cento persone, sarebbe stata accettata. "Potete assicurare ai vostri amici", garantì, "che non useremo i camion al fronte, ma all'interno. Al massimo, in caso di emergenza, potrebbero essere impiegati all'estero sul fronte russo". Non appena Joel Brand partì per la Turchia, i contatti con Eichmann furono presi da Kastner e Hansi Brand (moglie di Joel). A maggio le deportazioni erano già iniziate. Su ciò che Eichmann disse loro in merito, Kastner scrisse nel suo rapporto: "Non c'era assolutamente alcuna possibilità che sospendesse o fermasse le deportazioni. Non dovevamo pensare che fosse così stupido, perché se avesse fermato le deportazioni nessuno all'estero avrebbe negoziato con lui. Avremmo dovuto fare uno sforzo per essere più efficaci a Istanbul. Non si lasciava prendere per il culo e la sua pazienza aveva dei limiti". Dopo il colloquio, si affrettarono a inviare un telegramma a Istanbul per annunciare che le deportazioni non si sarebbero fermate, quindi dovevano agire in fretta perché il tempo era contro di loro.

Kastner riferisce di un ulteriore incontro il 22 maggio, durante il quale Eichmann confermò l'autorizzazione all'emigrazione di seicento ebrei selezionati; tuttavia, a causa degli obblighi di Hitler nei confronti del Gran Muftì di Gerusalemme, non permise loro di raggiungere la Palestina via Istanbul, ma dovevano andare in Germania, poi in Francia e in Spagna, da dove avrebbero potuto proseguire per l'Africa. Nei giorni successivi arrivarono telegrammi da Istanbul in cui Brand affermava di avere discussioni speranzose e che diversi delegati britannici e americani dell'Agenzia Ebraica lo appoggiavano; tuttavia, tutto si risolse in un grande fiasco e Brand non tornò mai a Budapest. A nostro avviso, se la consegna di diecimila camion avrebbe dovuto salvare la vita di centinaia di migliaia di ebrei, è incomprensibile che l'operazione non sia stata autorizzata. Se lo sterminio degli ebrei ungheresi avesse effettivamente avuto luogo, i leader sionisti che lo impedirono sarebbero stati colpevoli di fronte alla storia e al loro popolo.

Quello che segue è un brevissimo riassunto delle vicissitudini di Joel Brand. Nel quarto volume di *The Collapse of the West: The Next Holocaust and Its Aftermath*, Francisco Gil-White dedica il capitolo XXI, intitolato "The 'Kastner Case'", a un resoconto dettagliato dell'accaduto. Gil-White afferma di essere in debito con Ben Hecht, che partecipò al processo come giornalista e nel 1961 pubblicò un resoconto documentato del processo in *Perfidy*, che è la fonte principale di Gil-White. Le informazioni sul processo di Tel Aviv contro Kastner sono di grande interesse, ma ora ci interessa la gestione del caso da parte di Brand da quando è arrivato a Istanbul con Bandi Grosz. Secondo questo autore americano, nessuno li aspettò all'aeroporto e trovarono alloggio in un hotel, dove ricevettero la visita di un rappresentante dell'Agenzia Ebraica che li portò all'Istanbul Relief and Rescue Committee.

Brand spiegò che sarebbe tornato a Budapest in due settimane per liberare i primi 100.000 ebrei. Si decise, tuttavia, che era necessaria la presenza di un alto funzionario dell'Agenzia Ebraica, così Venia Pomeranietz fu incaricata di portare Moshe Sharett a Istanbul. Visto il rifiuto britannico di permettere a Sharett di entrare in Turchia, Chaim Barlas, capo dell'Agenzia Ebraica a Istanbul, suggerì a Brand di recarsi nella Siria britannica per incontrarlo, ma Brand temeva l'arresto da parte degli inglesi e, dato che Eichmann gli aveva detto che il suo ritorno e la sua parola sarebbero stati sufficienti, chiese di poter tornare a Budapest con una lettera del Comitato di Soccorso e di Salvataggio che dicesse che l'accordo era stato approvato. Dopo un'acrimoniosa discussione, Barlas costrinse Brand a recarsi in Siria in compagnia di Ehud Avriel del movimento Halutzin (Pionieri).

Quando il treno si fermò ad Ankara, ha raccontato Brand al giudice Halevi, Avriel scese dal treno per qualche minuto e poi due agenti, uno del Partito Revisionista di Vladimir Jabotinsky e uno di Agudat Israel, un partito sionista religioso, salirono per avvertirlo di non proseguire il viaggio, poiché gli inglesi lo stavano aspettando ad Aleppo per arrestarlo. Nella sua dichiarazione Brand ha affermato che Avriel lo ha rassicurato e incoraggiato a proseguire il viaggio. Appena arrivati ad Aleppo, Ehud Avriel scese dalla carrozza con il pretesto di prendere accordi, e a quel punto gli agenti britannici arrestarono Brand. Lo portarono al loro quartier generale, dove, in loro presenza, fu finalmente interrogato da Moshe Sharett, il capo del Dipartimento Politico dell'Agenzia Ebraica che sarebbe poi diventato ministro degli Esteri e primo ministro di Israele. Sharett, che manteneva ottimi rapporti con il governo di Londra, gli disse che non poteva più tornare a Istanbul o a Budapest. "Rimasi sorpreso e mi opposi aspramente", ha raccontato Brand al giudice Hálevi, "ma lui mi disse che non c'erano alternative".

Alla fine, Joel Brand fu portato al Cairo passando per la Palestina. Lì fu interrogato più volte dagli inglesi e iniziò uno sciopero della fame di 17 giorni per protesta. Quattro mesi dopo fu rilasciato, ma costretto a entrare in Palestina. Brand scrisse ingenuamente a Chaim Weizmann, presidente dell'Organizzazione sionista mondiale (WZO), raccontandogli l'accaduto, chiedendogli di accettare l'offerta di Eichmann e spiegandogli che gli ebrei erano stati traditi dai loro leader in Palestina. La risposta di Weizmann, datata 29 dicembre 1944 a Rehovot, è stata presentata al tribunale di Tel Aviv come prova da Shmuel Tamir, l'avvocato dell'informatore Grünwald. Ecco il testo:

"Caro signor Brand,
La prego di perdonarmi per aver tardato a rispondere alla sua lettera. Come sicuramente avrà visto dalla stampa, ho viaggiato molto e in generale non ho avuto un momento libero da quando sono arrivato qui. Ho letto la sua lettera e il memorandum allegato e sarò lieto di incontrarla un giorno della prossima settimana, diciamo verso il 10 gennaio.
La signorina Itin, la mia segretaria, vi contatterà per organizzare il colloquio.
Le invio i miei più cordiali saluti.
Cordiali saluti, Chaim Weizmann".

È interessante notare che, dopo aver scritto a Brand offrendogli un'intervista, Weizmann si è rimangiato la promessa e l'incontro non ha mai avuto luogo. Joel Brand concluse così la sua testimonianza davanti al giudice Halevi: "Che io abbia sbagliato o meno, che sia nel bene o nel male, da allora maledico i leader ufficiali degli ebrei. Tutte queste cose mi tormenteranno fino al giorno della mia morte. È molto più di quanto un uomo possa sopportare".

La deportazione degli ebrei ungheresi nella primavera del 1944 è stata oggetto di continue discussioni tra i ricercatori revisionisti, che si sono confrontati tra loro per capire con la massima precisione possibile cosa sia realmente accaduto. La versione ufficiale offerta dagli sterminazionisti accetta le stime del Congresso ebraico mondiale del 1945 e del 1946, secondo le quali morirono circa 600.000 ebrei. Nel 2000, Arthur R. Butz ha discusso con Jürgen Graf in un ampio articolo intitolato "On the 1944 Deportations of Hungarian Jews", pubblicato su *The Journal of Historical Review*. Graf, noto scrittore e attivista di origine svizzera che nel 1992 ha pubblicato il libro *Der Holocaust auf dem Prüfstand*, edito in Argentina per la prima volta in spagnolo con il titolo *El Holocausto bajo la lupa* (1997), ammette che 438.000 ebrei furono deportati ad Auschwitz tra il maggio e il luglio del 1944, ma nega che siano stati gassati.

Nel 2001, Samuel Crowell, un altro autore revisionista, si è unito al dibattito con un nuovo articolo, "New Light on the Fate of Hungarian Jews", pubblicato anch'esso su *The Journal of Historical Review*. Il ricercatore americano ricorda che Jean-Claude Pressac, l'autore che sostiene la tesi secondo cui ad Auschwitz morirono tra le 600.000 e le 700.000 persone, riduce notevolmente il numero di ebrei ungheresi deportati ad Auschwitz a un numero compreso tra 160.000 e 240.000. Samuel Crowell contesta la deportazione di massa ad Auschwitz e sostiene che molti ebrei ungheresi furono trasferiti in vari campi, tra cui Dora, Buchenwald, Bergen-Belsen, Gross Rosen, Mauthausen, Szeged, Strasshof..., e fornisce la prova che nel giugno 1944 20.000 ebrei furono inviati a Strasshof.

Una delle fonti di Crowell è lo storico ungherese Szabolcs Szita[2], che elenca quasi 400 campi e i loro satelliti dove arrivarono gli ebrei ungheresi. Inoltre, Szita aggiunge i nomi di oltre cinquecento località, molte delle quali non associate a campi di concentramento, che accolsero ebrei deportati dall'Ungheria. Tra queste, cita Unterlüss, vicino ad Hannover, o Moerfelde-Walldorf. È provato che un gran numero di donne ungheresi lavorava a Unterlüss. Si sa anche che circa 1.700 donne ungheresi, dopo essere state trasferite a maggio da Auschwitz, lavorarono a Moerfelde-Walldorf su una pista di atterraggio per la ditta Züblin, un'impresa di costruzioni. Szabolcs Szita cita anche gli ungheresi che lavorarono in diversi campi di concentramento vicino ai Paesi baltici, come Kovno, Klooga, Riga-Kaiserwald, Stuthoff e altri. Nel sottocampo di Dundaga lavoravano tra le 2.000 e le 5.000 donne ungheresi arrivate da Auschwitz a partire da maggio. In altre parole, Szita e altri storici confermano che invece dello sterminio previsto, ci fu un'ampia distribuzione di ebrei da Auschwitz a varie aree occupate dai tedeschi, dove furono costretti a lavorare.

Il rapporto del CICR del 1948 conferma che, come in Slovacchia, gli ebrei ungheresi godevano di una certa libertà di azione. C'erano leggi antiebraiche, ma non c'era alcun pericolo. Fino al marzo 1944, coloro che avevano ottenuto il visto per la Palestina erano liberi di lasciare il Paese. Poi, per evitare che l'Ungheria abbandonasse la sua alleanza con la Germania di fronte alla prevista sconfitta di Hitler, le truppe tedesche occuparono il Paese. Il 18 marzo, il Führer convocò il reggente, l'ammiraglio Horthy, presso il suo quartier generale. Secondo il rapporto del CICR, egli "espresse la sua indignazione per il fatto che quasi un milione di ebrei in Ungheria godessero di libertà illimitata". Dopo l'occupazione, un nuovo governo sotto l'autorità tedesca sospese l'emigrazione ebraica e iniziarono le persecuzioni. Tra maggio e luglio si verificarono le maggiori deportazioni per impiegare gli ebrei come lavoratori.

---

[2] Szabolcs Szita è stato nominato dal governo di Viktor Orbán direttore del Centro Memoriale dell'Olocausto di Budapest. Il libro di Szita *Coexistence-Persecution-Holocaust*, pubblicato nel 2001 e premiato dal Ministero dell'Istruzione del primo governo Orbán, fornisce importanti informazioni sulla storia degli ebrei ungheresi. Poiché i contenuti dell'opera di Szita non sono piaciuti ai leader ebraici, è iniziata una campagna di critica delle sue opinioni.

Arthur R. Butz non solo nega che gli ebrei ungheresi siano stati gassati ad Auschwitz, ma ritiene anche impraticabile il trasferimento di 438.000 di loro nel famigerato campo in un momento critico della guerra, quando i mezzi di trasporto erano necessari per le esigenze belliche. L'autore cita un testo del 19 aprile 1944 in cui le autorità tedesche alludono alle "maggiori difficoltà" nel trovare treni disponibili per il trasferimento dei 10.000 ebrei di cui avevano bisogno come forza lavoro. Il 27 aprile, un nuovo rapporto conferma che fu finalmente possibile trasportarne 4.000, che arrivarono ad Auschwitz intorno al 1° maggio. Esistono prove documentali di un secondo trasporto di 4.000 ebrei verso il campo di lavoro, 2.000 dei quali furono registrati il 22 maggio e altri 2.000 il 24 maggio. Tuttavia, la carenza di treni impedì la deportazione dei cinquantamila necessari. Va inoltre ricordato che il 6 giugno 1944, giorno del D-Day, iniziò lo sbarco in Normandia e i tedeschi si trovarono in una situazione disperata su entrambi i fronti. Le ferrovie erano fondamentali per il trasporto di truppe e materiali per evitare il collasso. È impossibile capire come sia stato possibile destinare un numero enorme di treni alla deportazione di massa a scapito delle priorità e della capacità operativa dell'esercito. A difesa della sua tesi, Arthur R. Butz sostiene che la cifra di 438.000 ebrei, presumibilmente deportati in due mesi, equivale a due terzi delle deportazioni da Germania, Austria ed Europa occidentale in tre anni (1941-1944). Un altro fatto incomprensibile che gli sterminazionisti non riescono a spiegare è perché i tedeschi abbiano sprecato tempo e risorse per deportare centinaia di migliaia di persone ad Auschwitz per ucciderle, quando avrebbero potuto farlo, se questo era davvero l'obiettivo, fucilandole in Ungheria o sulle montagne slovacche attraverso le quali passavano i treni.

Prima di procedere oltre, è opportuno chiarire che all'inizio del 1944 gli ebrei ungheresi erano circa 750.000, secondo le cifre fornite dagli stessi tedeschi. Non è chiaro se questa cifra comprenda anche i rifugiati polacchi e slovacchi che attraversarono in massa il confine perché l'Ungheria era considerata un rifugio sicuro. Poiché i sionisti utilizzavano l'Ungheria come trampolino di lancio per incanalare l'immigrazione verso la Palestina, si deve presumere che vi fosse anche un ulteriore afflusso di ebrei dell'Europa orientale che entravano nel Paese a questo scopo. 300.000 di loro vivevano a Budapest nella primavera del 1944. Se il numero di deportati nei mesi di maggio e giugno fosse la cifra fornita dagli sterminatori, ciò equivarrebbe ad accettare la scomparsa di tutti gli ebrei ungheresi che vivevano nelle province, dal momento che gli ebrei della capitale non erano stati evacuati. Inoltre, va notato che nel novembre 1944, 100.000 ebrei arrivarono a Budapest da diverse parti del Paese, il che significa che il numero di deportati era inferiore al numero di ebrei deportati nel novembre 1944.

Il fatto che nel marzo 1944 i tedeschi avessero reso pubblica l'intenzione di deportare gli ebrei ungheresi fu immediatamente colto dai propagandisti ebrei per lanciare una campagna sulla storia dello sterminio degli ebrei ungheresi, che includeva ogni sorta di atrocità. Arthur R. Butz cita in *The Hoax of the Twentieth Century* una ventina di rapporti pubblicati tra il febbraio e l'agosto 1944 sul *New York Times*, il fiore all'occhiello della stampa ebraica negli Stati Uniti. Vediamo solo alcuni di essi. Il 10 maggio fu pubblicato un articolo di Joseph M. Levy in cui si affermava che l'Ungheria stava preparando "l'annientamento degli ebrei ungheresi con i mezzi più diabolici". Gratuitamente, senza la minima prova, si affermava che il governo Sztójay stava "per iniziare lo sterminio di circa un milione di esseri umani". Con assoluta impudenza, Joseph M. Levy scrisse: "Il governo ungherese ha decretato la creazione in varie parti dell'Ungheria di "bagni speciali" per gli ebrei. Questi bagni non sono altro che enormi camere a gas pronte per l'omicidio di massa, proprio come quelle aperte in Polonia nel 1941". Una settimana dopo, il 18 maggio, lo stesso articolo affermava che ottocentomila ebrei delle province dei Carpazi erano stati "inviati ai campi di sterminio in Polonia".

Citando fonti ungheresi che riferivano dalla Turchia, il 2 luglio il *New York Times* inserì a pagina 12 un articolo in cui si affermava che "350.000 ebrei erano pronti per essere deportati nei campi di sterminio in Polonia". Lo stesso articolo affermava che 400.000 erano già stati inviati il 17 giugno e aggiungeva: "si ritiene che i restanti 350.000 saranno giustiziati entro il 24 luglio". Il 6 luglio, a pagina 6, si legge: "Il Congresso ebraico mondiale è stato informato più di due settimane fa che centomila ebrei recentemente deportati dall'Ungheria in Polonia sono stati gassati nel grande campo di concentramento tedesco di Oswiecim" (toponimo polacco di Auschwitz). Il 4 agosto, un corriere della resistenza polacca fu accreditato come fonte, annunciando "che gli ebrei ungheresi venivano inviati a Oswiecim al ritmo di dodici treni carichi ogni ventiquattro ore". Per sciocare ulteriormente l'opinione pubblica americana, aggiungeva che "nella fretta i tedeschi hanno iniziato a uccidere bambini piccoli con i manganelli". Anche durante la Prima guerra mondiale, come sappiamo, i propagandisti lanciarono una campagna contro la Germania. I loro soldati furono accusati di mangiare i bambini belgi e di lanciarli in aria per infilzarli con le baionette. La differenza è che gli inglesi poi ritrattarono e il loro ministro degli Esteri si scusò con la Germania alla Camera dei Comuni, dove riconobbe che si trattava di propaganda di guerra; ma oggi, nel XXI secolo, la propaganda sulle atrocità naziste contro gli ebrei è in continua crescita.

Il professor Butz riproduce nella sua opera fino a cinquanta documenti presentati ai processi di Norimberga, utilizzati dagli sterminazionisti per dimostrare che più di 400.000 ebrei furono deportati tra il 15 maggio e l'inizio di luglio 1944. Un esempio dell'inaffidabilità di alcuni di essi è NG-2233, che afferma assurdamente che il programma di sterminio aveva la priorità sulla produzione militare in termini di ferrovie. Esiste il ragionevole dubbio che molti di questi testi siano falsi, con la collaborazione nel dopoguerra di nazisti a cui fu concessa l'immunità e che sfuggirono al processo. La maggior parte sono copie ciclostilate di telegrammi inviati al Ministero degli Esteri da Edmund Veesenmayer, plenipotenziario del Ministero in Ungheria. Veesenmayer era un imputato nel processo Wilhelmstrasse, l'11° caso NMT, uno dei dodici processi organizzati dagli americani tra il 1946 e il 1949. Il procuratore ebreo Robert Kempner, che si occupò della "sezione ministeri politici", usò le strategie più sporche per ottenere le dichiarazioni che voleva. Secondo l'*Encyclopedia Judaica*, Kempner era "procuratore capo"[3]. Veesenmayer ha testimoniato che poteva ricevere fino a venti ordini al giorno e che alcuni di essi si contraddicevano a vicenda. Ha dichiarato che i suoi rapporti erano redatti da assistenti e che li firmava dopo averli esaminati a colpo d'occhio. Alla fine fu condannato a vent'anni di carcere, ma all'inizio del 1952 era libero.

A nostro avviso, alcuni documenti dimostrano le incongruenze e le incertezze dei tedeschi, soprattutto mentre Eichmann stava negoziando con il Comitato di Soccorso Ebraico a Budapest e attendeva la demarcazione di Joel Brand a Istanbul, dove i sionisti avrebbero dovuto assicurare diecimila camion per salvare tutti gli ebrei d'Ungheria dalla deportazione. Tre documenti datati tra il 28 e il 30 aprile 1944, NG-5595, NG-5596 e NG-5597, confermano l'arresto di 194.000 ebrei a seguito di "operazioni speciali". Nel documento NG-2059, datato 8 maggio 1944, Veesenmayer afferma: "Un certo numero di ebrei che dovevano essere deportati sono stati messi a lavorare in progetti militari in Ungheria". Particolarmente rivelatore è un rapporto dattiloscritto contenuto nel documento NG-2980, in cui si ammette che il consigliere speciale per gli affari ebraici presso l'ambasciata tedesca a Budapest, von Adamovic, "non ha idea di quale sia lo scopo o il modo di attuare le misure antiebraiche". Il rapporto fa anche riferimento alla visita di Adamovic all'ufficio di Eichmann, dove ha appreso che 116.000 ebrei erano stati deportati nel Reich e che la deportazione di altri 200.000 era imminente.

---

[3] Di questo Robert Kempner abbiamo già scritto nel capitolo undicesimo, più precisamente nella sezione dedicata all'assemblea di Norimberga. Aggiungiamo ora che questo ebreo di origine tedesca era emigrato negli Stati Uniti nel 1939 e che durante la guerra era uno dei tanti ebrei che lavoravano all'interno dell'OSS (l'Intelligence Service), tra cui, come esempio curioso, Herbert Marcuse, il famoso filosofo della Scuola di Francoforte e autore di *One-Dimensional Man*. Come è stato spiegato, la coercizione era uno strumento abituale di Kempner negli interrogatori di Norimberga, dove rubò numerosi documenti originali. Kempner nascose il documento Schlegelberger, che dimostrava come Hitler avesse ordinato nel marzo 1942 di rimandare la soluzione della questione ebraica alla fine della guerra. David Irving lo pubblicò nel 1977 in *Hitler's War*. Nel 1951 Kempner fu rappresentante di Israele a Bonn e svolse un ruolo di primo piano nei negoziati per il risarcimento da parte della Germania allo Stato sionista e alle persone colpite dalla persecuzione nazista. Nel 1952 apparve nuovamente negli Stati Uniti in relazione all'inchiesta della Camera dei Rappresentanti sul massacro della Foresta di Katyn, in merito al quale Kempner aveva testimoniato a favore dei sovietici nell'IMT pur sapendo che esistevano prove della colpevolezza dell'URSS, mettendo così a nudo la sua disonestà.

A questo proposito, viene specificato che la concentrazione di 250.000 ebrei dalle province a nord e a nord-ovest di Budapest sarebbe iniziata il 7 giugno.

Grazie al rapporto di Kastner, sappiamo che il 9 giugno 1944 Eichmann stava ancora aspettando che gli sforzi di Joel Brand a Istanbul dessero i loro frutti, in modo che i membri del "Vaadah" (il Comitato di soccorso ebraico) godessero della protezione dei tedeschi e degli ungheresi, il che permise loro di continuare ad aiutare i rifugiati polacchi e slovacchi. Kastner riconosce che i leader della gioventù sionista li visitavano quotidianamente e che l'ambasciatore Wesenmayer intercedeva per loro presso il governo ungherese, il che dava loro speranza. Se le speranze legate a Istanbul non rendono possibile la salvezza di tutti gli ebrei ungheresi", scrisse testualmente Kastner, "dovremmo almeno proteggere alcuni di loro dalle camere a gas". Poiché il rapporto fu presentato alla WZO nel 1946, è logico che Kastner abbia menzionato le camere a gas, poiché la versione ufficiale e la propaganda avevano già stabilito che milioni di ebrei erano stati gassati.

Lenni Brener, editore del *Rapporto del Comitato di Soccorso Ebraico di Budapest*, seleziona un estratto del rapporto che riporta la negoziazione di Kastner con Eichmann durante il mese di giugno per il trasporto di 1.300 ebrei in Palestina. Il giorno in cui doveva iniziare la nostra 'Aliyah'", scrive Kastner, "si stava avvicinando. Il gruppo non era stato completamente assemblato..... Nel frattempo, abbiamo contrattato con Eichmann il numero dei partecipanti. Sotto la voce "inclusione del gruppo Klansenburger" si ottenne un aumento di mille persone. In considerazione del gran numero di persone importanti provenienti dalle province, egli diede il permesso di aumentare il numero di posti di duecento. Il giorno della partenza il numero dei partecipanti con autorizzazione ufficiale ammontava a milleduecento". Leggendo queste parole non c'è dubbio che nel mese di giugno 1944 Eichmann stava collaborando con i sionisti per salvare le vite dei "Prominenti". Questa è la parola inglese che compare nel testo. Naturalmente, le vite di coloro che non erano importanti avevano un valore minore. Per il suo interesse, traduciamo dall'inglese il brano "Un'arca di Noè: la composizione del trasporto per l'estero".

> "La partenza del gruppo era fissata per il 30 giugno. Ancora una volta abbiamo dovuto compilare una 'prima' lista. I 1.300 posti sono stati distribuiti tra le seguenti categorie, in accordo con la Vaadah.
> 1. Ortodossi (rifugiati da Budapest. Compilato da Philip Freudiger)
> 2. Rifugiati polacchi, slovacchi e jugoslavi (secondo le loro liste).
> 3. I principali neurologi (elenco di Samuel Stern).
> 4. Sionisti, titolari di certificati (su raccomandazione del Presidium del Dipartimento della Palestina)
> 5. Halutz, giovani ungheresi e rifugiati: Dror Habonin, Makkabi, Hazan, Hashomer, Hazair, Noar Hazioni, Mizrachi Akiba (secondo il loro stesso elenco).

6. Revisionisti (su raccomandazione del leader revisionista Gottesman).
7. Persone paganti, i cui contributi hanno contribuito a coprire i costi di tutti i trasporti.
8. I salvati dalle province.
9. Personalità ebraiche di spicco della sfera religiosa, scientifica e culturale.
10. Orfani. Un gruppo di orfani di Budapest, più 17 orfani polacchi. Il loro caso era affidato al dottor Georg Polgar, un importante dirigente dell'Ufficio Sanitario Ebraico, anch'egli presente sul trasporto".

Ancora una volta, diventa chiaro che la maggior parte delle vittime del nazismo erano gli ebrei più poveri, quelli che non potevano evitare la persecuzione e la deportazione perché non avevano né i mezzi per fuggire né un'influenza sufficiente per essere presi in considerazione dalle organizzazioni che negoziavano con le autorità tedesche nei vari Paesi occupati. Il testo sottolinea che l'élite spirituale dell'ebraismo ungherese fu invitata a lasciare il Paese, così come personalità di ogni estrazione sociale. Il rapporto cita come esempi i nomi di un architetto, un oculista, uno psicologo, uno specialista in raggi X, un internista, un pianista e persino un cantante d'opera. In un altro paragrafo Kastner insiste nel citare le persone di spicco che lui e la sua squadra sono riusciti a salvare:

> "Inoltre, molte personalità della vita pubblica di Siebenbürgen portate da Klausenberg avrebbero potuto essere salvate in questa azione. Alcuni di loro dovrebbero essere citati qui. I dottori Theodor e Joseph Fisher, Joel Titelbaum, il rabbino chassidista di fama mondiale che era un convinto oppositore del movimento sionista. Ad eccezione di Otto Kolmony e del dottor Rezsö Kasztner (lui stesso), che rimasero a Budapest per continuare il lavoro, le seguenti personalità lasciarono il Paese durante il trasporto: la leadership dell'Organizzazione sionista ungherese, i collaboratori del Fondo nazionale, anche alcuni collaboratori e membri della Vaadah: Ernst Szilagy, Moshe Rosenberg, Joseph Weinberger, Ede Morton, la dottoressa Sarah Friedlander, la dottoressa Elisabeth Kurz. Altre personalità ortodosse e rabbini di spicco completano il quadro".

Altri progetti di collaborazione con i nazisti compaiono nel rapporto di Kastner, dove annota come successo del Comitato ebraico di Budapest il salvataggio di 17.000 ebrei della provincia che furono portati in Austria. Cita anche che alle 15.30 del 19 agosto 1944 si recarono in Svizzera con una lista di 318 ebrei che intendevano liberare dal campo di Bergen-Belsen, obiettivo che raggiunsero ancora una volta: il 21 agosto il gruppo fu portato a Basilea da un piccolo posto di frontiera tedesco. Lenni Brenner riproduce nei suoi *51 Documenti* anche una lettera del rappresentante svizzero del War Refugee Board, Roswell D. McClelland, che Kastner allegò al suo rapporto alla WZO. È ormai noto che tra l'autunno del 1944 e la primavera del 1945 i negoziati tra la leadership tedesca e Saly Mayer, il rappresentante svizzero del Joint Distribution Committee, proseguirono con la mediazione di Rudolf Kastner. In seguito a questi incontri, due gruppi di ebrei ungheresi che erano stati deportati da Budapest nel giugno 1944, per un totale di 1.673 persone, furono rilasciati dal campo di concentramento di Bergen-Belsen e arrivarono in Svizzera nel dicembre 1944. Per quanto è possibile accertare, i presunti sterminatori acconsentirono ripetutamente a facilitare il salvataggio di gruppi di ebrei e, come avevano fatto fin dall'inizio dell'ascesa al potere dei nazisti, continuarono a negoziare e a collaborare con le organizzazioni sioniste.

Il rapporto del Comitato Internazionale della Croce Rossa conferma anche che il governo ungherese era pronto a sostenere l'aumento dell'emigrazione ebraica, e così in agosto il CICR ha contattato i governi britannico e americano, ottenendo una dichiarazione congiunta in cui si esprimeva la disponibilità a sostenere l'emigrazione ebraica dall'Ungheria in ogni modo possibile. Il CICR ha trasmesso a Budapest il seguente messaggio del governo americano:

> "Il governo degli Stati Uniti è stato informato dal CICR che il governo ungherese è disposto a consentire l'emigrazione di alcune classi di rifugiati dall'Ungheria.... in considerazione delle considerazioni umanitarie riguardanti gli ebrei ungheresi, il governo degli Stati Uniti esprime ancora una volta la convinzione che in tal modo si negozierà per il bene di tutti gli ebrei che sono autorizzati a lasciare l'Ungheria e a raggiungere i territori alleati o altri territori neutrali e che si troveranno rifugi temporanei sicuri per loro dove potranno vivere in sicurezza". I governi dei Paesi neutrali sono stati informati di tali intenzioni e sono stati invitati a permettere agli ebrei ungheresi che raggiungono i loro confini di entrare nei loro territori".

Alla fine di agosto, l'andamento della guerra indicava chiaramente che i tedeschi non sarebbero stati in grado di mantenere a lungo la loro posizione in Ungheria, poiché le battute d'arresto che stavano subendo erano già continue ed erano in ritirata sia sul fronte orientale che su quello occidentale. La Vaadah, che aveva negoziato con Eichmann fino alla fine, iniziò a collaborare con i gruppi ebraici che operavano nella resistenza, ai quali forniva denaro, armi e munizioni. "I gruppi 'Haluzim' rimasti a Budapest", si legge nel rapporto di Kastner, "si preparavano alla possibilità di uno scontro armato con i tedeschi nelle strade di Budapest". L'8 ottobre 1944, le autorità ungheresi annunciarono la sospensione delle deportazioni e comunicarono di aver smantellato il campo di Kistarcea, dove erano stati concentrati e liberati intellettuali, medici e ingegneri ebrei. Ancora una volta, quindi, assistiamo al trattamento speciale di un gruppo d'élite di ebrei. Il 15 ottobre, l'ammiraglio Miklós Horthy, reggente d'Ungheria dal 1° marzo 1920, chiese un armistizio alle potenze alleate, il che mise in allarme gli ebrei, che aspettavano questo momento. Il rapporto del CICR rileva che le truppe tedesche vennero attaccate dalle case dai membri di questi gruppi di resistenza, ma il piano di Horthy fallì e il reggente venne arrestato. Il 16 ottobre, il Partito della Croce Frecciata di Ferenc Szálasi prese il potere e fu dichiarato lo stato d'assedio a Budapest. Da questo momento in poi la politica nei confronti degli ebrei si inasprì e la repressione iniziò a intensificarsi.

Gli ebrei furono immediatamente espulsi da Budapest e le loro proprietà furono confiscate. Va notato che la metà dei beni immobili della città era nelle mani di proprietari ebrei. Nel periodo tra le due guerre, il potere di questa minoranza etnica, che rappresentava il 6% della popolazione, non aveva fatto che crescere in tutto il Paese, nonostante molti ungheresi li odiassero a causa dei crimini della dittatura comunista imposta da Bela Kun e da altri comunisti ebrei nel 1919-1920. Senza dubbio questo odio in alcuni ungheresi ha portato a furti e altri eccessi per alcuni giorni, provocando l'immediata denuncia del delegato della Croce Rossa al Ministero degli Interni, che il 20 ottobre ha emesso un decreto che vietava i saccheggi. La delegazione è stata immediatamente offerta come rifugio ai membri del Consiglio ebraico o del Senato ebraico, e il delegato ha ottenuto che il governo ungherese annunciasse alla radio che gli edifici del CICR avrebbero goduto della stessa immunità delle ambasciate.

Il governo filo-tedesco di Szálasi inviò 6.000 ebrei normodotati da Budapest alla Germania in gruppi di 1.000. La marcia, che doveva passare per Vienna, fu condotta a piedi, facendo sì che il comandante di Auschwitz, il "grande sterminatore" Rudolf Höss, e il colonnello generale Jüttner, arrivato a Budapest su invito di Kurt Becher, avessero pietà degli ebrei e ordinassero di fermare la marcia. "Il comandante di Auschwitz, contrario alla marcia a piedi". Con questa frase Kastner inizia il capitolo VI del suo rapporto, intitolato "La presa del potere da parte della Croce Frecciata". Seguono le sue stesse parole:

> "Su invito di Becher, il 16 novembre arrivarono a Budapest importanti visitatori tedeschi, il capo delle Waffen SS, colonnello generale Jüttner, e il comandante di Auschwitz, tenente colonnello Höss. Sulla strada tra Vienna e Budapest assistettero alla terribile marcia a piedi. I corpi ammassati lungo la strada, persone esauste, fecero una dolorosa impressione ai cavalieri tedeschi.... Jüttner ordinò al Judenkommando di Budapest di sospendere immediatamente la marcia".

Logicamente, una tale incoerenza è incomprensibile e non vediamo come sia possibile che Höss, il mostro che avrebbe gassato migliaia di ebrei ogni giorno senza il minimo scrupolo, possa provare sentimenti umanitari e ordinare di fermare la marcia. In ogni caso, l'interruzione fu di breve durata; il 21 novembre Eichmann tornò nella capitale ungherese dopo una temporanea assenza e cinque giorni dopo ordinò di riprendere la marcia. Sia il rapporto del CICR che quello del Comitato di soccorso ebraico forniscono tutti i dettagli dei mezzi mobilitati per assistere i marciatori con rifornimenti, medicinali e altre risorse. La Croce Rossa svedese, la Divisione A della Croce Rossa Internazionale, l'Ambasciata svizzera sono alcune delle organizzazioni citate da Kastner. Il rapporto del CICR riconosce anche il generoso aiuto del vescovo di Gyor, una città a ovest di Budapest, a metà strada tra la capitale ungherese e Vienna. Il vescovo mise a disposizione del delegato della Croce Rossa l'abbazia di Panonalma, un monastero benedettino che accolse 1.000 orfani "senza distinzione di razza o religione". Per quanto riguarda i convogli di ebrei che percorrevano 25-30 chilometri al giorno verso i campi di lavoro in Germania, il rapporto afferma che il vescovo lavorava a stretto contatto con il delegato:

> "Organizzò un centro di soccorso 'in rotta', da lui stesso finanziato e gestito da rappresentanti del Comitato. Questo centro ha protetto migliaia di ebrei dalle intemperie, almeno per qualche ora, durante il loro terribile esodo. I 'gruppi di trasporto' della delegazione inviavano loro cibo man mano che procedevano, pagavano i contadini per trasportare i più deboli, 15 o 20 alla volta, nei loro carri, fornivano assistenza medica e dispensavano medicine".

Il nuovo governo ungherese costrinse gli uomini di età compresa tra i sedici e i sessant'anni e le donne sotto i quaranta a lavorare nella fortificazione di Budapest. Il resto della popolazione ebraica fu confinata in quattro ghetti vicino alla capitale. Tuttavia, gli ebrei che avevano passaporti o visti per la Palestina, la Svizzera, la Svezia, la Spagna o il Portogallo riuscirono a sfuggire all'evacuazione. A novembre, quelli rimasti a Budapest furono ammassati in un ghetto insieme a 100.000 ebrei giunti nella capitale dalle province. Nonostante i continui bombardamenti sulla città e la generale carenza di rifornimenti, la Croce Rossa riuscì a inviare al ghetto aiuti e rifornimenti. Non appena Budapest fu liberata", si legge nel rapporto del CICR, "il delegato e le organizzazioni ebraiche locali allestirono, con i fondi del Comitato Congiunto di New York, depositi di cibo e di medicinali molto necessari. Le autorità russe avevano ordinato a tutti gli stranieri di lasciare Budapest...".

È un crudele sarcasmo definire l'ingresso dei comunisti in città una liberazione, soprattutto se si considera ciò che accadde. L'ordine di lasciare Budapest agli stranieri aveva probabilmente lo scopo di sopprimere i testimoni dei crimini che seguirono la "liberazione". Come in seguito in Germania, centinaia di migliaia di donne ungheresi, forse quasi un milione, furono violentate dai soldati sovietici grazie alla permissività dei loro ufficiali, molti dei quali, per quanto ne sappiamo, erano ebrei. Oltre a 600.000 prigionieri di guerra, 230.000 civili furono trascinati nei Gulag sovietici, i veri campi di sterminio che nessuno vuole ricordare. Secondo le stime più prudenti, mezzo milione di ungheresi persero la vita nei campi di internamento, fucilati per strada o uccisi al n. 60 di Andrássy-út, nelle cui celle operavano solitamente scagnozzi ebrei.

Dopo quarant'anni di dittatura comunista, nel 2002 l'edificio sul viale Andrássy di Budapest è stato trasformato in un museo noto come "Terror Háza Múzeum" (Casa del Terrore). Lo scrittore nazionalista ungherese Louis Marschalko, autore del libro *I conquistatori del mondo*, denuncia che la classe media, gli intellettuali e i leader nazionali furono assassinati e che coloro che presiedevano i cosiddetti "tribunali rivoluzionari" erano giudici ebrei. Marschalho denuncia che in Europa occidentale un ebreo ungherese di origine americana, il colonnello Martin Himmler, guidò la campagna di vendetta contro 300.000 ungheresi fuggiti dai comunisti. Nelle pubblicazioni sioniste si ritiene che Martin Himmler abbia "vendicato lo spargimento di sangue ebraico innocente".

Poiché, come abbiamo visto con l'esempio del vescovo di Gyor, la Chiesa ungherese prese posizione contro la persecuzione degli ebrei ungheresi e li aiutò, concludiamo citando il caso del cardinale cattolico Jozsef Mindszenty, che protesse gli ebrei durante la guerra e dopo la guerra cercò di fare lo stesso per i cristiani perseguitati dai comunisti. Come vescovo di Veszprem nel 1944, Mindszenty salvò gli ebrei che i tedeschi volevano deportare dando loro un salvacondotto papale. Dopo l'ascesa al potere del governo Szálasi, fu arrestato perché considerato un nemico dei tedeschi e un protettore degli ebrei. Dopo la guerra, come aveva fatto con gli ebrei perseguitati dai nazisti, il cardinale ritenne suo dovere difendere i cristiani perseguitati e denunciare la campagna di vendetta scatenata dai comunisti ebrei. A causa di questo atteggiamento, fu considerato un antisemita.

Nel 1948 fu arrestato e processato nel 1949. Louis Marschalko denuncia i due principali comunisti ebrei che si opposero a Mindszenty: Mátyás Rákosi-Roth (Mátyás Rosenfeld), segretario generale del Partito dei Lavoratori che nel 1952 divenne presidente del Consiglio dei Ministri, e Jozsef Revai (Moses Kahana), ministro dell'Istruzione che orchestrò la campagna contro il cardinale cattolico. Tra i sacerdoti che lo tradirono, cita Istvan Balogh (alias Izrael Bloch). Altri ebrei che testimoniarono contro di lui furono: Ivan Boldizsar (Bettelheim), capo della propaganda del governo comunista; Yuli Reismann, capo del dipartimento di pubblicità; Gera-Grünzweig, anch'egli propagandista del governo; Hanna F. Sulner, esperta di calligrafia che falsificò i manoscritti del cardinale presentati al processo, e suo marito Laszlo Sulner.

I Sulner fuggirono in Austria il 6 febbraio 1949, dove denunciarono il processo contro il cardinale Mindszenty come una farsa ed esibirono i microfilm dei documenti falsi su cui avevano lavorato. Laszlo morì a trent'anni a Parigi e Hanna, convinta che il marito fosse stato avvelenato da agenti comunisti, emigrò negli Stati Uniti nel 1950, dove divenne una delle massime autorità del Paese in materia di identificazione dei manoscritti.

PARTE 2
SUI CAMPI IN GERMANIA

Esistono ormai numerose opere che dimostrano senza ombra di dubbio che i campi di sterminio non sono esistiti in quanto tali. Coloro che si ostinano a ingannare gli studenti di storia di tutto il mondo dando per scontata questa tesi propagandistica sono o ignoranti o insegnanti disonesti. Nelle parti successive del capitolo cercheremo di presentare tutte le prove che i ricercatori revisionisti hanno scoperto, in modo che il lettore possa giudicare se meritano o meno di essere prese in considerazione. Se la funzione dei campi era lo sterminio di massa dei detenuti, come si può capire che il 28 dicembre 1942 Heinrich Himmler, il Reichsführer delle SS, emise un ordine con questo testo: "Il tasso di mortalità nei campi di concentramento deve essere abbassato ad ogni costo". Il 20 gennaio 1943 il generale delle SS Richard Glücks, responsabile dell'Ispettorato dei campi di concentramento, inviò una circolare a tutti i comandanti dei campi in cui ordinava: "Devono essere utilizzati tutti i mezzi per ridurre il tasso di mortalità". Questi ordini sono compatibili con l'obiettivo dello sterminio?

Le misure adottate per combattere l'epidemia di tifo che si diffuse in tutto il campo nell'estate del 1942 saranno discusse in dettaglio nella sezione su Auschwitz che segue. Avremo quindi modo di collocare questi ordini nel contesto in cui furono emanati. Secondo i dati presentati a Himmler dal generale delle SS Oswald Pohl, capo del WVHA ("Wirtschafts-Verwaltungshauptamt"), nell'agosto 1942 nei campi di concentramento c'erano 115.000 prigionieri, di cui 12.217 morirono nello stesso mese, cioè il 12,21%. Grazie a misure igieniche, nutrizionali e ad altre procedure, il tasso di mortalità era sceso al 2,80% nel maggio 1943. Dei 203.000 detenuti nei campi a questa data, 5.700 morirono. Questa cifra fu presentata come un successo delle misure adottate per eseguire gli ordini del Reichsführer delle SS. Va notato che questi numeri totali di prigionieri nei campi, così come riportati dalle autorità tedesche, coincidono con quelli della Croce Rossa, che nel suo rapporto del 1948 indicava il numero di prigionieri nell'agosto 1943 in 224.000 unità. Nello stesso rapporto la Croce Rossa afferma che solo un anno dopo, cioè nell'agosto 1944, c'erano 524.000 prigionieri nell'intero sistema tedesco dei campi di concentramento.

Nelle pagine che seguono, si vedrà che i campi crollarono completamente in seguito alla sconfitta della Germania, la cui popolazione civile fu privata dei beni di prima necessità durante gli ultimi anni di guerra e fu massacrata in massa dai bombardamenti a saturazione delle principali città. Prima di questo collasso del sistema dei campi di concentramento, i campi tedeschi erano ben progettati per svolgere il loro lavoro ed erano di gran lunga i meglio equipaggiati. Ricordiamo che i campi di sterminio di

Eisenhower non avevano alcun riparo per i prigionieri e che le condizioni dei campi nei Gulag sovietici erano assolutamente deprimenti.

Una donna tedesca di origine ebraica, Margarete Buber, dopo aver trascorso diversi anni in un campo di concentramento in URSS, tornò in Germania nell'agosto del 1940 con un contingente di deportati. Purtroppo non fu liberata, ma internata nel campo di Ravensbrück. Nel 1950 pubblicò a Londra *Under Two Dictators*, in cui raccontava la sua esperienza. Trovò il campo tedesco immacolatamente pulito, con ampi prati e fiori. I bagni erano regolari, le lenzuola venivano cambiate settimanalmente, il che le sembrò un lusso inimmaginabile dopo la sua precedente esperienza. I pasti erano serviti con pane bianco, salsiccia, margarina e porridge dolce con noci. Margarette Buber mangiò per la prima volta a Ravensbrück il 3 agosto 1940 e chiese al suo vicino se si trattava di un pasto speciale o di una festa. L'uomo era inespressivo e lei insistette nel chiedere se mangiavano sempre così. Dopo aver risposto affermativamente, il detenuto si stupì che qualcuno potesse esserne così contento. Frau Buber considerava la caserma di Ravensbrück una reggia rispetto al fango sovraffollato del campo sovietico. La prima domenica mangiò stufato di manzo, cavolo rosso e patate, una vera festa secondo lei. Nel 1943, tuttavia, cominciarono ad arrivare prigionieri da altri campi e ad affollare la struttura, e tutto cambiò. All'inizio del 1945, i detenuti di Auschwitz e di altri campi dell'est arrivavano esausti e affamati, ma non solo loro, anche le decine di migliaia di rifugiati tedeschi in fuga dai sovietici.

Inizialmente, tra il 1933 e il 1939, i nazisti utilizzarono i campi per imprigionare elementi che erano stati arrestati per le loro attività anti-regime: liberali, socialdemocratici e soprattutto comunisti. Lo storico ebreo Gerald Reitlinger ammette che prima della guerra la popolazione dei campi era di circa 20.000 persone, tra cui meno di tremila ebrei detenuti non perché ebrei, ma per le loro attività antinaziste. Rispetto ai milioni di prigionieri sovietici trattati come schiavi nei campi dell'URSS, questa cifra è irrisoria. Nel 1939 c'erano sei campi principali in Germania: Dachau, aperto nel 1933; Sachsenhausen, nella città di Oranienburg, attivo dal 1936 e dal 1940 in poi con il campo satellite di Gross-Rosen; Buchenwald, vicino a Weimar, istituito nell'estate del 1937; Flossenbürg (1938); Mauthausen, vicino a Linz (1938); e Ravensbrück, un campo femminile pubblicato nel Meclemburgo (1939).

Lo scrittore ebreo Lion Feuchtwanger stima in cento il numero di ebrei imprigionati a Dachau nel 1936, sessanta dei quali si trovavano lì dal 1933. Hans Beimler, un altro comunista ebreo tedesco che fu assassinato in Spagna nel 1936, trascorse un mese a Dachau nel 1933. Nello stesso anno ha pubblicato il libro *Four Weeks in the Hands of Hitler's Hell-Hounds. Il campo di sterminio nazista di Dachau* (*Four Weeks in the Hands of Hitler's Hell-Hounds. Il campo di sterminio nazista di Dachau*). In quest'opera sensazionalistica, simile a un pamphlet, cercava già di diffondere l'idea che Dachau fosse un campo di sterminio.[4]

Buchenwald: le testimonianze di Paul Rassinier e Eugen Kogon

Se si esclude il pamphlet di Beimler, le prime opere di interesse sui campi di concentramento furono scritte da due prigionieri di Buchenwald. La prima, *Der SS-Staat. Das System der deutschen Konzentrationslager (Lo Stato delle SS. Il sistema tedesco dei campi di concentramento)*, apparve nel 1946. Fu pubblicato in Spagna nel 1965 con il titolo *Sociología de los campos de concentración (Sociologia dei campi di concentramento)*. Il suo autore, Eugen Kogon, un ebreo tedesco che trascorse sei anni a Buchenwald, non dubitò mai dell'esistenza delle camere a gas, sebbene ne fosse a conoscenza solo attraverso la propaganda e i racconti di presunti testimoni. La seconda opera, *Le Mensonge d'Ulysse (La menzogna di Ulisse)*, pubblicata per la prima volta in inglese nel 1961, è di Paul Rassinier, considerato il primo storico revisionista. Il fatto che Rassinier provenga dalla sinistra radicale rende il suo lavoro ancora più prezioso, poiché pochi militanti di sinistra sono abbastanza onesti da affrontare la verità storica. Dal punto di vista ideologico, intellettuale ed emotivo, nessuno poteva essere meno incline di lui a difendere Hitler e il nazionalsocialismo. All'età di 16 anni, Rassinier si iscrisse al Partito Comunista Francese nel 1922, ma nel 1932 fu escluso da a causa delle sue posizioni di estrema sinistra. Con l'ebreo Boris Souvarin, partecipò a un'organizzazione comunista indipendente fino al 1934, quando si unì alla sezione francese dell'Internazionale dei lavoratori. Arrestato il 30 ottobre 1943 per le sue attività nella Resistenza francese, Rassinier fu deportato a Buchenwald e da lì a Dora-Mittelbau. Rilasciato nel 1945, tornò in Francia come invalido. Le sue idee politiche gli procurarono ben presto molti nemici, fino a provocare aggressioni fisiche,

---

[4] Hans Beimler partecipò alla guerra civile spagnola. Era un membro del Battaglione Thälmann, di cui era commissario politico. Ufficialmente morì alla fine di novembre del 1936 difendendo Madrid. Il suo funerale fu sfruttato dalla propaganda politica. Fu organizzato un corteo funebre di sei o sette auto da Madrid ad Albacete. Anche la radio annunciò l'arrivo dell'eroe internazionale, accompagnato da Santiago Carrillo, Fernando Claudín e altri dirigenti comunisti. La sua salma fu esposta e gli operai di Albacete sfilarono davanti alla bara del compagno. Ciò che è certo, tuttavia, è che Beimler fu colpito alle spalle dall'NKVD, il che fa pensare che fosse un trotzkista. La sua amica Antonia Stern accusò Richard Steimer, il generale Hoffman, di essere l'autore dell'omicidio. È ormai noto che dopo la cerimonia funebre, il medico legale e del Governo Civile, José Carrilero, esaminò il corpo quando Carrillo e la compagnia avevano già lasciato Albacete. Ha fotografato la testa e si è constatato che c'era un foro di entrata del proiettile dietro la parte centrale dell'orecchio destro e l'uscita attraverso la volta cranica opposta. Il dottor Carrilero ha anche stabilito che i proiettili provenivano da un revolver o da una pistola e non da un fucile.

processi e ostracismo sociale. Alcuni ebbero il coraggio di chiamarlo "neonazista". Quando scrisse *La menzogna di Ulisse*, Rassinier non osava ancora, nonostante i suoi dubbi, negare l'esistenza delle macchine fotografiche; ma proseguendo le sue ricerche si convinse che non esistevano.[5]

I contenuti combinati dei due libri forniscono un quadro completo di come funzionava Buchenwald, che inizialmente era un campo di prigionia ("Straflager"), poi divenne un campo di lavoro ("Arbeitslager") e infine finì come campo di concentramento ("Konzentrationslager" o KZ). I due autori spiegano in dettaglio quali erano le categorie di prigionieri e come si relazionavano tra loro, chi esercitava effettivamente il controllo e quali erano le strutture del campo. Il fatto che il lavoro di Rassinier sia di quattro anni successivo gli ha permesso di commentare il libro di Kogon ne *La menzogna di Ulisse* e di criticarne a tratti la mancanza di obiettività e il carattere di parte in molte occasioni. I due autori concordano, ad esempio, sul fatto che i campi di concentramento furono inizialmente progettati per imprigionare i nemici del regime nazionalsocialista. Concordano anche sul fatto che la gestione del campo, la "Haftlingsführung", era nelle mani dei detenuti stessi. Le SS, che secondo Rassinier contavano circa cinquanta uomini incaricati di gestire il campo di Buchenwald, furono presto sopraffatte e dovettero organizzare i prigionieri e nominare tra loro il primo "Lagerältester", un prigioniero-capo incaricato di mantenere la disciplina, che riferiva a un ufficiale SS chiamato "Lagerführer". Al Lagerführer faceva capo il "Lagerschreiber", un

---

[5] Paul Rassinier, che insegnò storia al Lycée de Belfort fino al 1943, è certamente degno di maggiore attenzione, ma la lunghezza del nostro lavoro non ci consente di dedicargli lo spazio che l'importanza della sua figura merita. Con questa nota, intendiamo presentarlo brevemente ai lettori che non lo conoscevano e rendere un modesto omaggio al coraggio e all'onestà di questo grande intellettuale, a cui il revisionismo deve molto. Dopo le privazioni subite a Buchenwald e a Dora, la cosa più logica sarebbe stata il risentimento e la ricerca di un po' di tranquillità; tuttavia, nonostante le precarie condizioni di salute, Rassinier dedicò gli anni che Dio gli aveva concesso alla ricerca della verità storica e della giustizia per la Germania. Dopo che, nel novembre 1946, i suoi compagni comunisti riuscirono a privarlo del seggio di deputato all'Assemblea Costituente, iniziò le sue ricerche sull'accaduto, che sfociarono in undici libri. Abbiamo già utilizzato come fonte la sua ultima opera, *Les Responsables de la Seconde Guerre Mondiale* (1967). Di particolare importanza sono *L'opération Vicaire* (1965) e *Le véritable procès Eichmann ou les vainqueurs incorrigibles* (1962). Nel processo Eichmann, diversi testimoni commisero il reato di falsa testimonianza e dichiararono di aver visto i prigionieri partire per le camere a gas. Paul Rassinier rifiuta la menzogna della malvagità intrinseca dei tedeschi e considera un'impostura l'affermazione secondo cui essi avrebbero gassato in massa gli ebrei europei. Dopo aver letto le opere di vari propagandisti falsificatori, Rassinier denunciò come spudorato il libro *Doctor at Auschwitz* di Miklos Nyizli, un cinico bugiardo che sostiene che ad Auschwitz furono gasate 25.000 persone al giorno per quattro anni e mezzo, per un totale di oltre quaranta milioni. Cercando di trovare un testimone oculare degli stermini nelle camere a gas, Paul Rassinier ha viaggiato in tutta Europa, ma non ne ha trovato nemmeno uno.

prigioniero con compiti amministrativi. Di norma, su suggerimento del Lagerältester, il Lagerführer nominava i capi blocco dei prigionieri, i "Blockaltesten".

In questo modo, le SS si assicuravano solo la guardia esterna del campo, tanto che di solito non venivano quasi mai viste all'interno del campo. Quando apparivano, erano accompagnati, scrive Rassinier, "da una vera e propria compagnia di cani meravigliosamente addestrati, sempre pronti a mordere e capaci di cercare per qualche decina di chilometri un prigioniero che poteva essere fuggito". Anche i commando che ogni mattina lasciavano il campo per lavorare all'esterno e percorrevano cinque o sei chilometri a piedi erano, ovviamente, sorvegliati da due o quattro membri delle SS, a seconda delle dimensioni del gruppo, che brandivano un'arma e portavano un cane con la museruola. Questa guardia interveniva raramente, perché erano i prigionieri che fungevano da polizia del lavoro del campo, i famosi kapos (Konzentrationslager Arbeitspolizei), che si assicuravano che tutti lavorassero. Migliaia di ebrei svolgevano il ruolo di kapos e "oberkapo" (capo dei kapos). Quest'ultimo indossava un bracciale con una stella di Davide blu su cui era scritta la scritta OBERKAPO, di solito in lettere maiuscole.

Quando si trattava di nominare il Lagerältester, sembra che, potendo scegliere tra un criminale, identificato da un triangolo verde, e un prigioniero politico, che indossava un triangolo rosso, le SS inizialmente scegliessero i criminali, che a loro volta nominavano i Kapos e i capi blocco (Blockaltesten) del loro mondo. Erano quindi i criminali a essere incaricati di aiutare a mantenere la disciplina e il controllo. A questo proposito, Rassinier scrive quanto segue:

> "Solo quando i campi assunsero un certo sviluppo, quando divennero veri e propri centri etnografici e industriali, fu davvero necessario che uomini di una certa levatura morale e intellettuale dessero un aiuto effettivo alla SS-Führung. La SS-Führung si rese conto che i criminali erano la feccia della popolazione, nelle campagne come altrove, e che erano molto al di sotto dello sforzo richiesto loro. Così le SS si rivolsero ai politici. Un giorno un Lagerältester verde dovette essere sostituito da un Lagerältester rosso, che iniziò immediatamente a liquidare il Lagerältester verde da tutti i posti a vantaggio del Lagerältester rosso. Nacque così la lotta tra i verdi e i rossi, che divenne presto permanente. Questo spiega anche perché i vecchi campi, Buchenwald e Dachau, erano nelle mani dei politici quando li conoscemmo, mentre i campi giovani, ancora nel periodo Straflager (prigione) o Arbeitslager (lavoro), rimasero, tranne che per un caso straordinario, nelle mani dei Verdi".

Per quanto riguarda la codifica dei colori dei triangoli indossati dai detenuti, vorremmo spiegarla di sfuggita. Come si è detto, il verde era il colore dei criminali. Se il criminale era anche ebreo, il triangolo verde veniva sovrapposto a un triangolo giallo per formare la Stella di Davide. Un triangolo rosso veniva inoltre sovrapposto al triangolo giallo nel caso di politici di origine ebraica in custodia protettiva. Inoltre, i triangoli rossi specificavano l'origine del prigioniero con una lettera all'interno: una "F" indicava la nazionalità francese; una "S", la nazionalità spagnola; il triangolo rosso senza lettera era per i prigionieri politici tedeschi. Il triangolo nero era riservato ai prigionieri asociali. Anche in questo caso, il nero su giallo indicava che il prigioniero era un ebreo asociale. Il triangolo marrone era riservato agli zingari e quello rosa agli omosessuali. Esistevano altre varianti, ma è inutile soffermarsi su questi dettagli.

Per quanto riguarda le strutture di Buchenwald, sia Kogon che Rassinier forniscono ampie informazioni condite da vari aneddoti. Eugen Kogon trascorse un anno al comando del magazzino dei guardaroba ("Effektkammer") prima di diventare segretario del medico capo del campo, il dottor Ding-Schuller. Entrambi gli incarichi dimostrano che la sua posizione era privilegiata. Nell'infermeria ebbe accesso a documenti di grande interesse, alcuni dei quali riprodotti nel suo libro. Ad esempio, il già citato ordine del Reichsführer delle SS Heinrich Himmler sull'urgente necessità di ridurre la mortalità nei campi, che a Buchenwald venne registrato nel libro della corrispondenza segreta con il numero 66/42. Portava la firma del generale Kludre. Vi si legge:

> "I medici del campo devono monitorare il cibo dei prigionieri più attentamente di quanto abbiano fatto finora e, in accordo con le amministrazioni, presentare le loro proposte di miglioramento al comandante del campo. Tuttavia, queste non devono rimanere lettera morta, ma devono essere controllate regolarmente dai medici del campo..... Il tasso di mortalità in ogni campo deve essere ridotto considerevolmente, perché il numero di prigionieri deve essere portato al livello richiesto dal Reichsführer delle SS. I medici di campo devono lavorare per raggiungere questo obiettivo con tutti i loro mezzi..... Il miglior medico in un campo di concentramento non è quello che pensa di dover attirare l'attenzione su di sé con una sgradita durezza, ma quello che mantiene la capacità di lavoro più alta possibile, vigilando e spostandosi da una postazione di lavoro all'altra".

Il resoconto di Kogon fornisce dettagli dettagliati sulle ricerche condotte nella "sezione per lo studio del tifo e dei virus", il cui scopo principale era quello di valutare possibili vaccini contro la febbre tifoidea. Il capo della sezione era il medico capo di Buchenwald, il già citato Ding-Schuller. Situata nei blocchi 46 e 50, questa sezione di ricerca era, secondo Kogon, "un modello di apparente pulizia ed era ben installata". Lì, continua Kogon, "venivano isolati tutti i tiflologi che si contaminavano naturalmente sul campo o che erano già contaminati quando gli venivano consegnati. Lì venivano curati nella misura in cui resistevano a questa terribile malattia". Il lettore potrebbe pensare che l'esistenza di infermerie a Buchenwald fosse qualcosa di eccezionale; ma non è così: c'erano infermerie in tutti i campi, compresi i cosiddetti campi di sterminio. Ad Auschwitz sono nati centinaia di bambini ebrei, il che è una "contradictio in terminis" secondo i principi della logica. Il campo di concentramento di Dachau", scrive Kogon, "aveva un servizio dentistico molto presto. A Buchenwald ne fu istituito uno nel giugno 1939 con una struttura molto moderna, ma senza personale addestrato alla specialità". Indubbiamente, avere accesso a un servizio odontoiatrico è un lusso che molte persone in Europa oggi non possono permettersi; tuttavia Kogon cerca nel suo racconto di sminuire questo aspetto. Eccone un estratto:

> "... Gradualmente, i dentisti prigionieri furono ammessi al servizio odontoiatrico; nel corso del tempo, si sviluppò una situazione in cui i prigionieri non erano trattati come tirapiedi delle SS, ma, al contrario, gli uomini delle SS erano trattati come prigionieri. Dal 1938, a Buchenwald esistevano due servizi dentistici per le SS, uno per il comando e il battaglione dei teschi, l'altro per le truppe e le loro famiglie. Entrambi erano modernamente attrezzati. C'era una grande differenza tra il trattamento riservato ai comandanti e quello riservato ai soldati. Mentre a questi ultimi venivano estratti tutti i denti malati, si faceva il possibile per salvare quelli dei comandanti delle SS. Tutte le protesi dentarie per i comandanti delle SS furono realizzate con oro proveniente dalle bocche di prigionieri morti o uccisi. Anche nella produzione di protesi dentarie si faceva una rigida distinzione tra soldati e comandanti. I ponti venivano realizzati solo per i comandanti delle SS.
> Il personale composto da detenuti ha cercato fin dall'inizio di aiutare il più possibile i compagni. In tutti i servizi il lavoro veniva svolto illegalmente e con grande rischio, in un modo difficile da immaginare. Venivano realizzate dentiere, protesi e ponti per i prigionieri a cui le SS avevano rotto i denti o per quelli che li avevano persi a causa della situazione generale del campo....".

Il lavoro illegale non è proprio compreso. Quanto al fatto che fossero le SS a far saltare i denti ai prigionieri, a parte l'assurdità di far saltare i denti a qualcuno e poi ripararli, bisogna ricordare che i maltrattamenti erano di solito inflitti da kapò e altri scagnozzi scelti tra i prigionieri per mantenere l'ordine e la disciplina. Lo stesso Kogon si contraddice quando scrive: "Alcuni prigionieri che maltrattavano i loro compagni o addirittura li picchiavano a morte non furono evidentemente mai puniti dalle SS e dovettero essere uccisi dalla giustizia dei prigionieri". Paul Rassinier certifica che è vero che il quartier generale del campo SS di solito non interveniva nelle discussioni tra i prigionieri, quindi non ci si poteva aspettare giustizia. Secondo Kogon, le SS "erano davvero ignare di ciò che accadeva dietro il filo spinato". A titolo di esempio, lo stesso Kogon racconta che una mattina trovò un prigioniero appeso a un blocco. Era morto "dopo essere stato orribilmente picchiato e preso a calci". Il capo blocco o "Blockältester", un verde di nome Osterloh, lo aveva impiccato per simulare un suicidio e proteggere così l'autore del crimine. Non si deve intendere che le SS non praticassero la violenza sui prigionieri, ma che di solito i kapò e i capi blocco risparmiavano loro la fatica. Occasionalmente", scrive Rassinier, "una SS si distingue dalle altre per la sua brutalità, ma questo accade raramente e, in ogni caso, non si dimostra mai più disumano di quelli sopra citati".

Paul Rassinier dedica il capitolo V della sua opera, una quarantina di pagine, a commentare il libro di Kogon. Dopo averlo letto", scrive, "ho richiuso il libro. Poi l'ho riaperto. E sotto il titolo del frontespizio ho scritto come sottotitolo: "o plegaria pro domo" (preghiera a favore dei suoi interessi). Rassinier ritiene che Kogon abbia dato garanzie al nucleo comunista preponderante nel campo per ottenere il posto in infermeria. Lo stesso Kogon ammette che, in qualità di segretario del medico, suggeriva e redigeva petizioni che sottoponeva alla firma. "Avevo il dottor Ding-Schuller nelle mie mani", ammette apertamente. Ecco un paragrafo significativo:

> "Durante gli ultimi due anni trascorsi come segretaria del dottore, scrissi, con l'aiuto di specialisti del Blocco 50, almeno una mezza dozzina di rapporti medici sul tifo esantematico firmati dal dottor Ding-Schuller.... Accennerò solo di sfuggita al fatto che mi occupavo anche di parte della sua corrispondenza privata, comprese le lettere d'amore e di condoglianze. Spesso non leggeva nemmeno le risposte, mi lanciava le lettere dopo averle aperte e mi diceva: "Manda questo Kogon. Sai già cosa rispondere. È una vedova che cerca conforto...".

Particolarmente criticata da Rassinier è la dichiarazione di Eugen Kogon in cui riconosce la sua sudditanza alla "direzione clandestina del campo", riferendosi alla Häftlingsführung, nelle cui azioni non c'era, per inciso, alcuna clandestinità. Kogon insinua che temesse che il suo libro potesse compromettere alcuni politici comunisti o socialisti che controllavano Buchenwald. Il testo merita di essere citato per intero:

> "Per fugare alcuni timori e dimostrare che questo resoconto non rischiava di diventare un atto d'accusa nei confronti di alcuni prigionieri che avevano occupato una posizione dominante nel campo, lo lessi, all'inizio del 1945, quando era quasi terminato e mancavano solo gli ultimi due capitoli di un totale di dodici, a un gruppo di quindici persone che avevano fatto parte della direzione del campo clandestino o che rappresentavano alcuni gruppi politici di prigionieri. Queste persone ne approvarono l'accuratezza e l'obiettività. Hanno assistito alla lettura:
> 1. Walter Bartel, comunista berlinese, presidente del Comitato internazionale dell'accampamento.

2. Heinz Baumeister, socialdemocratico di Dortmund, per anni membro del segretariato di Buchenwald; vice-segretario del Blocco 50.
3. Ernst Busse, comunista di Solingen, Kapo dell'infermeria dei prigionieri.
4. Boris Banilenko, capo della Gioventù comunista ucraina, membro del comitato russo.
5. Heins Eiden, comunista di Tèves, primo Lägeraltester.
6. Baptist Feilen, comunista di Aquisgrana, Kapo della lavanderia.
7. Franz Hackel, indipendente di sinistra, di Praga. Uno dei nostri amici senza ruolo nel campo.
8. Stephan Heymann, comunista di Mannerheim, dell'ufficio informazioni del campo.
9. Werner Hilpert, Zentrum Leipzig, membro del comitato internazionale del campo.
10. Otto Horn, comunista viennese, membro del comitato austriaco.
11. A. Kaltschin, prigioniero di guerra russo, membro del comitato russo.
12. Otto Kipp, comunista di Dresda, Kapo aggiuntivo nell'infermeria dei prigionieri.
13. Ferdinand Römhild, comunista di Francoforte sul Meno, segretario dell'infermeria dei prigionieri.
14. Ernst Thappe, socialdemocratico, capo della commissione tedesca.
15. Walter Wolf, comunista, capo dell'ufficio informazioni del campo".

Cioè, l'obiettività e l'accuratezza di ciò che dice Kogon è attestata dai suoi compari comunisti, un gruppo di persone di spicco nella direzione di Buchenwald, che, come è chiaramente dimostrato, era nelle mani dei rossi. Nel 1945 non c'era un solo capo del campo che non fosse comunista o socialista. Rassinier ritiene chiaro che Eugen Kogon evitò qualsiasi commento che potesse servire da accusa alla Häftlingsführung e indirizzò la maggior parte delle sue rimostranze ai membri delle SS: "Nessuno storico", scrive candidamente Rassinier nel 1950, "potrà mai accettare questo. Al contrario, si può fondamentalmente credere che in tal modo egli abbia pagato un debito di gratitudine a coloro che nel campo gli hanno dato un lavoro tranquillo e con i quali ha interessi comuni da difendere agli occhi dell'opinione pubblica". Lo stesso Kogon ammette in *Der SS-Staat. Das System der deutschen Konzentrationlager* (*Sociologia dei campi di concentramento*) che i detenuti che fungevano da kapò, che avevano anche dei capisquadra, erano i più violenti nei confronti dei loro compagni di prigionia, in quanto la maggior parte di loro erano persone depravate. In alcuni comandi, soprattutto in quelli per la costruzione, i fossati e la canalizzazione, nonché nelle miniere", scrive Kogon, "per il prigioniero comune non c'era altro mezzo per preservare la propria vita che la corruzione, che raggiungeva limiti inimmaginabili e assumeva forme inimmaginabili.

Poiché Buchenwald era un campo sperimentale per i medici delle SS e Kogon si trovava nel posto giusto per sapere cosa veniva fatto, nel suo libro ci sono ampie informazioni sulle operazioni e gli esperimenti che venivano condotti. Kogon coglie tuttavia l'occasione per screditare e accusare il personale delle SS delle peggiori pratiche. Secondo lui, "l'omicidio consapevole dei pazienti in infermeria era più comune per le SS che la sperimentazione". Nella sua smania di diffamare le SS, aggiunge: "C'erano campi di concentramento, come quello di Auschwitz, dove questo veniva fatto sistematicamente. Quando il numero di malati superava un certo numero, venivano "spruzzati". Questo avveniva tenendo il prigioniero in braccio a due persone e iniettandogli 10 cc. di fenolo direttamente nel cuore". Logicamente, nel 1944, anno in cui il libro era già terminato, Eugen Kogon non poteva essere a conoscenza di queste pratiche criminali nell'infermeria di Auschwitz. L'unica cosa che ottiene con queste affermazioni è di mettere in imbarazzo se stesso e di screditare il suo libro, nel quale, invece, ci sono fatti interessanti sui servizi sanitari, come l'informazione che nell'ospedale c'erano cure ambulatoriali, cure stabili, servizio dentistico e convalescenza.

Per quanto riguarda le altre strutture che rendevano più sopportabile la durezza della vita a Buchenwald, erano quelle generalmente disponibili nella maggior parte dei campi, compreso Auwschitz, il campo di sterminio teorico, che disponeva di una sala concerti, sale da ballo, piscina, libreria, una chiesa non confessionale dove si celebravano matrimoni, ufficio postale, campi da calcio, cinema e sala teatrale, bordello per le lavoratrici, centri artistici, asili nido per madri e bambini e una cucina all'avanguardia. Ad Auschwitz, come a Dachau, Westerbrook, Ravensbruck, Buchenwald e altri campi, le monete o il denaro per uso interno servivano a stimolare il lavoro dei prigionieri. Vediamo cosa dicono Kogon e Rassinier sul funzionamento di questi servizi e strutture a Buchenwald.

Per quanto riguarda il servizio postale a Buchenwald, Kogon spiega che la corrispondenza tra il prigioniero e i suoi parenti più stretti era sempre consentita: si poteva scrivere due volte al mese. Anche l'invio di pacchi contenenti cibo, vestiti, tabacco, ecc. era generalmente consentito a partire dal 1941. La ricezione di denaro, che veniva utilizzato per acquistare cibo nella mensa, era limitata a 30 marchi al mese per prigioniero. Kogon osserva che "un terzo degli occupanti dei campi di concentramento era in grado di ricevere denaro dai propri parenti". Gli diamo la parola:

> "Il prigioniero aveva solo due possibilità per utilizzare il denaro: comprare alla mensa e corrompere. Alcuni kapò non avevano centinaia, ma migliaia di marchi. Conducevano una vita in linea con il denaro che avevano. A questo proposito c'erano differenze irritanti. Le mense dei campi di concentramento erano fornite a livello centrale, fino al 1943, dall'amministrazione del campo di concentramento di Dachau. Nel periodo prebellico, lì era possibile acquistare molte cose, tra cui dolci e conserve pregiate. Ricordo un kapò che, quando la mensa poteva ancora

offrirlo, era solito mangiare per colazione: mezzo litro di latte con biscotti e torte, sardine e carne in scatola con panini e marmellata di fragole e crema".

Rassinier fa riferimento alla "Banca" come istituto di emissione della cartamoneta speciale, valida solo all'interno del campo di concentramento. Questo denaro, distribuito sotto forma di premi di rendimento, fu introdotto a Buchenwald nell'autunno del 1943, dice Kogon, che aggiunge che a partire dal 1942 cominciarono ad arrivare nel campo i pacchi della Croce Rossa "per quegli stranieri i cui nomi e numeri di prigionieri erano noti alla Croce Rossa in patria o alla Croce Rossa di Ginevra". Secondo i dati forniti dalla stessa Croce Rossa Internazionale, dall'autunno del 1943 al maggio 1945 furono inviati ai campi di concentramento circa 1.112.000 pacchi per un peso totale di quattro milioni e mezzo di tonnellate.

Per quanto riguarda gli sport praticati a Buchenwald, Kogon racconta che i prigionieri più giovani ottennero dalle SS il permesso di giocare a calcio. Sembra", aggiunge, "che le SS lo considerassero una sorta di propaganda per la salute e il buon umore dei prigionieri". Comunque sia, vennero formate diverse squadre, fino a dodici, che erano in grado di allenarsi e organizzare tornei. I prigionieri scendevano in campo "con un abbigliamento sportivo impeccabile", che la nostra fonte attribuisce ai "segreti della corruzione nel campo". Oltre al calcio, si giocava anche a pallamano, pelota e baseball. I prigionieri sono riusciti anche a introdurre la boxe. È assurdo", sostiene Kogon, "ma vero: nel campo di concentramento c'erano atleti che davano persino prova della loro incrollabile forza e abilità".

Dal 1938 a Buchenwald esisteva una banda di ottoni rudimentale, che fu migliorata e perfezionata nel corso degli anni. Nel 1940 il comandante del campo, Hermann Florstedt, ordinò la formazione di una banda regolare con strumenti a fiato. Da quel momento in poi, i prigionieri della banda furono esentati dal duro lavoro fisico e ricevettero tempo libero per le prove. Nel 1941, i musicisti ricevettero le uniformi della Guardia Reale jugoslava. "Da quel momento in poi, i membri della banda, con i loro costumi e tutto l'apparato, sembravano direttori di circo", racconta Kogon, che riferisce anche che i quartetti d'archi diedero "alcuni recital di grande valore". Nei giorni festivi, la banda suonava per i compagni nei blocchi e si tenevano anche concerti nella place de revue. La domenica pomeriggio, la radio del campo trasmetteva i concerti filarmonici delle stazioni tedesche. Oggi, ricordando questi concerti", commenta liberamente Kogon, "non voglio pensare alle decine di migliaia di vittime che, nello stesso momento, furono martirizzate a morte o portate nelle camere a gas in tanti campi".

Poco prima dello scoppio della guerra, a Buchenwald esisteva una biblioteca con circa 14.000 volumi e circa 2.000 opere non rilegate. Dopo lo scoppio della guerra, secondo Kogon, che ammette che le biblioteche "avevano libri di grande valore", fu vietato il prestito di libri scritti nelle lingue dei Paesi in guerra con la Germania, anche se continuarono a essere disponibili per la consultazione nella biblioteca. A partire dal 1941, a Buchenwald furono organizzate proiezioni cinematografiche, dove venivano regolarmente proiettati film culturali o di intrattenimento. Paul Rassinier osserva che ogni volta che c'era una sessione cinematografica, tutti i posti erano riservati ai kapò e agli altri prigionieri che facevano parte della leadership del campo, la "Häftlingsführung".

Nell'estate del 1943, un decreto firmato da Himmler prevedeva la presenza di bordelli nei campi di concentramento. Ci furono bordelli a Dachau, Mauthausen, Sachsenhausen e altri. Buchenwald sembra aver avuto il primo. Kogon spiega che in ogni bordello c'erano tra i diciotto e i ragazze del campo femminile di Ravensbrück, che "si erano presentate volontariamente con la promessa che sarebbero state rilasciate in sei mesi". Sullo scopo e l'uso del bordello, noto con l'eufemismo "Sonderbau" (casa speciale), Kogon afferma che la sua funzione principale era "corrompere i politici". A questo proposito, scrive che la Häftlingsführung, che egli insiste assurdamente a chiamare "gestione illegale del campo", chiedeva ai politici di non frequentarlo. I politici", assicura Kogon, "seguirono le istruzioni, così che l'obiettivo delle SS fu frustrato".

Rassinier non è d'accordo con i commenti e le interpretazioni di Kogon e considera la sua interpretazione come una dimostrazione di pruderie puritana e ipocrita e chiarisce che il bordello, come il cinema, "era accessibile solo alle persone della Häftlingsführung". Per smascherare l'incoerenza, Rassinier riproduce ne *La menzogna di Ulisse* queste parole di Kogon: "Alcuni prigionieri senza morale, e tra questi un gran numero di politici, hanno avuto rapporti orribili, prima con l'omosessualità, poi con la pederastia dopo l'arrivo dei giovani". Rassinier sostiene che elogiare i politici perché non si sono lasciati corrompere dal bordello non ha senso se poi si ammette che molti corrompevano i giovani e conclude dicendo: "Aggiungerei ancora che è stato proprio per eliminare ogni scusa e giustificazione per questa corruzione dei minori che le SS hanno progettato il bordello in tutti i campi".

Il libro di Eugen Kogon è stato pubblicato in Francia nel 1947 con il titolo *L'Enfer organisé. Le système des camps de concentration*. Nella sua smania di presentare le SS come i principali organizzatori dell'"inferno organizzato", questo autore, che testimoniò il 16 aprile 1947 al processo di Buchenwald, non si fa scrupolo di attribuire alle SS crimini di cui non avrebbe mai potuto essere a conoscenza nel 1945. Dobbiamo ricordare che egli lesse il suo libro davanti ai suoi colleghi politici già in quell'anno. Così, ad esempio, scrive: "Quando la gravidanza di una donna veniva notata in un comando femminile esterno, veniva inviata, se era ebrea, ad Auschwitz per essere gasata, e se non era ebrea, a Ravensbrück per essere gasata e abortita". Più avanti insiste: "Quando le gasazioni ad Auschwitz furono interrotte perché si stava già pensando all'evacuazione, le donne ebree incinte, e poi tutte le altre, furono trasferite nel "campo di residenza" di Bergen-Belsen per essere fatte morire di fame". Citando ironicamente l'espressione "campo residenziale", Kogon ottiene, a nostro avviso, solo di mostrare un cinismo e una spudoratezza vergognosi. Con queste affermazioni spudorate, si presta spudoratamente come portavoce della propaganda senza alcuna prova. Se l'intenzione era quella di far morire di fame le donne incinte, che bisogno c'era di trasferirle a Bergen-Belsen per farlo: avrebbero potuto essere giustiziate direttamente ad Auschwitz o semplicemente lasciate ai sovietici. Quel che è certo è che molte donne ebree partorirono ad Auschwitz e che alla fine della guerra la carestia imperversava non solo nei campi, compreso il campo di "residenza" di Bergen-Belsen, ma in tutta la Germania.

Per concludere il confronto tra le opere di Paul Rassinier e Eugen Kogon, che equivale a paragonare un intellettuale onesto che uscì da Buchenwald fisicamente rovinato con un propagandista dell'Olocausto senza scrupoli, vediamo cosa hanno da dire entrambi sulle punizioni inflitte ai prigionieri. Ancora una volta vale la pena di ricordare che erano i capi blocco e i kapò, che avevano i loro capisquadra, a segnalare alle SS i comportamenti inappropriati, quando non erano loro stessi a punirli con schiaffi, calci, insulti e altre umiliazioni. Infatti, quando era la direzione del campo che, a causa della gravità dell'infrazione, intendeva imporre punizioni corporali, doveva chiedere e ricevere conferma da Berlino. Rassinier afferma che le tracce o le prove dei maltrattamenti erano nascoste non solo ai visitatori stranieri, "ma persino alle più alte personalità delle SS e del Terzo Reich ". Ecco il suo ragionamento:

> "Immagino che se queste personalità fossero state presenti a Dachau e Birkenau avrebbero ricevuto spiegazioni altrettanto pertinenti sulle camere a gas che sulla 'rastrelliera' di Buchenwald. E pongo la domanda: come si può affermare che tutti gli orrori di cui i campi sono stati teatro facevano parte di un piano concertato ai massimi livelli? Nella misura in cui Berlino, nonostante tutto ciò che le era stato nascosto, scoprì qualcosa di insolito nell'amministrazione dei campi, furono inviati richiami all'ordine ai vertici delle SS".

Rassinier riproduce poi il testo di un ordine del 4 aprile 1942, citato anche da Kogon, che prevedeva quanto segue:

> "Il Reichsfuehrer SS e Capo della Polizia tedesca ha ordinato che quando nei suoi decreti sulle punizioni corporali (sia per i prigionieri maschi nelle carceri protettive e di custodia che per le prigioniere femmine) viene aggiunta la parola 'aggravato', l'esecuzione della punizione deve essere effettuata sulle natiche nude. In tutti gli altri casi, si seguirà il metodo finora utilizzato in conformità alle precedenti istruzioni del Reichsführer delle SS".

Eugen Kogon conferma che la direzione del campo avrebbe dovuto far certificare dal medico del campo che il prigioniero era sano; ma poi si affretta ad aggiungere che "la pratica era ben diversa", confermando così la valutazione di Rassinier che gli eccessi erano stati compiuti in violazione degli ordini. Kogon, che elogia ed esalta la superiorità morale dei rossi, i prigionieri comunisti, sempre al di sopra degli altri prigionieri, certifica: "Il medico ha assistito alla procedura. Si conoscono pochissimi casi in cui i medici del campo hanno messo fine alla somministrazione dei colpi a beneficio dei prigionieri". E poi aggiunge:

> "A volte i prigionieri erano costretti a infliggere loro stessi punizioni corporali ai loro compagni. Alcuni non avevano il coraggio di portare su di sé le conseguenze del rifiuto; occasionalmente c'era qualcuno disposto a farlo. I prigionieri politici si rifiutavano apertamente o picchiavano in modo non gradito alle SS. Poi venivano condannati alla stessa punizione o 'ammorbiditi' in un altro modo".

La prova che Rassinier ha ragione sul fatto che i maltrattamenti da parte degli ufficiali SS costituivano violazioni dei regolamenti sono le esecuzioni di due comandanti di campo: Karl Otto Koch e Hermann Florstedt. Il primo era comandante di Buchenwald quando fu arrestato nel 1943 e sostituito da Hermann Pister. Il suo arresto avvenne nel contesto dell'indagine su una rete di corruzione nei campi che includeva l'omicidio di prigionieri che sapevano troppo. Koch fu giustiziato dalle SS nel 1945. Quanto a Florstedt, un famigerato comandante di Majdanek, dopo essere stato processato e condannato da un tribunale, fu anch'egli impiccato nel 1945 in presenza dei detenuti. Entrambi i casi furono indagati dal giudice delle SS Dr. Konrad Morgen, che indagò fino a 800 casi di crudeltà e corruzione nei campi di concentramento. A seguito delle sue indagini, duecento SS responsabili dei campi di concentramento furono condannati.

Il 13 marzo 1944, Paul Rassinier fu inviato a Dora-Mittelbau, nei pressi di Nordhausen, il campo di lavoro in cui venivano costruiti i famosi motori V1 e V2 e anche i motori per aerei in una fabbrica sotterranea, in realtà un tunnel. Anche i civili erano impiegati nelle varie fabbriche del tunnel. Lì, con giornate lavorative di dodici ore, le condizioni erano estremamente dure, insopportabili per i più deboli. Se a queste condizioni si aggiungono il tifo e altre malattie, è comprensibile che il tasso di mortalità fosse molto alto. Il lettore può farsi un'idea della situazione grazie a questo testo di Rassinier:

> "31 marzo 1944. Da otto giorni i Kapos, i Lagerschutz e i capi blocco (tutti prigionieri) sono particolarmente irritati. Diversi prigionieri sono morti sotto i colpi: sono stati trovati pidocchi non solo nella galleria, ma anche nel commando all'esterno. La SS-Führung (Direzione delle SS) ha ritenuto la Häftlingsführung (Direzione dei prigionieri) responsabile di

questo stato di cose. Inoltre, il tempo è stato terribile per tutto il giorno: il freddo era più intenso del solito e una pioggia gelata intervallata da rovesci cadeva ininterrottamente. La sera siamo arrivati in piazza infreddoliti, fradici e affamati all'inverosimile: speriamo che l'allenamento non duri troppo a lungo! Sfortuna vuole che alle dieci di sera siamo ancora in piedi sotto l'acquazzone, in attesa del "rompete le righe" che ci libererà. Finalmente arriva, è finita, potremo bere la nostra zuppa calda in fretta e furia e buttarci sulla paglia. Arriviamo al blocco: le scarpe vengono pulite, poi, tenendoci fuori con un cartello, il capo blocco, in piedi sul bordo della porta, ci fa un discorso. Annuncia che, poiché sono stati trovati i pidocchi, tutto il campo sarà disinfettato.... Inizierà stasera: cinque blocchi, tra cui il 35°, sono stati designati per la disinfezione. Di conseguenza, non mangeremo la zuppa fino a dopo l'operazione...".

Con l'avvicinarsi della fine della guerra, i servizi e le strutture si deteriorarono progressivamente in tutti i campi. Di notte, spiega Rassinier, nei blocchi arrivavano due ambulanze: una ("Aussere Ambulance") forniva assistenza immediata ai malati feriti che non avevano i requisiti per il ricovero in ospedale; l'altra ("Innere Ambulance") ricoverava coloro che lo richiedevano dopo un esame. Nell'estate del 1944 "tutto il campo era in putrefazione", racconta Rassinier, che descrive il costante deterioramento della salute dei detenuti: foruncolosi, edemi, nefriti, ferite alle mani e ai piedi, dita tagliate, braccia e gambe rotte erano oggetto delle cure dell'ambulanza. Nel dicembre 1944, Dora era diventato un grande campo e non dipendeva più da Buchenwald. Nel gennaio 1945, le sue strutture, progettate per 15.000 persone, ne ospitavano circa 50.000. Pane e farina non erano più disponibili. I prigionieri dovevano accontentarsi di due o tre piccole patate e la razione di margarina, zuppa e salsiccia era dimezzata.

Il progressivo collasso di Dora si ripercuote su Paul Rassinier, la cui resistenza è portata al limite. L'8 aprile 1944, dopo aver strisciato febbrilmente per il campo con il corpo gonfio, Rassinier riuscì ad entrare per la prima volta in infermeria, da cui uscì il 27 aprile. Il 5 maggio dovette rientrare e rimase in convalescenza per quattro mesi, fino al 30 agosto. Per sei volte entrò e uscì dall'infermeria. Il 10 marzo 1945 fu ricoverato per l'ultima volta. "Ero malato, questo è ovvio, anche gravemente malato, perché sono ancora malato, ma...". Così, con questi punti sospensivi, Paul Rassinier conclude l'unica denuncia della sua cattiva salute.

D'altra parte, gli atti di sabotaggio nel tunnel della Dora continuavano. Le SS scoprirono infine che i prigionieri russi stavano disattivando un gran numero di V1 e V2 urinando sulle apparecchiature radio. I russi", spiega Rassinier, "maestri del saccheggio, sono anche maestri del sabotaggio e della caparbietà: nulla li ferma. Forniscono anche il più grande contingente di impiccati. Lo forniscono per un motivo in più: credono di essere riusciti a sviluppare una tecnica di evasione!". Rassinier commenta che dal marzo 1944 all'aprile 1945 non c'è stata una settimana senza tre o quattro impiccati per sabotaggio. Dopo di che", aggiunge, "sono stati impiccati in gruppi di dieci o venti, in piena vista l'uno dell'altro. L'operazione si svolgeva in piazza, alla presenza di tutti". Così, tra continui incidenti, bombardamenti, sabotaggi, impiccagioni e fame, Paul Rassinier, il padre del revisionismo, trascorse i suoi ultimi giorni nel campo. Il 7 aprile 1945 fu incluso in un trasporto di evacuazione, un convoglio di vecchi vagoni, e arrivò la sua liberazione.

Ciò che resta da dire su Buchenwald è la fama che ha raggiunto dopo la guerra per le presunte attività di Karl Koch, il comandante arrestato nel 1943 e fucilato nel 1945, e di sua moglie Ilse Koch. In gran parte, questa fama è dovuta al libro di Christopher Burney, un ex prigioniero che nel 1945 pubblicò *Solitary Confinement: The Dungeon Democracy* in London, un pamphlet per il quale alcuni librai osano chiedere 135 euro per la prima edizione, forse pensando che si tratti di un'opera di esperienza personale che ha valore di testimonianza. Niente di più sbagliato, perché quando Burney arrivò a Buchenwald all'inizio del 1944, Koch era già stato arrestato e Hermann Pister, il comandante del campo di concentramento, era uno dei più gentili che si ricordino. Nel descrivere Karl Koch, questo autore opportunista lo dipinge come l'essere più crudele che abbia mai conosciuto, che passava il tempo a tramare modi crudeli per uccidere i prigionieri. Burney aggiunge che Ilse Koch limonava con i prigionieri perché il marito era omosessuale e poi li mandava al forno crematorio. Quelli con tatuaggi artistici venivano scuoiati in anticipo per farne paralumi artistici.

Eugen Kogon fa riferimento a due ordini del Reichsführer Himmler, uno datato 23 settembre 1940 e uno datato 23 dicembre 1942, secondo i quali i dentisti dovevano rimuovere i denti d'oro dai prigionieri morti e l'oro dai prigionieri vivi "che non era adatto alla riparazione". Significativamente, tuttavia, veniva versata una piccola somma di denaro sul loro conto. L'oro dei denti dei morti", continua Kogon, "con una prova precisa dell'origine, il nome e il numero del defunto, nonché la prova del peso, veniva inviato alla sede centrale di Berlino, dove veniva trasformato in oro nuovo per le protesi dentarie". Secondo i rapporti mensili, ogni mese venivano raccolti in questo modo tra i 182 e i 504 grammi d'oro. Kogon spiega che il maggiore Koch fece realizzare un ciondolo d'oro per la sua catena di orologi, sul quale incise le date di nascita dei suoi figli. Come per i denti d'oro, qualsiasi cosa di valore veniva prelevata dai corpi dei defunti. Lo stesso Christopher Burney spiega che quando un detenuto moriva, i medici del campo esaminavano il cadavere e recuperavano qualsiasi cosa di interesse. Arthur R. Butz ricorda che a Buchenwald venivano condotti esperimenti medici e, senza dare il minimo credito alla storia di Burney su Ilse Koch, ritiene che le pelli tatuate debbano provenire da lì.

Per quanto riguarda Ilse Koch, dopo la sua condanna davanti a un tribunale militare americano, il generale Lucius Clay, governatore militar degli Stati Uniti, riesaminò il caso e stabilì che, nonostante le testimonianze presentate al processo, la signora Koch non poteva essere collegata ai paraventi tatuati e agli altri oggetti trovati nella residenza del comandante di Buchenwald nel 1945 per un semplice motivo: non viveva più lì dal 1943, da quando era stata arrestata con il marito. Non appena la pena fu commutata, il rabbino Stephen Samuel Wise e altre persone influenti protestarono con veemenza, ma il generale Clay non cambiò posizione e rimase fermo. Quando nell'ottobre 1949 Ilse Koch fu rilasciata dal centro di detenzione di dove era stata rinchiusa, gli americani fecero pressione sulle autorità tedesche affinché procedessero contro la signora Koch, "la puttana di Buchenwald", che fu nuovamente arrestata e perseguita per la vicenda delle pelli tatuate e per il suo trattamento dei prigionieri. Nonostante la difesa abbia dimostrato che le dichiarazioni rese nei due processi erano contraddittorie, Ilse Koch fu dichiarata colpevole e condannata all'ergastolo. Nel 1967 si suicidò impiccandosi nella sua cella.

Dopo la cattura di Buchenwald da parte delle truppe statunitensi, i cittadini tedeschi di Weimar, a circa sei chilometri di distanza, furono costretti a visitare il campo nel maggio 1945 e a sfilare in massa davanti a tavoli allineati all'esterno. L'idea era di mostrare loro le atrocità naziste attraverso un'esposizione di oggetti, tra cui pezzi di pelle tatuata, un paralume fatto teoricamente di pelle umana e due teste ridotte alle dimensioni di un pugno. Si trattava di un'operazione concepita dalla Divisione Guerra Psicologica, alla quale lavorava il famoso regista ebreo di Hollywood Billy Wilder, che si trovava a Buchenwald per girare film di propaganda. Eugen Kogon collaborò anche con il Dipartimento di Guerra Psicologica ("Sykewar"), responsabile della produzione di molti dei documenti falsi su Buchenwald.

La macabra idea di esporre le teste rimpicciolite, ottenute dalla collezione di qualche museo o antropologo, fu di un altro ebreo, Albert G. Rosenberg, che come Wilder faceva parte della Divisione Guerra Psicologica. Le teste provengono quasi certamente dal Sud America. Alcune tribù amazzoniche, come i Jíbaros, riducevano le teste dei loro nemici in un rituale che aveva lo scopo di intrappolare il loro spirito nella testa per evitare che potesse uscire dalla bocca o dagli occhi e nuocere in futuro. Il 13 dicembre 1945, la prova documentale USA-254, consistente in una testa rimpicciolita di un presunto ebreo, che era stata imbalsamata e conservata, fu esposta in uno dei processi di Norimberga.

Per concludere queste pagine su Buchenwald, non resta che aggiungere che il film di propaganda che fu realizzato fu ampiamente diffuso. Accanto ai cittadini di Weimar costretti a visitare il campo, furono portate alcune comparse per simulare le reazioni necessarie: pianto, orrore, vergogna, indignazione. L'obiettivo era quello di instillare nei tedeschi sentimenti di colpa e di rimorso per poi mostrarli al mondo. L'obiettivo era iniziare a preparare la denazificazione della società tedesca. L'uso di foto e filmati falsificati fu uno dei ripetuti strumenti di propaganda. Il revisionista inglese Richard Harwood (pseudonimo di Richard Verrall), autore del libro *Did Six Million Really Die?*, descrive in quest'opera un caso rivelatore di queste falsificazioni riportato dalla rivista britannica *Catholic Herald* il 29 ottobre 1948. A Kassel, tutti i tedeschi furono costretti a vedere un film sulle "atrocità" di Buchenwald. Un medico di Gottinga che frequentava il sito si riconobbe sullo schermo, anche se non era mai stato lì. Si rese subito conto che le immagini erano quelle delle vittime del genocidio di Dresda, che aveva assistito dopo il criminale bombardamento degli Alleati. Come si ricorderà, i corpi dei morti furono bruciati per diverse settimane in cumuli di quattro-cinquecento cadaveri.

Dachau

Prima di iniziare a studiare in dettaglio i campi in Polonia dove gli sterminatori sostengono che furono uccisi sei milioni di ebrei, è necessario dire qualcosa su due campi di concentramento molto citati dai portavoce dell'Olocausto: Dachau e Bergen-Belsen. Già il 14 luglio 1959, il settimanale cattolico *Our Sunday Visitor*, una pubblicazione di Huntington (Indiana) con una tiratura di circa un milione di copie all'epoca, pubblicò una lettera dell'avvocato Stephen S. Pinter, che era stato a Dachau per circa un anno e mezzo, in cui escludeva categoricamente l'esistenza di camere a gas nel campo.

> "Sono stato a Dachau per diciassette mesi dopo la guerra come procuratore del Dipartimento di Guerra degli Stati Uniti e posso testimoniare che a Dachau non c'era nessuna camera a gas. Ciò che ai visitatori e ai curiosi veniva mostrato e detto erroneamente che era una camera a gas era in realtà un crematorio. Non c'era nessuna camera a gas né lì né in altri campi di concentramento in Germania. Ci dissero che ce n'era una ad Auschwitz, ma poiché si trovava in una zona di occupazione russa, non ci fu permesso di indagare, perché i russi non lo avrebbero permesso...".

Undici anni prima, nel 1948, una pubblicazione dell'American Association for the Advancement of Science (AAAS) aveva già presentato un rapporto a cui nessuno aveva prestato molta attenzione. Spiegava le cause di morte dei cadaveri trovati al momento della cattura del campo da parte delle truppe americane. Man mano che l'esercito americano si addentrava in Germania, si leggeva nel rapporto, i suoi servizi medici prevedevano cosa avrebbero potuto trovare:

> "Nei mesi di aprile e maggio la Germania aveva un aspetto sorprendente, un miscuglio di umanità che viaggiava in ogni modo, senza casa, affamata

e che portava con sé il tifo.... Più il territorio veniva scoperto, più i casi apparivano, perché nella Germania occidentale, lungo la linea dell'avanzata americana, il tifo si stava diffondendo uniformemente.... Si stima che a Dachau siano stati trovati dai 35.000 ai 40.000 prigionieri che vivevano in condizioni spaventose.... Sporcizia estrema, infestazioni di pidocchi e sovraffollamento regnavano in ogni edificio del campo. Diversi vagoni pieni di cadaveri furono trovati negli hangar della stazione ferroviaria adiacente al campo: erano i resti della spedizione di prigionieri dai campi più a nord che erano stati trasferiti a Dachau negli ultimi giorni di guerra per sfuggire all'avanzata delle truppe americane. Il numero di pazienti affetti da febbre tifoidea al momento della presa in consegna del campo non sarà mai noto.... Diverse centinaia furono trovati nell'ospedale della prigione, ma erano pochi rispetto a quelli che vivevano ancora nelle baracche con i loro compagni, costretti a letto, trascurati, sdraiati su cuccette a quattro livelli, con due e a volte tre uomini per ogni piano stretto e simile a un ripiano; i malati e i sani, ammassati l'uno all'altro, puzzavano di sporcizia e di abbandono. E ovunque l'odore della morte".

Nel 1947, un anno prima della pubblicazione di questo rapporto dell'AAAS, la Croce Rossa Internazionale aveva presentato un altro rapporto in cui si stimava che nei primi mesi del 1945 circa 15.000 prigionieri di Dachau fossero morti di tifo, la maggior parte dei quali negli ultimi due mesi di guerra. Paul Berben, autore di *Dachau 1933-1945. The Official History* (1975), conferma che negli ultimi quattro mesi di vita del campo morirono più prigionieri che in tutti gli anni precedenti. Anche dopo l'arrivo degli americani, circa 2.000 prigionieri morirono di fame. Per molti anni a Dachau è stata apposta una targa che ricordava i 238.000 morti e negli anni '50 chiunque in Germania negasse l'esistenza di una camera a gas a Dachau rischiava il carcere. Oggi il numero di morti in questo campo è stato stabilito in 32.000 ed è un fatto accettato che nessun prigioniero fu gassato.

Oggi anche gli storici ebrei ammettono che non ci furono campi di sterminio in territorio tedesco. Il 19 aprile 1960 Martin Broszat, direttore dell'Istituto di Storia Contemporanea di Monaco di Baviera, dichiarò che non ci furono gassazioni sul territorio del Reich e che ci furono solo alcuni campi in Polonia. Nell'aprile del 1975, il noto cacciatore di nazisti Simon Wiesenthal pubblicò una lettera sul giornale britannico *Books and Bookmen* in cui riconosceva che "nessuno è stato gasato in nessun campo in territorio tedesco". Il 24 gennaio 1993 lo confermò sul giornale *The Stars and Stripes*, dove disse: "È vero che non c'erano campi di sterminio sul territorio tedesco e non c'erano gassazioni di massa come quelle avvenute ad Auschwitz, Treblinka e altri campi. Una camera a gas era in costruzione a Dachau, ma non fu mai completata". Persino una pubblicazione dell'American Jewish Committee, *The changing shape of Holocaust Memory*, ha ammesso nel 1995 che "non c'erano centri di sterminio 'di per sé' in Germania e sebbene le condizioni di Dachau fossero orribili, la sua camera a gas non fu mai usata". Come Wiesenthal ammette, non è che non sia stata usata, ma che non è esistita.

Nonostante tutto questo, le persone che perdono tempo a visitare il museo di Dachau, vicino a Monaco, continuano a essere ingannate e manipolate con informazioni false. A questi turisti ingenui vengono mostrate piccole stanze e viene detto che erano utilizzate come camere a gas. In realtà, ciò che vedono sono strutture utilizzate per la disinfezione o crematori per i prigionieri morti. Una delle stanze era una camera di fumigazione utilizzata per la disinfestazione degli indumenti. Vengono mostrate anche foto scattate nel 1945 che mostrano la famosa porta con sopra un teschio e ossa incrociate con l'avvertimento: "Vorsicht! Gas! Lebensgefahr! Nicht öffnen!" ("Attenzione! Gas! Pericolo di vita! Non aprire!").

Si è già detto che Dachau è entrato in funzione nel 1933 ed è quindi il campo più antico. Vi furono internati prigionieri politici austriaci, criminali comuni e prigionieri di ogni tipo, compresi i sacerdoti cattolici. Più di 2.000 sacerdoti cattolici provenienti da vari Paesi furono imprigionati nei campi tedeschi, la maggior parte dei quali a Dachau. I detenuti di solito lavoravano nelle fabbriche fuori dal campo. Alla fine della guerra, si cominciò a creare il mito che Dachau fosse stato un campo di sterminio. Come nel caso di Buchenwald, fu la propaganda americana guidata da Eisenhower, l'uomo responsabile dei campi di sterminio in cui morirono quasi un milione di tedeschi, a distorcere i fatti non appena le truppe americane presero il controllo del campo di concentramento.

Esistono diverse versioni dell'arrivo degli americani a Dachau, che riassumeremo senza entrare troppo nei dettagli. La Croce Rossa, grazie alle convenzioni internazionali, aveva accesso ai prigionieri di guerra, i POW (Prisoners of War), che godevano quindi della protezione internazionale, ma i prigionieri dei campi di concentramento non erano inclusi. Nei primi mesi del 1945, le condizioni di tutti i campi erano già così catastrofiche che il 29 marzo il governo tedesco, tramite il generale delle SS Ernst Kaltenbrunner, decise di permettere a un delegato del Comitato Internazionale della Croce Rossa di stazionare in ogni campo per distribuire i soccorsi. La condizione era che i delegati rimanessero nei campi fino alla fine della guerra. Fu grazie a questo accordo che il CICR organizzò il trasporto degli aiuti su strada, dal momento che l'uso delle ferrovie, che erano completamente collassate, era riservato alle esigenze dell'esercito. A questo punto della guerra, il caos era immenso, quindi l'ordine di Kaltenbrunner non raggiunse alcuni comandanti di campo. Alcuni inizialmente rifiutarono l'ingresso della Croce Rossa.

La Croce Rossa rilasciò un documento con una versione annacquata delle modalità di resa di Dachau. Victor Maurer fu il delegato autorizzato a muoversi nel campo, dove arrivò il 27 aprile con cinque camion carichi di cibo per i prigionieri. Il campo era isolato a causa dei bombardamenti alleati. Il 28 aprile alcuni ufficiali e guardie iniziarono a fuggire. Il tenente delle SS

Heinrich Wicker, che intendeva fuggire a capo delle guardie rimaste, divenne la massima autorità a Dachau. Maurer lo convinse a consegnare il campo agli americani. Con un asciugamano bianco attaccato a una scopa e accompagnato dal tenente Wicker, il rappresentante della Croce Rossa lasciò il campo. Un'unità motorizzata li avvistò e presto si trovarono alla presenza di un generale, il cui nome non è specificato, anche se altre fonti affermano che si trattava del generale di brigata Henning Linden, poiché fu lui che il 2 maggio presentò il suo rapporto al Quartier Generale confermando che la notte del 28 aprile, Victor Maurer, il rappresentante della Croce Rossa Svizzera, arrivò sventolando una bandiera bianca accompagnato dal tenente delle SS Wicker e dal suo assistente.

Il generale Linden ammette che gli era stato riferito che c'erano circa 42.000 prigionieri "mezzi impazziti", molti dei quali infettati dal tifo. Gli era stato riferito che un treno carico di cadaveri era arrivato a Dachau dal nord, di cui Victor Maurer non era a conoscenza. Il generale Linden chiese al delegato della Croce Rossa e all'ufficiale tedesco di accompagnarlo al campo. La sua intenzione era quella di fotografare i carri pieni di cadaveri per i giornali. Secondo il rapporto della Croce Rossa, quando il generale Linden arrivò al campo, intorno alle 15.00 del 29 aprile, altri soldati americani erano già lì, informati da civili e giornalisti diretti a Monaco dell'esistenza del campo di concentramento.

Oltre al resoconto della Croce Rossa, altri resoconti sulla cattura di Dachau affermano che furono queste truppe a scoprire, avvicinandosi al campo, il treno con i corpi di circa cinquecento morti dall'aspetto deprimente. Questo treno, arrivato il 26 o il 27 aprile, trasportava prigionieri affamati evacuati il 7 da Buchenwald ed era stato ritardato perché gli aerei alleati avevano bombardato i binari e bombardato il convoglio, uccidendo i prigionieri nei vagoni aperti. Nonostante gli sforzi del delegato Victor Maurer per indurre i tedeschi a consegnare il campo in modo ordinato, come concordato con il generale Linden, il disordine fu totale e si verificò un massacro: gli americani spararono e uccisero quasi tutte le guardie e non impedirono ad alcuni prigionieri armati di liquidare anche numerosi soldati tedeschi. Altri prigionieri abbatterono i reticolati e fuggirono senza che gli americani potessero fare altro che sparare in aria.

Su questi eventi, il tenente colonnello Walter J. Fellenz, un ufficiale del 222° reggimento, riferisce come i suoi uomini uccisero le guardie SS ancora nelle torrette di guardia: "Le SS cercarono di puntare le loro armi contro di noi, ma le uccidemmo rapidamente prima che potessero sparare contro di noi. Abbiamo ucciso almeno diciassette SS. Poi, in un impeto di rabbia, i nostri uomini hanno gettato i corpi dalle torrette e hanno svuotato i loro fucili nel petto delle SS morte". Nulla di tutto ciò appare nel rapporto della Croce Rossa. Né si dice che il tenente Wicker, con che Victor Maurer aveva incaricato di salvaguardare le vite dei soldati, fu ucciso dopo la resa del campo.[6]

Due detenuti hanno scritto su Dachau. Uno era padre Johann Maria Lenz, incaricato dal Vaticano di scrivere un libro su Dachau, *Cristo a Dachau* (1960); l'altro era Nerin Emrullah Gun, un giornalista di origine turca che nel 1944 aveva lavorato nell'ufficio stampa dell'ambasciata turca a Budapest e che fu imprigionato dai tedeschi nell'aprile del 1945, probabilmente per il contenuto antitedesco dei suoi reportage. Nel 1966 Nerin E. Gun pubblicò un libro intitolato *Dachau*. L'opera fu tradotta in diverse lingue, tra cui lo spagnolo. In Spagna apparve con il titolo *Dachau. Testimonianza di un sopravvissuto* (1969). Secondo Gun, quando gli americani arrivarono, non si accontentarono di uccidere le guardie delle SS, ma liquidarono anche i cani nelle loro cucce. Padre Lenz, da parte sua, oltre a dichiarare di non essersi mai sentito così vicino a Dio come a Dachau, racconta che il generale americano ordinò un bombardamento di due ore sulla città indifesa di Dachau per vendicarsi dei morti trovati nel campo; ma chiarisce poi che alla fine fu dissuaso e diede il contrordine. Nel documento del CICR non c'è traccia di questi eventi.

Solo quarant'anni più tardi si conobbero la portata e i dettagli del crimine di guerra americano a Dachau. Nel 1986, il colonnello medico Howard Buechner pubblicò negli Stati Uniti il libro *Dachau. The Hour of the Avenger (L'ora del vendicatore)*, in cui, oltre alla sua esperienza personale, riporta diverse testimonianze oculari, alcune delle quali affermano di vergognarsi di quanto accaduto. Sebbene nel suo comunicato sulla liberazione di Dachau il generale Eisenhower si sia limitato ad affermare che 32.000 prigionieri erano stati liberati e "300 soldati delle SS erano stati neutralizzati", il colonnello Buechner sostiene nel suo libro che il numero effettivo di soldati tedeschi giustiziati fu di 520, di cui 346 mitragliati in massa su ordine del tenente Jack Bushyhead. Circa mezzo centinaio furono uccisi dagli stessi detenuti, che secondo diversi testimoni li picchiarono a morte con pale e altri attrezzi. Anche alcuni kapò furono fatti a pezzi dai prigionieri. In un altro libro sulla liberazione di Dachau, *Inside the Vicious Heart* (1985) di Robert H. Abzug, un testimone oculare rivela che alcuni soldati americani consegnarono i detenuti ai tedeschi perché li uccidessero. Anche se le uccisioni non cessarono completamente fino al 2 maggio, il 30

---

[6] Il tenente Heinrich Wicker era un uomo molto alto, tanto che il suo cadavere a terra con la testa fracassata è facilmente riconoscibile in diverse foto. Questo tenente delle SS aveva supervisionato tra il 28 marzo e il 2 aprile 1945 l'evacuazione dei prigionieri da Neckarelz, un sottocampo di Natzweiler, al campo principale di Dachau. Tra il 5 e il 15 aprile supervisionò anche l'evacuazione di circa 1.700 prigionieri da Hessental, un altro sottocampo di Narzweiler, a München-Allach. Sua madre e sua sorella erano arrivate a Dachau il 12 aprile per fargli visita. Anche la fidanzata e il figlio di due anni si trovavano a Dachau. Questi parenti non lo videro mai più e successivamente denunciarono la sua scomparsa al servizio di rintracciamento della Croce Rossa Internazionale.

aprile fu stabilito un certo ordine e fu distribuito del cibo. Il 1° maggio, i membri di una delegazione del CICR entrarono nel campo e riferirono di aver visto mucchi di cadaveri e "anche la camera di esecuzione, la camera a gas, i forni crematori, ecc.

Poiché oggi c'è un consenso generale tra i ricercatori di entrambe le convinzioni sull'assenza di camere a gas a Dachau, queste affermazioni nel rapporto della Croce Rossa del 1947 devono essere interpretate come il riflesso della propaganda americana, che considerava come camere a gas le docce di cui la propaganda faceva circolare una foto che mostrava diversi membri del Congresso degli Stati Uniti mentre esaminavano i fori nei carciofi. Negli anni '80, queste stesse docce sono state mostrate ai turisti del Museo di Dachau e si è insistito sul fatto che fossero destinate alle camere a gas, sebbene non siano mai state utilizzate. Un cartello recita in tedesco e inglese: "Camera a gas. Camuffata da bagno - mai usata come camera a gas". I revisionisti hanno avvertito che è stato dimostrato che questa struttura non era una camera a gas e le autorità del Museo hanno sostituito il cartello con uno che recita: "Camera a gas. Qui c'era il centro di un potenziale omicidio di massa". Si aggiungeva che "potevano essere gasati fino a 150 uomini alla volta". Cioè, per assurdo, si voleva mettere a tacere i revisionisti con i termini "potenziale" e "poteva". La propaganda sosteneva inoltre che la camera di disinfezione o fumigazione, la cui scritta sulla porta è stata citata sopra, fosse anche una camera a gas per lo sterminio dei prigionieri. Sotto la foto distribuita dall'Esercito degli Stati Uniti che mostra un soldato c'è il seguente testo: "Le camere a gas convenientemente situate accanto al crematorio sono esaminate da un soldato della Settima Armata degli Stati Uniti. Queste camere erano utilizzate dalle guardie naziste per uccidere i prigionieri del famigerato campo di concentramento di Dachau". Si noti che viene usato il plurale, il che implica che ce n'erano diverse.

Poiché è giunto il momento di scrivere del disastroso campo di Bergen-Belsen, è necessario sottolineare ancora una volta che la Germania era un vortice di morte e miseria all'inizio del 1945 e lo sarebbe rimasta per molto tempo ancora, come è stato spiegato nel Capitolo 11, dove è stata raccontata la condizione di milioni di rifugiati in fuga dai sovietici in condizioni deplorevoli. Nel gennaio 1945, ad esempio, 800 rifugiati tedeschi furono trovati morti congelati all'interno di un treno in arrivo a Berlino. La rete ferroviaria era in uno stato caotico, come dimostra il fatto che il treno da Dachau in cui furono trovati i cinquecento cadaveri aveva impiegato venti giorni per arrivare da Buchenwald. Nell'ultima nota, si è notato che il tenente Heinrich Wicker aveva supervisionato il trasferimento dei prigionieri da un campo all'altro. Non è chiaro chi abbia dato questi ordini, né quale fosse lo scopo di trasferire migliaia di prigionieri morenti da un campo all'altro. Forse la spiegazione è che i comandanti intendevano ridurre al minimo il numero di vittime nei loro campi e scaricare la responsabilità su altri.

Bergen-Belsen

Bergen-Belsen è il campo paradigmatico della tragedia vissuta dai prigionieri dei campi di concentramento negli ultimi mesi. Tanto da diventare il capolavoro della propaganda dell'Olocausto. Le immagini dei corpi scheletrici non sepolti dei prigionieri morti di tifo, fame e altre malattie fecero il giro del mondo. Questa volta non fu necessario ricorrere a falsi, perché le immagini erano reali. I filmati della sepoltura di montagne di cadaveri a Belsen vengono regolarmente mostrati in televisione per dimostrare l'esistenza di campi in cui gli ebrei venivano sterminati. Tuttavia, è stato dimostrato in precedenza che tra l'agosto e il dicembre 1944, prima che le linee di rifornimento fossero interrotte dai bombardamenti e il sistema dei campi di concentramento collassasse, circa duemila ebrei furono liberati da Bergen-Belsen grazie agli sforzi congiunti del Jewish Rescue Committee di Budapest e del Joint Distribution Committee di New York.

Riteniamo che a questo punto del nostro racconto sia stato sufficientemente dimostrato che non vi fu una politica deliberata di uccisione dei prigionieri, siano essi ebrei o gentili, e che le catastrofi nei campi furono il risultato di un'assoluta perdita di controllo. Più volte fonti diverse attribuiscono la causa principale del numero di morti alle epidemie di tifo, che divennero una minaccia costante in tutti i campi. Come è noto, il tifo esantematico è trasmesso dai pidocchi. Di conseguenza, i tedeschi cercarono di combattere questa malattia nel modo più efficace possibile e il più a lungo possibile; furono quindi adottate numerose misure igieniche e questi parassiti indesiderati furono combattuti disinfettando stanze, vestiti e persone. Il fatto che uno di questi insetti, il Pediculus humanus, viva sul cuoio capelluto, dove ogni pidocchio può depositare fino a dieci lendini al giorno, era il motivo per cui i prigionieri venivano rasati appena entrati nei campi. Poiché una sottospecie leggermente più grande, il Pediculus humanus corporis, vive nelle cuciture e nelle pieghe degli abiti, furono create delle camere di disinfezione in cui veniva utilizzato il cianuro di idrogeno, noto anche come acido cianidrico e acido prussico. Il marchio utilizzato nei campi era "Zyklon B", prodotto dalla I G Farben. In tutti i campi il rituale era lo stesso: non appena arrivava un gruppo di detenuti, questi venivano spogliati, rasati, poi facevano la doccia e ricevevano vestiti nuovi, se non quelli vecchi già disinfettati.

Bergen-Belsen era originariamente un campo della Wehrmacht per prigionieri di guerra e feriti, ma a metà del 1943 le SS lo rilevarono e lo trasformarono in un campo di scambio, cioè un campo di transito dove i prigionieri ebrei venivano scambiati con prigionieri tedeschi. Sembra che i primi ebrei arrivati provenissero da Salonicco e che alcuni avessero passaporti spagnoli, per cui si sperava che venissero inviati in Spagna. Il gruppo più numeroso di ebrei era quello di origine olandese, che contava circa 5.000 persone. Molti di loro erano esperti nel taglio dei diamanti e provenivano da Amsterdam. Gli ebrei vennero alloggiati in alloggi appositamente dedicati a loro e costituirono quello che venne chiamato il "campo delle stelle", che era completamente separato dal resto dei campi e quindi non fu molto colpito dall'epidemia di tifo degli ultimi mesi.

Furono gli inglesi e i canadesi che nel pomeriggio del 15 aprile 1945 entrarono a Bergen-Belsen, una cinquantina di chilometri a nord di Hannover, la cui resa era stata concordata in precedenza. L'esistenza dell'epidemia di tifo era ben nota. Nelle vicinanze del campo c'erano persino dei cartelli che avvertivano: "Pericolo. Tifo". C'era quindi il pericolo che l'epidemia potesse diffondersi e colpire le truppe di entrambe le parti. Molte guardie del campo fuggirono prima dell'arrivo degli inglesi, ma Josef Kramer, il comandante del campo, rimase nel campo con ottanta dei suoi uomini che erano rimasti volontariamente. Kramer e la sua assistente Irma Grese incontrarono l'ufficiale britannico Derrick Sington al cancello, al quale espressero la loro disponibilità a collaborare per gestire la situazione. Lo stesso giorno Kramer fu arrestato e cinque mesi dopo comparve davanti a un tribunale militare britannico come criminale di guerra.

Nel 1957 Derrick Sington pubblicò il libro *The Offenders* in London, in cui riporta la testimonianza di un prigioniero politico che spiega come scoppiò l'epidemia di tifo. Secondo questo prigioniero, alla fine di ottobre del 1944, per la prima volta fu ammesso un trasporto senza essere stato disinfettato. Le persone arrivate nel campo portarono con sé i pidocchi, che iniziarono a diffondersi gradualmente. Nel gennaio 1945 la malattia cominciò a manifestarsi e alla fine di febbraio il tifo era già una seria minaccia per l'intero campo. Negli ultimi mesi Belsen era considerato un "Krankenlager", un campo per malati. Anche molte delle persone che lavoravano nel campo erano malate. Gli inglesi non riuscirono a controllare immediatamente la situazione e un quarto delle persone colpite dall'epidemia morì nelle prime quattro settimane.

Di fronte allo spettacolo dantesco di migliaia di cadaveri insepolti sparsi per la campagna, gli inglesi iniziarono a scavare grandi fosse rettangolari in cui seppellire i morti. Due giorni dopo l'ingresso delle truppe, arrivarono le prime unità mediche che allestirono un ospedale. Lo stesso giorno, tutto il personale delle SS, cinquanta uomini e trenta donne, che aveva aiutato gli inglesi a far fronte alla catastrofe, fu arrestato. Lo stesso giorno, il 17 aprile, gli ebrei si affrettarono a organizzare un Comitato ebraico nel campo, guidato da Josef Rosensaft. Il 18 iniziò la sepoltura dei cadaveri. La maggior parte dei corpi emaciati dei morti erano già ammassati nelle fosse comuni. I bulldozer li caricavano sui camion o li spingevano direttamente nelle fosse. I liberatori britannici costrinsero le donne tedesche a lavorare senza protezione e senza guanti, esponendole al tifo e ad altre malattie. In alcune foto, si vedono queste donne trascinare e caricare i morti zoppicanti su veicoli prima di gettarli nelle fosse. Queste immagini sono mostrate nel famoso filmato che ha sciocato generazioni di spettatori.

Quando sei distaccamenti della Croce Rossa arrivarono in aiuto il 23 aprile, l'epidemia era ancora fuori controllo e centinaia di persone morivano ogni giorno. Nonostante le cure fornite dalla Croce Rossa e dalle unità mediche dell'esercito britannico, 9.000 persone morirono nelle prime due settimane dopo la liberazione del campo e altre 4.000 morirono durante il mese di maggio.

Il processo al capitano delle SS Josef Kramer, soprannominato dalla propaganda "la bestia di Belsen", si tenne nell'agosto 1945. Si trattava del cosiddetto "processo di Belsen", condotto da un tribunale militare britannico al di fuori dell'IMT (International Military Tribunal at Nuremberg). Poiché in precedenza aveva prestato servizio ad Auschwitz-Birkenau, Kramer fu collegato allo sterminio degli ebrei attraverso le camere a gas. Davanti al tribunale rilasciò due dichiarazioni, che sono riprodotte integralmente da Arthur R. Butz in un'appendice di *The Hoax of the Twentieth Century*. Nella prima dichiarazione, lunga diciassette pagine, Kramer raccontò la sua esperienza nei vari campi in cui aveva lavorato. Per il loro interesse, ne riportiamo qui di seguito alcuni stralci, alcuni dei quali confermano fatti già riportati.

Kramer fu ad Auschwitz-Birkenau da metà maggio 1944 al 29 novembre 1944. Era il comandante di Birkenau, dove venivano inviati i prigionieri la cui capacità lavorativa, a causa della malattia o dell'età, non era più adeguata. Secondo le sue dichiarazioni, ogni settimana morivano per cause naturali tra le 350 e le 500 persone. Egli giustifica questo alto tasso di mortalità con il fatto che molti dei detenuti che entravano a Birkenau da Auschwitz erano malati: "Il tasso di mortalità", sostiene, "era leggermente superiore alla norma a causa del fatto che avevo un campo con persone malate provenienti da altre parti del campo". Kramer conferma che tutti i prigionieri morti venivano cremati e che normalmente non venivano maltrattati:

> "Nessun prigioniero è stato fustigato; non ci sono state esecuzioni, fucilazioni o impiccagioni. Facevo frequenti ispezioni nel mio campo. Era responsabilità esclusiva del medico certificare la causa della morte di un prigioniero. I medici cambiavano continuamente. Uno di questi medici era l'Hauptsturmführer (Capitano) Mengele.... Durante le mie ispezioni non ho mai visto prigionieri morti per violenza fisica. Quando un prigioniero moriva, un medico doveva certificare l'ora del decesso, la causa e i dettagli della morte. Il medico firmava un certificato e lo inviava all'Ufficio centrale del campo".

Per quanto riguarda il lavoro dei medici, Kramer ha ribadito che "questi medici hanno fatto tutto ciò che era in loro potere per mantenere in vita i prigionieri". Secondo la sua dichiarazione, lavoravano dodici ore al giorno e lavoravano ogni giorno dalle otto del mattino alle otto o nove di sera. In relazione alle accuse di aver partecipato a un omicidio di massa, ha dichiarato:

> "Ho sentito accuse da parte di ex prigionieri di Auschwitz su una camera a gas, su esecuzioni di massa e fustigazioni, sulla crudeltà delle guardie e sul fatto che tutto questo sia avvenuto in mia presenza o con il mio consenso. Posso solo dire che è falso dall'inizio alla fine".

Josef Kramer fu di stanza a Belsen dal 1° dicembre 1944 al 15 aprile 1945. Nella sua testimonianza racconta che il 29 novembre si recò a Berlino per fare rapporto al "Gruppenführer" Glücks, che era responsabile dell'organizzazione di tutti i campi di concentramento del Reich agli ordini dell'"Obergruppenführer" Oswald Pohl. Kramer ha citato nella sua dichiarazione le parole pronunciate da Glücks durante il suo colloquio, alcune delle quali coincidono con il rapporto di Rudolf Kastner e confermano che molti ebrei giunsero a Belsen da altri campi perché scambiati o liberati da lì. Eccone un estratto:

> "Kramer, lei andrà a Belsen come comandante. A Belsen ci sono attualmente molti prigionieri ebrei che alla fine saranno scambiati". Solo più tardi, quando ero a Belsen, seppi che questi prigionieri ebrei venivano scambiati con cittadini tedeschi di ogni provenienza. Il primo scambio ebbe luogo tra il 5 e il 15 dicembre 1944 e fu supervisionato personalmente da un ufficiale venuto apposta da Berlino. Non ricordo il suo nome. Il suo grado era "Regierungsrat" (consigliere del governo). Il primo trasporto conteneva tra i 1.300 e i 1.400 prigionieri. Glücks mi disse nell'intervista a Berlino: "È previsto di trasformare Belsen in un campo per prigionieri malati. Questo campo accoglierà tutti i prigionieri e i detenuti malati di tutti i campi di concentramento della Germania settentrionale e nord-orientale e anche tutti i malati tra i prigionieri che lavorano nelle imprese o nell'industria...".

Ancora una volta si può notare che gli ebrei non solo non furono sistematicamente sterminati, come la propaganda continua a predicare dopo più di settant'anni, ma che ricevettero un'attenzione particolare, poiché organismi come il Joint, il World Jewish Congress, la Croce Rossa e i Comitati ebraici operanti in molti Paesi e altre organizzazioni erano in contatto con le autorità tedesche e tenevano frequenti negoziati. Per quanto riguarda l'evoluzione del numero di prigionieri e di morti a Belsen, Kramer ha dichiarato quanto segue:

> "Quando ho assunto l'incarico il 1° dicembre c'erano circa 15.000 persone nel campo; circa duecento sono morte a dicembre. Il 1° gennaio c'erano circa 17.000 persone nel campo; seicento sono morte a gennaio; il 1° febbraio c'erano 22.000 prigionieri nel campo. Dal 15 febbraio in

poi non potevo dire quanti prigionieri avevo, perché non si tenevano più registri, perché era del tutto impossibile a causa dell'ondata di trasporti che arrivavano dai campi della Slesia, che venivano evacuati, e, come ho già detto, i registri che avevo conservato furono distrutti a marzo.
Non conosco il numero di morti in questo periodo, ma le condizioni di Belsen peggiorarono da metà febbraio a metà aprile 1945, quando arrivarono gli Alleati. Ho ispezionato il campo quotidianamente durante questo periodo ed ero ben consapevole delle condizioni e del gran numero di persone che stavano morendo. La mortalità nei mesi di febbraio, marzo e aprile aumentò costantemente fino a raggiungere i 400-500 morti al giorno....".

Molti aspetti della dichiarazione di Kramer sono degni di nota. Ad esempio, l'impossibilità di continuare a cremare i cadaveri perché il carbone per alimentare il crematorio era finito, o le misure che prese quando individuò un caso di cannibalismo. Per quanto riguarda la carestia, il rapporto del CICR del 1948 osserva che i rifornimenti ai campi furono interrotti dai raid aerei su tutte le linee di comunicazione. Il 2 ottobre 1944 il CICR aveva avvertito il Ministero degli Esteri dell'imminente collasso del sistema di trasporto, prevedendo che avrebbe portato alla fame tutti i tedeschi. Per quanto riguarda le carenze alimentari, Kramer sottolinea la mancanza di pane:

> "Era assolutamente impossibile per me ottenere abbastanza pane per sfamare tutti i prigionieri che avevo. All'inizio il pane ci veniva fornito dai panifici di Belsen. Poi c'erano così tanti prigionieri nel campo che le panetterie locali non potevano più fornire le quantità richieste e ho mandato dei camion ad Hannover e altrove a prendere il pane, ma anche in questo caso non sono riuscito a ottenere la metà del pane necessario per nutrire i prigionieri con le razioni normali. A parte il pane, le razioni non furono mai tagliate".

Per quanto riguarda l'epidemia di "febbre esantematica" che si diffuse nel campo nel febbraio 1945, Kramer spiegò che era stata certificata dall'Istituto batteriologico di Hannover, per cui chiuse il campo e inviò un rapporto a Berlino: "La risposta che ricevetti da Berlino fu che avrei dovuto tenere il campo aperto per ricevere i convogli dall'est, febbre o non febbre". All'inizio di marzo Kramer inviò ai suoi superiori un rapporto completo sulle condizioni del campo. Il 20 marzo Oswald Pohl si recò personalmente a Belsen per monitorare la situazione e concordò con il comandante del campo che bisognava fare qualcosa. Davanti alla corte Kramer lo ha spiegato:

> "La prima misura che suggerì fu quella di chiudere il campo e di non far entrare altre persone. Io proposi a Pohl due misure per affrontare la situazione: (a) fermare l'arrivo di altri trasporti e (b) effettuare

immediatamente lo scambio degli ebrei nel campo. Il risultato fu che dal mio ufficio egli inviò una lettera a Berlino in cui si affermava che lo scambio di prigionieri ebrei doveva avvenire immediatamente. Questo scambio ebbe finalmente luogo negli ultimi giorni di marzo. Non so dove avvenne lo scambio, ma partirono da Belsen per Theresienstadt. Tra le 6.000 e le 7.000 persone furono inviate per essere scambiate (tre treni carichi). Queste 6.000-7.000 persone costituivano il numero totale di prigionieri da scambiare. Furono trasportati in tre convogli, ognuno dei quali aveva 45-50 vagoni. Ricevetti l'ordine di spedire tre spedizioni in tre giorni diversi. Ogni volta assegnavo alcune guardie - non ricordo quante - e c'era un N.C.O. (colloquialmente un sottufficiale) responsabile di ogni treno, probabilmente uno Scharführer (primo sergente), ma non ricordo. Non so a chi dovessero riferire questi N.C.O. dall'altra parte. So solo che doveva inviare tre treni. Non ho mai più rivisto questi sottufficiali che avevo mandato".

Questa informazione è di notevole importanza, perché dimostrerebbe che tra le migliaia di cadaveri trovati a Bergen-Belsen c'erano pochi ebrei, dato che la maggior parte era stata evacuata in tre lunghi treni alla fine di marzo 1945. Kramer concluse la sua lunga testimonianza davanti al tribunale britannico affermando che, quando Belsen fu finalmente conquistata dagli Alleati, era abbastanza soddisfatto di aver "fatto tutto il possibile, date le circostanze, per rimediare alle condizioni del campo".

In una seconda dichiarazione, Kramer abbandonò la fermezza con cui aveva difeso le sue azioni e ritrattò, evidentemente nel tentativo di salvarsi la vita e su consiglio del suo avvocato. La logica della difesa era quella di offrire una versione che scaricasse sui superiori di Kramer ogni responsabilità per i presunti omicidi di massa a Birkenau, dal momento che l'affermazione che Auschwitz-Birkenau non era un campo di sterminio non aveva alcuna possibilità di essere accettata dal tribunale. La seconda dichiarazione, anch'essa riprodotta integralmente in *The Hoax of the Twentieth Century*, era molto più breve e consisteva in otto punti che stavano in due pagine. In essa Kramer testimoniò che ad Auschwitz esisteva una camera a gas, che lui non ne era responsabile e che gli stermini erano di competenza dell'amministrazione centrale del campo di Auschwitz 1. Egli affermò soprattutto di aver dato all'amministrazione del campo una serie di istruzioni per l'uso. Sostenne soprattutto di aver dato a Oswald Pohl la sua parola d'onore che avrebbe taciuto. In ogni caso, era inutile per lui accusare Rudolf Höss, il comandante del campo, e il RSHA dei crimini di cui era accusato dal tribunale, Josef Kramer e la sua assistente Irma Grese furono impiccati il 13 dicembre 1945.

Non vogliamo concludere queste pagine su Bergen-Belsen senza ricordare la più famosa delle vittime del campo, la famosa Anna Frank, la ragazza ebrea che sarebbe morta lì e che la propaganda ha trasformato in un mito. Anche se potremmo scrivere a lungo sul noto *diario di Anna Frank* e sul culto che esso riscuote in tutto il mondo, ci limiteremo a registrare che è stato dimostrato che il diario è un falso - non solo un altro falso, ma il più fecondo sotto ogni punto di vista: da un lato, grazie a questo racconto adulterato, centinaia di milioni di bambini in tutto il mondo sono stati e continuano a essere ingannati e manipolati, perché attraverso l'identificazione con i sentimenti della protagonista hanno incubato il virus dell'antipatia verso i tedeschi nel loro complesso; dall'altro, la frode ha dato vita a un favoloso business per coloro che hanno fabbricato l'opera. Nel 1947 la prima edizione apparve nei Paesi Bassi e nel 1952 il libro fu pubblicato a Parigi. Da allora è stato pubblicato continuamente in tutto il mondo e in quasi tutte le lingue. In Germania è stato imposto come lettura obbligatoria nelle scuole e gli insegnanti che dubitavano della sua autenticità venivano minacciati di ritirare il permesso di insegnare, "venia docendi". In Spagna, centinaia, se non migliaia, di insegnanti di spagnolo e catalano continuano ancora oggi a proporre *Il diario di Anne Frank* come lettura obbligatoria nelle scuole secondarie. Naturalmente Hollywood ha prodotto un film di successo mondiale e in diversi paesi sono stati realizzati anche degli adattamenti teatrali. Insomma, un business multimilionario che dura da settant'anni.

Poiché è necessario argomentare come sia stato dimostrato che si trattava di un falso, illustreremo ora l'accaduto. Innanzitutto, va detto che Anne Frank morì all'età di quattordici anni e quindi avrebbe avuto circa dodici anni quando ipoteticamente scrisse il diario, che si dice sia stato scritto di nascosto nei quaderni di scuola. In altre parole, alcune pagine di quaderno si sono trasformate in un libro di 250-300 pagine, a seconda dell'edizione. L'intera faccenda divenne chiara quando Otto Frank, il padre di Anne, rivendicò la proprietà esclusiva dei profitti dell'"attività". Tra il 1956 e il 1958, presso la County Court House di New York, si tenne un processo per risolvere la causa tra lo scrittore ebreo Meyer Levin e Otto Frank. Levin, l'attore, aveva citato in giudizio il signor Frank per aver venduto il "Diario" e la "drammatizzazione teatrale" dello stesso ignorando i suoi diritti d'autore. Il giudice Samuel L. Coleman, anch'egli ebreo, si pronunciò a favore di Meyer Levin, costringendo Otto Frank a pagargli 50.000 dollari per "frode, violazione del contratto e uso illegale delle idee". Nel verdetto, il giudice Coleman affermò che il signor Frank avrebbe dovuto pagare il signor Levin "per il suo lavoro sul diario di Anne Frank". La copiosa corrispondenza privata tra un altro Frank e Meyer Levin, che è stata presentata al processo come prova dalle parti, dimostra chiaramente che Meyer Levin era l'autore del "Diario". Per difendere i suoi diritti d'autore, lo scrittore, che era stato corrispondente in Spagna durante la guerra civile, ha citato in giudizio anche il produttore cinematografico Kermit Bloombarden.

Esistono ulteriori prove che Anne Frank non sia l'autrice del diario. Lo storico britannico David Irving ha scoperto che il manoscritto originale in possesso di Otto Frank è stato scritto in biro, un dispositivo inventato nel

1949 e commercializzato a partire dal 1951. D'altra parte, un'esperta di calligrafia ebraica, Minna Becker, ha escluso che il manoscritto possa essere stato scritto dalla piccola Anne dopo averlo confrontato con testi autentici della bambina. Ai lettori interessati a saperne di più si consiglia di leggere il lavoro del revisionista spagnolo Pedro Varela, intitolato *Il caso di Anne Frank*.

PARTE 3
BELZEC, TREBLINKA E SOBIBOR, TRE "CAMPI DI STERMINIO"

Il 7 giugno 1979, Giovanni Paolo II visitò Auschwitz, "il luogo della terribile devastazione", disse, "che significò la morte per quattro milioni di uomini di varie nazioni". Così il Papa, che annunciò al mondo di essersi recato in pellegrinaggio, ratificò con le sue parole il bilancio delle vittime riportato sulla lapide dell'epoca, che recitava: "Quattro milioni di persone hanno sofferto e sono morte qui per mano dei criminali nazisti tra il 1940 e il 1945". Ventisette anni dopo, il 28 maggio 2006, un altro Papa, Benedetto XVI, si è nuovamente recato in pellegrinaggio al campo e lo ha definito "un luogo di orrore, un accumulo di crimini contro Dio e contro l'uomo che non ha eguali nella storia". Tuttavia, qualcosa era cambiato: nel 1990 la vecchia lapide era stata sostituita da una nuova, sulla quale erano scomparsi in un colpo solo due milioni e mezzo di morti. La nuova legenda recitava: "Che questo luogo sia per sempre un grido di impotenza, un monito per l'umanità". Qui i nazisti uccisero circa un milione e mezzo di uomini, donne e bambini, per lo più ebrei provenienti da diversi Paesi d'Europa". Questa rettifica ufficiale del numero di morti di Auschwitz non ha modificato le cifre della propaganda - riconosciute false dalla nuova targa - il cui numero cabalistico di sei milioni rimane invariato.

Secondo la storiografia ufficiale, oltre ad Auschwitz esistevano altri tre principali campi di sterminio nella Polonia occupata: Belzec, Treblinka e Sobibor, tutti catturati dai comunisti, che non risparmiarono milioni di persone nel calcolare il numero delle vittime. Nell'agosto del 1944 una commissione d'inchiesta sovietica pubblicò un rapporto secondo cui solo a Treblinka morirono tre milioni di persone. In considerazione del fatto che sette milioni di persone erano già morte solo in due campi e che si sosteneva che gli ebrei erano stati sterminati in tutti, il numero di morti a Treblinka dovette essere abbassato a 870.000, che fu ufficialmente stabilito in 870.000. Qualcosa di simile accadde con le cifre di Belzec e Sobibor. Gli sterminatori certificarono che in questi tre campi furono uccise 1.720.000 persone. Tuttavia, Raul Hilberg, il più prestigioso tra gli studiosi ebrei dell'Olocausto, in uno sfoggio di rigore contabile, ridusse le vittime dei tre campi a 1.500.000 in *La distruzione degli ebrei europei*, un'opera in tre volumi considerata la "Bibbia dell'Olocausto". Poiché la quarta parte di questo capitolo tratterà interamente di Auschwitz, considereremo ora quella che è considerata una terza parte dell'Olocausto.

Il Committee for Open Debate on the Holocaust (CODOH) ha prodotto un'opera ammirevole intitolata *One Third of the Holocaust*, in cui 27 video evidenziano l'impossibilità di accettare la versione canonica del dogma su ciò che accadde in questi tre campi. D'altra parte, gli storici revisionisti Carlo Mattogno e Jürgen Graf hanno pubblicato nel 2002 *Treblinka: Extermination Camp or Transit Camp?*, un'opera fondamentale sul campo. Nel 2004, il revisionista italiano Carlo Mattogno ha proseguito le sue ricerche con un nuovo libro, *Belzec in Propaganda, Testimonianze, Ricerche Archeologiche e Storia*. Queste e altre opere, che discuteremo man mano, ci permetteranno di contrastare e confutare le tesi e i dati di sterminazionisti come Raul Hilberg e Yitzhak Arad, tra gli altri.

Belzec

La Polonia occupata fu riorganizzata dai nazisti, che istituirono il Governo Generale della Polonia. Una volta dimostrato e accettato che non esistevano campi di sterminio in territorio tedesco, fu nel Governo Generale, che dopo la guerra rimase nelle mani dell'Armata Rossa, che gli apostoli dell'Olocausto collocarono tutti i campi di sterminio: Auschwitz, Belzec, Treblinka, Sobibor, Majdanek, Chelmno... Già negli ultimi anni di guerra, i propagandisti lanciarono un certo numero di libri sullo sterminio di massa degli ebrei a Belzec, il campo più vicino al confine con l'URSS, che in realtà erano pamphlet scritti senza il minimo scrupolo. Esistono anche numerosi opuscoli su Treblinka, come vedremo più avanti.

Prima di iniziare a funzionare come campo di lavoro, Belzec, situato tra i distretti di Lublino e Galizia, aveva ospitato detenuti rom nell'aprile 1940. A partire dall'estate del 1940, divenne parte del cosiddetto "Programma Otto", un progetto di costruzione di strade di importanza strategica per migliorare le infrastrutture di trasporto del Governo Generale. Nel settembre 1940, 6.000 ebrei di Varsavia furono trasportati a Hrubieszöw, una città vicino al fiume Burg, il confine naturale tra la Polonia e l'URSS, per lavorare a una strada. Questi detenuti furono ospitati in un campo dove fu allestito un ospedale e dove lavorava un medico ebreo di nome Abraham Silberschein, che nel 1943 lasciò la Polonia e nel 1944 fu membro del Parlamento polacco e delegato al Congresso ebraico mondiale. Anche allora pubblicò a Ginevra *Die Hölle von Belzec (L'inferno di Belzec)* e diversi orribili opuscoli di propaganda in cui affermava che gli ebrei venivano sterminati in Polonia. Silberschein sostiene che nell'agosto 1940 gli ebrei della città e del distretto di Lublino furono arrestati e mandati a lavorare a Belzec. Secondo questo medico ebreo, "la maggior parte di loro morì per le ferite dei colpi ricevuti durante il lavoro, altri per tifo e altre malattie, mentre altri furono semplicemente fucilati". Tuttavia, egli riferisce che il loro lavoro principale era quello di scavare fossati anticarro a circa dieci chilometri dal confine sovietico. Inizialmente, quindi, Belzec era il centro di una decina di campi di lavoro forzato che impiegavano circa 15.000 ebrei, di cui 2.500 erano ospitati a Belzec.

Nel settembre 1940 si svolse un'ispezione medica nei campi del gruppo di Belzec. Il rapporto che ne seguì fu estremamente negativo, lamentando che le condizioni dei detenuti nella rete dei campi erano molto dure, soprattutto nei campi più a nord. Carlo Mattogno riproduce parte del testo:

> "Le stanze sono assolutamente inadeguate per ospitare così tante persone. Sono buie e sporche. L'infestazione di pidocchi è fuori controllo. Circa il 30% dei lavoratori non ha scarpe o pantaloni. Dormono tutti per terra, senza paglia. I soffitti sono danneggiati ovunque, non ci sono vetri nelle finestre.... Manca il sapone ed è molto difficile trovare l'acqua. I malati stanno con i sani e dormono accanto a loro.... Tutti i bisogni naturali devono essere soddisfatti localmente. Non sorprende che in queste condizioni ci siano molteplici casi di malattia. È estremamente difficile essere esonerati dal lavoro anche solo per un giorno. Pertanto, anche i malati devono andare al lavoro".

Chiaramente, queste strutture erano ben lontane dall'assomigliare a quelle tedesche sopra descritte. Una situazione così tragica era in teoria inaccettabile e sembra che sia stato preso in considerazione lo scioglimento del gruppo di campi di Belzec. Almeno questo è quanto emerge dal memorandum di un funzionario del Dipartimento della Popolazione, degli Affari Interni e del Benessere Sociale dell'Amministrazione Generale del Governo, scritto in risposta alla "vostra richiesta telefonica riguardante lo scioglimento del campo di Belzec e le sue attuali carenze". Questo rapporto riconosce che, a causa della mancanza di cooperazione da parte del Brigadeführer (Maggiore Generale) delle SS Globocnik, non era chiaro se il campo ebraico di Belzec ("das Judenlager in Belzec") fosse già stato chiuso. Il memorandum, il cui testo è riprodotto anche da Carlo Mattogno, recita:

> "Gli ebrei del campo di Belzec devono essere sciolti e messi a lavorare nell'Otto-Programm. Quelli di Radom e Varsavia devono tornare alle loro case. I Consigli ebraici sono persino pronti ad andare alla ricerca dei loro compagni di razza. In relazione all'esecuzione di questo compito, c'è una sconcertante mancanza di chiarezza, e l'adeguata cooperazione degli organi delle SS e del Polizeiführer (Capo delle SS e della Polizia) non può sempre essere raggiunta nella pratica...."

Da un nuovo rapporto si apprende che durante il mese di ottobre 1940 la richiesta di ebrei per il lavoro forzato continuò, tanto che furono richiesti in altri distretti del Governo Generale. "Dal campo ebraico di Belzec", si precisa, "4.331 ebrei rilasciati furono assegnati alla costruzione di strade ed edifici per l'Otto-Programm. Le loro condizioni erano tali da non poter essere considerate del tutto idonee al lavoro".

Non possiamo aggiungere altro su Belzec fino al 1942, poiché non abbiamo altri testi che possano essere utili. Il prossimo testo citato da Carlo Mattogno nel suo studio su Belzec è datato 2 febbraio 1942 ed è una direttiva del comandante della polizia dell'ordine del distretto di Galizia sul servizio di lavoro degli ebrei ("Arbeitseinsatz von Juden"). Va ricordato che la Germania è già in guerra con l'URSS, il che aiuta a comprendere il tono severo del testo:

> "In riferimento a una serie di note che ho ricevuto dalle autorità e dalle agenzie tedesche, devo sottolineare con forza quanto segue: Negli ultimi tempi abbiamo assistito a un numero crescente di casi in cui lavoratori ebrei assegnati a lavori urgenti per obiettivi di guerra sono stati rastrellati da varie agenzie ufficiali e sono stati quindi sottratti al lavoro necessario per il quale erano stati designati. Gli ebrei che sono stati reclutati per importanti progetti di guerra della Wehrmacht e per progetti del Piano quadriennale possiedono una carta d'identità corrispondente con il timbro delle agenzie o delle autorità a cui sono stati assegnati.
> Chiedo ancora una volta che tutte le unità sotto il mio comando, e in particolare la polizia ausiliaria ucraina, siano informate in modo che agli ebrei a cui è stato ordinato di lavorare per me sia vietato di essere raggruppati insieme. Se quest'ordine verrà violato, punirò i colpevoli".

Ancora una volta, è chiaro dal testo che c'erano ebrei di prima, seconda e persino terza classe. Per un motivo o per l'altro, molti degli ebrei disponibili a lavorare in relazione allo sforzo bellico venivano protetti grazie agli sforzi o alle pressioni di varie agenzie. L'indignazione portò il comandante a minacciare sanzioni contro coloro che permettevano ingiustificatamente di allontanare gli ebrei dal posto di lavoro loro assegnato.

Sterminio mediante elettrocuzione a Belzec

Secondo la storiografia ufficiale, dalla fine del 1941 Belzec divenne un campo di sterminio, il che implica che gli ebrei deportati nel campo furono uccisi appena arrivati. Gli sterminazionisti hanno stabilito che le uccisioni di massa iniziarono il 17 marzo 1942 e terminarono nel dicembre dello stesso anno. Per quanto riguarda i metodi di sterminio, ce n'è per tutti i gusti. A volte, per dare un'immagine dell'estrema degenerazione dei tedeschi, i crimini venivano conditi con storie sadiche, ad esempio che i soldati, dopo aver costretto gli ebrei a scavare una fossa, li gettavano in essa e ordinavano ai loro compagni di defecare su di loro fino a ricoprirli di feci. Il 10 luglio 1942, il governo polacco in esilio a Londra ricevette il primo rapporto sullo sterminio mediante scosse elettriche. Poiché questo metodo fu progressivamente perfezionato nell'immaginario dei propagandisti dello sterminio, vale la pena dedicargli un po' di spazio, poiché Carlo Mattogno fornisce testi espliciti su questa sofisticata tecnica di omicidio di massa.

Questo rapporto del 10 luglio afferma che i treni sono stati scaricati appena arrivati. Gli uomini andavano in una baracca a destra e le donne in un'altra a sinistra. Lì si sono spogliati, presumibilmente per fare una doccia. Venivano poi portati tutti insieme in una terza baracca con una piastra o una lamiera elettrificata, dove venivano giustiziati. Secondo questo rapporto, i corpi delle vittime furono portati con dei carri in una fossa profonda circa trenta metri, scavata fuori dal perimetro del campo dagli ebrei che erano stati tutti uccisi. Il 15 novembre 1942, il dottor Ignacy Schwarzbart, un importante sionista che era uno dei rappresentanti ebrei nel Consiglio nazionale polacco, confermò i fatti: "Alle vittime viene ordinato di spogliarsi, apparentemente per fare un bagno, e poi vengono portate in baracche con una lastra di metallo come pavimento. La porta viene poi chiusa, la corrente elettrica passa attraverso i corpi delle vittime e la loro morte è istantanea. I cadaveri vengono caricati su carri e portati in una fossa comune a una certa distanza dal campo". Due settimane dopo, il 1° dicembre, il rapporto del 10 luglio fu pubblicato in una rivista polacca scritta in inglese. Il titolo era il seguente: "Rapporto straordinario sul campo di sterminio ebraico di Belzec". La newsletter della "Jewish Telegraphic Agency" fece immediatamente eco alla dichiarazione del dottor Schwarzbart e pubblicò un articolo intitolato: "250.000 ebrei di Varsavia condotti all'esecuzione di massa: l'elettrocuzione introdotta come nuovo metodo di omicidio di massa degli ebrei". La campagna di propaganda era già ben avviata e Schwarzbart tenne una conferenza stampa a Londra in cui affermò che un milione di ebrei era già stato assassinato. Il 20 dicembre 1942 fu la volta *del New York Times*, l'onnipotente media ebraico. L'articolo pubblicato dal giornale affermava tra l'altro: "Non sono disponibili dati aggiornati sulla sorte dei deportati, ma ci sono notizie - notizie inconfutabili - che sono stati allestiti siti di esecuzione a Chelmno e Belzec, dove coloro che sopravvivono alle fucilazioni vengono uccisi in massa per mezzo di elettrocuzione e gas letali".

Col passare del tempo, circolarono nuove varianti che "abbellivano" la sofisticata storia delle uccisioni per mezzo di correnti elettriche. Il 12 febbraio 1944, *il New York Times* pubblicò un articolo intitolato: "Fugitive Tells of Mass Executions in Electrified Vats". La storia, datata 11 febbraio a Stoccolma e distribuita dall'Associated Press, citava come fonte un giovane ebreo polacco che era riuscito a fuggire. Secondo il suo racconto, "gli ebrei erano costretti a stare nudi su una piattaforma metallica azionata da un ascensore idraulico che li calava in un'enorme vasca, riempita d'acqua fino al collo delle vittime. Venivano folgorati da scariche di corrente attraverso l'acqua. L'ascensore sollevava poi i corpi fino al crematorio sovrastante".

Per quanto riguarda gli opuscoli sullo sterminio degli ebrei in Polonia diffusi da Abraham Silberschein, non possiamo resistere alla tentazione di riprodurre estratti significativi da *L'inferno di Belzec*, pubblicato a Ginevra nel 1944, come già detto. Silberschein era un membro del Comitato d'Azione Sionista e dirigeva le attività clandestine in Polonia dalla Svizzera. Le citazioni che seguono provengono da *Belzec nella propaganda, nelle testimonianze, nella ricerca archeologica e nella storia*, l'opera di Carlo Mattogno che abbiamo consultato come fonte indispensabile, sebbene anche Jurgen Graff in *Der Holocaust auf dem Prüfstand* 1992), pubblicato in Spagna con il titolo *El Holocausto bajo la lupa*, citi alcuni di questi scritti:

> "Agli ebrei deportati a Belzec fu ordinato di spogliarsi, come se dovessero andare in bagno. Furono in effetti portati in una stanza capace di contenere diverse centinaia di persone. Tuttavia, furono giustiziati in massa per mezzo di una corrente elettrica. Un giovane che è riuscito a fuggire", ha detto Silberschein, "mi ha raccontato cosa è successo dopo l'elettrocuzione. Il grasso veniva estratto dai corpi per farne sapone. I resti dei corpi furono gettati in fosse anticarro scavate lungo il confine russo dal supersergente maggiore Dollf. La sepoltura dei sacrificati doveva essere effettuata dagli ebrei più forti, selezionati tra i condannati. Spesso capitava che dovessero seppellire i loro stessi parenti.... Gli ebrei sepolti a Belzec provenivano principalmente da Lublino, Lemberg (Lvov) e altre città della Galizia orientale. Vi furono sepolti circa 300.000 ebrei.
> Avendo gettato così tanti corpi nelle fosse comuni, era impossibile coprirli con uno strato di terra sufficientemente spesso. Questo ha fatto sì che il tanfo di carne in decomposizione si diffondesse in tutta l'area. Questo fetore è ancora percepibile (cioè in aprile, al momento della stesura di questo rapporto da parte del testimone). I viaggiatori della linea Zawada-Rawa Ruska chiudono i finestrini, perché il fetore terribile penetra negli scompartimenti e fa vomitare. Io stesso ho dovuto viaggiare su questa linea in alcune occasioni e sono riuscito a convincermi di questo. Il 10 aprile 1943 passai di lì per l'ultima volta. La popolazione cristiana di Belzec ha abbandonato il luogo a causa di questo fetore".

In *Belzec Execution and Extermination Camp* (*Hinrichtungs und Vernichtungslager Belzec*), un altro dei libelli di Silberschein, egli introdusse la variante dello sterminio attraverso il calore di un forno elettrico. Nei suoi deliri, Silberschein continuò a inventare altri mezzi di sterminio a Belzec, che, secondo le sue parole, "era diventata una fortezza dell'Inquisizione come non si era mai vista nella storia dell'umanità". L'idea che le sofferenze patite dagli ebrei non avessero eguali in tutta la storia è uno degli elementi fondamentali della propaganda dell'Olocausto. Più atrocità si riusciva a concepire, meglio si poteva sostenere questa tesi. Come se l'elettrocuzione e il calore del forno elettrico non fossero sufficienti, Silberschein scrisse:

> "Vi furono costruiti edifici speciali per gli esperimenti sui gas. Fabbriche speciali per la produzione di sapone e bitume ricavati dal grasso degli ebrei. Furono costruiti ospedali per effettuare prima trasfusioni di sangue

prelevato da bambini ebrei. Furono ideati tipi speciali di attrezzature per l'impiccagione. Anche i soldati della Wehrmacht non potevano crederci, ma nonostante ciò, queste installazioni furono viste da testimoni attendibili".

Come se non bastassero gli scritti del leader sionista Abraham Silberschein, gli ideologi della propaganda utilizzarono un nuovo banditore per ingannare e manipolare l'opinione pubblica, Stefan Szende, un altro falso senza scrupoli, un giornalista ebreo di origine ungherese che scriveva in tedesco e svedese. Szende pubblicò *L'ultimo ebreo di Polonia* a Stoccolma nel 1944, tradotto in inglese e tedesco l'anno successivo. Nel 1945 il libro fu pubblicato anche negli Stati Uniti, dove apparve con il titolo *The Promise Hitler Kept*. Grazie alla Jewish Virtual Library, abbiamo scoperto che Willy Brandt, cancelliere della Germania occidentale dal 1969 al 1974, fu il "compagno d'armi di sempre" di Szende e scrisse la prefazione alle sue memorie, pubblicate nel 1975. L'audacia e la spregiudicatezza di Stefan Szende nell'opera citata battono ogni record. Dopo aver localizzato Belzec vicino al confine con l'URSS e aver confermato i lavori di fortificazione su larga scala intrapresi nella zona dai tedeschi, scrive: "Fu in queste fortificazioni incompiute che i nazisti allestirono il loro mattatoio in cui furono sterminati milioni di ebrei. Per la prima volta, quindi, si passa dalle centinaia di migliaia ai milioni. Il testo è imperdibile e merita un'ampia citazione e un ulteriore commento:

> "Sterminare cinque milioni di persone è un compito enorme, e anche nella nostra epoca di perfezione tecnica richiede molta preparazione e organizzazione, e ci sono molti problemi da risolvere per coloro che hanno pianificato di portarlo a termine. Decine di migliaia, persino centinaia di migliaia di ebrei erano stati portati a Pjaski. Decine di migliaia, persino centinaia di migliaia erano morti a causa di maltrattamenti, fame e malattie. Ma ne rimanevano ancora milioni, e tutti dovevano essere sterminati secondo gli ordini del Fuehrer.
> Anche la rimozione efficace di fasce e pidocchi su larga scala richiede una certa tecnica. Tuttavia, nessuno può dubitare che i tedeschi siano un popolo di grande talento in campo tecnico. Tra loro c'erano ingegneri della morte altamente qualificati. Questi uomini avevano ricevuto istruzioni dalla Gestapo e si erano messi al lavoro per risolvere i problemi tecnici che potevano sorgere nello sterminio di massa di milioni di uomini, donne e bambini indifesi. Li risolsero brillantemente. Il loro Führer, Adolf Hitler, e Himmler, il capo della Gestapo, possono essere ben soddisfatti di loro e del loro lavoro.
> Furono necessari mesi di pianificazione e operazioni di costruzione, ma i tedeschi sono un popolo paziente e l'obiettivo valeva il tempo impiegato per raggiungerlo. Lo sterminio di milioni di ebrei con gli ultimi mezzi della tecnologia moderna: che obiettivo allettante! Furono necessarie

centinaia di migliaia di ore di lavoro. Decine di migliaia di tonnellate di materiali preziosi furono impiegati nel processo. Ma alla fine, nella primavera del 1942, il mattatoio scientifico di Belzec era pronto.

L'impianto di sterminio di massa di Belzec occupava un terreno largo quasi cinque miglia. Quest'area era circondata da filo spinato e da ogni sorta di moderno dispositivo per tenere i prigionieri dentro e gli altri fuori. Nessuno poteva avvicinarsi al luogo, tranne le persone autorizzate o quelle che non avrebbero mai potuto lasciarlo vivo. Ma nonostante tutte queste precauzioni, ci furono una o due persone che videro all'interno di Belzec e riuscirono comunque a fuggire. La disperazione a volte porta all'ingegno.

Uomini selezionati delle SS sorvegliavano il campo di sterminio di Belzec. Uomini senza nervi. C'è molto da fare in un mattatoio e il comando delle vittime dà grande piacere ai sadici. Ad esempio, i vestiti e gli effetti personali di milioni di vittime dovevano essere raccolti e smistati. A questo scopo le SS sceglievano alcuni ebrei da ogni convoglio in arrivo. Naturalmente, questi ebrei non venivano risparmiati. La loro esecuzione fu semplicemente rimandata. Due di questi ebrei riuscirono effettivamente a fuggire. Scapparono nel ghetto che all'epoca esisteva ancora a Rawa-Ruska. A Rawa-Ruska riferirono i dettagli del massacro tecnicamente perfetto che stava avvenendo a Belzec.

Per quanto ne so, nessun ebreo è mai riuscito a fuggire da Belzec e a raggiungere territori neutrali o alleati. I due ebrei che riuscirono a fuggire da da Belzec a Rawa-Ruska nell'estate del 1942 furono probabilmente uccisi in seguito, quando il ghetto fu liquidato, ma un gruppo di persone che ascoltò le testimonianze di questi due fuggitivi di Belzec fuggì. La seguente descrizione del mattatoio di Belzec proviene da loro.

I treni che entravano a Belzec carichi di ebrei venivano portati in un tunnel nelle strutture sotterranee dell'edificio di esecuzione. Lì gli ebrei venivano scaricati e veniva loro ordinato di spogliarsi di tutti i loro averi. Nel 1942 gli ebrei che si recavano a Belzec lo facevano vestiti e portando con sé ogni tipo di oggetto. A Belzec arrivavano treni carichi dalla Germania, dall'Austria, dalla Cecoslovacchia, dal Belgio, dall'Olanda, dalla Francia e dagli Stati balcanici, e tutti venivano trattati allo stesso modo. A questi ebrei fu detto di portare con sé tutti i loro averi, perché sarebbero stati reinsediati a est. In questo modo decine di migliaia di ebrei si presentarono con ogni genere di beni, macchine da scrivere, macchine da cucire, stoviglie, argenteria, ecc.

Tutto è stato loro sottratto. Le merci sequestrate venivano accuratamente smistate, numerate, etichettate e successivamente utilizzate dalla razza padrona. Il personale di Belzec doveva essere risparmiato da questo tremendo compito, che, ovviamente, ostacolava il loro vero lavoro, così gli ebrei furono successivamente inviati a Belzec nudi.

Quando i treni carichi di ebrei nudi arrivarono, furono ammassati come un gregge in una grande sala capace di contenere diverse migliaia di persone. Questa sala non aveva finestre e aveva un pavimento di metallo.

Una volta che gli ebrei furono tutti dentro, il pavimento di questa sala fu abbassato come un ascensore verso una grande cisterna d'acqua sottostante, finché gli ebrei non furono immersi nell'acqua fino alla vita. A quel punto fu inviata una potente corrente elettrica attraverso il pavimento metallico e in pochi secondi tutti gli ebrei, migliaia alla volta, morirono.

Poi il pavimento metallico si alzò di nuovo e l'acqua si svuotò. I corpi degli ebrei massacrati erano ora ammassati sul pavimento. Poi si passò a un altro flusso e il pavimento metallico divenne rosso incandescente, in modo che i corpi fossero inceneriti come in un crematorio e rimanessero solo le ceneri. Il pavimento è stato poi ribaltato e le ceneri sono scivolate in recipienti preparati. Il fumo del processo veniva evacuato attraverso grandi ciminiere.

Questa era l'intera procedura. Non appena aveva finito, poteva ricominciare da capo. Nei tunnel arrivavano continuamente nuovi carichi di ebrei. Ogni treno portava tra i tremila e i cinquemila ebrei alla volta, e ci furono giorni in cui la linea di Belzec ricevette l'arrivo di venti-trenta di questi treni.

L'industria moderna e l'ingegneria tecnica nelle mani dei nazisti superarono tutte le difficoltà. Il problema di come sterminare milioni di persone in modo rapido ed efficace fu risolto.

Dal mattatoio sotterraneo si sprigionava un fetore terribile in tutto il quartiere, e a volte interi quartieri erano coperti dal fumo maleodorante dei corpi umani bruciati".

Questi agenti di propaganda, che non avevano problemi economici a far tradurre e pubblicare le loro opere in diversi Paesi, si alimentavano a vicenda e ognuno approfittava di alcune arguzie dell'altro e le riproponeva. Il tema della puzza o del fetore dei corpi che si diffondono in giro, ad esempio, era già stato raccontato da Abraham Silberschein. Ciò che è veramente scandaloso nelle barbarie del collega di Willy Brandt, Stefan Szende, è che non si preoccupa nemmeno di rendere plausibili le bugie. È così sfacciato che presume la stupidità dei lettori e capisce che non si prenderanno nemmeno la briga di cercare di razionalizzare le sue storie senza senso. Se analizziamo il testo paragrafo per paragrafo, è facile capire che Szende sta mentendo spudoratamente.

Inizia dicendo che "sterminare cinque milioni di persone è un compito enorme". Oltre che enorme, è impossibile se si considerano i dati demografici. Mettere cinque milioni di ebrei a Belzec è una barbarie incredibile. Sappiamo che in Ungheria, dove non c'è stata persecuzione fino alla primavera del 1944, c'erano più di mezzo milione di ebrei, e c'erano anche ondate di rifugiati che arrivavano dalla Polonia e dalla Slovacchia. Belzec, secondo gli sterminatori, cessò di funzionare alla fine del 1942. È stato anche detto che già prima della guerra l'emigrazione degli ebrei europei verso gli Stati Uniti e la Palestina era massiccia. D'altra parte, è un fatto accettato che i sovietici evacuarono più di un milione di ebrei dalla Polonia occupata dall'Armata Rossa verso l'interno dell'URSS. Altri 300.000 ebrei provenienti da altre parti d'Europa, secondo lo storico ebreo Gerald Reitlinger, entrarono in Unione Sovietica tra il 1939 e il 1941. Sulla base di questi e altri dati disponibili relativi alle statistiche sull'emigrazione, non potevano esserci più di tre milioni di ebrei nell'Europa occupata dai tedeschi. Molto più sorprendenti sono i dati di *The World Almanac and book of facts*, la prestigiosa pubblicazione annuale di riferimento internazionale, secondo cui nel 1940 gli ebrei nel mondo erano 15,3 milioni. Sorprendentemente, nel 1947 il loro numero era salito a 15,6; in altre parole, la popolazione ebraica non solo non era diminuita di sei milioni, ma era addirittura aumentata.

Szende, la cui capacità di mentire deve essere patologica, sostiene che ci sono volute "centinaia di migliaia di ore di lavoro" e "decine di migliaia di tonnellate di materiali preziosi" per costruire il complesso tecnologicamente avanzato. Sappiamo che nel settembre 1940 gli ispettori medici visitarono Belzec e riferirono che si trattava di un campo infame, privo delle strutture più elementari: niente acqua, tetti danneggiati, finestre rotte, niente latrine. Eppure Szende sostiene che poco più di un anno dopo, grazie a centinaia di migliaia di ore di lavoro, era stato trasformato in un sofisticato centro largo circa cinque miglia e lungo più di otto chilometri, con treni che circolavano in tunnel sotterranei. Yitzhak Arad, autore di *Belzec, Sobibor, Treblinka* e direttore del Museo dell'Olocausto in Israele, allega al suo libro le piante dei tre campi, ma non sono in scala. Il problema si risolve se guardiamo le lettere esposte nel Museo, che chiariscono che ogni lato del campo era lungo circa 270 metri. Anche qui Szende mente. Inoltre, le fotografie aeree della Luftwaffe mostrano che Belzec aveva la forma di un rettangolo irregolare di circa 250 x 300 metri.

Come al solito, le fonti di informazione sono persone che raccontano ciò che altri hanno raccontato di aver visto. In questo caso, Szende allude a due ebrei fuggiti e ritrovati nel 1942 nel ghetto di Rawa-Ruska, la cui esistenza in mezzo a tanto spietato sterminio è a dir poco sorprendente. Ben presto chiarisce che entrambi devono essere morti e che il suo racconto del "massacro tecnicamente perfetto" è stato fatto da persone che hanno sentito ciò che i testimoni deceduti avevano detto.

Sopra l'immensa stanza senza finestre con un pavimento metallico capace di contenere diverse migliaia di persone, che funziona come un enorme ascensore che scende fino a una piscina o vasca dove le vittime ricevono una scossa che le fulmina tutte, non ci sarebbe bisogno di commenti se non fosse che Szende continua le sue allucinazioni e aggiunge che il fantastico marchingegno è risalito, svuotato e trasformato in una gigantesca camera di incenerimento in grado di trasformare i corpi ammassati di migliaia di ebrei in reliquie. I fantastici meccanismi della meravigliosa piastra metallica le permettevano anche di ruotare di centottanta gradi e di scaricare le ceneri in grandi contenitori installati "ad hoc". E così via, perché immediatamente arrivavano altri treni e l'intera operazione veniva ripetuta. Poiché Szende afferma che in alcuni giorni arrivarono tra i venti e i trenta convogli carichi di tre o cinquemila ebrei, un'ulteriore moltiplicazione permette di calcolare che ogni giorno venivano sterminati più di centomila ebrei. In altre parole, in una settimana una popolazione equivalente a quella dell'intera isola di Maiorca poteva essere spazzata via in modo pulito e senza problemi - un compito enorme!

Eppure, dalle idee di Szende emersero nuove varianti. In un testo del 7 ottobre 1944, una commissione d'inchiesta sovietica presentò un estratto della dichiarazione di una donna di nome Rozalja Schelevna Schier, la quale affermò che suo marito lavorava a Belzec e le raccontò che ogni giorno arrivavano due treni di cinquanta o sessanta vagoni carichi di ebrei che venivano indirizzati verso bagni alimentati con gas e corrente elettrica ad alta tensione. Nel giro di cinque minuti", ha detto, "tutte le persone nei bagni erano morte". All'interno dell'hangar, il pavimento si ribaltava automaticamente e i corpi cadevano in una fossa pre-sagomata dove le vittime venivano inzuppate con un liquido infiammabile e bruciate".

Altri mezzi di sterminio a Belzec

Un altro famoso agente della propaganda di sterminio a Belzec fu Jan Karski (Jan Kozielevski), che passò per un ebreo cristiano e un cattolico praticante. Oggi è considerato un eroe in Israele, negli Stati Uniti e in Polonia. Statue di bronzo di lui sono state erette in diverse città americane e polacche. Anche a Tel Aviv c'è una statua di Karski, che nel 1982 è stato dichiarato "Giusto tra le Nazioni" dallo Yad Vashem. Nello stesso anno, un albero con il suo nome è stato piantato a Jerualen, sul Viale dei Giusti tra le Nazioni. Nel 1994 è stato nominato cittadino onorario di Israele. Secondo la sua mitologia personale, Karski, che adottò una mezza dozzina di nomi di guerra, operò in clandestinità a Varsavia negli anni 1940-41 e divenne un corriere del governo polacco in esilio a Londra. Questo propagandista sostiene che, dopo aver corrotto un soldato estone, fu introdotto clandestinamente a Belzec nell'ottobre 1942 travestito da guardia. Ciò è improbabile, o almeno non sembra credibile, poiché quando descrisse il campo nel 1944, commise errori grossolani: lo collocò "su una grande pianura", mentre in realtà era sul fianco di una collina. Inoltre, a Belzec non ci sono mai state guardie estoni. Karski non si preoccupò nemmeno di localizzare correttamente Belzec: lo collocò a 160 chilometri da Varsavia, mentre in realtà Belzec si trova a 300 chilometri a sud-est della capitale.

Nel novembre 1942 iniziò a inventare parte della sua storia, secondo la quale i "treni della morte" trasportavano gli ebrei dal ghetto di Varsavia a Belzec, Treblinka e Sobibor per ucciderli. Poiché l'invenzione della lastra metallica elettrificata era già apparsa nel rapporto al governo polacco del 10 luglio 1942, poi sottoscritto da I. Schwarzbart, uno dei tanti sionisti che brulicavano intorno al governo in esilio, anche Karski riprese l'idea e la adottò per i suoi rapporti. Il 25 novembre 1942 arrivò a Londra e consegnò al governo polacco un nuovo documento, trascritto con il titolo "Il governo polacco a Londra riceve notizie sulla liquidazione del ghetto ebraico di Varsavia". Nel suo rapporto, Karski affermava che l'occupazione tedesca della Polonia si era indurita dal marzo 1942, "quando Himmler ordinò", si leggeva, "che lo sterminio del 50% della popolazione polacca nel Governo Generale doveva essere completato entro la fine del 1942". Come Karski potesse essere a conoscenza dell'esistenza di un ordine di Himmler di eliminare solo la metà degli ebrei non è spiegato. Tuttavia, il testo aggiunge immediatamente che, sebbene gli "assassini tedeschi" avessero iniziato il loro lavoro "con straordinario gusto", Himmler non era soddisfatto, così durante la sua visita al Governo Generale nel luglio 1942 decretò personalmente "la distruzione totale degli ebrei polacchi". Karski descrisse nel suo rapporto scene selvagge della Gestapo e delle SS, simili a quelle rappresentate nei film di Hollywood: "L'inseguimento a Varsavia", racconta, " iniziò il 21 luglio, quando le auto della polizia tedesca apparvero improvvisamente nei ghetti. I soldati si precipitarono nelle case, sparando a vista agli abitanti, senza dare spiegazioni. Le prime vittime appartenevano soprattutto alle classi colte".

Carlo Mattogno riproduce il rapporto nella sua interezza. Ne citeremo solo alcuni stralci. Karski racconta che le SS erano caratterizzate come "assolutamente spietate, crudeli e disumane". In un passaggio si racconta che gli ebrei venivano condotti in una piazza, dove i vecchi e gli storpi venivano separati, portati al cimitero e fucilati. Gli altri furono caricati su carri della capienza di quaranta persone, nei quali ne furono stipati centocinquanta. Il testo continua come segue:

> "Il pavimento dei carri è ricoperto da uno spesso strato di calce e cloro spruzzato con acqua. Le porte dei vagoni sono chiuse. A volte i treni partono appena caricati, a volte rimangono sul binario per un giorno o due o anche di più. Le persone sono così ammassate che chi muore soffocato è schiacciato tra chi è ancora vivo e chi sta lentamente morendo per le esalazioni di calce e cloro, per la mancanza di aria, acqua e cibo. Ovunque arrivino i treni, metà delle persone sono morte. I sopravvissuti vengono inviati nei campi speciali di Treblinka, Belzec e Sobibor. Una volta lì, vengono sterminati in massa.
> Solo i giovani e i forti vengono lasciati in vita, perché sono manodopera preziosa per i tedeschi. Tuttavia, la loro percentuale è molto bassa, perché su un totale di 250.000 "trasferiti" solo 4.000 sono stati inviati al lavoro ausiliario sui fronti di battaglia.... Così, con il pretesto del trasferimento a est, si sta compiendo il massacro della popolazione ebraica. È iniziato il 22 giugno 1942 e da allora è continuato. Alla fine di settembre 1942 erano stati eliminati 250.000 ebrei. La portata di questa operazione si riflette in alcune cifre: Nel ghetto di Varsavia, secondo le statistiche

ufficiali tedesche, nel marzo 1942 vivevano circa 433.000 persone. Nonostante l'alta mortalità causata dalle condizioni igieniche, dalle epidemie, dalla fame, dalle esecuzioni, ecc. il numero di ebrei nel ghetto rimase più o meno stabile, perché per rimpiazzare i morti venivano inviati a Varsavia ebrei da altre parti d'Europa, Germania, Austria, Olanda. Secondo le informazioni trapelate dal Dipartimento del Lavoro, solo 40.000 persone rimarranno nel ghetto, per essere impiegate nell'industria bellica tedesca....
Contemporaneamente allo sterminio degli ebrei nel ghetto di Varsavia, vengono liquidati i ghetti nelle province, a Falenica, Rembertow, Nowy Dwor, Kaluszyn e Minsk Mazowiecki. Nel distretto di Wilno è rimasta una sola comunità ebraica, nella stessa città, composta da appena 12.000 persone. Secondo le notizie giunte recentemente a Londra, i tedeschi hanno ucciso 60.000 ebrei a Wilno, 14.000 a Kowno e il 50% della popolazione ebraica di Lvov; notizie simili ci giungono da città della Polonia orientale, come Stanislavo, Tarnopol, Stryj,.
I metodi applicati in questo sterminio di massa sono, oltre ai plotoni di esecuzione, l'elettrocuzione e le camere a gas".

Segue il resoconto dell'arrivo dei treni e delle immediate folgorazioni, con poche variazioni, motivo per cui vi risparmiamo il resoconto dell'arrivo dei treni e delle immediate folgorazioni. La novità, oltre ai treni con calce e cloro per soffocare i deportati, è che è già stato annunciato l'uso di camere a gas come mezzo di sterminio di massa, anche se non sono ancora stati forniti dettagli.

Alla fine di novembre 1942, quindi, Ignacy Schwarzbart e Jan Karski erano molto attivi in Inghilterra e avevano degli alleati. Richard Law, sottosegretario di Stato britannico per gli Affari esteri, annunciò il 26 novembre di aver ricevuto una richiesta di udienza con i signori Silverman e Easterman, due ebrei inglesi. Samuel Sidney Silverman, presidente della sezione britannica del World Jewish Congress, e Alexander L. Easterman, segretario politico, volevano parlare "dello sterminio degli ebrei in Europa". Easterman, in particolare, consegnò al Sottosegretario di Stato i documenti, cioè gli opuscoli messi nelle sue mani da un membro del Consiglio nazionale polacco. A questo proposito, David Irving ha fornito informazioni molto interessanti in una conferenza tenuta a Madrid nel 1989. Lo storico britannico ha affermato che già nell'agosto 1942 il Political Warfare Executive e il Foreign Office sapevano che gli ebrei stavano lanciando una campagna di propaganda basata su falsità. Irving ha affermato di essere in possesso di documenti provenienti dagli archivi britannici e ha letto un testo dell'agosto 1943 inviato a Churchill dal capo della propaganda, in cui si legge: "Non so per quanto tempo ancora potremo sostenere che i tedeschi stanno uccidendo gli ebrei nelle camere a gas. È una menzogna grottesca, come quella secondo cui i tedeschi nella Prima Guerra Mondiale producevano burro dai cadaveri dei loro nemici, e ha fatto perdere credibilità alla nostra propaganda".

Nel dicembre 1942 Karski era di nuovo in Polonia. Gli viene attribuita una visita a un campo di raggruppamento a cinquanta chilometri da Belzec, nel quale sarebbe entrato travestito da poliziotto polacco. Nel marzo 1943 il giornale *Voice of the Unconquered* pubblicò il presunto rapporto di Karski, intitolato "Recente testimonianza oculare di un corriere segreto dalla Polonia", che dipingeva ancora una volta uno spettacolo dantesco: "Quando ero lì", dice, "circa 5.000 uomini e donne erano nel campo. Eppure ogni poche ore arrivavano nuovi trasporti di ebrei, uomini e donne, giovani e vecchi, per l'ultimo viaggio verso la morte". Nel racconto non manca nulla: scheletri vivi, un bambino morente che fissa il soffitto, le guardie che sparano sulla folla indiscriminatamente, corpi sparsi ovunque, guardie disumanizzate, inespressive, fredde, che raccolgono i cadaveri e li ammucchiano vicino alla recinzione, ecc. ecc. La storia si conclude con un treno carico di migliaia di uomini, donne e bambini parcheggiato su un binario di raccordo per giorni e giorni:

> "Le porte non si aprono mai. Quelli che sono dentro soffrono un'agonia disumana. Devono espletare i loro bisogni naturali l'uno sulla testa dell'altro. Molti carri sono dipinti con la calce, che inizia a bruciare con l'umidità dell'urina e aumenta la tortura di chi è scalzo e nudo. Poiché non ci sono abbastanza vagoni per uccidere gli ebrei in questo modo relativamente economico, molti vengono portati nella vicina Belzec, dove vengono uccisi con gas velenosi e l'applicazione di correnti elettriche. I corpi vengono bruciati vicino a Belzec. Così, su un'area di cinquanta chilometri, enormi pire bruciano i corpi degli ebrei giorno e notte".

Nel 1944 Karski pubblicò infine un libro di memorie intitolato *Storia di uno Stato segreto*. In esso rivela che nell'ottobre 1942 entrò nel ghetto di Varsavia, dove entrò in contatto con i socialisti ebrei del "Bund", il cui leader gli rivelò la deportazione di circa 300.000 ebrei nei campi di sterminio e gli disse che aveva ottenuto informazioni su Belzec perché molti degli ausiliari estoni, lettoni e ucraini che lavoravano nel campo per la Gestapo erano al servizio di organizzazioni ebraiche in cambio di denaro. Karski spiega che fu grazie a questo leader del Bund che ottenne l'uniforme e i documenti di uno degli estoni ed entrò a Belzec. Nel libro racconta l'avventura dell'ingresso nel campo, seguita dagli episodi inventati da questo falso. Nell'edizione americana del libro si aggiunge che, travestito da guardia estone, visitò altri campi di sterminio oltre a Belzec. Oggi, a quanto pare, le storie di Karski sono cadute in discredito anche tra gli storici ufficiali. Ciononostante, fino alla sua morte, avvenuta nel luglio 2000, ha goduto di un riconoscimento internazionale e anche post mortem: nel 2012 il Senato polacco lo ha onorato postumo come eroe per le sue rivelazioni sul genocidio nazista in Polonia; negli Stati Uniti, il Presidente Obama gli ha conferito postumo la Medaglia presidenziale della libertà, la più alta onorificenza civile della nazione.

Prima della fine della Seconda Guerra Mondiale, fu esplorata anche la storia della fabbrica di sapone fatta con il grasso degli ebrei di Belzec, una storia che era stata precedentemente lanciata da A. Silberschein. Nel dopoguerra l'idea aveva preso piede e fu riproposta in diverse opere propagandistiche. Una di queste è il famoso *Libro nero*, i cui autori principali furono Vasily Grossman e Ilya Ehrenburg, entrambi propagandisti dell'Armata Rossa. Il *Libro Nero* fu probabilmente frutto dell'idea del famoso Comitato Ebraico Antifascista, poi epurato da Stalin, anche se la Comunità Ebraica Americana collaborò strettamente con i colleghi sovietici. Altrove, sempre a Belzec", scrivono Ehrenburg e Grossman, "c'era una fabbrica di sapone. I tedeschi selezionavano i più grassi e li uccidevano per fare il sapone". Arthur Israelevitch Rosenstrauch, un impiegato di banca di Lvov a cui dobbiamo le informazioni, mise le mani su una barra di "sapone ebraico". I banditi della Gestapo non negavano l'esistenza della fabbrica. Quando volevano spaventare un ebreo, dicevano: "Ti faremo il sapone".

Nel 1946 Simon Wiesenthal pubblicò un articolo intitolato "RIF" su *Der Neue Weg*, una rivista ebraica pubblicata a Vienna. In esso scriveva che a Folticeni, una piccola città rumena, alla fine del marzo 1946, venti scatole di sapone erano state solennemente sepolte nel cimitero ebraico della città. Nell'articolo si affermava che le scatole "erano state recentemente trovate in un deposito dell'esercito tedesco". Sulle scatole c'era l'acronimo RIF, che secondo Wiesenthal stava per "puro grasso ebraico" ("Rein jüdisches Fett"). Le scatole erano destinate alle Waffen-SS e "sulle confezioni", scrive il noto cacciatore di nazisti, "si diceva con cinica e totale obiettività che il sapone era fatto con corpi di ebrei". Il vero significato dell'acronimo era "Reichsstelle für industrielle Fettversorgung" ("Stazione di Reparto per la Ricerca Industriale"),. Il 9 gennaio 1991, lo storico ebreo Yehuda Bauer ha finalmente riconosciuto in una lettera che l'acronimo RIF non aveva nulla a che fare con il grasso ebraico. Nel 1946, tuttavia, Wiesenthal ricreò la favola in questi termini:

> Alla fine del 1942 si sentì per la prima volta la terribile espressione "trasporto di sapone". Era nel Governatorato Generale e la fabbrica si trovava in Galizia, a Belzec. In questo stabilimento, dall'aprile 1942 al maggio 1943, 900.000 ebrei furono utilizzati come materia prima.... Alcune parti solide dei corpi furono separate e inviate nel nord della Germania, dove veniva prodotto un olio speciale per i motori dei sottomarini. Le ossa umane andavano in un mulino per ossa a Lemberg, dove venivano trasformate in fertilizzante.... Ciò che rimaneva, il grasso residuo, era necessario per la produzione di sapone.... Per il mondo civile è forse incomprensibile come i nazisti e le loro mogli guardassero questo sapone nel Generalgouvernement. In ogni saponetta vedevano un ebreo, che avrebbero stregato impedendo così la crescita di un secondo Freud o

Einstein. La sepoltura del sapone in una piccola città rumena sembrerà soprannaturale. Il dolore stregato, racchiuso in questo piccolo oggetto quotidiano, lacera il cuore umano già insensibile di questo secolo. In quest'era atomica, il ritorno alle stregonerie più oscure del Medioevo sembra un fantasma! Eppure è vero!".

Dalle correnti ad alta tensione ai tubi di scappamento

Per quanto possa sembrare incredibile, dopo che per tutta la guerra era stata diffusa la notizia che gli ebrei erano stati sterminati in massa con le moderne tecniche di elettrocuzione, nel dopoguerra si cominciò a costruire un'altra versione. Prima dell'inizio del processo di Norimberga, le autorità polacche e sovietiche avevano ufficialmente adottato la storia delle correnti elettriche. In un rapporto sui campi di sterminio tedeschi in Polonia, preparato nel 1945 per il processo di Norimberga, il dottor Jerzy Litawski, funzionario responsabile dell'Ufficio polacco per i crimini di guerra, insisteva sul fatto che a partire dalla primavera del 1942 "nel campo furono utilizzate speciali installazioni elettriche per un rapido sterminio di massa degli ebrei. Con il pretesto di fare il bagno, gli ebrei completamente nudi venivano condotti in un edificio speciale chiamato 'bagni' il cui pavimento era costituito da piastre attraverso le quali scorreva corrente elettrica ad alta tensione". I comunisti sovietici, senza la cui collaborazione non sarebbe stata possibile la creazione del mito dei sei milioni, redassero il Documento URSS-93 per il processo di Norimberga, che fu ripreso e presentato dal governo polacco. In esso, la versione delle correnti elettriche attraverso il terreno fu ancora una volta accettata. Sempre durante la seduta del 19 febbraio 1946, il documento USSR-93 fu citato dal procuratore sovietico, il colonnello L. N. Smirnov, il quale ricordò che, sebbene il campo fosse stato fondato nel 1940, solo nel 1942 fu installato "uno speciale apparato elettrico per lo sterminio di massa".

Le contraddizioni emersero all'inizio del 1946 a seguito delle indagini di un giudice del tribunale di Lublino, Czeslaw Godzieszewksi, e del procuratore di Zamosc, Jan Grzybowsky, che, dopo aver interrogato decine di testimoni indiretti, crearono confusione su quale fosse stato il metodo di sterminio. Alcuni dissero che si parlava di gas; altri che erano state usate correnti elettriche; altri ancora sostennero che erano stati uccisi in una stanza da cui era stata estratta l'aria e provocata l'asfissia. Ancora nel marzo 1946 un testimone polacco insistette sul fatto che le guardie ucraine in servizio nel campo gli avevano detto che diverse centinaia di ebrei erano stati stipati in una stanza e uccisi con la corrente elettrica. L'11 aprile 1946, il procuratore Grzybowsky pubblicò un tortuoso rapporto in cui riconosceva l'esistenza di camere a gas, ma ammetteva che "era stato impossibile determinare come le persone fossero state uccise in esse". Questa dichiarazione includeva il nome di Rudolf Reder, che il 29 dicembre 1945 aveva deposto come testimone davanti al giudice Jan Sehn, membro della Commissione d'inchiesta sui crimini di guerra nazisti.

Rudolf Reder sarebbe passato alla storia come uno dei due ebrei considerati gli unici sopravvissuti di Belzec. L'altro, Chaim Hirzsman, collaborò con Beria e i suoi scagnozzi nella repressione della resistenza al comunismo in Polonia. Hirzsman fu coinvolto nella tortura, nelle esecuzioni sommarie e nella deportazione in Siberia di 50.000 "indesiderabili" politici, per i quali fu ucciso nel marzo 1946 nel corso di una rivolta anticomunista contro il regno del terrore nel Paese. Per una volta, molti storici hanno descritto gli insorti come antisemiti. Così Reder, che secondo lui aveva già 61 anni quando fu arrestato a Lvov il 16 agosto 1942, divenne fino alla sua morte nel 1968 un pezzo da museo, una sorta di rara avis sopravvissuta allo sterminio di Belzec. Grazie alle sue dichiarazioni, cominciò a prendere forma la tesi secondo cui a Belzec esisteva un edificio rettangolare con sei camere a gas, tre per ogni lato di un corridoio centrale che attraversava longitudinalmente l'impianto. Queste camere erano dotate di porte di ascensore che si aprivano e permettevano l'evacuazione dei cadaveri su rampe situate all'esterno, sui lati dell'edificio. In *Belzec, Sobibor, Treblinka: The Operation Reinhardt Death Camps* (1987), Yitzhak Arad osserva che questa struttura misurava 24 x 10 metri. Secondo la testimonianza di Reder, non appena il suo treno arrivò a Belzec, cinquemila persone furono portate in questo edificio e sterminate in queste camere a gas. Nella sua descrizione del processo, egli affermò che da un capannone annesso alle presunte camere a gas veniva introdotto un tubo di 2,4 cm di diametro, ma non riuscì a descrivere nei dettagli il processo chimico che provocava la morte.

Nel 1946, Reder pubblicò finalmente *Belzec*, un opuscolo di circa settanta pagine, pubblicato a Cracovia e scritto in polacco. Secondo alcuni sterminazionisti, questo opuscolo è il miglior e più importante resoconto di ciò che accadde a Belzec. Nel 2000, lo storico polacco M. M. Rubel ne ha pubblicato la traduzione in inglese nel volume 13 della rivista *Polin: Studies in Polish Jewry*. Questa traduzione, che risulta essere una delle più affidabili e accessibili, è commentata da Thomas Kues, uno studioso revisionista di Belzec, Treblinka e Sobibor, i campi della cosiddetta Aktion Reinhardt, in un ampio articolo pubblicato il 26 aprile 2008 sul sito web del CODOH (Committee for Open Debate on the Holocaust). Kues sottolinea che Rubel rivela nella sua introduzione che prima di testimoniare davanti al giudice Jan Sehn il 29 dicembre 1945, Rudolf Reder aveva già testimoniato due volte davanti alla Commissione storica ebraica. Kues sottolinea inoltre che Reder non ha scritto il libro da solo, ma in collaborazione con una donna di nome Nella Rost, che ha scritto la prefazione. Il professor Rubel ritiene che la Rost non solo abbia scritto la prefazione di *Belzec*, ma sia stata l'autrice stessa dell'opuscolo. Il suo nome completo era Nella Rost Hollander ed era la figlia di un rabbino sionista di nome Abraham Ozjasz Thon, uno dei precursori del nazionalismo ebraico[7]. Nella Rost era legata al Congresso ebraico mondiale in Uruguay. Tanto che nel 1963 lo Stephen Wise Institute e il World Jewish Congress pubblicarono la sua opera *Belzec. Camera a gas. Tomba di 600.000 martiri ebrei.* Tutto ciò invita a sospettare che Rudolf Reder sia stato scelto in Polonia dalla Commissione storica ebraica per i suoi scopi propagandistici.

Poiché la versione ufficiale che alla fine prevalse fu che a Belzec, Treblinka e Sobibor gli Ebrei furono sterminati per mezzo del monossido di carbonio emanato dai tubi di scappamento dei motori diesel, vale la pena di sapere cosa dice Reder a proposito di *Belzec*. Riprendendo la traduzione del professor Rubel nella rivista *Polin*, Reder descrive l'agente letale come segue:

> "La macchina era grande, circa un metro per un metro e mezzo. Era composta da un motore e da ruote. Il motore frullava a intervalli e lavorava così velocemente che non si vedevano i raggi delle ruote girare. Funzionava per venti minuti. Poi si spegneva. Le porte delle camere che conducevano a una rampa si aprivano. I corpi venivano gettati a terra in un enorme mucchio alto diversi metri. Chi apriva le porte non prendeva alcuna precauzione. Non sentimmo alcun odore particolare; non vidi palloncini pieni di gas o polvere che venivano gettati fuori. Vedevo solo taniche di benzina.... Ma una volta, quando il motore si guastò, fui chiamato a ripararlo. Nel campo mi chiamavano "Ofenkünstler" (artista o costruttore di forni?). Ecco perché ero stato scelto. Mi guardai intorno e vidi tubi di vetro collegati a tubi di metallo, che portavano alle camere a gas. Pensavamo che il motore funzionasse bene, producendo alta pressione o aspirando aria, o che la benzina producesse fumi di scarico che soffocavano le persone. Le richieste di aiuto, le urla e i terribili gemiti

---

[7] Abraham Ozjasz (Osias) Thon, sionista di prima generazione, collaborò con Theodor Herzl alla preparazione del Primo Congresso Sionista di Basilea nel 1897, anno in cui divenne rabbino di Cracovia, carica che mantenne fino alla morte nel 1936. Alla Conferenza di pace di Versailles rappresentò il Consiglio nazionale ebraico della Galizia. In *Diaspora Nationalism and Jewish Identity in Habsburg Galicia*, Joshua Shanes affianca Thon ad altri due leader nazionalisti ebrei, Mordechai Ehrenpreis, che tra il 1900 e il 1914 fu rabbino capo della Bulgaria a Sofia e successivamente anche organizzatore del Congresso di Basilea, e Markus Braude, che sposò Natalia Buber, sorella del famoso filosofo, e fu anche delegato al Primo Congresso Sionista. Nel suo libro, Shanes cita le parole di Nella Rost Hollander sul padre, che studiò a Berlino con Ehrenpreis e Braude: "A Berlino il destino dei tre amici fu lo stesso. Tutti e tre perseguivano lo stesso obiettivo, che esprimevano allo stesso modo: 'Noi tre saremo i primi a creare un nuovo tipo di rabbino e saremo i principi di un'aristocrazia spirituale'..... Mio padre credeva che prima di tutto fosse necessario ottenere una scienza generale e una conoscenza ebraica come armi di prima classe contro tutti gli attacchi e tutte le discussioni sulle idee nazionali". Nella Rost conferma che suo padre, oltre che un leader spirituale, aspirava a essere un leader politico che dal pulpito avrebbe predicato "la rivoluzione della generazione contemporanea".

delle persone rinchiuse che stavano lentamente soffocando durarono tra i dieci e i quindici minuti".

Certo, è difficile credere che se i nazisti avessero voluto davvero eliminare centinaia di migliaia di persone, avrebbero deciso di utilizzare meccanismi così rudimentali e scadenti. Né è comprensibile che, dopo aver accreditato ai tedeschi l'invenzione di sofisticati mezzi di elettrocuzione di massa, dopo aver riconosciuto che essi padroneggiavano l'alta tecnologia, gli sterminazionisti abbiano deciso di adottare come versione ufficiale una tecnica rudimentale, un rottame impossibile. Forse la nostra traduzione in inglese è stata infelice, quindi può essere pertinente fare riferimento alla versione offerta da Yitzhak Arad nel suo libro del 1987, che afferma che si trattava di motori diesel da 200 cavalli e otto cilindri, provenienti da carri armati catturati ai sovietici. Secondo Arad, questi motori diesel rilasciavano una miscela di monossido di carbonio e anidride carbonica, che veniva introdotta nelle camere a gas attraverso tubi installati in stanze adiacenti. Tuttavia, va notato che un motore diesel non emette monossido di carbonio, ma fuliggine nera contenente ossigeno. Nel 1984, l'ingegnere americano Fritz Berg pubblicò uno studio tecnico intitolato *Diesel Gas Chambers: Myth within a Myth*. In esso sosteneva che le quantità di monossido di carbonio prodotte da un motore diesel non erano sufficienti a uccidere nelle condizioni previste. Il lavoro di Berg scosse le fondamenta della versione ufficiale e una traduzione apparve in Germania nel 1994 con il titolo *Diesel Gas Chambers: Ideal for Torture, Absurd for Killing*.

Il "Rapporto Gerstein" su Belzec

Nella Rost Hollander discute a *Belzec. Camera a gas. Grave of 600,000 Jewish Martyrs* che il rapporto di Rudolf Reder è coerente con quello di Kurt Gerstein, l'altro testimone chiave che ha testimoniato che gli ebrei furono sterminati in massa a Belzec. Nella Rost ritiene che il fatto che le due dichiarazioni siano identiche ne confermi la veridicità. Il "Rapporto Gerstein" è, insieme alla dichiarazione di Rudolf Höss su Auschwitz, uno dei principali documenti utilizzati dagli storici sterminazionisti per dimostrare l'esistenza dell'Olocausto. È quindi pertinente soffermarsi su di esso e sulle circostanze in cui è stato ottenuto. Poiché ci sono parti scritte a mano, la prima cosa che gli storici revisionisti ammettono è che la scrittura è effettivamente di mano di Gerstein. Ciò che mettono in dubbio, quindi, è la credibilità di ciò che dice e la sua veridicità.

Kurt Gerstein, considerato l'SS con un cuore, pare sia stato il modello storico su cui Rolf Hochhuth si è basato per concepire il personaggio de *Il Vicario* (1963), la famosa opera teatrale in cui Papa Pio XII viene ingiustamente accusato di non aver fatto nulla per impedire l'Olocausto, il che è una calunnia e una palese falsità. Questa famosa opera teatrale, tradotta in più di venti lingue e adattata più volte per il cinema, è stata determinante per attaccare la Chiesa cattolica e Hochhuth è stato accusato di essere, nel migliore dei casi, un papista. Alcuni critici sostengono che Hochhuth non era un pazzo, ma lavorava al servizio di interessi oscuri. Ma questo non può essere oggetto della nostra attenzione, perché qui ci interessa la dichiarazione di Gerstein, un ufficiale delle SS che era a capo dei servizi tecnici di disinfezione del corpo sanitario e che, in quanto tale, supervisionava la consegna dei materiali di disinfezione ai campi. Per fornire lo Zyklon B ad alcuni campi del governo polacco General, Gerstein sarebbe stato nell'agosto 1942 a Belzec, dove, si dice, avrebbe assistito con orrore allo sterminio degli ebrei nelle camere a gas.

Esistono ben sei dichiarazioni, per lo più dattiloscritte, sebbene ve ne siano alcune parzialmente scritte a mano, attribuite a Kurt Gerstein. La versione principale, considerata il "Rapporto Gerstein", fu presentata all'IMT di Norimberga il 30 gennaio 1946 con il numero PS-1553 ed è dattiloscritta per lo più in francese. Non è chiaro cosa sia successo a Gerstein alla fine della guerra. Secondo una versione, inizialmente cadde nelle mani di interrogatori americani a Rottweil, vicino alla Foresta Nera, ai quali avrebbe consegnato un documento dattiloscritto di sette pagine. Gerstein avrebbe detto di aver ricoperto una posizione di responsabilità nel NSDAP, anche se in realtà aveva agito come agente del reverendo Martin Niemöller, un pastore luterano antinazista. Ha confessato di aver operato nelle camere a gas e si è detto disposto a testimoniare in tribunale. Un'altra versione colloca Kurt Gerstein tre mesi dopo nella prigione militare di Cherche Midi a Parigi, dove scrisse a mano in francese un documento contenente fatture per lo Zyklon. Secondo la storia ufficiale, Gerstein fu trovato impiccato nella sua cella il 25 luglio 1945, ma in realtà si può dire che scomparve misteriosamente dopo aver lasciato i suoi rapporti, dato che il suo corpo non fu mai ritrovato.

Nella sua relazione, Gerstein inizia a raccontare aspetti biografici che fanno risalire i fatti alla sua educazione cristiana. Dopo essere stato membro del partito nazista per tre anni, nel 1936 fu espulso a causa di critiche alle sue convinzioni religiose. Nel 1938 fu arrestato dalla Gestapo e trascorse sei settimane nel campo di concentramento di Welzheim. Gerstein cercò quindi di riottenere l'adesione al NSDAP per infiltrarsi, ma fu rifiutato. Il 10 marzo 1941 fece domanda di ammissione alle Waffen SS e, nonostante i suoi precedenti, fu sorprendentemente ammesso il 15 marzo. Nel gennaio 1942 era già diventato capo dei servizi tecnici di disinfezione. Gli agiografi di Kurt Gerstein hanno sfruttato il suo racconto autobiografico per elevare agli altari questo santo religioso dell'Olocausto. L'intera storia puzza di marcio; ma la parte relativa alla sua esperienza a Belzec è assolutamente incredibile. Il fatto che storici come Raul Hilberg e Gerald Reitlinger la accettino come fonte affidabile non fa che screditarli.

Nell'edizione riveduta di *The Hoax of the Twentieth Century* (2003) Arthur R. Butz riproduce integralmente in un'appendice il testo base della dichiarazione di Gerstein, oltre ad altri resoconti. Li estrae dal libro *Le confessioni di Kurt Gerstein*, di Henri Roques, pubblicato dall'IHR. Roques, conosciuto anche con gli pseudonimi di Henri Jalin e André Chelain, è diventato famoso in tutto il mondo per la sua tesi di dottorato, letta il 15 giugno 1985 all'Università di Nantes con il titolo *Le confessioni di Kurt Gerstein. Uno studio comparativo delle diverse versioni*. La tesi era una devastante confutazione del cosiddetto "Rapporto Gerstein" e fu premiata con una menzione "molto buona" da una commissione di esperti universitari. Nel corso di una corposa dissertazione, Roques ha concluso in modo convincente che le accuse di gassazione di massa formulate da Gerstein erano infondate e che il presunto insabbiamento del massacro da parte della Chiesa cattolica era falso. La lobby ebraica francese, sostenuta da organizzazioni di sinistra, iniziò una campagna di molestie e demolizioni, chiedendo alle autorità universitarie una ritrattazione. Nel 1986, per la prima volta in otto secoli di storia universitaria in Francia, l'Università revocò il dottorato legalmente ottenuto da Roques. Lo fece in seguito a un ordine del governo francese, il cui intervento nella vicenda provocò uno scandalo.

Carlo Mattogno chiarisce come la dichiarazione di Kurt Gerstein sia diventata la versione ufficiale. Il 30 gennaio 1946, Charles Dubost, sostituto procuratore generale di Francia, presentò al Tribunale di Norimberga una serie di documenti classificati come PS-1553, che includevano un rapporto in francese datato 26 aprile 1945 e firmato da Kurt Gerstein. In questo documento, Gerstein raccontava una delle sue presunte visite al campo di Belzec. Mattogno ricorda che mezzo anno prima della presentazione del PS-1553 a Norimberga, il 4 luglio 1945, *France Soir* aveva pubblicato l'articolo "Un boia dei campi nazisti confessa: "Sterminavo 11.000 persone al giorno"", il cui autore, Geo Gelber, pubblicizzava la storia delle camere a gas a motore. Il 16 gennaio 1947 una traduzione tedesca del documento PS-1553 fu presentata come prova documentale davanti all'IMT nel "processo ai medici". Così, sebbene Reder e Gerstein non fossero esattamente d'accordo: Gerstein parlò di un motore diesel e Reder di un motore a benzina, il metodo di sterminio riportato da Kurt Gerstein fu ufficialmente stabilito dalla giurisprudenza occidentale. Il "rapporto Gerstein" monopolizzò l'attenzione degli storici non appena fu pubblicato e sarebbe diventato la pietra miliare della prova che lo sterminio a Belzec era un fatto storico. Nel 1948, il governo polacco, che anni prima aveva certificato che l'elettrocuzione era il metodo di sterminio a Belzec, appoggiò la tesi dell'asfissia da monossido di carbonio emanato dal tubo di scappamento di un motore:

> "Con le vittime nelle camere a gas, iniziò la fase finale del processo di liquidazione. Le porte furono chiuse dietro le vittime che affollavano le

camere. Il motore veniva avviato e il monossido di carbonio veniva pompato nelle camere attraverso speciali tubi di scarico. In pochi minuti le urla delle persone soffocate si placavano e dopo 10-15 minuti una squadra speciale di ebrei apriva le porte esterne delle camere".

Poiché i testi di Gerstein sono disponibili, è meglio fare riferimento ad essi per valutarli. Inizieremo con il rapporto del 26 aprile 1945 a Rottweil, nella parte centrale e più dettagliata del quale descrive la sua visita a Belzec. Prima di recarsi al campo, il memorandum afferma che si recò a Lublino in compagnia di Wilhelm Pfannenstiel, dove il 17 agosto 1942 furono accolti dal Gruppenführer delle SS Globocnik, il quale disse loro che stavano per apprendere il più grande dei segreti, che chiunque li avesse rivelati sarebbe stato immediatamente fucilato e che il giorno prima aveva già giustiziato "due chiacchieroni". Ecco una citazione di questa conversazione:

> "... Il vostro altro compito sarà quello di cambiare il metodo delle nostre camere a gas (che ora funzionano con i gas di scarico di un vecchio motore diesel) utilizzando un materiale più velenoso che produce un effetto più rapido, l'acido prussico. Ma il Führer e Himmler, che erano qui il 15 agosto - l'altro ieri - hanno ordinato che io accompagnassi personalmente tutti coloro che dovevano vedere gli impianti. Il professor Pfannenstiel chiese allora: "Cosa disse il Führer? Globocnik, ora Capo della Polizia e delle SS per la Riviera Adriatica e Trieste, rispose: "Più veloce, più veloce, portate a termine l'intero programma!". E allora il dottor Herbert Lindner, capo del Ministero degli Interni, disse: "Ma non sarebbe meglio bruciare i corpi invece di seppellirli? Una generazione futura potrebbe pensare diversamente su queste cose!" E allora Globocnik rispose: "Ma, signori, se mai dovesse sorgere dopo di noi una generazione così marcia e vigliacca che non capisse la bontà e la necessità del nostro lavoro, allora, signori, tutto il nazionalsocialismo non sarebbe servito a nulla. Al contrario, si dovrebbero seppellire lastre di bronzo con l'iscrizione che siamo stati noi ad avere il coraggio di portare a termine questo compito gigantesco". E Hitler rispose: "Sì, mio buon Globocnik, esattamente, questa è anche la mia opinione"".

A parte il fatto che Hitler non si recò mai a Lublino e quindi le parole attribuitegli dalla bocca di Globocnik sono pura invenzione, è portentoso che ci siano storici che possano concedere credibilità a questo puerile pamphlet di propaganda per i creduloni. Le spacconate di Globocnik, la cui pretesa di rivendicare ai posteri la responsabilità dello sterminio degli ebrei è approvata da Hitler con le parole "sì mio buon Globocneck", vogliono forse esemplificare il male assoluto che si annidava nel Führer tedesco. Il rapporto prosegue con il viaggio da Lublino a Belzec, avvenuto il giorno successivo. Una volta arrivati al campo, il rapporto racconta l'arrivo del primo treno poco prima delle 7 del 19 agosto 1942: un convoglio di quarantacinque vagoni che trasportava 6.700 persone, di cui 1.450 arrivate morte. Dopo aver ordinato agli ebrei di spogliarsi e di depositare oggetti di valore e denaro in un luogo predisposto a tale scopo, le donne e le ragazze furono indirizzate dal parrucchiere per farsi tagliare i capelli con una o due sforbiciate, che furono poi messi in sacchi per farne materassi, ecc. Poi inizia la marcia verso le camere a gas:

> "Sono con Wirth, il capitano della polizia, proprio a destra delle camere a gas. Si avvicinano uomini completamente nudi, donne, bambini, neonati, persino persone con una gamba sola. In un angolo un robusto soldato delle SS dice a quei poveri diavoli con voce alta e profonda: "Non vi succederà nulla. Tutto ciò che dovete fare è respirare profondamente, rafforza i polmoni; questa inalazione è una misura necessaria contro le malattie contagiose, è un buon disinfettante!"... Madri, aie, con i bambini al seno, nudi, molti bambini di tutte le età, anch'essi nudi; esitano, ma entrano nelle camere a gas, la maggior parte di loro senza dire una parola, spinti da coloro che seguono dietro, pressati dalle fruste degli uomini delle SS. Una donna ebrea sulla quarantina, con gli occhi come torce, getta il sangue dei suoi figli in faccia ai suoi assassini. Cinque frustate in faccia, inflitte dal capitano Wirth in persona, la spingono nella camera..... Il capitano Wirth ordina: "Riempitela bene". Nudi, gli uomini si mettono in piedi l'uno sull'altro. 700-800 persone stipate in 25 metri quadrati, in 45 metri cubi! Le porte si chiudono. Nel frattempo, gli altri trasportati, nudi, aspettano...".

Chiunque si fermi a riflettere per qualche secondo può capire che è assolutamente impossibile stipare sette o ottocento persone in una stanza di 25 metri quadrati e alta due metri, perché ci sarebbero circa trenta corpi per ogni metro quadrato. Solo con l'uso di una pressa per rottami metallici si potrebbero comprimere così tante persone in uno spazio così ridotto, nel qual caso l'uso del gas sarebbe superfluo, perché le persone sarebbero state prima schiacciate a morte. La storia prosegue con altri effetti scenici per sottolineare per l'ennesima volta la sconfinata crudeltà dei nazisti. Quando la camera viene svuotata e ricaricata, ad esempio, nel Rapporto Gerstein si legge: "I corpi vengono gettati fuori, blu, bagnati di sudore e urina, con le gambe coperte di escrementi e sangue mestruale. Ovunque, tra gli altri, corpi di bambini e neonati...". Per quanto riguarda il capitano Christian Wirth, dopo le cinque frustate sul volto di una donna e l'ordine di riempire la camera a gas fino all'orlo, un'altra scena degna dei migliori pamphlet hollywoodiani coglie l'occasione per ritrarlo come una bestia senza scrupoli avida di ricchezze, che, ovviamente, simboleggia la nazione tedesca nel suo complesso. Si tratta del noto espediente retorico di mettere la parte (Wirth) al posto del tutto (i tedeschi):

"... Due dozzine di operai sono impegnati a ispezionare le bocche, aprendole per mezzo di ganci di ferro: "Oro a sinistra, senza oro a destra!". Altri ispezionano gli ani e gli organi sessuali alla ricerca di denaro, diamanti, oro, ecc. I dentisti con le pinze estraggono denti d'oro, ponti o cappucci. Al centro di tutto c'è il capitano Wirth. Si muove qui come un pesce nell'acqua. Mi porge un grosso barattolo pieno di denti e mi dice: 'Calcoli lei stesso il peso dell'oro. Questo è solo di ieri e dell'altro ieri! Non crederà mai a quello che troviamo ogni giorno! Dollari, diamanti, oro! Ma veda lei stesso!' Poi mi porta da un gioielliere che tratta tutti questi valori...".

Segue poi il racconto della sepoltura dei corpi in grandi fosse, che secondo Gerstein misuravano 100 x 20 x 12 metri e si trovavano vicino alle camere a gas. Gerstein spiega che dopo alcuni giorni i corpi si gonfiano, così che il contenuto delle fosse viene spinto verso l'alto di due o tre metri. Tuttavia:

"Dopo qualche altro giorno il gonfiore si fermerà e i corpi potranno sgretolarsi". Il giorno dopo, le trincee furono riempite di nuovo e coperte con dieci centimetri di sabbia. Ho sentito che un po' più tardi costruirono delle griglie con i binari della ferrovia e vi bruciarono i corpi con gasolio e benzina per farli sparire. A Belzec e Treblinka nessuno si preoccupò di registrare il numero approssimativo di persone uccise. Le cifre annunciate dalla BBC sono inesatte. In realtà furono uccisi circa 25.000.000.000 milioni di persone, non solo ebrei, ma soprattutto polacchi e cecoslovacchi che, secondo i nazisti, erano di cattiva razza".

Ovviamente, la cifra di 25.000.000 era insostenibile, poiché, come si è detto, nell'Europa occupata dai tedeschi c'erano solo circa tre milioni di ebrei. Anche includere cecoslovacchi e polacchi in questa cifra non poteva essere credibile, soprattutto se si considera, come si vedrà, che delle presunte vittime non è rimasta alcuna traccia. Consapevole che il numero di morti era un'assurdità inaccettabile, il commento sulla BBC e sulle 25.000.000 di vittime nelle camere a gas fu cancellato dal testo stampato nei volumi del NMT (Tribunale Militare di Norimberga). Gli interrogatori di Gerstein lo avrebbero indotto a scrivere un secondo rapporto a Rottweil, datato 4 maggio 1945. È più probabile che sia stato scritto un anno dopo la sua morte. La moglie ha contribuito a chiarire la questione affermando di aver scoperto il documento nel 1946 tra gli effetti personali del marito all'Hotel Mohren di Rottweil. Secondo la signora Gerstein, il defunto marito lo aveva depositato lì senza che lei ne fosse a conoscenza fino a quel momento. Si può presumere che questo rapporto sia la traduzione tedesca del documento PS-1553, presentato all'ITM il 16 gennaio 1947, dattiloscritto e non firmato. Arthur R. Butz osserva ironicamente che "la scoperta di un tale documento nei giorni bui del 1946 rafforzava naturalmente il suo status di moglie di St. Gerstein piuttosto che di moglie di un normale ufficiale delle SS". Il numero di morti indicato in questo secondo memo sarebbe già in linea con la cifra ufficiale di sei milioni.

Wilhelm Pfannenstiel, testimone a Belzec

Carlo Mattogno dedica dieci pagine in *Belzec tra propaganda, testimonianze, ricerche archeologiche e storia* allo studio delle dichiarazioni e dell'atteggiamento di Wilhelm Pfannenstiel, medico e ufficiale delle SS, il cui nome compare nelle diverse versioni della dichiarazione di Kurt Gerstein. Come si ricorderà, Gerstein sostiene di aver viaggiato con lui a Lublino e di aver incontrato il Gruppenführer delle SS Odilo Globocnik, al quale Pfannenstiel chiese l'opinione di Hitler. Quella che segue è quindi una revisione delle informazioni fornite da Mattogno, la cui autorità in materia è indiscussa.

Arrestato dagli Alleati dopo la guerra, Pfannenstiel fu interrogato come uno degli imputati del processo IG Farben, tenutosi tra l'agosto 1947 e il giugno 1948. Fu quindi interrogato sui suoi rapporti con Gerstein. Per salvarsi la pelle, cercò di trovare una scappatoia e confermò di aver assistito a gassificazioni attraverso il tubo di scarico di un motore diesel. Sebbene abbia negato di essere stato a Belzec o a Treblinka, ha ammesso di aver sentito dire che a Belzec avvenivano le gasazioni. Sebbene abbia risposto al Procuratore von Halle di non essere stato a Belzec, non ha esitato a dichiarare quanto segue:

> "Risposta: C'erano - credo - sei camere in un edificio leggermente sopraelevato.
> Domanda: Le persone all'interno erano nude e strette l'una all'altra?
> Risposta: Sì, le camere sono state riempite pezzo per pezzo.
> Domanda: C'erano dei bambini?
> Risposta: Sì.
> Domanda: Come è stato introdotto il tubo di scarico diesel?
> Risposta: Da un motore da 1.100 cavalli. I tubi di scarico sono stati inseriti nelle camere".

Mattogno ritiene ovvio che il procuratore von Halle fosse a conoscenza del Rapporto Gerstein, che era noto a Pfannenstiel. Inoltre, ipotizza che il procuratore sapesse che Pfannenstiel ne era a conoscenza quando lo interrogava, motivo per cui l'interrogatorio era pieno di condizionamenti. Fu così che dal 1950 in poi Pfannenstiel divenne il garante della veridicità del Rapporto Gerstein, un fatto che fu sfruttato dalla storiografia sull'Olocausto. Come risultato della sua collaborazione, il dottor Wilhelm Pfannenstiel fu infine assolto per mancanza di prove nei tre processi in cui fu coinvolto. Tutti i passaggi di in cui Pfannenstiel era coinvolto sono stati eliminati dalla prima pubblicazione ufficiale in Germania del Rapporto Gerstein del 4 maggio 1945, redatto dallo storico Hans Rothfels nel 1953. Richard Harwood riferisce che questa versione fu pubblicata a Bonn nel 1955 dal governo federale tedesco per essere distribuita nelle scuole tedesche con il titolo *Dokumentation zur Massenvergasung* (*Documentazione sulle gasazioni di massa*).

Avendo così assunto il ruolo di sostenitore del Rapporto Gerstein. In tutte le sue apparizioni in tribunale, il dottor Pfannenstiel continuò a confermare le menzogne e i dogmi storiografici ufficiali, anche se le sue dichiarazioni divennero progressivamente più moderate e attenuarono gli eccessi incontrollati di Gerstein. Il 9 novembre 1959, ad esempio, dimostrò di conoscere tutte le opere pubblicate dagli storici dello sterminio e citò persino *Die Endlösung* (*La soluzione finale*) di Gerald Reitlinger. Sebbene undici anni prima avesse negato di essere stato a Belzec, in questo interrogatorio del 1959 dichiarò di aver viaggiato con Gerstein da Lublino a Belzec, dove fu testimone dell'arrivo di un trasporto con circa cinquecento ebrei, alcuni dei quali erano morti durante il viaggio a causa del sovraffollamento dei vagoni. Quattro anni dopo, l'8 novembre 1963, al cosiddetto processo di Belzec, in un'altra udienza sostenne di aver assistito all'arrivo di un treno di dodici vagoni che trasportava tra le tre e le cinquecento persone, da cui "occasionalmente" scendevano donne e bambini. Se questo numero di persone viaggiava in dodici carrozze, si può stimare che ci fossero tra i 25 e i 42 detenuti in ogni carrozza. Gerstein aveva parlato di convogli di 6.700 deportati, di cui 1.450 erano arrivati morti. Ciò che Pfannenstiel recuperò con precisione, tuttavia, fu la memoria delle date. Il 30 ottobre 1947 non ne fornì alcuna; nella sua dichiarazione del 6 giugno 1950 parlò dell'"estate del 1942"; ma il 9 novembre 1959 confermò di essere andato con Gerstein a Lublino il 17 agosto 1942 e di essersi recato a Belzec il 18 o il 19. Infine, il 25 aprile 1960, confermò di non aver mai visto un convoglio di 6.700 deportati, di cui 450 morti. Infine, il 25 aprile 1960, fornì la data esatta della presunta gasazione: "Se mi chiedete delle esecuzioni di ebrei", disse, "devo confermare che ho assistito all'esecuzione di ebrei il 19 agosto 1942 nel campo di sterminio di Belzec".

Infine, il professor Pfannenstiel fu uno dei quattordici testimoni che nel gennaio 1965 deposero al processo di Belzec contro Josef Oberhauser a Monaco[8]. Secondo Yitzhak Arad, Oberhauser fu incaricato della costruzione del campo e nella seconda metà del dicembre 1941 divenne assistente del capitano (SS Hauptsturmführer) Christian Wirth, che fu nominato comandante di Belzec. Nel suo lavoro, Arad cerca di farne il capro espiatorio

---

[8] Josef Oberhauser era stato catturato, processato e condannato dai sovietici, che lo rilasciarono nel 1956. Quando nel 1963 iniziò il processo di Belzec, era uno degli otto accusati dei crimini commessi nel campo. Il 30 gennaio 1964 il processo si concluse con l'assoluzione di tutti. Poco dopo, tuttavia, furono nuovamente arrestati. Oberhauser si appellò e nel 1965 fu l'unico imputato del processo che si svolse dal 18 al 21 gennaio.

per la presunta gassazione di 80.000 ebrei. Josef Oberhauser negò ogni responsabilità e sostenne di aver sempre agito su ordini superiori. Per salvarsi, al processo confessò di aver mentito e ammise che gli ebrei erano stati gassati a Belzec. La sezione penale del tribunale di Monaco lo condannò a quattro anni e sei mesi di lavori forzati per complicità in 300.000 casi di omicidio di primo grado. Alla fine scontò solo metà della pena.

Indagini archeologiche a Belzec

Dalla tecnologia ultramoderna dell'elettrocuzione e dell'incenerimento di massa, in un colpo solo, si passò al rozzo sistema dei tubi di scarico. Da allora si sostiene che centinaia di migliaia, se non milioni, di ebrei furono sterminati a Belzec con questo metodo rudimentale. Il 22 settembre 1944 Rudolf Reder testimoniò davanti al procuratore di Lvov che tre milioni di persone erano state eliminate a Belzec. L'11 aprile 1946, T. Chrosciewicz, il procuratore polacco di Zamosc, riassunse i risultati della sua indagine in un rapporto e abbassò il numero delle vittime a 1.800.000. Infine, nel 1947, la Commissione centrale per l'indagine sui crimini tedeschi in Polonia fissò il numero di morti nel campo di Belzec a 600.000, una cifra accettata dalla storiografia ufficiale e messa in discussione solo dai ricercatori revisionisti.

Così, si sostiene che tra marzo e dicembre 1942, 600.000 persone furono uccise a Belzec con un sistema assurdo, quasi fatto in casa. Nel capitolo 16 di *Belzec, Sobibor, Treblinka*, intitolato "Miglioramento delle strutture e delle tecniche di sterminio", Yitzhak Arad scrive: "Le nuove camere a gas costruite a Belzec nel giugno/luglio 1942 servirono da modello negli altri due campi". Arad insiste sul fatto che la stessa tecnica di sterminio fu usata a Belzec, Treblinka e Sobibor. Secondo questo storico ebreo, con la costruzione di nuove camere a gas, la capacità di esecuzione fu ampliata e migliorata; ma il sistema dei tubi di scarico dei motori diesel come tecnica di sterminio non solo rimase invariato, ma servì da modello per gli altri campi. Lo stesso Yitzhak Arad scrive quanto segue a proposito delle sepolture e dell'incenerimento delle presunte 600.000 vittime di Belzec:

> "A Belzec, le 600.000 vittime erano già state sepolte quando iniziò la cremazione. Per un periodo di quattro o cinque mesi dovettero essere dissotterrate e bruciate. Questo fu l'unico motivo per cui il campo continuò ad esistere con il personale al completo fino alla primavera del 1943, anche se i trasporti con gli ebrei erano arrivati e furono liquidati nel novembre 1942. Il fatto che durante l'operazione di cremazione non arrivassero altri convogli rese più facile per le autorità portare a termine il loro compito".

A Belzec, cioè, le operazioni di sterminio terminarono nel novembre/dicembre 1942; ma, sebbene non arrivassero più treni, il campo non fu chiuso perché l'intero personale passò tre o quattro mesi a dissotterrare i morti per la cremazione, presumibilmente per cancellare le tracce del genocidio. Sembra che i nazisti, precedentemente descritti come maestri di ingegneria tecnica ed esemplari nell'uso di tecnologie rivoluzionarie, siano improvvisamente diventati modelli di improvvisazione e disorganizzazione, pasticcioni incapaci di pianificare compiti elementari. È già stato detto che l'area di Belzec era larga circa 250 metri e lunga 300 metri. È difficile capire come in uno spazio così ridotto, al netto dello spazio occupato dalle varie strutture del campo, si siano potuti seppellire, disseppellire, bruciare e riseppellire 600.000 corpi in pochi mesi - tanti quanti l'intera popolazione di Malaga, la sesta città spagnola per numero di abitanti.

Carlo Mattogno dedica il capitolo IV della sua opera su Belzec, intitolato "Belzec nella ricerca archeologica polacca", a commentare il lavoro di un gruppo di archeologi che tra il 1997 e il 1999 ha lavorato nell'area dell'ex campo di Belzec agli ordini del professor Andrzej Kola. Gli scavi sono stati decisi congiuntamente dalla "Rada Ochrony Pamieci Walk i Meczenstwa" (Consiglio per la salvaguardia della memoria della lotta e del martirio) e dall'"Holocaust Memorial Museum" di Washington. Durante periodi di scavo separati durati due anni, sono state trovate 33 tombe in due aree separate del campo, che occupavano una superficie totale di 5.919 metri quadrati e un volume di 21.310 metri cubi. La più piccola misurava 5 x 5 metri, cioè 25 metri quadrati, e aveva una profondità di 1,70 metri. La più grande aveva un volume di 2.100 metri cubi, misurava 24 x 18 e aveva una profondità compresa tra 4,25 e 5,20 metri.

I due principali testimoni del presunto sterminio, Kurt Gerstein e Rudolf Reder, fornirono descrizioni dettagliate delle fosse comuni. Nel 1945, in una dichiarazione alla Commissione storica ebraica, Reder riferì: "Una fossa era lunga 100 metri e larga 25 metri. Una singola fossa conteneva 100.000 persone. Nel novembre 1942 c'erano trenta fosse, cioè tre milioni di corpi". In un'altra dichiarazione resa davanti al giudice Jan Sehn il 29 dicembre 1945, il testimone Reder ha ulteriormente specificato le dimensioni delle enormi fosse: "le fosse erano tutte delle stesse dimensioni e misuravano 100 metri di lunghezza, 25 metri di larghezza e 15 metri di profondità". Trenta fosse di queste dimensioni equivarrebbero a una grande fossa di tre chilometri di lunghezza per 750 metri di larghezza, cioè 225 ettari. Tuttavia, dopo aver dichiarato che tutte le trenta fosse erano uguali, Reder dichiarò che l'area che aveva visto copriva circa 7,5 ettari. Kurt Gerstein, da parte sua, nel famoso rapporto del 26 aprile 1945 affermò quanto segue: "I corpi nudi venivano poi gettati in grandi fosse di circa 100 x 20 x 12 metri situate vicino alle camere della morte". Nel suo rapporto del 6 maggio 1945 afferma: "I corpi nudi venivano caricati su carri di legno e poi gettati in fosse situate a breve distanza che misuravano 100 x 20 x 12 metri". Per finire, nel suo rapporto dell'11 aprile 1946, il procuratore di Zamosc scrisse:

> "Tutte le fosse comuni avevano le stesse dimensioni: 100 metri di lunghezza, 25 di larghezza e 15 di profondità. I corpi gettati nelle fosse erano ricoperti di calce. I detenuti poi ricoprivano i mucchi di corpi con la sabbia. È possibile che nel campo ci fossero trenta, quaranta o anche più fosse di questo tipo".

Sebbene secondo Arad i corpi fossero stati dissotterrati e bruciati, in due delle tombe più grandi gli archeologi trovarono corpi che non erano stati né esumati né cremati. Robin O'Neil, un ricercatore britannico sull'Olocausto, sostiene in *Belzec: The 'Forgotten' Death Camp*, pubblicato nel trimestrale *East European Jewish Affairs*, che furono "molte migliaia", ma non specifica quanti. Da parte sua, Michael Tregenza, singolare sterminazionista che dichiara che le testimonianze di Reder e Gerstein sono inaffidabili perché piene di imbarazzanti bugie e assurdità, osa stimare in 15.000 il numero dei corpi trovati in queste fosse. La cosa curiosa di Tregenza è che, nonostante il suo disprezzo per le dichiarazioni di Reder e Gerstein, dà credibilità ad altri testimoni e nell'articolo "Belzec Das vergessene Lager des Holocaust" (Belzec il campo dimenticato dell'Olocausto, 1999) scrive che, sebbene l'impianto di Belzec abbia funzionato solo per 133 giorni, "a Belzec sono state sterminate diverse centinaia di migliaia di ebrei. Oggi si parla ufficialmente di almeno 600.000 persone uccise. Tuttavia", aggiunge, "alla luce delle nuove ricerche e degli scavi, si deve ipotizzare un numero di vittime notevolmente più alto, forse vicino al milione".

Tregenza, sebbene i corpi trovati nelle due grandi fosse non siano stati dissotterrati, stima in 15.000 il numero dei corpi trovati in quelle fosse. È difficile capire perché le autorità polacche non abbiano fatto come i tedeschi quando hanno scoperto i corpi degli ufficiali polacchi assassinati dall'NKVD di Beria nelle fosse di Katyn. Poi, in piena guerra, le tombe furono aperte, i corpi furono riesumati, furono eseguite autopsie e si cercò di identificare le vittime. "Perché", si chiede Carlo Mattogno, "non sono stati esumati i corpi dalle fosse comuni di Belzec?". La risposta è che dei primi 236 campioni prelevati inizialmente il professor Andrzej Kola pubblicò solo il risultato di 137, ovviamente quelli che riteneva più significativi. Anche in questo caso, solo due di essi portavano l'esplicita denominazione di "corpi umani". Nelle analisi pubblicate da Kola sono presenti resti umani in tre dei sette campioni prelevati dalla tomba numero 10, la più grande, e in altri due campioni sui dieci prelevati da altre due tombe, la numero 3 e la numero 20. Questo porta a concludere che nelle tombe numero 10 e numero 20 non c'erano resti umani. Questo porta a concludere che nelle tombe sopra citate raramente c'erano corpi sparsi.

Naturalmente non si può escludere la presenza di corpi in altri strati delle tombe. È molto probabile che nella stessa tomba numero 10 ci fossero più corpi umani, poiché l'esame dei campioni indica la presenza di corpi in stato di saponificazione. Durante i due anni di lavoro, si è continuato a prelevare campioni dalle 33 tombe e sono stati trovati nuovi resti umani. Già nel 1998, un anno prima del completamento dell'indagine archeologica, Robin O'Neil si affrettò ad annunciare che i resti dei corpi ritrovati appartenevano a vittime delle camere a gas che non erano state riesumate e bruciate. Dal momento che gli interpreti ufficiali hanno considerato la presenza dei corpi come una prova dello sterminio di massa avvenuto a Belzec, Carlo Matogno scrive queste parole di risposta in termini enfatici:

> "L'affermazione di questi commentatori - che il numero di corpi trovati a Belzec smentisce la tesi revisionista - non è solo falsa, ma grottesca. Naturalmente, nessuno storico revisionista si permetterebbe di dichiarare che a Belzec non ci furono mai morti. Come si vedrà nel prossimo capitolo, ci furono morti tra i detenuti a causa di epidemie, lavori forzati e miseria..... Se qualcuno vuole davvero confutare queste tesi, dovrebbe dimostrare che nel campo esistono luoghi di sepoltura con centinaia di migliaia di vittime".

Carlo Mattogno conclude che i risultati degli scavi sono incompatibili con la tesi degli sterminazionisti e che l'interpretazione più probabile che si può trarre dalle ricerche archeologiche del professor Kola "è che le fosse contenessero al massimo alcune centinaia di corpi". Kola pubblicò i risultati dei suoi scavi in un libro contenente 37 fotografie a colori. Esse mostrano ogni sorta di oggetti insignificanti: ferri di cavallo, chiavi, lucchetti, resti di pentole e padelle, forbici arrugginite, pezzi di vetro e di porcellana, pettini, bottiglie, monete, ecc. In ogni caso, migliaia di persone, probabilmente decine di migliaia, sono morte a Belzec. Molte probabilmente morirono nel 1940, quando le condizioni del campo erano, come si è detto, estremamente disumane.

Si può sostenere che furono trovati pochi corpi perché furono bruciati. Yitzhak Arad sostiene che nella primavera del 1942 Himmler fece una visita a Treblinka in cui decise che tutti i corpi dovevano essere bruciati; ma non c'è traccia di tale visita e ci sono tutte le indicazioni che essa non abbia mai avuto luogo. In ogni caso, lo stesso Arad afferma nel suo libro sui campi dell'Operazione Reinhardt che a Belzec i lavori di esumazione e cremazione iniziarono nel dicembre 1942. La verità è che non si sa quasi nulla di questa gigantesca operazione. Nel suo già citato rapporto dell'11 aprile 1946, il procuratore di Zamosc scrisse quanto segue:

> "Nel dicembre 1942 i trasporti di ebrei verso Belzec cessarono. I tedeschi iniziarono allora a cancellare sistematicamente le tracce dei loro crimini. I corpi venivano dissotterrati con speciali escavatori e bruciati su cataste

di legno imbevute di materiale infiammabile. In seguito il processo di cremazione fu migliorato utilizzando le rotaie della ferrovia per costruire un'impalcatura, sulla quale venivano posti strati di corpi alternati a strati di legno imbevuti, come prima, di un liquido facilmente infiammabile. Per separare gli oggetti di valore eventualmente contenuti nei corpi, le ceneri dei corpi cremati venivano filtrate attraverso un separatore di granaglie e poi nuovamente interrate. La cremazione dei corpi terminò nel marzo 1943. Poi tutti gli edifici del campo, le recinzioni e le torri di guardia furono smantellate, l'area fu ripulita, livellata e ripiantata con giovani pini".

Possiamo notare che l'idea di dipingere i nazisti come ladri insaziabili viene riproposta: dopo aver insistito sul fatto che prima di seppellire le vittime venivano ispezionate le loro bocche e persino gli ani e i genitali, ora si dice che si perdeva ancora tempo a cercare qualcosa di valore nelle ceneri, come se non fosse già abbastanza difficile bruciare 600.000 cadaveri putrefatti in tre mesi. Un testimone di nome Kozak ha dichiarato al procuratore di Zamosc: "Due o tre pire bruciavano contemporaneamente. Nel frattempo, un terribile fetore di corpi in decomposizione, ossa e cadaveri bruciati aleggiava su Belzec. Questo fetore si sentiva per quindici chilometri intorno. La cremazione andò avanti senza interruzioni per tre mesi".

Per quanto riguarda le condizioni climatiche in cui sarebbe avvenuta la cremazione, va notato che durante l'inverno le temperature medie nell'area di Belzec sono in media di 3 o 4 gradi sotto zero e difficilmente salgono sopra lo zero. Ogni mese dell'anno ha una media di almeno 12 giorni di pioggia, il che suggerisce che pioggia, neve e vento devono essere stati una costante durante i tre mesi invernali.

Nella sua opera di riferimento, Carlo Mattogno presenta un calcolo approssimativo della quantità di legna necessaria per portare a termine il gigantesco compito di ridurre in cenere 600.000 corpi per tre mesi senza interruzione. Secondo le sue stime, sarebbero state necessarie 96.000 tonnellate di legna, equivalenti al disboscamento di 192 ettari di foreste di abeti rossi di cinquant'anni. Le fotografie aeree delle foreste vicino a Belzec mostrano che nel 1944 avevano lo stesso aspetto del 1940. "Da dove proveniva questa immensa quantità di legno?", si chiede Mattogno. Per trasportarla al campo sarebbero stati necessari novantacinque treni di quaranta carri ciascuno. Tuttavia, nessuno degli abitanti della zona ha potuto testimoniare di aver visto arrivare treni o camion carichi di legna da ardere. La cremazione di 600.000 corpi in tre mesi corrisponderebbe a un ritmo di 6.650 al giorno, che richiederebbe 1.042 tonnellate di tronchi al giorno.

Per quanto riguarda la cremazione in sé, basti pensare alla quantità di cenere che otto o nove tronchi di medie dimensioni lasciano ogni giorno nel camino di una cucina. Anche in questo caso Carlo Mattogno fa un attento calcolo della quantità di cenere che i corpi produrrebbero e della legna necessaria per incenerirli. I risultati sono i seguenti: i 600.000 corpi lascerebbero 1.350 tonnellate di cenere per un volume di 2.700 metri cubi; la legna produrrebbe 7.680 tonnellate di cenere, corrispondenti a 22.600 metri cubi. In totale, quindi, 9.030 tonnellate o 25.300 metri cubi. Come già detto, le 33 fosse scavate dal professor Kola tra il 1997 e il 1999 avevano un volume totale di 21.310 metri cubi. Inoltre, va notato che le analisi presentate da Kola mostrano che le ceneri erano mescolate a strati di sabbia e che tra i resti umani c'erano anche residui animali.

Ufficialmente le operazioni di cremazione terminarono nel marzo 1943, ma una piccola guarnigione di SS rimase nel campo fino a settembre. Non è quindi chiaro perché un certo numero di cadaveri non sia stato bruciato. Secondo O'Neil, i corpi non furono dissotterrati e bruciati perché, forse, "il panico si scatenò a causa del tempo insufficiente per distruggere tutte le prove". Questa tesi è poco plausibile se si considera che nel campo c'erano soldati per mezzo anno in più. Inoltre, le tombe contenenti corpi saponificati erano sparse per tutto il campo, il che invita a sospettare, sostiene Carlo Mattogno, "che queste tombe appartenessero alla precedente amministrazione del campo e quindi risalissero al 1940, quando Belzec fu utilizzato come campo per zingari fino a quando fu successivamente integrato nel "Programma Otto". In entrambi i periodi molte vittime furono sepolte nel campo. A quel tempo la struttura del campo era molto diversa da quella successiva e c'era più spazio. Questo spiegherebbe la posizione di queste fosse comuni". È provato che nella primavera del 1940 migliaia di detenuti morirono a causa di epidemie, tra cui il tifo, e anche a causa delle durissime condizioni di lavoro e di vita nel campo.

Ma migliaia di persone morirono anche a Belzec nel 1942. Il 28 aprile 1943 il delegato per il reinsediamento degli ebrei nell'area di Lublino, il maggiore delle SS Höfle (Sturmbannführer), inviò un rapporto al tenente colonnello Heim (Obersturmbannführer) fornendo la cifra di 434.508 persone trasferite a Belzec fino al 31 dicembre 1942. Questo documento, decifrato dai servizi segreti britannici, è stato reso noto solo di recente. In alcuni treni le condizioni dei deportati erano deplorevoli. Esiste un altro rapporto, datato 14 settembre 1942, intitolato "Reinsediamento da Kolomea a Belzec". Il suo autore, Josef Jäcklein, una guardia ferroviaria della polizia di protezione, racconta il disastroso trasporto da Kolomea a Belzec, partito alle 20.50 del 10 settembre con 8.205 ebrei a bordo. Kolomea, un distretto dell'Ucraina, era stato occupato dai tedeschi nella loro avanzata verso l'URSS. Jäcklein spiega che gli ebrei portavano martelli e pinze. In seguito testimoniarono che era stato detto loro che questi attrezzi sarebbero stati utili nella loro nuova destinazione. Evidentemente, la prima cosa che i detenuti fecero fu quella di usare questi strumenti per aprire dei buchi nei tetti dei vagoni, al fine di fuggire. Il treno dovette fermarsi a ogni stazione per riparare i danni. Jäcklein conferma che la scorta del treno era a corto di munizioni e arrivò a usare baionette e pietre per impedire ripetuti tentativi di fuga. Quando il treno arrivò a Belzec alle 18:45 del giorno successivo, al suo interno c'erano duemila morti. Mattogno riporta anche un secondo rapporto su questo trasporto da Kolomea, sempre datato 14 settembre 1942. Porta la firma di un tenente di nome Wassermann, anch'egli della polizia di protezione. Vi si legge che in ogni vagone viaggiavano dalle 180 alle 200 persone. Nella prima parte di questo rapporto, Wassermann fa riferimento alle azioni compiute il 7, 8, 9 e 10 settembre 1942 nell'area di Kolomea e conferma l'esecuzione, il 7 settembre 1942, di 300 ebrei. Le ragioni addotte per giustificare l'omicidio erano che erano "vecchi, infetti, deboli o non trasportabili". In sostanza, queste fucilazioni dimostrano che gli ebrei non furono inviati a Belzec per essere gassati. Tuttavia, non si può negare che migliaia, se non decine di migliaia, di ebrei siano morti a Belzec.

Ma lo scopo degli scavi degli investigatori polacchi non era solo quello di trovare resti umani, ma anche di identificare gli edifici descritti dai testimoni. Una delle priorità era, ovviamente, quella di individuare il famoso edificio, così spesso descritto, dove si trovavano le sei camere a gas. Yitzhak Arad e Raul Hilberg, i più prestigiosi storici ebrei, raccontano l'espansione dei tre campi e la costruzione di queste camere a gas. In realtà, entrambi prendono per buona la descrizione di Rudolf Reder delle nuove camere di Belzec, teoricamente costruite nel giugno/luglio 1942. In *La distruzione degli ebrei europei* Hilberg scrive: "Strutture solide, di pietra a Belzec e di mattoni a Treblinka, contenenti almeno sei camere a gas, sostituirono le vecchie strutture. Nei nuovi edifici, le camere erano allineate su entrambi i lati del corridoio, e a Treblinka la sala macchine era situata alla fine". Di conseguenza, si cercò di costruire un edificio in pietra che, secondo Arad, era lungo 24 metri e largo 10 metri.

Si sperava che gli scavi avrebbero portato alla luce le strutture originali dell'impianto. Mentre Kola e la sua squadra hanno evitato di scavare ed esaminare a fondo i resti umani nelle fosse comuni, hanno proceduto a dissotterrare ed esaminare attentamente qualsiasi struttura che potesse portare alla scoperta delle camere a gas costruite nella seconda fase del campo. Dopo aver descritto sei reperti irrilevanti, Andrzej Kola si è soffermato sull'"Edificio G", una costruzione in legno parzialmente sepolta nel terreno, la cui base rettangolare a 80 centimetri di profondità misurava circa 3,5 x 15 metri. La descrizione è la seguente:

> "L'edificio in legno probabilmente servì come camera a gas nella seconda fase di funzionamento del campo, nell'autunno-inverno del 1942. Questa interpretazione potrebbe essere confermata dalla sua posizione sulla pianta del campo. La perforazione esplorativa delle parti nord-orientale e orientale dell'edificio ha scavato solo fosse comuni. L'ubicazione della camera a gas vicino ai luoghi di sepoltura nella seconda fase di esistenza del campo è stata confermata da alcuni resoconti di testimoni".

Carlo Mattogno, dal cui libro proviene ancora una volta la citazione, si indigna per la frivolezza dell'argomentazione del professor Kola, poiché, basandosi unicamente sull'ubicazione dell'edificio, sostiene senza fornire alcuna prova archeologica che l'edificio in questione deve aver ospitato le presunte camere a gas omicide. Per quanto riguarda la sua affermazione che una struttura in legno ospitava le camere a gas, l'archeologo polacco fa riferimento a Rudolf Reder nel suo rapporto e dice: "Secondo lui (Reder), tuttavia, la camera era fatta di cemento. Gli scavi effettuati nella zona non dimostrano l'esistenza di mattoni o cemento negli edifici, il che rende questo rapporto inattendibile". Mattogno, senza uscire dallo stupore, si lascia sfuggire tra le righe che Andrzej Kola non si ferma nemmeno a considerare che la struttura in legno potrebbe essere appartenuta alla fase iniziale del campo. Il problema è che se la dichiarazione di Rudolf Reder è considerata inattendibile, lo sono anche le altre, perché tutte concordano sul fatto che le camere a gas della seconda fase del campo furono costruite in una struttura di mattoni. La sentenza del gennaio 1965 del processo Belzec a Monaco di Baviera lo cita esplicitamente: "una solida costruzione in pietra con un totale di sei camere di 4 x 5 metri". Anche nell'*Enciclopedia dell'Olocausto* si legge alla voce "Belzec" che le camere a gas esistenti nella prima fase furono demolite "e al loro posto fu eretto un nuovo edificio in cemento e mattoni contenente sei camere di 4 x 5 metri". Sembra incredibile che il professor Kola si permetta di screditare i testimoni con una perizia così scarsa. Inoltre, anche le dimensioni della sua struttura in legno, 3,5 x 15 metri, non corrispondono ai 24 x 10 metri ufficialmente accettati. Se già era impossibile far stare centinaia di persone in camere di 4 x 5 metri, 20 metri quadrati, che dire delle ipotetiche camere della costruzione immaginata da Kola?

Belzec, campo di transito

Riteniamo che gli argomenti dei revisionisti siano abbastanza potenti da screditare la tesi che Belzec fosse un campo di sterminio: i professionisti della propaganda come Jan Karski sono stati smascherati; i testimoni mentono e alcuni dei loro racconti sono fantascienza; il metodo di sterminio sostenuto dalla storiografia ufficiale non è credibile; le possibilità materiali di cremazione sono impossibili; la ricerca archeologica ha smentito le teorie degli sterminazionisti. In breve, l'ipotesi che 600.000 persone siano state massacrate a Belzec in camere a gas è inaccettabile se considerata con il minimo rigore. I revisionisti sostengono quindi che Belzec, come Treblinka e Sobibor, fosse un campo di transito per il trasferimento degli ebrei verso l'Est.

Dai territori sovietici occupati sono arrivate alla capitale polacca lettere e cartoline di deportati a Treblinka nel 1942, provenienti dal ghetto di Varsavia, che indicano che sono stati reinsediati lì dopo il transito a Treblinka. Alcuni di questi messaggi provenivano da campi in Bielorussia e Ucraina. Mark Weber e Andrew Allen riferiscono di questi testi in un articolo pubblicato nell'estate del 1992 su *The Journal of Historical Review*.

Secondo questi autori, alcune di queste lettere e cartoline arrivarono per posta, altre clandestinamente. I mittenti scrivevano che stavano lavorando duramente, ma confermavano che loro stessi, e in alcuni casi i loro figli, venivano nutriti.

Diversi documenti confermano che Belzec non era un campo di sterminio, ma un campo di transito. Uno di questi, datato 17 marzo 1942, proviene dal Dipartimento della Popolazione e del Welfare dell'Ufficio del Governatore Generale per il Distretto di Lublino. Si tratta di un testo di Fritz Reuter, un funzionario di questo dipartimento, in cui registra un colloquio tenutosi il giorno precedente con il maggiore delle SS Hermann Höfle, il delegato per il reinsediamento degli ebrei nell'area di Lublino. Il testo è tratto dall'opera di Mattogno:

> "... Nel corso della discussione l'Hauptsturmführer Höfle ha spiegato quanto segue:
> Sarebbe auspicabile dividere i trasporti che arrivano nel distretto di Lublino in ebrei idonei e non idonei alla stazione di origine. Se non è possibile fare questa separazione alla stazione di origine, allora questa divisione dovrà essere fatta a Lublino. Tutti gli ebrei non idonei al lavoro devono andare a Belzec, la stazione più vicina al confine nel distretto di Zamosz.
> Hstuf. Höfle sta pensando di costruire un grande campo in cui gli ebrei idonei al lavoro possano essere registrati in uno schedario in base alle loro occupazioni, per poi essere richiesti da lì.
> Piaski si sta liberando dagli ebrei e sarà il punto di raccolta degli ebrei che lasciano il Reich.
> Trawniki non è attualmente occupata da ebrei.
> H. chiese dove potevano essere scaricati 60.000 ebrei sulla rotta Deblin-Trawniki. Informato dei trasporti di ebrei attualmente in partenza da qui, H. spiegò che dei 500 ebrei che arrivavano a Susiec, quelli ritenuti non idonei al lavoro potevano essere smistati e inviati a Belzec....
> In conclusione, ha riferito che poteva accettare ogni giorno 4-5 trasporti di 1.000 ebrei al capolinea di Belzec. Questi ebrei avrebbero attraversato il confine e non sarebbero mai tornati al Governo Generale".

Concordiamo con Mattogno sull'importanza di questo documento. Nella sua parafrasi del testo, questo ricercatore revisionista spiega che Hermann Höfle era il capo di stato maggiore di Odilo Globocnik, il comandante delle SS che fungeva da prima autorità di polizia nel distretto di Lublino. La storiografia ufficiale riconosce che H. Höfle coordinò "la costruzione del campo di sterminio di Belzec e le deportazioni dal distretto di Lublino". Inoltre, la versione ufficiale presuppone che il 17 marzo 1942, cioè la data riportata nel rapporto di Reuter, le attività omicide fossero già iniziate. Ancora una volta, però, il testo riflette la necessità di utilizzare gli ebrei occupabili come manodopera. L'idea di organizzare "un archivio in base alle loro occupazioni" è un'ulteriore prova che non c'erano piani di sterminio. Sarebbe stato assurdo perdere tempo in queste formalità se l'intenzione era quella di eliminare tutti gli ebrei appena arrivati al campo, come sostengono i propagandisti del mito dell'Olocausto. Infine, è chiaro dal testo che Belzec doveva servire come base per il trasferimento oltre confine degli ebrei che non sarebbero più tornati al Governo Generale, il che implica che essi avrebbero dovuto essere reinsediati in Ucraina, in Unione Sovietica o altrove nell'Est. L'idea di Belzec come campo di transito viene quindi riaffermata in questo documento.

Un secondo testo del 7 aprile 1942, anch'esso citato da Mattogno, conferma quanto sopra. L'autore è Richard Türk, direttore del Dipartimento per la popolazione e il benessere sociale dell'Ufficio del Governatore del Distretto di Lublino. Il rapporto, che si riferisce al mese di marzo, contiene un paragrafo intitolato "Operazione di reinsediamento degli ebrei del Capo della Polizia e delle SS". In esso Türk riferisce degli incontri con Höfle:

> "Le possibilità di alloggio, limitate ai siti lungo la linea ferroviaria Deblin-Rejowiec-Belzec, sono state e vengono discusse con il rappresentante del Capo della Polizia e delle SS. Sono state studiate possibilità alternative.
> Dalla mia proposta, c'è un accordo fondamentale sul fatto che, dal momento che gli ebrei provenienti dall'Ovest vengono insediati qui, gli ebrei locali, se possibile, dovrebbero essere evacuati in numero simile. La situazione attuale del processo di insediamento è che circa 6.000 ebrei del Reich sono stati insediati qui, circa 7.500 sono stati evacuati dal distretto e 18.000 dalla città di Lublino".

Il rapporto prosegue con una cronologia delle date di marzo, elencando gli spostamenti effettuati, le città di evacuazione, il numero di deportati e i luoghi di insediamento nei diversi distretti. Queste e altre direttive sul reinsediamento degli ebrei nel distretto di Lublino contrastano con la tesi che Belzec, Treblinka e Sobibor fossero campi in cui gli ebrei venivano sterminati appena arrivati. Per quanto riguarda l'evacuazione degli ebrei dall'Europa occidentale, i documenti mostrano che tra il 5 maggio e il 28 novembre 1942, circa 35.000 persone furono deportate direttamente nei territori dell'Europa orientale senza passare per i campi di transito, tra cui Minsk, Maly Trostinec, a sud-est della capitale bielorussa, Riga, e Raasiki, una città estone a est di Tallinn.

Per quanto riguarda la chiusura di Belzec come campo di transito, Carlo Mattogno ha portato alla luce un documento, "Regolamento di polizia relativo alla formazione di quartieri per ebrei nei distretti di Varsavia e Lublino", datato 28 ottobre 1942. Il suo autore era il generale delle SS (Obergruppenführer) Friedrich Wilhelm Krüger, comandante supremo delle SS, capo della polizia del governo generale e segretario di Stato per i servizi di sicurezza. Questo regolamento stabiliva dodici aree residenziali per gli ebrei. Il 10 novembre 1942, Küger stabilì altre quattro aree nel distretto di Radom, cinque nel distretto di Cracovia, trentadue nel distretto di Galizia e altre due nel comune di Rawa Ruska. Poco dopo, i treni smisero di arrivare a Belzec, che secondo la storiografia dell'Olocausto era stato costruito appositamente come campo di sterminio.

Treblinka

Prima di passare a ciò che accadde a Treblinka, vale la pena di riflettere ancora una volta. Nella prima parte del capitolo XII, che tratta della persecuzione e della deportazione degli ebrei, abbiamo visto che i nazisti erano inizialmente decisi a promuovere con ogni mezzo l'emigrazione degli ebrei dalla Germania: l'Accordo di Haavara, frutto della collaborazione con il sionismo, e la Conferenza di Evian ne sono buoni esempi. La politica di incoraggiamento all'emigrazione fu sostituita da piani di evacuazione ed espulsione, il più famoso dei quali, il Piano Madagascar, dovette essere abbandonato e sostituito dalla deportazione all'Est. Dopo l'invasione dell'URSS nel giugno 1941, mezzo anno prima della Conferenza di Wannsee, i gerarchi nazisti, convinti che la guerra lampo li avrebbe portati a una rapida vittoria come era accaduto in Francia, iniziarono a pensare di deportare gli ebrei nei territori conquistati dell'Unione Sovietica.

Martin Broszat, in *Hitler und die Genesis der "Endlösung". Aus Anlaß der Thesen von David Irving* (*Hitler e la genesi della "Soluzione Finale". In occasione delle tesi di David Irving*), cita una voce del diario di Goebels del 25 settembre 1941, in cui è annotata una conversazione con Heydrich. Vi si legge: "alla fine, si suppone che vengano tutti trasportati nei campi costruiti dai bolscevichi". Carlo Mattogno e Jürgen Graf in *Treblinka: campo di sterminio o campo di transito* fanno riferimento a un altro testo del 7 ottobre 1941 in cui viene ribadita la stessa idea. Il suo autore, Werner Koeppen, uno degli uomini di collegamento di Rosenberg, riporta le parole di Hitler stesso: "Tutti gli ebrei devono essere evacuati dal Protettorato (Boemia e Moravia) e non solo verso il Governo Generale, ma anche più a est". Sei giorni dopo, il 13 ottobre 1941, Alfred Rosenberg e Hans Frank, governatore generale dei territori polacchi occupati, ripresero il tema della deportazione degli ebrei dal Governo Generale. Anche la seguente citazione è tratta dal lavoro di Mattogno e Graf:

> "Il Governatore Generale parlò poi della possibilità di deportare la popolazione ebraica del Governo Generale nei territori occupati dell'Est. Il Reichminister Rosenberg ha notato che richieste simili gli erano già pervenute dall'Amministrazione Militare di Parigi. Per il momento, tuttavia, non vedeva ancora la possibilità di attuare reinsediamenti di questo tipo. Ma annunciò che lui stesso era pronto a promuovere in futuro l'evacuazione degli ebrei a est...".

In altre parole, la deportazione verso est degli ebrei del Protettorato e anche di quelli che vivevano nei territori del Governo Generale era già contemplata nell'ottobre 1941. Come sappiamo, fu alla Conferenza di Wannsee del 20 gennaio 1942 che fu annunciata ufficialmente la "soluzione finale territoriale", cioè la volontà determinata di espellere gli ebrei da tutte le sfere di vita del popolo tedesco e dai loro territori, per cui fu imposta la loro deportazione nell'Europa orientale. Poiché Chaim Wezmann, leader del sionismo internazionale, il 5 settembre 1939 aveva dichiarato guerra alla Germania a nome di tutti gli ebrei e aveva annunciato che avrebbero combattuto nel campo delle democrazie, la Conferenza di Wannsee vietò definitivamente l'emigrazione ebraica, considerata un pericolo in tempo di guerra. La politica dell'emigrazione o dell'espulsione lascia quindi il posto alla deportazione e il Piano Madagascar viene ufficialmente abbandonato il 10 febbraio 1942. L'evacuazione degli ebrei verso i territori orientali si accelerò. La concentrazione degli ebrei deportati da varie parti d'Europa nel Governo Generale della Polonia, dove furono raggiunti da ebrei nativi della regione, era intesa come una misura temporanea, con l'obiettivo finale di trasportarli tutti, non appena tecnicamente possibile, nei territori più a est. L'impossibilità di vincere la guerra rovinò rapidamente tutti i piani.

Di conseguenza, nessuno nega che gli ebrei furono privati della libertà di movimento e furono concentrati nelle città e nei ghetti. Coloro che erano in grado di lavorare venivano arruolati per i lavori forzati in base alle esigenze del momento. Tale lavoro poteva essere svolto fuori dal ghetto e talvolta al suo interno. Il fatto che i nazisti considerassero gli ebrei come gli architetti del comunismo spinse alcuni generali a raccomandare il pugno di ferro. La lotta contro il bolscevismo", disse il feldmaresciallo Wilhelm Keitel in una direttiva, "richiede durezza e misure energiche, specialmente contro gli ebrei, i principali promotori del bolscevismo". La politica di deportazione degli ebrei all'Est fu decisa da Hitler nel settembre 1941 e iniziò nell'ottobre dello stesso anno. Ciò è riportato in una lettera di Himmler ad Arthur Greiser, ex presidente del Senato di Danzica e capo del distretto (Gauleiter) di Posen. In questa lettera del 18 settembre 1941, depositata presso il "Bundesarchiv" di Coblenza e citata da Mattogno e Graf, Himmler scrive:

> "Il Führer desidera che la Germania (Altreich) e il Protettorato siano liberati dagli ebrei il più presto possibile, da ovest a est. È quindi mia intenzione, se possibile quest'anno, trasportare gli ebrei dell'Altreich e del Protettorato inizialmente nei territori orientali incorporati nel Reich due anni fa, come primo passo, per poi deportarli ulteriormente a est la prossima primavera".

Questo è un altro documento, un altro ancora, che mostra quali fossero le reali intenzioni dei nazisti. L'ordine di deportazione fu emesso il 24 ottobre 1941, e la destinazione finale dei deportati doveva essere i territori orientali. Questi territori erano allora il "Reichskommissariat Ostland", suddiviso nei quattro distretti generali di Estonia, Lettonia, Lituania e Russia Bianca (Bielorussia), il cui amministratore civile era Heinrich Lohse; e il "Reichskommissariat Ukraine", amministrato da Erich Koch. Entrambi erano soggetti all'autorità di Alfred Rosenberg, ministro del Reich per i territori occupati a est. Tuttavia, questi territori, a differenza di quelli del

Governo Generale Polonia, occupati dal 1939, avevano appena subito le disastrose conseguenze della guerra e non erano ancora pronti ad accogliere centinaia di migliaia di ebrei. Ciò è dimostrato da vari messaggi e telegrammi di funzionari tedeschi sul posto. Heinrich Lohse, "Reichkommissar" nell'Ostland, informato della deportazione a Minsk e Riga di 50.000 ebrei provenienti dal Protettorato e dalla Germania, il 9 novembre chiese a Rosenberg di spostare i deportati più a est.

Nel gennaio 1942, fu il commissario della città di Minsk, Wilhelm Janetzke, che, senza consultare Lohse, che lo rimproverò per questo, e aggirando i canali appropriati, andò direttamente da Rosenberg per opporsi alle deportazioni e per fargli sapere che sarebbe stata una catastrofe. Nella città, lasciata in rovina, vivevano circa 100.000 persone. In queste condizioni, con il freddo pungente e il terreno ghiacciato, disse Janetzke, "non c'era alcuna possibilità di nutrire né la popolazione né gli ebrei", quindi non era possibile ospitare i deportati in quel luogo. Questo è il contesto in cui la storiografia ufficiale impone la sua tesi secondo cui Treblinka, Belzec e Sobibor erano campi progettati solo ed esclusivamente per sterminare gli ebrei europei.

Secondo solo ad Auschwitz, Treblinka è considerato il secondo più grande centro di sterminio. A differenza di Auschwitz e Majdanek, che secondo gli storici ufficiali divennero centri di sterminio dopo aver funzionato come campi di concentramento, Treblinka, come Belzec Sobibor e Chelmno (Kulmhof), fu teoricamente gestito al solo scopo di eliminare gli ebrei. Come diventerà chiaro, la principale prova fornita dai venditori di Olocausto per giustificare tale affermazione si basa esclusivamente sulle dichiarazioni dei testimoni; in altre parole, la storia di Belzec viene ripetuta.

Treblinka era composta da due campi: Treblinka I e Treblinka II. Il primo, il cui ordine di costruzione fu pubblicato il 16 dicembre 1941 sulla *Gazzetta Ufficiale del Governo Generale per il Distretto di Varsavia*, era situato a due chilometri dal secondo e serviva come campo di lavoro: i suoi prigionieri producevano ghiaia in una vicina cava di pietra. La costruzione di Treblinka II sarebbe iniziata nel marzo 1942. Situato a quattro chilometri dall'omonimo piccolo villaggio e a meno di due chilometri dal Burg, era destinato a essere il centro dell'annientamento di massa. Infatti, all'ingresso del campo, un'iscrizione in pietra proclama oggi in diverse lingue che "più di 800.000 ebrei" furono uccisi lì tra il luglio 1942 e l'agosto 1943.

La tesi dei revisionisti su Treblinka è la stessa che difendono per Belzec. Essi sottolineano che Treblinka era principalmente un campo di transito allestito per accogliere la popolazione del distretto di Varsavia. Secondo i dati del Consiglio ebraico di Varsavia, dal 22 luglio al 9 dicembre 1942, 263.243 ebrei furono evacuati dal ghetto di Varsavia, di cui 251.545 sarebbero stati deportati a Treblinka e lì uccisi. Altri 11.315, presumibilmente idonei al lavoro, sarebbero stati inviati al ghetto di Treblinka I. Eugen Kulisher, esperto di demografia e migrazione, conferma che il 22 luglio 1942 il Consiglio ebraico di Varsavia ricevette l'ordine di preparare seimila persone al giorno per l'evacuazione. È interessante notare che lo stesso Consiglio ebraico riconosce che furono i propri medici scelti a decidere se le persone ricoverate negli ospedali ebraici il giorno dell'evacuazione potevano essere dimesse. Che Treblinka fosse un campo di transito è indicato dal fatto che tutti gli ebrei evacuati dal ghetto di Varsavia nel 1942 ricevettero tre chili di pane e uno di marmellata. Un bello spreco in tempi di guerra e di penuria, se la vera intenzione era quella di sterminarli all'arrivo al campo.

Nei mesi successivi, paradossalmente, arrivarono nel ghetto di Varsavia lettere e cartoline di deportati che scrivevano ai loro parenti. Alcune provenivano da città bielorusse come Minsk, Brest Litovsk, Pinsk, Brzezc o Babruisk; altre da città polacche più a est, come Bialystock, a circa sessanta chilometri dal confine bielorusso. Poiché gli autori delle lettere sarebbero stati sterminati a Treblinka, le organizzazioni della resistenza nel ghetto, che già spacciavano le storie delle camere a gas, diffusero la voce che erano state inventate dai tedeschi per ingannare gli ebrei. La resistenza etichettò coloro che riferivano di aver ricevuto le lettere come agenti della Gestapo. La storiografia ufficiale scelse in seguito di sostenere la tesi che le cartoline e le lettere fossero state scritte a Treblinka sotto costrizione.

Confusione sul metodo di sterminio a Treblinka

La propaganda su Treblinka come campo di sterminio iniziò a essere fabbricata nell'agosto 1942. All'inizio non era specificato come funzionassero le camere a gas e si parlava di fluidi tossici mescolati a gas emanati dai tubi di scarico. I primi rapporti sull'omicidio di massa a Treblinka raggiunsero Londra e furono ripresi dal governo polacco in esilio. Si è già detto che gli agenti ebrei britannici fecero presto pressione sul Foreign Office, che già in agosto disponeva di informazioni provenienti dal Political Warfare Executive e sapeva che erano tutte false. Uno dei documenti più spesso citati dagli storici ebrei per proclamare l'Olocausto fu prodotto il 15 novembre 1942 dal movimento di resistenza clandestino del ghetto di Varsavia. L'articolo in questione, intitolato "Liquidazione degli ebrei di Varsavia", originariamente scritto in polacco, occupa sei pagine in *Treblinka: Campo di sterminio o campo di transito*, dove è riprodotto integralmente. Il rapporto fu ricevuto dal governo polacco a Londra il 6 gennaio 1943 e, dopo essere stato tradotto in inglese, fu ampiamente distribuito. Pur essendo un documento di riferimento, soffre di un difetto fondamentale: afferma che gli ebrei furono uccisi in camere a vapore. Yitzhak Arad, considerato un esperto di Treblinka, lo utilizza e lo modifica a suo piacimento nel suo libro sui campi dell'Operazione Reinhardt e non ha problemi a trasformare le camere a vapore in camere a gas. Di seguito commenteremo il testo e ne citeremo alcuni stralci.

Il rapporto inizia con una descrizione del sito. I due campi sono indicati come Treblinka A e Treblinka B. Il primo è erroneamente indicato come operativo dal 1940. Secondo questo documento, Treblinka B sarebbe stato costruito tra marzo e aprile 1942 dai prigionieri polacchi di Treblinka A e dagli ebrei prelevati dai villaggi vicini. Un altro grave errore riguarda le dimensioni di Treblinka B: si afferma che era grande 5.000 ettari, mentre in realtà era solo poco più di 13 ettari. Una diramazione collegava il campo alla linea ferroviaria principale. Le guardie di Treblinka, "Lagerschutz", erano per lo più ucraini armati di mitra. Gli estensori del rapporto notano che i supervisori o il personale addetto alle esecuzioni erano pochi e che il "Mattatoio" era comandato da un maggiore delle SS di nome Sauer, che ancora una volta viene dipinto come un mostro che persino i suoi stessi uomini temevano. In tutto", si legge nel testo, "ci sono dieci tedeschi e trenta ucraini". Per quanto riguarda il funzionamento del "mattatoio", è meglio attenersi alla citazione:

> "... Un grande edificio di forma insolita: si tratta di una costruzione incompiuta in mattoni a un piano, lunga oltre 40 metri e larga 15 (quando abbiamo ricevuto il rapporto su Treblinka B, nella prima metà di settembre, questo edificio era in fase di completamento). I tedeschi iniziarono la costruzione dell'edificio dopo l'inizio dell'azione, probabilmente a metà agosto, con l'aiuto di artigiani ebrei raccolti tra gli ebrei portati a Treblinka per essere uccisi. Secondo il resoconto di un testimone oculare, l'interno dell'edificio è così composto: un corridoio largo tre metri corre al centro. Ci sono cinque camere su ogni lato, l'altezza di ogni camera è di circa due metri e la sua superficie è di 35 metri quadrati. Le camere di esecuzione non hanno finestre, ma hanno porte che si aprono sul corridoio e una sorta di porte di ascensore sulle pareti esterne.... Nelle pareti sono stati installati dei tubi dai quali si suppone che il vapore acqueo venga versato nelle camere".

Di seguito è descritto un secondo edificio di blocchi più piccoli del precedente, con tre camere in cui il vapore veniva immesso attraverso tubi da una camera a vapore dotata di un grande serbatoio che lo produceva. Il pavimento delle camere aveva un rivestimento in terracotta che lo rendeva molto scivoloso quando vi si versava l'acqua. Va notato che l'unico pozzo del campo si trovava all'esterno, accanto alla camera a vapore. Il lavoro di svuotamento delle camere e di seppellimento dei cadaveri era svolto da ausiliari ebrei che obbedivano ai prigionieri che fungevano da kapò. Per quanto riguarda la crudeltà del capo delle SS Sauer, si dice che eliminasse personalmente i deboli che non erano adatti al lavoro:

> "Le esecuzioni avvenivano in un luogo speciale. La vittima si trovava sopra una fossa e il capo le sparava alla nuca. La vittima successiva doveva stare lì vicino e gettare il corpo del morto nella fossa, e poco dopo

condivideva la sorte del suo predecessore. Questi giovani ebrei sono così sopraffatti che la loro volontà di resistere è scomparsa; e d'altra parte il terrore dei tedeschi è così atroce che desiderano persino morire per non dover più subire le torture disumane. In uno dei primi giorni di settembre, il capo di Treblinka uccise 500 giovani ebrei in questo modo, sparando uno dopo l'altro con la sua pistola; la cosa sorprendente è che nessuno di questo gruppo di centinaia di uomini cercò di resistere alla morte. L'esecuzione durò dalle 7:30 del mattino alle 15:00 del pomeriggio".

Le scene dell'introduzione delle vittime nelle camere e del processo di esecuzione sono molto simili a quelle di Belzec: abbondano le frustate, i colpi e i pugni, che aumentano in crescendo fino a quando non compare di nuovo la figura del mostro disumano che comandava il campo:

"I singhiozzi e i lamenti delle donne, insieme alle grida e agli insulti dei tedeschi, disturbano il silenzio della foresta. All'ingresso del mattatoio n. 1 c'è il capo in persona con una frusta in mano, che le picchia a sangue freddo. Conduce le donne nelle camere. Il pavimento è scivoloso. Le vittime scivolano e cadono, non possono rialzarsi perché vengono portate nuove vittime che cadono sopra di loro. Il capo getta i bambini piccoli nelle camere sopra le teste delle donne. Quando le camere di esecuzione sono piene, le porte si chiudono ermeticamente e inizia il lento soffocamento delle persone, portato avanti dal vapore emanato dai numerosi condotti delle tubature. All'inizio si sentono delle urla soffocate dall'esterno, che gradualmente cessano di essere udite, e quindici minuti dopo l'esecuzione è completata".

Anche lo spettacolo descritto in relazione all'evacuazione delle camere e alle operazioni di sepoltura differisce poco da quello di Belzec. Qui si dice che i corpi sono diventati una massa omogenea a causa del sudore delle vittime: "In preda alla morte, braccia, gambe e tronchi si intrecciano in un gigantesco, macabro groviglio". Per separare questa accozzaglia di cadaveri e poterli seppellire, è necessario versare acqua fredda sull'accozzaglia di corpi umani.

Infine, il rapporto affermava che il nuovo mattatoio permetteva di liquidare tra le 8.000 e le 10.000 persone al giorno: "Due milioni di ebrei, ovvero la maggior parte degli ebrei polacchi, già sepolti nell'area di Treblinka, sono stati assassinati". Si affermava così che in meno di mezzo anno dieci tedeschi e trenta ucraini, aiutati da ebrei che lavoravano a cottimo prima di essere anch'essi assassinati, avevano sterminato due milioni di persone. La stessa cifra fu annunciata l'8 agosto 1943 *dal New York Times che*, citando come fonte un articolo di un giornale londinese, riportò la notizia con questo titolo: "2.000.000 di omicidi attribuiti ai nazisti. Un giornale polacco a Londra dice che gli ebrei sono stati sterminati nel mattatoio di Treblinka". Il sottotitolo rispondeva al come: "Secondo il rapporto, il vapore viene usato per uccidere uomini, donne e bambini in un luogo nel bosco". Il giornale polacco a Londra era il *Polish Labor Fights*, che il 7 agosto 1943 aveva pubblicato il rapporto del 15 novembre 1942 di cui abbiamo parlato.

Questo rapporto fu la madre di tutti i rapporti, poiché la maggior parte di quelli successivi si basarono su di esso. Con l'ingresso dei sovietici a Treblinka nell'agosto 1944, fu condotta un'indagine militare di tipo forense sul terreno del campo e cominciarono a presentarsi testimoni e sopravvissuti. Ben presto fu formata una commissione d'inchiesta polacco-sovietica, che già il 15 settembre 1944 pubblicò un rapporto sui risultati delle sue scoperte, che vi risparmiamo di commentare per non perdere altro tempo. Citeremo solo alcuni testimoni, poiché due di loro, Jankiel Wiernik e Samuel Rajzman, divennero fonti essenziali per Raul Hilberg e Yitzhak Arad, i due storici affermati dell'Olocausto.

Alla fine del 1945, il giudice Zdzislaw Lukaszkiewicz conduceva gli interrogatori della Commissione d'inchiesta sui crimini tedeschi in Polonia. A quel tempo, la confusione era ancora in atto: vapore, aria aspirata, prodotti chimici, tubi di scarico... Nel 1946, Lukaszkiewicz scrisse un lungo articolo in polacco intitolato *Il campo di sterminio di Treblinka*, in cui basava tutte le prove sulle dichiarazioni di tredici ebrei. Tra questi vi erano i nomi di Samuel Rajzman e dell'ineffabile Jankiel Wiernik, autore del famoso *Un anno a Treblinka*. Wiernik è citato anche come Jakob Wernik a Norimberga.

Nel gennaio 1946, Rachel Auerbach, membro della Commissione storica ebraica che non era stata a Treblinka, pubblicò in yiddish un libro basato sui racconti dei prigionieri, in cui non era chiaro quale fosse il metodo di sterminio. Nel 1979 Alexander Donat, un altro ebreo sopravvissuto ai campi di concentramento e fondatore della Holocaust Library Publications di New York, pubblicò il lavoro di Auerbach in inglese con il titolo *In the Fields of Treblinka*. Nel suo libro, Rachel Auerbach criticò Vassili Grossman, che nel 1945 aveva pubblicato *L'inferno di Treblinka*, un esempio di spazzatura propagandistica, in cui il numero di morti nel campo era stimato in 3.000.000. Secondo Auerbah, non c'era bisogno di esagerare, perché il numero delle vittime era solo 1.047.000.

Nel 1946 Samuel Rajzman non era ancora in grado di specificare il funzionamento delle presunte camere a gas. Il 27 febbraio 1946 apparve come testimone a Norimberga e fece riferimento alle camere a gas, ma non riuscì a descriverne la struttura o il tipo di gas che provocava la morte. Nello stesso anno Rajzman scrisse un rapporto di otto pagine in polacco, "Il mio soggiorno a Treblinka", in cui affermava, senza spiegare il metodo, che a Treblinka venivano uccise 25.000 persone al giorno. Le vittime, secondo Rajzman, venivano dipinte come un gregge di pecore che correvano l'una sull'altra per entrare nel mattatoio: "Mentre camminavano nudi verso le camere a gas, i tedeschi li picchiavano molto forte; molti morivano solo per i colpi. Tutti spingevano per entrare velocemente nella camera a gas perché gli ucraini e i tedeschi picchiavano con estrema violenza. Tutti si precipitavano in avanti. Il luogo era completamente ricoperto di sangue.

Anche il monossido di carbonio è un must per Treblinka.

Come a Belzec, dove inizialmente fu diffusa la storia allucinante delle correnti elettriche, ma alla fine fu adottata la tesi del monossido di carbonio, anche a Treblinka prevalse questa versione. Alcuni storici ammettono che il metodo degli scarichi dei motori diesel come mezzo di sterminio di oltre 1,5 milioni di ebrei è poco credibile, ma si rifiutano di concordare con i revisionisti e disprezzano i racconti di testimoni dubbi al servizio della propaganda.

L'idea dei tubi di scarico introdotti nelle camere senza la specificazione del tipo di motore che produceva il gas fu ripresa da Jankiel Wiernik, che dichiarò di essere stato a Treblinka dal 23 agosto 1942 al 2 agosto 1943, giorno della rivolta dei prigionieri. Nel maggio 1944, sulla base del testo madre del novembre 1942, pubblicò un rapporto in polacco su Treblinka, che fu inviato a Londra, dove fu tradotto in inglese prima di arrivare negli Stati Uniti, dove fu pubblicato nello stesso anno. Nel dicembre 1944 fu stampato anche in Palestina. Dopo aver confermato che dieci camere furono aggiunte alle tre iniziali, Wiernik fornisce a alcuni dettagli sulle nuove strutture. Da *Treblinka: Campo di sterminio o campo di transito*, segue un estratto significativo:

> "I nuovi lavori di costruzione tra il campo n. 1 e il campo n. 2, a cui stavo lavorando, sono stati terminati in pochissimo tempo. Si scoprì che stavamo costruendo dieci camere aggiuntive più spaziose di quelle vecchie, 7 metri per 7 o circa 50 metri quadrati. In una camera a gas potevano essere stipate tra le 1.000 e le 1.200 persone. L'edificio è stato progettato secondo il sistema dei corridoi, con cinque camere su ogni lato. Ogni camera aveva due porte, una che conduceva al corridoio e attraverso la quale entravano le vittime; l'altra che conduceva all'esterno e veniva utilizzata per l'evacuazione dei corpi.... Sul frontespizio della facciata c'era una stella di Davide rivolta verso la campagna, in modo che l'edificio sembrasse una vecchia sinagoga...
> Il motore che generava il gas nelle camere era difettoso, così le vittime indifese dovevano soffrire per ore prima di morire.... Quando le camere venivano aperte, molte vittime erano morte solo a metà e dovevano essere finite con i calci dei fucili, le pallottole o i calci.

La differenza più significativa rispetto al rapporto del 15 novembre 1942 è che Wiernik sostituì le camere a vapore con le camere a gas. Il fatto che il testo di Wiernik fosse incluso nel rapporto ufficiale sui crimini tedeschi inviato dal governo polacco al Tribunale di Norimberga, il documento

USSR-93 presentato dai sovietici, ha fatto sì che il procuratore sovietico, il colonnello L. N. Smirnov, lo citasse il 25 febbraio 1946. Tuttavia, il rapporto del governo polacco non affermava che il metodo di sterminio era costituito dai fumi emanati dal tubo di scappamento di un motore, come aveva suggerito Wiernik. Infatti, nella seduta del 19 febbraio 1946 Smirnov lesse il passaggio del testo del governo polacco che affermava ancora che l'elettrocuzione era il metodo di sterminio a Belzec: "Con il pretesto di portare le persone al bagno, i condannati venivano spogliati e portati in un edificio dove il pavimento era elettrificato in modo speciale; lì venivano uccisi.

Il giudice Lukaszkiewicz, che condusse gli interrogatori, fu tra i primi a rendersi conto che il metodo dell'omicidio di massa mediante l'introduzione di vapore nelle camere era del tutto incredibile. Già nel suo rapporto del 29 dicembre 1945 scartò i metodi più ridicoli riferiti dai testimoni e mantenne solo quello che riteneva più fattibile, cioè i gas prodotti da un motore. Con la comparsa del Rapporto Gerstein, che parlava di un motore diesel, gli storici si aggrapparono a questo metodo di sterminio, che alla fine prevalse anche a Treblinka. Gerald Reitlinger, autore di *Die Endlösung (La soluzione finale)* nel 1956, ammise che "era difficile capire come le persone potessero essere sterminate con il vapore". Come discusso nelle sezioni su Belzec, il Rapporto Gerstein ribaltò il rapporto del governo polacco, che parlava di correnti elettriche per Belzec e di camere a vapore per Treblinka, e divenne la prova definitiva per la storiografia ufficiale, che adottò la versione dei fumi dei motori diesel come metodo di sterminio per tutti e tre i campi.

Il 24 dicembre 1947 Eliyahu Rosenberg, basandosi in parte sulle dichiarazioni di Gerstein, scrisse "Tatsachenbericht. Das Todeslager Treblinka" (Rapporto sui fatti. Il campo di sterminio di Treblinka), in cui viene fornita la versione dei gas di scarico diesel come metodo di sterminio. Carlo Mattogno sottolinea che questo testo di Rosenberg, tuttavia, è rimasto negli archivi fino a quando non è stato utilizzato nel processo Demjanjuk nel 1987. Mattogno aggiunge che nel 1951 Leon Poliakov si basò sul Rapporto Gerstein per scrivere in *Harvest of Hate*: "C'è poco da aggiungere a questa descrizione, che si applica sia a Treblinka e Sobibor che a Belzec. Le strutture erano costruite più o meno allo stesso modo e utilizzavano i fumi del monossido di carbonio dei motori diesel come agente di morte". Qualche anno dopo, anche Reitlinger indicò questo metodo di sterminio per tutti e tre i campi. Pertanto, la versione del monossido di carbonio aveva già acquisito lo status di fatto storico certo quando Raul Hilberg e Yitzhak Arad scrissero le loro opere.

Dobbiamo dedicare qualche riga a *The Diesel Gas Chambers: Ideal for Torture - Absurd for Murder* di Friedrich Paul Berg, un eccellente studio di trentacinque pagine che occupa un capitolo di *Dissecting the Holocaust*, il compendio di Germar Rudolf delle migliori ricerche revisioniste[9]. Fritz Berg, ingegnere automobilistico, espone nel suo lavoro l'irrazionale e incoerente assurdità della scelta del monossido di carbonio come metodo di esecuzione di massa. Poiché i nazisti non erano stupidi, e i loro detrattori sono i primi ad ammettere che non lo erano, non avrebbero mai scelto un metodo così folle per liquidare i loro nemici. Se fosse vero, come sostiene la storiografia ufficiale, che lo sterminio degli ebrei era uno degli obiettivi fondamentali del Terzo Reich, una politica di Stato, è logico pensare che sarebbe stato accuratamente pianificato e che sarebbe stato trovato un modo sicuro ed efficace. Lo studio di Fritz Berg dimostra che il metodo scelto è assurdo come cercare di prendere le mosche con le fionde.

Berg sostiene che se i tedeschi avessero voluto davvero utilizzare i tubi di scarico di un motore per la gassazione di massa, si sarebbero certamente rivolti a un motore a benzina, poiché produce più monossido di carbonio e molto meno ossigeno. Questo ingegnere concentrò il suo lavoro sui due tipi di motori diesel esistenti all'epoca e scelse, naturalmente, quello i cui gas contenevano la più alta percentuale di monossido di carbonio (CO). Al minimo, questo motore produceva circa lo 0,03% di CO, mentre ad alti regimi le emissioni aumentavano allo 0,4%. Secondo le leggi della tossicologia, una persona esposta a questa concentrazione di monossido di carbonio impiegherebbe quasi sessanta minuti per morire, a patto che il motore diesel possa essere tenuto a pieno regime per un'ora. Inoltre, un motore diesel genera una grande quantità di aria in eccesso, ovvero il 18% di ossigeno al regime minimo (l'aria che respiriamo contiene il 21% di ossigeno e il 78% di azoto). Al contrario, i gas emessi da un motore a benzina contengono il 7% di monossido di carbonio e l'1% di ossigeno. Fritz Berg sottolinea che con un'opportuna modifica del carburatore, un motore a benzina può aumentare il suo contenuto di CO fino al 12%.

Nella sua parafrasi dello studio di Fritz Berg, Carlo Mattogno sottolinea che durante la guerra la carenza di benzina era uno dei principali problemi dei tedeschi. Per ovviare a questo problema, tutti i veicoli diesel dovevano essere equipaggiati per legge con generatori che producevano gas dal carbone o dalla legna. Questo gas generato conteneva fino al 35% di CO. Berg sottolinea che centinaia di migliaia di questi generatori veramente velenosi funzionavano in Germania e nei territori occupati e che questa tecnologia, che sarebbe stata più efficiente, era allora ben nota ai politici tedeschi. "È assurdo credere", scrive Berg, "che qualcuno con un minimo di conoscenze tecniche abbia cercato di usare i fumi di un motore diesel per uccidere, quando il generatore di gas stesso era mille volte più letale!".

---

[9] I lettori interessati a leggere l'articolo completo possono accedervi attraverso il *Journal of Historical Review*, che lo ha pubblicato in PDF. In *Treblinka: Extermination Camp or Transit Camp*, Jürgen Graf e Carlo Mattogno dedicano alcune pagine a commentare l'impeccabile lavoro di Fritz Berg.

Treblinka, un campo da favola in cui tutto è possibile

Quando i sovietici arrivarono a Treblinka, effettuarono indagini ed esami forensi a Treblinka I e Treblinka II tra il 15 e il 23 agosto 1944. Dopo aver riesumato diverse centinaia di cadaveri, fu pubblicato un rapporto che concludeva che nel campo erano stati sterminati tre milioni di esseri umani. Samuel Rajzman, la cui testimonianza del 27 febbraio 1946 davanti al Tribunale di Norimberga varrebbe la pena di essere riprodotta se ne avessimo lo spazio, fu in grado di dettagliare alla commissione d'inchiesta già nel settembre 1944 il numero esatto e la nazionalità delle vittime. Secondo questo testimone, sfrontato come Jankiel Wiernik, c'erano gruppi clandestini che effettuavano una ricerca approfondita dei contingenti di ebrei che arrivavano al campo da diversi Paesi d'Europa. Questi i resoconti della lattaia di Rajzman: dalla Germania arrivarono 120.000 ebrei, di cui 40.000 austriaci; dalla Polonia, 1.500.000; dalla Cecoslovacchia, 100.000; dalla Russia, 1.000.000; dalla Bulgaria e dalla Grecia, 15.000.... Non ci soffermeremo quindi a commentare o confutare queste cifre impossibili.

Vale la pena di riflettere sul fatto che i tedeschi, oltre a scegliere il metodo più inadeguato e inefficace per compiere questo gigantesco massacro, non avevano nemmeno pensato di costruire i forni crematori per smaltire centinaia di migliaia o milioni di cadaveri. Si può credere che i tedeschi abbiano costruito un campo di sterminio senza rendersi conto di questa perentoria necessità? Come è possibile che ci fossero crematori in campi di concentramento come Mauthausen, Dachau, Buchenwald, Sachsenhausen, Rabensbrück e tanti altri, ma non a Treblinka, che si sostiene essere un "campo di sterminio puro"? Secondo Arad, solo l'astuto Himmler si rese conto dell'errore di pianificazione nel 1943:

> "Durante la sua visita al campo alla fine di febbraio o all'inizio di marzo del 1943, Himmler fu sorpreso di scoprire che a Treblinka i corpi di circa 700.000 ebrei uccisi non erano ancora stati bruciati. Il fatto che la cremazione sia iniziata subito dopo questa visita suggerisce che fu Himmler, molto sensibile all'eliminazione dei crimini commessi dalla Germania nazista, a ordinare personalmente la cremazione dei corpi. Nell'area di sterminio del campo fu costruito un luogo apposito.

Lo stesso Yitzhak Arad racconta come sono stati collocati i corpi una volta gettati nelle fosse:

> "I corpi sono stati disposti in file per la sepoltura. Per risparmiare spazio, venivano collocati con i piedi sulle teste. Ogni testa si trovava tra i piedi di altri due corpi e ogni paio di piedi tra due teste. Tra gli strati di corpi è stata sparsa sabbia o candeggina. Circa metà della squadra di sepoltura lavorava all'interno delle fosse posizionando i corpi e contemporaneamente l'altra metà copriva gli strati di corpi con la sabbia.

Quando la fossa era piena, veniva ricoperta di terra e veniva aperta un'altra fossa.

Sebbene Hilberg indichi un numero di vittime pari a 750.000 e altri sterminazionisti pari a 800.000, l'*Enciclopedia dell'Olocausto* e gran parte della storiografia ufficiale insistono sul fatto che a Treblinka furono seppelliti tra gli 860.000 e gli 870.000 corpi prima di essere inceneriti. Pertanto, se questo è vero, in quattro o cinque mesi, tra il marzo e il luglio del 1943, questo numero favoloso di cadaveri in decomposizione fu dissotterrato, arrostito su grandi griglie, le ossa frantumate e le ceneri riseppellite. Sul compito titanico di polverizzare decine di milioni di ossa, Raul Hilberg scrive a malapena un paragrafo in *La distruzione degli ebrei europei*, la sua opera monumentale di mille trecento pagine in tre volumi. Yitzhak Arad, invece, si sofferma un po' di più a descrivere le operazioni. Leggiamo la sua versione:

> "Il rogo dei corpi avveniva giorno e notte. I corpi venivano trasportati e disposti sulle grandi griglie durante il giorno e quando arrivava la notte venivano incendiati e bruciati per tutta la notte. Quando il fuoco veniva spento c'erano solo scheletri o ossa sparsi sulle griglie e mucchi di cenere sotto di esse. Un'altra squadra speciale di prigionieri, nota come "colonna di cenere" (Aschkolonne), aveva il compito di raccogliere la cenere e di rimuovere i resti di ossa carbonizzate dalle griglie e di metterli su fogli di alluminio. Per rompere le ossa in piccoli frammenti si usavano bastoni di legno rotondi. Questi venivano poi filtrati attraverso una griglia metallica. I frammenti di ossa che non passavano attraverso la griglia venivano separati per essere nuovamente frantumati. Le ossa non sufficientemente bruciate e non frammentate venivano rimesse sul fuoco e bruciate di nuovo insieme a nuovi mucchi di corpi".

Nei ventisette video di *One Third of the Holocaust* prodotti dal CODOH (Committee for Open Debate on the Holocaust), due di essi, il n. 23, di circa sei minuti, e il n. 24, di oltre sette minuti, sono dedicati all'esame delle reali possibilità di cremazione dei corpi e di frantumazione degli scheletri. Nel farlo, vengono seguite alla lettera le indicazioni dei testimoni riportate dalla storiografia ufficiale. Arad descrive che le rotaie ferroviarie poggiavano su basi di cemento alte 70 centimetri. Gli investigatori del CODOH posizionano quindi un grosso cosciotto di agnello su una griglia elevata a quell'altezza dal suolo, riempiono lo spazio con tronchi fino all'altezza della griglia, circa ventuno chili di legna da ardere, cospargono di benzina la carne e i tronchi e danno fuoco. Dopo trenta minuti, la catasta di legna è diminuita e si è creato uno spazio tra la griglia e il fuoco, che non raggiunge più completamente la carne, che viene bruciata solo nella parte inferiore. Dopo un'ora di cottura, la legna è quasi consumata e solo la brace brucia a mezzo metro dalla carne. La parte inferiore del cosciotto d'agnello è annerita, ma tagliando la parte superiore con un coltello si vede che è cruda. Poiché le condizioni non erano ottimali: la giornata era ventosa e le fiamme non avevano un buon effetto sulla griglia, si è deciso di aspettare l'imbiancatura, avvenuta di notte. L'operazione è poi proseguita in assenza di vento e con quarantadue chili di legna, il doppio, posizionati non solo sotto la griglia, ma anche sui lati. Inoltre, si continua ad alimentare il fuoco con altri venti chili di ceppi, in modo che il fuoco avvolga definitivamente la gamba. Centoventi minuti dopo, quindi tre ore in totale, la carne è finalmente carbonizzata. In India, dove la cremazione dei cadaveri è comune, i corpi vengono posti direttamente sulla legna, in modo che si abbassino man mano che la legna si consuma e siano sempre a contatto con il fuoco e le braci ardenti.

Il video seguente è stato girato il giorno successivo. La gamba fredda e carbonizzata viene posta su una lastra di metallo e schiacciata con mazze di legno simili a quelle descritte da Arad. Le ossa si rompono facilmente, fino a quando la parte più interna della gamba mostra un bel pezzo di carne che non riesce a diventare cenere e si appiattisce mentre riceve gli impatti del martello. Gli autori del video ci invitano poi a riflettere sulle condizioni in cui sarebbero state effettuate le cremazioni a Treblinka, dove le fiamme non potevano attraversare i corpi ammassati in enormi cumuli di oltre tremila cadaveri per mancanza d'aria.

D'altra parte, quanto tempo ci vorrebbe per polverizzare manualmente 860.000 scheletri? Nel favoloso campo di Treblinka, trenta ucraini e dieci tedeschi erano in grado di dirigere e controllare i prigionieri ebrei che, in poco più di quattro mesi e prima di essere uccisi, non solo frantumavano le ossa delle vittime, ma avevano il tempo sufficiente per eseguire con grande competenza tutte le colossali operazioni sopra descritte. Tra l'ottobre 1964 e il settembre 1965, il processo di Treblinka si tenne a Düsseldorf. In quella sede ci si deve essere resi conto che la versione dei trenta ucraini e dei dieci tedeschi non era credibile, per cui nel verdetto si stabilì che i tedeschi erano quaranta e gli ucraini centoventi.

La maggior parte delle implausibilità considerate nel caso di Belzec si ripresentano a Treblinka. Le domande sono le stesse: Quante fosse erano necessarie per seppellire così tanti corpi e quanto dovevano essere grandi; dove erano situate nel campo; quante griglie c'erano; quanti cadaveri vi furono bruciati e come furono collocati; da dove proveniva la legna, come arrivava al campo e quanta ne serviva; quanta cenere avrebbe prodotto la combustione, ecc.... Tutte queste questioni sono trattate da Jürgen Graf e Carlo Mattogno e anche da Arnulf Neumaier, al quale questi due autori dedicano il loro indispensabile libro su Treblinka. *L'Olocausto* di *Treblinka* di Neumaier è considerato una pietra miliare nella ricerca scientifica sul famigerato "campo di sterminio", motivo per cui Germar Rudolf lo pubblica integralmente in *Dissecting the Holocaust*. I lettori interessati a saperne di più troveranno queste monografie su Treblinka a loro disposizione. Noi ci limiteremo a fornire una breve panoramica di queste questioni, poiché l'obiettivo del nostro lavoro è più generale e non possiamo permetterci di fare altrimenti.

Nel 1965, la Corte d'Assise (Corte di Cassazione) di Düsseldorf dovette ammettere nel suo verdetto che il numero e le dimensioni delle tombe non potevano essere stabiliti perché le versioni differivano l'una dall'altra. Tuttavia, ha concluso che si poteva accettare che ci fossero circa 80.000 corpi in ogni tomba. In ogni caso, Eliyahu Rosenberg ha fornito dettagli precisi e ha affermato che le tombe erano lunghe 120 metri per 15 metri di larghezza e profonde 6 metri. Secondo i calcoli dei ricercatori, ognuna di queste tombe gigantesche avrebbe contenuto 79.200 cadaveri prima di essere cremati, il che richiederebbe undici fosse comuni di queste dimensioni, che occuperebbero un'area di 19.200 metri quadrati. L'area totale di Treblinka II era di 14.000 metri quadrati. Poiché i ricercatori non hanno lasciato nulla di intentato nel lavoro sopra citato, noteremo di sfuggita che lo scavo di undici fosse di queste dimensioni avrebbe prodotto 118.800 metri cubi di terra, sufficienti a coprire l'intera area del campo con uno strato alto un metro.

Molto è stato scritto sui problemi enormemente complessi della cremazione di 860.000 corpi su griglie, ma non possiamo fare a meno di commentare alcune assurdità. Konnilyn G. Feig, storico ebreo di origine americana, sostiene che gli organizzatori del massacro decisero di portare al campo un "esperto" di nome Herbert Floss, che ebbe l'idea geniale di erigere quattro pilastri di cemento alti 76 centimetri per formare "un rettangolo di 19 metri di lunghezza per 1 metro di larghezza", che fu chiamato "girarrosto" dai prigionieri, secondo Feig, che aggiunge che un testimone ha dichiarato che le primitive griglie potevano contenere 2.600 corpi. Feig afferma che Floss scoprì che "i corpi vecchi bruciavano meglio di quelli nuovi, quelli grassi meglio di quelli magri, le donne meglio degli uomini e i bambini non bene come le donne, ma meglio degli uomini". Pertanto, sulla base di questa scoperta antologica, Floss ordinò che i corpi delle donne grasse fossero allineati alla base della griglia e i cadaveri continuarono a essere collocati secondo questi criteri. Considerando che i cadaveri erano stati precedentemente dissotterrati e che il fetore della decomposizione doveva essere insopportabile, è difficile capire come si sia potuto perdere tempo in queste sciocchezze. Carlo Mattogno commenta: "L'idea che Himmler, che aveva a disposizione i migliori ingegneri e tecnici nel campo della cremazione - come quelli delle ditte J. A. Topf & Söhme (Erfurt) Hans Bori (Berlino) e Didier Werke (Berlino), che avevano fornito i forni crematori a tutti i campi di concentramento tedeschi, mandasse a Treblinka un signor nessuno chiamato Herbert Floss, è incomprensibile".

Secondo Jankiel Wiernik, la cui testimonianza è stata ampiamente esaminata dal tribunale di Düsseldorf, sui pilastri di cemento c'erano due griglie su cui erano posati cinque o sei binari lunghi da 25 a 30 metri. La versione ufficiale che ha prevalso specifica che le due griglie erano lunghe 30 metri per 3 metri di larghezza. Si suppone che la cremazione abbia avuto luogo dall'inizio di aprile alla fine di luglio del 1943, così che in 122 giorni furono cremati teoricamente 860.000 corpi, il che equivale a bruciare 7.000 corpi al giorno tra le due griglie. In *Un anno a Treblinka*, Wiernìk condisce opportunamente lo spettacolo con idee fantasiose sulla malvagità intrinseca dei carnefici, che dipinge come un esercito di ubriachi: "I tedeschi", scrive, "se ne stavano in giro con sorrisi satanici sul volto, traboccanti di soddisfazione per le loro folli azioni, brindando con liquori di prima scelta, mangiando e divertendosi intorno al calore del fuoco".

Il 27 novembre 1986 è stato pubblicato *sulla Schenectady Gazette* di New York un articolo di Arnulf Neumaier, secondo il quale in India erano necessarie 6.433 tonnellate di legno al giorno per la cremazione di 21.000 cadaveri, il che equivale a 306 chili per corpo. Va notato che nelle cerimonie funebri indiane i corpi giacciono singolarmente sul legno, come già detto, in modo che la ventilazione e le altre condizioni per la cremazione siano adeguate. In *Treblinka: campo di sterminio o campo di transito*, Carlo Mattogno presenta il risultato dei suoi calcoli. Decide di fare la stima sulla base di un corpo del peso di 45 chili, che richiederebbe circa 160 chili di legna. Di conseguenza, per incenerire 3.500 corpi, la metà dei 7.000 ipoteticamente bruciati ogni giorno, sarebbero necessari 560.000 chili di legna. Tuttavia, in base alle dimensioni dello spazio sotto il barbecue, solo 30.780 chilogrammi di legna potrebbero entrarvi, il che equivarrebbe a 8,8 chilogrammi per corpo. In altre parole, invece di mangiare, bere e godersi il calore del fuoco, si sarebbe dovuta svolgere un'attività costante per alimentare il fuoco, il che avrebbe richiesto di avvicinarsi a un gigantesco falò: secondo i testimoni, la pila di corpi allineati a strati sulle griglie raggiungeva un'altezza di oltre otto metri, anche se uno di loro, Szyja Warszawski, specifica che raggiungeva un'altezza di sedici metri. Non spiega, ovviamente, come siano riusciti a posizionare i cadaveri in cima al cumulo. In breve, ci sarebbero voluti 139.200.000 chili di legna per incenerire 860.000 corpi del peso di 45 chili. Le ceneri accumulate ammonterebbero a 13.000 tonnellate, che occuperebbero un volume di 36.500 metri cubi.

Come nel caso di Belzec, le fotografie aeree scattate tra maggio e novembre 1944 nell'area di Treblinka mostrano che non c'è stato alcun disboscamento: a nord e a est è apparsa una fitta foresta di 100 ettari, di cui un ettaro all'interno del campo stesso. Oggi i dintorni di Treblinka sono circondati da abeti rossi. Si pone la stessa domanda che ci siamo posti a proposito di Belzec: come faceva l'amministrazione del campo a procurarsi le 139.200 tonnellate di legna necessarie per incenerire i cadaveri? I testimoni affermano che esisteva un "Holzfällerkommando" che abbatteva le foreste per fornire la legna necessaria alle cremazioni, ma per ottenere le tonnellate richieste si sarebbero dovuti abbattere 278 ettari di foresta.

Secondo la storiografia ufficiale, solo dopo la presunta visita di Himmler a Treblinka nel marzo 1943 si decise che i corpi dovevano essere dissotterrati e bruciati. Si deve quindi ritenere che solo in seguito la fornitura di legna divenne una necessità. Richard Glazar afferma in *Trappola con recinto verde* (1995) che l'"'Holzfällerkommando" era composto da venticinque uomini. Se ciò fosse vero, due dozzine di uomini avrebbero abbattuto e trasportato sul campo più di mille tonnellate di legname al giorno. Quindi vediamo che a un'impossibilità segue un'altra impossibilità.

Purtroppo, nonostante tutte le prove tecniche e scientifiche, le corti di giustizia si sono comportate come la storiografia ufficiale, in quanto tutte le loro sentenze si sono basate sulle testimonianze dei sopravvissuti. Nei numerosi processi ai "criminali nazisti" in Germania, nonostante la mancanza di documenti e prove materiali, si è dato per scontato che milioni di persone fossero state gassate perché testimoni e imputati lo avevano testimoniato. Tra le testimonianze di coloro che si dichiararono colpevoli, abbiamo già commentato quella del famoso Kurt Gerstein, e più avanti avremo occasione di parlare di Rudolf Höss. Davanti al tribunale di Düsseldorf su Treblinka, come nei processi di Norimberga, la dinamica degli avvocati era quella di consigliare ai loro imputati di riconoscere i fatti narrati dai testimoni e di dichiararsi obbedienti agli ordini dei loro superiori, ai quali doveva essere delegata ogni responsabilità. Nella sezione dedicata a Belzec abbiamo visto il caso di Josef Oberhauser, che, nonostante fosse stato giudicato colpevole di aver contribuito all'omicidio di massa di 300.000 persone, fu condannato a soli quattro anni e mezzo di carcere a causa del suo atteggiamento collaborativo. Nei processi del campo, gli imputati hanno generalmente seguito le istruzioni degli avvocati e hanno ammesso senza eccezioni la loro partecipazione all'omicidio di uomini, donne e bambini ebrei su scala industriale. Sapevano che se non lo avessero fatto, se avessero continuato a negare ostinatamente ciò che era stato chiesto loro di ratificare, avrebbero potuto aspettarsi solo pene più severe, compresa la pena di morte.

Il processo a John Demjanjuk a Gerusalemme

Un esempio dell'inaffidabilità dei testimoni è il processo a Gerusalemme tra il 1987 e il 1988 di John Demjanjuk, che diversi sopravvissuti hanno identificato come "Ivan il Terribile". Lo Stato sionista era riuscito nel febbraio 1986 a far sì che gli Stati Uniti gli togliessero la cittadinanza americana e lo estradassero in Israele. Durante i quattordici mesi del processo, Treblinka divenne il centro dell'attenzione mondiale. Accettando le testimonianze come prove, il tribunale israeliano, composto dai giudici Dov Levin, Zvi A. Tal e Dalia Dorner, ha stabilito che Demjanjuk ha gestito le camere a gas che hanno ucciso più di 850.000 ebrei tra il luglio 1942 e l'agosto 1943 e lo ha condannato a morte nell'aprile 1988.

Grazie al contributo del dottor Miroslav Dragan, Jürgen Graf e Carlo Mattogno hanno avuto accesso al documento della sentenza del "Caso penale 373/86, Stato di Israele contro Ivan (John) Demjanjuk". I testimoni lo hanno descritto come un essere brutale che si divertiva a torturare le vittime. Uno di loro, Pinchas Epstein, lo ha riconosciuto come l'uomo che azionava il motore. Secondo Epstein, quando le camere a gas venivano svuotate, Demjanjuk appariva e si comportava così:

> "A volte si presentava con un pugnale, a volte con una baionetta e spaccava crani, tagliava orecchie, brutalizzava i prigionieri, è assolutamente incredibile, incredibile. Si metteva accanto ai corpi e li guardava. Voglio dire, onorevole Corte, è stato orribile guardare i corpi mentre venivano portati fuori dalle camere. Persone con i volti distrutti, persone con ferite da coltello, donne incinte con ferite nella pancia, donne con i feti appesi, giovani ragazze con ferite da taglio nei seni, con gli occhi cavati fuori.... Era lì in piedi a contemplare i risultati di ciò che aveva fatto.... Stava lì a godersi la scena.... Era sempre vicino a me, a pochi metri di distanza... Era sempre vicino a me, a pochi metri di distanza... Adescava i prigionieri, tagliava un naso, feriva qualcuno alla testa... Quasi un milione di esseri umani, anime, sono stati massacrati, bambini, vecchi, neonati... Perché erano ebrei. Questo Ivan era un mostro di un altro pianeta".

Anche Eliyahu Rosenberg ha identificato Demjanjuk come il Satana di Treblinka. Anche la sua dichiarazione è inclusa nel verdetto del tribunale di Gerusalemme. Rosenberg ha detto di averlo visto ogni giorno quando lavorava sulla rampa e arrivavano nuovi carichi di ebrei da sterminare. Come Pinchas Epstein, anche questo testimone attribuisce a Demjanjuk atti bestiali, ma aggiunge che li commetteva anche quando i prigionieri entravano nelle camere: "... ho visto anche che aveva un coltello, l'ho visto con questi strumenti distruttivi e come picchiava, puniva, tagliava le vittime all'ingresso delle camere a gas". Nel suo desiderio di denigrare il più possibile il presunto Ivan il Terribile, Rosenberg ha riferito alla corte quanto segue:

> "Ero sulla rampa, avevamo portato via i corpi dalle camere a gas. Ivan uscì dalla sua cabina. Ha visto che ero lì, il posto era pieno di corpi, mi ha detto.... tirati giù i pantaloni... sdraiati con loro... Ho capito subito... Lefler (uno degli uomini delle SS) era lì in piedi. Era in piedi e guardava. Corsi da lui e dissi in tedesco: 'Ivan vuole che faccia sesso con una donna morta'. Poi si girò verso di lui e lo rimproverò. Ivan mi ha detto (in russo): "Te la restituisco". Me l'ha restituita e ha trovato l'occasione".

Carlo Mattogno e Jürgen Graf riproducono ancora la testimonianza di un terzo testimone, Yehiel Reichmann, che, secondo il verdetto, ha rilasciato la seguente dichiarazione al tribunale di Gerusalemme:

> "Voglio raccontare quello che è successo con il mio amico Finkelstein vicino al pozzo. Mentre mi stavo ancora lavando i denti con lui, con Finkelstein, è arrivato questo Ashmadai (diavolo) Ivan con una macchina perforatrice per scavare buchi. Fece girare il trapano sulle natiche di Finkelstein e gli disse: "Se urli ti uccido".... Ferì Finkelstein, che sanguinava e soffriva molto, un dolore intenso, ma non gli fu permesso di urlare, perché Ivan gli aveva dato un ordine: "se urli, ti uccido".... Ivan era un diavolo, il super-annichilatore di Treblinka".

Quarantacinque anni dopo gli eventi processuali, le autorità sioniste intendevano trasformare il processo Demjanjuk in una rievocazione in stile hollywoodiano per impressionare il mondo in generale e la popolazione di Israele in particolare. Inizialmente si pensava di tenere il processo in uno stadio di calcio. Quando ci si rese conto che l'aspetto di processo-spettacolo sarebbe stato troppo evidente, si scelse un teatro come sede. Tutto si risolse, però, in un fiasco monumentale, un completo fallimento per lo Stato sionista di Israele.

Dopo la sentenza di condanna a morte, la famiglia di John Demjanjuk, ucraino di nascita che aveva acquisito la cittadinanza statunitense, riuscì a scoprire prove soppresse dai sovietici. Grazie alle nuove prove, è emerso chiaramente che il presunto "Ivan il Terribile" era in realtà un altro ucraino di nome Ivan Marchenko (o Marczenko). Così, la testimonianza dei cinque sopravvissuti che avevano identificato senza ombra di dubbio Demjanjuk come il sadico criminale di massa di Treblinka fu screditata. Yoram Sheftel, uno degli avvocati, fece appello e la corte non ebbe altra scelta che ammettere che John Demjanjuk non era il mostro che gli spergiuri avevano descritto. Alla fine del 1988 Sheftel fu aggredito da un criminale che gli gettò dell'acido in faccia con una bottiglia spray. Pochi giorni dopo questa aggressione, un altro avvocato di Demjanjuk, Dov Eitan, rimase ucciso cadendo da un grattacielo. Tuttavia, nel settembre 1993 Demjanjuk riuscì finalmente a tornare negli Stati Uniti. Non ricevette mai un solo dollaro di risarcimento per l'indicibile ingiustizia subita. Nel 2002, invece, l'ottantaduenne Demjanjuk ha dovuto affrontare ulteriori persecuzioni per il suo servizio a Sobibor, Majdanek e Flossenbürg. Forse ci sarà occasione di scrivere qualche riga su questo argomento più avanti.

Indagine su Treblinka con il GPR (Ground Penetrating Radar)

Nell'ottobre 1999, un'équipe australiana guidata dall'ingegnere elettronico Richard Krege ha condotto sei giorni di ricerche sul sito di Treblinka. I ricercatori hanno lavorato sotto gli auspici dell'Adelaide Institute, un think tank revisionista presieduto dal dottor Frederick Töben, che nel 1999 è stato imprigionato per sette mesi in Germania per aver messo in dubbio l'Olocausto. I ricercatori di hanno utilizzato un radar di penetrazione del terreno (GPR) da 80.000 dollari, che invia segnali visibili al monitor di un computer. Il dispositivo, utilizzato da geologi, archeologi e forze dell'ordine in tutto il mondo, rileva qualsiasi disturbo su larga scala nella struttura del terreno a una profondità di quattro o cinque metri e talvolta può arrivare fino a dieci metri. Il team di Krege ha anche effettuato dei fori con una trivella per prelevare campioni di terreno.

Treblinka II è stata esaminata: i luoghi in cui gli sterminatori hanno collocato le fosse comuni e anche i dintorni dell'area. Non sono state trovate tracce significative che indichino che centinaia di migliaia di corpi siano stati sepolti lì o segni che la terra sia stata smossa. Inoltre, il team di Krege non ha trovato tracce di resti ossei, ceneri umane o legno. Con queste scansioni", ha detto Krege, "siamo stati in grado di identificare strati stratigrafici orizzontali chiaramente indisturbati, meglio noti come orizzonti, nel terreno sotto il campo". Krege ha sottolineato che in precedenti scansioni in fosse e altri luoghi in cui si è verificato un disturbo del suolo, come cave o scavi, era perfettamente identificabile se gli strati naturali del suolo mancavano o erano stati massicciamente disturbati. I processi geologici avvengono normalmente molto lentamente e i disturbi della struttura del suolo sarebbero stati individuati anche dopo sessant'anni. Il lavoro del team australiano suggerisce quindi che a Treblinka non ci sono mai state grandi fosse comuni. Personalmente", ha commentato Krege, "non credo affatto che qui ci sia stato un campo di sterminio.

Nel gennaio 2000, Krege tenne una conferenza a Melbourne e presentò i risultati della sua ricerca. L'ingegnere chiese che una commissione sponsorizzata dalle Nazioni Unite si recasse a Treblinka con un GPR e avviasse un'indagine scientifica per individuare eventuali omissioni nei suoi risultati, ma non ci fu alcuna risposta. Richard Krege, tuttavia, riconobbe a Jürgen Graf che i dati erano incompleti e suggerì di intraprendere ulteriori ricerche. Fu così che Graf, un poliglotta in grado di parlare quindici lingue che nel 1998 era stato condannato a 15 mesi di carcere da un tribunale della sua Svizzera, propose a Krege di lavorare insieme.

Poiché il costoso GPR era stato noleggiato solo per quindici giorni, Graf riuscì a raccogliere da amici e sponsor il denaro necessario per la manutenzione dell'aereo. Il 21 agosto 2000, Graf, Mattogno e Krege si incontrarono a Cracovia. Quest'ultimo dovette tornare in Italia per motivi familiari, quindi solo Krege e Graf si recarono nei presunti campi di sterminio. Lo stesso Jürgen Graf racconta il viaggio in un articolo pubblicato nel 2004. Krege voleva confrontare le sue ricerche su Treblinka con lo studio di un luogo in cui erano state scavate fosse comuni, così lui e Graf si recarono ad Auschwitz-Birkenau, dove nell'estate del 1942 circa 20.000 persone erano morte a causa di una terribile epidemia di tifo.. Questo enorme numero di morti costrinse il campo a chiudere e portò alla costruzione di altri crematori ad Auschwitz. Poiché quelli esistenti erano del tutto inadeguati, la maggior parte dei cadaveri fu sepolta in fosse comuni, ben visibili nelle fotografie aeree scattate dagli Alleati. I due investigatori non ebbero problemi a localizzare una delle fosse con il GPR e Krege e la sua squadra lavorarono per due giorni. Il secondo sito è stato Belzec, dove Krege ha potuto lavorare in condizioni ideali per giorni senza essere disturbato, poiché non c'è un museo e poche persone visitano il sito. La stazione successiva fu Sobibor, dove c'è un museo all'ingresso del campo. Lì i dipendenti hanno chiesto un permesso, che avrebbero dovuto ottenere a Varsavia, così hanno rinunciato e hanno proseguito il viaggio verso Treblinka. Hanno alloggiato in un cottage vicino alla cittadina di Ostrow, nei pressi di Treblinka. Per diversi giorni Krege lavorò instancabilmente controllando ogni metro quadrato dell'area delle presunte fosse comuni. Poiché arrivavano continuamente autobus con turisti dell'Olocausto (spesso israeliani)", racconta Graf, "ero sempre in tensione. Fortunatamente, l'operosità del mio compagno non ha destato sospetti tra i pellegrini dell'Olocausto e abbiamo lasciato Treblinka senza incidenti".

Una volta raggiunti gli obiettivi, Krege è tornato in patria passando per la Germania, mentre Graf si è recato a Lviv, in Ucraina, dove ha lavorato per diversi giorni nell'archivio della città, per poi raggiungere Mosca, dove ora vive in esilio. Richard Krege ha presentato i primi risultati della sua ricerca, esposti su diapositive, in due conferenze: la prima nel giugno 2001 a Washington e la seconda nel gennaio 2002 a Mosca. Mentre le scansioni di Auschwitz-Birkenau mostravano l'evidenza di massicci sbancamenti di terra che dimostravano che un tempo c'era stata una fossa comune, non è stata trovata alcuna traccia di disturbi significativi né a Belzec né a Treblinka. Come al solito, nessuno dei principali media ha fornito la minima informazione sui contributi dei ricercatori revisionisti.

Sobibór

Jürgen Graf, Thomas Kues e Carlo Mattogno hanno pubblicato nel 2010 *Sobibór: Holocaust Propaganda and Reality*, un'opera definitiva di oltre 400 pagine su questo terzo campo del cosiddetto "Einsatz Reinhard" (Operazione o Azione Reinhard). I lettori di lingua inglese interessati a saperne di più possono rivolgersi a quest'opera, disponibile online in formato PDF, in quanto è la fonte principale per le pagine che seguono, che, ancora una volta, dovranno essere scarse. Molto di quanto abbiamo scritto su Belzec e Treblinka vale anche per questo campo, un ulteriore esempio della falsificazione della realtà che è stata mantenuta contro ogni probabilità.

L'*Enciclopedia dell'Olocausto* afferma che il campo di sterminio era situato vicino alla stazione ferroviaria del villaggio di Sobibór, nella parte orientale del distretto di Lublino. Costruito nel marzo 1942, aveva la forma di un rettangolo di 400 x 600 metri ed era controllato, come di consueto, da circa 20 membri del personale tedesco delle SS e da circa 100 ucraini. Secondo questa fonte, il campo era composto da tre zone: amministrazione (Campo I), accoglienza (Campo II) e sterminio (Campo III). In questa terza parte si trovavano le camere a gas, le fosse comuni e le baracche per i prigionieri ebrei che vi lavoravano. Queste camere, costruite all'interno di un edificio in mattoni, erano quadrate e misuravano 4 x 4, cioè 16 metri quadrati, in cui venivano messe tra le 160 e le 180 persone. Il monossido di carbonio veniva prodotto da un motore da 200 cavalli in un capannone vicino, dal quale il tubo di scarico veniva immesso nelle camere a gas.

L'*Enciclopedia dell'Olocausto* riporta che le vittime furono ingannate: fu detto loro che erano arrivate in un campo di transito dal quale sarebbero passate ai campi di lavoro dopo la disinfezione dei loro corpi e dei loro vestiti. Gli uomini venivano separati dalle donne e dai bambini. Dopo aver ordinato loro di spogliarsi e di consegnare i propri effetti personali, sono stati indirizzati alle camere a gas, che sembravano essere delle docce. Secondo questa fonte, circa 500 persone sono entrate nelle camere e, come al solito, sono state picchiate, minacciate, sgridate.... In trenta minuti erano tutti morti. Poi si è proceduto come negli altri due campi: le camere sono state svuotate, i denti d'oro sono stati rimossi, ecc. e i corpi sono stati sepolti. Tutto questo avveniva in due o tre ore, durante le quali i treni di venti vagoni, dopo essere stati puliti, erano partiti alla ricerca di altri ebrei e stavano già entrando di nuovo nel campo con una nuova partita di vittime da sterminare.

I predicatori dell'Olocausto stabiliscono due fasi di sterminio a Sobibór. Durante la prima, dall'inizio di maggio alla fine di luglio 1942, sarebbero stati uccisi circa 100.000 ebrei. Ci fu una pausa nelle uccisioni e in agosto e settembre le camere a gas furono ampliate per poter uccidere di più e meglio. La seconda fase durò dall'ottobre 1942 al giugno 1943 e furono gassati altri 150.000 ebrei. Anche in questo caso, i cadaveri della prima fase furono dissotterrati e la cremazione iniziò alla fine di settembre 1942. Il 14 ottobre 1943 si verificò una rivolta che permise a circa 400 prigionieri di fuggire. Alla fine del 1943, il campo fu rialzato e l'area fu arata e coltivata. Nel 1987, Hollywood ha prodotto un film di propaganda, *Scape from Sobibor*, diretto da Jack Gold. Il protagonista, Alexander Aronovitch Pechersky, "Sasha", fu interpretato dal vincitore del Golden Globe Rutger Hauer.

Questa è la breve sintesi della versione ufficiale, formulata dai testimoni e dalle sentenze dei tribunali che hanno accettato le testimonianze come prove inconfutabili. Esiste tuttavia un documento ufficiale, una direttiva segreta del Reichsführer-SS Heinrich Himmler emanata il 5 luglio 1943, che recita: "Il campo di transito di Sobibór nel distretto di Lublino sarà trasformato in un campo di lavoro. Nel campo di concentramento sarà installata un'unità per lo smantellamento degli armamenti catturati al nemico". Mattogno, Kues e Graf, dalla cui opera proviene la citazione, avvertono che la letteratura sull'Olocausto distorce regolarmente il contenuto di questa direttiva e citano come esempio l'*Enciclopedia dell'Olocausto*, che recita: "Il 5 luglio 1943 Himmler ordinò la chiusura di Sobibór come campo di sterminio e la sua trasformazione in campo di concentramento". È chiaro, quindi, che gli storici ufficiali dell'Olocausto hanno avuto conoscenza del documento di Himmler e lo hanno deliberatamente manipolato per distorcere la realtà. È un fatto innegabile che nell'istruzione segreta Himmler usi l'espressione sostantiva "Durchgangslager" (campo di transito): che bisogno ne aveva se si rivolgeva esclusivamente ai suoi subordinati che non poteva e non intendeva ingannare? Il testo completo di Himmler, inviato all'SS-WVHA, SS-Wirtschafts-Verwaltungshauptamt (Dipartimento principale economico e amministrativo), e a sette sezioni delle SS, può essere letto nel lavoro degli autori revisionisti:

> "Il campo di transito di Sobibór, nel distretto di Lublino, sarà trasformato in un campo di lavoro. Nel campo sarà installata un'unità per lo smantellamento degli armamenti catturati al nemico.
> 2. Tutti gli alti comandanti della polizia e delle SS devono consegnare lì le munizioni del nemico, nella misura in cui non sono necessarie per l'artiglieria catturata al nemico.
> 3. Tutti i metalli, ma soprattutto le polveri esplosive, devono essere riciclati in modo prudente.
> 4. Contemporaneamente, verrà costruito un sito di produzione per i nostri lanciatori multipli e/o per altre munizioni".

Alla fine, la conversione in campo di concentramento non ebbe luogo. Il 15 luglio 1943, Oswald Pohl, capo del Dipartimento di Amministrazione Economica delle SS, consigliò a Himmler di abbandonare l'idea di convertire il campo di transito di Sobibór in un campo di concentramento, poiché lo smantellamento delle armi catturate al nemico poteva essere effettuato senza la necessità di tale misura. Pertanto, anche Pohl si riferì a Sobibór come a un campo di transito:

> "Reichsführer!
> Secondo le sue precedenti direttive, il campo di transito di Sobibór, nel distretto di Lublino, deve essere trasformato in un campo di concentramento.
> Ne ho discusso con il SS-Gruppenführer Globocnik. Entrambi proponiamo di abbandonare questa conversione, poiché lo scopo previsto, cioè la creazione a Sobibór di un impianto per la disattivazione

delle munizioni nemiche, può essere raggiunto senza questa conversione...".

È documentato che Himmler visitò Sobibór due volte, il 19 luglio 1942 e nel marzo 1943. Una lettera di Odilo Globocnick, capo delle SS e della polizia nel distretto di Lublino, al SS-Gruppenführer Maximilian von Herff registra la visita di marzo, durante la quale Himmler ispezionò Sobibór e approvò la promozione di alcuni ufficiali. Gli storici ortodossi sostengono, come sempre sulla base di testimonianze, che durante questa seconda visita Himmler assistette personalmente alla gassazione di circa 300-500 ragazze ebree, fatte venire da Lublino per l'occasione e uccise in suo onore.

Le prime informazioni su Sobibór come campo di sterminio iniziarono a essere fabbricate nel luglio 1942. Il 23 dicembre dello stesso anno ci fu un rapporto ufficiale del governo polacco in esilio che alludeva allo sterminio degli ebrei tramite gassazione, senza però specificarne il metodo. Nei primi mesi del 1943 la stampa clandestina polacca continuò a pubblicare notizie su Sobibór. Il 1° aprile 1943, ad esempio, il quotidiano *Informacja Biezaca* parlò di Sobibór come di un "campo di sterminio" in cui arrivavano trasporti di ebrei dalla Francia e dall'Olanda che, si diceva, "erano convinti di andare a lavorare nelle fabbriche dell'industria bellica". Il 14 marzo", aggiungono gli informatori, "gli ebrei olandesi furono accolti a Sobibór da un'orchestra; il giorno dopo, nessuno di loro era ancora vivo". L'affermazione che i tedeschi si permettessero il lusso di ricevere i deportati con un'orchestra prima di liquidarli è, ovviamente, un espediente ridicolo. È curioso, tuttavia, notare come ai propagandisti piacesse introdurre dettagli assurdi di questo tipo nelle loro storie.

Poiché le falsità e le incongruenze narrate nelle sezioni su Belzec e Treblinka si ripetono con poche variazioni, non ha senso ripeterle nuovamente. In sostanza, i testimoni hanno detto che le strutture di disinfezione erano le camere a gas. Pechersky, l'eroe di *Scape from Sobibor*, ha dichiarato che le camere sembravano bagni: "A prima vista, tutto sembrava come dovrebbe essere un bagno, rubinetti per acqua calda e fredda, docce per lavarsi". Mikhail A. Razgonayev testimoniò nel 1948 che "a tutti veniva data una saponetta". Secondo un altro testimone di nome Feldhendler, "il bagno era organizzato come se fosse davvero un luogo per lavarsi (rubinetti nelle docce, un'atmosfera piacevole)". In altre parole, mentre nel 1943 la popolazione tedesca soffriva di ogni tipo di privazione, mancava di beni di consumo essenziali e lottava disperatamente per la sopravvivenza, i nazisti sprecavano tempo e risorse: soldati, treni, carburante, ecc. per inviare gli ebrei a est e ucciderli a migliaia di chilometri di distanza. Lì, nel governo generale polacco, i tedeschi misero in scena uno spettacolo grottesco: si permisero il lusso di accoglierli con un'orchestra, di consegnare loro saponette e di metterli in belle docce con rubinetti d'acqua calda, che si rivelarono essere camere a gas. Tutto questo per sterminarli definitivamente con il metodo più inefficiente e insicuro che avevano a disposizione.

Nonostante la nostra intenzione iniziale di non soffermarci troppo a lungo su Sobibór, non possiamo resistere alla tentazione di citare un estratto del libro di Jules Shelvis, che riproduce l'arringa che i deportati udirono al loro arrivo a Sobibór, poiché tutto indica che, sebbene egli rifiuti di ammetterlo, era esattamente ciò che sarebbe accaduto. La prima edizione del libro di Shelvis è stata pubblicata nel 1993 in olandese con il titolo *Vernietiginskamp Sobibór* (*Campo di sterminio di Sobibór*). Nel 1998 è stato tradotto in tedesco e nel 2007 è stata pubblicata un'edizione in inglese. Come parte di un gruppo di 3.006 ebrei olandesi, Shelvis, sua moglie Rachel e altri parenti furono deportati nel campo il 1° giugno 1943. Il merito del suo libro è quello di essere ben documentato, con la citazione di fonti ufficiali e un'abbondante bibliografia. In tutte le edizioni, Jules Shelvis aveva accettato la cifra ufficiale di 250.000 ebrei gasati; tuttavia, nel 2008 è apparsa una nuova edizione olandese in cui riconosce che solo 170.000 ebrei furono deportati a Sobibór, riducendo così di 80.000 unità il numero delle presunte vittime. Mentre autori come la sionista Miriam Novitch raccontano le solite menzogne del genere: i tedeschi urinavano in bocca ai prigionieri, facevano a pezzi i corpi dei neonati e altre barbarie del genere, Shelvis si limita a registrare le percosse delle SS agli ebrei quando non lavoravano bene. Nel capitolo intitolato "Arrivo e selezione", riprodotto da Mattogno, Kues e Graf, dal cui lavoro lo abbiamo tratto, Shelvis scrive il seguente testo:

> "Il processo successivo all'arrivo dei trasporti al campo divenne presto una routine. [...] Dopo aver lasciato le baracche di smistamento, gli uomini venivano separati dalle donne e indirizzati verso l'area di svestizione del Lager (campo) 2; le donne verso un'altra parte del campo. A meno che non fosse già stato fatto sulla piattaforma, questo era il momento in cui un uomo delle SS faceva un breve discorso. Di solito - fino al suo trasferimento a Treblinka - era tenuto dall'Oberscharführer Hermann Michel. Soprannominato "il dottore" dagli Arbeitshäftlinge (prigionieri lavoratori) per la sua abitudine di indossare un camice bianco, pronunciava il suo discorso in tedesco rapido [...] Le parole di Michel seguivano questo schema: "In tempo di guerra tutti dobbiamo lavorare. Sarete portati in un luogo dove potrete prosperare. I bambini e gli anziani non dovranno lavorare, ma saranno comunque ben nutriti. Dovete tenervi puliti. A causa delle condizioni in cui avete viaggiato, con tanti di voi in ogni carrozza, è opportuno che prendiamo misure igieniche precauzionali. Per questo motivo presto dovrete spogliarvi e fare una doccia. I vostri vestiti e i vostri bagagli saranno messi via. Dovete mettere i vostri vestiti in una pila ordinata e le vostre scarpe, abbinate e legate insieme. Dovete metterli davanti a voi. Gli oggetti di valore come oro, denaro e orologi devono essere consegnati allo sportello. Dovete ricordare attentamente il numero che vi ha dato l'uomo dietro lo sportello,

in modo da poter recuperare più facilmente i vostri beni in seguito. Se dopo la doccia vi vengono trovati addosso oggetti di valore, sarete puniti. Non è necessario portare con sé asciugamano e sapone: tutto vi sarà dato. Ci sarà un asciugamano ogni due persone". [...]
Michel era così convinto mentre pronunciava il suo discorso, anche se stava ingannando le vittime, che gli Arbeitshäflinge lo soprannominarono "il predicatore". A volte faceva credere loro che il campo era un campo di transito, che il viaggio verso l'Ucraina era solo una questione di tempo e che agli ebrei sarebbe stata persino concessa l'autonomia. Altre volte diceva loro che sarebbero andati tutti a Riga".

Secondo Shelvis, poco dopo la gente avrebbe marciato credulamente verso le camere a gas. In altre parole, questa tiritera dimostrerebbe ancora una volta che i tedeschi erano maestri nell'arte della rappresentazione e che curavano la loro messa in scena fin nei minimi dettagli per nascondere alle loro vittime l'intenzione di sterminarle: orchestre di benvenuto, discorsi di incoraggiamento, saponi, asciugamani, docce calde e, infine, monossido di carbonio. Anche a Sobibór, tuttavia, ci si dovette affidare in ultima istanza alla versione del Rapporto Gerstein, poiché i testimoni, come al solito, non erano d'accordo nel raccontare il metodo di sterminio tramite gas. Il rapporto su Treblinka del 15 novembre 1942, ricevuto dal governo polacco a Londra nel gennaio 1943, faceva riferimento a tre camere a vapore. Secondo questo documento, "il vapore era generato da una grande vasca. Il vapore caldo veniva immesso nelle camere attraverso tubi installati lì, ognuno dei quali aveva un numero preciso di condotti". Questa descrizione si adatta chiaramente a un impianto di disinfezione a vapore. Anche un difensore dell'Olocausto come Jean-Claude Pressac ammette che a Belzec, così come a Treblinka e Sobibór, esistevano impianti di disinfezione a scopo di igiene preventiva e di lotta contro il tifo. Sembra che questi impianti siano stati descritti dai propagandisti come camere a gas, ma poiché non era plausibile che il vapore di una specie di sauna potesse sterminare centinaia di migliaia di ebrei, prevalse la versione di Gerstein e dei motori diesel.

Graf, Kues e Mattogno dedicano una parte significativa del loro lavoro su Sobibór, circa settanta pagine, all'analisi delle indagini forensi effettuate sul campo. Un'équipe guidata da Andrzej Kola, lo stesso professore polacco che aveva precedentemente condotto gli scavi a Belzec, ha intrapreso nel 2000 una ricerca archeologica, con l'obiettivo di localizzare le fosse comuni del Campo III e di redigere un rapporto adeguato in memoria delle vittime. L'obiettivo era anche quello di individuare i reperti da esporre successivamente nel museo allestito a Sobibór. Naturalmente, anche l'ubicazione delle tanto chiacchierate camere a gas era uno degli obiettivi. Gli scavi sono proseguiti per tutto il 2001.

Secondo l'*Enciclopedia dell'Olocausto*, i 100.000 ebrei eliminati nella prima fase dello sterminio furono riesumati e alla fine di settembre 1942 iniziarono i lavori di cremazione dei loro cadaveri. Tuttavia, nelle sette fosse comuni scoperte e descritte da Kola nei suoi rapporti, oltre ai resti dei corpi cremati, furono trovati corpi saponificati che non erano stati bruciati. Kola notò anche che il campo si trovava in una zona paludosa. Sul bordo occidentale, scoprì un vecchio fosso di scarico vicino al quale emergeva una palude. Durante l'esame del Campo III, gli archeologi hanno scoperto un pozzo non lontano dalle fosse che erano state riempite di sabbia. Durante lo scavo, è stata trovata acqua freatica a una profondità di 3,60 metri, e quando ha raggiunto i cinque metri di profondità è stato necessario fermarlo a causa del costante afflusso di acqua. Una mappa di Sobibór mostra che il campo si trovava in un luogo in cui, oltre a diverse aree paludose, c'erano una mezza dozzina di laghi in un raggio di meno di tre chilometri. Il lago Spilno, situato un chilometro a ovest, aveva un'altitudine di 164 metri. Il fiume Bug, invece, si trovava a 2,5 chilometri a est. La stessa linea ferroviaria di Sobibór si trovava a un'altitudine di 167 metri e i binari attraversavano una zona paludosa. Il tribunale di Hagen, dove il processo di Sobibór si svolse tra il 1965 e il 1966, stabilì nel suo verdetto che nell'estate del 1942,

> "... A causa del caldo, i cadaveri venivano spinti verso l'alto nelle tombe già piene e i liquidi dei cadaveri attiravano i vermi, provocando un odore terribile nell'area del campo. Inoltre, il comandante del campo temeva che l'acqua potabile, proveniente dai pozzi del campo, fosse contaminata".

Il pericolo di contaminazione delle acque sotterranee a causa della decomposizione dei corpi fu proprio il motivo per cui le autorità del campo decisero di esumare i cadaveri e cremarli. Poiché i tedeschi visitarono più volte l'area di Sobibór prima di iniziare la costruzione del campo, non c'è dubbio che conoscessero le caratteristiche geologiche della zona. È logico sostenere, quindi, che se lo avessero voluto come campo di sterminio, non lo avrebbero costruito senza crematori, sapendo che il terreno non permetteva sepolture di massa. Se non avevano previsto la cremazione dei morti, doveva essere perché non prevedevano che in quel luogo si sarebbero verificati tassi di mortalità più alti del normale.

Kues, Graf e Mattogno procedono a esaminare i risultati degli scavi di Kola, che non possono confermare le affermazioni degli storici ufficiali, attraverso calcoli rigorosi, estenuanti per il lettore, che tengono conto di tutti i parametri possibili. I tre revisionisti rifiutano assolutamente la possibilità di trarre dal lavoro del professor Kola la conclusione che Sobibór fosse un campo di sterminio. Tuttavia, poiché un nuovo team di archeologi guidato da Isaac Gilead e Yoram Haimi dell'Università Ben Gurion e da Wojciech Mazurek del Polish Underground Archaeological Survey ha iniziato nuove ricerche nell'ottobre 2007, i tre revisionisti commentano anche questi ultimi studi archeologici in *Sobibor Holocaust Propaganda and Reality*.

Nel 2009, la rivista americana di storia contemporanea *Present Pasts* ha pubblicato un articolo di trenta pagine di Gilead e Mazurek, di cui meno di dodici dedicate a Sobibór. L'articolo riconosce che anche loro non sono riusciti a trovare la presunta camera a gas che il team di Kola non era riuscito a individuare. Nel loro articolo, invece di fornire prove scientifiche, Gilead e Mazurek citano Hilberg e Arad e scrivono vergognosamente quanto segue: "Oltre a queste fonti, le prove sono costituite anche dai racconti orali dei sopravvissuti e dei criminali delle SS che lavoravano nei centri di sterminio e commettevano gli omicidi". Pertanto, lo sterminio degli ebrei in generale, e lo sterminio degli ebrei a Sobibór e in altri centri, è una verità storica consolidata che non ha bisogno di essere dimostrata da scavi archeologici". Ci sembra che i commenti siano superflui, poiché una simile argomentazione scredita completamente questi "scienziati".

Quante persone sono morte e sono state sepolte a Sobibór? Questa è la domanda posta da Mattogno, Kues e Graf. La difficoltà di quantificare le prove forensi e la mancanza di documentazione sul numero di deportati impediscono una risposta esatta. Nel 2000-2001 e nel 2007-2008, gli archeologi non hanno scavato le tombe in profondità né hanno fornito una stima del numero di resti umani, il che è significativo. Tuttavia, dopo aver esaminato le scoperte del professor Kola sulle tombe di Sobibór, i revisionisti stabiliscono tre categorie di morti nella loro ricerca di una risposta. Nella prima collocano coloro che sono morti per varie malattie o epidemie, come il tifo, e i prigionieri giustiziati per tentativi di fuga e altre violazioni delle regole del campo. Tra questi figurano i circa 400 che furono fucilati dopo essere stati ricatturati in seguito all'evasione di massa dell'ottobre 1943. In totale, circa 1.000 persone. Nella seconda categoria rientrano i deportati morti durante il viaggio, poiché le condizioni in cui viaggiavano gli ebrei provenienti dalla Francia e dai Paesi Bassi, circa 38.000, erano pessime, se non addirittura disumane. Su un totale di 170.000 deportati, si può stimare che circa il 3% sia morto sui treni per malattie, disidratazione e altre cause. Il calcolo dà quindi altre 5.000 vittime. Inoltre, Mattogno, Kues e Graf riconoscono che circa 3.500 persone furono sottoposte a eutanasia a Sobibor: moribondi, malati mentali, prigionieri gravemente malati e altri affetti da malattie contagiose. A questi, accettando la cifra calcolata dagli storici polacchi, aggiungono altri 1.000 pazienti non ebrei provenienti dagli ospedali psichiatrici di Lublino, che sarebbero stati anch'essi sottoposti a eutanasia. Il numero totale di morti nelle tre categorie ammonterebbe a circa 10.500 persone.

Dal momento che *Outlawed History* è un manuale che copre circa duecentocinquant'anni di storia contemporanea, è d'obbligo concludere queste pagine dedicate ai campi della cosiddetta Azione Reinhard, dal nome di Reinhard Heydrich, assassinato il 4 giugno 1942. Heydrich, come è noto, aveva presieduto la Conferenza di Wannsee nel gennaio 1942 ed era stato a capo della Gestapo e dell'Ufficio principale della sicurezza del Reich. La storiografia ufficiale ha stabilito che "Einsatz Reinhard" era un nome in codice destinato a camuffare l'omicidio di massa degli ebrei nei tre campi che abbiamo studiato. Tuttavia, tutti gli storici dell'Olocausto insistono sul fatto che il campo di sterminio principale fosse Auschwitz.

PARTE 4
AUSCHWITZ

Auschwitz, in Alta Slesia, vicino a Cracovia, aveva una popolazione di circa 13.000.000 di abitanti nel 1939. Nel maggio 1940 vi fu fondato il campo di concentramento che sarebbe passato alla storia come il più grande centro di sterminio della Germania nazista. Auschwitz era situato in una posizione ideale perché disponeva di buone strutture di trasporto e tre fiumi, la Vistola, la Premsza e la Sola, scorrevano nelle vicinanze. Si trovava inoltre a sud dei campi di carbone della Slesia, nella regione mineraria di Katowice. Il famigerato Rudolf Höss fu nominato comandante. Höss, che era stato imprigionato tra il 1923 e il 1928 per aver partecipato all'omicidio di un comunista, aveva sperimentato la durezza della vita carceraria ed era quindi sensibile alle esigenze di vitto e alloggio dei prigionieri.

Il 20 maggio 1940, il campo fu aperto sulla base di caserme in mattoni dell'esercito polacco. I primi prigionieri furono circa 700 criminali polacchi di Tarnów. Per i primi due anni, Auschwitz fu utilizzato principalmente per internare i polacchi, sebbene ospitasse anche prigionieri tedeschi. Nel 1941 iniziò la costruzione di Birkenau (Auschwitz II), situato a ovest della città, a circa tre chilometri dal campo principale. Nell'autunno del 1941, con un aspetto deplorevole a causa delle lunghe marce, cominciarono ad arrivare prigionieri di guerra sovietici che furono impiegati nella costruzione di Birkenau, che sarebbe stata completata nell'aprile del 1942. Il 16 novembre 1941 si decise di costruire Monowitz (Auschwitz III), a poco meno di cinque chilometri a est della città. Anche i prigionieri sovietici furono impiegati nella costruzione di questa terza enclave, che iniziò a funzionare nel maggio 1942 e divenne un enorme complesso industriale, il più grande di tutti i campi di lavoro. Da quel momento Auschwitz I divenne il centro amministrativo di un complesso i cui campi principali erano Birkenau e Monowitz, sebbene ci fosse anche un gran numero di campi più piccoli nel raggio di quaranta chilometri, anch'essi amministrati da Auschwitz I. Auschwitz divenne così il più grande insieme di campi del sistema tedesco dei campi di concentramento. Fu a metà del 1942 che gli ebrei, che venivano deportati verso est, divennero l'elemento principale di questi campi.

Quando testimoni onesti stabilirono che a Dachau e Bergen-Belsen non c'erano camere a gas, l'attenzione dell'opinione pubblica cominciò a spostarsi sui campi dell'est: Belzec, Treblinka, Sobibór e, soprattutto, Auschwitz. Poiché questi campi rimanevano nell'Europa comunista, non c'era modo di confrontarsi con la veridicità delle affermazioni di chi diffondeva le notizie sulle camere a gas. Ci vollero dieci anni prima che i sovietici permettessero finalmente di visitare il presunto campo di sterminio di Auschwitz. Durante questi dieci anni ci fu abbastanza tempo per modificarne l'aspetto in modo da rendere credibile l'affermazione che quattro milioni di persone erano state sterminate lì. Questa era la cifra sensazionale annunciata dai sovietici dopo aver controllato il campo. All'epoca, nel bel mezzo dei processi di Norimberga, si cercava di attribuire il massacro di Katyn ai tedeschi.

Come discusso nella sezione precedente, le testimonianze sui campi di sterminio in Polonia sono state raccolte dopo la guerra da commissioni d'inchiesta ufficiali polacche e dalla Commissione storica centrale ebraica della Polonia. Il presunto omicidio di massa di milioni di ebrei ebbe luogo ad Auschwitz-Birkenau tra il maggio 1942 e l'ottobre 1944. Se si considera la cifra di 4.000.000 riportata sulla lapide commemorativa quando Giovanni Paolo II visitò il sito nel giugno 1979, i tedeschi devono aver eliminato più di 130.000 persone al mese, il che equivale a circa 4.400 al giorno. Se la cifra di 1.500.000, incontrata da Benedetto XVI nel maggio 2006, dovesse essere presa per buona, si sarebbero dovuti liquidare 50.000 detenuti al mese. Inoltre, lo stesso Gerald Reitlinger riconosce in *The SS: Alibi of a Nation* che tra il maggio 1940 e il febbraio 1945 ci furono solo 363.000 detenuti registrati ad Auschwitz. Nonostante questa constatazione, tuttavia, Reitlinger sostiene che il campo era attrezzato per sterminare 6.000 persone al giorno. Ci sono state esagerazioni ancora più grottesche e palesi, come quelle dell'ebrea ungherese Olga Lengyel, che nel suo libro *Cinque camini* (1959) afferma di essere stata detenuta ad Auschwitz e che venivano inceneriti non meno di 729 cadaveri all'ora. Aggiunge che 8.000 persone venivano bruciate ogni giorno nelle "fosse della morte".

Considerando che Auschwitz era sede di un importantissimo complesso industriale che produceva ogni tipo di materiale per l'industria bellica, è incomprensibile che i prigionieri, che costituivano la forza lavoro essenziale per mantenere la necessaria attività produttiva, venissero sterminati su base mensile. Ad Auschwitz c'erano fabbriche di gomma sintetica e di derivati del carbone situate nel campo dalla I.G. Farben. Anche la Krupp aveva una fabbrica di armi. Inoltre, c'era una stazione di ricerca agricola con laboratori, vivai e allevamenti. Numerose aziende avevano filiali nel campo e le stesse SS vi avevano le loro fabbriche. Nel marzo 1941 Himmler visitò Auschwitz accompagnato dai direttori della I.G. Farben per verificare la capacità industriale del campo. Fu allora che ordinò di ampliare le strutture per ospitare 100.000 nuovi prigionieri che avrebbero dovuto lavorare come operai per la I.G. Farben. Ciò è ovviamente incompatibile con l'affermazione che ad Auschwitz si perseguisse una politica di sterminio sistematico. Vale anche la pena di considerare che nell'area vivevano lavoratori liberi,. Il numero di prigionieri che lavoravano per la I.G. Farben era inferiore al trenta per cento. Circa il cinquanta per cento della forza lavoro era costituita da stranieri che si erano arruolati volontariamente. I lavoratori tedeschi regolarmente impiegati costituivano il venti per cento della forza lavoro totale.

Tutte le funzioni amministrative delle SS ad Auszchwitz erano centralizzate nel campo principale (Auschwitz I). Queste competenze comprendevano la sorveglianza, l'alimentazione, il vestiario, l'alloggio, la disciplina dei prigionieri, i servizi medici e le attività ricreative: concerti, cabaret, film, gare sportive, bordello.... Per il mantenimento di questi ampi servizi, le aziende che utilizzavano la manodopera dei prigionieri la affittavano alle SS. Come in tutti gli altri campi di concentramento tedeschi, la giornata lavorativa ad Auschwitz era di undici ore per sei giorni alla settimana, anche se in caso di emergenza era possibile lavorare la domenica mattina.

I. G. Farben

Antony C. Sutton osserva in *Wall Street and the Rise of Hitler* che, alla vigilia della Seconda Guerra Mondiale, il complesso chimico tedesco I.G. Farben era la più grande azienda chimica del mondo. Con l'aiuto finanziario di Wall Street, nel 1925 sei grandi aziende chimiche tedesche - Badische Anilin, Bayer, Agfa, Hoechst, Weiler-Ter-Meer e Griesheim-Elektron - si fusero. Nasce così il cartello "Internationale Gesellschaft Farbenindustrie Aktiengesellschaft", meglio conosciuto come I. G. Farben. Il genio organizzativo fu Hermann Schmitz, che vent'anni dopo fu processato a Norimberga e condannato a quattro anni di carcere. I membri delle filiali nordamericane, invece, non furono affatto disturbati.

Nel resoconto dell'ascesa al potere di Hitler è già stato osservato che furono i capitalisti ebrei di Wall Street a finanziare il nazismo. Nel capitolo 8 abbiamo dedicato una quindicina di pagine a scoprire i contatti del futuro Führer tedesco con James Paul Warburg (Sidney Warburg), il figlio di Paul Warburg, l'eminenza grigia che nel 1913 progettò e organizzò il cartello bancario che costituì il Federal Reserve System. L'oppressione criminale imposta al popolo tedesco con l'onere finanziario del debito fu utilizzata dai banchieri di Wall Street, che approfittarono della situazione per fare prestiti redditizi alle grandi imprese tedesche. Nel 1924, questi finanzieri internazionali elaborarono il Piano Dawes, ideato da J. P. Morgan, che fu approvato e sponsorizzato dal governo statunitense. Grazie a questi prestiti furono create e consolidate la I. G. Farben e la Vereinigung Vereinigung. G. Farben e Vereinigte Stahlwerke, un secondo conglomerato di imprese del ferro, dell'acciaio e del carbone.

Nel 1928 il Piano Dawes fu sostituito dal Piano Young, un perfetto stratagemma dei banchieri internazionali per l'invasione della Germania attraverso il capitale finanziario degli Stati Uniti. Va notato che le aziende tedesche con filiali americane eludevano le condizioni del Piano Young attraverso la manovra della proprietà straniera provvisoria. Così, ad esempio, la A. E. G. (Allgemeine Elektricitäts Gesellschaft), affiliata alla General Electric negli Stati Uniti, fu venduta a una società franco-belga ed eluse le condizioni del Piano Young. Vale la pena ricordare che Owen Young era il principale finanziatore di Franklin D. Roosevelt. Dopo l'attuazione del Piano Young, tra i banchieri tedeschi presenti nel Consiglio di Sorveglianza della Farben figurava Max Warburg, il banchiere ebreo di Amburgo fratello di Paul Warburg, che a sua volta, non a caso, era anche nel Consiglio di Amministrazione della I.G. Farben negli Stati Uniti, la filiale americana della Farben di proprietà di capitalisti americani. Tra il 1928 e lo scoppio della Seconda Guerra Mondiale, la I.G. Farben raddoppiò le sue dimensioni, un'espansione resa possibile in gran parte dall'assistenza tecnica americana e dall'emissione di obbligazioni da parte di banche come la National City Bank.

Carrol Quigley spiega in *Tragedia e speranza* che tutte queste operazioni facevano parte di un ambizioso piano di cooperazione internazionale e di alleanze per il dominio globale. Secondo Quigley, l'obiettivo era quello di "creare un sistema mondiale di controllo finanziario, in mani private, capace di dominare il sistema politico di ogni Paese e l'economia del mondo nel suo complesso". Secondo Quigley, il "vertice del sistema" era la "Banca dei regolamenti internazionali", con sede a Basilea. Questa Banca dei Regolamenti Internazionali, scrive Sutton, "è stata durante la Seconda Guerra Mondiale il mezzo con cui i banchieri - che apparentemente non erano in guerra tra loro - hanno continuato a beneficiare dello scambio reciproco di idee, informazioni e piani per il mondo del dopoguerra".

L'importanza di I.G. Farben durante la guerra era legata alla produzione di combustibile sintetico e gomma sintetica dal carbone, già sperimentata dai tedeschi durante la prima guerra mondiale. I tedeschi l'avevano già sperimentata durante la seconda guerra mondiale. All'epoca, la carenza di gomma e di altre risorse causata dal blocco britannico fu un fattore determinante per la capitolazione della Germania. In Europa, solo la Romania disponeva di risorse petrolifere significative, ma non c'era gomma naturale nel Vecchio Continente. Al contrario, il carbone era abbondante in Germania e in altri Paesi europei. Nel tentativo di evitare l'estrema vulnerabilità della Germania alla scarsità di materie prime, i nazisti sovvenzionarono la ricerca scientifica e tecnologica in questo campo e la Germania fu leader in tutti i Paesi in queste aree di conoscenza. Attraverso una tecnica di trattamento del carbone nota come idrogenazione, riuscirono a ottenere petrolio, da cui si poteva produrre un'ampia gamma di prodotti chimici come esplosivi, coloranti, medicinali, ecc. Un altro stato o processo di idrogenazione produceva benzina. Più problematica era la produzione di gomma sintetica, necessaria per i pneumatici di tutti i tipi di veicoli; tuttavia, prima dello scoppio della guerra, si riuscì a risolvere le difficoltà tecniche. Il prodotto ottenuto, particolarmente adatto alla produzione di pneumatici, fu chiamato gomma "Buna-S".

Con l'annessione di gran parte della Polonia nel 1939, in seguito alla spartizione del Paese con l'URSS, la Germania poté contare sulle miniere di carbone dell'Alta Slesia. Naturalmente si decise di sfruttarle immediatamente, e così nacque l'idea di creare un impianto di idrogenazione e produzione di buna ad Auschwitz. I fiumi che scorrevano nella zona garantivano l'abbondanza di acqua e i campi minerari erano vicini. Nel 1941, la I.G. Farben costruì un impianto di produzione di buna nel complesso industriale di Auschwitz, dove venivano prodotte 3.000 tonnellate di buna al mese. I. La I.G. Farben aveva altri tre impianti di produzione di Buna-S in Germania: il primo, con una capacità di 6.000 tonnellate al mese, fu costruito a Schkopau; il secondo si trovava a Hüls e produceva 4.000 tonnellate; un terzo produceva 2.500 tonnellate al mese ed era situato a Ludwigshafen, dove si trovavano il centro di ricerca e la sede centrale. Tuttavia, fu nello stabilimento di Auschwitz che vennero sviluppate le tecniche più moderne e avanzate per la produzione di gomma sintetica.

Con l'entrata in guerra degli Stati Uniti nel dicembre 1941, il Giappone arrivò a controllare la gomma naturale delle Indie Orientali e della regione della Malesia, da cui gli americani si erano riforniti quasi al 100%. Grazie a una serie di accordi di cooperazione tecnica con I.G. Farben, mantenuti fino allo scoppio della guerra con il consenso del governo tedesco, la Standard Oil di John D. Rockefeller, la società madre delle compagnie petrolifere americane, aveva una conoscenza di base del processo di produzione della gomma Buna. La parte americana fu il grande beneficiario di queste concessioni, poiché il profitto per i tedeschi era irrilevante. L'improvvisa inaccessibilità delle fonti di gomma provocò una crisi politica negli Stati Uniti nel 1942. Il governo si accorse immediatamente dell'emergenza e, tre giorni dopo l'attacco a Pearl Harbour, vietò la vendita di pneumatici nuovi per scopi civili e decretò il razionamento della gomma. Da questo momento in poi, era urgente raggiungere la capacità industriale di produrre gomma sintetica. Il 6 agosto 1942, il Presidente Roosevelt nominò una commissione per studiare il problema e formulare raccomandazioni. La commissione fu presieduta da una vecchia conoscenza, l'onnipresente Bernard Baruch, che aveva controllato il War Industries Board durante la Prima Guerra Mondiale, e da qui prese il nome di commissione Baruch. Dopo aver incontrato i rappresentanti della Standard Oil, il 10 settembre il Comitato Baruch pubblicò il suo rapporto finale, sollecitando l'accelerazione del programma di produzione di gomma sintetica e raccomandando di imparare dall'esperienza di altri. All'epoca,, il sito tecnicamente più avanzato per lo sviluppo della Buna era Auschwitz.

Tutto questo è spiegato dettagliatamente da Arthur R. Butz in *The Hoax of the Twentieth Century* ed è rilevante perché Auschwitz, il presunto centro per lo sterminio sistematico degli ebrei, è stato sempre sotto la lente d'ingrandimento dei servizi segreti statunitensi, che necessariamente sapevano cosa stava accadendo nel complesso industriale nel 1942. Inoltre, i servizi segreti militari alleati sapevano per tutta la durata della guerra molto di ciò che accadeva in Germania, poiché lo stesso Wilhelm Canaris, capo dell'Abwehr, il servizio segreto militare, era un traditore, una spia che passava sempre informazioni ai servizi segreti britannici. Se nel 1942 fosse stato avviato un grande programma criminale nel più grande campo tedesco, non c'è dubbio che sarebbe stato scoperto, perché gli americani attribuivano un'importanza strategica alle operazioni di gomma sintetica della I.G. Farben nel complesso industriale di Auschwitz. L'intelligence statunitense aveva scattato numerose fotografie aeree del campo e degli impianti di produzione, aveva stabilito le basi delle operazioni dell'azienda chimica tedesca e stava seguendo con il massimo interesse i processi di idrogenazione e altri processi chimici coinvolti nella produzione di benzina e gomma.

Quando nell'agosto 1942 la Commissione Baruch raccolse informazioni, le fotografie di Auschwitz e delle fabbriche della I.G. Farben arrivarono sicuramente nelle mani dei commissari. Poiché l'impianto di Buna era stato chiuso il 1° agosto, la mancanza di attività e l'aspetto spettrale delle strutture dovettero sorprendere gli Stati Uniti. È probabile che abbiano presto appreso che la chiusura era motivata da una terribile epidemia di tifo. In due mesi morirono migliaia di persone, secondo alcune fonti forse addirittura 20.000, e le attività produttive poterono riprendere solo alla fine di settembre. Fu in questo contesto che le autorità tedesche si resero conto che i crematori del campo erano insufficienti per incenerire rapidamente i cadaveri ed evitare il contagio. Di conseguenza, molte delle vittime furono immediatamente bruciate all'aperto, anche se probabilmente molte dovettero essere temporaneamente sepolte. Ad Auschwitz-Birkenau fu ordinata la costruzione di quindici nuovi forni crematori, che però non furono operativi fino al marzo 1943.

I forni di Birkenau erano situati in edifici contenenti cantine, stanze e altri spazi che gli sterminatori ritenevano essere camere a gas. Le prime affermazioni sullo sterminio degli ebrei ad Auschwitz non provenivano da informazioni di intelligence alleate, ma da travisamenti propagandistici del rabbino Stephen S. Wise, presidente del World Jewish Congress e dell'American Jewish Congress, sostenuti dal Segretario al Tesoro Henry Morgenthau. Il Dipartimento di Stato, d'altra parte, era riluttante ad accettare la favola senza un adeguato controllo incrociato. Si è visto nel capitolo 10, in particolare esaminando il Piano Morgenthau per la Germania, che le divergenze e i disaccordi tra il Dipartimento del Tesoro e quello di Stato aumentarono negli ultimi anni della guerra.

Propaganda delle organizzazioni ebraiche negli Stati Uniti

Nelle pagine dedicate ai campi di transito trasformati in campi di sterminio dalla propaganda, si è visto che il Comitato d'Azione Sionista, il Congresso Ebraico Mondiale e altre organizzazioni ebraiche erano ben radicate in Svizzera, dove venivano pubblicate opere e opuscoli. Da lì fu organizzata gran parte della campagna di propaganda diretta all'Europa e agli Stati Uniti. La prima affermazione sullo sterminio degli ebrei, tuttavia, avvenne a Londra, dove la sezione del World Jewish Congress (WJC) affermò, nel giugno 1942, che un milione di ebrei era stato assassinato in "un grande mattatoio per ebrei" in un luogo non identificato e non localizzato nell'Europa orientale. L'unica prova era costituita dalle informazioni ricevute dal governo polacco in esilio nella capitale inglese. Tuttavia, *il New York Times* raccolse l'informazione e la pubblicò negli Stati Uniti. Si è già detto che nell'agosto 1942 sia il Ministero degli Esteri che il Dipartimento di Guerra Psicologica sapevano che l'intera faccenda era una bufala propagandistica e lo fecero sapere al Primo Ministro Churchill.

L'8 agosto 1942, Gerhart Moritz Riegner e Paul Guggenheim, due rappresentanti del WJC, si servirono dell'ambasciatore americano a Berna, Leland Harrison, e del console a Ginevra, Paul C. Squire, per inviare agli Stati Uniti rapporti su presunte uccisioni di ebrei nell'Europa orientale. Auschwitz, per il momento, non fu collegato ai campi di sterminio. Riegner, che in seguito sarebbe diventato segretario generale del WJC tra il 1965 e il 1983, inviò al rabbino Stephen Wise attraverso i canali diplomatici il cosiddetto "telegramma Riegner", considerato la prima informazione ufficiale sulla presunta pianificazione dell'Olocausto. Il Dipartimento di Stato, che ricevette il testo attraverso l'ambasciata di Berna, inizialmente non acconsentì alla pubblicazione del messaggio, e il sottosegretario di Stato Summer Welles lo comunicò al rabbino Wise, che intendeva diffonderlo immediatamente. Welles sostenne che altri ambasciatori e consoli in Europa dovevano verificare i fatti. In realtà, il Dipartimento di Stato, come il Ministero degli Esteri, non diede credito alle accuse.

Wise dovette acconsentire, poiché la pubblicazione del telegramma senza l'autorizzazione del Dipartimento di Stato sarebbe stata controproducente per gli interessi del WJC. Stephen Wise spiegherà in seguito che, in qualità di presidente del WJC negli Stati Uniti, era in grado di mantenere i contatti con tutte le sue agenzie europee attraverso la rete di comunicazione del Dipartimento di Stato. Zohar Zegev scrive in *The World Jewish Congress during the Holocaust* che "la pubblicazione non autorizzata del telegramma di Riegner, inviato attraverso l'ambasciata di Berna, avrebbe significato che sarebbe stato l'ultimo telegramma inviato in questo modo e avrebbe di fatto posto fine alle operazioni del WJC in Europa". Questa affermazione è chiaramente esagerata, dato l'enorme potere dei sionisti nell'Amministrazione Roosevelt, ma dà un'idea di quali fossero le considerazioni del rabbino Wise. In ogni caso, due giorni dopo, il 10 agosto 1942, il Foreign Office ricevette da Berna le stesse informazioni da S. S. Silverman, presidente della sezione britannica del WJC, e da Gerhart Riegner, segretario del WJC a Ginevra. Il testo del telegramma di Riegner, conservato presso l'Archivio Nazionale del Regno Unito, recita come segue:

"Ho ricevuto la notizia allarmante che, presso il quartier generale del Fuehrer, è stato discusso e si sta valutando un piano secondo il quale tutti gli ebrei dei Paesi occupati e controllati dalla Germania, tra i 3,5 e i 4 milioni, dopo la deportazione e il concentramento all'Est, devono essere sterminati in una sola volta, per risolvere una volta per tutte la questione ebraica in Europa. L'azione sarebbe prevista per l'autunno. I metodi di esecuzione sono ancora in discussione, compreso l'uso dell'acido prussico. Trasmettiamo queste informazioni con la necessaria riserva, poiché non possiamo confermarne l'accuratezza. La nostra fonte ha stretti legami con le più alte autorità tedesche e i suoi rapporti sono generalmente affidabili. Vi preghiamo di informare e consultare New York".

Gerhart Riegner alluse in seguito al fatto che al suo telegramma non fu data credibilità e dichiarò: "Non ho mai provato così profondamente il senso di abbandono, impotenza e solitudine come quando inviai messaggi di disastro e orrore al mondo libero e nessuno mi credette". Dopo questo primo documento ufficiale, si scatenò la campagna che è stata spiegata nelle pagine sui campi del cosiddetto "Einsatz Reinhard", che comprendeva assurdità come: cadaveri usati come fertilizzante, sapone fatto di puro grasso ebraico, colla e lubrificanti ricavati da corpi ebraici, ecc.

Negli Stati Uniti, J. Breckinridge Long, il vice segretario di Stato che sarebbe passato alla storia come uno dei cattivi che non credettero alle bufale della propaganda, era a capo del gruppo del Dipartimento di Stato che resisteva alle pressioni dei rabbini Wise, Morgenthau, Dexter White e dei loro compari del Tesoro. Nell'autunno del 1942, Stephen Wise lanciò una campagna per chiedere che gli Alleati prendessero una posizione pubblica e condannassero il presunto sterminio degli ebrei in Europa. Il 10 ottobre 1942, tuttavia, il Vaticano informò i rappresentanti statunitensi di non essere stato in grado di confermare i presunti massacri. Infine, l'8 dicembre 1942 Wise guidò una delegazione alla Casa Bianca per consegnare al Presidente Roosevelt un documento di venti pagine intitolato *Blueprint for Extermination*. Le pressioni furono fruttate e il 17 dicembre gli Alleati, guidati da Washington, rilasciarono una dichiarazione di condanna dei massacri. Due giorni dopo, una seconda dichiarazione di Washington indicava Belzec e Chelmno, ma Auschwitz non veniva menzionata. Nonostante queste dichiarazioni pubbliche, Breckinridge Long non solo rifiutò di accettare le affermazioni della propaganda, ma cercò di opporsi. Il 21 gennaio 1943 fece firmare a Summer Welles, sottosegretario di Stato, le istruzioni all'ambasciatore a Berna, Leland Harrison, che erano state redatte da lui stesso o da uno dei suoi collaboratori:

"In futuro, i rapporti consegnati a voi per essere trasmessi a persone private negli Stati Uniti non saranno accettati a meno che circostanze straordinarie lo rendano consigliabile. Riteniamo che inviando questi messaggi privati che eludono la censura dei Paesi neutrali rischiamo che questi Paesi neutrali trovino necessario intervenire per limitare o abolire i nostri mezzi segreti di comunicazione ufficiale."

Il Dipartimento del Tesoro di Morgenthau, fedele alla sua abitudine di intromettersi in settori della politica del Dipartimento di Stato che non rientravano nelle sue competenze, non tardò a protestare per l'inoltro di questi ordini all'ambasciatore in Svizzera. Il mese successivo, febbraio 1943, la disputa tra i due Dipartimenti si inasprì quando il Dipartimento di Stato apprese che i sionisti avevano convinto il governo rumeno a trasferire 70.000 ebrei in Palestina su navi rumene che portavano i vessilli del Vaticano. Considerando che questa massiccia migrazione illegale avrebbe potuto provocare una rivolta araba, che avrebbe avuto conseguenze catastrofiche in piena guerra, il Ministero degli Esteri britannico avvertì gli Stati Uniti che, se si fossero portati via dall'Europa così tanti ebrei, si sarebbero dovuti allestire dei campi in Nord Africa per ospitarli. Ciò provocò un nuovo disaccordo tra gli uomini di Morgenthau, convinti sionisti, e il Dipartimento di Stato.

Inoltre, il governo rumeno era stato corrotto con la promessa di pagargli 170.000 dollari. Alla fine del luglio 1943, sia il Dipartimento del Tesoro che il WJC proposero che questa somma fosse rilevata da uomini d'affari rumeni di origine ebraica. Brekinridge Long e i suoi colleghi del Dipartimento di Stato scelsero di opporsi all'operazione e si convinsero ancora di più che le accuse di sterminio erano propaganda di guerra, poiché continuavano a sentire proposte di rimozione dall'Europa di persone che si supponeva fossero state sterminate: alla fine dell'estate si seppe che seimila bambini ebrei potevano essere evacuati dalla Francia.

Brekinnridge Long cominciò a essere picchiato da tutte le parti e fu apertamente accusato di aver contribuito all'assassinio degli ebrei. Di conseguenza, cominciò a essere messo in discussione all'interno del governo. In questo momento", dichiarò amaramente, "sono al centro dell'occhio di bue". Uno dei vice di Morgenthau, Josiah DuBois, redasse il famoso "Rapporto al Segretario sull'acquiescenza di questo Governo all'assassinio degli ebrei", che fu utilizzato per convincere Roosevelt della necessità di istituire il War Refugee Board (WRB). Finalmente, alla fine del 1943, la campagna di Wise e Morgenthau produsse dei risultati ed essi ottennero la loro strada. A dicembre furono conclusi gli accordi con il governo rumeno per l'evacuazione degli ebrei rumeni. Il denaro fu depositato su un conto in Svizzera controllato da Riegner e dallo stesso Morgenthau. Inoltre, nel dicembre 1943, la Romania sondò il terreno per la pace, che fu offerta a condizione che gli ebrei fossero trattati bene. Nel 1940 gli ebrei rumeni erano stati deportati nella regione del Mar d'Azov e nel dicembre 1943 il governo rumeno decise di rimpatriarli in collaborazione con la Croce Rossa Internazionale, come spiegato sopra.

Il War Refugee Board (WRB), all'origine della favola di Auschwitz

La vittoria del Dipartimento del Tesoro sul Dipartimento di Stato portò il Presidente Roosevelt, nel gennaio 1944, ad autorizzare il suo caro amico Henry Morgenthau, il potentato ebraico insediato al Tesoro dal 1934, a creare il War Refugee Board (WRB), di cui facevano parte, oltre al Segretario Morgenthau, il Segretario di Stato Cordell Hull e il Segretario alla Guerra Henry L. Stimson. Il direttore esecutivo del WRB era John W. Pehle e il suo consigliere generale, il già citato Josiah DuBois, due ragazzi di Morgenthau al Tesoro[10]. In realtà, il WRB era il Consiglio di Morgenthau, la cui principale preoccupazione era l'evacuazione degli ebrei dall'Europa, per cui divenne uno strumento del WJC e di altre organizzazioni sioniste. Poiché Harry Dexter White era responsabile delle relazioni estere presso il Dipartimento del Tesoro, le operazioni del WRB furono presto dominate e controllate da questo ebreo di origine lituana, sorprendente spia comunista che era il braccio destro di Morgenthau, in realtà un internazionalista/globalista al servizio dei banchieri internazionali. Poiché abbiamo già scritto a lungo su entrambi nel capitolo dieci, e precisamente nella quinta parte, che si concentra sul Piano Morgenthau per la Germania, non sono necessari ulteriori commenti.

Il rabbino Wise, i sionisti e altri agenti di propaganda utilizzarono il WRB per intensificare la loro campagna negli Stati Uniti. Nel novembre 1944 il War Refugee Board pubblicò finalmente un rapporto, un opuscolo intitolato *German Extermination Camps: Auschwitz and Birkenau*, che può essere considerato il più grande successo del WRB nel propagare la menzogna di Auschwitz. Questo opuscolo è il documento che ha dato formalmente origine alla tesi ufficiale dello sterminio ad Auschwitz per mezzo di camere a gas. Contiene già le componenti essenziali della favola, tanto che le accuse di Norimberga si basarono su questo testo del WRB.

---

[10] Josiah DuBois ha partecipato al processo militare di Norimberga come procuratore capo del processo I.G. Farben. Nel 1952 pubblicò il libro *The Devil's Chemists (I chimici del diavolo)*, in cui fornisce la sua versione del processo a quelli che definisce i "24 cospiratori del cartello internazionale Farben". In questo libro, egli osserva che già nel novembre 1942 ricevette informazioni da un prigioniero di Auschwitz che lavorava nello stabilimento di Buna, secondo cui la fucilazione dei prigionieri era un evento costante. DuBois scrive che in due messaggi ricevuti dalla Svizzera, inviati da Riegner nel gennaio e nell'aprile 1943, i colleghi del Dipartimento di Stato furono avvertiti che ad Auschwitz venivano uccisi 6.000 ebrei al giorno. Egli denuncia quindi ancora una volta il presunto ostruzionismo messo in atto dal Dipartimento di Stato per impedire il rilascio in massa di visti agli ebrei europei che volevano entrare negli Stati Uniti.

Breckinridge Long e altri membri del Dipartimento di Stato sospettavano che il rapporto fosse stato trasmesso a Washington da Berna. In ogni caso, non era più utile per loro continuare a pensare e commentare privatamente che si trattava di una campagna di Morgenthau e dei suoi aiutanti ebrei. Naturalmente, anche i giornali tedeschi denunciarono, senza alcun risultato, che si stava costruendo un'abominevole campagna di propaganda ("Greuelpropaganda") sulla base di menzogne.

Il 26 novembre 1944 l'opuscolo del WRB, ricevuto in Svizzera il 6 agosto 1944, fu pubblicato sulla prima pagina *del New York Times*, che ne riportò diversi riassunti. Si trattava di due rapporti, il primo scritto da due ebrei slovacchi fuggiti il 7 aprile, il secondo da un ufficiale polacco. Tutti sostenevano di essere stati ad Auschwitz dalla primavera del 1942 alla primavera del 1944. Il rapporto conteneva anche un breve supplemento attribuito ad altri due ebrei fuggiti il 27 maggio. L'anonimato di tutti loro è stato mantenuto nell'interesse della sicurezza: "I loro nomi non saranno rivelati per il momento, si sostiene, nell'interesse della loro sicurezza. Tutto invita a sospettare che il testo, oltre alla parte inventata, contenga informazioni ottenute attraverso i servizi segreti, dal momento che vengono forniti dati ufficiali, come, ad esempio: il numero dei detenuti nell'aprile 1942, la descrizione del sistema di registrazione dei prigionieri, le cause dell'internamento, le nazionalità, una mappa dettagliata dell'area, le dimensioni di Auschwitz I, i certificati di morte per cause naturali, una ripartizione dettagliata del numero e delle classificazioni dei prigionieri a Birkenau nell'aprile 1944, un nuovo sistema di registrazione messo in funzione nel maggio 1944...

Nel racconto attribuito al soldato polacco, si dice che nell'estate del 1942 gli ebrei furono gassati in speciali edifici chiusi che sembravano docce, situati in un bosco di betulle molto vicino a Birkenau. Poiché la costruzione dei forni crematori non era stata completata, i corpi venivano sepolti in fosse comuni e putrefatti. Quando i forni di Birkenau furono pronti nell'autunno del 1942, molti cadaveri furono riesumati e bruciati. Per quanto riguarda i forni di Birkenau, il rapporto afferma che nella primavera del 1944 quattro edifici ospitavano i crematori I, II, III e IV. Ogni edificio consisteva in una stanza per le caldaie dei forni, una grande sala o foyer e una camera a gas. I primi due edifici contenevano ciascuno 36 forni (bocche o porte) e gli altri due 18. Secondo il rapporto, ogni forno poteva contenere solo tre corpi alla volta e il loro incenerimento durava un'ora e mezza, il che significava che potevano essere bruciati 6.000 corpi al giorno. Infine, apparve il famoso Zyklon B, la cui confezione recava la scritta: "per uso contro i parassiti", come prodotto specifico utilizzato per l'omicidio di massa nelle camere a gas. In questa sezione dell'opuscolo si aggiunge che persone di spicco di Berlino parteciparono all'inaugurazione del primo crematorio nel marzo 1943. Il "programma" consisteva nella gassazione e cremazione di 8.000

ebrei di Cracovia. I nomi degli invitati allo spettacolo non vengono rivelati, ma si nota che erano estremamente soddisfatti dei risultati.

Il rapporto include una tabella che registra meticolosamente per nazionalità il numero di ebrei gassati a Birkenau tra l'aprile 1942 e l'aprile 1944. È contenuta nel documento 022-L del registro pubblico dei processi IMT, la cui intestazione recita: "Sintesi di un rapporto del War Refugee Board, Washington, D. C., novembre 1944, sui campi di sterminio tedeschi - Auschwitz e Birkenau - che fornisce una stima del numero di ebrei gassati a Birkenau tra l'aprile 1942 e l'aprile 1944". Arthur R. Butz la inserisce nell'appendice di illustrazioni della sua opera di riferimento. Grazie a questa, possiamo commentare alcune cifre. Specifica che 900.000 ebrei polacchi, di cui 600.000 arrivati in treno e 300.000 in camion, furono gassati durante questi due anni a Birkenau. Gli ebrei francesi sterminati furono 145.000; gli olandesi 100.000; i tedeschi 60.000, ecc. per arrivare alla cifra di 1.765.000 ebrei uccisi. Per quanto riguarda gli ebrei ungheresi, di cui abbiamo scritto sopra, essi non compaiono nel documento 022-L, poiché, come sappiamo, iniziarono a essere deportati nel maggio 1944. L'opuscolo del WRB afferma, tuttavia, che circa 15.000 cominciarono ad arrivare a Birkenau ogni giorno a partire dal 15 maggio, il novanta per cento dei quali fu eliminato immediatamente. Si afferma che la capacità dei crematori di fu sopraffatta dall'arrivo di così tanti ebrei ungheresi, motivo per cui furono bruciati nelle fosse.

Per quanto riguarda il funzionamento dell'Ospedale di Auschwitz I, si registra che nell'autunno del 1942 il tasso di mortalità fu così alto che Berlino chiese spiegazioni. Sappiamo che l'epidemia di tifo costrinse a chiudere lo stabilimento di Buna della I.G. Farben nei mesi di agosto e settembre. Tuttavia, il rapporto afferma che il medico del campo fu scoperto a somministrare iniezioni letali a persone deboli e malate, ad alcuni prigionieri nel braccio della morte e ad alcuni adolescenti considerati orfani.

Ci sono voluti sedici anni perché venissero rivelati i nomi dei presunti autori del rapporto WRB. Nella prima edizione de *La Soluzione Finale*, Gerald Reitliger continuava a fare riferimento all'anonimato degli autori, cosa che chiaramente non favoriva la credibilità del documento e che doveva essere intesa come tale, dal momento che fu lo stesso Reitlinger che nel 1960 si occupò di individuare un certo Rudolf Vrba, che nell'edizione rivista della sua opera, pubblicata nel 1968, considera l'autore della parte più importante del resoconto. Così, al processo di Eichmann a Gerusalemme nel 1961, vennero finalmente alla luce i nomi dei due ebrei slovacchi Rudolf Vrba e Alfred Wetzler. Il pubblico ministero presentò allora una dichiarazione giurata di Vrba, che la corte respinse con la motivazione che non c'erano scuse per l'accusa di non portarlo davanti alla corte per testimoniare. Nel 1963 Rudolf Vrba pubblicò il libro *"Non posso perdonare"*, in cui non spiega perché gli ci vollero sedici anni per dare segni di vita. Nel 1964 lui e Wetzler si presentarono finalmente a Francoforte per testimoniare al processo di

Auschwitz. Naturalmente, l'opuscolo della WRB è spurio e l'apparizione di questi due personaggi non serve a dimostrare la sua presunta autenticità.

La confessione di Rudolf Höss, secondo pilastro della favola di Auschwitz

La storiografia dell'Olocausto ha in Rudolf Höss la sua stella più luminosa nell'universo di testimoni e imputati su cui è stata costruita la favola di Auschwitz. Se il rapporto del WRB è stato il primo pilastro su cui si è iniziato a costruire il mito di Auschwitz come campo di sterminio, la confessione di Höss, ottenuta sotto grave tortura, costituisce il secondo pilastro e l'ossatura fondamentale della storia. Höss fu presentato come testimone davanti al Tribunale Militare Internazionale (TMI) il 15 aprile 1946. La sua testimonianza fu una bomba inaspettata che stupì tutti gli imputati e i giornalisti internazionali presenti alle sessioni dell'IMT. Dichiarò inequivocabilmente che Himmler gli aveva ordinato di sterminare gli ebrei e affermò che circa 3.000.000 di persone erano state uccise ad Auschwitz, 2.500.000 nelle camere a gas. Poiché Höss cessò di essere il comandante del campo il 1° dicembre 1943, si presume che queste cifre si riferiscano solo a quella data. Nell'inverno 1986-87 *il Journal of Historical Review* (vol. 7, n. 4) ha pubblicato un articolo del professor Faurisson intitolato "How the British Obtained the Confessions of Rudolf Höss". A questo articolo ci rivolgiamo per avere un resoconto di come è stata ottenuta la dichiarazione firmata di Höss.

Alla fine della guerra, Rudolf Höss fu catturato dagli inglesi. I suoi rapitori non erano consapevoli dell'importanza della preda nelle loro mani e, poiché era un esperto agronomo, un ufficio del lavoro gli trovò un lavoro in una fattoria a Flensburg, vicino al confine danese, e lo rilasciò. Era ricercato dalla polizia militare e la sua famiglia, che riuscì a contattare, era strettamente sorvegliata. Ciononostante, Höss rimase nascosto nella fattoria per circa otto mesi, fino alle 23.00 della notte dell'11 marzo 1945, quando fu nuovamente arrestato. La conferma che Höss fu torturato, un fatto che i revisionisti consideravano una certezza, arrivò nel 1983, quando apparve il libro antinazista *Legions of Death* di Rupert Butler, che si vanta delle sue ricerche in varie istituzioni britanniche ed esprime la sua gratitudine a Bernard Clarke, un ebreo britannico che era sergente della 92ª Brigata della Field Security Section, che secondo lui "catturò il comandante di Auschwitz Rudolf Höss". Butler cita stralci dei resoconti scritti o registrati di Clarke, che, invece di mostrare rimorso, è orgoglioso di aver torturato un nazista. In realtà, lo stesso Rupert Butler ritiene che non ci sia nulla da criticare e spiega che ci sono voluti tre giorni di tortura per produrre "un rapporto coerente".

Secondo il racconto di Butler, l'11 marzo 1946, un capitano di nome Cross, il sergente Bernard Clarke e altri quattro specialisti dei servizi segreti che indossavano uniformi britanniche entrarono in casa della signora Höss,

Hannah Höss, che viveva con i figli in un condominio della città di Heide, nello Schleswig-Holstein, con atteggiamento minaccioso. I sei uomini, sottolinea Butler, "erano esperti in tecniche sofisticate di indagine prolungata e spietata". Clarke gridò alla donna: "Se non ci dice dov'è suo marito, la consegneremo ai russi e la metteremo davanti a un plotone di esecuzione. I suoi figli andranno in Siberia". Clarke spiega che le minacce adatte al figlio e alla figlia ebbero l'effetto desiderato: la signora Höss scoppiò in lacrime, rivelò l'ubicazione della fattoria dove si nascondeva il marito e rivelò anche il falso nome che aveva adottato: Franz Lang. Il capitano Cross, il sergente ebreo e gli altri specialisti in "interrogatori di terzo grado"[11] andarono a cercare Höss a mezzanotte e lo trovarono in una stanza del macello della fattoria. "Come ti chiami?" gridò Clarke. Ogni volta che rispondeva "Franz Lang" veniva colpito da un pugno in faccia. Dopo il quarto pugno, Höss ammise la sua vera identità. Nel libro Butler racconta che i genitori dei sergenti ebrei che facevano parte del gruppo di arresto erano morti ad Auschwitz su ordine firmato da Höss. Per questo motivo, fu spogliato e messo su una tavola nel mattatoio, dove fu picchiato fino a sfiorare la vita. L'ufficiale medico esortò il capitano: "Dica loro di fermarsi, a meno che non vogliano portare con sé un cadavere". Poi misero una coperta sul corpo gonfio di Höss e lo caricarono nell'auto di Clarke, dove dopo avergli fatto bere un bel sorso di whisky, Clarke gli punzecchiò le palpebre con il bastone di servizio e gli ordinò in tedesco: "Tieni gli occhi aperti, porco!". Il gruppo raggiunse Heide verso le tre del mattino. Il vento faceva turbinare la neve e Höss fu costretto a camminare nudo attraverso il cortile della prigione fino alla sua cella.

Un soldato semplice di nome Ken Jones, di stanza a Heide con il 5° distaccamento della Royal Horse Artillery, ha confermato in un articolo pubblicato sul *Wrexham Leader* il 17 ottobre 1986 che ci vollero tre giorni per ottenere un rapporto coerente da Hoss. Jones ricorda che lui e altri due soldati lo stavano preparando per l'interrogatorio: "Eravamo seduti con lui nella sua cella", scrive Jones, "giorno e notte, armati di bastoni. Il nostro compito era di pungolarlo ogni volta che si addormentava per aiutarlo a spezzare la sua resistenza". Jones spiega che quando Höss veniva portato fuori al freddo per fare esercizio, indossava solo una sottile maglietta di cotone. Dopo tre giorni e tre notti senza dormire arrivò la confessione. Secondo Clarke, che censurò personalmente le lettere che Rudolf Höss inviava alla moglie e ai figli, una volta che il prigioniero iniziò a parlare fu impossibile fermarlo.

Rudolf Höss fu estradato in Polonia il 25 maggio 1946. Lì affrontò un nuovo processo per crimini di guerra. Il processo si tenne a Cracovia il 2 aprile 1947, dove Höss abbassò la cifra di 3.000.000 che aveva indicato a

---

[11] "Interrogatorio di terzo grado" è un eufemismo per evitare di usare la parola tortura. In questi interrogatori viene inflitto dolore fisico e/o mentale alla persona interrogata per ottenere una confessione o un rapporto.

Norimberga a 1.135.000. Due settimane dopo, il 16, fu impiccato ad Auschwitz. Paradossalmente, anche se per varie ragioni che vi risparmieremo, i comunisti gli permisero di raccontare la sua storia in un libro di memorie che scrisse a matita nella prigione di Cracovia. Martin Broszat, membro dell'Istituto di Storia Contemporanea di Monaco, che il 10 agosto 1960 ammise su *Die Zeit* che nessuno era stato gasato a Dachau, Bergen-Belsen o Buchenwald, le pubblicò dopo averle ritoccate nel 1958 con il titolo *Comandante ad Auschwitz*. In essi, Höss conferma che al suo primo interrogatorio fu picchiato per ottenere la sua dichiarazione: "Non so cosa ci sia nel documento, anche se l'ho firmato. L'alcol e la frusta erano troppo per me. La frusta era mia, presa per caso dalle valigie di mia moglie. Non avevo quasi toccato il mio cavallo, per non parlare dei prigionieri. Tuttavia, uno dei miei interrogatori era convinto che l'avessi usata in modo permanente per frustare i prigionieri". In questo libro di memorie Höss denuncia che solo dopo tre settimane gli inglesi gli tolsero le manette, che portava dal momento dell'arresto, gli tagliarono i capelli, gli permisero di lavarsi e lo rasarono. In *Comandante ad Auschwitz* leggiamo quanto segue:

> "Ero a Norimberga perché l'avvocato di Kaltennbrunner mi aveva chiesto di testimoniare in sua difesa. Non sono mai riuscito a capire, e non mi è ancora chiaro, come, tra tutte le persone presenti, io abbia potuto contribuire all'assoluzione di Kaltennbruner. Sebbene le condizioni in carcere fossero in tutto e per tutto buone - c'era una biblioteca ben fornita e leggevo ogni volta che avevo tempo - gli interrogatori erano estremamente sgradevoli, non tanto fisicamente, ma molto più per il loro forte effetto psicologico. Non posso certo biasimare gli interrogatori: erano tutti ebrei. Psicologicamente ero devastato. Volevano sapere tutto su tutto, e anche questo era fatto da ebrei. Non mi hanno lasciato dubbi sul destino che avevano in serbo per me".

Le dichiarazioni di Höss sono la pietra miliare delle affermazioni degli storici secondo cui lo sterminio di milioni di ebrei nelle camere a gas di Auschwitz è una realtà storica. Robert Faurisson spiega nell'articolo pubblicato su *The Journal of Historical Review* che Höss ha in realtà rilasciato quattro dichiarazioni, motivo per cui si può parlare a rigore di confessioni di Rudolf Höss. La prima è un testo dattiloscritto di otto pagine, il documento NO-1210. Non c'è indicazione del luogo, è datato 14 marzo 1946 ed è stato firmato alle 2:30 del mattino, forse già il 15. Dopo averlo esaminato, il professor Faurisson, specialista in analisi testuale e critica dei documenti, commenta che in circostanze normali nessun tribunale in una democrazia lo avrebbe preso in considerazione.

Il secondo affidavit, il documento PS-3868, fu firmato 22 giorni dopo, il 5 aprile 1946. È un testo di venti pagine in inglese. Nell'ultima pagina c'è questo testo: "Comprendo il testo inglese. Le dichiarazioni di cui sopra sono vere: ho fatto questa dichiarazione volontariamente e senza coercizione;

dopo aver letto la dichiarazione, l'ho firmata e formalizzata a Norimberga, in Germania, il 5 aprile 1946". Faurisson, la cui critica formale al documento è devastante, trova il testo impronunciabile e meno accettabile del primo: ci sono righe aggiunte in maiuscolo, righe cancellate a penna, e nessuna annotazione a margine per giustificare o spiegare le correzioni. Per giustificare il fatto che Höss avesse firmato una dichiarazione giurata in una lingua diversa dalla sua e per far sparire le cancellature e le aggiunte, il testo fu ristrutturato a Norimberga e presentato come una traduzione dal tedesco all'inglese.

La terza confessione è la spettacolare dichiarazione orale davanti all'IMT il 15 aprile 1946, dieci giorni dopo la firma del documento PS-3868. Assurdamente, la comparsa di Höss in tribunale avvenne su richiesta di Kurt Kauffmann, l'avvocato di Kaltenbrunner, che egli cercò di difendere attribuendo ogni responsabilità a Himmler. Infine, la quarta confessione è costituita dai testi del libro *Comandante ad Auschwitz*, scritti sotto l'occhio vigile dei suoi carcerieri comunisti in attesa del processo. È chiaro che quest'ultima versione di Höss deve essere affrontata con ogni sorta di riserva, poiché non poteva modificare ciò che aveva dichiarato davanti all'IMT ed è nuovamente infarcita di menzogne negli aspetti relativi al presunto sterminio e ai mezzi utilizzati.

Prima di commentare l'impossibilità della dichiarazione di Höss, occorre ricordare che ad Auschwitz furono registrate solo circa 400.000 persone di tutte le nazionalità. Inoltre, quando nell'aprile del 1945 l'Armata Rossa sequestrò i registri di Oranienburg, una città a 35 chilometri a nord di Berlino, scoprì che il numero totale di morti in tutti i campi di lavoro in dieci anni era di 403.713 persone. I sovietici hanno tenuto segreti questi documenti per quarantacinque anni. D'altra parte, ad Auschwitz esisteva un registro dei morti registrato in quarantasei volumi. Il problema è che non è possibile determinare con esattezza il numero totale dei decessi registrati, perché mancano i volumi relativi al 1940, al 1941, alla maggior parte del 1944 e al gennaio 1945. In altre parole, nei quarantasei volumi sono registrati solo i decessi del 1942, del 1943 e, in modo incompleto, del 1944. Tuttavia, diversi autori revisionisti hanno tentato di calcolare il numero di morti nel campo sulla base dei dati noti e del numero totale di prigionieri registrati ad Auschwitz.

Arthur R. Butz estrapola e fornisce una cifra di 125.000 morti, molti dei quali, se non la maggior parte, erano cristiani cattolici. Nel 1992 il ricercatore revisionista ebreo David Cole, di cui parleremo più avanti, girò un famoso documentario su Auschwitz, in cui intervistò il dottor Franciszek Piper, direttore e curatore degli archivi del Museo di Stato di Auschwitz. Il dottor Piper riconobbe davanti alla telecamera che 197.820 detenuti erano sopravvissuti. Franciszek Piper, invece, scrisse che "quando i soldati sovietici liberarono il campo nel gennaio 1945, trovarono documenti che confermavano solo 100.000 morti". Nel 1999 Vivian Bird ha pubblicato

Auschwitz: The Final Count. Questa autrice inglese insiste sul fatto che le statistiche contenute nei libri sono complete e autentiche, ma riconosce anche l'inconveniente di non avere la documentazione completa. Bird conclude che 73.137 detenuti sono morti a causa delle dure condizioni di lavoro ad Auschwitz, di cui solo 38.031 erano ebrei.

Alla luce di queste cifre, è chiaro che non possiamo dare alcuna credibilità alle "dichiarazioni giurate" di Rudolf Höss, ottenute dopo la sua cattura su attraverso un interrogatorio di terzo grado. Infatti, anche lo scrittore sterminazionista Gerald Reitlinger non vi crede e definisce la testimonianza di Höss a Norimberga "irrecuperabile". Reitlinger ammette che la testimonianza di Höss era un'enumerazione di folli esagerazioni, come l'affermazione che 16.000 persone venivano uccise ogni giorno. Purtroppo, lui e altri storici dell'Olocausto, invece di ammettere la vera natura di Auschwitz e la grande importanza delle sue attività industriali per i tedeschi, sostengono che le deliranti dichiarazioni di Höss erano motivate da una sorta di "orgoglio professionale".

Nelle trascrizioni di tutti i testimoni che hanno deposto davanti all'IMT è rimasto un solo riferimento alla natura industriale di Auschwitz. Si tratta della testimonianza di una prigioniera politica di nome Marie Claude Vaillant-Couturier, che fa riferimento di sfuggita a una fabbrica di munizioni, lo stabilimento Krupp, e a una grande fabbrica a Buna, di cui non può dire nulla perché non vi lavorò. Altre allusioni, se presenti, sono state cancellate. Il fatto che il comandante del campo menzioni a malapena nella sua testimonianza l'interesse di prim'ordine delle fabbriche del campo è molto significativo. Per contro, le barbarie inventate nella confessione di Höss sono così assurde che difficilmente meriterebbero di essere confutate. Vediamo:

> "Sono stato comandante di Auschwitz fino al dicembre 1943 e stimo che almeno 2.500.000 vittime siano state giustiziate e sterminate lì, gassate e bruciate, e che almeno un altro mezzo milione sia morto di fame e di malattia, per un totale di circa 3.000.000. Questa cifra rappresenta il 70-80% del numero totale di persone inviate ad Auschwitz come prigionieri. Il restante percento fu selezionato per essere utilizzato come manodopera schiava nelle industrie dei campi di concentramento. Tra le persone giustiziate e bruciate c'erano circa 20.000 prigionieri di guerra russi (precedentemente selezionati dalla Gestapo dalle celle dei prigionieri di guerra), che furono consegnati ad Auschwitz in trasporti della Wehrmacht gestiti da soldati e ufficiali regolari della Wehrmacht. Il numero totale delle vittime comprendeva circa 100.000 ebrei tedeschi e un gran numero di cittadini, soprattutto ebrei provenienti da Olanda, Francia, Belgio, Polonia, Ungheria, Cecoslovacchia, Grecia e altri Paesi. Solo nell'estate del 1944 abbiamo giustiziato circa 400.000 ebrei ungheresi".

Particolarmente degna di nota è la menzione dei 400.000 ebrei ungheresi, per i quali sembra esserci stato un interesse particolare ad aggiungere la cifra cabalistica di 6.000.000. Poiché abbiamo già dedicato spazio a ciò che accadde realmente agli ebrei ungheresi, non aggiungeremo altro, anche se va notato che Rudolf Höss non era più ad Auschwitz nell'estate del 1944. Tuttavia, poiché nel dicembre 1943 era stato promosso all'Ispettorato di i campi di concentramento di Oranienburg, è credibile che potesse sapere che le presunte esecuzioni stavano continuando. Detto questo, sembra chiaro che l'inclusione degli ebrei ungheresi sia stata un'ulteriore imposizione da parte degli estensori della dichiarazione sottoposta alla sua firma. Il numero totale delle vittime si attestava quindi a 3.400.000, molto vicino alla cifra di 4.000.000 indicata dai sovietici, che compariva sulla prima targa installata nel campo per i turisti. D'altra parte, se la cifra di 3.000.000 era solo il settanta o l'ottanta per cento del numero totale di persone inviate ad Auschwitz, si deve dedurre che i prigionieri del campo erano circa 4.000.000, cioè dieci volte il numero registrato.

In un altro paragrafo della dichiarazione si legge che, sebbene il suo comando ad Auschwitz fosse terminato il 1° dicembre 1943, la sua posizione nell'Ispettorato dei campi gli permetteva di essere al corrente di ciò che accadeva nei campi di concentramento:

> "Le esecuzioni con il gas iniziarono nell'estate del 1941 e continuarono fino all'autunno del 1944. Ho personalmente supervisionato le esecuzioni ad Auschwitz fino al dicembre 1943 e so, in base ai miei compiti nell'Ispettorato dei campi di concentramento del WVHA, che le esecuzioni di massa sono continuate come indicato sopra. Tutte le esecuzioni mediante gassazione avvenivano sotto l'ordine diretto, la supervisione e la responsabilità del RSHA. Ho ricevuto tutti gli ordini di eseguire le esecuzioni di massa direttamente dal RSHA".

Sappiamo che l'Ufficio principale per la sicurezza del Reich (Reichssicherheitshauptamt), abbreviato RSHA, fu istituito da Heinrich Himmler il 27 settembre 1939, quindi Höss implica che ricevette l'ordine di sterminio da Himmler stesso. In *The Hoax of the Twentieth Century*, Arthur R. Butz commenta che nella sua testimonianza, che appare nel volume 11 dell'ITM, Höss disse che nell'estate del 1941 era stato convocato per riferire direttamente al Reichsführer SS e che durante il colloquio con lui, Himmler gli aveva dato l'ordine di sterminare gli ebrei, ma gli aveva detto che avrebbe dovuto mantenere "la più stretta segretezza", non permettendo al suo diretto superiore Glücks di sapere cosa stesse facendo. Richard Glücks era all'epoca l'ispettore dei campi di concentramento e dipendeva dal Reichsführer Himmler. Va da sé che è assolutamente assurdo sostenere che Himmler, senza informare Oswald Pohl, capo del Dipartimento economico e amministrativo delle SS (SS-WVHA), abbia ordinato al maggiore Höss di sterminare segretamente milioni di ebrei e di nascondere l'uccisione a

Glücks, suo superiore, che allo stesso tempo era agli ordini di Himmler. Si può concepire un'assurdità maggiore? Vediamo di più:

> La "soluzione finale" della questione ebraica significava lo sterminio completo di tutti gli ebrei d'Europa. Ricevetti l'ordine di allestire le strutture di sterminio ad Auschwitz nel giugno 1941. A quel tempo c'erano già altri tre campi di sterminio nel Governo Generale, Belzec, Treblinka e Wolzek. Questi campi erano sotto l'Einsatzkommando della Polizia di Sicurezza e dell'SD. Ho visitato Treblinka per scoprire come venivano effettuate le uccisioni. Il comandante del campo di Treblinka mi disse che ne aveva liquidati 80.000 in mezzo anno. Era interessato soprattutto alla liquidazione degli ebrei del ghetto di Varsavia. Usava il monossido gassoso e non pensavo che i suoi metodi fossero molto efficaci. Così, quando costruii l'edificio di sterminio ad Auschwitz, usai lo Zyklon B, che era acido prussico cristallizzato, un acido che facevamo cadere nella camera a gas attraverso una piccola apertura. Ci volevano dai tre ai quindici minuti per uccidere le persone all'interno della camera, a seconda delle condizioni atmosferiche. Sapevamo quando erano morte perché le loro urla cessavano. Di solito aspettavamo mezz'ora prima di aprire le porte e rimuovere i corpi. Dopo averli rimossi, i nostri commando speciali toglievano loro gli anelli ed estraevano l'oro dai denti".
> Un altro miglioramento rispetto a Treblinka fu che costruimmo le nostre camere a gas per contenere 2.000 persone alla volta, mentre le dieci camere a gas di Treblinka contenevano solo 200 persone ciascuna. Il modo in cui selezionavamo le nostre vittime era il seguente: avevamo due medici delle SS ad Auschwitz per esaminare i prigionieri che arrivavano nei trasporti. Quelli che erano idonei al lavoro venivano inviati al campo. Gli altri venivano inviati immediatamente agli impianti di sterminio. I bambini di pochi anni venivano invariabilmente sterminati perché, per le loro condizioni, non erano utili al lavoro. Un altro miglioramento rispetto a Treblinka fu che a Treblinka le vittime sapevano quasi sempre che sarebbero state sterminate, mentre ad Auschwitz cercavamo di far credere loro che sarebbero state sottoposte a un processo di delocalizzazione. Naturalmente spesso si rendevano conto delle nostre vere intenzioni e a volte c'erano disordini e difficoltà per questo motivo. Spesso le donne nascondevano i loro figli sotto i vestiti, ma naturalmente quando li scoprivamo li mandavamo allo sterminio. Ci era stato chiesto di effettuare questi stermini in segreto, ma naturalmente il cattivo odore emanato dalle continue cremazioni di cadaveri permeava completamente la zona e tutte le persone che vivevano nei villaggi circostanti sapevano che ad Auschwitz si stavano effettuando degli stermini".

Come possiamo vedere, la dichiarazione insiste sul fatto che l'ordine di sterminio ebbe luogo nell'estate del 1941, quindi mezzo anno prima della Conferenza di Wannsee. Sembra chiaro che il rigore storico non adornava l'intelletto di coloro che presentarono a Höss la confessione per la sua firma. Al contrario, Gerald Reitlinger si rese subito conto che incongruenze di questo tipo sminuivano la credibilità della confessione e si affrettò a correggere la data. Secondo Reitlinger, Höss intendeva l'estate del 1942 e non del 1941. Inoltre, lo stesso Reitlinger colloca il primo grande trasporto di duemila ebrei a Birkenau nel marzo 1942. "A quel tempo", si legge nella dichiarazione, "c'erano già altri tre campi di sterminio nel Governo Centrale, Belzec, Treblinka e Wolzec". Questo è un altro grande errore, perché anche nel 1941 non esisteva ancora Treblinka II, la cui costruzione iniziò nel marzo 1942. È stato riferito che un'iscrizione su una pietra indica che lo sterminio di 800.000 ebrei è avvenuto lì tra il luglio 1942 e l'agosto 1943. E così via, perché le contraddizioni e le incongruenze sono la logica conseguenza delle vere e proprie bugie che compongono l'"affidavit". Robert Faurisson commenta che nel NO-1210, il testo del primo affidavit, gli inglesi fecero firmare a Höss che il campo di sterminio di Wolzec era "vicino a Lublino". In realtà, Wolzec non esiste e non è esistito. Sembra improbabile che intendessero Belzec, dato che non è vicino a Lublino, ma a più di centotrenta chilometri di distanza, ed è menzionato insieme a Wolzek, un misterioso toponimo che non si trova in nessuna mappa della Polonia.

Arthur R. Butz commenta ampiamente i riferimenti allo Zyklon B nella confessione di Höss. Egli conferma che non esisteva un gas più letale e che si trattava di un insetticida ben noto e ampiamente utilizzato, commercializzato in tutto il mondo prima della guerra. La "Deutsche Gesellschaft für Schädlingsbekämpfung" (DEGESCH), un'azienda di pesticidi, lo fornì durante la guerra alle forze armate tedesche e all'intero sistema dei campi. Come già detto, nei mesi di agosto e settembre 1942, il lavoro ad Auschwitz dovette essere interrotto a causa di una terribile epidemia di tifo. Sappiamo che la cessazione delle misure di disinfezione nel campo di Bergen-Belsen alla fine della guerra ebbe effetti devastanti. Il numero di morti in quel campo ha fornito le immagini scioccanti che costituiscono il filmato di riferimento per i propagandisti dell'Olocausto. Lo Zyklon B, confezionato in barattoli cilindrici verdi, era quindi essenziale nei campi come disinfettante per preservare la vita dei prigionieri, ma non per ucciderli. Le stanze e le baracche venivano sigillate prima di svuotare il gas, che uccideva pidocchi e altri insetti nocivi. In seguito venivano adeguatamente ventilate. Anche i vestiti venivano lavati nelle "camere di morte". Nei campi di concentramento l'esercito americano utilizzava anche un potente insetticida, il DDT, più versatile e avanzato dello Zyklon e quindi meno letale per l'uomo. Proprio perché lo Zyklon era così velenoso, è del tutto impossibile, come dice la dichiarazione di Höss, che solo mezz'ora dopo il rilascio del gas siano entrati nelle camere per rimuovere i corpi e spogliarli.

È un'incredibile assurdità, inoltre, sostenere che i gerarchi nazisti abbiano delegato a un comandante del campo la scelta del materiale e del metodo di esecuzione per lo sterminio sistematico di milioni di ebrei. Secondo la delirante dichiarazione di Höss, fu lui che, dopo aver visitato Treblinka e aver visto che il suo comandante utilizzava una procedura di sterminio scadente, decise di cercare un modo più efficace per porre fine al problema ebraico. Reitlinger, sopraffatto da una confessione così inaccettabile, finisce per affermare gratuitamente che "senza dubbio" fu Hitler a prendere la decisione finale. Una tale serietà e rigore storico sono impressionanti. Non commenteremo ora l'affermazione che duemila persone alla volta furono messe in una camera a gas, perché ci sarà tempo per discuterne quando presenteremo il *Rapporto Leuchter*. Per quanto riguarda le donne che nascondevano i figli sotto i vestiti e i bambini che venivano sistematicamente sterminati perché inutilizzabili per il lavoro, non ha senso dire nulla, perché è stato detto nelle pagine su Belzec, Treblinka e Sobibor che dipingere i tedeschi come bestie spietate era una manovra propagandistica. Ricordiamo che già nella Prima Guerra Mondiale bastava dire che mangiavano i bambini con le patatine fritte dopo averli infilzati con le baionette.

Nelle ultime righe della citazione si afferma che la zona era impregnata dalla pestilenza prodotta dalle "continue cremazioni di cadaveri". Secondo Höss e altri sterminazionisti, prima della costruzione di forni moderni, le cremazioni venivano effettuate in fosse o su pire. Si è già visto che la questione della puzza dei corpi bruciati era un tema ricorrente dei propagandisti nei campi della cosiddetta Operazione Reinhard. Nel caso di Auschwitz, tuttavia, il fetore è confermato e c'è una spiegazione che non va ignorata: nel campo c'erano numerose industrie che lavoravano con materiali altamente inquinanti. L'idrogenazione e altri processi chimici che avvenivano nelle fabbriche erano caratterizzati dal fetore che generavano. Il carbone utilizzato dai tedeschi era una fonte più sporca del petrolio grezzo. È quindi ragionevole concludere che il fetore nell'area doveva provenire dallo stabilimento I.G. Farben Buna e dalle varie attività industriali degli altri complessi industriali.

Sui forni crematori di Auschwitz-Birkenau

Poiché Arthur R. Butz fornisce notevoli informazioni sulla costruzione dei quattro edifici contenenti i crematori, ci rivolgeremo ancora una volta a questa fonte affidabile e rigorosa per screditare il famoso rapporto del War Refugee Board, che afferma che nella primavera del 1944 c'erano quattro crematori a Birkenau (I, II, II e IV). In realtà i quattro edifici di Birkenau che contenevano i crematori erano II, III, IV e V. L'edificio I si trovava ad Auschwitz I e sarebbe stato un crematorio inattivo con quattro aperture. Butz rivela che i progetti per la costruzione delle quattro strutture con i crematori sono datati 28 gennaio 1942 su. Il 27 febbraio di quell'anno, un colonnello ingegnere delle SS, Hans Kammler, capo del Dipartimento

Costruzioni del WVHA, visitò Auschwitz e tenne una riunione durante la quale fu deciso di installare cinque crematori invece dei due originariamente previsti. Si decise quindi di costruire cinque forni con quindici crematori in ciascuno dei quattro crematori, per un totale di sessanta crematori nei quattro crematori. Tuttavia, mentre ci sono documenti che dimostrano che i lavori furono completati negli edifici II e III, non ci sono prove documentali che lo confermino nei crematori IV e V, anche se ci sono prove che in essi c'erano forni in funzione. I lavori furono commissionati il 3 agosto 1942 alla ditta Topf und Söhne di Erfurt. Ogni forno, come tutti i normali crematori, era progettato per cremare un solo corpo, e non ci sono prove che siano stati installati forni non convenzionali progettati per contenere più di un corpo alla volta.

Il rapporto del WRB afferma che in due crematori c'erano 36 forni in ciascuno e negli altri due edifici 18 forni in ciascuno. Se accettiamo l'informazione del paragrafo precedente come valida, dobbiamo supporre che si riferisca a 36 aperture o porte, quindi se consideriamo che ogni forno aveva tre aperture, in due edifici ci sarebbero 12 forni con tre aperture ciascuno e negli altri due edifici 6 forni con tre aperture ciascuno. Questo darebbe una cifra totale di 108 bocche, che in realtà era il numero di bocche necessarie per bruciare 6.000 corpi al giorno introducendo tre corpi in ogni forno, a condizione che, come ci assicura il rapporto, i tre corpi venissero inceneriti in solo mezz'ora e che i forni funzionassero ininterrottamente ventiquattro ore al giorno, il che è tecnicamente impossibile. Generosamente, si può accettare che con la tecnologia del 1943 ogni forno potesse ridurre in cenere un corpo in un'ora. Se, come sostiene il Rapporto WRB, venivano introdotti tre corpi alla volta, il tempo di incenerimento sarebbe stato necessariamente più lungo. D'altra parte, i tempi di inattività erano inevitabili, poiché erano necessarie diverse operazioni di manutenzione e pulizia.

Prima di calcolare il numero massimo di cadaveri che potevano essere cremati nei crematori di Auschwitz-Birkenau, è interessante esaminare ulteriormente le informazioni e i documenti forniti da Arthur R. Butz nella sua magistrale opera. Le piante dei quattro edifici che contenevano i crematori mostrano che in ognuno di essi c'era una grande stanza o sala, la "Leichenkeller" (cantina mortuaria o cantina dei cadaveri), che nel caso dei crematori II e III era sotto il livello del suolo e nei crematori IV e V al livello del suolo. I primi cinque forni, ciascuno con tre aperture, furono installati nell'edificio II. La costruzione continuò fino al gennaio 1943. Butz riproduce il testo del documento NO-4473 dal Volume 5 del Tribunale Militare di Norimberga (NMT), che conferma il completamento dei lavori di costruzione:

"29 gennaio 1943

Al comandante dell'Amtsgruppe C, Brigadefuhrer delle SS e Generale di Brigata delle Waffen SS, Dott.
Oggetto. Crematorio II, condizioni di costruzione.
Il crematorio II è stato completato - ad eccezione di alcuni lavori minori - utilizzando tutte le forze disponibili, nonostante le enormi difficoltà e il freddo intenso, in turni di 24 ore. I fuochi dei forni sono stati accesi alla presenza dell'ingegnere capo Prüfer, rappresentante degli appaltatori della ditta Topf und Söhne di Erfurt, e stanno lavorando con piena soddisfazione. Le tavole del soffitto in cemento della cantina adibita a camera mortuaria (Leichenkeller) non sono ancora state rimosse a causa del ghiaccio. Tuttavia, questo non ha più importanza, poiché la camera a gas può essere utilizzata a questo scopo.
La Topf und Söhne non è riuscita a consegnare in tempo i sistemi di ventilazione e aerazione richiesti dal Dipartimento Centrale dell'Edilizia a causa delle restrizioni sull'uso delle ferrovie. Non appena arriveranno, inizieranno i lavori di installazione, per cui si spera che tutto sia pronto per l'uso entro il 20 febbraio 1943. Si allega una relazione dell'ingegnere collaudatore della ditta Topf und Söhne di Erfurt.
Capo della Direzione Generale delle Costruzioni, Waffen SS e Polizia di Auschwitz, SS Hauptsturmführer.
Ditsribuito a: 1 -SS Ustuf. Janisch u. Kirschnek; 1 Archivio dell'ufficio (archivio del crematorio), Certificato di autenticità della copia (firma illeggibile) SS Ustuf. (F)".

È quindi certo che tutti i 15 dei cinque forni dei crematori dell'Edificio II potevano essere utilizzati entro la fine di gennaio 1943. Tuttavia, ci vollero diversi mesi prima che gli altri crematori diventassero operativi. Il 12 febbraio 1943 la Topf und Söhne scrisse ad Auschwitz confermando di aver ricevuto l'ordine per la costruzione di cinque unità di forni a tre alberi per i crematori dell'Edificio III che, in assenza di ostacoli, dovevano essere completati entro il 10 aprile. Arthur R. Butz sottolinea che, tuttavia, non è riuscito a trovare alcun documento affidabile che provi che la costruzione dei forni nei crematori IV e V fu completata, anche se cita una lettera del 21 agosto 1942 di un tenente delle SS ad Auschwitz, in cui si segnala una proposta della Topf a Söhne di installare due unità di forni a tre fori ciascuno. In ogni caso, è provato che alla fine furono costruiti forni anche nei crematori IV e V e che questi sarebbero stati in funzione per tutto il 1944. Lo stesso Butz ammette che esiste almeno una registrazione di un "Kommando" funzionante che l'11 maggio 1944 fu assegnato ai crematori degli edifici IV e V. Nel *Rapporto Leuchter,* di cui parleremo più avanti, si stabilisce definitivamente che nei crematori IV e V c'erano due forni con quattro camere ciascuno ("storte" è il termine tecnico usato da Leuchter). Reitlinger ipotizza che tra i quattro edifici ci fossero venti forni con un totale di sessanta aperture; ma in realtà c'erano solo quattordici forni con 46 aperture.

Questi risultati permettono di stabilire che dalla fine di gennaio all'aprile 1943 ad Auschwitz-Birkenau c'erano solo cinque forni con tre bruciatori ciascuno. Se i forni del Crematorio III furono effettivamente messi in funzione il 10 aprile 1943, durante gli otto mesi del 1943 c'erano dieci forni con trenta camere. Poiché i presunti stermini furono completati nell'autunno del 1944, solo dieci o undici mesi avrebbero visto il funzionamento di tutti i venti forni con i loro sessanta scomparti, sempre che i dieci forni dei crematori IV e V fossero stati in funzione dal gennaio 1944, come ipotizza Reitlinger. Arthur R. Butz offre una stima sulla base del fatto che nel 1944 potevano esserci ben 46 bruciatori che funzionavano a pieno regime ogni giorno, fermandosi solo per un'ora, e calcola che circa 1.000 cadaveri al giorno avrebbero potuto essere cremati in questo modo, il che equivarrebbe a 360.000 cadaveri in un anno. Quando studieremo il *Rapporto Leuchter*, vedremo che le cifre del professor Butz sono molto lontane dalla realtà.

Per quanto riguarda il funzionamento dei forni crematori, veniva utilizzato un forno a gas che produceva una miscela di aria e combustibile gassificato che veniva introdotta nel forno per avviare, controllare e fermare l'accensione. Questi forni crematori sono noti come forni a gas perché utilizzano il gas come combustibile, che viene iniettato sotto pressione. La parola tedesca usata per il concetto in questione è "Gaskammer", ma nel documento NO-4473 compare la parola "Vergasungskellker", che Reitlinger ha erroneamente tradotto in inglese come "gassing cellar". Arthur R. Butz spiega che la parola "Vergasung" ha, in un contesto tecnico, il significato di gassificazione, carburazione o vaporizzazione, cioè, sottolinea, "trasformare qualcosa in un gas e non esporre qualcosa a un gas". Un "Vergasser" è un carburatore. I forni di Birkenau", aggiunge Butz, "sembrano essere stati alimentati a coke o a carbone.

Esistono due processi per la produzione di combustibile gassoso dal coke o dal carbone: il primo consiste nel far passare l'aria attraverso uno strato di coke in fiamme per produrre "gas di cokeria"; il secondo consiste nel far passare il vapore attraverso il coke per produrre "gas d'acqua". Il termine tedesco utilizzato per generare questi processi è "Vergasung". In ogni caso, scrive Butz, "è ovvio che i crematori di Auschwitz richiedevano un'apparecchiatura di 'Vergasung' per introdurre la miscela aria-gas nei forni e che la traduzione in NO-4473 dovrebbe essere sostituita da 'cantina di produzione del gas'. Ho confermato questa interpretazione di 'Vergasunskeller' con fonti tecnicamente affidabili in Germania".

In breve, Arthur R. Butz sostiene che, se interpretato correttamente, il documento NO-4473, come molti altri, tende a contraddire le affermazioni dell'accusa. Butz insiste sul fatto che il Crematorio II aveva almeno due celle: una "Leichenkeller" (cantina dei cadaveri) e una "Vergasungskeller" (cantina di produzione del gas), nessuna delle quali era una "camera a gas". NO-4473, incluso nei volumi NMT in una selezione di prove accusatorie del processo all'Amministrazione dei Campi di Concentramento (Caso 4) è, lamenta il professor Butz, la prova più documentata che gli sterminazionisti sono stati in grado di produrre per dimostrare l'esistenza di camere a gas nei crematori di Birkenau. Per quanto riguarda l'interpretazione di Raul Hilberg, egli scrive: "Inspiegabilmente, egli salta il NO-4473 senza affrontare il problema che esso solleva. Cita il documento, ma non la frase che contiene la parola 'Vergasungskeller'. Si limita a dire che i "Leichenkeller" nei crematori II e III e le "Badenanstalten" (bagni) nei crematori IV e V erano in realtà camere a gas. Egli non presenta assolutamente alcuna prova di ciò. I documenti citati da Hilberg su questo argomento non parlano di camere a gas". Di conseguenza, conclude Butz, "non c'è alcuna ragione per accettare, e un sacco di ragioni per respingere, le affermazioni che questi impianti sono camere a gas".

L'alto tasso di mortalità a Birkenau

Il fatto che non ci siano state esecuzioni di massa o camere a gas non esime tuttavia Birkenau dall'essere il campo con il più alto tasso di mortalità dell'intero sistema tedesco di campi di concentramento. Durante il periodo 1942-44, la morte vi ebbe uno dei suoi domini preferiti, tanto che in questo senso può essere definito un "campo di sterminio". Ma se consideriamo che a Dresda sono morti più civili in poche ore che a Birkenau in due anni, e che a Hiroshima e Nagasaki sono bastati pochi secondi per massacrare più di 150.000 innocenti, Birkenau è stato solo uno dei tanti feudi preferiti della morte, l'implacabile nemico della razza umana, che durante la Seconda Guerra Mondiale ha colpito il pianeta con un massacro senza precedenti che ha comportato il sacrificio di più di sessanta milioni di vite.

Sappiamo che Birkenau (Auschwitz II) e Monowitz (Auschwitz III) furono costruiti come dipendenze di Auschwitz I, dove si trovava il centro amministrativo dell'intero sistema di campi della zona. Commentando la testimonianza davanti all'IMT di Josef Kramer, comandante di Birkenau dal maggio al novembre 1944, è stato detto che Kramer ammise nella sua dichiarazione che a Birkenau morivano settimanalmente tra le 350 e le 500 persone. "Avevo un campo con persone malate", ha detto, "che venivano da altre parti del campo". Nella sua prima dichiarazione, Kramer ha insistito sul fatto che i medici, che lavoravano dodici ore al giorno, erano tenuti a certificare le cause di morte dei prigionieri, che normalmente non venivano maltrattati e venivano cremati quando morivano. Sostenendo che a Birkenau andavano persone dagli altri campi che non erano più in grado di lavorare, "persone malate", Kramer cercava di giustificare l'alto tasso di mortalità. In altre parole, Birkenau sarebbe stato progettato per ospitare prigionieri malati, vecchi, bambini, moribondi e persone che non potevano più lavorare. Tutti i prigionieri malati di Monowitz che non erano in grado di lavorare furono inviati a Birkenau. Anche i prigionieri in transito venivano ospitati a

Birkenau. Infatti, c'era un'area del campo riservata esclusivamente agli zingari e un'altra in cui venivano ospitate le famiglie di ebrei provenienti da Theresienstadt. Birkenau, che, come Auschwitz I, era inizialmente destinato a fornire manodopera per lo stabilimento Krupp, la fabbrica elettrica Siemens o la I.G. Farben e i suoi subappaltatori, divenne un campo più grande di Auschwitz I, utilizzato dalle SS per diverse esigenze.

Secondo Reitlinger, tra l'estate del 1942 e l'estate del 1944 solo una frazione della popolazione di Birkenau lavorò. Nell'aprile del 1944, mentre la guerra entrava nel periodo più critico per la Germania, dei 36.000 detenuti di Birkenau quasi la metà era considerata non idonea all'impiego come operaia; al contrario, ad Auschwitz I, su 31.000 prigionieri, solo il 10% era considerato non idoneo al lavoro. Come abbiamo visto, fu a Birkenau che vennero costruite le strutture più grandi per l'eliminazione dei cadaveri tramite incenerimento nei forni crematori. I documenti dell'NMT mostrano che nel maggio 1944 c'erano 18.000 prigionieri maschi a Birkenau, due terzi dei quali erano classificati come "paralitici", "inutilizzabili" e "non assegnati", e quindi erano messi in quarantena nei blocchi malati, a dimostrazione che essere malati non significava essere immediatamente giustiziati. Alcuni sterminazionisti sembrano aver considerato il fatto che i vestiti dei prigionieri trasferiti a Birkenau siano stati restituiti a Monowitz come una prova della loro eliminazione. Il professor Butz respinge questa affermazione, sostenendo che il ritorno era dovuto al fatto che venivano trasferiti dal bilancio della I.G. Farben a quello delle SS. Con l'avvicinarsi del 1944, la sconfitta della Germania divenne irreversibile e la situazione a Birkenau divenne sempre più disastrosa, poiché il campo riceveva detenuti evacuati da altri campi e la popolazione aumentava fino a 100.000 persone. Allora, come accennò Josef Kramer, in un mese potevano morire fino a 2.000 persone.

Non è facile determinare il numero di morti ad Auschwitz-Birkenau. Esistono stime della Croce Rossa olandese sul tasso di mortalità durante l'epidemia di tifo che costrinse alla chiusura dello stabilimento I.G. Farben Buna nell'agosto e nel settembre 1942. Secondo questa fonte, tra il 16 luglio e il 19 agosto il tasso medio di mortalità a Birkenau fu di 186 morti al giorno solo tra gli uomini. La Croce Rossa olandese specifica il numero di morti tra il 28 settembre e il 2 ottobre 1942. Solo in questi sei giorni sono morte 1.500 persone. Lo stesso rapporto fornisce i dati relativi ad altri due periodi: tra il 30 ottobre 1942 e il 25 febbraio 1943 il tasso medio di mortalità era di 360 persone a settimana, mentre dal 26 febbraio al 1° luglio 1943 viene indicata la cifra di 185 morti a settimana. In queste circostanze, è comprensibile che si sia optato per la costruzione immediata di forni crematori, al fine di smaltire i corpi in modo pulito e prevenire la diffusione di epidemie.

Nella seconda parte del capitolo, che tratta dei campi in Germania, si è già detto che l'alto tasso di mortalità ha fatto scattare tutti i campanelli d'allarme. È stato discusso l'ordine di Himmler del 28 dicembre 1942, in cui chiedeva di ridurre le morti nei campi "a tutti i costi". Si è anche visto che il 20 gennaio 1943 Richard Glücks, il generale delle SS responsabile dell'Ispettorato dei campi, ordinò in una circolare di "usare tutti i mezzi per ridurre il tasso di mortalità". Oswald Pohl presentò a Himmler i dati ufficiali del Dipartimento principale dell'Amministrazione economica, secondo i quali nel solo agosto 1942 morirono 12.217 prigionieri su un totale di 115.000 detenuti dei campi di concentramento. Poiché la manodopera era essenziale per sostenere lo sforzo bellico al suo apice, queste cifre erano intollerabili. È ridicolo affermare che questi ordini così netti sulla necessità di mantenere in vita i prigionieri fossero strategie per nascondere un progetto di sterminio di massa.

Il 15 marzo 1943 Pohl arrivò a lamentarsi con Himmler che i prigionieri inviati dal Ministero della Giustizia dalle carceri soffrivano di "debolezza fisica" e molti di loro erano "malati di tubercolosi". Il 10 aprile 1943 Oswald Pohl chiese a Himmler di approvare una bozza di lettera al Ministro della Giustizia del Reich in cui lamentava che su 12.658 prigionieri consegnati ai campi di concentramento, 5.935 erano morti entro il 1° aprile. Arthur R. Butz riproduce un estratto della lettera, in cui Pohl si lamenta in questi termini: "Il numero sorprendentemente alto di morti è dovuto al fatto che le prigioni trasferiscono i detenuti nelle peggiori condizioni fisiche possibili". Il professor Butz è dell'opinione che ci fosse una rivalità o un conflitto di interessi tra i Dipartimenti. Secondo lui, "le prigioni in Germania avevano indubbiamente i loro interessi economico-produttivi e non solo erano riluttanti a rinunciare ai loro prigionieri più sani, ma erano persino desiderosi di rinunciare ai più deboli o malati".

Arthur R. Butz, in sintesi, ammette che la metà di tutti i decessi nei campi di concentramento tedeschi tra il 1942 e il 1944 avvenne ad Auschwitz-Birkenau, un fatto che fu usato dai propagandisti ebrei per lanciare l'affermazione che si trattava di un campo di sterminio. Ciò avvenne con la menzogna di trasformare il gas usato come mezzo di disinfezione nell'agente usato per massacrare milioni di ebrei. In realtà, le famiglie ebree con bambini vissero per mesi a Birkenau in baracche che erano state disinfettate con Zyklon-B.

Il *Rapporto Leuchter* su Auschwitz-Birkenau e Majdanek

Nel 1985 si svolse a Toronto il primo dei processi contro Ernst Zündel, celebre combattente revisionista tedesco, di cui bisognerà necessariamente scrivere di più in seguito, quando dedicheremo alla persecuzione dei revisionisti lo spazio che merita. Denunciato da un'organizzazione ebraica chiamata "Holocaust Remembrance Association", è stato processato con l'accusa di "pubblicazione di notizie false". I giudici si sono basati su una legge inglese del 1275, raramente applicata, che vietava al volgo di prendere in giro i cavalieri in versi satirici. Zündel aveva pubblicato il libro di Richard Harwood *Did Six Million Really Die?* attraverso la "Samisdat Publishers", una piccola casa editrice da lui fondata nel 1978, che divenne poi produttrice di video, interviste radiofoniche, programmi televisivi e altri documenti storici di grande valore per il movimento revisionista.

Il processo durò sette settimane, durante le quali Raul Hilberg e Rudolf Vrba testimoniarono su richiesta della lobby ebraica canadese. L'avvocato Douglas Christie, leggendario quasi quanto lo stesso Zündel, mise alle strette Hilberg, che non riuscì a produrre un solo documento che provasse l'esistenza del piano di sterminio. Non riuscì nemmeno a produrre una perizia tecnica sulle camere a gas o un referto autoptico che provasse la morte di un detenuto a causa del gas Zyklon. Le aspettative dell'accusa ricaddero quindi sui testimoni Arnold Friedman e Rudolf Vrba. Il primo, in balia dell'abile controesame dell'avvocato Christie, alla fine perse i nervi e dovette ammettere di non aver visto nulla e che ciò che sapeva "lo aveva sentito da persone credibili". Vrba, la fonte teorica del rapporto WRB, ha commesso numerose contraddizioni, errori e imprecisioni che lo hanno smascherato. Per rimediare a ciò, sostenne che nel suo libro *I Cannot Forgive* aveva fatto ricorso alla licenza poetica, cosa che irritò persino il procuratore Griffiths. Ciononostante, Zündel fu condannato a 15 mesi di carcere. Il governo della Germania occidentale confiscò il suo passaporto e ne chiese l'estradizione. Nel gennaio 1987, tuttavia, la Corte d'Appello dell'Ontario annullò il processo, ritenendo che il giudice, Hugh Locke, avesse dato istruzioni alla giuria e nascosto prove alla difesa. Fu ordinato un nuovo processo, che iniziò il 18 gennaio 1988.

Questo secondo processo, durato quattro mesi, segnò una svolta: la pubblicazione durante il processo di una perizia tecnico-scientifica, il *Rapporto Leuchter, mise* definitivamente in discussione le affermazioni degli sterminazionisti su Auschwitz-Birkenau e Majdanek. Dopo il secondo processo contro Ernst Zündel, il revisionismo ha preso slancio e ha iniziato a crescere a livello internazionale. Oggi è un'impresa intellettuale pericolosa ed eccitante di prim'ordine, poiché gli storici e i ricercatori che chiedono la verità storica sono perseguitati come criminali e condannati per crimini di pensiero, pur insistendo sulle loro tesi. È stato il professor Robert Faurisson che, all'inizio del processo, ha avuto la brillante idea di rivolgersi ad Alfred Leuchter, allora considerato un esperto indiscusso di esecuzioni, in quanto progettista e costruttore di varie attrezzature per i penitenziari statunitensi: camere a gas, sedia elettrica e iniezione letale. Da qui il suo soprannome "Mr. Death".

Lo stesso Alfred Leuchter spiega come tutto ebbe inizio: "Nel febbraio 1988 il dottor Robert Faurisson mi contattò attraverso il processo del signor Ernst Zündel e mi chiese di prendere in considerazione una commissione per indagare sulle presunte camere a gas di esecuzione gestite dai nazisti in Polonia, e allo stesso tempo di fornire un parere ingegneristico sulla loro operatività ed efficienza". Inoltre, mi è stato chiesto di effettuare una valutazione forense dei crematori esistenti". Leuchter si incontrò con Zündel, l'avvocato Christie e altri membri del team, che gli spiegarono che intendevano utilizzare il suo parere nella causa "The Queen v. Zündel", in corso presso la Corte distrettuale di Toronto. Una volta accettato l'incarico, Fred Leuchter decise che l'indagine avrebbe incluso tutti i crematori e le presunte camere a gas di Auschwitz, Birkenau e Majdanek (Lublino).

Il 25 febbraio 1988, Leuchter iniziò il suo storico viaggio in Polonia con la moglie Carolyn, un disegnatore tecnico di nome Howard Miller, il cameraman Jürgen Neumann e l'interprete Theodor Rudolf. Sul posto vennero ispezionate tutte le strutture necessarie, vennero prese le misure, vennero prelevati campioni forensi, vennero esaminati i manuali sulla progettazione e sul funzionamento delle camere di disinfezione DEGESCH, sul gas Zyklon-B e i materiali sui processi di esecuzione. Al termine del lavoro, Leuchter e la sua squadra tornarono il 3 marzo 1988. Il 20 e 21 aprile, Fred Leuchter partecipò come testimone al processo contro Zündel.

Prima di passare a parlare del *Rapporto Leuchter*, potrebbe essere interessante per i lettori sapere che esiste un bellissimo film intitolato *Mr. Death: The Rise and Fall of Fred A. Leuchter, Jr.* Il suo autore, Errol M. Morris, regista newyorkese di origine ebraica, è noto per la qualità dei suoi documentari. Morris, dopo aver appreso dalla stampa che Fred Leuchter veniva pubblicamente fatto a pezzi a causa del suo rapporto sulle camere a gas, decise di realizzare un documentario che gli costò sei anni di lavoro. In esso, sterminazionisti come Shelly Shapiro, che avverte gli spettatori di non lasciarsi ingannare dal "razzista" e "antisemita" Leuchter, o il chimico James Roth, che ha testimoniato durante il processo di non aver trovato alcuna traccia di Zyklon-B nei campioni analizzati e che nel film afferma vergognosamente: "Se avessi saputo che i campioni provenivano da quei luoghi, i risultati dei miei test sarebbero stati diversi". Oltre a Leuchter, nel documentario compaiono lo storico inglese David Irving ed Ernst Zündel. Zündel, che nel 2005 è stato infine estradato in Germania, dove è stato formalmente accusato di "incitamento all'odio" e condannato a cinque anni di carcere, ha impiegato un po' di tempo per decidere di partecipare al film, poiché dubitava dell'obiettività di Errol Morris. Fu lo stesso Morris a convincerlo personalmente che non faceva parte della lobby finanziaria e giornalistica sionista e che intendeva agire in modo onesto e obiettivo. Zündel accettò quindi di aiutare il documentarista ebreo e gli offrì materiali di ogni tipo. Morris non mentì e riuscì a completare un film impeccabile, che fu proiettato al Toronto International Film Festival nel settembre 1999. Il film finisce per mostrare un Fred Leuchter distrutto dalla lobby dell'Olocausto, senza lavoro e senza famiglia, che scompare camminando lungo un'autostrada. Nonostante tutto ciò, dà l'immagine di un uomo integro, che si aggrappa alla verità e che mantiene la validità del suo lavoro.

Breve recensione del *Rapporto Leuchter*

Lo scopo principale dell'indagine era verificare se le camere a gas e i crematori avessero funzionato come sostenevano gli sterminatori. A tal fine, le strutture sono state ispezionate fisicamente, ne è stato studiato il design ed è stata effettuata una descrizione della procedura per determinare la quantità di gas utilizzata, i tempi di esecuzione e di ventilazione necessari, lo spazio e la capacità delle camere e i tempi di manipolazione e combustione dei cadaveri. L'obiettivo era quello di determinare la veridicità e la credibilità dei resoconti che costituiscono la storia ufficiale. Nelle parole di Fred Leuchter, l'obiettivo era quello di "fornire prove e informazioni scientifiche dai siti reali e di esprimere un'opinione basata sui dati scientifici, quantitativi e ingegneristici disponibili".

Dal punto di vista metodologico, abbiamo proceduto con assoluto rigore. La prima cosa che è stata fatta è stato uno studio generale del contesto dei materiali. Il gas cianuro di idrogeno o acido cianidrico, usato come fumigante fin da prima della Prima Guerra Mondiale, era stato utilizzato anche con il vapore acqueo e l'aria calda. Gli Alleati lo usarono con il DDT durante la Seconda Guerra Mondiale. Il gas, sottolinea Leuchter, "si ottiene dalla reazione del cianuro di sodio con l'acido solforico diluito. Il prodotto della reazione chimica, l'HCN, utilizzato per il controllo dei parassiti e degli insetti nelle navi, negli edifici, nelle camere o in altre strutture progettate a tale scopo, viene proiettato nell'aria con un residuo di acido prussico (acido cianidrico)". Nella sua rassegna dei retroscena di questo pericoloso fumigante chimico. Leuchter ricorda il contesto e i luoghi del mondo in cui l'HCN è stato utilizzato per il controllo delle malattie.

Dopo aver spiegato in dettaglio le condizioni di confezionamento del prodotto, commercializzato come Zyklon-B in forma di compresse e pellet, le modalità di spandimento, la temperatura dell'aria richiesta (25,7°C), il tempo minimo per completare la fumigazione (da 24 a 48 ore) e altre specifiche tecniche come la densità del vapore, il punto di fusione, la pressione del vapore, l'aspetto, il colore e l'odore, Leuchter scrive quanto segue nel suo rapporto:

> "Dopo la fumigazione, la ventilazione dell'area richiede un minimo di dieci ore, che dipende dai locali (e dal volume) e più a lungo se l'edificio non ha finestre o lucernari. L'area fumigata deve poi essere sottoposta a un test chimico per verificare la presenza di gas prima dell'ingresso. A volte vengono utilizzate maschere antigas, ma non sono sicure e non dovrebbero essere indossate per più di dieci minuti. Per evitare l'avvelenamento della pelle, è necessario indossare una tuta chimica completa. Più calda è la temperatura e più secco è l'ambiente, più sicura e veloce sarà la manipolazione.

Dopo aver appreso tutte queste precauzioni che devono essere prese per preservare la sicurezza di coloro che interagiscono con l'acido cianidrico, diventa chiaro che le cose non possono essere accadute come raccontano i mitologi dell'Olocausto. Secondo loro, poco dopo l'introduzione del gas velenoso attraverso finte docce o speciali condotti nel tetto delle camere, i corpi degli ebrei morti venivano immediatamente rimossi e ammassati all'esterno. Per massimizzare la produzione delle "strutture di sterminio", le camere si riempirono presto di nuovi gruppi di vittime in attesa del loro turno per l'omicidio di massa. Lo sfortunato Rudolf Höss, che divenne la star di Norimberga, raccontò nella sua confessione che i soldati tedeschi fumavano sigarette (l'acido cianidrico è altamente infiammabile ed esplosivo) e mangiavano mentre rimuovevano i corpi dalle camere solo pochi minuti dopo che erano stati gassati. Poiché l'HCN è un veleno ad azione rapida che può essere fatale se inalato o assorbito attraverso la pelle, sarebbe stato estremamente pericoloso rimuovere i cadaveri dalle camere senza tute protettive e maschere antigas.

Nessuno meglio di Alfred Leuchter, che aveva progettato la camera a gas per il penitenziario statale del Missouri a Jefferson City, conosceva i dettagli del processo di gassazione e i problemi di tenuta. Il suo rapporto di 192 pagine, comprese le appendici, spiega in dettaglio come dovrebbe essere progettato un impianto di fumigazione, e in particolare una camera a gas per le esecuzioni, che dovrebbe avere un involucro saldato a prova di pressione. Tra le altre caratteristiche, descrive l'impermeabilizzazione, il modo in cui dovrebbe essere riscaldata, l'importanza della circolazione e della capacità di scarico dell'aria, allude alla necessità di un camino alto almeno dodici metri o di un inceneritore per lo scarico e insiste sul fatto che dovrebbe avere mezzi per una distribuzione uniforme del gas. Nel complesso, le spiegazioni di Fred Leuchter ci fanno capire che una camera a gas è un'installazione molto complessa che deve soddisfare requisiti esaustivi. Prendiamo un estratto come esempio:

> "I rilevatori di gas sono utilizzati per la sicurezza. In primo luogo, nella camera, dove un sistema di chiusura elettronico impedisce l'apertura della porta prima che la camera sia sicura. In secondo luogo, all'esterno della camera, nelle aree riservate ai testimoni e al personale, che attivano un allarme acustico, e nel sistema di aspirazione e scarico dell'aria per proteggere i testimoni, oltre che per fermare l'esecuzione ed evacuare la camera. Il sistema di sicurezza contiene anche campane d'allarme, trombe e segnali luminosi. Inoltre, nel sito della camera sono presenti respiratori di emergenza (serbatoi d'aria), kit di primo soccorso per l'HCN, attrezzature mediche di emergenza per l'HCN e un apparecchio di rianimazione nel sito adiacente per il personale medico. La progettazione di una camera a gas comporta la considerazione di molti problemi complicati. Un errore da qualche parte potrebbe, e probabilmente lo farà, causare morte o lesioni agli astanti e ai tecnici".

Dopo aver fatto riferimento alle prime camere a gas negli Stati Uniti e averne descritto le caratteristiche e il funzionamento, Fred Leuchter fornisce una breve storia delle presunte camere a gas tedesche, compresa la confessione di Rudolf Höss secondo cui "le esecuzioni con il gas iniziarono nell'estate del 1941". Leuchter fa riferimento a testi ufficiali ottenuti dai musei statali di Auschwitz e Majdanek, dove la prima gassazione sarebbe avvenuta in due case di contadini, successivamente modificate. Poiché il suo incarico non comprendeva le presunte gasazioni con monossido di carbonio a Belzec, Treblinka e Sobibor, non ha visitato questi luoghi. Tuttavia, come tutti gli esperti, nota l'inadeguatezza del CO come gas per le esecuzioni. Per quanto riguarda i siti che sono stati al centro del suo lavoro, nel 1988 ha trovato i presunti impianti di esecuzione di Auschwitz I (Crematorio I) e Majdanek nella loro forma originale. A Birkenau, invece, i crematori II, III, IV e V erano crollati e rasi al suolo. A Majdanek, il primo crematorio con il bruciatore a combustibile era stato distrutto e il crematorio con la presunta camera a gas ricostruito, con i soli forni originali rimasti. Dopo aver ricordato che, secondo le informazioni del Museo di Auschwitz, il crematorio I di Auschwitz, i crematori II, III, IV e V di Birkenau e il crematorio esistente a Majdanek erano crematori e camere a gas combinati, Leuchter scrive: "Il primo crematorio di Auschwitz, i crematori II, III, IV e V di Birkenau e il crematorio esistente a Majdanek erano crematori e camere a gas combinati". Leuchter scrive quanto segue:

> "L'ispezione in loco di queste strutture ha rilevato una progettazione estremamente carente e pericolosa per strutture che dovevano servire come camere a gas per le esecuzioni. Non sono previste guarnizioni alle porte, alle finestre e alle bocchette di; la struttura non è ricoperta di catrame o di altri sigillanti per impedire l'infiltrazione o l'assorbimento di gas. I crematori adiacenti rappresentano un potenziale rischio di esplosione. I mattoni e l'intonaco porosi esposti potrebbero accumulare HCN e rendere queste strutture pericolose per l'uomo per diversi anni. Il crematorio I si trova accanto all'ospedale delle SS di Auschwitz e ha scarichi a pavimento collegati alla fognatura principale, il che permetterebbe al gas di entrare in tutti gli edifici del complesso. Non c'erano sistemi di estrazione per sfogare il gas dopo l'uso e non c'erano riscaldatori o meccanismi per disperdere il gas Zyklon-B o per la sua introduzione o evaporazione. Lo Zyklon-B è stato presumibilmente scaricato attraverso le bocchette del tetto e le finestre, il che non consente la distribuzione del gas o dei pellet. Le strutture sono sempre umide e non riscaldate. Come già detto, l'umidità e lo Zyklon-B sono incompatibili. Le camere sono troppo strette per adattarsi fisicamente agli occupanti previsti e tutte le porte si aprono verso l'interno, impedendo la rimozione dei corpi. Con le camere piene di occupanti, non ci sarebbe stata circolazione di HCN all'interno della stanza. Inoltre, se il gas avesse

effettivamente riempito la camera per un periodo di tempo prolungato, le persone che versavano lo Zyklon-B attraverso le bocchette del soffitto e verificavano la morte degli occupanti sarebbero morte a loro volta, essendo esposte all'HCN. Nessuna delle presunte camere a gas è stata costruita secondo il progetto delle camere di disinfezione, che apparentemente hanno funzionato in modo sicuro per anni. Nessuna di queste camere è stata costruita secondo i progetti noti e approvati delle strutture operative dell'epoca negli Stati Uniti. Non sembra logico che i presunti progettisti di queste cosiddette camere a gas abbiano mai consultato o preso in considerazione la tecnologia degli Stati Uniti, che all'epoca erano l'unico Paese a giustiziare i prigionieri con il gas".

Come si può vedere, si tratta di un'impossibilità che si aggiunge a un'altra impossibilità. Le camere di disinfezione, tuttavia, soddisfacevano perfettamente i requisiti di sicurezza richiesti; pertanto, dice Leuchter, "hanno funzionato in modo sicuro per anni". Si vedrà in seguito che i campioni ottenuti in esse contengono le prove inconfondibili dello Zyklon. Le pareti di queste strutture di disinfezione mostrano il tipico colore bluastro dell'acido prussico che avrebbero avuto le pareti delle presunte camere a gas se fosse stato usato al loro interno. Anche mezzo secolo dopo, il colore blu dell'HCN è chiaramente visibile sulle pareti esterne delle camere di disinfezione. Germar Rudolf, il chimico laureato e autore del *Rapporto Rudolf*, di cui si parlerà più avanti, si è fotografato all'interno e all'esterno di una camera di disinfezione per mostrare i segni inconfondibili del colore blu prussico.

La meticolosa descrizione di Leuchter degli impianti di Majdanek conferma che essi non erano in grado di soddisfare gli scopi loro attribuiti, ma non ripeteremo le stesse incompatibilità, perché ora dobbiamo parlare dei crematori. In una panoramica storica, Leuchter osserva che la cremazione dei cadaveri è stata praticata per secoli da molte culture. Ricorda anche che l'ebraismo ortodosso la proibiva e che la Chiesa cattolica la disapprovava fino a quando non ammorbidì la sua posizione alla fine del XVIII secolo. Dopo aver spiegato che i primi crematori in Europa consistevano in forni riscaldati con carbone o coke, ne descrive la descrizione e il funzionamento. Il forno utilizzato per bruciare i cadaveri è chiamato "storta". È interessante, dal momento che gli sterminazionisti sostengono che 1.800.000 corpi sono stati bruciati all'aperto a Belzec, Treblinka e Sobibor, citare il testo di Leuchter, il quale chiarisce che "le vecchie storte erano semplicemente forni che estraevano dal cadavere tutto il liquido per ebollizione e lo riducevano in cenere. Le ossa", aggiunge, "non possono essere bruciate e ancora oggi devono essere ridotte in polvere. Oggi i vecchi mortai sono stati sostituiti da macchine per la macinazione". Leggendo queste righe, non si può fare a meno di riportare alla mente le favolose immagini dei prigionieri ebrei che schiacciavano con mazze e martelli le ossa dei corpi bruciati su grandi pire nelle gelide notti del rigido inverno polacco. Ecco un estratto del *Rapporto Leuchter* sulle storte:

> "Le vecchie storte erano semplici forni in mattoni per l'essiccazione o la cottura, e si limitavano a essiccare i resti umani. Le moderne storte d'acciaio, rivestite di refrattario, ora gettano il fuoco attraverso i tubi, direttamente sui corpi, incendiandoli e provocandone la rapida combustione. Le storte moderne hanno anche un secondo bruciatore o postcombustore per bruciare nuovamente tutte le particelle contaminanti del materiale gassoso bruciato... Queste storte moderne, o crematori, bruciano a una temperatura di oltre 2.000° F (circa 1.100° Celsius). Con il secondo bruciatore la temperatura è di 1.600° F. Questa temperatura elevata fa sì che il corpo stesso bruci e si disperda, permettendo al bruciatore di chiudersi... A 2.000° F, o più, le storte moderne bruciano un corpo in 1:25 ore. In teoria, si ottengono 19,2 corpi in un periodo di 24 ore. Le raccomandazioni della fabbrica per il funzionamento normale e l'uso continuato prevedono tre o meno cremazioni al giorno.
> I crematori utilizzati nelle installazioni tedesche erano di vecchio tipo. Erano costruiti in mattoni e malta di cemento, rivestiti di mattoni refrattari. Tutti i forni avevano storte multiple (come le abbiamo chiamate in precedenza), alcuni con insufflatori d'aria (anche se nessuno aveva una combustione diretta), nessuno aveva postcombustione e tutti erano forni a coke, tranne un impianto che non esiste più, a Majdanek. Nessuna delle storte ispezionate in tutti i siti visitati era progettata per l'incenerimento multiplo dei cadaveri. Va notato che, a meno che non siano specificamente progettate per un tasso di calore più elevato, che riduce i resti in ossa, le storte non consumano i materiali posti al loro interno".

Una delle otto tabelle *del Rapporto Leuchter* contiene uno studio della produzione teorica ed effettiva di sette crematori: i quattro di Birkenau, i due di Majdanek e quello di Auschwitz I, per un totale di 73 storte. Secondo i calcoli di Leuchter, la produzione teorica di questi crematori sarebbe di 469,2 corpi bruciati in 24 ore, mentre la produzione effettiva sarebbe di 207 corpi. In altre parole, se questi forni avessero funzionato per mille giorni consecutivi, sarebbero stati bruciati in totale 207.000 cadaveri. Ricordiamo che, in uno sfoggio di volontarismo, il professor Butz aveva stimato che le 46 storte dei quattro crematori di Birkenau, fermandosi per una sola ora, sarebbero state in grado di cremare mille cadaveri al giorno.

    Il cianuro, se non entra in contatto con altre sostanze chimiche che producono una reazione, rimane a lungo nella malta di cemento, nei mattoni e nel calcestruzzo. Fred Leuchter ha prelevato selettivamente trentuno campioni dalle presunte camere a gas dei crematori I, II, III, IV e V di Auschwitz-Birkenau. Un campione di controllo è stato prelevato dalla camera di delocalizzazione, dove si sapeva che il gas era stato usato. Il cianuro si combina con il ferro nei mattoni e nella malta di cemento e si trasforma in ferrocianuro, un complesso molto stabile di ferro e cianuro chiamato anche pigmento blu di Prussia. Gli esami chimici di questo campione proveniente dalla camera di disinfezione, il numero 32, hanno effettivamente mostrato una concentrazione molto elevata di cianuro. Al contrario, quasi tutti i campioni provenienti dalle presunte camere a gas dei crematori hanno dato risultati negativi. Solo alcuni di essi hanno mostrato livelli molto bassi, appena significativi. Secondo Leuchter, "le piccole quantità rilevate indicherebbero che a un certo punto queste strutture sono state disinfettate con lo Zyklon-B, così come tutti gli edifici e le costruzioni di queste strutture". Il Rapporto conclude quindi che questi siti non erano camere di esecuzione a gas.

Lo studio dettagliato del Crematorio I di Auschwitz I dimostra che la presunta camera a gas era in realtà un obitorio e successivamente un rifugio antiaereo. Leuchter riuscì ad ottenere le planimetrie dai funzionari del museo e ne fece un'analisi dettagliata. Decise di allegare alla sua relazione un disegno in scala realizzato da lui stesso il 23 marzo 1988, che è incluso nell'Appendice V insieme a quelli degli altri crematori e delle camere di disinfezione di Majdanek, anch'essi realizzati dallo stesso Leuchter. Su questi disegni sono indicati i luoghi in cui sono stati prelevati i campioni. Il crematorio I, secondo, è stato ufficialmente ricostruito per il periodo dal 25 settembre 1941 al 21 settembre 1944 e la guida ufficiale del museo di Auschwitz afferma che l'edificio è fisicamente nelle stesse condizioni in cui fu trovato il 27 gennaio 1945. Leuchter descrive con precisione questo crematorio: le dimensioni dei locali, le aperture nel soffitto, la canna fumaria del fornello nell'area dell'obitorio, le porte, i cancelli e persino i telai che non avevano porte, l'impianto di illuminazione, che non era a prova di esplosione, ecc. Per quanto riguarda l'affermazione che l'obitorio fu usato come camera a gas, egli scrisse quanto segue:

> "La presunta camera a gas, come già detto, non è stata progettata per essere utilizzata in questo modo. Non c'è alcuna indicazione o prova della presenza di un sistema di scarico o di un ventilatore di qualsiasi tipo in questo edificio. Il sistema di ventilazione delle presunte camere a gas consisteva semplicemente in quattro aperture quadrate nel tetto, che evacuavano i gas fino a un metro e mezzo dal tetto. Sfogando il gas HCN in questo modo, esso avrebbe inevitabilmente raggiunto le vicinanze dell'ospedale delle SS, a breve distanza sull'altro lato della strada, uccidendo i pazienti e il personale medico. A causa del fatto che l'edificio non è stato sigillato per evitare perdite, in quanto nessuna porta è dotata di sigilli per evitare che il gas raggiunga il crematorio, e che ci sono scarichi che permettono al gas di raggiungere tutti gli edifici del campo, e che non c'è un sistema di riscaldamento e di circolazione, nessun sistema di ventilazione o camini e nessun sistema di distribuzione del gas, oltre all'umidità costante e all'assenza di circolazione a causa del numero di persone nelle camere a gas, e nessun modo per introdurre il materiale

Zyklon-B, sarebbe un suicidio tentare di usare questo obitorio come camera di gasazione. Il risultato sarebbe un'esplosione o una fuga di gas che coinvolgerebbe l'intero campo".

Per quanto riguarda i quattro edifici di Birkenau. II e III erano strutture identiche con tre obitori nel seminterrato e un crematorio con cinque forni e quindici storte, che si trovava al primo piano. Il trasporto dei corpi dagli obitori ai crematori avveniva tramite ascensori: i tre obitori, che non avevano porte, conducevano a una stanza dove il montacarichi saliva in prossimità dei forni. Abbiamo indagato le aree in cui la storiografia ufficiale colloca le presunte camere a gas, che negli schizzi disegnati da Leuchter e basati sui progetti originali corrispondono all'obitorio n. 1. Tutto ciò che è stato menzionato nella citazione precedente si ripete: nessuna ventilazione, nessun sistema di riscaldamento o di circolazione, nessuna traccia di porte o telai? Poiché parti dell'edificio del crematorio III sono scomparse, Leuchter riconosce di non aver potuto determinare lo stesso. Sottolinea, tuttavia, che entrambi gli edifici hanno soffitti in cemento armato, senza aperture percepibili. Per quanto riguarda l'affermazione che le colonne di fossero cave allo scopo di condurre i gas, secondo alcuni rapporti, questa possibilità è completamente esclusa. Leuchter afferma che sono tutte solide, in cemento armato, esattamente come indicano i progetti catturati dai tedeschi. Il rapporto conclude ancora una volta: "Tali installazioni sarebbero estremamente pericolose se venissero utilizzate come camere a gas e tale uso comporterebbe probabilmente la morte della persona che le utilizza e un'esplosione quando il gas raggiunge il crematorio".

La Tabella V del *Rapporto* fornisce una stima delle esecuzioni ipotetiche e della percentuale di utilizzo dei crematori II e III. L'obitorio n. 1, la presunta camera a gas dei crematori II e III, aveva una superficie di 232,25 metri quadrati. Con un calcolo rigoroso, Leuchter conclude che poteva contenere fino a 278 persone. Per riempire questa stanza di 566,40 metri cubi (altezza 2,5 metri) con gas HCN, sarebbero necessari 2,26 chili di Zyklon-B. Il tempo di ventilazione dopo un'esecuzione di questo tipo sarebbe di almeno sette giorni, se si è molto ottimisti. Secondo queste stime, 556 persone potrebbero essere state gasate in una settimana tra i due crematori, il che equivale a 2.224 al mese e 26.688 all'anno. Sulla base di questa perizia, ci si rende facilmente conto che ci vuole molto candore per dare credibilità alla dichiarazione di Rudolf Höss, che ha detto: "Un altro miglioramento che abbiamo fatto rispetto a Treblinka è stato quello di costruire le nostre camere a gas per 2.000 persone alla volta". Per quanto riguarda l'uso dei crematori, Leuchter stima per ciascuno di essi un rapporto ipotetico di 714 persone a settimana e 315 in tempo reale.

I crematori IV e V erano identici. Ognuno di essi aveva due forni con quattro storte, anche se non è stato possibile verificarlo sul posto. Leuchter non osa dichiarare il loro esatto aspetto fisico, poiché gli edifici furono rasi al suolo. A quanto pare, l'edificio era fatto di mattoni rossi e intonaco, con un pavimento in cemento e senza scantinato. In ogni caso, se le planimetrie degli edifici sono corrette, il rapporto afferma che non c'erano camere a gas in queste strutture per le stesse ragioni addotte per i crematori precedenti.

Per quanto riguarda l'impianto di Majdanek, eviteremo ogni ulteriore discussione per non ripetere inutilmente le stesse o analoghe considerazioni. Leuchter allega la Tabella VII ("Proporzioni ipotetiche di esecuzioni a Majdanek"), in cui fissa il numero di persone che avrebbero potuto essere giustiziate a settimana nelle camere n. 1 e n. 2 a 54 e 24 rispettivamente. Conclude: "La mia opinione ingegneristica è che le camere n. 1 e n. 2 non sono mai state, e non avrebbero mai potuto essere, utilizzate come camere a gas per le esecuzioni. Nessuna delle due strutture di Majdanek è adatta e non sono state utilizzate per le esecuzioni". Il *Rapporto Leuchter* si conclude con un paragrafo in cui, in poche righe, si traggono le seguenti conclusioni generali:

> "Dopo aver esaminato tutto il materiale e aver ispezionato tutti i siti di Auschwitz, Birkenau e Majdanek, l'autore trova le prove schiaccianti. Non esistevano camere a gas per le esecuzioni in nessuno di questi siti. L'autore ritiene che le presunte camere a gas nei siti esaminati non potessero essere utilizzate né allora né oggi. Né si dovrebbero prendere sul serio le opinioni secondo cui esse avrebbero funzionato come camere a gas per le esecuzioni.
> Fatto il 5 aprile 1988 a Malden, nel Massachusetts.
> Fred Leuchter Associates.
> Firmato
> Fred A. Leuchter, Jr.
> Ingegnere capo".

In breve, le presunte camere a gas non erano tali: avrebbero avuto continue perdite perché non erano sigillate, non avevano distributori di gas o meccanismi di riscaldamento e la ventilazione era inadeguata. Inoltre, i tedeschi non sarebbero mai stati così stupidi da costruirle accanto ai crematori, come sostiene la storiografia ufficiale, perché sarebbe stato un suicidio. Lo Zyklon-B sarebbe rimasto nelle camere per almeno una settimana e solo con tute e maschere speciali sarebbe stato possibile operarvi per un breve periodo. In realtà, si trattava di camere mortuarie. Per quanto riguarda i crematori, la loro capacità di cremazione sarebbe stata in grado di eliminare solo una piccola parte dei presunti milioni di persone di cui parlano i propagandisti dell'Olocausto. I campioni prelevati dalle "camere a gas" e dalle camere di disinfezione mostrano che nelle prime le tracce di cianuro erano molto ridotte, mentre nelle seconde contenevano dosi molto elevate. Come già detto, l'analisi del cianuro non fu effettuata da Leuchter stesso, ma da un chimico americano di nome James Roth, che non conosceva la provenienza dei campioni.

Naturalmente, nessun media prestò la minima attenzione al *Rapporto Leuchter*. Ci furono tuttavia due tentativi di confutazione: nel 1989 il francese Jean-Claude Pressac pubblicò *Auschwitz: Technique and Operation of the Gas Chambers* in New York, che nonostante il titolo non riferisce sul funzionamento delle camere a gas; e nel 1990 il tedesco Werner Wegner in *Die Schatten der Vergangenheit (Le ombre del passato)* cercò anch'egli di confutare la competenza tecnica di Fred Leuchter. Entrambe le obiezioni sono state analizzate punto per punto da Udo Walendy nel numero 50 di *Historische Tatsachen (Fatti storici)*. Lo stesso Alfred Leuchter ha pubblicato nel 1991 un rapporto (discusso più avanti) per respingere e screditare senza mezzi termini il ragionamento di Pressac. Il professor Faurisson ha anche dimostrato nel numero 3 della *Revue d'Histoire Révisionniste* che Pressac stava inconsapevolmente rafforzando le opinioni revisioniste: nel suo libro, Jean-Claude Pressac arriva ad ammettere che il 95% dello Zyklon-B fu usato dai tedeschi nelle camere di disinfezione e solo il 5% per scopi omicidi.

Il 12 marzo 1992 Walter Lüftl, presidente della Camera Federale degli Ingegneri austriaca e perito giudiziario giurato, fu costretto a dimettersi dalla carica di presidente della Camera Federale degli Ingegneri austriaca. Lüftl aveva osato affermare nel cosiddetto "Rapporto Lüftl" che le presunte gassificazioni di massa ad Auschwitz erano tecnicamente impossibili[12]. Infine, il chimico tedesco Germar Rudolf pubblicò nel 1993 il *Rapporto Rudolf*, nel quale giunse alle stesse conclusioni di Leuchter, che critica per alcuni aspetti minori. Nel suo eccellente lavoro, lodato da esperti di tutto il mondo, Rudolf si basa su documenti inoppugnabili per confutare in modo clamoroso il libro di Pressac. A Germar Rudolf dedicheremo tempo e spazio tra poco.

Questa sezione sul *Rapporto Leuchter* non può essere chiusa senza fare un breve accenno agli altri tre rapporti Leuchter sulle camere a gas. Nel maggio 1988, Ernst Zündel fu comunque condannato a nove mesi di carcere. La sentenza fu appellata e il 27 agosto 1992 fu annullata, in quanto la Corte dichiarò che la legge sulla "pubblicazione di notizie false" era arcaica e incostituzionale perché violava i diritti fondamentali. Nel frattempo, invece di rannicchiarsi, Zündel, incoraggiato dai risultati delle perizie su Auschwitz-Birkenau e Majdanek, contattò nuovamente Fred Leuchter nel marzo 1989 e gli chiese di indagare su altri tre presunti siti di esecuzione con camere a gas: Dachau in Germania e Mauthausen e il castello di Hartheim in Austria. L'incarico consisteva nel produrre una relazione ingegneristica e

---

[12] Quello che accadde a Walter Lüftl fu uno scandalo vergognoso. Le istituzioni massoniche austriache furono particolarmente agguerrite nel chiedere le dimissioni di Walter Lüftl da presidente dell'Ordine degli Ingegneri. Sotto lo pseudonimo di Werner Rademacher, lo stesso Lüftl spiegò a lungo l'accaduto in *Der Fall Lüftl* (*Il caso Lüftl*), un opuscolo pubblicato a Tubinga nel 1944, incluso da Germar Rudolf in *Dissecting The Holocaust*.

uno studio forense di queste strutture. Il risultato del lavoro fu il secondo Rapporto Leuchter.

Il 9 aprile 1989 un'équipe guidata da Fred Leuchter, comprendente il dottor Faurisson, Mark Weber e altri cinque membri, ispezionò Dachau. Il giorno successivo si recò in Austria e lavorò negli altri due campi vicino a Linz. Nel raccontare gli eventi di Dachau, si è già detto che anche i propagandisti dell'Olocausto riconoscono che non ci sono stati campi di sterminio in Germania e che nessuno è stato gasato a Dachau. Ciò è stato confermato dal secondo Rapporto Leuchter, datato 15 giugno 1989 in Massachusetts. Anche per i due campi austriaci è stato stabilito che non esistevano camere di gasazione in nessuno di questi siti. Le conclusioni si concludono con questa schietta affermazione: "È piena convinzione di questo investigatore, in qualità di ingegnere, che le presunte camere a gas nei siti ispezionati non potevano allora, né possono oggi, essere state utilizzate o seriamente considerate adatte all'uso come camere di esecuzione a gas".

Il terzo Rapporto Leuchter nasce da un'altra richiesta di Ernst Zündel, che nell'ottobre 1989 incaricò l'ingegnere di ispezionare una camera a gas in funzione negli Stati Uniti. Il compito era quello di produrre un documento corredato da foto e video. La struttura ispezionata era la camera a gas del Mississippi State Penitentiary, che utilizzava gas cianuro di idrogeno (Zyklon-B) per le esecuzioni. Lo scopo era quello di dimostrare i requisiti di progettazione e fabbricazione di una camera a gas per le esecuzioni, il protocollo operativo e le condizioni di sicurezza per il personale che utilizza il cianuro di idrogeno. L'obiettivo era quello di sostenere e corroborare i criteri stabiliti nel *Rapporto Leuchter* originale del 5 aprile 1988. Il documento è stato presentato il 6 dicembre 1989. Non possiamo, per ovvie ragioni, entrare nei dettagli tecnici alla base del testo, che serviva, come previsto, a dimostrare che i tedeschi avevano tenuto conto delle linee guida descritte nella progettazione e nella costruzione delle camere di delocalizzazione dello Zyklon-B e le avevano ignorate nelle camere in cui avrebbero dovuto avere luogo le gasazioni di massa. Più grande è la camera", conclude Leuchter, "e maggiore è il numero di persone giustiziate, più è imperativo applicare i principi fondamentali nella sua progettazione".

Il 17 ottobre 1991 Alfred Leuchter presentò un quarto e ultimo rapporto: *A Technical Evaluation of Jean-Claude Pressac's Book*, che costituisce un'energica confutazione del libro *Auschwitz: Technique and Operation of the Gas Chambers*, che Leuchter considerava "un palese tentativo di promuovere la propaganda sterminazionista". Ancora una volta fu Ernst Zündel a chiedere a Leuchter una valutazione scientifica e tecnica del testo di Pressac. Secondo Leuchter, l'incapacità di Pressac di dimostrare l'esistenza di esecuzioni tramite camere a gas con la sua documentazione tecnica era evidente. Dopo aver commentato e confutato i ventidue capitoli in cui Pressac divide le cinque parti della sua opera, Leuchter si rammarica che "un autore che presumibilmente si fa passare per un uomo di scienza cerchi di far coincidere la realtà con le sue tesi preconcette".

David Cole, un revisionista ebreo, smaschera la favola di Auschwitz

Nel settembre 1992, David Cole, un ebreo americano di 23 anni, si recò dagli Stati Uniti in Europa con l'idea di indagare personalmente su alcuni campi di concentramento. Dopo la pubblicazione del *Rapporto Leuchter*, il revisionismo stava vivendo un boom internazionale e Cole, che frequentava i circoli revisionisti negli Stati Uniti, decise di fare la sua parte. Con l'idea di girare un documentario, visitò Auschwitz indossando il kipa (berretto ebraico) in testa e accompagnato da un cameraman. Le sue riprese lo resero famoso e, anche se in seguito fu costretto a ritrattare, il valore del documentario e il suo contributo al movimento revisionista sono rimasti. Di seguito viene riportata una sintesi del documento, anche se il lettore interessato può vederlo integralmente su You Tube e in inglese.

David Cole non appare inizialmente nel video: è il narratore e la sua voce caratteristica si sente mentre indica la pianta del campo, con le baracche all'interno di un'area quadrangolare un tempo circondata da filo spinato. All'esterno, sul lato destro, mostra gli edifici delle SS e l'ospedale, accanto al quale si trovano il crematorio e la "camera a gas". Poi ci sono le immagini del campo. Cole spiega che la visita guidata porta i visitatori all'ex prigione, che viene descritta come un "blocco della morte". Il giovane revisionista racconta che ai turisti viene presentato anche un "muro della morte" e una serie di esposizioni organizzate per avallare le leggende sulle atrocità e presentare Auschwitz "come una macchina di morte, il luogo in cui la detenzione significava sterminio". Ciò che non viene mostrato nel tour turistico è un edificio al di fuori dell'area circondata dal filo spinato, che, secondo le parole di Cole, "potrebbe essere chiamato il blocco di vita, un complesso di disinfezione di massa dove veniva usato il gas Zyklon-B per combattere i pidocchi e le malattie che essi portano". Non viene mostrato nemmeno l'edificio del teatro, dove si installarono le suore carmelitane che pregavano per tutti i morti di Auschwitz. Nell'aprile del 1993 Giovanni Paolo II le invitò a trasferirsi in un'altra sede, dopo che nel 1989 un gruppo di ebrei era entrato nel convento e ne aveva chiesto l'evacuazione. La visita culmina con la camera a gas. David Cole cita: "A questo punto il gruppo è emotivamente condizionato a credere a qualsiasi cosa. La camera a gas è come il corso inferiore dopo un preriscaldamento di due ore verso l'alto. Letteralmente, la camera a gas è la prova oggettiva che tutto ciò che hanno sentito durante il tour è vero, la prova dell'Olocausto. Ma lo è?".

In questo momento si vede per la prima volta il giovane Cole, vestito con la kippah e con un microfono in mano insieme a una guida personale di nome Alicia, per la quale ha pagato un premio per averla esclusivamente a disposizione. Cole spiega di aver indossato la kippah per non essere preso per quello che è, un revisionista, ma come "un ebreo virtuoso che cerca di conoscere la verità e di contrastare coloro che dicono che l'Olocausto non è mai avvenuto". Lei si limita a dirgli quello che dice agli altri credenti che ogni anno si recano in pellegrinaggio al santuario di Auschwitz I, monopolizzato esclusivamente dalla propaganda del dogma dell'Olocausto. Alicia gli mostra prove che non provano nulla, presentate a tutti i turisti come prove materiali dello sterminio. Inizia con i mucchi di capelli. "Ma cosa provano?", chiede Cole, e aggiunge:

> "È stato riconosciuto che ogni detenuto è stato rasato a causa dei pidocchi, questo non è stato negato, quindi perché non dovrebbero esserci mucchi di capelli umani? Questo non è stato negato, quindi perché non dovrebbero esserci mucchi di capelli umani? E che dire dei mucchi di scarpe e vestiti? Costituiscono una prova? È un dato di fatto che i prigionieri ricevevano un'uniforme all'arrivo che comprendeva anche le scarpe. Quindi perché non dovrebbero esserci mucchi di scarpe e vestiti dei detenuti? Questo non prova che qualcuno sia stato ucciso. E questo dà ai polacchi e ai sovietici il beneficio del dubbio che tali vestiti e capelli provengano davvero dal campo. E che dire delle bombole di gas? Nessuno nega che lo Zyklon-B sia stato usato per disinfettare abiti ed edifici? E quali altre prove vengono offerte? Beh, ci sono le tradizionali foto dei detenuti malati che dimostrano la tesi sconvolgente che le persone si ammalavano nel campo. Nessuno nega l'epidemia di tifo che causò molti morti...".

Infine, Cole appare davanti all'edificio che funge da camera a gas. Spiega che gli sterminatori sostengono che quello che era l'obitorio è stato usato come camera a gas, anche se ammettono che in seguito è stato un rifugio antiaereo. Seguito dal cameraman, Cole entra nella grande stanza senza la guida e indica i buchi nel pavimento che dimostrano che lì c'era un bagno. Mostra anche le prove di vecchi muri che compartimentavano lo spazio della grande sala e conclude affermando che un tempo c'erano cinque stanze e un bagno. Aggiunge che non ci sono macchie blu di Zyklon-B sulle pareti come nelle stanze di disinfezione. Poi mostra un primo piano della rudimentale porta di legno con la parte superiore in vetro. In basso vengono mostrate quattro aperture quadrate nel soffitto. Si tratta dei famosi fori attraverso i quali il gas sarebbe stato lanciato quando la camera era piena di persone. David Cole chiarisce: "I revisionisti sostengono che i fori furono aggiunti dopo la liberazione del campo e che fu allora che le pareti furono demolite e il bagno rimosso per far sembrare la stanza una grande camera a gas".

Tornato all'esterno, chiede alla guida se ci sono state ricostruzioni. Alicia risponde che tutto è allo stato originale. Torna nella stanza con lei, le chiede dei quattro buchi e le fa notare le evidenti prove che i muri sono stati abbattuti. La guida insiste che i fori sono originali, che lo Zyklon-B è stato gettato attraverso di essi e che nessun muro è stato abbattuto. Avvertendo che le sue spiegazioni non convincono il giovane ebreo, Alice gli suggerisce di parlare con il supervisore delle guide del Museo di Stato di Auschwitz, che alla fine gli suggerisce di chiedere un colloquio con il dottor Piper, archivista capo e commissario senior di Auschwitz. Prima di salutarlo, però, Cole riesce a far confessare al supervisore che i fori sul soffitto non sono originali e sono stati ricostruiti dopo la guerra.

Franciszek Piper, autore del libro *Auschwitz. How many perished*, in cui ammette che la cifra sovietica di 4.000.000 è sbagliata e che il numero delle vittime è di 1.100.000, appare davanti alla telecamera nel suo ufficio nel Museo di Auschwitz. Egli è sospettoso e suggerisce che l'intervista non venga filmata, ma alla fine accetta di apparire nel documentario. La prima domanda di Cole riguarda le modifiche apportate alla camera a gas teorica. Piper risponde che la stanza era una camera a gas che fu poi convertita in un rifugio antiaereo in cui furono eretti muri divisori interni, i fori nel soffitto furono coperti e fu aperta una porta su un lato. Fa notare che dopo la liberazione del campo, le pareti furono abbattute e i fori riaperti, ma la porta rimase. Cole chiede perché ai turisti non viene detta la verità. Le riprese dell'intervista vengono interrotte. Cole fa notare che i buchi nel soffitto non sono visibili in nessuna delle fotografie aeree che ha studiato. Propone quindi le due versioni scritte su sfondo nero. Versione ufficiale: "I sovietici e i polacchi crearono la camera a gas in un rifugio antiaereo che in precedenza era una camera a gas". Versione revisionista: "I sovietici e i polacchi crearono una camera a gas in un rifugio antiaereo che in precedenza era stato un rifugio antiaereo".

L'intervista riprende. Seconda domanda: "Perché ci sono così poche tracce di Zyklon-B nelle camere a gas omicide rispetto alle grandi quantità di residui presenti nelle camere di disinfezione?". La risposta è sorprendente: "Lo Zyklon-B veniva usato per un tempo molto breve, circa venti o trenta minuti in ventiquattro ore, mentre nelle camere di disinfezione veniva usato giorno e notte". Cioè, contrariamente a quanto dicono i testimoni e gli storici dello sterminio, secondo i quali si gasava in continuazione, Piper ci assicura che c'era solo una gasazione al giorno. Cole coglie poi l'occasione per chiedergli se sa quanti gruppi furono gasati nei crematori II e III di Birkenau. Piper contraddice dolorosamente quanto affermato in precedenza: "È difficile dirlo perché ci sono stati periodi in cui le camere a gas sono state utilizzate giorno dopo giorno per ore e ore. Tali azioni erano ripetitive: gas, cremare, gas, cremare, cremare". A un'interpellanza sulla cifra di quattro milioni, Piper risponde: "È stata stimata dalla commissione sovietica che indaga sui crimini nazisti ad Auschwitz, poiché i nazisti hanno distrutto la documentazione del campo". Questa è un'altra menzogna, perché non è stata distrutta. L'intervista viene interrotta e appare questo testo su sfondo nero, letto ad alta voce dalla voce narrante: "In realtà, i registri di coloro che sono morti nel campo sono stati catturati dai sovietici, che non li hanno resi pubblici fino al 1989". Il documentario si conclude ricordando il massacro di Katyn e altre menzogne sovietiche assunte dagli Alleati a Norimberga.

A causa del suo contributo al revisionismo, David Cole fu considerato un traditore e iniziò a essere perseguitato dalla JDL (Lega di Difesa Ebraica), che pubblicò i suoi dati su Internet. Lui e la sua famiglia ricevettero minacce di morte anonime e fu tenuto nascosto per tre anni. La JDL ha pubblicato un testo intitolato "David Cole, mostruoso traditore", che terminava con le parole: "La JDL vorrebbe conoscere la posizione del negazionista dell'Olocausto David Cole. Chiunque ci fornisca il suo indirizzo corretto riceverà una ricompensa finanziaria". Spaventato, ha contattato e implorato di rimuovere i suoi dati da Internet perché la sua famiglia era sotto costante minaccia di morte. Il presidente della JDL Irv Rubin[13] ricevette nel gennaio 1998 una lettera autenticata del giovane revisionista che ritrattava la sua dichiarazione. Il testo fu pubblicato l'8 febbraio 1998. In essa Cole affermava: "I nazisti hanno cercato di uccidere tutti gli ebrei d'Europa, e la somma totale di questo tentato genocidio è di sei milioni".

Dopo un silenzio prolungato di diciotto anni, David Cole, che aveva adottato una nuova identità con il nome di David Stein, è riapparso pubblicamente il 22 febbraio 2014 in un incontro organizzato dall'IHR (Institute for Historica Review) in California. Mark Weber, direttore dell'Istituto, lo ha presentato a un pubblico che lo ha sottoposto a numerose domande. Dopo aver ricordato che alcuni teppisti della JDL lo avevano aggredito fisicamente durante un evento all'Università della California a Los Angeles e che era stato costretto a ritrattare. Cole ha dichiarato di rimanere fedele a ciò che aveva detto negli anni '90 su Auschwitz e l'Olocausto.

Il *Rapporto Rudolf* e le indagini forensi ad Auschwitz

Germar Rudolf, brillante laureato in chimica all'Università di Bonn, ricevette una borsa di studio governativa che gli permise di svolgere un dottorato di ricerca presso il prestigioso Max Planck Institute di Stoccarda. Stava lavorando alla sua tesi di dottorato quando nel 1991 accettò di preparare uno studio forense per la difesa di Otto Ernst Remer, accusato in un processo per "negazione dell'Olocausto". Gli fu chiesto di studiare vari documenti, prelevare campioni, analizzarli e redigere una relazione. Germar Rudolf analizzò alcuni edifici di Auschwitz alla ricerca di residui di acido cianidrico, cioè di tracce chimiche del famigerato Zyklon-B. Il risultato delle sue indagini fu riportato nel rapporto. Il risultato delle sue indagini fu riportato in una perizia intitolata *Relazione tecnica sulla formazione e la*

---

[13] Irv Rubin, presidente della JDL dal 1985 al 2002, è stato infine accusato dall'FBI di omicidio e terrorismo. Si è suicidato nella sua cella in attesa del processo. La sua famiglia decise di intraprendere un'azione legale contro il governo.

rilevabilità dei composti del cianuro nella "camera a gas" di Auschwitz (*Gutachten über die Bildung und Nachweisbarkeit von Cyanidverbindungen in den "Gaskammern von Auschwitz*), che fu usata come prova dalla difesa della Remer. Anni dopo, Rudolf scrisse in *Resistance is Obligatory* che lo scopo della perizia era quello di correggere le omissioni e le carenze del *Rapporto Leuchter*. Tra il 1992 e il 1994 questo rapporto fu presentato come prova in sette o otto processi penali in Germania. In tutti i casi è stata respinta perché, secondo la giurisprudenza tedesca, i fatti avvenuti nel campo di Auschwitz durante il Terzo Reich sono considerati ovvi e quindi non richiedono prove o dimostrazioni. Dal 1996 è un reato penale cercare di sostenere il contrario. Quindi, per quanto possa sembrare inaudito, le analisi tecniche sono state respinte con forza.

Otto Ernst Remer, uno degli imputati a beneficio dei quali era stato preparato il rapporto, pubblicò i risultati delle ricerche di Germar Rudolf nel luglio 1993. L'opuscolo di circa 120 pagine divenne noto come *Rapporto Rudolf*, uno studio chimico sulla formazione e il rilevamento dell'acido cianidrico nelle presunte camere a gas di Auschwitz, un complemento ideale del *Rapporto Leuchter*, poiché entrambi i documenti concordavano sul fatto che gli omicidi con acido cianidrico non avevano mai avuto luogo nei campi del complesso di Auschwitz. Questo portò all'incriminazione di Germar Rudolf. La stampa tedesca, che ha sempre sostenuto le decisioni dei tribunali, reagì con rabbia e associò il giovane chimico all'accusato Remer.

L'esito dell'intera vicenda fu catastrofico per Germar Rudolf, che nel 1993 si vide rifiutare dall'Istituto Max Planckt la possibilità di presentare la tesi per l'esame finale di dottorato. Nel 1995 fu condannato a quattordici mesi di carcere e fu anche accusato di nuovi reati per aver continuato la sua attività di ricerca forense. Le copie di *Grundlagen zur Zeitgeschichte* (*Fondamenti di storia contemporanea*), in cui Rudolf aveva pubblicato sotto lo pseudonimo di Ernst Gauss una raccolta aggiornata di ricerche sul problema dell'Olocausto, furono sequestrate e distrutte per ordine del tribunale. Germar Rudolf riuscì a fuggire in Inghilterra nel 1996, dove trascorse alcuni anni in clandestinità prima di chiedere asilo politico negli Stati Uniti. Anni dopo, nel numero di marzo/aprile 2001 di *The Journal of Historical Review*, lo stesso Rudolf pubblicò un ampio articolo in cui passava brillantemente in rassegna tutti gli esami forensi effettuati ad Auschwitz e, allo stesso tempo, criticava l'inaccettabile atteggiamento di chi non solo rifiuta i risultati della ricerca scientifica, ma criminalizza anche i tecnici e gli esperti.

Il primo rimprovero è andato all'Istituto Max Planckt, che nella tarda primavera del 1993 ha reso pubblico il memorandum che informava dell'espulsione di Germar Rudolf per le ricerche effettuate ad Auschwitz. L'Istituto, disconoscendo che l'esame forense è un obbligo morale in qualsiasi indagine penale, ha sostenuto che era ripugnante discutere il modo specifico in cui i nazisti avevano ucciso gli ebrei. In difesa della sua ricerca,

Rudolf scrisse nel suo articolo una definizione degli esami forensi: "La scienza forense è generalmente considerata come una scienza di supporto alla criminologia. Il suo scopo è quello di raccogliere e identificare le prove fisiche di un crimine, e da queste trarre conclusioni sulle vittime, i criminali, le armi, l'ora e il luogo del crimine, nonché il modo in cui è stato perpetrato, se mai lo è stato. Questa scienza è relativamente nuova ed è entrata nei tribunali solo nel 1902, quando per la prima volta un tribunale inglese accettò le impronte digitali come prova". La richiesta dei revisionisti di prove materiali, quindi, "è assolutamente coerente", ha insistito Germar Rudolf, "con la pratica abituale e la moderna applicazione della legge". Come è generalmente ammesso, le prove forensi sono più decisive delle dichiarazioni dei testimoni o delle prove documentali". Stabiliti questi principi, Rudolf ha passato in rassegna nel suo ampio articolo le indagini forensi effettuate ad Auschwitz.

Nel 1945 l'Istituto di ricerca forense di Cracovia produsse una relazione forense su Auschwitz che fu presentata come prova nel 1946 al processo di Auschwitz a Cracovia. Considerando che il regime comunista polacco accettò prontamente la bufala sovietica sulle tombe di Katyn, si deve quantomeno dubitare del rigore del procedimento giudiziario polacco. Gli esperti forensi polacchi hanno condotto analisi qualitative, non quantitative, e hanno prelevato capelli, teoricamente dai detenuti, e accessori per capelli trovati dai sovietici nelle valigie. In entrambi i casi sono stati trovati residui di cianuro. Anche un coperchio cromato con zinco è stato esaminato ed è risultato positivo. L'Istituto di Cracovia ha affermato che questo coperchio metallico copriva il condotto di scarico di una presunta camera a gas a Birkenau. Queste analisi non provano se le gasazioni con acido cianidrico abbiano avuto luogo ad Auschwitz, tra l'altro perché non c'è modo di verificare la provenienza di capelli, forcine e altri ornamenti per la testa. Inoltre, è noto che i capelli venivano tagliati per motivi igienici e che i capelli più lunghi dovevano essere deliscati prima di essere riciclati. Per quanto riguarda l'origine o la provenienza della cuffia metallica, questa non sembra essere una prova sufficiente per dimostrare qualcosa.

Un altro processo su Auschwitz si tenne a Francoforte tra il 1964 e il 1966, ma non fu presentata alcuna analisi forense. Tra i rapporti più pubblicizzati c'è quello presentato dall'Istituto di Storia Contemporanea di Monaco. Sebbene si trattasse di un processo mastodontico, né il tribunale né l'accusa né la difesa suggerirono la necessità di prove materiali dei presunti crimini. Inoltre, la mancanza di prove documentali fu considerata irrilevante. Come di consueto, quasi tutto è stato provato dalle dichiarazioni dei testimoni e dalle dichiarazioni delle persone a cui è stata attribuita la responsabilità dei crimini perpetrati. Queste testimonianze furono considerate sufficienti per stabilire al di là di ogni dubbio l'esistenza di un programma di sterminio degli ebrei ad Auschwitz. Sempre nel 1966 il Museo di Stato di Auschwitz commissionò alla società polacca Hydrokop uno scavo ad Auschwitz-Birkenau per analizzare campioni di terreno. Rudolf sottolinea la possibilità che la ricerca sia stata condotta nel contesto del processo di Francoforte. Poiché i risultati non furono trasmessi e svanirono negli archivi del museo, è ragionevole supporre che non abbiano prodotto risultati significativi.

Il primo rapporto sensato su Auschwitz si ebbe durante il processo tenutosi a Vienna tra il 18 gennaio e il 10 marzo 1972. Gli imputati di allora erano Walter Dejaco e Fritz Ertl, due architetti responsabili della progettazione e della costruzione dei crematori di Auschwitz-Birkenau. Alla corte fu presentata la relazione di un esperto che interpretò i progetti delle presunte camere a gas di Auschwitz e Birkenau. Questo studio tecnico ha concluso che le stanze in questione non potevano essere camere a gas, né potevano essere trasformate in camere a gas. Grazie a questa relazione metodologicamente valida, Dejaco ed Ertl furono assolti.

Dal momento in cui Robert Faurisson iniziò a dubitare dell'esistenza delle camere a gas al *Rapporto Leuchter* passò un decennio. Nel 1978, dopo uno studio critico delle dichiarazioni dei testimoni e un intenso esame dei documenti, il professor Faurisson formulò la tesi che "non c'era una sola camera a gas sotto il regime di Hitler". Alla fine del 1978, *Le Monde* permise a Faurrisson di presentare le sue considerazioni in un articolo. Dieci anni dopo, come già detto, il processo a Ernst Zündel nel 1988 fu una pietra miliare nella storia del movimento revisionista. Il lavoro pionieristico di Fred Leuchter diede origine a una serie di pubblicazioni il cui ambito di ricerca si ampliò progressivamente fino a comprendere studi interdisciplinari sulle prove materiali e documentali. Il lavoro più importante è stato quello di Germar Rudolf, che ha confermato pienamente Fred Leuchter.

Germar Rudolf iniziò le sue ricerche all'inizio del 1991 per verificare le affermazioni contenute nel *Rapporto Leuchter*. Era particolarmente interessato a verificare che i residui di cianuro rimanessero stabili per lungo tempo e potessero quindi essere trovati nelle camere a gas dell'omicidio se in esse era stato usato lo Zyklon-B. Inizialmente", scrive Rudolf, "ero interessato solo a scoprire se la miscela risultante, il ferrocianuro o blu di Prussia, fosse abbastanza stabile da sopravvivere per quarantacinque anni in condizioni ambientali difficili. Dopo averne avuto la conferma, ho inviato i risultati a una ventina di persone che potevano essere interessate". Tra queste c'erano ingegneri e avvocati. I primi potevano aiutarlo nella sua indagine forense; i secondi avevano bisogno delle prove per difendere Otto Ernst Remer. Germar Rudolf si recò due volte ad Auschwitz e per diciotto mesi lavorò con l'intenzione di mettere i risultati della sua indagine in un rapporto di settantadue pagine, pronto nel gennaio 1992. Il cosiddetto *Rapporto Rudolf*, che fu distribuito agli opinionisti in Germania, confermava, come aveva sostenuto Fred Leuchter, che per varie ragioni tecniche e chimiche le gassazioni di massa attestate dai testimoni non potevano essere avvenute. Migliorato e aggiornato, il *Rapporto Rudolf* fu infine pubblicato nel luglio

1993. Le versioni olandese e francese apparvero nel 1995 e nel 1996, ma per la versione inglese si dovette aspettare fino al 2003.

Nell'ansia di confrontarsi con il suo lavoro di ricerca, Germar Rudolf contattò l'Istituto di Medicina Legale di Cracovia, che nel 1990, su richiesta del Museo Statale di Auschwitz, aveva condotto i propri test forensi per confutare le ricerche di Fred Leuchter. L'équipe dell'istituto forense, guidata da Jan Markiewicz, Wojciech Gubala e Jerzy Labedz, estrasse dei campioni dalle "camere a gas", ma i chimici polacchi che li analizzarono trovarono tracce di cianuro ancora più piccole di quelle trovate dal dottor Roth. Decisero quindi di prelevare campioni dalle camere di disinfezione e, sebbene le pareti fossero state sbiancate, vi erano tracce di cianuro molto più elevate, ma non vollero o non poterono riconoscerle. Markiewicz e compagnia sostennero di non capire come le pareti delle camere di disinfezione esposte all'acido cianidrico avessero potuto impregnarsi del colore blu di Prussia e arrivarono a suggerire che provenisse da un'altra fonte "È difficile immaginare", dissero, "le reazioni chimiche e i processi fisico-chimici che avrebbero potuto portare alla formazione del blu di Prussia in quel sito". Hanno persino espresso l'assurdità che le pareti delle camere di disinfezione fossero state dipinte di blu di Prussia.

Nel 1994 i ricercatori polacchi presentarono un documento sui loro risultati. Rudolf, dopo averlo letto attentamente, giunse alla conclusione che in realtà non avevano fatto nulla per scoprire se il colore prussico può formarsi su pareti esposte al gas cianuro di idrogeno. Li contattò per chiedere una spiegazione scientifica dei loro metodi di analisi e fornì loro una prova inconfutabile che il blu prussico si forma sulle pareti esposte al gas cianuro di idrogeno. Infine, Rudolf ricevette una lettera dai ricercatori di Cracovia in cui ammettevano chiaramente che il loro scopo non era quello di stabilire la verità scientifica, ma di respingere i "negazionisti dell'Olocausto" e di evitare il riciclaggio di Hitler e del nazionalsocialismo. Scopriamo come Germar Rudolf spiega il processo in modo scientifico:

> "... Quando l'acido cianidrico e alcuni composti del ferro si mescolano, formano il blu di Prussia. Questo è esattamente il fenomeno che si può osservare entrando negli impianti di delocalizzazione dello Zyklon-B che operavano in Europa durante il Terzo Reich. Alcuni di essi, ad esempio nei campi di concentramento di Auschwitz, Birkenau, Majdanek e Stuthoff, sono ancora oggi intatti. Tutte queste strutture hanno una cosa in comune: le loro pareti sono impregnate di blu di Prussia. Non solo le superfici interne, ma anche la malta tra i blocchi di mattoni e persino le pareti esterne di queste camere di delocalizzazione sono riempite di ferrocianuro e mostrano una colorazione blu irregolare. Nulla di simile si può osservare nelle presunte camere a gas di Auschwitz e Birkenau. I composti del ferro necessari a formare il blu di Prussia sono parte integrante di tutti i materiali da costruzione: i mattoni, l'arenaria e il cemento contengono sempre una quantità di ossido (ossido di ferro, di

solito tra l'1 e il 4 per cento). È questo che conferisce ai mattoni e alla maggior parte delle sabbie il colore rosso o ocra".

In altre parole, Markiewicz e i suoi colleghi decisero per motivi politici di rifiutare ciò che non volevano. Come scienziati, avrebbero dovuto dimostrare che il colore blu prussico non poteva formarsi sui muri esposti all'acido cianidrico. Per farlo, dovevano dimostrare se fosse vero o meno che i composti di ferro contenuti nei mattoni e nel cemento formassero il ferrocianuro a contatto con il gas. Invece di accettare questa tesi, preferirono difendere la tesi che le camere di disinfezione e le "camere a gas" omicide presentavano livelli simili di residui di cianuro.

Germar Rudolf sostiene sempre che il metodo scientifico è il modo migliore per raggiungere conclusioni inconfutabili. Egli ritiene che la scienza forense sia sempre stata utilizzata per decifrare crimini storici, come Katyn. Rudolf si rammarica amaramente del fatto che nessun gruppo influente osi chiedere un'indagine forense ad Auschwitz-Birkenau e che i potenti non mostrino alcun interesse a stabilire la verità su Auschwitz e sull'Olocausto. Al contrario, scrive:

> "Le autorità di tutto il mondo stanno perseguendo e perseguendo coloro che propongono o tentano di effettuare tali ricerche. Questo può rallentarci, ma non ci fermerà. Quando i ricercatori revisionisti ottengono una svolta improvvisa attraverso la ricerca forense, vengono contrastati non solo con la diffamazione e la persecuzione, ma anche con la falsificazione accademica e l'inganno professorale, di cui un esempio lampante è il rapporto forense di Cracovia. Quanto devono essere disperati i custodi della fiamma della leggenda dell'Olocausto per ricorrere a tali metodi? Proteggendo le presunte tombe e le rovine della "camera a gas" di Auschwitz dalle indagini scientifiche, rischiano di seppellire la propria reputazione e di rovinare il mito di Auschwitz".

PARTE 5
LA PERSECUZIONE DEI REVISIONISTI PER CRIMINI DI PENSIERO

In omaggio alle molte persone oneste che hanno rischiato la carriera e la vita per difendere la libertà di espressione e di ricerca nella ricerca della verità storica, concluderemo il capitolo XII di questa *Storia fuorilegge* con un'ampia panoramica del lavoro essenziale di questi eroi non celebrati del revisionismo, sconosciuti al grande pubblico. Molti di loro sono già stati citati nel corso del nostro lavoro, ma ora li presenteremo in modo più dettagliato, delineando così il valore e la portata del loro contributo. La persecuzione dei revisionisti per crimini di pensiero è una delle cose più vergognose che possano accadere in società sedicenti libere e democratiche. È scandaloso, intollerabile, indecente che intellettuali di tutti i campi del sapere vengano imprigionati per aver esercitato il loro diritto allo studio e alla ricerca di fatti storici. Questo fatto ingiustificabile dovrebbe essere sufficiente a farci capire che la realtà e la storia sono state falsificate e che la menzogna viene mantenuta a tutti i costi.

Le vittime della polizia del pensiero sono numerose in Europa, soprattutto in Germania, dove dalla fine della Seconda Guerra Mondiale il popolo tedesco è stato sottoposto a ogni sorta di umiliazione con la connivenza dei suoi leader. Anche in Francia e in Austria ci sono molti casi di persone perseguitate, perseguite e imprigionate per aver esercitato il loro diritto alla libertà di espressione. Per facilitare la presentazione e riunire in queste pagine i principali casi di cui siamo a conoscenza, procederemo a presentarli per Paese e cercheremo anche di mantenere un ordine cronologico, per seguire il processo da una prospettiva storica. Inizieremo dalla Germania, dove il controllo ideologico esercitato dal 1945 non è percepito in tutta la sua portata dalla maggioranza della popolazione, il cui lavaggio del cervello, iniziato nell'infanzia, ha raggiunto livelli senza precedenti.

Vedremo di seguito fino a che punto si è spinto il deterioramento dei diritti civili in Germania, un Paese che ha accettato la censura del suo inno nazionale, mutilato, con versi vietati che nessuno osa cantare in pubblico. L'idea del politicamente corretto è lo strumento utilizzato da chi vuole paralizzare a tutti i costi la società tedesca. Tutto ciò che non è conforme alla versione ufficiale degli eventi è considerato politicamente inaccettabile. Questo stato di paralisi è mantenuto dall'insostituibile sostegno del cosiddetto movimento antifascista, che attacca ferocemente e squalifica chi cerca di rivedere la storia, soprattutto quella del Terzo Reich. A differenza di movimenti anticapitalisti o anticomunisti, che sono espressione di convinzioni personali, l'antifascismo in Germania è istituzionalizzato, radicato e strutturato a tutti i livelli della società, cosicché chi non esprime sentimenti antifascisti è moralmente squalificato.

Va ricordato che solo nel 1955 la Germania ha ottenuto una sovranità parziale. Fino ad allora non esistevano né la libertà di stampa né la libertà accademica. Per garantire che i cambiamenti politici non potessero avvenire, fu istituito il Dipartimento per la protezione della Costituzione. Oltre a combattere i partiti politici comunisti, questo dipartimento ha fatto tutto il necessario per annullare legalmente i partiti nazionali e i media considerati di destra. Di conseguenza, in Germania non esistono né università né partiti politici, né giornali o media significativi di destra. Tuttavia, nel 1968, migliaia di studenti, incitati dagli insegnamenti di professori di sinistra, socialisti e persino comunisti installati nelle università dagli Alleati durante l'occupazione, scesero in piazza con slogan filocomunisti. A seguito della rivolta studentesca del 1968, iniziò il progressivo ingresso di queste sinistre nelle istituzioni del Paese.

Alla fine del secolo scorso, questa generazione con idee che spaziavano dal socialismo al comunismo raggiunse l'apice del suo potere e della sua influenza sulla società tedesca. I suoi rappresentanti erano ben posizionati a tutti i livelli e formavano una potente élite politica. In questo modo possono mantenere un'ampia influenza e controllo sull'opinione pubblica e mettere immediatamente a tacere con l'accusa di "fascismo" chi osa essere politicamente scorretto. I loro metodi sono ad ampio raggio e includono tutto, dalle campagne di stampa all'intimidazione, se necessario. Il meccanismo principale di questi circoli di sinistra, in cui abbondano gli ebrei tedeschi, è quello di tenere aggiornati i sentimenti di colpa collettiva, di vergogna collettiva o di responsabilità collettiva, che hanno tenuto anestetizzato il popolo tedesco per più di settant'anni.

Prima di iniziare a presentare le vittime della polizia del pensiero in Germania e in altri Paesi, è interessante sapere che ogni anno il governo tedesco presenta le cifre della sua persecuzione dei dissidenti pacifici, che raggruppa insieme ai criminali violenti come "nemici della Costituzione" (Legge fondamentale entrata in vigore il 23 maggio 1949). Nel 2011, ad esempio, il *Rapporto sulla protezione della Costituzione* (*Verfassungsschutzbericht*) indicava che su 13.865 indagini penali, 11.401 casi riguardavano "reati di propaganda". Di questi casi, 2.464 riguardavano persone che avevano detto o scritto qualcosa ritenuto in grado di "turbare l'ordine del popolo". La maggior parte di queste trasgressioni è attribuita a "estremisti di destra". I crimini commessi da persone di sinistra radicale o da stranieri non sono raggruppati nella categoria degli "estremisti di sinistra". I crimini di pensiero in Germania possono essere attribuiti solo a nazionalisti o patrioti che sono considerati "nazisti", "di destra", "fascisti", etichette che sono sinonimo di "male".

1. Principali vittime di persecuzione in persecuzione in Germania:

Joseph Burg, un revisionista ebreo perseguitato da nazisti e sionisti

È giusto iniziare queste pagine sulla persecuzione dei revisionisti con un personaggio ammirevole, se mai ce ne fu uno, Joseph Ginsburg, meglio conosciuto come Joseph Burg, un ebreo tedesco integro e onesto come pochi, che finì per essere perseguitato e attaccato più volte da teppisti estremisti della Lega di Difesa Ebraica. Il disprezzo e l'odio dei suoi correligionari arrivarono al punto di negargli il diritto di essere sepolto nel cimitero ebraico di Monaco. Joseph Ginsburg nacque in Germania nel 1908 e fu perseguitato dal regime nazionalsocialista durante gli anni Trenta. Allo scoppio della guerra, nel settembre 1939, viveva a Lemberg, in Polonia, da dove fuggì con la famiglia a Czernowitz, nella provincia rumena della Bucovina, occupata dall'Armata Rossa nel giugno 1940. Quando la Germania attaccò l'URSS un anno dopo, i soldati rossi fuggirono dalla regione e bande di ucraini iniziarono i pogrom contro gli ebrei. Le truppe tedesche e rumene fermarono queste azioni e impedirono ulteriori violenze. Ginsburg e la sua famiglia furono deportati a est, nella regione della Transnistria, dove almeno potevano vivere. Il fronte tedesco-rumeno crollò nel 1944 e Ginsburg e la sua famiglia tornarono a Czernowitz, dove regnava il terrore rosso e tutto era caos e fame.

Dopo la fine della guerra, nel 1946 Ginsburg e il suo gruppo si recarono a Breslau e da lì in un campo sfollati dell'UNRRA vicino a Monaco, gestito da un ebreo americano, al quale prestò servizio come factotum. In *Schuld un Schiksal, Europas Jugend zwischen Henkern und Heuchlern* (*Colpa e destino, la gioventù europea tra carnefici e ipocriti*), un libro pubblicato nel 1962, Joseph Burg ricorda le sue esperienze nel campo e racconta come organizzò la polizia, la prigione, il giornale e le attività culturali. Nel 1949 viveva a Monaco, ma scelse di emigrare in Israele. Lì rifiutò subito il settarismo e il razzismo dei sionisti, così nell'agosto del 1950 decise di tornare a Monaco, dove lavorò come rilegatore.

È in Germania, quindi, che ha iniziato la sua lotta per stabilire la verità storica. La sua testimonianza nel 1988 al processo Zündel è una fonte preziosa di informazioni. Ernst Zündel, con cui Burg ha lavorato a stretto contatto, ha riconosciuto che la lettura del libro *Colpa e destino* è stato un fattore determinante nella sua vita, perché lo ha spinto a iniziare la lotta contro le false accuse contro il popolo tedesco e lo ha trasformato in un revisionista. Il coraggio e la statura di Joseph Burg divennero evidenti quando osò accusare il Mossad di essere responsabile dell'incendio doloso di una casa di riposo ebraica a Monaco di Baviera la notte del 13 febbraio

1970, un'azione terroristica che causò la morte di sette persone, cinque uomini e due donne. Sempre negli anni '70, in Austria scoppiò il cosiddetto "affare Kreisky-Wiesenthal". Bruno Kreisky, ebreo perseguitato dalla Gestapo, fu Cancelliere dell'Austria dal 1970 al 1983. Nel 1975 Simon Wiesenthal lo accusò di aver nominato cinque ministri con trascorsi nazisti. Kreisky reagì indignato e accusò Wiesenthal di essere un "razzista" che aveva collaborato con la Gestapo e promosso l'antisemitismo in Austria. Joseph Burg si schierò a favore del Cancelliere e confermò l'accusa contro il noto "cacciatore di nazisti". Burg dichiarò pubblicamente che Wiesenthal era stato un informatore della Gestapo.

Nel 1979 Joseph Burg pubblicò la sua seconda opera, *Majdanek in alle Ewigkeit?* (*Majdanek in tutta Ewigkeit?*), in cui raccontò le sue visite al campo di Majdanek alla fine del 1944 e nell'autunno del 1945. In questa seconda occasione si recò anche ad Auschwitz. In questo libro criticò audacemente l'impostura dell'Olocausto e denunciò la truffa dei risarcimenti finanziari versati dalla Repubblica Federale Tedesca. Il libro fu immediatamente vietato e tutte le copie furono distrutte per ordine della magistratura tedesca, che invocò l'articolo 130 del Codice penale. L'accusa contro Joseph Burg era la seguente: "Dichiarazioni di odio contro il sionismo e tentativi di riabilitare i criminali dei campi di sterminio". Burg fu accusato di avere problemi mentali e fu costretto a sottoporsi a cure psichiatriche. Quando cercò rifugio presso la tomba della moglie nel cimitero ebraico di Monaco, fu aggredito fisicamente da un commando sionista a causa della sua testimonianza.

L'amicizia tra Ernst Zündel e Joseph Burg si sviluppò nel corso degli anni. Burg continuò a scrivere libri di denuncia della situazione in Germania. Nel 1980, ad esempio, pubblicò *Zionnazi Zensur in der BRD* (*La censura sionista nella Repubblica Federale Tedesca*). Zündel non solo gli fece visita, ma fu anche in costante corrispondenza con lui. Nel 1982, Zündel gli scrisse due volte per chiedergli consiglio e aiuto, poiché aveva problemi con i sionisti di Toronto. Pertanto, quando iniziò il secondo processo contro Ernst Zündel per "pubblicazione di notizie false", Burg si recò in Canada per testimoniare a favore della difesa. La sua testimonianza ebbe luogo martedì 29 marzo e mercoledì 30 marzo 1988.

Tra le altre cose, Burg dichiarò di aver parlato con centinaia di persone che avevano lavorato nei crematori, ma di non aver mai trovato nessuno che avesse lavorato nelle camere a gas. Riguardo ai crematori di Auschwitz e Majdanek, ha spiegato che venivano gestiti in tre turni al giorno da prigionieri che svolgevano il lavoro volontariamente. La richiesta di volontari veniva fatta dal consiglio ebraico o dalla polizia ebraica, che collaboravano con le SS tedesche. Riguardo all'emigrazione degli ebrei dalla Germania nazista, ha accusato i sionisti di aver reso difficile agli ebrei che non andavano in Palestina emigrare in altri Paesi, poiché il loro unico interesse era quello di popolare la Palestina ad ogni costo. Burg ha affermato di aver scoperto che furono i leader sionisti tedeschi a chiedere ai nazisti, già nel 1933, di obbligare gli ebrei a indossare la stella gialla. I sionisti non lo videro come un insulto, ma come un gesto eroico, proprio come le SS vedevano come un gesto eroico l'esposizione della svastica. Nel 1938, secondo Burg, i leader sionisti del Terzo Reich fecero sì che gli ebrei indossassero la stella gialla contro la volontà di Göring e Göbbels. Nella sua dichiarazione, Burg è stato particolarmente critico nei confronti dello Stato di Israele e dei leader sionisti, che ha accusato di aver inventato l'Olocausto per sottrarre alla Germania un risarcimento esorbitante, accettato dal dottor Adenauer.

Scrittore prolifico ed ebreo praticante, Joseph Burg è stato autore di oltre una dozzina di opere, oggi molto difficili da reperire perché più della metà sono state confiscate per ordine del tribunale. In *Sündenböcke, Grossangriffe des Zionismus auf Papst Pius XII un die deutschen Regierungen* (*Capri espiatori, l'offensiva generale del sionismo contro Papa Pio XII e i governi tedeschi*), denunciò le calunnie del sionismo contro Pio XII e gli attacchi alla Germania. Nel 1990, due anni dopo aver testimoniato al processo di Toronto, Burg morì a Monaco. Considerato un traditore, gli fu negata la sepoltura nel cimitero ebraico, come avrebbe voluto. Otto Ernst Remer ed Ernst Zündel si recarono nella città bavarese per rendere omaggio e dare l'addio alle spoglie di questo revisionista abnegato a cui la storia non renderà mai giustizia.

Thies Christophersen condannato per "aver gettato discredito sullo Stato".

Pochi tedeschi osarono parlare durante i duri anni di epurazione e repressione nazionalsocialista. Uno di coloro che si ribellarono al silenzio imposto fu Thies Christophersen, un contadino che fu ad Auschwitz dal gennaio al dicembre 1944. Ferito all'inizio della guerra, era invalido al combattimento. Per conto dell'Istituto Kaiser Wilhelm, arrivò ad Auschwitz come alto comandante della Wehrmacht con il compito di coltivare gomma vegetale. Poiché nel campo di lavoro c'era molta manodopera, l'istituto di coltivazione delle piante fu trasferito da Berlino-Müncheberg ad Auschwitz. Lì, la ricerca fu condotta nei laboratori dello stabilimento di Bunawerk. Christophersen fu ospitato nel campo di Raisko e duecento detenute lavorarono con lui nella sua fattoria sperimentale. Inoltre, ogni giorno arrivavano 100 uomini da Birkenau, ma venivano impiegati anche civili, soprattutto russi. Tra le altre cose, i prigionieri analizzavano la percentuale di gomma nelle piante in laboratorio, al fine di selezionare per la riproduzione le piante che contenevano più gomma. Secondo Christophersen, i prigionieri lavoravano otto ore al giorno, con un'ora di riposo a mezzogiorno.

Dopo la guerra, Christophersen riprese le sue attività agricole. Nel tentativo di difendere gli interessi degli agricoltori tedeschi, curò e pubblicò una rivista trimestrale, *Die Bauernschaft* (*I contadini*). Nel 1973 Thies Christophersen osò pubblicare in tedesco il libro *Die Auschwitzlüge (La menzogna di Auschwitz)*, un opuscolo di cui furono stampate 100.000 copie, in cui nega che la Germania abbia sterminato sei milioni di ebrei durante la Seconda Guerra Mondiale. Alla fine, conclude con queste parole: "Ho scritto le mie memorie come le ho vissute e come le ricordo. Ho detto la verità, che Dio mi aiuti. Se potessi contribuire a far sì che i nostri giovani abbiano di nuovo un po' di rispetto per i loro padri, che come soldati hanno combattuto per la Germania e che non erano criminali, allora sarei molto felice". Il libro fece scalpore e fu presto vietato per "aver fomentato il popolo". Christophersen, che oltre al libro aveva pubblicato altri scritti che insistevano nel denunciare le menzogne contro la Germania, fu infine accusato e condannato a un anno e mezzo di prigione per "discredito dello Stato" e per "offesa alla memoria dei morti".

Perseguitato politicamente, ricevette numerose lettere contenenti insulti e minacce che lo costrinsero all'esilio. Dopo aver attraversato il Belgio, si stabilì in Danimarca, dove la legislazione lo proteggeva, ma questo non gli impedì di cadere vittima di teppisti "antifascisti": centinaia di loro assaltarono la sua modesta casa nella cittadina di Kollund, situata appena oltre il confine con la Germania. I criminali hanno preso a sassate la casa, l'hanno imbrattata con graffiti ingiuriosi, hanno dato fuoco al magazzino dove teneva i libri e, usando acido corrosivo, hanno distrutto la sua auto e le sue attrezzature per le fotocopie. Le autorità tedesche hanno chiesto al governo di Copenaghen di prendere provvedimenti contro di lui, arrivando a suggerire ai danesi di rivedere le loro leggi sul razzismo per poter agire contro Thies Christophersen. Fortunatamente, i crimini legati alla parola e al pensiero non sono stati perseguiti in Danimarca e un tribunale danese ha respinto una richiesta di estradizione da parte della Repubblica Federale. Infine, poiché la polizia danese non riuscì a impedire le continue molestie e gli abusi di cui era vittima, fu costretto a lasciare la Danimarca nel 1995. Gravemente malato di cancro, ha cercato cure in Svizzera, ma nel dicembre 1995 è stato costretto a lasciare il Paese. Infine, trova un rifugio temporaneo in Spagna. Nel frattempo, la tipografia della rivista *Bauernschaft* in Germania è stata multata di 50.000 marchi.

Nonostante tutte le tribolazioni, Christophersen riuscì a recarsi in Canada nel 1988 per testimoniare a Toronto nel processo Zündel. La sua comparsa in tribunale precedette quella di Joseph Burg. Il controinterrogatorio di Doug Christie, avvocato di Zündel, ebbe luogo l'8 marzo 1988. Mesi dopo, lo stesso Thies Christophersen si incaricò di riprodurlo integralmente, parola per parola, nel numero di giugno della sua rivista *Die Bauernschaft*. L'avvocato Christie fece numerose domande sui prigionieri, che, come i soldati, erano alloggiati in caserme. Christophersen ha spiegato che c'erano letti a castello, armadietti e bagni con acqua calda e fredda. Lenzuola, asciugamani e vestiti venivano cambiati regolarmente. L'interrogatorio andò avanti così:

>   -I prigionieri hanno ricevuto corrispondenza?
>   - La posta veniva consegnata regolarmente e i pacchi venivano aperti se il contenuto non era molto chiaro in presenza dei prigionieri. Alcune cose non venivano consegnate.
>   - Quali cose non sono state consegnate?
>   - Soldi, droga, sostanze chimiche, materiale di propaganda...
>   - I prigionieri sono stati maltrattati?
>   - Non erano ammessi maltrattamenti e, se si verificavano, i responsabili venivano puniti severamente.
>   - I detenuti hanno avuto la possibilità di presentare reclamo?
>   - Sì, in ogni momento. Anche il comandante del campo, Nöss, e il suo successore, il capitano Lieberhenschel, avevano autorizzato i prigionieri a parlare con loro quando volevano.
>   - Ha ascoltato le lamentele e le proteste dei detenuti?
>   - A dire il vero, non si trattava di lamentele, ma di richieste. La gioia più grande che riuscivo a dare ai prigionieri era quando permettevo loro di raccogliere funghi e more o di fare il bagno nella Sula. A volte sequestravo anche le lettere private di un prigioniero se il contenuto non era molto chiaro".

Christophersen ha ammesso durante l'interrogatorio di non conoscere la capacità dei crematori di Birkenau e di non averli visti in funzione, sebbene fosse stato spesso nel campo, dove portava materiale dal deposito di aerei e selezionava la manodopera per le piantagioni di gomma. Per quanto riguarda la cremazione dei cadaveri, ha affermato che veniva prestata assistenza medica ai prigionieri malati e si cercava di salvare le loro vite, poiché nell'ospedale militare c'erano ambulanze e reparti per i malati. Come al solito, Christophersen ha accennato ai numerosi decessi per febbre tifoidea e ha fatto notare che la moglie del suo superiore, il dottor Cäsar, morì a sua volta di tifo. Per quanto riguarda le domande sulle camere a gas, ha ripetutamente affermato di averne sentito parlare solo dopo la guerra e di non averne mai viste né di aver incontrato qualcuno che le avesse viste.

Negli ultimi mesi di vita, Thies Christophersen era disposto a tornare in patria per essere processato se gli fosse stato permesso di presentare esperti e testimoni di sua scelta, ma i tribunali tedeschi lo trattarono come un nemico dello Stato e glielo rifiutarono. Il suo conto bancario fu bloccato. All'inizio del 1996 chiese di tornare in Germania per partecipare al funerale di uno dei suoi figli, morto in un incidente stradale, ma un tribunale respinse la richiesta. Nonostante Christophersen fosse malato di cancro, le autorità tedesche cancellarono la sua copertura assicurativa e smisero di pagargli la modesta pensione di anzianità, che gli era stata corrisposta per 45 anni, e la pensione di servizio dell'esercito. Malato grave e terminale, ha rischiato di tornare per trascorrere gli ultimi giorni della sua vita con la famiglia, ma è stato arrestato per l'ultima volta. Un giudice tedesco ha ritenuto che fosse troppo malato per andare in prigione, così gli è stato permesso di rimanere sotto la tutela di un figlio. Il 13 febbraio 1997 morì nel distretto settentrionale tedesco di Molfsee, dove gli fu negato il diritto al funerale.

Wilhem Stäglich, il giudice che ha chiesto giustizia per la Germania

Nei mesi da luglio a settembre del 1944, Wilhelm Stäglich fu assegnato a un distaccamento vicino ad Auschwitz come ufficiale della difesa aerea. Con sede nella città di Osiek, a circa nove chilometri a sud del campo, mantenne i contatti con il comando delle SS e ebbe accesso alle principali strutture del campo. Dopo la guerra, nel 1951 conseguì un dottorato in legge presso l'Università di Gottinga. Per anni ha lavorato come giudice finanziario ad Amburgo, dove ha scritto numerosi articoli su argomenti giuridici e storici. Dopo anni di silenzio, indignato ed emotivamente turbato dalle storie su Auschwitz imposte al pubblico, che si scontravano con la sua esperienza personale, il giudice e storico tedesco decise di intraprendere un'indagine. Quando iniziò a esprimere pubblicamente ciò che aveva capito su Auschwitz, dovette affrontare diversi procedimenti giudiziari a causa dei suoi articoli. Infine, nel 1974, si tenne un'udienza disciplinare contro il giudice Stäglich e nel 1975 fu costretto a ritirarsi dalla magistratura. Il pensionamento forzato fu accompagnato da una riduzione della pensione per un periodo di cinque anni. Seguirono una serie di indagini e incursioni nella sua casa nel tentativo di scoprire il suo passato.

Invece di tirarsi indietro, Stäglich continuò a lavorare sulla questione e nel 1979 pubblicò un libro fondamentale per il revisionismo tedesco: *Der Auschwitz-Mythos: Legende oder Wirklichkeit* (*Il mito di Auschwitz: leggenda o realtà*), un'opera approfondita e dettagliata in cui esaminava criticamente e sistematicamente documenti, testimonianze, confessioni e resoconti che descrivevano Auschwitz come un centro di sterminio. Stäglich negava l'esistenza delle camere a gas e denunciava i documenti che proclamavano l'Olocausto come falsi. Nel 1980 il libro è stato vietato e sequestrato a livello nazionale per ordine di un tribunale di Stoccarda. L'11 marzo 1982, l'ordine n. 3176 del "Bundesprüfstelle für jugendgefährdende Schriften" (Dipartimento federale per gli scritti pericolosi per la gioventù), lo ha classificato come materiale dannoso che non dovrebbe essere distribuito ai giovani lettori. Nel 1983 la polizia tedesca confiscò tutte le copie invendute di per ordine della Corte Federale di Giustizia. Il 24 marzo 1983, invocando ironicamente una legge del 1939 promulgata ai tempi di Hitler, il consiglio rettorale dell'Università di Gottinga, dopo una lunga procedura, ha ritirato il dottorato di Wilhelm Stäglich, che gli era stato conferito nel 1951. Un ricorso giudiziario-amministrativo fu respinto, così come le sue proteste scritte in tribunale, che furono respinte dal Giurì Costituzionale della Repubblica Federale di Germania.

Il 23 novembre 1988, il giudice Stäglich, con encomiabile forza d'animo e aplomb, indirizzò una lettera di rimprovero a Richard von Weizsäcker, Presidente della Repubblica Federale Tedesca dal 1984 al 1994, allegando il *Rapporto Leuchter*, che per il movimento revisionista era la ratifica incontrovertibile delle sue tesi. Riteniamo che questo documento meriti di essere riprodotto. *Die Bauernschaft*, la rivista di Thies Christophersen, pubblicò inizialmente il testo, che fu riprodotto nell'autunno del 1990 anche da *The Journal of Historical Review*, da cui lo abbiamo tratto e tradotto:

"23 novembre 1988
Il Presidente della Repubblica federale
Richard von Weizsäcker
5300 Bonn

Signor Presidente:
Lei si è ripetutamente pronunciato pubblicamente su questioni relative alla storia della Germania in questo secolo (la prima volta fu in occasione del suo discorso dell'8 maggio 1945 davanti al Parlamento della Germania occidentale). Il contenuto e lo stile delle sue dichiarazioni mostrano che esse si basano su una prospettiva quantomeno parziale, ovvero quella dei vincitori delle due guerre mondiali. Nel suo pamphlet *sul discorso di Weizsäcker dell'8 maggio 1945* (J. Reiss Verlag, 8934 Grossaitingen, 1985), che sicuramente conoscete, il pubblicista Emil Maier-Dorn lo ha dimostrato in modo convincente, fornendo molti esempi della tendenziosa parzialità. Evidentemente non impressionati, negli anni successivi avete continuato, se possibile in modo ancora più stridente, ad accusare il popolo tedesco ad ogni occasione. Infine, ha persino ritenuto necessario sostenere gli storici partecipando alla 37[a] Conferenza degli storici di Bamberg, le cui linee guida, per così dire, includevano la trattazione del problema di Auschwitz, che era stato oggetto di discussione accademica per almeno l'ultimo decennio. È possibile che lei non conosca l'articolo 5, paragrafo 3 della Legge fondamentale, che garantisce la libertà accademica e la libertà di ricerca? Gli applausi per i suoi commenti completamente di parte e senza riserve da parte dei nostri nemici nelle guerre mondiali e dei media della Germania occidentale, che evidentemente seguono ancora i suoi ordini, avrebbero dovuto ricordarle una massima di Bismarck, che una volta osservò che quando i suoi nemici lo lodavano, aveva indubbiamente sbagliato.

Sfortunatamente, Maier-Dorn ha dovuto omettere dal suo pamphlet qualsiasi commento alle sue dichiarazioni sulla questione dello sterminio degli ebrei, poiché la versione ufficiale di questa questione è, secondo le sue parole, legalmente protetta nella Germania occidentale. Sebbene non sia del tutto corretta, la valutazione di Maier-Dorn coglie nel segno, in quanto un sistema giudiziario sottoposto a pressioni politiche, e quindi non indipendente, manipola i fatti e la legge al fine di perseguire e, se non addirittura perseguitare, coloro che dubitano o addirittura confutano l'annientamento degli ebrei nelle presunte "camere a gas" dei cosiddetti campi di "sterminio". Questo fenomeno è senza dubbio unico nella storia della giustizia.

Ora, però, un evento accaduto circa sei mesi fa ha costretto a riconsiderare la storia ufficiale. La difesa nel processo di Ernst Zündel, un tedesco-canadese, a Toronto ha presentato la testimonianza dell'esperto americano di camere a gas Fred A. Leuchter (come è noto, le esecuzioni in camera a gas vengono ancora effettuate in alcuni Stati degli USA), secondo il quale i luoghi di Auschwitz, Birkenau e Majdanek che sono stati identificati dai presunti testimoni come camere a gas non potevano funzionare come tali. Questa perizia tecnica, che nel frattempo è diventata famosa in tutto il mondo, non potrà essere ignorata in futuro da nessuno storico serio che pretenda di essere obiettivo. Oltre alla tecnologia delle camere a gas, il Rapporto Leuchter si occupa della composizione e del modus operandi del pesticida Zyklon-B, presumibilmente utilizzato per uccidere gli ebrei, nonché della tecnologia dei crematori. Già nel 1979, a pagina 336 della mia opera *Der Auschwitz Mythos*, che è stata significativamente confiscata su ordine di un tribunale in seguito a istruzioni dall'alto, ho sottolineato l'urgente necessità di chiarire queste questioni sull'approccio al problema dello sterminio. Né i giudici né gli storici si sono preoccupati di questo stato di cose, per non parlare dei politici, compreso lei.

Purtroppo, il Rapporto Leuchter, come tutto ciò che può storicamente scagionare la nostra nazione, è ufficialmente ignorato con un silenzio tombale. Per questo motivo, signor Presidente, mi permetto di trasmetterle questo importante documento nella sua versione originale in inglese, in modo che possa avere una chiara comprensione delle cose. Questo testo differisce dal rapporto originale solo per l'omissione delle analisi chimiche effettuate dal chimico americano professor Roth, che Leuchter coinvolse nell'analisi dei campioni raccolti durante le sue indagini personali nei luoghi di Auschwitz e Birkenau ufficialmente designati come "camere a gas", oltre ai campioni prelevati nelle ex camere di disinfezione a scopo di confronto. Queste analisi sono incluse solo in forma sintetica (a pagina 16) nel testo del Rapporto Leuchter destinato alla distribuzione pubblica. Signor Presidente, può ora familiarizzare con la ricerca più aggiornata e autorevole su questo tema così importante per la nostra nazione.

Oserei dire che d'ora in poi, anche se non correggerà le sue accuse passate, si asterrà almeno dall'imporre ingiustificatamente una colpa alla nostra nazione. L'alta carica che ricopre richiede, in accordo con la promessa fatta quando l'ha assunta, che lei agisca come protettore della nazione tedesca, invece di privarla dell'ultimo brandello di fiducia politica. Nei suoi discorsi ha ripetutamente invocato il "coraggio di guardare in faccia la verità", anche se la "verità" da lei proclamata era già dubbia perché era così unilaterale. Ora è il momento di dimostrare il suo coraggio di guardare in faccia tutta la verità, nient'altro che la verità, signor Presidente! Altrimenti, in seguito, dovrà giustamente affrontare i rimproveri per la sua ipocrisia.

Con i saluti di un cittadino,
Wilhelm Stäglich".

Wilhem Stäglich è morto nel 2006 all'età di novant'anni. Nel febbraio 2015, Germar Rudolf ha pubblicato un'edizione corretta e leggermente riveduta del suo libro da Castle Hill Publishers, la casa editrice da lui fondata, con il titolo *Auschwitz: A Judge Looks at the Evidence*. Questa pubblicazione dimostra il continuo valore dell'opera di Stäglich. Robert Faurisson, che ammirava l'onestà del magistrato, ha scritto queste parole di stima e di omaggio: "Il dottor Wilhelm Stäglich, giudice e storico tedesco, ha salvato l'onore dei giudici e degli storici tedeschi. Ha perso tutto, ma non il suo onore".

Ernst Zündel, "Dinamo revisionista", modello di resistenza

È giunto il momento di rendere il nostro modesto omaggio a Ernst Zündel, l'uomo indispensabile, il revisionista d'eccezione, che ha avuto il coraggio e la forza d'animo di opporsi imperterrito per tutta la vita ai potenti tiranni che impongono al mondo la falsificazione della storia. Forse è per questo che uno dei soprannomi che gli sono stati giustamente attribuiti per il suo ruolo stellare è "dinamo revisionista". Uno schizzo della sua vita e delle tappe fondamentali della sua impari lotta per riscattare la Germania di fronte al mondo aiuterà i lettori non esperti a comprendere e apprezzare la statura di questa figura insostituibile nella storia del revisionismo storico.

Nato in Germania nel 1939, arriva in Canada nel 1958 e sposa una donna canadese di nome Janick Larouche. Nel 1961 lasciò Toronto e si stabilì con la famiglia a Montreal, dove avviò un'attività di successo nel campo delle arti grafiche. Zündel considerava il comunismo "una minaccia per la nostra civiltà" e nella politica canadese si impegnò in attività e campagne anticomuniste. Una delle figure che lo influenzarono maggiormente in questi anni fu Adrien Arkand, un nazionalista franco-canadese che parlava otto lingue e fu imprigionato per sei anni durante la guerra. Fu Arkand a fornire libri, articoli e altri testi che aiutarono il giovane Zündel a svilupparsi intellettualmente. Come già detto, Joseph Ginsburg, che pubblicava con lo pseudonimo di J.C. Burg, fu un'altra persona fondamentale che ebbe una profonda influenza su Zündel durante gli anni

Sessanta. Burg si recò in Canada per registrare con Zündel e trascorse un mese ospite nella sua casa. Il loro amore per la verità e la giustizia portò a un'ammirazione reciproca. Burg definì Zündel "un combattente per la verità per il suo popolo". Ma Burg fu solo uno degli importanti intellettuali ebrei a cui Zündel chiese di collaborare con lui. Entrò in contatto anche con Benjamin Freedman, il miliardario ebreo convertito al cattolicesimo[14], e con il rabbino Elmer Berger, presidente dell'American Council for Judaism. Zündel si recò a New York nel 1967 per incontrare Berger, che gli fornì nuove conoscenze e informazioni sul sionismo. In seguito, in uno dei processi, Zündel spiegò così il suo rapporto con il rabbino Berger:

> "... Andai a New York e intervistai il rabbino Berger, con il quale sono rimasto in contatto da allora. È stata la persona che, per la prima volta, mi ha chiarito le differenze tra sionismo ed ebraismo. La sua particolare filosofia di vita e del popolo che rappresenta è che essi sono prima di tutto americani ed ebrei per religione, mentre i sionisti sono prima di tutto ebrei, almeno così ho capito, il che li porta in pratica a escludere qualsiasi altra cosa. Risiedono in Paesi diversi, ma la loro unica fedeltà è ai principi del sionismo, agli obiettivi del sionismo, alle politiche del sionismo. Riteneva che fosse un'ideologia pericolosa perché metteva in discussione, agli occhi dell'opinione pubblica, la lealtà degli ebrei che vivevano in America o in Canada".

Nel 1968, a Zündel fu negata la cittadinanza senza alcuna spiegazione. Il 27 agosto 1968 ricevette una lettera dalle autorità canadesi, in cui si leggeva: "le informazioni sulla base delle quali è stata presa la decisione sono riservate e non sarebbe nell'interesse generale divulgarle". Nel 1969 Zündel e la sua famiglia tornarono a Toronto, dove ristabilì la sua azienda di arti grafiche, che continuò a pubblicare libri con una grande tiratura e una diffusione che gli portarono notevoli profitti. Ciò facilitò la pubblicazione di testi e interviste da lui condotte con scrittori e storici revisionisti come Robert Faurisson e il già citato rabbino. Berger e Burg non furono gli unici ebrei a collaborare con Zündel nella sua titanica lotta per smascherare i falsificatori della storia. Roger-Guy Dommergue Polacco de Menasce, professore francese di origine ebraica, filosofo, saggista e dottore in psicologia, fu un

---

[14] Il capitolo I ha già presentato Benjamin H. Freedman e discusso la sua famosa lettera a David Goldstein, pubblicata con il titolo *I fatti sono fatti*, in cui rivelava l'origine khazar degli ebrei ashkenaziti. Freedman aveva rapporti personali con Bernard Baruch, Woodrow Wilson, Franklin D. Roosevelt, Samuel Untermayer e altri leader sionisti ebrei, per cui conosceva molto bene chi c'era dietro a quella che chiamò *La tirannia nascosta* in un opuscolo così intitolato. Nel 1961 Benjamin Freedman tenne al Willard Hotel di Washington il famoso discorso di avvertimento all'America, in seguito noto come "Un disertore ebreo avverte l'America". In esso insisteva sul fatto che i sionisti e i loro correligionari governavano l'America come se fossero i padroni assoluti del Paese e avvertiva i patrioti americani della necessità imperativa di reagire.

altro intellettuale onesto che influenzò Ernst Zündel, con cui corrispose per anni. Zündel, che ricevette da Roger-Guy Dommergue testi in cui affermava inequivocabilmente che l'Olocausto era una menzogna storica, si sarebbe poi recato in Francia per registrare una lunga intervista nella casa del professor Dommergue.

Ernst Zündel e sua moglie si separarono nel 1975, poiché Zündel si rifiutò di rinunciare alle sue "attività politiche", come lei stessa dichiarò, il che causò alla famiglia disagio e paura. Tuttavia, l'amicizia e i contatti tra i due e i loro figli non si interruppero. In questi anni, per la precisione nel 1978, Zündel fondò una piccola casa editrice chiamata Samisdat Publishers Ltd., che produsse una serie di interessanti filmati per contribuire a diffondere le idee del revisionismo attraverso varie testimonianze. Queste e altre attività di resistenza intraprese da Ernst Zündel provocarono l'intervento di editorialisti di spicco come Mark Bonokoski del *Toronto Sun* e altri editorialisti in combutta con leader ebraici come Ben Kayfetz, presidente del Congresso ebraico canadese, che lanciarono una campagna diffamatoria per dipingere Ernst Zündel come un "fanatico neonazista".

Da questo momento in poi, agli attacchi del governo tedesco si aggiunsero quelli delle organizzazioni ebraiche che cercarono di mettere a tacere Zündel con le loro vessazioni in Canada e in Germania. Le accuse di "incitamento all'odio" e "diffusione di notizie false" divennero comuni. Diversi gruppi di pressione ebraici fecero pressione sui governi e utilizzarono i media per provocare l'indignazione pubblica. In questo contesto entrarono in scena la JDL (Lega di Difesa Ebraica), la famigerata organizzazione terroristica dell'FBI, e l'Azione Antirazzista, che intensificarono le vessazioni contro Zundel con manifestazioni davanti alla sua abitazione. Questi terroristi arrivarono ad assediarlo pattugliando la zona con i cani e, inoltre, battendo sui muri della casa, accendendo di notte i riflettori alle finestre e minacciandolo con incessanti telefonate.

Il 22 novembre 1979, il *Toronto Sun* riportò la notizia che il Procuratore Generale dell'Ontario avrebbe presentato un'accusa di incitamento all'odio nei confronti della Samisdat Publishing Ltd. In risposta a questa minaccia, Zündel inviò migliaia di copie di *Did Six Million Really Die?* di Richard Harwood ad avvocati, politici, giornalisti, professori e sacerdoti canadesi tramite il sito, chiedendo loro di valutare le informazioni contenute nel libro. Ha chiesto loro di valutare le informazioni contenute nel libro. Nel testo di accompagnamento, ha insistito sul fatto che era spinto solo dalla ricerca della verità e che i sionisti e i loro simpatizzanti stavano usando parole come "razzismo" e "odio" per cercare di sopprimere la sua libertà.

Il successivo grande ostacolo ai diritti di Ernst Zündel venne dalla Germania. Nel gennaio 1981, il governo federale tedesco sequestrò il conto corrente postale che aveva a Stoccarda, attraverso il quale Zündel riceveva numerose donazioni e gestiva i pagamenti per libri e cassette. Il 23 e 24 marzo 1981, il Ministero degli Interni tedesco ordinò una delle più grandi retate della storia tedesca: circa duecento case private furono perquisite allo scopo di sequestrare libri e registrazioni etichettati come "letteratura nazista". Per l'operazione furono mobilitati circa diecimila agenti di polizia e trecento giudici e procuratori. A questo proposito Zündel testimoniò: "la polizia ottenne gli indirizzi di persone che mi avevano aiutato finanziariamente violando le leggi bancarie tedesche, prendendo gli indirizzi delle ricevute delle donazioni e facendo irruzione nelle case di queste persone". Zündel fu quindi accusato di "agitazione del popolo", un reato in Germania.

In Canada, i raid ordinati dal Ministero degli Interni tedesco furono riportati dalla stampa ed Ernst Zündel fu pubblicamente accusato di diffondere "propaganda nazista" nella Germania occidentale dal Canada. Il 31 maggio 1981, una manifestazione di massa di gruppi ebraici si svolse vicino alla casa di Zündel a Toronto. La manifestazione era stata annunciata dai media ebraici con la seguente dichiarazione: "Neonazismo in Canada: perché il Canada è il centro di esportazione della propaganda nazista? Perché i fomentatori di odio diffondono liberamente la menzogna che non c'è stato l'Olocausto? Perché i criminali di guerra rimangono impuniti? Manifestazione di protesta contro il razzismo e i discorsi di odio". Gli organizzatori erano la Loggia B'nai Brith del Canada e il Congresso ebraico del Canada. La Lega per la Difesa degli Ebrei non era tra i promotori, ma i suoi estremisti erano in maggioranza e hanno fomentato una folla di millecinquecento persone, che al grido di "Bruciatelo! Uccidetelo!" hanno cercato di attaccare la casa di Zündel. Naturalmente, gli organizzatori non hanno fatto alcun tentativo di trattenerli. Solo l'intervento di circa 50 agenti di polizia che hanno barricato la casa ha impedito ulteriori incidenti. Zündel, che ricevette minacce di bomba e di morte prima e dopo la manifestazione, registrò tutto ciò che accadde e produsse un nastro intitolato *C-120 Insurrezione sionista!* in cui si possono sentire le grida che invocano l'assalto e l'incendio della casa e l'uccisione di Zündel e di tutti gli abitanti.

Contro ogni previsione, in una battaglia impari, Zündel continuò a resistere a tutti i tipi di attacchi. L'oltraggio successivo fu il divieto di ricevere posta su. Nel luglio 1981, due mesi dopo la manifestazione di massa davanti a casa sua, Sabina Citron, un'attivista sionista dell'Associazione per la Memoria dell'Olocausto, denunciò all'ufficio postale che Zündel stava diffondendo letteratura antisemita e chiese che gli venissero revocati i privilegi postali. Il 17 agosto 1981, l'ispettore postale Gordon Holmes visitò Zündel. Gli mostrò alcuni volantini che aveva inviato e Zündel, da parte sua, gli presentò foto, testi e registrazioni della manifestazione di maggio davanti a casa sua e spiegò che era impegnato in una campagna postale per esporre le sue opinioni attraverso il servizio. Il rapporto di Holmes ai suoi superiori confermò che Zündel era stato sempre collaborativo e gli aveva fornito libri e scritti. Infine, il 13 novembre 1981, fu emesso un ordine di proibizione provvisorio contro la Samisdat Publishers. Si sosteneva che la società di Zündel avesse utilizzato il servizio postale per incitare all'odio.

Zündel chiese che l'ordine di proibizione provvisorio fosse esaminato da una commissione di valutazione per verificare se violasse il Canada Post Corporation Act. Durante l'udienza, tenutasi il 22, 23 e 24 febbraio e l'11 e 12 marzo 1982, l'avvocato Ian Scott di Toronto, in rappresentanza dell'Associazione canadese per le libertà civili, intervenne per conto di Zündel e sostenne con successo che la libertà di espressione prevista dalla Carta dei diritti umani era stata violata. Nella sua dichiarazione, Zündel mostrò una cassetta intitolata *Dialogo tedesco-ebraico*, che Benjamin Freedman gli aveva dato il permesso di vendere. Zündel si vantava della sua amicizia con il miliardario ebreo, che conosceva da quindici anni e con cui aveva parlato in molte occasioni. A dimostrazione del fatto che non odiava gli ebrei, Zündel fece i nomi di intellettuali ebrei che aveva intervistato e che gli avevano dato il permesso di vendere i nastri. Tra gli altri, citò Haviv Schieber, ex sindaco di Beersheba in Israele; Roger-Guy Domergue Polacco de Menasce, professore ebreo alla Sorbona; il rabbino Elmer Berger e il professor Israel Shahak, presidente di una commissione per i diritti umani in Israele.

In attesa del parere definitivo della Commissione di valutazione in Canada, nonostante una campagna isterica in Germania e in Canada sul significato del materiale sequestrato dalla Samisdat Publishers, il 26 agosto 1982 Zündel è stato assolto in Germania da un tribunale distrettuale di Stoccarda, che ha stabilito che i testi in questione non erano letteratura d'odio. Inoltre, il tribunale ha condannato il governo federale tedesco a pagare le spese legali del procedimento e a restituire a Zündel il denaro sequestrato dai conti con gli interessi. Naturalmente, la stampa canadese è rimasta in silenzio e ha continuato a descrivere Zündel come un "neonazista" che ha inviato "propaganda nazista" in Germania. Il governo tedesco reagì alla sentenza del tribunale di Stoccarda rifiutandosi di rinnovare il suo passaporto. Sarcasticamente, una legge promulgata da Hitler contro i rifugiati ebrei che pubblicavano materiale antinazista in esilio fu usata per.

In Canada, infine, il 18 ottobre 1982, la Commissione di valutazione raccomandò nel suo rapporto al governo canadese la revoca dell'ordine di sospensione dei diritti postali di Ernst Zündel. In conformità con questa raccomandazione ben argomentata, il ministro André Ouellet firmò la revoca dell'ordinanza il 15 novembre 1982 e i diritti di Zündel furono ripristinati, con il risultato che la Canada Post Corporation dovette restituirgli numerosi sacchi postali. Tutti gli assegni erano scaduti, cosicché l'attività di Zündel subì perdite quasi rovinose. Il Congresso ebraico canadese annunciò attraverso Ben Kayfetz di essere sconcertato dalla decisione. Ciononostante, le organizzazioni ebraiche ripresero immediatamente le loro vessazioni e nel 1983 lanciarono una campagna per perseguire Zündel. L'Associazione per la Memoria dell'Olocausto e Sabina Citron scrissero al Procuratore Generale dell'Ontario Roy McMurtry chiedendogli di perseguire Zündel per incitamento all'odio ai sensi del Codice Penale. Il 13 ottobre 1983, il *Toronto Star* riportò che il B'nai Brith chiedeva che Zündel fosse perseguito per odio razziale.

Nel frattempo, l'avvocato di Zündel in Germania aveva fatto ricorso contro la decisione delle autorità di non rinnovare il passaporto del suo cliente. Durante il processo d'appello, nel 1985, l'avvocato fu autorizzato, in presenza di un poliziotto del tribunale, a studiare, ma non a copiare, negli archivi governativi vari documenti utilizzati nel procedimento contro Zündel. In questo modo si apprese che il Ministero degli Interni, che non aveva alcuna competenza in materia di passaporti, fin dal 1980 aveva esercitato incessanti pressioni sul Ministero degli Affari Esteri per far ritirare il passaporto a Ernst Zündel. I documenti mostrano che alti funzionari dei servizi segreti federali tedeschi si erano recati a Ottawa per convincere il governo canadese a vietare a Zündel l'uso del sistema postale. I documenti tedeschi indicano anche che Ben Kayfetz del Congresso ebraico del Canada aveva scritto al Console generale tedesco a Toronto chiedendo copie del materiale di Zündel che avrebbero voluto esaminare, ma il Console Koch inizialmente rifiutò. Sembra che le autorità tedesche abbiano concepito l'idea che, se fossero riuscite a privare Zündel del passaporto, i canadesi lo avrebbero deportato. Nel novembre 1982, il Console Koch era pronto a rinnovare il passaporto, ma, come dimostrano i documenti esaminati dall'avvocato di Zündel, il Ministero degli Interni fece pressione sul Ministero degli Affari Esteri affinché inviasse una direttiva al Console di Toronto per fare il contrario, cosa che egli fece. Zündel si appellò alla decisione del console di non rinnovare il passaporto. Il 9 maggio 1984, il Tribunale amministrativo di Colonia decise che la Repubblica federale di Germania non era obbligata a rinnovare il passaporto. Un ulteriore ricorso è stato quindi presentato al Tribunale amministrativo superiore della Renania Settentrionale-Vestfalia. Nel corso di questo ricorso, l'avvocato di Zündel ha avuto accesso agli archivi governativi, che hanno permesso di stabilire che dal 1980 le autorità tedesche perseguivano ferocemente l'espulsione di Zündel.

Passiamo ora alle pressioni esercitate dalle organizzazioni ebraiche sulle autorità canadesi per intentare una causa contro Ernst Zündel, che avrebbe poi portato al processo del 1985. L'accusa di incitamento all'odio non sembrava destinata ad avere successo, così il 18 novembre 1983 Sabina Citron dell'Associazione per la Memoria dell'Olocausto presentò un'accusa di "diffusione di notizie false" in pubblicazioni come *Did Six Million Really Die?* e *The West, War and Islam*. Le accuse di Sabina Citron furono ammesse dalla Corona, il che significava che lo Stato si assumeva tutti i costi dell'azione penale per conto dei sionisti. Iniziò così la battaglia legale di Zündel, durata nove anni, per difendere i suoi diritti civili.

Il 9 settembre 1984, pochi mesi prima dell'inizio del processo, una bomba esplose sul retro della casa di Zündel, danneggiando il garage e due auto. Le schegge volarono via e alcuni pezzi si conficcarono nel muro della camera da letto di due vicini ebrei. Il 10 settembre, il quotidiano di Toronto *The Globe & Mail* riportava: "Un uomo ha telefonato *al Globe & Mail* ieri sera a nome di un gruppo che ha chiamato Movimento di Liberazione Popolare della Lega di Difesa Ebraica (JDL) per rivendicare la responsabilità dell'attentato". Non sono stati effettuati arresti e Zündel ha rilasciato un comunicato stampa in cui denuncia l'escalation di violenza da parte della JDL e di gruppi affini contro di lui, sostenuti da alcuni media. Chiedeva una reazione della polizia contro il terrorismo di questa organizzazione sionista, poiché, sosteneva, "la polizia, i politici e i media erano ben consapevoli della reputazione della JDL per gli incendi dolosi, gli attentati, le sparatorie, gli attacchi e gli assassinii".

Ogni apparizione di Ernst Zündel in relazione a citazioni in tribunale è stata utilizzata dai membri della JDL, che lo aspettavano ai cancelli del tribunale, per minacciare, insultare e aggredire coloro che lo accompagnavano. Di conseguenza, si sono presentati indossando caschi da cantiere per proteggersi. Sia Zündel che il suo avvocato Lauren Marshall hanno ricevuto telefonate in cui venivano minacciati di morte. *Il Toronto Sun* ha citato Marshall: "Con voce tremante, ha detto che lei, il suo cliente e le loro famiglie sono stati molestati quotidianamente e hanno ricevuto minacce di morte. In seguito ha raccontato ai giornalisti che in una telefonata la figlia di sette anni si è sentita dire: "Se la tua mamma va in tribunale, la uccideremo". Zündel ha indirizzato una lettera aperta ai membri del Parlamento e ai media, avvertendo che l'amministrazione della giustizia in Canada era in pericolo se si permettevano intimidazioni e attacchi da parte di folle ebraiche.

Il processo iniziò nel gennaio 1985 e durò trentanove giorni. La Corona cercò di dimostrare l'Olocausto attraverso l'intervento di esperti come Raul Hilberg e di ex detenuti che deposero come testimoni. Poiché abbiamo già esaminato la testimonianza di Hilberg sottoposta al controinterrogatorio dell'avvocato Doug Christie nello spazio dedicato al *Rapporto Leuchter*, aggiungiamo ora che tra i chiamati dalla difesa di Zündel, oltre ai noti Faurisson e Christophersen, c'erano, tra gli altri, il dott. William Lindsey, un chimico che era stato capo della ricerca dell'azienda chimica americana Dupont; il dott. Russell Barton, che da giovane era stato ricercatore dell'azienda chimica americana Dupont; il dott. Russell Barton, che da giovane aveva assistito alla liberazione di Bergen-Belsen; Frank Walus, un americano di origine polacca ingiustamente accusato di essere un criminale nazista; Pierre Zündel, figlio di Ernst Zündel; e un ricercatore austriaco di origine svedese finora non menzionato, Ditlieb Felderer, ben noto negli ambienti revisionisti, le cui attività sono degne di essere riconosciute e avranno quindi una sezione a sé stante sotto.[15]

Il 28 febbraio 1985 Zündel fu condannato da una giuria e il 25 marzo ricevette una condanna a quindici mesi di reclusione, ma fu rilasciato su cauzione a condizioni severe che gli vietavano di scrivere, pubblicare o parlare pubblicamente. Tra queste due date, il B'nai Brith, il Congresso ebraico del Canada, l'Associazione per la Memoria dell'Olocausto e la JDL organizzarono una campagna pubblica e privata affinché il governo canadese deportasse Zündel in Germania. L'evento più importante fu una manifestazione di migliaia di persone, culminata in un comizio. L'11 marzo 1985, il *Toronto Star* riportò la notizia della massiccia manifestazione contro Zündel, che culminò all'O'Keefe Centre di Toronto. Lì, tutti gli oratori chiesero la deportazione tra le grida e gli incitamenti della folla. Ma non tutti i canadesi accettarono lo spettacolo con indifferenza. Il 21 marzo, quattro giorni prima che il verdetto fosse reso pubblico, il *Toronto Sun* pubblicò una lettera all'editore in cui J. Thomas criticava gli eccessi dei manifestanti, la cui dimostrazione di odio considerava evidente: "Lo spettacolo di 4. 000 ebrei.Lo spettacolo di 4.000 ebrei, molto ben organizzati", scrisse Thomas, "che marciavano dal municipio all'O'Keefe Centre e le dichiarazioni loquaci di numerosi intervenuti, tutti a gridare simbolicamente 'Barabba, Barabba, dateci Barabba', è stata una spaventosa esibizione di governo della folla.... La stridente e continua richiesta di deportare Zündel supera di gran lunga i limiti della giustizia e rivela l'odio verso chiunque osi mettere in discussione il potere di una piccola minoranza di canadesi".

Lo stesso *Toronto Sun* riportava il 27 marzo 1985 che, a seguito di una riunione governativa, Flora MacDonald, Ministro dell'Immigrazione, aveva dato istruzioni ai funzionari del suo Dipartimento di avviare le procedure per l'espulsione di Zündel non appena avessero ricevuto un rapporto sulla sua condanna. Il 29 aprile 1985, senza considerare i suoi diritti

---

[15] Ditlieb Felderer ha testimoniato in entrambi i processi contro Zündel. Nel 1988 fu il primo testimone chiamato a deporre dalla difesa e la sua collaborazione con il team di Zündel fu eccezionale. Felderer è stato un importante testimone di Geova fino a quando non è stato espulso per aver scoperto che lo sterminio dei membri della setta era una falsità. Fece ricerche presso la sede centrale dei Testimoni di Geova a New York, negli archivi di Toronto, in Svizzera e in Scandinavia. Riuscì a far riconoscere che la cifra di 60.000 Testimoni di Geova uccisi dai nazisti era falsa, poiché solo 203 di loro erano morti nei campi di concentramento. Sebbene la leadership di New York avesse proibito ai membri dell'organizzazione di parlare con Felderer, un successivo annuario pubblicato dagli stessi Testimoni di Geova riconobbe che la cifra di Felderer era corretta. Ditlieb Felderer fu tra i primi a denunciare il diario di Anne Frank come un falso. Nel suo famoso libro *Il diario di Anne Frank, una bufala* (1979), ha smascherato la frode, poi confermata da altri ricercatori. Felderer, perseguito senza sosta dagli scagnozzi della lobby ebraica, è stato imprigionato più volte in Svezia. Recentemente ha accusato pubblicamente Johan Hirschfeldt, un giudice ebreo in Svezia, di essere responsabile di atti di terrorismo contro di lui e la moglie filippina.

legali di appello, fu ordinata l'espulsione di Ernst Zündel. Il 30 aprile, il *Toronto Star* riporta sulle sue pagine l'esultanza del B'nai Brith: "Siamo molto contenti di vedere che il governo ha agito rapidamente. Pensiamo che sia la giusta procedura e la giusta decisione". Tuttavia, Ernst Zündel, un combattente esperto, ha immediatamente presentato ricorso e il processo di espulsione è stato fermato come questione di legge.

Nel 1987, Zündel ottenne due vittorie molto importanti che riaffermarono la sua volontà di resistere ad ogni costo. Il 23 gennaio 1987, la Corte d'Appello dell'Ontario, che aveva accolto il ricorso contro la sua condanna, ordinò un nuovo processo con la motivazione che il giudice Hugh Locke aveva agito in modo parziale e scorretto. Tra gli altri eccessi, aveva respinto diverse prove presentate dalla difesa e aveva mostrato alla giuria filmati sui campi di concentramento nazisti per influenzarne la decisione. Mezzo anno dopo arrivò il secondo trionfo di Zündel: il 7 luglio 1987 l'ordine di deportazione fu invalidato perché emesso in contrasto con la legge canadese.

Nel 1987 Zündel ottenne una terza vittoria su contro Sabina Citron e le solite organizzazioni ebraiche. In un programma della CBC Radio, Zündel disse pubblicamente al leader sionista che "i tedeschi erano innocenti dell'accusa di genocidio contro gli ebrei". Inoltre, rivolgendosi al conduttore, David Shatsky, ha ricordato che al processo di gennaio Sabina Citron non era stata in grado di mostrare alcun documento che provasse l'esistenza di un ordine di sterminio "perché non c'era". Citron ha dichiarato alla stampa di essere rimasta sbalordita dall'apparizione di Zündel alla trasmissione. Poco dopo, i due hanno fatto causa alla CBC Radio per danni. Il 25 agosto 1987, Citron citò nuovamente in giudizio Zündel per aver diffuso "notizie false" nel programma radiofonico. La denuncia è stata respinta da Corona il 18 settembre 1987 con la motivazione che "le dichiarazioni di Zündel durante la trasmissione costituivano un'opinione che non rientrava nell'ambito della sezione "notizie false" del Codice penale".

Il secondo processo contro Zündel per "diffusione di notizie false" ebbe finalmente inizio il 18 gennaio 1988. Durò sessantuno giorni e passò alla storia del revisionismo per l'importanza trascendente della rivelazione del *Rapporto Leuchter*. Raul Hilberg rifiutò di tornare in Canada per testimoniare, senza dubbio per non essere nuovamente sottoposto al controinterrogatorio dell'avvocato Christie, che lo aveva messo alle strette nel primo processo. La Corona ha presentato sette testimoni. La difesa ne ha chiamati 23 per dimostrare che non c'erano "fake news" nel libro *Did Six Million Realy Die?* ma che il suo contenuto era vero. La dichiarazione più eclatante dei testimoni presentati da Zündel è stata, ovviamente, quella di Fred Leuchter, riconosciuto dal presidente del tribunale come esperto del funzionamento delle camere a gas. Leuchter ha spiegato il suo lavoro di ispezione ad Auschwitz, Birkenau e Majdanek e ha affermato che le presunte camere a gas non avrebbero mai potuto svolgere la funzione omicida loro attribuita. Il *Rapporto Leuchter*, presentato alla corte come esposizione illustrata, è stato successivamente tradotto in numerose lingue e ampiamente distribuito in tutto il mondo. Tra i testimoni della difesa c'era David Irving, storico britannico di origine ebraica, convinto che le implicazioni del Rapporto sarebbero state devastanti per la storiografia sull'Olocausto. È significativo che la copertura mediatica del processo sia stata quasi inesistente rispetto a quella del primo processo.

Nonostante tutte le prove presentate, Zündel fu nuovamente condannato alla fine del processo e ricevette una pena detentiva di nove mesi. Anche in questo caso, le organizzazioni ebraiche si affrettarono a chiedere la sua deportazione in Germania. Zündel, che nel 1988 chiese nuovamente le ragioni del rifiuto della sua domanda di cittadinanza senza ricevere risposta, ricorse nuovamente in appello contro il verdetto alla Corte d'Appello dell'Ontario. Prima di conoscere l'esito dell'appello, il console generale della Germania Federale, il dottor Henning von Hassell, scrisse diverse lettere alla Corte dell'Ontario accusando falsamente Zündel di aver distribuito volantini all'equipaggio di una nave tedesca nel porto di Toronto. Secondo il console, il testo degli opuscoli aveva come tema principale la negazione dell'Olocausto, il che costituiva una violazione delle condizioni della sua libertà provvisoria.

Il 5 febbraio 1990, la Corte d'Appello respinse l'appello, per cui Ernst Zündel dovette chiedere l'autorizzazione a ricorrere a una corte superiore, la Corte Suprema del Canada, cosa che fece il 15 novembre 1990. A questo punto della persecuzione, la battaglia legale di un singolo uomo contro nemici colossali aveva già connotati epici. Ci vollero quasi due anni per conoscere la decisione della Corte Suprema,, che rimase ferma nell'applicazione della legge e il 27 agosto 1992 assolse Zündel. La Corte ha ritenuto che fosse stata violata la libertà di espressione protetta dalla Carta canadese dei diritti e delle libertà. Nonostante la campagna mediatica contro Zündel nel corso degli anni, alcuni editorialisti hanno infine riconosciuto la rilevanza della decisione della Corte Suprema, in quanto il diritto alla libertà di espressione di tutti i canadesi era minacciato con il pretesto della legge sulle "fake news".

Come al solito, l'ebraismo organizzato in Canada è andato su tutte le furie e non ha accettato il verdetto della Corte Suprema sul diritto di Zündel di esprimere pacificamente le sue opinioni sull'"indiscutibile" Olocausto. Con la consueta sfacciataggine, questo gruppo minoritario della società canadese si è arrogato il diritto di dare lezioni e criticare i giudici e il sistema giudiziario. A metà settembre 1992, le organizzazioni ebraiche avevano formato un'ampia coalizione, che comprendeva anche alcuni gruppi di gentili, e avevano iniziato una nuova campagna, con manifesti e pubblicità. Il numero di settembre *del Covenant*, la pubblicazione mensile del B'nai Brith, riportava in prima pagina una fotografia a tutta pagina di Zündel con la scritta: "Arrestate quest'uomo, dice il B'nai Brith: la coalizione si batte per presentare nuove accuse contro Zündel". L'articolo di accompagnamento diceva che avrebbero riempito le strade con migliaia di manifesti realizzati dalla Lega per i diritti umani per fare pressione sul procuratore generale dell'Ontario Howard Hampton. L'Associazione per la Memoria dell'Olocausto ha pubblicato annunci che recitano: "Zündel non deve sfuggire alla giustizia! Manifestazione urgente". Evidentemente, la giustizia a cui si faceva riferimento non era quella canadese, ma la sua. Il 4 ottobre 1992 si tenne una manifestazione durante la quale Sabina Citron chiese una "dichiarazione di guerra" al sistema giuridico canadese. Nell'edizione del 15 ottobre 1992, il *Canadian Jewish News* riprodusse testualmente le parole di Sabina Citron, che esortava tutti a "tormentare continuamente le vite dei politici. Zündel deve essere accusato e deportato. Ne abbiamo avuto abbastanza e non sopporteremo altro".

Nel mezzo di questo frenetico vortice di isteria anti-Zündel, un giovane conoscente ebreo, David Cole, gli venne in aiuto. Cole, che era tornato da Auschwitz con il filmato di cui abbiamo parlato sopra, pubblicò una lettera al Procuratore Generale Howard Hampton sul *Kanada Kurier*, un giornale di etnia tedesca in Canada. La lettera è qui riprodotta integralmente, estratta da *The Zündelsite*:

"Caro signor Hampton,

Le scrivo in merito al caso di Ernst Zündel e alla sua imminente decisione di presentare nuove accuse contro di lui. Sono un ebreo e sono anche un revisionista dell'Olocausto. Non sono un pazzo che esce da sotto i sassi per diffondere odio e antisemitismo, al contrario. Da anni spiego razionalmente alla gente che ci sono due lati della storia dell'Olocausto e che, sulla base delle prove disponibili, il lato revisionista è semplicemente più credibile. Il revisionismo non ha nulla a che fare con l'odio e la cattiveria, ma con l'obiettività e il tentativo di discernere la verità dalla falsità. Se cercassi di fare del male agli ebrei, significherebbe che sto cercando di fare del male a tutta la mia famiglia. Questa sarebbe un'accusa grave lanciata contro di me.

Sono stato ospite di un programma televisivo di rete negli Stati Uniti (il telegiornale di prima serata "48 ore" condotto da Dan Rather) e ho anche discusso la questione con sopravvissuti ed "esperti" in un talk show nazionale (il Montel Williams show venduto ai ripetitori locali). Non sono mai stato accusato di essere un razzista, un nazista o un odiatore di ebrei (non sono nulla di tutto ciò).

Lo scopo di questa lettera è di chiederle di fermare la persecuzione legale del signor Zündel. Sono consapevole che ci sono gruppi di pressione che cercano di convincerla a fare altrimenti, e mi rendo anche conto che deve essere difficile per queste persone separare le loro emozioni da ciò che è meglio per la libertà intellettuale in Canada. Sarebbe quindi suo compito, in quanto rappresentante del popolo e della legge, guardare le cose con obiettività e fare ciò che è meglio sia per il popolo che per la grandezza della legge. In che modo la continua persecuzione di Zündel ha giovato al popolo canadese, se non come esempio di spreco di denaro fiscale, e in che modo il grossolano doppio standard riguardante i diritti dei tedeschi rispetto ai diritti di altri gruppi etnici ha giovato all'integrità della legge? Ricordiamo che il tema dell'Olocausto non riguarda solo gli ebrei; anche i tedeschi erano presenti e, in quanto parte della loro storia, hanno lo stesso diritto di studiarlo degli ebrei. Negli anni futuri, forse molti anni, forse solo pochi, quando la sanità mentale avrà prevalso e l'Olocausto potrà essere rivisto con obiettività, e vedremo che il mondo come lo conosciamo non scomparirà di conseguenza, l'ipocrita e miserabile persecuzione di Ernst Zündel sembrerà, a posteriori, del tutto inutile e la storia non guarderà con favore coloro che ne sono stati coinvolti.

Cordiali saluti
David Cole"

Per mesi, i media furono utilizzati per fare pressione sulle autorità e per stringere il cappio intorno a Zündel, il quale, incrollabile nella sua volontà di resistenza, inviò persino lettere ai giornali londinesi, il cui effetto fu opposto a quello desiderato, provocando reazioni rabbiose e irrazionali da parte delle comunità ebraiche. Tuttavia, il 5 marzo 1993, per l'ennesima volta, le organizzazioni ebraiche fallirono nel tentativo di spezzare l'ostinata resistenza della "dinamo revisionista". Gli organi di polizia coinvolti nelle indagini non capirono che poteva essere incriminato su. La Sezione per la Letteratura d'Odio della Polizia Provinciale dell'Ontario riferì che non potevano essere formulate accuse in base alla legge sulla propaganda d'odio, in quanto i commenti di Zündel non costituivano il reato di discorso d'odio. Zündel ha rilasciato un comunicato stampa in cui ribadisce la sua posizione:

> "I fatti sono: il mio materiale, le mie idee, le mie apparizioni alla radio e alla televisione non generano incidenti antisemiti, perché non sono antisemiti. Il mio materiale cerca di contrastare i discorsi di odio antitedeschi nei media, nei film e nei libri di testo. C'è una soluzione semplice al problema: smettete di dire falsità, mezze verità e vere e proprie bugie sui tedeschi e sul loro ruolo nella storia e non dovrò replicare con verità scomode e impopolari. Semplice! Ricordate: una bugia non diventa verità solo perché è stata ripetuta milioni di volte".

I successi legali di Ernst Zündel e il suo persistente spirito combattivo non potevano che infiammare ulteriormente i suoi nemici, che vedevano come un singolo individuo li tenesse testa senza che loro potessero finirlo come al solito. Sabina Citron e i suoi compari intensificarono la loro campagna con pressioni di ogni tipo che raggiunsero i più alti livelli del potere politico. Citron ha minacciato di nuovo: "Deve essere incriminato, altrimenti perderemo il rispetto per la legge in Canada". Fu lanciata una campagna di raccolta firme tra gli studenti universitari: tutte le federazioni studentesche furono invitate a prendere posizione contro Zündel, compresa l'Associazione degli studenti africani. Nei campus universitari arrivarono agitatori ebrei che tenevano lezioni ai giovani con feroci diatribe. Inoltre, l'appello fu esteso alla comunità gay, lesbica e bisessuale, ai centri per le donne e ad altre organizzazioni sociali. Vennero indette altre manifestazioni in varie città e nel maggio 1993 la Rete degli studenti ebrei organizzò un sit-in davanti alla sede del Procuratore generale dell'Ontario.

Il B'nai Brith e il Congresso ebraico canadese hanno esteso i loro tentacoli e hanno deciso di utilizzare gruppi di sinistra e anarchici. L'obiettivo era quello di mobilitare tutti i settori della società canadese per porre fine una volta per tutte al "più grande fornitore internazionale di materiale sulla negazione dell'Olocausto". Nell'estate del 1993, Zündel lanciò un programma internazionale a onde corte via radio e televisione satellitare. I suoi programmi, intitolati "La voce della libertà", trattavano temi revisionisti e di interesse storico generale. Questi programmi si espansero e ottennero l'accesso alla televisione pubblica negli Stati Uniti, dove i sostenitori e i simpatizzanti di Zündel sponsorizzarono il programma in varie comunità americane.

Il 24 ottobre 1993, Zündel scelse di richiedere la cittadinanza canadese per la seconda volta. Logicamente, se gli fosse stata concessa la cittadinanza nel momento in cui la campagna contro di lui era al culmine, sarebbe stata una sconfitta umiliante per i suoi persecutori. Il Dipartimento per la Cittadinanza e l'Immigrazione gli ha fatto presente che le sue attività costituivano una minaccia per la sicurezza del Canada. Il Congresso ebraico canadese (CJC) e il B'nai Brith fecero pressione sul governo. La Loggia massonica ebraica ha pubblicato una dichiarazione sulla *Montreal Gazette* del 28 luglio 1994, chiedendo l'estradizione in Germania e non la cittadinanza: "Quest'uomo non merita il privilegio della cittadinanza canadese. Non solo sarebbe un affronto alle minoranze canadesi, ma equivarrebbe a trasmettere a coloro che diffondono l'odio nel mondo il messaggio che il Canada è un rifugio per il razzismo".

Un resoconto dettagliato degli attacchi a Zündel richiederebbe troppo spazio. Poiché quanto è stato scritto dà un quadro completo della sua lotta titanica, ci limiteremo a elencare i più brutali. Il 24 novembre 1993, un gruppo chiamato ARA (Azione Antirazzista), dopo aver chiamato a raccolta i suoi sostenitori con centinaia di manifesti, si radunò davanti alla casa di Zündel per lanciare uova e imbrattarla. Poiché la casa di Zündel era protetta dalla polizia, lo stesso gruppo mesi prima aveva dato fuoco alla casa non protetta di un amico di nome Gary Schipper. Il 7 maggio 1995, tuttavia, anche la casa di Zündel fu incendiata. Un piromane gettò del liquido infiammabile sul portico: l'incendio distrusse la facciata dell'edificio e consumò completamente il terzo piano. Uno scagnozzo della JDL di nome

Kahane Chai ne rivendicò la responsabilità. Due settimane dopo, Zündel ricevette un pacco che ritenne sospetto. Lo portò alla polizia, che scoprì che si trattava di una bomba contenente schegge e chiodi. Una volta esploso, l'ordigno lasciò un cratere profondo mezzo metro. La polizia ha confermato che avrebbe ucciso chiunque avesse aperto il pacco e avrebbe potuto ferire, se non uccidere, chiunque si fosse trovato nel raggio di novanta metri dall'esplosione.

Ancora più interessante è la comparsa di *The Zündelsite* su Internet, sempre nel 1995. I lettori interessati possono trovare ulteriori informazioni su questo sito web. Questo ingresso nel cyberspazio avvenne grazie alla collaborazione dei suoi amici di "American Free Speech". Nel settembre 1995 Jamie McCarthy, co-webmaster *del Progetto Nizkor,* un progetto di siti web che promuovono l'Olocausto e sfatano le argomentazioni revisioniste, inviò un'e-mail a Zündel invitandolo a collegare o linkare i due siti in modo che gli utenti potessero avere una visione per determinare chi stesse dicendo la verità. McCarthy ha scritto: "Dal momento che lei sostiene, più volte, che "la verità non ha bisogno di coercizione", confido che non insulterà l'intelligenza dei suoi lettori negando un punto di vista alternativo". Contrariamente alle aspettative, Zündel ha accolto con gratitudine l'offerta: "La ringrazio di cuore per la sua proposta di di fare di Internet il forum aperto in cui discutere, in modo ragionevole e civile, di ciò che è così importante per tutti noi". Dopo aver spiegato che fin dai primi anni '80 aveva già offerto un dibattito pubblico alla comunità ebraica canadese, ha detto che "sarebbe stato felicissimo se l'offerta fosse stata autentica e condivisa dalle persone che sostengono *il Progetto Nizkor,* perché era proprio quello che aspettavo da tempo". Non ci è voluto molto perché i due siti fossero collegati (linkati).

Il 5 gennaio 1996, Zündel invita il Centro Simon Wiesenthal a collegare il suo sito web al *sito di Zündels,* ma non riceve risposta. Due giorni dopo, il 7 gennaio, Zündel annunciò un dibattito elettronico globale sull'Olocausto sul suo sito. Per prepararsi, il webmaster di *Zündelsite* iniziò a caricare sul File Transfer Protocol (FTP) tutti i testi e i documenti, compresi il *Rapporto Leuchter* e *Did Six Million Really Die?*. Quasi immediatamente i file, anche quelli riservati, vennero scaricati da una persona sconosciuta, il che portò Zündel a credere che ci fosse una sorveglianza continua del suo sito e delle sue attività. In un editoriale sul sito web si è poi chiesto: "Chi ha i soldi, le capacità, le attrezzature e il personale per farlo? Due giorni dopo, il Centro Simon Wiesenthal ha inviato centinaia di pagine ai provider Internet e ai presidenti delle università chiedendo loro di rifiutarsi di trasmettere messaggi che promuovono "razzismo, antisemitismo, caos e violenza". *Il sito Zündelsite* cominciò a essere attaccato, la sua posta rubata, manomessa o distrutta. Le "bombe" di posta elettronica arrivarono persino dalla Russia. Messaggi falsificati di Zündel cominciarono a circolare in rete per danneggiare la sua reputazione. Il 25 gennaio 1996, i media riferirono che i procuratori tedeschi stavano preparando le accuse di incitamento all'odio contro i provider di Internet in Germania che avevano contribuito a distribuire il sito di Ernst Zündel. Zündel lanciò un disperato appello di aiuto: "Se c'è qualche esperto di Internet patriottico da qualche parte che può aiutarci a difenderci con mezzi tecnici o legali, vi prego di chiamare. Sicuramente possiamo usare il vostro aiuto!".

Patrioti o meno, i sostenitori della libertà di pensiero, indipendentemente dal fatto che credessero o meno nell'Olocausto, hanno reagito contro ogni tentativo di censurare Internet. Nelle università degli Stati Uniti, i sostenitori della libertà di parola, comprendendo che la libertà era in gioco per tutti, iniziarono a creare cloni elettronici (chiamati "pagine specchio") di propria iniziativa. Questi rifugi elettronici furono creati, tra gli altri, nelle università di Stanford, Pennsylvania e Massachusetts. Dean McCullagh, uno studente della Carnegie Mellon University (CMU), ha scritto: "Se il governo tedesco costringe Deutsche Telekom a bloccare l'accesso ai server web di CMU, MIT (Massachusetts Institute of Technology) e Standford University, taglierà le comunicazioni con tre delle più rispettate università degli Stati Uniti". Una delle pagine mirror conteneva questa dichiarazione del webmaster: "Questo è un file mirror della maggior parte della pagina revisionista di Zündel. Le ragioni per cui ho creato questo mirror non sono il mio accordo con le idee politiche di Zündel. Non sono d'accordo..., ma penso che la messa in discussione di qualsiasi credo meriti un po' di spazio. Pertanto, penso che il progetto di Zündel sia positivo per la nostra società". Sulla battaglia per mantenere *il sito di Zündels*, resta da aggiungere che il webmaster del sito era Ingrid Rimland, conosciuta nel gennaio 1995. Nata in Ucraina e naturalizzata statunitense, Rimland, donna di grande spessore intellettuale, è stata da allora un sostegno insostituibile per Zündel.

Dopo oltre quattro decenni trascorsi in Canada, dove due domande di cittadinanza sono state respinte, Ernst Zündel ha deciso di stabilirsi negli Stati Uniti, dove Ingrid Rimland gestiva il suo sito web. Nel gennaio 2000 si sposarono nel Tennessee, facendo di Ingrid, già sposata in precedenza, la seconda moglie di Zündel. Essendo sposato con una cittadina americana, si poteva pensare che finalmente avrebbe potuto vivere senza essere costantemente perseguitato, e così fu inizialmente. Per due anni ha vissuto tranquillamente in una regione montuosa dell'East Tennessee, ma il 5 febbraio 2003 è stato arrestato a casa sua in presenza della moglie. Tre agenti dell'Immigration and Naturalisation Service e due agenti locali lo ammanettarono e lo portarono via. Inizia così un calvario che si concluderà in Germania sette anni dopo, per l'esattezza il 1° marzo 2010.

Ingrid ha chiesto aiuto agli amici e ai sostenitori del marito per denunciare pubblicamente il suo arresto, poiché aveva commesso solo una piccola violazione delle leggi sull'immigrazione: non aveva superato un'udienza procedurale ed era quindi tecnicamente illegale negli Stati Uniti. Il 10 febbraio 2003, Ingrid ha spiegato in un programma radiofonico tutti gli sforzi e gli insuccessi compiuti per ottenere il rilascio del marito e ha espresso il timore che, se Ernst fosse stato deportato in Germania, avrebbe potuto essere imprigionato per anni, perché lì le opinioni contrarie all'Olocausto sono un reato. Anche Mark Weber, direttore dell'Institute for Historical Review, ha partecipato al programma su richiesta di Ingrid. Weber si è detto onorato di essere amico di Zündel, che ha descritto come un attivista per i diritti civili che ha combattuto costose e interminabili battaglie in Canada per le libertà fondamentali. Giorni dopo, il 14 febbraio, i giornali riportarono la notizia che le autorità statunitensi avevano intenzione di deportare Zündel nelle prossime settimane, ma non era chiaro se sarebbe stato mandato in Germania o in Canada. Alla fine, dopo due settimane dietro le sbarre, Ernst Zündel fu deportato in Canada il 19 febbraio 2003.

Zündel ha chiesto lo status di rifugiato, ma il 24 febbraio 2003 il Dipartimento per la Cittadinanza e l'Immigrazione del Canada ha notificato alla Divisione per la Protezione dei Rifugiati di sospendere l'esame della domanda, in quanto stava valutando se Ernst Zündel costituisse una minaccia per la sicurezza nazionale. Infine, il 1° maggio 2003, le autorità canadesi hanno rilasciato una certificazione in cui si affermava che Zündel non poteva rimanere in Canada per motivi di sicurezza nazionale. Il 6 maggio, l'avvocato di Zündel, Barbara Kulaszka, ha presentato un ricorso costituzionale alla Corte federale del Canada e successivamente ha impugnato la sua detenzione presso la Corte superiore di giustizia dell'Ontario. Tutto inutile: il 21 gennaio 2004, un magistrato ha ordinato la prosecuzione della detenzione di Zündel in quanto rappresenta un pericolo per la sicurezza nazionale. Il 1° marzo 2005, Ernst Zündel è stato deportato in Germania, dove è stato arrestato per aver negato pubblicamente l'Olocausto. Una vita di lotta patriottica per difendere l'onore del suo Paese e chiedere giustizia per la Germania si è conclusa nel modo più deprimente. Il Centro Simon Wiesenthal, il Congresso ebraico canadese, l'Associazione per la Memoria dell'Olocausto, la Lega per i Diritti Umani (equivalente alla JDL in Canada) avevano finalmente vinto: Ernst Zündel era alla mercé del terrorismo giudiziario del suo Paese natale.

Rinchiuso nella prigione di Mannheim, Zündel, che aveva già trascorso più di due anni in Canada, avrebbe dovuto affrontare gli anni più duri della sua vita eroica. A causa delle condizioni di isolamento prolungato, senza poter parlare con altri prigionieri, Zündel soffriva già di depressione quando entrò nella prigione tedesca. Come ha denunciato Barbara Kulaszka in un esposto al Comitato per i diritti umani delle Nazioni Unite, durante il periodo di detenzione in Canada sono stati violati i diritti umani più elementari: non le è stato permesso di avere una sedia nella sua cella, le cui luci erano accese 24 ore al giorno e si abbassavano solo leggermente di notte; non le è stato permesso di prendere le sue erbe naturali per l'artrite e l'ipertensione; la sua richiesta di essere visitata da un dentista è stata rifiutata; non le è stato permesso di fare esercizio fisico; non ha avuto accesso a un dentista; non ha avuto accesso a un medico; non ha avuto accesso a un medico; non ha avuto accesso a un medico; non ha avuto accesso a un medico; non ha avuto accesso a un medico; non ha avuto accesso a un medico; non poteva fare esercizio fisico e nemmeno camminare; il freddo della cella in inverno lo costringeva a coprirsi con coperte e lenzuola, che venivano cambiate solo ogni tre mesi; non aveva un cuscino; non poteva indossare scarpe; il cibo era sempre freddo e di scarsa qualità. Barbara Kulaszka ha riferito che Zündel aveva un nodulo nel petto che poteva essere canceroso, ma non aveva diritto a una diagnosi.

Il 29 giugno 2005, il pubblico ministero di Mannheim lo ha formalmente accusato di "incitamento all'odio". Secondo il testo presentato dall'ufficio del procuratore, alcuni scritti di Zündel "condonavano, negavano o minimizzavano" le azioni genocide del regime tedesco che "denigravano la memoria degli ebrei morti". In Germania i criminali di pensiero non possono dichiararsi non colpevoli. Se l'avvocato dell'imputato proclama l'innocenza del suo imputato, corre il rischio di essere arrestato per "negazione dell'Olocausto" o "discorso d'odio". Al culmine dell'assurdità del terrore giudiziario tedesco per i crimini di pensiero, il giudice può vietare la presentazione di prove a favore dell'imputato. Sylvia Stolz, avvocato di Zündel a Mannheim, è stata a sua volta condannata a tre anni e mezzo di carcere per negazione dell'Olocausto durante la difesa del suo cliente e a cinque anni di radiazione dall'albo. Poiché Sylvia Stolz è una delle principali vittime della polizia del pensiero in Germania, commenteremo i dettagli del processo qui di seguito, dove avrà il suo spazio, poiché ha subito e continua a subire una vergognosa persecuzione per l'onesto esercizio della sua professione, degradante per qualsiasi sistema giudiziario degno di questo nome.

Da parte sua, Zündel ha insistito davanti alla "corte di giustizia" che il presunto assassinio di milioni di ebrei era una falsificazione della storia. Nelle sue ultime parole davanti alla corte, ha chiesto una commissione internazionale indipendente per indagare sull'Olocausto e ha promesso che se fosse stato provato che gli ebrei erano stati gassati, avrebbe "convocato una conferenza stampa per chiedere scusa agli ebrei, agli israeliani e al mondo". Infine, due anni dopo la sua incarcerazione in Germania, il 14 febbraio 2007 il tribunale di Mannheim lo ha condannato per incitamento all'odio razziale e negazione della Shoah (Olocausto) a cinque anni di carcere. In Canada, le organizzazioni ebraiche che lo avevano perseguitato hanno accolto con favore la sentenza del tribunale. Bernie Farber del Congresso ebraico ha dichiarato che la sentenza ha inviato un forte messaggio al mondo e servirà a "confortare" i sopravvissuti all'Olocausto.

Quando è stato rilasciato il 1° marzo 2010, esattamente cinque anni dopo la sua deportazione, Ernst Zündel aveva settant'anni. Il suo volto era una poesia di infinita tristezza e dolore. Uno sguardo disturbato, senza dubbio frutto di una sofferenza prolungata, era visibile nei suoi visionari occhi azzurri che, spalancati, guardavano estasiati, illuminati da una luce strana, inquietante, al limite della follia. Un gruppo di venti persone lo attendeva dall'altra parte del cancello di ferro della prigione e gli scattò le prime foto in libertà. Lo hanno accolto con applausi, mazzi di fiori e grida di "bravo". Le sue prime parole sono state: "Sono di nuovo libero dopo sette anni, tre settimane, tre prigioni e tre Paesi".

Germar Rudolf: persecuzione e distruzione di un eminente scienziato

A proposito della persecuzione di Germar Rudolf e dei revisionisti in generale, è bene sapere che il governo della Germania occidentale, seguendo l'esempio del parlamento israeliano (Knesset), ha approvato nel 1985 una legge secondo la quale "negare l'annientamento sistematico della maggioranza degli ebrei europei perpetrato dalla Germania nazista" costituisce un reato penale. Detto questo, si può affermare che la persecuzione di Germar Rudolf, di cui oggi sappiamo quando e perché è iniziata, è la storia di un'infamia, la storia di un palese insulto all'intelligenza, consumato cinicamente dalle autorità della Repubblica Federale di Germania. Non c'è fonte migliore di informazioni sulla vita, l'opera e la persecuzione di questo intellettuale che il *sito di Germar Rudolf*. Il lettore interessato troverà tutto ciò che può desiderare e anche di più. Ad esempio, il sito contiene tutti i documenti essenziali e complementari del suo caso: relazioni, sentenze, richieste di asilo, dichiarazioni di esperti, dichiarazioni giurate, cause, appelli e altri testi di vario genere. La maggior parte di quanto segue è quindi tratta da questa fonte, ma anche dai libri di Germar Rudolf e dalle pubblicazioni dell'IHR.

Prima di raccontare il dramma del suo calvario, Rudolf riflette sulle sfumature semantiche dei termini "accusa" e "persecuzione". L'azione penale è legale se si svolge nel rispetto dei diritti e delle libertà civili riconosciuti a livello internazionale, ma diventa persecuzione se questi non vengono rispettati, come nel suo caso. Durante il processo a Ernst Zündel, un magistrato ha ordinato che Sylvia Stolz fosse sostituita da un difensore d'ufficio mentre svolgeva il ruolo di avvocato del suo cliente. La Stolz fu condannata a tre anni e mezzo di reclusione e a cinque anni di radiazione dall'albo per aver messo in dubbio l'Olocausto in tribunale. Naturalmente, un sistema giudiziario che non solo impedisce agli avvocati di lavorare liberamente, ma li perseguita e li perseguita non soddisfa i modelli e i parametri internazionali. La sezione 130 del Codice Penale tedesco consente di togliere i diritti civili ai cittadini che disturbano, che di solito sono quelli che mettono in discussione l'Olocausto o si oppongono al multiculturalismo. Questi indesiderabili commettono un reato che può portare a cinque anni di reclusione.

Poiché sappiamo che Germar Rudolf decise di fuggire in Inghilterra per evitare la prigione, riprenderemo la storia della sua persecuzione in quel Paese. Va innanzitutto ricordato che, oltre all'accusa che lo ha portato davanti al Tribunale distrettuale di Stoccarda, che lo ha condannato a quattordici mesi, erano pendenti altri tre processi per accuse mosse contro di lui. Uno di questi riguardava uno scambio di corrispondenza con l'Istituto di Ricerca Forense di Cracovia, al quale Rudolf si era rivolto, come discusso nella quarta parte del capitolo, per chiarire questioni tecniche relative alle ricerche di questo istituto polacco ad Auschwitz. Di conseguenza, la casa di Rudolf fu perquisita tre volte e in ogni occasione furono sequestrati libri, archivi, corrispondenza e computer, rovinando il suo lavoro e la sua ricerca scientifica. Quando nel marzo 1996 la Corte Suprema della Germania Federale confermò la sentenza di quattordici mesi di reclusione, Rudolf decise di lasciare la Germania con la sua famiglia. Inizialmente si stabilirono nel sud della Spagna, ma il loro soggiorno fu di breve durata, perché nel maggio 1996 Rudolf fu informato che anche il governo spagnolo aveva intenzione di emanare una legge anti-revisionista. Dopo essersi consultato con la moglie, decise di stabilirsi con la famiglia nel sud-est dell'Inghilterra, dove sperava che la libertà di pensiero e di parola sarebbe stata più che un semplice discorso. Il suo contatto era David Irving, che nel 2006, come si vedrà più avanti, sarebbe finito anch'egli in carcere in Austria.

Una volta nel Regno Unito, i problemi iniziarono già nel 1997: il *Telegraph* riportò che i funzionari dell'ambasciata tedesca a Londra stavano lavorando all'estradizione di Germar Rudolf, latitante. Nel 1998 la moglie cominciò a sentirsi a disagio con la nuova situazione: la vita in esilio non soddisfaceva le sue aspettative: aveva nostalgia della famiglia e degli amici e non riusciva a trovarne di nuovi. Oltre alla nostalgia di casa, la costante paura dell'estradizione pendeva sulla sua testa come una spada di Damocle. Decise di lasciare il marito e di tornare con i due figli in Germania, dove avviò la procedura di divorzio da Germar, rimasto solo in esilio.

Nel giugno 1999 Rudolf, dopo qualche momento di incertezza all'aeroporto di Heathrow, poté recarsi negli Stati Uniti per tenervi una serie di conferenze. Deve essere stato in questa occasione che ha valutato la possibilità di emigrare lì. Alla fine di settembre fece il suo secondo viaggio negli Stati Uniti e ricevette un'offerta da una piccola casa editrice chiamata "Theses & Dissertation Press". Nell'autunno del 1999, i media britannici iniziarono una campagna contro il "fuggitivo neonazista", che portò all'interruzione delle visite della sua famiglia. Poiché non c'era più nulla che lo legasse all'Inghilterra e per evitare la persecuzione in Europa, decise infine di emigrare negli Stati Uniti, pur non avendo una "green card" (permesso di lavoro). Uno degli eventi più importanti del suo periodo inglese fu la fondazione di una modesta casa editrice chiamata "Castle Hill Publishers", oggi famosa negli ambienti revisionisti.

Una volta arrivato negli Stati Uniti, le sue speranze di ottenere il sospirato permesso di lavoro si sono infrante nel luglio 2000. Per evitare problemi con le autorità di immigrazione, si stabilì temporaneamente a Rosarito, Baja California (Messico), dove affittò una piccola casa vicino a quella di Bradley Smith, il responsabile del CODOH (Committee for Open Debate on the Holocaust). Durante il soggiorno di dieci settimane a Rosarito, nacque una stretta amicizia tra i due revisionisti. In agosto Rudolf apprese dalla madre che i genitori avevano deciso di diseredarlo a favore dei figli. In precedenza, il padre gli aveva chiesto di essere sterilizzato per non essere più in grado di procreare. Il 29 agosto 2000, sempre più depresso, Germar Rudolf inviò una richiesta di aiuto a diversi amici. Alla fine decise di volare a New York passando per l'Islanda e nell'ottobre 2000 fece domanda di asilo politico negli USA all'indirizzo. Alla fine del mese ricevette una nota dal Servizio Immigrazione che gli annunciava che la domanda era stata formalmente accettata e che avrebbe dovuto partecipare a un colloquio con i funzionari del Dipartimento alla fine di novembre 2000. Il colloquio ha avuto luogo il 29 novembre.

Il 4 aprile 2001 è stata fissata la data del 24 settembre 2001 per la trattazione del caso da parte di un tribunale per l'immigrazione. Rudolf aveva quindi quasi mezzo anno di tempo per preparare i documenti sul deterioramento dei diritti civili in Germania e consegnarli a un avvocato specializzato. Pochi giorni prima del grande giorno, si verificarono gli attentati dell'11 settembre e il giudice dell'immigrazione, dopo una breve discussione, decise di rinviare l'udienza al 18 marzo 2002. La procedura di richiesta di asilo si trascinò così per anni. Nel frattempo, nel 2004 Rudolf si è sposato con una cittadina statunitense di nome Jennifer e ha chiesto che il suo status di immigrato venisse aggiornato o modificato in quello di residente permanente. Alla fine del 2004, il Servizio Immigrazione degli Stati Uniti gli ha comunicato che la sua domanda era stata respinta e poco dopo gli è stato comunicato che non era idoneo a presentare una domanda di residenza permanente a causa del suo matrimonio. Di conseguenza, Germar Rudolf ha presentato ricorso alla Corte federale di Atlanta. All'inizio del 2005 è diventato padre di una bambina.

Nonostante il Servizio Immigrazione avesse detto che non aveva diritto alla residenza permanente perché era sposato con una cittadina statunitense, quasi un anno dopo, il 19 ottobre 2005, la coppia è stata convocata dal Servizio Immigrazione e Naturalizzazione per un colloquio. Il colloquio doveva servire a verificare che il matrimonio fosse "bona fide" (genuino, in buona fede). La coppia si è recata all'appuntamento fiduciosa con il proprio bambino nella carrozzina. Pochi secondi dopo aver restituito il certificato di riconoscimento, due funzionari dissero a Rudolf che era in arresto. Il motivo di questa decisione arbitraria era il mancato rispetto di un appuntamento che avrebbe dovuto svolgersi cinque mesi prima. L'avvocato di Rudolf ha cercato di convincere gli agenti che l'arresto era ingiustificato e l'ufficiale di polizia sembrava disposto ad accettare le argomentazioni, ma ha affermato di doversi consultare con qualcuno a Washington. Dopo un'ora di telefonate, da Washington arrivò l'ordine che l'arresto era definitivo e che le procedure di deportazione in Germania dovevano essere avviate senza ulteriori indugi. Con le manette alle mani e ai piedi, Rudolf fu aggiunto a una catena di criminali che venivano portati al carcere della contea di Kenosha. Lì attendeva la deportazione. Secondo il braccialetto di identificazione che gli fu consegnato in carcere, era l'unico detenuto dell'intera struttura a non essere un criminale, un fatto che sorprese guardie e prigionieri.

Né il suo matrimonio né le chiare prove che egli fosse perseguitato politicamente dalle pubblicazioni legali negli Stati Uniti erano considerazioni sufficienti per la Corte Federale di Atlanta per impedire la sua deportazione. Va notato che Rudolf aveva presentato ricorso alla Corte Federale di Atlanta contro la decisione di negargli il diritto di asilo e che la decisione non era ancora stata emessa ed era quindi ancora pendente. Sebbene il Quinto Emendamento della Costituzione garantisca un giusto processo a tutte le persone - non solo ai cittadini statunitensi - presenti sul territorio degli Stati Uniti, la Corte federale ha respinto la richiesta di rinviare l'espulsione fino a quando non fosse stata presa una decisione definitiva sulla richiesta di asilo. La Corte Suprema non si è nemmeno preoccupata di prendere in considerazione una richiesta di emergenza, che è stata respinta senza alcuna spiegazione. La domanda che Germar Rudolf si pone è: "Che senso ha una richiesta di asilo politico, se il governo deporta il richiedente prima che il tribunale che esamina il caso abbia deciso se ci sono i presupposti per concederlo?".

Il 14 novembre 2005 Germar Rudolf è stato espulso in Germania. È stato immediatamente arrestato per scontare la pena residua di quattordici mesi e trasferito nel carcere di Stoccarda, dove è stato informato che erano stati avviati nuovi procedimenti contro di lui per le sue pubblicazioni in Inghilterra e negli Stati Uniti. È incomprensibile come il Codice penale tedesco possa essere applicato ad attività svolte in altri Paesi dove sono perfettamente legali. Così, il 15 novembre 2006 è iniziato a Mannheim il nuovo processo contro Rudolf. Accusato di "istigazione delle masse", che teoricamente sarebbe avvenuta attraverso la pubblicazione dei risultati delle sue ricerche storiche, riassunte nel libro *Lectures on the Holocaust* (2005), Rudolf è stato condannato nel febbraio 2007 a 30 mesi di carcere. Secondo l'accusa, il libro citato è stato il motivo principale della nuova condanna, poiché in esso tutte le opinioni riprovevoli erano esposte in modo esemplare.

Germar Rudolf, oggi legalmente residente negli Stati Uniti, ha pubblicato nel 2012 il libro *Resistance is Obligatory (La resistenza è obbligatoria)*, che contiene la presentazione fatta in sua difesa davanti al tribunale distrettuale di Mannheim. Tutte le istanze presentate dal team di difesa per dimostrare che gli scritti del loro imputato erano di natura scientifica e quindi protetti dalla Costituzione tedesca sono state respinte dal tribunale, che ha anche vietato agli accademici disposti a testimoniare sulla natura scientifica dei testi di Rudolf di testimoniare. Durante il processo, agli avvocati difensori di Rudolf è stato vietato di presentare osservazioni a sostegno delle opinioni del loro cliente sotto la minaccia di un'azione penale.

Di fronte a questa situazione kafkiana, Germar Rudolf tenne un discorso alla corte che durò sette intere sedute. Per giorni e giorni, Rudolf ha brillantemente presentato, in un testo perfettamente strutturato, una dissertazione su cosa sia la scienza e su come si possano riconoscere le sue manifestazioni. Inoltre, sebbene la giurisprudenza di non fosse uno dei suoi campi specifici di competenza, ha dimostrato che le leggi tedesche volte a reprimere i dissidenti pacifici sono incostituzionali e violano i diritti umani. Ha spiegato in dettaglio perché è obbligo di tutti resistere in modo nonviolento a uno Stato che getta nelle segrete i dissidenti pacifici. Il tribunale di Mannheim non ha battuto ciglio e, oltre a condannarlo a trenta mesi di prigione, ha ordinato che tutte le copie di *Lezioni sull'Olocausto* fossero confiscate e bruciate sotto la supervisione della polizia.

Vediamo ora alcuni deboli scorci di questo discorso di difesa di Germar Rudolf, il cui testo costituisce il contenuto centrale del libro *Resistere è obbligatorio*. Rudolf ha tentato di pubblicare la sua dissertazione in tribunale mentre scontava la pena, il che ha provocato una nuova indagine penale da parte della Procura. Il 10 agosto 2007, già mesi dopo la fine del processo, il tribunale di Mannheim ha emesso un mandato di perquisizione nella cella di Rudolf alla ricerca di documenti che dimostrassero che stava pubblicando il suo discorso di difesa. Il 25 settembre 2007, Rudolf è stato visitato da alcuni agenti di polizia di Mannheim che hanno confiscato tutti i documenti che aveva utilizzato durante il processo. Le ragioni addotte sono state che i suoi piani di pubblicazione del discorso erano ancora una volta la prova della sua intenzione di diffondere i contenuti delle *Lezioni sull'Olocausto*, per le quali stava scontando una condanna. Gli fu fatto notare che poteva incitare le masse con l'uso di aggettivi come "presunto", "preteso", "supposto" o "sostenuto".

Di fronte all'evidenza che pochi avvocati erano disposti ad assumere la sua difesa per paura di essere incriminati, e convinto che quelli che avrebbero corso il rischio avrebbero cercato di convincerlo a ritrattare durante il processo, il che equivaleva ad assumerli per fargli perdere tempo e denaro, Germar Rudolf decise di affrontare il processo come un'opportunità per denunciare le condizioni legali kafkiane prevalenti nella Repubblica Federale Tedesca. La sua intenzione era quella di scrivere un libro al termine del processo. Nel corso di sette sessioni, Rudolf tenne un lungo discorso che fu estenuante per i giudici, per il pubblico e per lui stesso. Consapevole di ciò, Rudolf scrive: "Ho preparato queste conferenze non principalmente per gli ascoltatori, ma piuttosto per i posteri e per il mondo intero, per te, caro lettore, che ora hai il libro tra le mani". Perché ciò fosse possibile, Rudolf riconosce che dipendeva dal fatto che i giudici, nonostante i loro vincoli, fossero abbastanza razionali da autorizzare una tale difesa, e così fu. La presentazione alla corte è iniziata con un chiarimento di principio della sua posizione durante tutto il processo, intitolato "Osservazioni generali sulla mia difesa", che, per la sua rilevanza, viene riprodotto integralmente:

"1. Le dichiarazioni su argomenti di carattere storico sono fatte solo allo scopo di
a. Spiegare e illustrare il mio sviluppo personale;
b. Illustrare con esempi i criteri di scientificità;
c. Collocare le accuse del pubblico ministero sulle mie esposizioni in un contesto più ampio.
2. Queste affermazioni non sono fatte per sostenere con i fatti le mie opinioni storiche.
3. Non formulerò proposte per chiedere al tribunale di prendere in considerazione le mie tesi storiche per i seguenti motivi:
a. Politica: I tribunali tedeschi non possono accettare tali richieste di presentazione di prove in base a ordini superiori. Come recita l'articolo 97 della Legge fondamentale tedesca, "I giudici sono indipendenti e soggetti solo alla legge". I giudici sono indipendenti e soggetti solo alla legge". Vi prego di scusare il mio sarcasmo.
b. Tempestività: il punto a) non mi impedisce di presentare proposte di prova. Tuttavia, poiché verrebbero tutte respinte, sarebbe uno sforzo sprecato. A tutti noi sarà risparmiato lo spreco di tempo e di energie.
c. Di reciprocità: poiché la legge attuale mi nega il diritto di difendermi storicamente e sulla base dei fatti. Da parte mia, nego ai miei accusatori il diritto di accusarmi storicamente e sulla base dei fatti, secondo la massima dell'uguaglianza e della reciprocità. Pertanto, considero le accuse storiche inesistenti.
d. Legale: Nel 1543, Nicolaus Copernicus scrisse:
Se per caso ci sono oratori stupidi che, insieme a coloro che ignorano tutto della matematica, osano prendere decisioni in relazione a queste cose, e con qualche pagina della Legge distorta in malafede per i loro scopi, osano attaccare il mio lavoro, non meritano la minima importanza, tanto che disprezzo il loro giudizio come avventatezza".
Nessun tribunale al mondo ha il diritto o la competenza di pronunciarsi autorevolmente su questioni scientifiche. Nessun Parlamento al mondo ha il potere di usare il diritto penale per prescrivere dogmaticamente risposte a domande scientifiche. Sarebbe quindi assurdo per me, come editore di libri scientifici, chiedere a un tribunale di determinare la validità delle mie opere pubblicate. Solo la comunità scientifica è competente e autorizzata a farlo".

Germar Rudolf, Stoccarda, 4 novembre 2006".

Sulla base di questa dichiarazione davanti al tribunale che lo avrebbe processato, Rudolf mise insieme un discorso coerente organizzato intorno a quattro assi: considerazioni scientifiche, considerazioni legali, considerazioni specifiche, resistenza allo Stato. Sul primo di questi assi, egli passò in rassegna la sua formazione accademica. La dimostrazione delle conoscenze scientifiche e tecniche era notevole: biochimica, chimica elettronica, chimica nucleare, chimica teorica, meccanica quantistica, chimica organica e inorganica, chimica fisica, matematica, erano alcune delle materie opzionali a cui non voleva rinunciare, finché, oberato di lavoro, finì per studiare a fondo chimica nucleare ed elettrochimica. Rudolf cercò di far capire alla corte l'importanza della curiosità per ogni scienziato che si rispetti. Quando uno Stato cerca con tutti i mezzi a sua disposizione di sopprimere certe ricerche e di dichiararne illegali i risultati, "automaticamente", ha detto ai giudici, "si espone al sospetto che stia cercando di nascondere qualcosa di straordinariamente interessante e importante. Allora nessuno scienziato sinceramente appassionato può più resistere". Rudolf si è detto convinto che il bisogno di conoscere la verità faccia parte della dignità umana.

Per contrastare la mancanza di rigore scientifico e il desiderio di nascondere la verità e imporre menzogne, Rudolf ha portato davanti al tribunale di Mannheim lo studio sui crematori di Auschwitz del farmacista francese Jean-Claude Pressac, apparso nel 1993 e costantemente utilizzato dai media e dagli storici ufficiali come confutazione delle tesi revisioniste. Egli ha denunciato che Pressac non ha mai avuto la capacità di affrontare, e tanto meno di confutare, uno solo degli argomenti revisionisti. Rudolf ha ricordato alla corte che lui e altri ricercatori avevano analizzato e criticato il lavoro di Pressac in un libro pubblicato nel 1996 (*Auschwitz: Nackte Fackten*). Per il motivo specifico che il nostro libro, a differenza di quello di Pressac", ha ricordato Rudolf, "era conforme alla procedura scientifica, il governo tedesco ne ha ordinato il sequestro e la distruzione e ha avviato un nuovo procedimento penale contro di me". Nella sua ansia di contrapporre l'atteggiamento degli sterminazionisti a quello dei revisionisti, Rudolf ha insistito sul fatto che l'atteggiamento di ogni scienziato degno di questo nome è quello di esaminare ogni tentativo di confutazione e di discuterlo razionalmente, come fanno i revisionisti. Si rammarica che la storiografia ufficiale e i tribunali tedeschi e internazionali sostengano le loro tesi quasi esclusivamente su dichiarazioni di testimoni, invece di presentare documenti e prove inoppugnabili, e deplora gli attacchi ai ricercatori che chiedono qualcosa di più.

Le considerazioni giudiziarie contenute nell'esposizione di Rudolf occupano mezzo centinaio di pagine. Senza essere un avvocato, ha dimostrato la sua capacità di studiare e analizzare il sistema giudiziario tedesco, che ha confrontato con quello sovietico, utilizzando citazioni da *Arcipelago Gulag* di Alexander Solzhenitsyn per dimostrare che in entrambi i casi i prigionieri politici sono trattati come criminali. Ha riconosciuto, tuttavia, che almeno in Germania i detenuti non vengono torturati, cosa di cui è grato. La definizione di prigioniero politico e il progressivo deterioramento dei diritti civili nella legislazione tedesca sono stati affrontati criticando la pesante applicazione di alcuni articoli della Legge fondamentale della Repubblica Federale Tedesca. "Il presente processo", ha detto, "si sta svolgendo solo perché il pubblico ministero sostiene che è sorto un conflitto tra la mia libertà scientifica e di espressione, da un lato, e la dignità umana di un particolare gruppo della popolazione, dall'altro". Germar Rudolf ha insistito in tribunale sul fatto che la legge riconosce che non ci può essere conflitto tra la pubblicazione dei risultati della ricerca scientifica e la dignità umana, per quanto si possa voler anteporre la dignità umana di un certo gruppo a quella del resto della cittadinanza. Naturalmente, non ha accettato l'accusa di aver violato la legge sulla protezione dei giovani, che limita la libertà di espressione in Germania.

Di particolare interesse nelle osservazioni giudiziarie è stata la considerazione dell'interpretazione arbitraria di alcuni termini fatta sistematicamente da giudici e procuratori in Germania, "una tattica illegittima", ha detto, "di immunizzazione dalle critiche". Le espressioni, tratte dal suo stesso atto d'accusa, utilizzate per incriminare ricercatori, scrittori o pubblicisti sono: "incitamento all'odio", "in modo tale da turbare l'ordine pubblico". In relazione agli scritti, essi vengono interpretati come "ingiuriosi", "diffusi maliziosamente per sminuire", "denigrare" e/o "disprezzare" e, tra l'altro, "negare" fatti storici o presentarli "consapevolmente in modo non veritiero". Su quest'ultima affermazione, Rudolf ha detto testualmente ai giudici che la pretesa di andare consapevolmente contro la verità "è l'espressione più assurda della giurisprudenza tedesca, che pensa seriamente di poter determinare la verità storica e la conoscenza attraverso le sentenze". La storia - ha aggiunto - non può essere trattata in questo modo nei tribunali". Rudolf ha insistito ancora una volta sul fatto che non si può stabilire che uno scritto sia "offensivo", "sprezzante", "ripudiante", "diffamatorio", "denigrante" o "tossico per la mente" solo perché un lettore lo interpreta soggettivamente in questo modo. La sua presentazione sulla pericolosa arbitrarietà dei termini usati contro i dissidenti nei tribunali si è conclusa con le citazioni di giuristi come il dottor Thomas Wandres e il dottor Florian Körber, che in diverse tesi di laurea hanno espresso l'opinione che i libri di Germar Rudolf dovrebbero godere della protezione della Legge fondamentale tedesca, che tutela la libertà di parola e di ricerca scientifica.

Il dottor Körber aveva pubblicato nel 2003 *Rechtsradikale Propaganda im Internet -Der Fall Töben* (*Propaganda di destra radicale su Internet - il caso Töben*), una monografia su un revisionista australiano, il dottor Töben, che le autorità tedesche avrebbero voluto perseguire (il suo processo sarà trattato in seguito). Rudolf ha citato testualmente davanti al tribunale alcune tesi tratte dall'opera di Körber:

> "La tutela della verità storica attraverso il codice penale rischia di eliminare o sottrarre parti della storia a una discussione sociale essenziale. Nonostante la sua formulazione neutra, l'articolo 130 III del Codice Penale tedesco concede una problematica protezione speciale alla parte ebraica della popolazione tedesca attraverso un "privileium odiosum". C'è il rischio che, agli occhi della gente, un gruppo appaia più protetto della maggioranza, il che rafforza la percezione di antipatia verso il gruppo protetto...".

Dopo aver citato queste e altre tesi, Rudolf sostenne davanti alla corte il punto di vista del dottor Körber, che era favorevole all'abrogazione completa dell'articolo 130 del Codice Penale, e sostenne l'idea che una "protezione speciale" per gli ebrei potesse finire per essere "controproducente per loro", cosa che doveva essere evitata. Rudolf concluse questa parte del discorso sulle considerazioni giudiziarie con queste parole:

> "Quello che è certo è che i miei scritti e quelli che ho pubblicato non hanno, se considerati oggettivamente, contenuti che 'incitano all'odio', 'denigrano o insultano', ecc. né possono essere considerati 'disturbatori della pace'. Il fatto che l'accusa utilizzi tali termini - in mancanza di altre spiegazioni - dimostra solo ciò che realmente intende: scandalizzare, creare tabù e ostracizzarmi con affermazioni false".

"Considerazioni specifiche" è il titolo del terzo grande blocco di contenuti dell'arringa difensiva davanti al tribunale. In esso, Rudolf ha fatto riferimento a questioni specifiche contenute nell'accusa, tra le quali ha alluso alle sue simpatie teoriche per il nazionalsocialismo e, soprattutto, al suo famoso libro *Lectures on the Holocaust*, considerato da tutti, compreso lui stesso, la sua opera principale, in cui, in oltre cinquecento pagine, offre ai lettori una panoramica completa della ricerca revisionista e dei suoi risultati in relazione all'Olocausto. Dopo aver ricordato che l'accusa chiedeva il sequestro e la distruzione del libro e dopo aver paragonato questo atteggiamento a quello degli stessi nazisti, ha chiesto che, prima di consegnare il libro alle fiamme, i membri del tribunale ne conoscessero almeno il contenuto. A tal fine, ha chiesto che il libro venisse letto durante il processo. La corte decise che i giudici avrebbero dovuto leggerlo in privato, così il procedimento fu interrotto per tre settimane per consentire ai giudici di leggere il libro.

Dedichiamo ancora qualche riga al quarto blocco del discorso, intitolato "Resistenza", che inizia con citazioni di vari autori, tra cui il nostro Ortega y Gasset e la sua opera *La rebelión de las masas (La ribellione delle masse)*. Ortega avverte che quando si rinuncia a una vita condivisa basata sulla cultura, si ritorna alla quotidianità della barbarie. In accordo con questa idea, Rudolf ha detto: "Il fatto che non cerchiate di convincermi a cambiare idea con argomenti, ma che al contrario rifiutiate ogni discussione e cerchiate di mandarmi in prigione, è esattamente questo ritorno alla barbarie". Ha poi indicato lo Stato tedesco come il principale bersaglio della resistenza non violenta, sostenuta tra gli altri da Gandhi, perché limita la libertà dei cittadini pacifici da cui pretende di proteggersi. Rudolf, rifacendosi a testi di autorevoli intellettuali, ha ricordato la crisi dei missili di Cuba, la guerra del Vietnam, il tentativo della NATO di schierare missili nucleari sul suolo tedesco e il rifiuto sociale dell'energia nucleare come esempi di resistenza e/o disobbedienza civile nella Repubblica Federale. "Nel caso del revisionismo o nel mio caso", ha detto, "la disobbedienza o la resistenza è diretta contro una legge incostituzionale e consiste solo nell'ignorare e violare deliberatamente questa, ed esclusivamente questa, legge". Rudolf ha fatto ricorso a una citazione della Legge fondamentale, in particolare all'articolo 20, paragrafo 4, per legittimare il suo diritto alla resistenza: "Tutti i tedeschi hanno il diritto di resistere contro chiunque cerchi di eliminare questo ordine, se non c'è altro rimedio". Alla fine, quindi, l'imputato ha dichiarato in tribunale che in realtà stava adempiendo al suo dovere costituzionale resistendo e lottando per ribaltare una situazione in cui lo Stato agisce in modo ingiusto e totalitario.

 Germar Rudolf concluse questa quarta parte del suo discorso di difesa rifiutando completamente qualsiasi tipo di resistenza violenta, perché la violenza genera violenza. Tuttavia, ha fatto appello a collettivi e istituzioni in grado di porre rimedio alla situazione. In particolare, ha fatto appello alle iniziative parlamentari e legali, alle organizzazioni sociali, agli intellettuali, ai media e al popolo tedesco nel suo complesso, affinché manifestino in difesa della libertà di espressione. Per quanto riguarda quest'ultimo mezzo di protesta contro l'ingiustizia, ha osservato che, purtroppo, il rimedio attraverso le proteste pubbliche si sta rivelando impossibile, dal momento che nell'aprile 2006, mentre era in attesa dell'inizio del suo processo, una manifestazione a Mannheim era stata vietata con la motivazione che nel corso della manifestazione potevano essere espresse opinioni vietate. "Beh, sai", ha commentato Rudolf, "se non fosse così profondamente triste, si dovrebbe davvero scrivere una satira su questo".

 Dopo sette giorni di sedute estenuanti, fu il momento per Rudolf di formulare le proprie "Conclusioni" davanti ai giudici. Iniziò ricordando i principi che aveva sostenuto come editore e insistette sul fatto che nessuno dei libri che aveva pubblicato negava i diritti umani ad altri, lo proponeva o lo giustificava, il che non escludeva la possibilità che avesse editato testi con cui non era d'accordo. Sosteneva di aver agito sulla falsariga di un'idea attribuita a Voltaire, che avrebbe scritto: "Detesto ciò che dici, ma difenderò fino alla morte il tuo diritto di dirlo". Sembra che l'attribuzione della citazione a Voltaire sia errata, come riconosciuto in una nota a piè di pagina di *Resistance is Obligatory*. Cogliamo comunque l'occasione per citare un altro pensiero, anch'esso attribuito a Voltaire, che forse Rudolf stesso avrebbe potuto utilizzare: "Per scoprire chi ti domina, basta scoprire chi non puoi criticare". Sul suo bisogno vitale di esprimersi in libertà, segnaliamo questo frammento della Conclusione:

> "Il professor Faurisson ha detto una volta che è come un uccello la cui natura è quella di cantare. Anche se fosse rinchiuso in una gabbia, canterebbe comunque. E questo è anche il mio modo di essere. Fa parte del mio carattere, della mia personalità, sì, è persino nei miei geni che non posso tenere la bocca chiusa, che devo esprimere la mia opinione, in particolare se penso di aver scoperto un'ingiustizia. In questo caso nulla mi farà tacere. Così come un nero non può fare a meno di essere nero, io non posso fare a meno di dire la mia. Punire questo è ingiusto come punire un nero per il fatto di essere nero".

Rivolgendosi al giudice che presiedeva la causa, Matthias Schwab, gli ha ricordato che un suo collega in pensione, Günther Bertram, ex presidente della Corte distrettuale, aveva espresso in un articolo su un settimanale giuridico, *Neuen Juristischen Wochenschrift*, tutti i problemi legati al paragrafo 130 del Codice penale. Rudolf ha letto il testo per intero davanti alla corte, poiché, a suo dire, si trattava di un articolo scritto da un esperto che "sottolineava chiaramente la natura incostituzionale della legge in base alla quale era perseguito". Ha tuttavia espresso il suo disaccordo con l'opinione di Bertram sulla Shoah, che secondo il giurista giustificava il tabù tedesco su Auschwitz, e anche con il Ministro federale degli Interni, Wolfgang Schäuble, che non solo aveva giustificato il tabù, ma, a differenza di Bertram, ne aveva sostenuto l'applicazione giudiziaria. Schäuble, che è stato due volte Ministro degli Interni dall'aprile 1989 all'ottobre 1991 e dal novembre 2005 all'ottobre 2009, è stato nominato Ministro delle Finanze della Repubblica Federale Tedesca da Angela Merkel il 28 ottobre 2009, carica che ricopre ancora al momento della stesura di questo articolo. Poiché è una figura chiave nella politica economica dell'Unione Europea, è interessante conoscere il testo che Rudolf Schäuble ha citato davanti ai giudici che lo stavano processando, pubblicato sulla *Frankfurter Allgemeine Zeitung* il 24 aprile 1996 nel contesto di uno scambio con Ignatz Bubis, allora presidente del Consiglio centrale degli ebrei in Germania:

> "Per quanto riguarda la questione se mentire su Auschwitz sia un atto criminale e per quanto riguarda la messa al bando dei simboli nazionalsocialisti, dirò solo questo: in un luogo astratto potremmo avere splendide discussioni sul fatto che sia insensato o meno, da un punto di vista legale, reprimere l'espressione di opinioni. Tuttavia, questo è ciò che si dovrebbe fare, perché semplicemente non stiamo agendo in un luogo astratto, ma abbiamo avuto esperienze storiche concrete. Non credo

che queste disposizioni legali rimarranno in vigore per l'eternità; ma qui e ora è giusto dire, attraverso leggi che potrebbero essere considerate problematiche da considerazioni puramente legali: ci sono limiti e barriere in questo senso e qui finisce la barzelletta".

Rudolf ha ovviamente ritenuto il testo inaccettabile e lo ha definito "un'assurda censura mentale". Per evidenziare la natura pseudologica del ragionamento, ha utilizzato un testo tratto dal suo libro *Kardinalfragen*, pubblicato nel 1996, che ha anche letto ai giudici:

> "Ora tutti sanno che la persecuzione degli storici revisionisti non avviene per motivi legali, poiché le leggi create per punire coloro che hanno opinioni fastidiose possono essere qualificate come un'assurdità problematica. Al contrario, alcune presunte "esperienze storiche" devono servire da pretesto per mettere fuori legge un dibattito aperto proprio su quelle esperienze storiche. O per dirla in altro modo:
> Art. 1: Il partito ha sempre ragione.
> Art. 2: Se la parte non ha ragione, si applica automaticamente l'articolo 1".

Dopo la nomina, Rudolf si rivolse indignato alla corte per dichiarare che "l'incarcerazione degli storici dissidenti non era un'assurdità problematica, ma un vero e proprio crimine" e chiese ai giudici di rivedere i passaggi del Codice Penale in cui si parlava di persecuzione di persone innocenti e di incarcerazione illegale. Ha poi ricordato che il 3 maggio 1993, dopo la pubblicazione del *Rapporto Rudolf*, il direttore del Max Planck Institute, il dottor Arndt Simon, lo informò di quanto segue in una conversazione personale:

> "Ogni epoca ha i suoi tabù. Anche noi ricercatori dobbiamo rispettare i tabù del nostro tempo. Noi tedeschi non dobbiamo toccare questo argomento (lo sterminio degli ebrei), altri devono farlo. Dobbiamo accettare che noi tedeschi abbiamo meno diritti degli altri".

Il parallelismo tra la sua situazione e quella di Galileo Galilei ha occupato la parte finale del suo discorso. Uno è nato nel 1564, l'altro quattrocento anni dopo, nel 1964. Nessuno dei due è riuscito a sostenere l'ultimo esame universitario. Entrambi avevano avuto due figlie e un figlio. Entrambi erano scienziati e autori. In entrambi i casi l'opera principale era un volume di 500 pagine che era stato bandito, confiscato e bruciato per lo stesso motivo: rifiutare un dogma del loro tempo che sovvertiva la pretesa di infallibilità di gruppi potenti. Entrambi erano stati processati e condannati per aver negato il dogma ed entrambi avevano perso la libertà. Il lungo discorso di Germar Rudolf si concluse con le seguenti parole:

"Secondo me questo processo non riguarda me e i miei libri. Questo processo è un punto di svolta. Qui si deciderà se in futuro sarà possibile mantenere o riconquistare una posizione di leadership in Germania a livello intellettuale, culturale e scientifico, o se la Germania rimarrà a un livello di secondo o terzo ordine. Spetta a voi decidere. Pertanto, tutto ciò che posso fare alla fine della mia dichiarazione è fare appello a voi: Signori, concedeteci la libertà di pensiero!" (da Schiller in *Don Carlos*)
E seguendo Martin Lutero, devo concludere:
Dico tutto questo; non posso fare altro, che Dio mi aiuti!".
Grazie per l'attenzione.

Dopo quarantaquattro mesi di carcere, Germar Rudolf è stato rilasciato il 5 luglio 2009. Quando, nel 2011, gli è stata finalmente concessa la "green card", il permesso illimitato di raggiungere la sua famiglia negli Stati Uniti, Rudolf ha potuto pubblicare lì *Resistance is Obligatory*.

Horst Mahler, da uomo di sinistra radicale a negazionista dell'Olocausto

Il caso dell'avvocato Horst Mahler è, come quelli di Zündel e Rudolf, di per sé straordinario. Mahler ha iniziato a essere perseguitato nel 2003 per aver denunciato la menzogna nascosta dietro gli attacchi dell'11 settembre 2001. Anni dopo, nel 2006, sono iniziate le prime condanne per aver negato lo sterminio sistematico degli ebrei. Oggi settantatreenne, nel 2009 è stato condannato a sei anni di carcere, pena poi estesa a undici anni. Mentre era in carcere, probabilmente nel 2010, Mahler sposò l'avvocato Sylvia Stolz, molto più giovane e sua amica intima, che stava scontando la pena per aver messo in dubbio l'Olocausto difendendo Ernst Zündel. Malato di diabete, le condizioni di Horst Mahler sono costantemente peggiorate in carcere a causa della mancanza di movimento, della cattiva alimentazione e delle cure mediche inadeguate, come denunciato dal figlio in una lettera aperta. Il 29 giugno 2015, in prossimità del suo ottantesimo compleanno, è stato ricoverato in condizioni critiche a causa della setticemia, una grave infezione che può diffondersi in tutto il corpo. Per evitare il peggio, è stato necessario amputargli il piede.

Figlio di un dentista, Horst Mahler nacque nel 1936 a Haynau/Schlesien. Suo padre, convinto nazionalsocialista, si suicidò anni dopo che gli americani lo liberarono dalla prigionia. Senza il capofamiglia, nel 1949 la famiglia si stabilì a Berlino, dove Mahler studiò legge alla Libera Università di Berlino. Quando riuscì a mettersi in proprio, iniziò a difendere gli imputati del movimento studentesco di sinistra e dell'opposizione extraparlamentare APO (Außerparlamentarischen Opposition). Nel 1969 difese Andreas Baader e Gudrun Ensslin, accusati di aver dato fuoco a un grande magazzino. All'inizio degli anni '70, Horst Mahler sarebbe diventato il padre della RAF (Red Army Faction), poiché pare sia stato lui a convincere Baader e Ensslin a formare una "guerriglia". Nel marzo 1970, il Tribunale distrettuale di Berlino Ovest lo condannò a dieci mesi di carcere per il suo coinvolgimento nei disordini davanti all'edificio Axel Springer di Berlino. Gli viene concessa la libertà condizionata, ma a giugno gli viene ordinato di pagare una multa di 75.800 marchi per danni alla casa editrice Axel Springer. Decise quindi di fuggire in Giordania con Ulrike Meinhof, Gudrun Ensslin, Andreas Baader, che era evaso dal carcere con la violenza, e altri simpatizzanti della "Rote Armee Fraktion" (RAF), per unirsi alla guerriglia palestinese. Lì intendevano addestrarsi per la lotta armata. L'8 ottobre 1970 Mahler fu preso in trappola e arrestato nel quartiere berlinese di Charlottenburg. Fu accusato di aver pianificato e partecipato alla violenta evasione di Andreas Baader dalla prigione.

È chiaro che a questo punto della sua vita Horst Mahler non aveva ancora scoperto la vera natura del comunismo ed era agli antipodi nel comprendere la falsificazione della storia e della realtà. Nel maggio 1972, il tribunale che lo processava non riuscì a provare il suo coinvolgimento nell'evasione di Andreas Baader e lo assolse, ma rimase in carcere per altri reati. Nell'ottobre dello stesso anno si svolse il processo che lo vedeva accusato di aver organizzato e partecipato a un'organizzazione criminale. Il 26 febbraio 1973 fu condannato per aver fondato la RAF, nota anche come banda Baader-Meinhof, e per il suo coinvolgimento in alcune azioni violente. La sentenza di dodici anni di reclusione fu molto discussa e considerata incoerente negli ambienti legali. Nel luglio 1974, a Mahler fu ritirata la licenza di esercitare la professione di avvocato.

Fu in questi anni burrascosi che si verificò lo scandalo del presunto suicidio in cella dei leader della RAF. Andreas Baader, Gudrun Ensslin, Jan-Carl Raspe e Ulrike Meinhof erano stati arrestati nel 1972. La Meinhof, che aveva testimoniato al processo di Horst Mahler, dovette affrontare condizioni di detenzione molto dure: dopo il suo arresto trascorse 236 giorni in totale isolamento. Dopo due anni di udienze preliminari, il 29 novembre 1974 fu condannata a otto anni di reclusione. Il 19 agosto 1975 Meinhof, Baader, Ensslin e Raspe furono accusati congiuntamente di quattro omicidi, cinquantaquattro tentativi di omicidio e di aver costituito un'organizzazione criminale. Prima della fine del processo, il 9 maggio 1976, U. Meinhof fu trovata morta nella sua cella nel carcere di Stammheim: si sarebbe impiccata. Su richiesta del suo avvocato, nel 1978 un'inchiesta internazionale cercò di ottenere l'accesso al primo referto autoptico, ma le autorità rifiutarono. La commissione internazionale ha pubblicato un rapporto in cui si afferma che "l'affermazione iniziale secondo cui Meinhof si sarebbe suicidata non aveva alcun fondamento di fatto". Il 18 ottobre 1977, anche Andreas Baader e Jan-Carl Raspe erano stati trovati morti nelle loro celle a causa di ferite da arma da fuoco, mentre Gudrun Ensslin si era impiccata con una corda fatta di fili per altoparlanti.

Con questa panoramica sulla cerchia di amici di Horst Mahler, possiamo ora passare alla trasformazione che lo avrebbe trasformato in un ostinato negazionista dell'Olocausto. Nel luglio 1979 Mahler ottenne un regime aperto per il resto della sua pena e finalmente nell'agosto 1980, dopo dieci anni di carcere, fu rilasciato sulla parola dopo aver condannato il terrorismo e aver dichiarato pubblicamente di ripudiare i metodi della RAF. È interessante notare che il suo avvocato era Gerhard Schröder, che in seguito divenne Cancelliere della Germania. Nel 1987, la sua richiesta di riammissione all'esercizio della professione fu respinta; tuttavia, sempre grazie al buon lavoro di Schröder, la questione fu riesaminata nel 1988 e i suoi diritti di avvocato furono ripristinati.

Nei dieci anni successivi, il pensiero di Horst Mahler subì profonde trasformazioni. Già nel 1997 la sua ideologia politica era cambiata. Una delle persone che più influenzarono la sua evoluzione fu Günter Rohrmoser. Il 1° dicembre 1997, in occasione del settantesimo compleanno di Rohrmoser, Mahler tenne un discorso in cui denunciò che la Germania era un Paese occupato e che doveva liberarsi dalla schiavitù del debito per ristabilire la propria identità nazionale. Un anno dopo pubblicò un articolo sul settimanale *Junge Freiheit* intitolato "Zweite Steinzeit" (Seconda età della pietra), in cui spiegava la sua conversione all'ideologia "Völkisch" (idealismo romantico antimaterialista basato sui concetti di popolo, patria, sangue e tradizione). Nel 2000 ha aderito al Partito Nazionale Democratico di Germania, NPD, di cui è diventato un sostenitore.

Nel marzo 2001 era già ben identificato con le idee revisioniste. Ne è prova la sua presenza tra i partecipanti alla conferenza "Revisionismo e sionismo", tenutasi a Beirut dal 31 marzo al 3 aprile 2001. Il nome di Horst Mahler figurava tra relatori del calibro di Robert Faurisson, Frederick Töben, dottore in filosofia e direttore dell'Istituto di Adelaide in Australia, Max Weber, direttore dell'IHR, Henri Roques, autore della tesi di dottorato sulle "confessioni" di Gerstein, Oleg Platonov, storico russo, e Roger Garaudy, il filosofo francese che, come Mahler, proveniva dal campo marxista e che nel 1998 era stato condannato da un tribunale di Parigi a pagare una multa di 45.000 dollari per la pubblicazione delle "Confessioni" di Gerstein.45.000 dollari per la pubblicazione *de I miti fondativi dello Stato di Israele*. Tre delle più potenti organizzazioni ebraiche - il World Jewish Congress, la Anti-Defamation League (ADL) e il Simon Wiesenthal Center - con il sostegno del governo statunitense e di alcuni membri del Congresso, hanno fatto pressioni sul governo libanese affinché vietasse l'incontro,. Prevedibilmente, gli "amici" della libertà di parola e di pensiero hanno avuto successo e le autorità libanesi hanno annunciato, nove giorni prima dell'inizio della conferenza, che quest'ultima era stata cancellata.

Come già detto, la persecuzione di Mahler in Germania è iniziata a causa della sua denuncia degli attentati dell'11 settembre 2001. Nel 2003 è stato accusato di "disturbo dell'ordine pubblico" e "incitamento del popolo".

Mahler ha testimoniato in tribunale che non era vero che Al-Qaeda avesse a che fare con gli attacchi. Nel 2004 è stato accusato di aver diffuso video e altri documenti che negavano l'Olocausto. Nel 2006 le autorità tedesche gli hanno ritirato il passaporto per impedirgli di partecipare alla "Conferenza internazionale per la revisione globale dell'Olocausto" a Teheran, di cui riferiremo meglio quando parleremo della persecuzione del professor Faurisson. Nel 2007, nuove accuse sono state mosse contro di lui a seguito di una lunga intervista rilasciata alla rivista *Vanity Fair* il 4 ottobre all'hotel Kempinski dell'aeroporto di Monaco. Pubblicata il 1° novembre 2007, l'autore dell'intervista, Michel Friedman, ex vicepresidente del Consiglio centrale degli ebrei in Germania, ha denunciato Mahler perché lo avrebbe salutato con il braccio alzato alla maniera hitleriana e avrebbe gridato "Heil Hitler, Herr Friedman! Friedman ha dipinto l'intervistato come un nazista demente che ha ispirato l'estrema destra tedesca con le sue teorie antisemite e che ha impedito la messa al bando dell'NPD quando ne era avvocato. Durante l'intervista, Mahler disse al giornalista ebreo che il presunto sterminio degli ebrei ad Auschwitz era una menzogna. A seguito della denuncia di Friedman, il 23 novembre 2007 Mahler è stato condannato a sei mesi di carcere senza cauzione.

Nel febbraio 2009, l'agenzia di stampa internazionale Associated Press ha riferito che Horst Mahler, un neonazista settantatreenne che nel 1970 era stato il fondatore della Red Army Faction, un gruppo terroristico di estrema sinistra, era stato condannato a sei anni di carcere. Era stato accusato di aver pubblicato su Internet video di negazione dell'Olocausto e di aver distribuito CD che incitavano all'odio e alla violenza antiebraica. Mahler, che per la sua esperienza di avvocato sapeva di non potersi aspettare nulla dal tribunale, non ha perso tempo durante il processo per cercare di giustificarsi o di ottenere attenuanti, ma ha iniziato il suo intervento presentando una querela contro se stesso. Dopo averlo ascoltato, il giudice Martin Rieder, che presiedeva il tribunale di Monaco, ha definito le sue parole "starnazzi nazionalistici". Secondo l'Associated Press, il giudice Rieder lo ha accusato di "usare il tribunale per diffondere il suo messaggio di odio". Nel suo discorso di un'ora, Mahler ha ribadito che "l'Olocausto è stata la più grande menzogna della storia" e ha avuto parole di ammirazione per il vescovo cattolico inglese Richard Williamson, che in una recente intervista alla televisione svedese aveva negato lo sterminio degli ebrei.

L'indignazione di Rieder per l'arroganza e la sfida di Mahler gli ha fatto aumentare la pena di un anno rispetto al massimo previsto dalla legge di cinque anni nella sentenza del 21 febbraio 2009. Per giustificarsi, il giudice ha spiegato che l'imputato era "testardo e impossibile da rieducare". A proposito del verdetto, il Centro Simon Wiesenthal di Gerusalemme ha dichiarato: "Rafforza il messaggio che non c'è tolleranza per la negazione dell'Olocausto e ricorda seriamente ai tribunali che non devono lasciarsi usare dai negazionisti per propagandare le loro menzogne". Tre settimane dopo, l'11 marzo 2009, la sentenza è stata prolungata di quattro anni e nove mesi da un tribunale di Potsdam, il che, considerando l'età avanzata di Mahler, equivale a una condanna a vita. Ancora una volta Mahler aveva negato l'Olocausto e messo in dubbio molti dei crimini di guerra attribuiti alla Germania.

Horst Mahler aveva scelto di autoaccusarsi davanti al tribunale di Monaco per dare un esempio al movimento di disobbedienza civile che si stava formando in Germania. Molti dei suoi sostenitori, tuttavia, capirono che sarebbe stato più utile fuori dal carcere. "Perché lo fai?", gli avevano chiesto, non riuscendo a capire cosa disapprovassero. Per rispondere, Mahler riuscì a scrivere un testo per l'opinione pubblica prima della sua incarcerazione. In esso, che è considerato una sorta di testamento politico, cercò di far capire che non era in gioco solo il diritto di esprimere un'opinione, ma anche il diritto alla sopravvivenza:

> "Se ci si rende conto, come faccio io, che la religione dell'Olocausto è l'arma principale per la distruzione morale e culturale della nazione tedesca, allora diventa chiaro che la posta in gioco è niente di più e niente di meno che il diritto collettivo all'autodifesa, cioè il diritto della Germania a sopravvivere. La sopravvivenza riguarda tutti!
> Il mondo crede davvero che noi tedeschi ci lasceremo distruggere come popolo, che permetteremo passivamente che il nostro spirito nazionale si estingua senza combattere? Quali giuristi possono sostenere che l'autodifesa è un atto criminale? Come popolo e come entità collettiva abbiamo una natura nazionale e spirituale. Il modo più sicuro per porre fine alla Germania come entità spirituale è distruggere la nostra anima nazionale e la nostra identità, in modo che non sapremo mai chi o cosa siamo. Distruggere il nostro spirito nazionale è proprio lo scopo del nostro nemico, che pretende che accettiamo senza riserve il suo dogma dell'Olocausto e che rinunciamo a sottolineare che il suo fantastico Olocausto non è mai avvenuto. Non c'è alcuna prova! Una volta compreso il fatto che ci troviamo di fronte alla minaccia dell'annientamento, non avremo dubbi su chi sia il nostro nemico: è il vecchio assassino di nazioni. Se lo capiremo, non accetteremo più passivamente le sue bugie e le sue mistificazioni".

Come si può notare, Mahler ha invocato con decisione la resistenza come necessità esistenziale per la Germania. Una parte del testo è dedicata alla spiegazione degli anni di lotta armata della Rote Armee Fraktion (RAF). Mahler spiega che lui e i suoi compagni intendevano allora combattere contro il "Sistema" e che credevano a ciò che il "Sistema" aveva insegnato loro nelle scuole sull'Olocausto. Ammette di aver persino "comprato" la propaganda antitedesca diffusa dagli americani. La sua presa di coscienza, si evince da questo scritto, avvenne nel 2001 quando dovette difendere come avvocato Frank Rennicke, un cantautore patriottico che era stato accusato e condannato per negazione dell'Olocausto. Dopo aver assunto la difesa di Rennicke, iniziò un'indagine che lo portò a una nuova comprensione dei fatti storici. Vediamo un altro estratto del testamento politico di Mahler:

> "È chiaro che i vincitori o il vincitore della Seconda Guerra Mondiale (l'unico vero vincitore è stato l'ebraismo internazionale) hanno fatto di tutto per garantire che le basi della dominazione ebraica, in primo luogo il culto religioso dell'Olocausto, fossero giuridicamente inconfutabili. Questo era il loro obiettivo quando hanno creato la Repubblica Federale, ed è chiaro che la Corte Suprema ha adottato da tempo un sistema giudiziario progettato per perpetuare l'Olocausto. La missione di proteggere l'Olocausto è alla base sia della Legge fondamentale che della Repubblica federale. Questa è la base del dominio della Germania da parte dei suoi nemici. Il ministro degli Esteri tedesco Joschka Fischer lo ha spiegato molto chiaramente quando ha fatto riferimento all'Olocausto e al sostegno di Israele come alla ragion d'essere della Repubblica federale".

Nei suoi scritti, Mahler si appella ai suoi compatrioti affinché resistano e recuperino un senso di orgoglio di essere tedeschi. Riaffermava la sua convinzione che ciò che aveva fatto era il meglio che potesse fare, e riconosceva che combattendo da solo e dipendendo da se stesso, non poteva fare altro che "ripetere la verità più e più volte", poiché aveva lasciato una promessa su Internet che non avrebbe "mai smesso di ripetere questa verità". Per quanto riguarda gli undici anni di prigione che stava per affrontare, ha ammesso che con i suoi settantatré anni alle spalle tutto può accadere, un fatto che ha fatto suo con una frase del Vangelo di San Matteo: "Chi non è disposto a prendere la propria croce non è degno di me". Mahler mostrò infine la sua speranza nel potere e nella forza della Chiesa. Nonostante si lamentasse del fatto che la sua leadership fosse stata corrotta e minata dagli ebrei, era fiducioso che essa "potesse essere lo scoglio su cui la nave della Grande Menzogna potesse schiantarsi e scomparire". Il testo si concludeva con la convinzione che solo la verità avrebbe portato la libertà:

> "Volevo fare un esempio. Ho spesso detto che la nostra è la rivoluzione più facile che si possa fare. Abbiamo bisogno di poche migliaia di persone che si alzino in piedi e dicano chiaramente la verità, come ha fatto il vescovo Williamson e come ho cercato di fare io, insieme ad altri che hanno subito azioni penali per aver detto la verità e distribuito *le Conferenze* di Germar Rudolf *sull'Olocausto*. La vittoria finale della verità è inevitabile, così come la sconfitta dell'impero sionista globale".

Avendo esaminato il controllo assoluto delle nazioni e dei popoli attraverso l'economia, i media e i politici cooptati, e avendo visto ciò che sta accadendo nelle corti di giustizia in Germania e in altri Paesi europei, l'idea di una rivoluzione, la "più facile di sempre", di migliaia di persone che gridano la verità non sembra giusta. Bisogna ammettere che solo attraverso il potere assoluto si possono costringere i tribunali di un Paese a procedere come fanno nella Repubblica Federale Tedesca. Comunque la si guardi, è aberrante che un imputato dica in tribunale che non sta mentendo, che ha le prove che sta dicendo la verità, che vuole mostrarle, e che i giudici rispondano che non vogliono vedere queste prove, perché ha negato l'Olocausto. La perversione raggiunge livelli deliranti se si considera che quando l'avvocato difensore cerca di dimostrare che il suo cliente sta dicendo la verità, viene avvertito che le sue azioni sono illegali, che sarà incapace di intendere e di volere e che andrà in prigione. In particolare, il giudice che ha rimosso Sylvia Stolz dalla difesa di Ernst Zündel le ha detto che poteva capire che un imputato si comportasse come Zündel, ma che era poi dovere dell'avvocato dire al suo cliente che ciò che stava facendo era illegale. Questa è la formula mostruosa della giustizia dell'Olocausto.

Due anni dopo l'incarcerazione di Horst Mahler, Kevin Käther, un giovane revisionista tedesco che voleva seguire il suo esempio, e il suo avvocato Wolfram Nahrath organizzarono una manifestazione davanti alla prigione di Brandeburgo, a circa ottanta chilometri da Berlino, dove Mahler era detenuto. L'obiettivo era chiedere la sua liberazione, quella di Sylvia Stolz e l'abrogazione dell'articolo 130 del Codice penale. Anche Käther si era dichiarato colpevole in tribunale e, nonostante la condanna a 20 mesi nel 2010, aveva sorprendentemente ottenuto la libertà condizionale. Il 26 marzo 2011, nel parcheggio del carcere si sono riunite circa trecento persone, tra cui revisionisti giunti da Francia, Belgio, Gran Bretagna, Austria, Svizzera, Giappone e da altre parti della Germania.

L'avvocato Nahrath si è rivolto ai manifestanti per informarli che la manifestazione era autorizzata dalle 12.00 alle 16.00. Ha poi letto un testo commovente in cui descrive Mahler come un idealista, un combattente per la libertà. Ha poi letto un testo commovente in cui descrive Mahler come un idealista, un combattente per la libertà. Wolfram Nahrath ha denunciato l'ipocrisia delle cosiddette democrazie, che condannano la repressione dei diritti umani in Cina mentre imprigionano i propri dissidenti per crimini di pensiero. Come esempio di due pesi e due misure, ha ricordato che mentre Horst Mahler stava scontando una pena disumana per un uomo della sua età, il Premio Nobel per la Pace era stato assegnato al dissidente cinese Liu Xiaobo. Sono intervenuti anche Rigolf Hennig e Ursula Haverbeck, entrambi di "Europäische Aktion". Haverbeck, recentemente condannata a dieci mesi di carcere nonostante abbia quasi 90 anni, ha affermato con straordinaria lucidità che la Germania "è stata profondamente ferita" e che la BRD (Bundesrepublik Deutschland) "non è lo Stato del popolo tedesco". Il politico britannico Richard Edmonds ha parlato a nome di un gruppo di revisionisti britannici e ha definito "scandaloso" e "cinico" quanto stava accadendo non solo in Germania ma anche nell'Unione Europea. Lady

Michèle Renouf, una nota revisionista inglese che gestisce il sito web *Jailing Opinions*, è stata l'ultima a parlare.

Nel gennaio 2013 Horst Mahler aveva finito di scrivere in carcere un libro che non sarà mai pubblicato, ma che può essere letto in tedesco in formato PDF, *Das Ende der Wanderschaft. Gedanken über Gilad Atzmon un die Judenheit* (*La fine del cammino. Riflessioni su Gilad Atzmon e l'ebraismo*). L'opera era nata dopo aver letto un libro inviato al carcere da un amico, *The Wandering Who?*, un'opera pubblicata nel 2011 da Gilad Atzmon, un dissidente ebreo antisionista esiliato a Londra[16]. Il libro di Mahler consisteva in una serie di considerazioni storiche sui contenuti del libro di Atzmon, al quale nella prefazione del 3 gennaio 2013 ha espresso un sentito ringraziamento per la sua onestà e il suo coraggio: "Possa Dio concedergli lunga vita, salute e forza creativa. Il mondo ha bisogno di Gilad Atzmon - e sappiate: non c'è bisogno di un solo Gilad Atzmon, ma di molti Gilad Atzmon". Due anni dopo, l'11 giugno 2015, il Dipartimento federale per i materiali nocivi per i giovani in Germania ha inserito il libro di Horst Mahler nell'elenco dei libri nocivi. Tra le persone che alle 11.30 dell'11 giugno si sono presentate davanti al consiglio del Dipartimento per sostenere che l'opera di Mahler non doveva essere vietata c'erano il parroco Friedrich Bode e Gerard Menuhin, figlio del famoso violinista di origine ebraica Yehudi Menuhin e autore di *Dite la verità e fate vergognare il diavolo*, in cui considera l'Olocausto un'enorme menzogna storica.

Alla fine di giugno 2015, pochi giorni dopo la messa al bando del libro, il figlio di Horst, Axel Mahler, scrisse una lettera al parroco Friedrich Bode per informarlo che suo padre era in condizioni critiche in terapia intensiva. Erano passati quattro anni dalla manifestazione di Brandeburgo a favore di Horst Mahler, e la "rivoluzione di migliaia di persone che gridano la verità" non aveva ancora avuto luogo. Evidentemente, qualche centinaio di persone non significava nulla per le autorità tedesche, che ignoravano

---

[16] Potremmo scrivere un lungo articolo su Gilad Atzmon, perché merita di essere conosciuto e riconosciuto. Nato a Tel Aviv nel 1963, dopo aver vissuto la guerra in Libano nel 1982 come soldato di Tsahal, Atzmon è diventato un amico del popolo palestinese e un attivista per la sua causa. Nel 1994 è emigrato nel Regno Unito e nel 2002 è diventato cittadino britannico. Dopo aver studiato filosofia all'Università di Essex, è diventato noto per la sua attività di sassofonista jazz. A causa delle sue critiche al sionismo e delle sue opinioni revisioniste sull'Olocausto, è considerato un antisemita e molti dei suoi nemici sionisti lo accusano di essere "un ebreo che odia se stesso perché è ebreo". La sua discografia conta oggi più di una dozzina di titoli, tra cui il CD *Exile*, pubblicato nel 2004 e considerato album dell'anno dalla BBC. Si tratta di un'opera commovente in cui quasi tutti i brani, tra cui *Jenin, Al Quds* e *Land of Canaan*, fanno riferimento alle sofferenze del popolo palestinese. Due palestinesi, il musicista Dhafer Youssef e la cantante Reem Kelani, hanno collaborato con Gilad Atzmon a questo album. Prima di pubblicare *The Wandering Who*, Atzmon aveva già scritto altri due libri. Il presente lavoro è un'indagine sulla politica e sull'ideologia dell'identità ebraica contemporanea. Tra i molti argomenti esaminati criticamente vi sono l'odio degli ebrei razzisti verso i gentili e il ruolo svolto dalla religione nell'Olocausto.

anche la disperata situazione carceraria del dissidente revisionista. Axel Mahler spiegò a Bode nella sua lettera che il diabete di suo padre non era stato curato adeguatamente e che soffriva di una grave infezione che gli faceva temere per la sua vita. Per questo motivo, diceva, stavano valutando la possibilità di "intraprendere un'azione legale contro le autorità giudiziarie che lo tengono in carcere".

Il 4 luglio 2015, Ursula Haverbeck ha scritto al Prof. Dr. Andreas Voßkuhle della Corte Suprema tedesca, chiedendo con tono molto severo e critico di prendere in considerazione la sofferenza dell'avvocato e filosofo Horst Mahler e che la magistratura tedesca non si sottometta più ai dettami di Israele, rappresentato dal "Zentralrates der Juden in Deutschland" (Consiglio centrale degli ebrei in Germania). Con grande coraggio e assunzione di rischio, ha definito l'Olocausto "la più grande e persistente menzogna della storia" e ha scritto: "Eine Untat ohne Tatort ist keine Tatsache" (Un crimine senza scena del crimine non è una realtà). Ursula Haverbeck ha concluso invocando un'azione rapida prima che sia troppo tardi. Il 14 luglio 2015, la stampa ha riferito che il piede sinistro di Horst Mahler era stato amputato e che dopo l'operazione era in condizioni stabili. Dopo l'operazione, Mahler è rimasto in carcere. Sempre più angosciato, nell'ottobre 2015 decise finalmente di chiedere aiuto in una nota disperata:

> "Cari amici, per molto tempo ho dubitato di dover chiedere aiuto. Ma ora la mia vita è in pericolo. Mi è stata amputata la gamba sinistra e i medici stanno cercando di evitare altre amputazioni. Finalmente un avvocato ha accettato di difendermi in tribunale. Tuttavia, poiché sono economicamente rovinato, non posso permettermelo. Inoltre, l'applicazione della libertà vigilata deve essere finanziata. Se uscissi di prigione, sarebbero necessari alcuni lavori di ristrutturazione della mia casa per consentire la vita di un invalido.
> Grazie in anticipo!
> Horst Mahler".

Pochi giorni dopo la pubblicazione di questa petizione, il 6 ottobre 2015 alcuni media hanno pubblicato la notizia che Horst Mahler, che stava per compiere ottant'anni, era stato rilasciato dal carcere di Brandeburgo, dove aveva trascorso quasi sette anni di detenzione per un reato di pensiero.

Sylvia Stolz, l'avvocato senza compromessi

Quello che è successo all'avvocato Sylvia Stolz è diventato più chiaro man mano che abbiamo raccontato le vicende di Zündel e Mahler. In ogni caso, ciò che è accaduto a questa donna coraggiosa merita un posto di rilievo nella nostra *Storia dei fuorilegge*. Inizieremo la sua infelice "avventura" nel dicembre 2005, quando era avvocato difensore nel processo contro il dottor

Rigolf Hennig, un colonnello medico delle riserve accusato di aver denigrato la "Bundesrepublik" nel giornale *Reichsboten,* da lui stesso pubblicato. Hennig era accusato di aver negato la legittimità della Repubblica federale. Lunedì 12 dicembre, il procuratore Vogel ha minacciato con arroganza l'avvocato difensore Sylvia Stolz. Vogel l'ha avvertita che se avesse continuato con la sua linea di difesa, sarebbe stata accusata anche di incitamento e disprezzo per la "Bundesrepublik" e che non avrebbe esitato a perseguirla. Invece di sentirsi intimidita, l'avvocato ha espresso gratitudine a Vogel perché, gli ha detto, "con il suo atteggiamento rafforzava la sua tesi che il processo fosse un processo spettacolo". La Stolz ha espresso l'opinione che non sia stata applicata la legge tedesca, ma la volontà di una potenza straniera.

Nel corso del processo, che si è protratto fin quasi alla fine del dicembre 2005, Sylvia Stolz ha dimostrato una competenza encomiabile, citando testi di intellettuali ebrei come Harold Pinter, appena insignito del Premio Nobel per la letteratura, e Gilad Atzmon, che abbiamo presentato in precedenza. Atzmon aveva appena tenuto una conferenza a Bochum il 2 dicembre 2005, in cui aveva pubblicamente affermato che la storia della Seconda guerra mondiale e dell'Olocausto era "una falsificazione assoluta iniziata dagli americani e dai sionisti". Stolz ha anche citato testi tratti dalle *Conferenze sull'Olocausto* di Germar Rudolf, prevedendo che quest'opera avrebbe "stroncato sul nascere la religione dell'Olocausto". Alla fine, il dottor Hennig fu condannato a sei mesi di prigione per aver denigrato la Repubblica Federale.

Quasi contemporaneamente al processo al colonnello medico Rigolf Hennig, il tribunale di Mannheim che avrebbe dovuto processare Ernst Zündel aveva già iniziato le udienze preliminari. Sylvia Stolz, la cui esperienza e competenza in materia di nazionalismo e persecuzione dei revisionisti era ben nota, faceva parte del team di avvocati scelti per difendere Zündel, che comprendeva anche Jürgen Rieger e l'austriaco Herbert Schaller. Sylvia Stolz era assistita dall'avvocato Horst Mahler. La prima udienza si è svolta martedì 8 novembre 2005. Più di trenta giornalisti e un'ottantina di sostenitori di Zündel, alcuni provenienti da Canada, Francia, Regno Unito e Svizzera, si sono riuniti nel tribunale di Mannheim, famoso per il suo fervore antirevisionista.

Dopo aver pronunciato il nome, la data di nascita, la professione e l'indirizzo dell'imputato, il presidente del tribunale, Ulrich Meinerzhagen, ha attaccato la difesa. Ha letto la decisione di un tribunale locale di Berlino che vieta a Horst Mahler di esercitare la sua professione. Meinerzhagen ha citato a lungo le dichiarazioni e i commenti revisionisti di Mahler sulla questione ebraica e sul Reich. Chiese quindi che fosse sostituito come assistente dall'avvocato Stolz, il quale fece subito notare che non c'era alcun motivo. Il giudice insistette sul fatto che riteneva considerevole l'influenza di Mahler sulla difesa, al che Stolz rispose che spettava a lui decidere quali scritti avrebbe usato nella sua difesa e che questa era una sua responsabilità. Il giudice minacciò di prelevare Mahler con la forza e di trattenerlo per un giorno. L'avvocato Rieger intervenne per dire al giudice che simili attacchi alla difesa non si verificavano nemmeno nei Gulag. Sylvia Stolz insistette che non avrebbe rinunciato all'assistenza dell'avvocato Mahler; ma senza ulteriori parole il giudice ordinò ai poliziotti di portarlo via. Vedendo che non poteva fare altro, la Stolz optò per la decisione di allontanare lei stessa il suo assistente, il che le permise di sedersi tra il pubblico, chiaramente scioccato. Meinerzhagen ha quindi minacciato di sgomberare la sala.

Sono seguiti altri avvertimenti intimidatori per il team di avvocati: il presidente del tribunale ha chiarito che qualsiasi "incitamento all'odio" sarebbe stato affrontato con forza e ha minacciato direttamente gli avvocati di applicare il paragrafo 130 del Codice penale. Ha poi sottolineato che non avrebbe ascoltato "opinioni pseudoscientifiche, poiché l'Olocausto è un fatto storicamente accertato". Questa affermazione ha provocato il clamore e le risate del pubblico. Ma non è finita qui, perché il giudice Meinerzhagen si era appena scaldato. Egli tornò immediatamente all'attacco e disse che non era sicuro che Sylvia Stolz fosse adatta alla difesa di Zündel, in quanto sarebbe probabilmente risultata colpevole della violazione del paragrafo 130. Zündel ha chiarito di voler essere rappresentato dalla signora Stolz. La corte decise quindi di aggiornarsi per deliberare sulla questione.

Dopo aver deliberato, il tribunale annullò la nomina di Stolz come primo avvocato di Zündel. Il Dr. Meinerzhagen ha poi aggiunto che nemmeno Jürgen Rieger era un avvocato adatto all'imputato, poiché le sue idee revisioniste erano ben note e si temeva che potesse procedere in modo inappropriato in questa materia. Per garantire che l'intero team di difesa di avesse la sua parte, il giudice si rivolse quindi al dottor Schaller, che considerò anch'egli inadatto a causa della sua età, che non garantiva la sua idoneità all'incarico. Era chiaro a tutti che il giudice presiedente intendeva eliminare il brillante team di avvocati di Ernst Zündel per nominarne altri di sua scelta. Naturalmente, gli avvocati cercarono di non farsi intimidire. Dopo che Sylvia Stolz fu rimproverata come avvocato principale di Zündel, il giudice Meinerzhagen chiese come l'imputato intendesse risolvere il caso. Zündel dichiarò che avrebbe rinunciato al suo terzo avvocato di fiducia (Ludwig Bock, che non era presente all'udienza) e che Sylvia Stolz avrebbe preso il suo posto[17]. In questa occasione, la pausa pranzo servì da pretesto per interrompere la seduta.

Nel pomeriggio, l'avvocato Rieger ha letto un testo in cui chiedeva alla corte di abbandonare l'atteggiamento discriminatorio. È seguito

---

[17] Non essendo avvocati, non siamo competenti a spiegare il funzionamento dei tribunali tedeschi. In ogni caso, sembra che nei tribunali regionali la legge tedesca preveda che l'imputato abbia un avvocato con poteri specifici autorizzati dal tribunale e possa avere altri tre avvocati di sua scelta. Nel caso del processo contro Ernst Zündel, era Sylvia Stolz ad avere questi poteri legali specifici, che sono stati annullati dal presidente del tribunale.

l'intervento di Sylvia Stolz, che ha dichiarato che la difesa è stata minacciata pubblicamente di non dire nulla di vietato dalla corte e che questo è un oltraggio che può essere solo il risultato di una mente malata. La Stolz ha quindi chiesto l'esclusione del pubblico dalle prossime sedute, sostenendo che il tribunale stava minacciando di perseguire la difesa per violazione del paragrafo 130 del Codice penale (questo paragrafo è applicabile solo quando il "crimine" è commesso in pubblico. Escludendo il pubblico, la difesa intendeva esprimere "pensieri proibiti" davanti al tribunale senza correre il rischio di essere perseguita). L'avvocato ha aggiunto che se la corte avesse voluto che il processo fosse pubblico, il team della difesa avrebbe corso il grave rischio di essere perseguito. La corte ha risposto rinviando il procedimento a martedì 15 novembre 2005.

Per la stampa obiettiva e per l'opinione pubblica non c'era dubbio che il presidente del tribunale Meinerzhagen avesse cercato di distruggere la difesa di Ernst Zündel. Inoltre, minacciando gli avvocati prima ancora che iniziassero la loro difesa, il giudice aveva violato le regole fondamentali della procedura giudiziaria. Sylvia Stolz aveva elaborato una strategia brillante, mantenendo per tutto il tempo un atteggiamento calmo e un contegno perfettamente corretto. Se il tribunale avesse deciso che il processo non doveva essere pubblico, i giudici si sarebbero trovati di fronte alle prove contenute nelle *Conferenze sull'Olocausto* di Germar Rudolf e alla richiesta di Horst Mahler di "ascoltare prove sulla questione ebraica", il che avrebbe potuto essere oneroso per il tribunale, che avrebbe dovuto spiegare il motivo per cui si stava tenendo un processo segreto. In caso di processo aperto, i difensori erano stati minacciati di essere perseguiti su, mettendo così in imbarazzo il tribunale di Mannheim agli occhi dell'opinione pubblica e dei giuristi di tutto il mondo.

Alle 10.00 del 15 novembre 2005, un centinaio di sostenitori di Ernst Zündel si sono radunati fuori dall'edificio. Tuttavia, c'erano meno giornalisti e solo due telecamere. Alle 10.40 è stato concesso l'accesso alla sala, che era gremita. L'ingresso di Zündel è stato accolto da un applauso. Non appena il giudice è apparso, ha detto che non avrebbe tollerato né applausi né pettegolezzi e ha avvertito che aveva ordinato alla polizia di allontanare coloro che violavano le sue regole e di prendere i loro nomi. Ha poi ritenuto infondata l'affermazione secondo cui la corte avrebbe adottato un atteggiamento discriminatorio e ha dichiarato che non c'era motivo per cui l'imputato avesse dubbi sui giudici. In secondo luogo, ha ribadito la sua disapprovazione nei confronti di Sylvia Stolz e ha ripetuto le ragioni addotte nella sessione precedente. Meinerzhagen ha insistito sul fatto che la signora Stolz non era adatta perché non poteva garantire una procedura ordinata, che avrebbe portato a conflitti tra l'imputato e la difesa. Il presidente del tribunale ha respinto la richiesta della signora Stolz di escludere il pubblico dalle udienze. Ha dichiarato che il pubblico poteva essere escluso solo se rappresentava una minaccia, il che non era il caso. Al contrario, ha affermato che era la difesa a rappresentare una minaccia per il processo a causa della sua intenzione di incitare il pubblico. Meinerzhagen ha aggiunto che era prevedibile che, se il pubblico fosse stato assente, la difesa avrebbe presentato domande e osservazioni incitanti. Senza dare alcuna scelta, la mossa successiva del magistrato è stata quella di annunciare la sospensione del processo, poiché il tribunale doveva sostituire la signora Stolz e il nuovo avvocato avrebbe avuto bisogno di tempo per familiarizzare con il materiale. Nel frattempo, l'imputato sarebbe dovuto rimanere in carcere, cosa che ha ritenuto giusta, data la portata del suo crimine. Come se non bastasse, il dott. Meinerzhagen ha affermato che il processo è stato rinviato a causa della difesa.

A questo punto, Jürgen Rieger ha espresso il suo disaccordo e ha dichiarato che il giudice non aveva informato la difesa della sua intenzione di sospendere il procedimento giudiziario, come invece era tenuto a fare. Rieger ha sostenuto che la difesa non aveva avuto la possibilità di preparare una dichiarazione su questa decisione. Il giudice ha risposto che la difesa era stata informata, il che è una palese menzogna. Dopo una battaglia procedurale sulle decisioni da prendere, Sylvia Stolz ha trovato il tempo di chiedere alla corte di permetterle di fare una dichiarazione sulla sua sostituzione; ma Meinerzhagen ha risposto che ciò non era appropriato. La Stolz ha replicato dicendo al giudice che il suo atteggiamento era improprio e fuori luogo. "Il processo è aggiornato", ha insistito il giudice. "Non ho avuto modo di fare la mia dichiarazione", si è lamentato l'avvocato. "Non mi interessa! Il processo è aggiornato!".

In poco più di un'ora il giudice presidente ha risolto la questione. Naturalmente l'opinione pubblica reagì con indignazione e su si levarono grida di protesta e disapprovazione, come "questa è una carnevalata", "scandalo" e simili. Fuori dall'aula, gli avvocati e gli amici più stretti di Zündel si riunirono per valutare l'accaduto e giunsero alla conclusione che il processo sarebbe ripreso nel febbraio o marzo 2006 e che il giudice avrebbe portato avanti la difesa non appena avesse iniziato il processo. Questi eventi hanno coinciso con l'arrivo di Germar Rudolf all'aeroporto di Francoforte, dove è stato arrestato e immediatamente portato nel carcere di Stoccarda.

Come previsto dagli avvocati, il processo è ripreso nel febbraio 2006. Giovedì 15, Ulrich Meinerzhagen ha respinto tre mozioni di esclusione della difesa per parzialità o tendenziosità. Per quanto riguarda Sylvia Stolz, ha minacciato di accusarla se avesse messo in dubbio l'Olocausto. La seduta del 16 ha visto un serio confronto tra Stolz e Meinerzhagen. L'avvocato ha interrotto in diverse occasioni e ha sollevato una serie di obiezioni e nuove richieste. Ha negato di aver insultato la corte e di aver cercato di sabotare il processo, accuse mosse dal giudice. In particolare, Meinerzhagen ha detto di sospettare che la Stolz "intendesse rendere impossibile il processo giudiziario facendo crollare il processo". Ha inoltre annunciato che avrebbe presentato una denuncia all'ordine degli avvocati competente, chiedendo che venissero presi provvedimenti nei suoi confronti. Invece di sottomettersi, la Stolz ha risposto che non era "disposta a piegarsi alla sua volontà" e, rivolgendosi alla sala piena di sostenitori di Zündel, ha accusato Meinerzhagen di volerla "imbavagliare". La situazione è diventata estremamente tesa quando l'avvocato ha ignorato la richiesta di scuse del giudice. Meinerzhagen ha multato tre sostenitori di Zündel per aver cantato versi vietati dell'inno nazionale tedesco e ne ha mandato in prigione un altro per quattro giorni per averlo insultato. L'avvocato Ludwig Bock è poi intervenuto, dicendo alla corte che doveva studiare la paternità di decine di dichiarazioni e testi, per lo più tratti *dal sito di Zündels*, presentati dai pubblici ministeri. Il giudice ha rinviato il processo di tre settimane per consentire agli avvocati di analizzare le pubblicazioni *dello Zündelsite*.

Il 9 marzo 2006 le sedute ricominciarono e lo scontro che avrebbe rappresentato la rovina di Sylvia Stolz e la fine della sua carriera di avvocato ebbe finalmente luogo. Al culmine della sua indignazione, la Stolz ha dichiarato che il tribunale è "uno strumento di dominazione straniera" e ha definito gli ebrei "nemici del popolo". Il giudice ha chiesto il ritiro di Silvya Stolz dal processo e ha rinviato l'udienza. Il 31 marzo, un tribunale superiore di Karlsruhe ha rimosso Sylvia Stolz dal caso per aver ostacolato illegalmente il procedimento "al solo scopo di sabotare il processo e renderlo una farsa". Nonostante questo verdetto, il 5 aprile la Stolz ha ignorato la sentenza di Karlsruhe, che considerava priva di valore legale, e si è presentata alla corte di giustizia di Mannheim. Il giudice Meinerzhagen le ordinò di lasciare l'aula, ma lei si rifiutò di obbedire. Due poliziotte dovettero allontanarla con la forza, e a quel punto l'avvocato gridò: "Resistenza! Il popolo tedesco si sta ribellando!". Anche alcuni sostenitori di Zündel lasciarono l'aula. Per l'ennesima volta, il presidente del tribunale ha sospeso il processo, che sarebbe ripreso solo nel giugno 2006.

La condanna a tre anni e mezzo di reclusione e a cinque anni di interdizione dall'esercizio della professione è arrivata nel gennaio 2008. Sylvia Stolz è stata condannata da un tribunale di Mannheim, che ha ritenuto che avesse incitato all'odio razziale durante la difesa di Ernst Zündel. Il verdetto affermava che l'imputata aveva negato l'Olocausto e dichiarato che lo sterminio degli ebrei europei durante la Seconda guerra mondiale era "la più grande bugia della storia". Sylvia Stolz ha scontato la sua detenzione in tre diverse strutture. Quando il 26 marzo 2011 trecento persone si sono riunite davanti alla prigione di Brandeburgo dove Horst Mahler stava scontando la sua pena, la maggior parte degli striscioni mostrava la stessa solidarietà per Sylvia Stolz, la cui imminente liberazione era all'epoca molto attesa.

Quando ha lasciato il carcere di Aichach, in Baviera, alle 9.00 di mercoledì 13 aprile 2011, un folto gruppo di avvocati e sostenitori internazionali della libertà di espressione, provenienti da Francia, Italia e Gran Bretagna, l'attendeva al cancello principale per festeggiare la sua liberazione con fiori e regali. Tra loro c'era anche Michèle Renouf, che aveva nuovamente viaggiato dall'Inghilterra per mostrare solidarietà all'avvocato revisionista. Sylvia Stolz è uscita tra gli applausi, carica di un gran numero di documenti scritti, accuratamente accumulati e organizzati durante gli anni di prigionia. Dopo aver caricato il materiale su un furgone, si recarono tutti insieme in una vicina taverna, dove Günter Deckert aveva riservato la sala principale per la celebrazione.

Il 24 novembre 2012, venti mesi dopo il suo rilascio, Sylvia Stolz ha tenuto una conferenza a Coira, capitale del cantone svizzero dei Grigioni, dal titolo in tedesco: *Sprechverbot-Beweisverbot-Verteidigunsverbot. Die Wirklichkeit der Meinungsfreiheit* (*Divieto di espressione-proibizione delle prove-proibizione della difesa legale. La realtà della libertà di pensiero*). Si è trattato dell'ottava conferenza della "Anti-Zensur-Koalition" (AZK). L'organizzatore della conferenza, Ivo Sasek, ha presentato Sylvia Stolz come una persona particolarmente qualificata per parlare di questo tema e ha fatto riferimento alla sua esperienza del processo a Ernst Zündel, al suo arresto in tribunale e alla sua condanna. La presentazione si è conclusa con queste parole: "Benvenuta Sylvia Stolz. Se non le è stato permesso di parlare lì, le permetteremo di parlare qui. Confidiamo che lei conosca i suoi limiti. Ne sono certo."

Dopo aver ringraziato Ivo Sasek e la platea di oltre duemila persone per la calorosa accoglienza, Stolz ha tenuto un discorso ben strutturato e pacato, senza leggere in nessun punto, opportunamente condito da eloquenti silenzi. La sua voce, estremamente calda e morbida come quella di un bambino, ha mantenuto un tono calmo e sereno per tutto il discorso, rigoroso nella terminologia giuridica, estremamente sensato e del tutto convincente. La conferenza, tenuta in tedesco, è visibile su You Tube con sottotitoli in inglese. Naturalmente, per motivi di spazio non possiamo riprodurla integralmente, ma ne riportiamo alcuni cenni. Nella sua presentazione, Sylvia Stolz ha riportato al pubblico un bellissimo pensiero di Johann Gottfried von Herder, che secondo lei incarna l'essenza di tutti gli esseri umani: "Credere nella verità, sentire la bellezza e amare ciò che è buono".

I principi che dovrebbero governare il funzionamento di qualsiasi tribunale degno di questo nome hanno occupato la prima parte della lezione: i diritti dell'imputato e gli obblighi del tribunale per evitare che sia indifeso e per stabilire la verità attraverso le prove. In relazione alla necessità di presentare prove, ha fatto un paragone con le prove che i tribunali di solito richiedono nei casi di omicidio, ossia dove è avvenuto, quando è stato commesso, quali armi ha usato il criminale, eventuali impronte digitali, dove è stato trovato il corpo della vittima, analisi forensi per determinare la causa della morte e così via. Tuttavia, ha insistito Stolz, in nessuno dei casi di "negazione dell'Olocausto" è mai stata dimostrata o presentata alcuna di queste prove specifiche:

"Non ci sono dettagli sulla scena del crimine, sulle modalità dell'omicidio, sul numero delle vittime, sul periodo dei crimini, sugli autori, sui corpi. Non abbiamo tracce fisiche dell'omicidio. Le testimonianze non specificano, non ci sono documenti o prove simili. L'intenzione di sterminare tutti o parte degli ebrei durante il regime nazionalsocialista non è stata provata da nessuna parte. Non ci sono documenti che dimostrino decisioni, piani o ordini precedenti. Quando ci sono processi ai negazionisti dell'Olocausto, non troviamo specificate queste cose. Né troviamo riferimenti ad altre sentenze in cui queste cose sono specificate. Questo è il problema. Finché il tribunale non registra le scene del crimine dove si suppone siano avvenuti i presunti omicidi di massa; finché il tribunale non rivendica almeno una prova specifica; finché questo è il caso, questi omicidi di massa semplicemente non possono essere provati".

In un altro momento, Sylvia Stolz ha letto al pubblico un imbarazzante estratto del verdetto del processo di Auschwitz, svoltosi a Francoforte. In esso, ha detto ironicamente l'avvocato, ci si potrebbe aspettare qualche specificazione sui dettagli dell'Olocausto. Queste sono le parole del tribunale:

"Il tribunale manca di quasi tutti i mezzi di prova di un normale processo per omicidio, necessari per avere un quadro reale dei fatti al momento del crimine. Non c'erano i corpi delle vittime, non c'erano i referti delle autopsie, non c'erano le perizie sulle cause e sull'ora del decesso, non c'erano prove sugli assassini, non c'erano prove sulle armi del delitto, ecc. La verifica delle testimonianze è stata possibile solo in rare occasioni..... Pertanto, per chiarire i crimini degli imputati, la corte si è affidata quasi esclusivamente alle deposizioni dei testimoni...".

Basandosi sulla propria esperienza, la Stolz ha denunciato che, al contrario, quando venivano presentate prove a favore di un negazionista dell'Olocausto e si chiedeva alla corte di stabilire che tali prove erano vere perché corroborate da perizie, la corte non ammetteva le prove e gli avvocati venivano accusati di negazionismo dell'Olocausto. Sylvia Stolz ha lamentato il fatto che l'opinione pubblica europea non sappia nulla del trattamento riservato agli imputati, delle minacce e delle punizioni che gli avvocati subiscono solo per aver svolto il loro lavoro e del modo in cui l'amministrazione della giustizia nei tribunali tedeschi è stata interrotta. Ha citato come esempio il suo caso personale, quando un tribunale bavarese ha deciso di revocargli la licenza:

"Ho presentato prove in relazione alla presunta 'ovvietà' dell'Olocausto. Anche in questo caso la prova non è stata ammessa e la ragione addotta è stata che la corte, alla luce dei libri e delle foto disponibili, non aveva dubbi sulla 'ovvietà' dell'Olocausto. Sia io che il mio avvocato abbiamo chiesto alla corte di indicare quali libri e quali foto dessero loro tale certezza sull'"ovvietà" dell'Olocausto. Queste richieste sono state respinte perché: "l'Olocausto e i crimini violenti dei nazionalsocialisti contro gli ebrei erano ovvi". Pertanto, non ci è stata data alcuna risposta su quali materiali abbiano costituito la base delle conclusioni del tribunale. Tutto ciò che abbiamo ottenuto sono stati riferimenti generici a 'giornali, radio e televisione, enciclopedie, dizionari e libri di storia'".

Dopo aver ricordato i momenti più deludenti della sua esperienza con il giudice Meinerzhagen durante il processo contro Ernst Zündel, Sylvia Stolz ha concluso la conferenza tornando alla frase di Herder con cui aveva iniziato il suo discorso. Queste sono state le sue ultime parole:

"Torno ora alla frase con cui ho iniziato questa conferenza. Credere nella verità, sentire la bellezza e volere il bene' implica la capacità di identificare ed etichettare la menzogna, la capacità di identificare il disumano, la capacità di identificare e qualificare l'ingiustizia. Comporta anche tratti caratteriali, il che è di particolare importanza alla nostra età. La consapevolezza della nostra immortalità, della nostra costanza e incorruttibilità. Con questo carattere dovremmo essere in grado di plasmare un mondo per i tanti bambini che erano qui oggi. Un mondo in cui ci sia permesso di dire la verità senza essere puniti".

Nel gennaio 2013, un avvocato ebreo di Berna, Daniel Kettiger, ha presentato una denuncia penale contro Sylvia Stolz presso la Procura dei Grigioni. Kettiger ha accusato Stolz di aver violato l'articolo 261 del Codice penale svizzero, relativo a una legge razziale svizzera. Anche Ivo Sasek, l'organizzatore dell'evento AZK, è stato denunciato da questo avvocato, guardiano intransigente della censura. Il fatto che durante la conferenza la Stolz avesse affermato che l'Olocausto non era mai stato provato in un tribunale perché le prove non erano mai state presentate è stato un motivo sufficiente per sporgere denuncia penale contro di lei. Il 25 febbraio 2015, un tribunale di Monaco di Baviera ha respinto le argomentazioni di Sylvia Stolz e del suo avvocato Wolfram Nahrath sul diritto di esercitare la libertà di parola in Svizzera e ha condannato l'avvocato a venti mesi di carcere per la conferenza tenuta a Coira nel novembre 2012. Al momento in cui scriviamo, la donna è ancora in carcere. Ci auguriamo, naturalmente, che questa donna ammirevole possa riacquistare per la seconda volta la libertà che le è stata ingiustamente tolta.

Günter Deckert, un simbolo persistente della libertà di espressione

Günter Deckert, leader dell'NPD (Partito Nazionaldemocratico di Germania), ha perso il suo lavoro di insegnante di scuola superiore nel 1988 a causa del suo attivismo politico. Nel novembre 1990 partecipò a un evento di presentazione di Fred Leuchter, durante il quale dichiarò che l'Olocausto era un mito perpetrato da un gruppo di sfruttatori che usava una menzogna storica per imbavagliare la Germania. Nel 1991, inoltre, ha condiviso un tavolo con lo storico David Irving durante una conferenza a Weinheim, in Germania. Ciò portò a una denuncia penale e nel 1992 fu condannato a un anno di prigione. Deckert fu costretto ad appellarsi al verdetto e nel marzo 1994 il tribunale di Mannheim, che all'epoca non era ancora il tribunale che abbiamo visto nella persecuzione di Ernst Zündel e Sylvia Stolz, ordinò un nuovo processo con la motivazione che il tribunale di grado inferiore non era riuscito a dimostrare tutti i fatti necessari.

Nell'estate del 1994 ricominciò il processo, in cui due dei tre giudici della corte, Wolfgang Müller e Rainer Orlet, ebbero parole di simpatia per Deckert. Müller lo descrisse come "un uomo intelligente e di carattere", che aveva agito sulla base di profonde convinzioni. Da parte sua, il giudice Rainer Orlet dichiarò che Deckert aveva "espresso interessi legittimi" nel mettere in discussione le infinite rivendicazioni politiche ed economiche degli ebrei sulla Germania cinquant'anni dopo la fine della Seconda guerra mondiale. In una relazione di sessantasei pagine, Orlet ha ricordato che mentre in Germania si perseguitava chi esprimeva opinioni su, "in altre nazioni i criminali di massa rimanevano impuniti". Il giudice ha aggiunto che Deckert "non era un antisemita" e che aveva fatto una buona impressione alla corte come "persona responsabile e di buon carattere". Ciononostante, la corte ha giudicato Deckert colpevole e ha confermato la sua condanna a un anno di carcere, ma non è stato costretto ad andare in prigione perché gli è stata data la possibilità di rimanere in libertà vigilata a patto che non commetta un nuovo reato.

Come al solito, gli ululati di protesta dei gruppi di pressione ebraici sono stati automatici. Al centro del mirino c'era il giudice Rainer Orlet, le cui opinioni erano considerate negazioniste dell'Olocausto. Il ministro della Giustizia Thomas Schäuble si è affrettato a riconoscere che la dichiarazione del giudice era "uno schiaffo alle vittime dell'Olocausto". D'altro canto, l'Associazione dei giudici tedeschi l'ha considerata "un errore". Iniziò quindi un processo parallelo che avrebbe portato al ritiro volontario del giudice Orlet, una decisione presa per evitare la rimozione forzata dall'incarico. Il 23 gennaio 1995, Ulrich Maurer, leader parlamentare del Baden-Württemberg della SPD (Partito Socialdemocratico di Germania), chiese la destituzione del giudice Orlet per aver scritto una sentenza scandalosa su Günter Deckert nel giugno 1994. Questa misura disciplinare era l'unico modo per rimuovere Orlet dalla 6a Grande Divisione Penale del Tribunale di Mannheim. Il Ministro Schaüble ha dovuto ascoltare le accuse della CDU (Unione Cristiano-Democratica) di doppiopesismo e doppiopesismo.

Il 9 marzo 1995, la *Berliner Zeitung* pubblicò una notizia secondo cui lo stesso giudice Rainer Olmert sarebbe potuto finire sul banco degli imputati. Il giornale commentò che il licenziamento di Rainer Orlet davanti alla Corte costituzionale tedesca sarebbe stato il primo caso di licenziamento di un giudice nella storia della Repubblica federale tedesca. Oltre al ritiro volontario del giudice, la campagna ha portato al nuovo processo di Günter Deckert in aprile. Nel dicembre 1995, Deckert è stato rinchiuso nel centro di detenzione di Bruchsal, nello Stato di Baden-Wurttenberg, con una condanna effettiva a due anni di carcere per "pericoloso incendio politico".

Dopo aver scontato questa pena di due anni, Günter Deckert fu nuovamente processato a causa di una lettera che scrisse dal carcere a Michel Friedman, vicepresidente del Consiglio centrale degli ebrei in Germania. Egli gli avrebbe chiesto di lasciare la Germania. Questa lettera portò a una nuova accusa di incitamento all'odio razziale. Un nuovo processo si tenne a Mannheim e il 12 aprile 1997 Deckert fu condannato ad altri due anni e tre mesi di carcere. Il suo avvocato, Ludwig Boch, fu multato di 9.000 marchi per aver basato la sua difesa sull'idea che l'Olocausto fosse una "leggenda" inventata dagli ebrei. David Irving si affrettò a scrivere un testo di protesta *al Daily Telegraph*, in cui si dichiarava amico di Deckert e denunciava il continuo assalto alla libertà di espressione in Germania.

Dopo aver trascorso due anni dietro le sbarre, invece di essere rilasciato, Deckert ha iniziato a scontare la sua nuova pena il 31 ottobre 1997. Il clamore internazionale fu appena visibile all'opinione pubblica, anche se le ambasciate tedesche di diversi Paesi ricevettero lettere che chiedevano la liberazione del prigioniero politico Günter Deckert. Il 10 dicembre 1998, ad esempio, Rainer Dobbelstein, un alto funzionario tedesco a Londra, giustificò in una lettera di risposta a un londinese indignato, Milton Ellis, che l'intercettazione della corrispondenza di Günter Deckert era giustificata dalla legge a causa delle sue opinioni estremiste.

Nell'ottobre 2000, il "pericoloso neonazista" fu rilasciato dal carcere di Bruchsal, dove aveva trascorso quasi cinque anni. Proprio quando sembrava che il combattente revisionista avesse superato il peggio, nel 2012, all'età di settantadue anni, è stato nuovamente condannato al carcere. Qual è stato il crimine di Günter Deckert questa volta? Nel 2007 aveva tradotto in tedesco *Auschwitz. Le prime gasazioni, voci e realtà*, un libro di Carlo Mattogno pubblicato nel 1992 in italiano e nel 2002 in inglese. Nel 2008, su ordine del procuratore Grossmann di Mannheim, la polizia del pensiero fece irruzione nella sua casa. Era la dodicesima "visita speciale", come ha raccontato a un amico in una lettera del marzo 2012. Le portarono via il computer e due copie del libro di Mattogno. Nell'estate del 2009, un tribunale di Weinheim, la città in cui Deckert viveva, accettò l'accusa. Le accuse erano di "promozione e incitamento del pubblico attraverso la negazione dell'Olocausto e la diffamazione della memoria dei morti". Il 28 luglio 2010 Deckert è stato processato senza avvocato. Un giudice unico lo ha condannato a quattro mesi, ma gli ha concesso la libertà vigilata per un periodo di tre anni e una multa di 600 euro. Inoltre, ha dovuto pagare le spese. Sia il pubblico ministero Grossmann, che aveva chiesto sei mesi, sia lo stesso Deckert hanno fatto appello alla sentenza. Il caso è stato nuovamente sottoposto al famoso tribunale distrettuale di Mannheim. Il nuovo processo, iniziato il 14 novembre 2011, si è concluso il 2 febbraio 2012 con una sentenza che condanna Deckert a sei mesi di reclusione. Nella lettera citata, Deckert spiega alla sua amica quanto segue:

> "Il processo è durato così a lungo perché ho cambiato la mia tattica per far capire alla corte perché ero a favore del revisionismo. Ho offerto tutti gli argomenti e le prove che potevano essere presentati in tribunale senza essere nuovamente accusato. All'inizio sembrava che il giudice Roos esitasse di fronte al problema di condannare una persona per aver pubblicizzato e diffuso un libro. Ma alla fine ha accolto il suggerimento del procuratore Grossmann, secondo il quale la possibilità di accedere al libro via Internet soddisfaceva i requisiti del paragrafo 130".

Il 2 febbraio 2012 è stato emesso il verdetto e il 6 febbraio è stata annunciata la condanna a sei mesi di carcere. Dopo averla ricevuta, Deckert ha coraggiosamente dichiarato: "Una condanna al carcere non mi costringerà a credere". Ha annunciato che avrebbe fatto appello al tribunale di Karslruhe, ma il ricorso è stato respinto. Infine, il 23 novembre 2012, la Procura di Mannheim gli ha comunicato che alle 15.00 del 17 dicembre sarebbe stato rinchiuso in carcere. Deckert ha protestato con veemenza, perché voleva trascorrere il Natale con la sua famiglia. Per una volta c'è stata comprensione e il suo ricovero è stato rinviato al 2 gennaio 2013. Ciò ha confermato un fatto vergognoso: senza che quasi nessuno protestasse e senza che i media lo denunciassero, una persona onesta e rispettabile in Germania poteva essere condannata per aver tradotto un libro di storia. Ecco le parole di Günter Deckert:

> "Amici, compagni e combattenti per la verità sulla storia della Seconda Guerra Mondiale, il momento è arrivato! Anche se il mio ricorso costituzionale non è ancora stato deciso, dovrò presto entrare in carcere per scontare la mia condanna a cinque mesi. Devo presentarmi in carcere il 2 gennaio 2013. Il mio rilascio avverrà il 2 giugno.... Ciò che non mi uccide mi rende più forte! Con questo pensiero in mente, i miei migliori saluti e la mia lealtà di compagno alle nostre famiglie e al nostro popolo. Auguro a tutti un buon 2013 pieno di successi e con la migliore salute possibile".

Quando Sylvia Stolz è stata rilasciata dal carcere di Aichach il 13 aprile 2011, Günter Deckert aveva organizzato per lei un pranzo celebrativo in una taverna bavarese. Nel febbraio 2013, Stolz, che sicuramente sapeva che un avvocato ebreo l'aveva denunciata per la sua conferenza in Svizzera, ha voluto mostrare solidarietà all'amica e ha pubblicato un lungo articolo, la cui traduzione inglese potrebbe essere *El terror de opinar (Il terrore di dare un'opinione)*. In esso, l'avvocato ha scomposto il testo della sentenza e ha dimostrato tecnicamente tutte le incongruenze dell'iter giudiziario seguito contro Deckert, la cui indifendibilità è stata messa a nudo dagli abusi procedurali comuni a tutti i processi per negazionismo dell'Olocausto.

Udo Walendy, imprigionato per aver pubblicato testi revisionisti

Nato a Berlino nel 1927, Udo Walendy, che sta per compiere 90 anni, ha fatto in tempo a servire nell'esercito del suo Paese prima della fine della guerra. Dopo la guerra, studiò giornalismo e scienze politiche a Berlino, dove fu coinvolto nella pubblicazione di libri revisionisti. Nel 1956 si laurea in scienze politiche e per un certo periodo lavora come docente presso la Croce Rossa tedesca. Già nel 1964 pubblicò il suo libro *Wahrheit für Deutschland - Die Schuldfrage des Zweitens Weltkriegs* (*La verità per la Germania - La questione della colpa della Seconda Guerra Mondiale*). Nel 1965 fondò la propria casa editrice, "Verlag für Volkstum und Zeitgeschichsforshung" (Casa editrice per la storia contemporanea e la ricerca sul folklore). Nel 1974, dieci anni dopo la pubblicazione di *Wahrheit für Deutschland*, Udo Walendy fondò la rivista *Historische Tatsachen* (Fatti *storici*), una rivista seria incentrata sull'indagine rigorosa di fatti sul nazionalsocialismo e sul Terzo Reich che la storiografia ufficiale preferisce ignorare. Nel numero 31 della rivista, ad esempio, ha indagato sui primi rapporti sovietici su Auschwitz stampati l'1 e il 2 febbraio sulla *Pravda*, in cui non si parla di fosse ardenti, camere a gas, pile di scarpe e occhiali, dentiere o pile di capelli.

I problemi legali di Udo Walendy sono iniziati nel 1979, quando il governo ha inserito il suo libro nella lista nera del materiale pericoloso o dannoso per i giovani. Walendy intraprende una lunga battaglia legale che durerà quindici anni. Alla fine, nel 1994, la Corte costituzionale federale ha stabilito che i diritti dell'autore erano stati violati, poiché il libro era difendibile dal punto di vista accademico. A riprova del valore di quest'opera, *The Barnes Review* l'ha ripubblicata nel 2013 e un anno dopo, il 1° settembre 2014, Castle Hill Publishers, l'editore di Germar Rudolf nel Regno Unito, ha pubblicato una ristampa aggiornata e corretta del libro, sempre tradotta dal tedesco. Sempre nel 1979 Walendy tenne la prima conferenza dell'Institute for Historical Review (IHR), fondato nel 1978. Dal 1980 fu membro del comitato consultivo editoriale del *Journal of Historical Review*, la prestigiosa pubblicazione dell'Istituto. Negli Stati Uniti ha conosciuto personalmente Arthur R. Butz, di cui ha tradotto in tedesco e poi curato l'opera fondamentale. Il libro fu presto bandito dalle autorità tedesche. Nel 1988, Udo Walendy testimoniò a Toronto al secondo processo di Ernst

Zündel. Le sue attività revisioniste includono anche la sua stretta collaborazione con la rivista online belga *VHO* (*Vrij Historisch Onderzoek*), dove si possono trovare molti dei libri che ha pubblicato in tedesco.

La persecuzione di questo pubblicista e storico revisionista ha fatto un salto di qualità quando il 7 febbraio 1996 una squadra di venti poliziotti ha fatto irruzione nella sua residenza e nella sua azienda. Senza rispettare la "legge sulla protezione dei dati", sequestrarono documenti, dischi e copie scaricate di file di computer e portarono Udo Walendy a prendere le impronte digitali. Poco dopo, due tribunali tedeschi hanno stabilito che gli articoli di *Historische Tatsachen*, la rivista da lui diretta e pubblicata, incitavano all'odio. Il 17 maggio 1996, il tribunale distrettuale di Bielefeld ha condannato Walendy a quindici mesi di reclusione effettiva, nonostante non avesse precedenti. Il tribunale rifiutò qualsiasi considerazione sul valore accademico delle opere in questione. Mezzo anno dopo, nel novembre 1996, un tribunale di Dortmund lo ha multato di 20.000 marchi per il possesso di dodici copie del *Mein Kampf*. Senza alcuna prova, il tribunale ritenne che Walendy si stesse preparando a distribuire queste copie del libro di Hitler, vietato in Germania: "La distribuzione pianificata dei libri", dichiarò il tribunale, "manifesta una mentalità estrema e quindi particolarmente pericolosa. I libri sono propaganda per lo smantellamento del sistema legale e costituzionale della Repubblica Federale di Germania e per l'istituzione di un sistema nazionalsocialista ingiusto.... Questo deve essere giudicato con la massima severità".

Un anno dopo, nel maggio 1997, un altro tribunale di Herford completò il lavoro e condannò Walendy ad altri quattordici mesi di reclusione. Il giudice Helmut Knöner ha stabilito che Walendy non aveva pubblicato consapevolmente delle bugie, ma non aveva offerto interpretazioni alternative. Il tribunale ha citato un passaggio di un numero di *Historische Tatsachen* in cui Walendy riportava con approvazione le ricerche di Fred Leuchter sulle "camere a gas" di Auschwitz. La sentenza afferma che la citazione del testo di Leuchter "manca di senso critico e ripete le presunte conclusioni dell'"esperto". L'imputato le ha avallate". Il tribunale ha anche criticato Walendy per aver riprodotto nel numero 66 della rivista un articolo pubblicato il 13 giugno 1946 dal giornale svizzero *Basler Nachrichten*, il cui titolo era "Quanto è alto il numero delle vittime ebree", screditando la cifra imposta di sei milioni. Il tribunale di Herfod non volle tener conto del fatto che non si trattava del punto di vista del redattore, ma di quello degli autori dei testi. Come è noto, molti giornali avvertono nella sezione delle opinioni che il direttore non è responsabile delle opinioni espresse negli articoli pubblicati. Walendy ha spiegato alla corte che, per assicurarsi che gli articoli da lui pubblicati su *Historische Tatsachen* non violassero la legge, sottoponeva abitualmente i testi alla supervisione di quattro avvocati. Il tribunale ha respinto le opinioni dei quattro avvocati in quanto irrilevanti.

Nel 1999, già nel mezzo di una campagna di molestie legali, la proprietà della sua casa editrice fu trasferita alla moglie. Come se l'incarcerazione non bastasse, nel 2001 ci fu un nuovo tentativo di censurare *Wahrheit für Deutschland*, il libro di Walendy che aveva ricevuto una sentenza favorevole dalla Corte costituzionale federale nel 1994. Avendo poche possibilità di ribaltare la sentenza della Corte Costituzionale, le autorità governative hanno infine abbandonato il piano.

Ursula Haverbeck. L'indecente condanna di una venerabile donna anziana

Ursula Haverbeck compirà 88 anni nell'anno in cui scriviamo. Nel 2015 è stata condannata a dieci mesi di carcere per aver negato l'Olocausto. Questa condanna aberrante e vergognosa espone la servitù e la miseria della Repubblica Federale Tedesca a chiunque voglia vederla. Qualsiasi persona onesta deve sicuramente condannare questo abuso da parte di uno Stato che ha perso da tempo il senso della decenza. Tuttavia, i media, invece di criticare la rivoltante condanna, hanno servito la notizia ai loro lettori come se fosse logica, visto che si trattava di "una nonna nazista". In realtà, come ha detto il magistrato che ha emesso la sentenza con un'oscena superiorità morale, "non ha senso discutere con chi non riesce ad accettare i fatti". Tuttavia, anche se il giudice non ha potuto percepirlo a causa dei suoi limiti e della sua miopia, Ursula Haverbeck è una grande signora ed è riconosciuta come tale tra i revisionisti. Nonostante la sua veneranda età, si esprime con un'intelligenza e una lucidità sorprendenti. Non c'è una sola incongruenza nei suoi testi, discorsi o interviste, che sono perfettamente coesi.

Ursula Haverbeck è nata a Berlino nel 1928. Quando la guerra mondiale finì, nel 1945, era un'adolescente di diciassette anni. Ha vissuto il terrore aereo, i barbari stupri perpetrati dalle armate comuniste, i campi di sterminio di Eisenhower, i pogrom e la pulizia etnica dei tedeschi in tutta Europa, la carestia causata dal Piano Morgenthau... Suo marito, Werner Georg Haverbeck, morto nel 1999, era un professore, intellettuale e storico che ha scritto numerose opere di ogni genere. Era stato coinvolto nella leadership del NSDAP e aveva combattuto come soldato sul fronte orientale. Anche Ursula Haverbeck era una donna di grande erudizione, che aveva studiato pedagogia, filosofia, storia e linguistica, conseguendo diversi titoli universitari. Nel 1963, i due fondarono il "Collegium Humanum", che fu un pioniere tra i movimenti ambientalisti. Negli ultimi decenni del XX secolo sono stati molto attivi nella difesa della lingua e della cultura tedesca e nella lotta per la salvaguardia della natura. Tra il 1983 e il 1989, Ursula Haverbeck è stata presidente della sezione tedesca dell'Unione Mondiale per la Salvaguardia della Vita.

Nel 2000, Ursula Haverbeck e altri ricercatori, che si erano già concentrati sulla sua attività di revisionista, hanno avuto accesso ai documenti originali del governo nazionalsocialista su Auschwitz, confiscati dall'URSS alla fine della guerra. Questi sono ora nelle mani dell'Istituto di Storia Contemporanea e possono essere consultati dal pubblico per 124 euro. Lei e altri storici hanno fornito alcuni di questi documenti rilevanti a vari ministeri tedeschi e alla magistratura. Pur avendo chiesto un'indagine ufficiale, non hanno mai ricevuto una risposta. Da questi documenti emerge chiaramente che Auschwitz non era un campo di sterminio ma un campo di lavoro per l'industria della difesa e che c'erano ordini di preservare il più possibile la salute dei prigionieri.

In questi anni conosce Horst Mahler e il 9 novembre 2003 partecipa alla fondazione della Società per la riabilitazione dei perseguitati per la confutazione dell'Olocausto ("Verein zur Rehabilitierung der wegen Bestreitens des Holocaust Verfolgten"), di cui è direttrice. Zündel, Faurisson, Rudolf, Töben, Stäglich, Honsik, Graf e altri importanti revisionisti hanno aderito a questa società, che è stata vietata dal Ministero degli Interni nel 2008. Le prime sanzioni per le sue attività revisioniste sono arrivate in seguito agli articoli pubblicati su *Stimme des Gewissens* (*La voce della coscienza*), una pubblicazione del Collegium Humanum: nel 2004 è stata multata per 5.400 euro e nel 2005 per altri 6.000 euro. In entrambe le occasioni la pubblicazione è stata confiscata dalle autorità.

Nel 2008 il Collegium Humanum è stato bandito: Charlotte Knobloch, presidente del Consiglio Centrale degli Ebrei in Germania, aveva chiesto pubblicamente la messa al bando del Collegium Humanum e della sua pubblicazione *Stimme des Gewissens*. La risposta di Haverbeck arrivò sotto forma di lettera aperta, in cui chiedeva con indignazione alla Knobloch di "non interferire" in questioni che non rientravano nelle sue competenze. Alludendo alle origini khazar degli ebrei ashkenaziti, invitò Knobloch a tornare in Asia se non gli piaceva la vita in Germania. Queste parole e altre simili hanno portato alla presentazione di una denuncia penale. Nel giugno 2009, il tribunale distrettuale di Bad Öynhausen ha inflitto ad Haverbeck un'ulteriore multa di 2.700 euro per aver insultato Charlotte Knobloch.

Ursula Haverbeck ha preso un'iniziativa che può spiegare la durezza con cui è stata successivamente trattata. Il 20 novembre 2014 ha presentato una denuncia penale, un evento senza precedenti nella Germania del dopoguerra, contro il Consiglio centrale degli ebrei in Germania, che ha accusato di perseguitare persone innocenti. La denuncia si basava sul paragrafo 344 del Codice penale e riguardava l'accusa di revisione dell'Olocausto nei confronti di tedeschi innocenti. Il reato di falsa accusa è punibile con una pena fino a dieci anni di carcere; tuttavia, già nel dicembre 2014, la denuncia è stata archiviata e l'indagine è stata lasciata cadere. Al contrario, la Procura ha esaminato la possibilità di perseguire Haverbeck per false accuse.

Il 23 aprile 2015 si è verificato l'evento sorprendente che ha portato alla condanna di Ursula Haverbeck a dieci mesi di carcere.

Incomprensibilmente, l'ARD, l'emittente pubblica tedesca fondata nel 1950, ha trasmesso durante la sua rubrica *Panorama* un'intervista storica registrata a marzo con la gran dama del revisionismo. La trasmissione è stata uno degli eventi più sconcertanti in Germania dalla Seconda Guerra Mondiale. Va notato che, dopo la BBC, l'ARD, un consorzio di emittenti pubbliche con 23.000 dipendenti, è la seconda stazione televisiva più grande del mondo. Milioni di telespettatori sono rimasti scioccati in patria dalle dichiarazioni senza precedenti di Ursula Haverbeck. Mai prima d'ora un'emittente pubblica tedesca aveva permesso a qualcuno di accennare alla verità sulla Seconda Guerra Mondiale. È chiaro che l'ARD ha corso il rischio di una causa multimilionaria per aver trasmesso un programma in cui ha commesso il crimine di denunciare l'Olocausto come una menzogna sponsorizzata dal regime di Bonn nelle mani della criminale occupazione finanziaria transnazionale ebraica. Non sappiamo quali conseguenze abbia avuto la trasmissione dell'intervista per i giornalisti *di Panorama* e per la direzione di ARD. In ogni caso, questo aspetto ci interessa meno, perché è il contenuto delle dichiarazioni che ci interessa. Angela Merkel aveva dichiarato nel gennaio 2013 che la Germania "porta la responsabilità eterna per i crimini del nazionalsocialismo, per le vittime della Seconda Guerra Mondiale e soprattutto per l'Olocausto". Sulla base di queste parole, nessuna persona moderatamente istruita può negare che i tedeschi siano stati sottoposti dalla fine della guerra alla morsa ferrea del sionismo. Questo è esattamente ciò che la grande signora ha denunciato.

L'intervista, di cui segue un estratto, è disponibile su You Tube con sottotitoli in inglese. Si comincia: "Lei ha affermato che l'Olocausto è la più grande e persistente menzogna della storia". Dopo aver citato le opere del professor Faurisson, Haverbeck ribadisce se stesso e sottolinea che si tratta di una menzogna universale che opera in tutto il mondo. Cita poi le prove dell'inesistenza delle camere a gas, che lo Zyklon-B era un disinfettante e insiste sul fatto che l'Olocausto è la più grande menzogna che sia mai stata imposta. L'intervistatore gli ricorda che questo è uno schiaffo in faccia, poiché tutti hanno appreso che l'Olocausto è avvenuto e ha provocato la morte di sei milioni di persone. "Può spiegare brevemente ancora una volta perché l'Olocausto è per lei la più grande menzogna della storia?". Haverbeck ribadisce che è la più persistente e quella che ha avuto e ha tuttora il maggiore impatto. Spiega che invece di risposte si ottengono sentenze e aggiunge: "Quando c'è bisogno di una legge che faccia rispettare l'Olocausto e minacci punizioni se qualcuno indaga liberamente c'è un problema, no? La verità non ha bisogno di leggi.

L'intervista prosegue con le terribili sofferenze della generazione di tedeschi a cui appartiene Ursula Haverbeck, che ricorda come quindici milioni di tedeschi, compresa lei, siano stati cacciati dalle loro case. Denuncia gli omicidi, gli stupri e altri atti criminali che nessuno in Europa ricorda. In questo contesto tematico, la grande signora smentisce categoricamente la cifra di 25.000 morti a Dresda offerta dalle autorità e fornisce una cifra accertata di 235.000 vittime. Conclude affermando che solo la verità può riconciliare tutti. Il paragrafo 130 del Codice penale adottato nel 1994, inconciliabile con l'articolo 5 della Costituzione sulla libertà di espressione e di indagine, è l'argomento successivo. Haverbeck passa in rassegna le assurdità note e cita lo studio chimico di Germar Rudolf, la sua condanna e quella di Mahler: "Questo deve indignare profondamente qualsiasi persona rispettabile", conclude con crescente eccitazione.

Nonostante l'evidente emozione dell'ottuagenario, l'intervistatore insiste: "Quindi lei sostiene pubblicamente che l'Olocausto non è mai esistito?" "Sì, certo, è così", risponde Haverbeck, che ricorda subito che gli ordini nei campi di concentramento erano severi, che i comandanti non potevano oltrepassare i limiti e che due di loro furono addirittura giustiziati. "Mi sembra di capire, quindi", interrompe il giornalista, "che i campi di concentramento esistevano, ma che non c'era un programma di sterminio di massa come lo intendiamo oggi". La Haverbeck spiega quindi l'importanza dell'attività industriale ad Auschwitz e fornisce prove, tra cui i rapporti Leuchter e Rudolf, che le permettono di concludere che non ci sono mai state camere a gas perché "Auschwitz non era un campo di sterminio, ma un campo di lavoro". L'anziana donna esibisce testi e documenti che dimostrano che non sta mentendo, il che suscita un'altra domanda: "Se ci sono così tanti documenti, perché non ne parla?". Risposta: "Può rispondere da sola. Perché non è auspicabile". "Per chi?" "Per coloro che hanno messo in piedi la menzogna". Segue una conversazione sulla pubblicazione e l'occultamento di materiali e testi vietati o censurati, che culmina nel lamento per il fatto che invertire l'insegnamento ricevuto dai tedeschi nelle scuole per mezzo secolo è un problema serio. Haverbeck spiega che non c'è stato alcuno sterminio degli ebrei, ma persecuzioni, deportazioni e reinsediamenti. I sionisti stessi volevano questo", aggiunge, "ed è per questo che hanno persino collaborato. I sionisti volevano avere uno Stato.... Avevano lo stesso obiettivo: volevano un loro Stato e soprattutto volevano gli ebrei tedeschi perché erano i più intelligenti". La frode del diario di Anna Frank, la falsità che la Germania sia stata la causa delle due guerre mondiali, le bufale di Eli Wiesel sui campi di concentramento, la consapevolezza che le pile di corpi a Bergen-Belsen erano morte di tifo, fame e malattie, sono altri argomenti della conversazione di 49 minuti. A questo punto, Haverbeck ricorda: "Alla fine della guerra stavamo tutti morendo di fame. Mia madre pesava solo 40 chili. Eravamo tutti scheletrici...". L'intervistatore insiste: "Pensa di poter convincere la maggioranza dei tedeschi che l'Olocausto, come lo conosciamo, non è avvenuto, che non è mai successo?" Haverbeck risponde che qualcuno deve farlo "perché altrimenti soffriranno inutilmente per l'eternità". E soffrono. E viene detto loro che devono farlo. Questo complesso di colpa è profondamente radicato. E poi ci sono le richieste: dateci più sottomarini, dateci più questo, fate quello, e così via. È tutta una funzione del nostro passato...".

L'intervista si svolge nella grande biblioteca di Ursula Haverbeck. Si parla di odio. La grande signora cita *il Talmud* come esempio della massima espressione dell'odio ebraico verso i gentili: "Basta leggere il *Talmud*. Ho lì", dice girando la testa, "tutti i dodici volumi nella traduzione più recente e autorevole, un'edizione del 2002...". Il dialogo si conclude con un avvertimento: "Le cose che lei dice e crede, in particolare che l'Olocausto non ha avuto luogo, come lei sostiene, potrebbero costarle la prigione". Risposta: "Beh, allora, se la gente pensa che sia la cosa migliore da fare, è solo un rischio che devo correre.... È il prezzo da pagare. Penso sempre a Schiller, al campo di Wallenstein: 'Alzatevi, miei compagni, ai cavalli, ai cavalli!.... E se non rischiate la vita, non riceverete mai la vita come premio'".

Come conseguenza dell'espressione delle idee appena riassunte, nel giugno 2015 la gran dama del revisionismo è stata arrestata. La procura ha ordinato alla polizia giudiziaria della Bassa Sassonia di entrare nell'abitazione di Ursula Haverbeck e di altri tre colleghi storici alla ricerca di prove dei suoi crimini di pensiero. L'operazione è avvenuta di notte. Un gruppo armato di polizia politica ha sfondato la porta e ha fatto irruzione. Si può dire che la casa sia stata rasa al suolo, poiché la maggior parte dei libri e degli altri oggetti sono finiti sul pavimento durante la ricerca di documenti o altre prove che potessero essere utilizzate per incriminare Ursula per incitamento all'odio e negazione dell'Olocausto. La stessa scena si è svolta anche nelle case degli altri tre revisionisti, i cui libri e documenti sono stati sequestrati dalla polizia. Ciò che lascia perplessi è che la direzione del programma ARD abbia permesso la trasmissione dell'intervista, soprattutto perché il giornalista avverte la storica revisionista che potrebbe finire in prigione per ciò che ha detto. L'arresto di Ursula Haverbeck era prevedibile fin dall'inizio.

L'11 novembre 2015, il tribunale distrettuale di Amburgo l'ha condannata a dieci mesi di carcere per aver messo in dubbio che gli ebrei siano stati gassati ad Auschwitz. L'imputata si è presentata al processo senza avvocato e si è difesa con buon umore. Una cinquantina di persone che l'accompagnavano hanno cercato di sedersi in aula, ma un gruppo di "attivisti" aveva precedentemente occupato i posti a sedere per tenere fuori gli amici di Ursula, molti dei quali sono dovuti rimanere fuori per mancanza di spazio. La donna era accusata di aver rilasciato un'intervista alla rivista televisiva *Panorama* in cui affermava che Auschwitz non era stato un campo di sterminio, ma un campo di lavoro, e che l'omicidio di massa degli ebrei non aveva avuto luogo. Haverbeck ha detto al giudice: "Confermo tutto quello che ho detto". Rivolgendosi al pubblico ministero, ha chiesto: "Come fa lei, come avvocato, a dimostrare l'accusa che Auschwitz era un campo di sterminio?" La sua richiesta di far testimoniare uno storico revisionista che fornisse le prove che nessuno era stato gasato ad Auschwitz è stata respinta dal giudice Jönsson, che ha detto che era inutile discutere con qualcuno che non accetta i fatti.

Questo magistrato, nel pieno della sua arroganza, ha ignorato allegramente il fatto che la non accettazione dei fatti va nella direzione opposta, dato che sono i tribunali tedeschi a rifiutare sistematicamente di esaminarli e a respingere le prove e gli indizi sul crimine sotto processo. Il giudice Jönsson ha equiparato la certezza dell'Olocausto alla prova che la terra è rotonda: "Non devo nemmeno dare la prova che il mondo è rotondo". Infine, dopo aver espresso ipocritamente la sua tristezza per il fatto che l'anziana donna avesse usato tutte le sue energie per "fomentare l'odio", il giudice ha stabilito che "era una causa persa". L'accusa statale ha sostenuto che l'imputata non aveva cambiato il suo "pensiero fanatico e delirante", per cui, nonostante l'età avanzata, doveva essere condannata a dieci mesi di reclusione effettiva. Il giudice è stato d'accordo.

Reinhold Elstner, il revisionista che si bruciò vivo

Nella Repubblica Federale Tedesca circa duemila persone vengono arrestate ogni anno per reati di opinione e nessuno se ne preoccupa perché si tratta solo di "neonazisti". Potremmo continuare con altri onesti revisionisti che, per il solo fatto di pensare liberamente, sono finiti dietro le sbarre, come Dirk Zimmermann, che nel 2007 ha inviato copie delle *Lezioni sull'Olocausto* a tre personalità locali: il sindaco di Heilbronn, un ecclesiastico luterano e un ecclesiastico cattolico. Dopo aver inviato i libri, ha intentato una causa contro se stesso e nel 2009 è stato condannato a nove mesi di carcere; oppure Gerhard Ittner, condannato nel 2015 da un tribunale di Monaco a diciotto mesi di carcere. Presentare altri esempi ci porterebbe inutilmente troppo lontano. Pertanto, concluderemo con un caso estremo e generalmente sconosciuto, quello di Reinhold Elstner, al quale abbiamo riservato l'ultimo posto come culmine della persecuzione dei revisionisti in Germania. Il 25 aprile 1995, questo settantacinquenne chimico, ingegnere e veterano della Wehrmacht in pensione si recò sulle scale della "Feldherrnhalle" (Sala degli Eroi) di Monaco, si cosparse di liquido infiammabile e si diede fuoco. Le persone che lo videro cercarono di soccorrerlo per salvargli la vita, ma dodici ore dopo Elstner era morto. Le ragioni di un'azione così sfortunata sono spiegate in un testo scritto prima del suicidio, in cui spiega il suo sacrificio. Lo riproduciamo in memoriam.

> "Tedeschi in Germania, in Austria, in Svizzera e nel mondo, per favore svegliatevi!
> Cinquant'anni di diffamazione senza fine, di continue e odiose bugie, di demonizzazione di un intero popolo sono sufficienti.

Cinquant'anni di incredibili insulti ai soldati tedeschi, di ricatti permanenti che costano miliardi e di odio "democratico" sono più di quanto si possa sopportare.
50 anni di vendetta giudiziaria sionista sono sufficienti.
Cinquant'anni di tentativi di creare una frattura tra generazioni di tedeschi criminalizzando genitori e nonni sono troppi.
È incredibile che in questo anno di anniversario siamo inondati da una marea di bugie e calunnie. Dato che ho già 75 anni, non posso fare molto di più; ma posso ancora togliermi la vita immolandomi, un'ultima azione che può servire come segnale ai tedeschi perché rinsaviscano. Se con il mio gesto un solo tedesco si svegliasse e trovasse la strada della verità, allora il mio sacrificio non sarebbe stato vano.
Ho sentito di non avere scelta dopo aver capito che ora, dopo 50 anni, ci sono poche speranze che la ragione prevalga. Come persona espulsa dalla propria casa dopo la guerra, ho sempre avuto una speranza, la stessa che è stata concessa agli israeliani dopo 2000 anni, ossia che i tedeschi espulsi avessero il diritto di tornare a casa. Che fine ha fatto il diritto all'autodeterminazione sancito nel 1919, quando milioni di tedeschi furono costretti a vivere sotto un dominio straniero? Ancora oggi abbiamo dovuto soffrire per questi errori e posso dire che i tedeschi non possono essere ritenuti responsabili.
Sono una tedesca svedese, ho una nonna ceca e parenti cechi ed ebrei, alcuni dei quali sono stati imprigionati in campi di concentramento come Buchenwald, Dora e Theresienstadt. Non ho mai fatto parte né del partito nazista né di altri gruppi minimamente legati al nazionalsocialismo. Abbiamo sempre avuto i migliori rapporti con i nostri parenti non tedeschi e, quando necessario, ci siamo aiutati a vicenda. Durante la guerra, il nostro negozio di alimentari con panetteria era responsabile della distribuzione di cibo ai prigionieri di guerra francesi e ai lavoratori dell'Est che vivevano in città. Tutto è stato fatto correttamente e questo ha fatto sì che alla fine della guerra la nostra attività non sia stata saccheggiata perché i prigionieri di guerra francesi l'hanno custodita fino al loro rimpatrio. I nostri parenti che erano stati detenuti nei campi di concentramento tornarono a casa già il 10 maggio 1945 (due giorni dopo la fine delle ostilità) e offrirono il loro sostegno. Particolarmente utile fu un nostro zio ebreo di Praga, che aveva assistito al bagno di sangue dei tedeschi rimasti nella capitale ceca, causato dai partigiani. L'orrore di questi omicidi a sangue freddo era ancora visibile nell'espressione dei suoi occhi. Ovviamente, un orrore che lui stesso, come ex prigioniero del Reich, non aveva provato durante la sua prigionia.
Sono stato un soldato della Wehrmacht del grande Reich tedesco, combattendo fin dal primo giorno sul fronte orientale. A questo devo aggiungere alcuni anni di lavoro schiavo in URSS come prigioniero di guerra.
Ricordo bene la Notte dei Cristalli (Kristallnacht) del 1938, perché quel giorno trovai una ragazza ebrea che piangeva, una ragazza con cui avevo

studiato. Ma fui molto più scioccata quando vidi in Russia come tutte le chiese erano state profanate, come erano state usate come stalle e negozi di armi; vidi maiali grugnire, pecore belare e lo sferragliare delle armi nei luoghi sacri. Il peggio per me è stato quando ho visto le chiese trasformate in musei dell'ateismo. E tutto questo avveniva con la connivenza attiva degli ebrei, quella piccola minoranza di cui tanti membri erano gli sgherri criminali di Stalin. I più importanti erano quelli del clan Kaganovich, sette fratelli e sorelle, che erano tali criminali di massa che i presunti assassini delle SS possono essere considerati innocui al confronto.

Dopo il ritorno dai campi di prigionia russi alla mia "patria" (che beffa parlare di "patria" per un prigioniero che è stato espulso dalla terra dei suoi antenati!) sentii parlare per la prima volta delle brutalità dei campi di concentramento, ma all'inizio non sentii parlare di camere a gas o dell'uccisione di esseri umani con l'uso di gas velenosi. Al contrario, mi fu detto che in campi di concentramento come Theresienstadt e Buchenwald (Dora) c'erano persino bordelli per i detenuti all'interno del campo. Poi, in occasione dei "processi di Auschwitz", il signor Broszat dell'Istituto di Storia Contemporanea ha dichiarato che la famosa cifra di sei milioni è solo un numero simbolico. Nonostante Broszat abbia anche dichiarato che non esistevano camere a gas per l'uccisione di esseri umani nei campi allestiti sul territorio tedesco, per anni le presunte camere sono state mostrate ai visitatori a Buchenwald, Dachau, Mauthausen e altri. Bugie, solo bugie ancora oggi.

Tutto questo mi è diventato molto chiaro quando ho letto decine di libri scritti da ebrei e da cosiddetti antifascisti. Inoltre, ho potuto attingere alla mia esperienza personale in Russia. Ho vissuto per due anni nella città ospedaliera di Porchov, dove già nel primo inverno si presentò il pericolo di un'epidemia di tifo e tutti gli ospedali e i centri di assistenza primaria furono disinfestati con quello che allora si chiamava "gas K.Z.", in particolare "Zyklon-B". Gas", in particolare "Zyklon-B". Lì ho imparato quanto fosse pericoloso maneggiare questo gas velenoso, anche se non facevo parte delle squadre che fumigavano gli edifici. In ogni caso, da allora non ho avuto altra scelta che studiare tutte le opere sui campi di concentramento che raccontano storie favolose sulle camere a gas. Questo deve essere il vero motivo per cui tutti i resoconti delle vittime sui campi di concentramento sono considerati come verità dai tribunali e non hanno bisogno di essere provati.

Nel 1988 la televisione tedesca trasmise un servizio su Babi Yar (un burrone vicino a Kiev) in cui si raccontava che le SS avevano lapidato 36.000 ebrei. Tre anni dopo, una signora di nome Kayser scrisse un servizio per il giornale *TZ* di Monaco in cui affermava che questi ebrei erano stati fucilati e i loro corpi bruciati in profonde gole. Interrogata in merito, la signora Kayser indicò una libreria di Costanza che vendeva il libro *La Shoah a Babi Yar*. Il giorno in cui il libro è arrivato a casa mia, la televisione tedesca ha mostrato un servizio da Kiev sui risultati di una commissione ucraina: a Babi Yar c'erano i corpi di 180.000 esseri umani, tutti uccisi per ordine di Stalin (prima del 1941). I tedeschi non erano affatto responsabili. Tuttavia, i memoriali di Babi Yar che incolpano i tedeschi per le uccisioni si trovano in tutto il mondo (Clinton ha visitato Babi Yar il 10 maggio 1995 e davanti a una Menorah ha alluso ai tedeschi come massacratori).

Perché, come ha detto il signor Broszat, siamo stati ingannati su ciò che è accaduto in decine di campi di concentramento. Non sono disposto a credere alle storie che vengono raccontate su ciò che sarebbe accaduto nei campi in Polonia. Né credo alle accuse del dopoguerra che dipingono i tedeschi come particolarmente aggressivi. Dopo tutto, è stata la Germania a mantenere la pace dal 1871 al 1914, mentre Inghilterra e Francia, le principali democrazie, conquistavano la maggior parte dell'Africa ed espandevano le loro colonie in Asia. Allo stesso tempo, gli Stati Uniti combatterono la Spagna in Messico e la Russia mosse guerra alla Turchia e al Giappone. In queste questioni considero il governo statunitense particolarmente cinico, poiché è stato il Paese che per due volte in questo secolo ha attraversato l'oceano per attaccare la Germania e portarci alla "democrazia". Bisogna considerare che si tratta di un governo la cui nazione ha sterminato gli abitanti originari e che ancora oggi tratta la sua popolazione di colore come cittadini di seconda classe.

Durante i miei anni ho trovato ebrei gentili e disponibili non solo tra i miei parenti, ma anche tra i prigionieri di guerra in Russia. A Gorky un insegnante ebreo mi aiutò a rimettermi in salute quando soffrivo di pleurite e di gravi problemi agli occhi. Ma ho anche sentito molte cose negative su questa piccola minoranza. Churchill non ha forse scritto sul *londinese Sunday Herald* (8 febbraio 1920) quanto segue?

Dai tempi di Spartakus Weishaupt a Marx, Trotsky, Bela Kun, Rosa Luxemburg ed Emma Goldmann, esiste una cospirazione mondiale impegnata a distruggere la nostra civiltà e a cambiare la nostra società con eventi di spaventosa avidità e con l'attuazione del sogno impossibile dell'uguaglianza di tutti. Questa cospirazione, con la sua implacabile messa in discussione di tutte le istituzioni esistenti, è stata in grado di impiegare una banda di persone senza scrupoli provenienti dalla malavita delle grandi città d'Europa e d'America per prendere il potere in Russia e rendersi padroni di questo vasto impero. Non è necessario sopravvalutare il ruolo che questi ebrei atei hanno svolto nell'instaurazione del bolscevismo".

Credo di avere il diritto di citare il destinatario del prestigioso Premio Karls. Nel XVIII secolo, Samuel Johnson scrisse: "Non so cosa dovremmo temere di più, una strada piena di soldati pronti a saccheggiare o una stanza piena di scrittori abituati a mentire".

Considerando la nostra esperienza dopo il 1918 e dopo il 1945, noi tedeschi sappiamo chi dobbiamo temere di più!

Monaco, 25 aprile 1995
Reinhold Elstner".

2. Principali vittime di persecuzione in Francia persecuzione in Francia:

François Duprat, assassinato da terroristi ebrei

La legge che vieta il revisionismo sull'Olocausto in Francia è la Legge Gayssot, nota anche come Legge Fabius-Gayssot, approvata il 13 luglio 1990. Due ebrei, il deputato comunista Jean Claude Gayssot e il ricco socialista Laurent Fabius, sono stati i padri dell'invenzione che da allora permette di perseguire chi mette in dubbio l'esistenza di alcuni crimini contro l'umanità, ovvero quelli definiti nella Carta di Londra, utilizzata come base per condannare i leader nazisti nei famigerati processi di Norimberga. Come al solito, la lobby ebraica, usando come copertura la presunta difesa dei diritti umani, è riuscita a far sì che in Francia, come in Germania, gli investigatori siano perseguitati per crimini di pensiero e privati della libertà di espressione. Prima dell'esistenza di questa legge, i revisionisti erano già stati sottoposti a misure coercitive. È stato detto che Paul Rassinier, uno dei padri del revisionismo storico, ha dovuto subire, dalla pubblicazione de *La menzogna di Ulisse* fino alla sua morte nel 1967, ogni tipo di calunnia e di esclusione, oltre a diversi procedimenti giudiziari.

Un altro precursore del revisionismo storico in Francia fu François Duprat, che nel giugno 1967 pubblicò un articolo su *Défense de l'Occident* intitolato "Il mistero delle camere a gas". In seguito, Duprat lesse *Did Six Million Really Die?*, il libro di Richard Harwood la cui pubblicazione avrebbe causato tanti problemi a Ernst Zündel, e fu coinvolto nella sua pubblicazione e distribuzione in Francia. François Duprat, nato ad Ajaccio nel 1941, è considerato uno degli ideologi del nazionalismo francese e della creazione del Fronte Nazionale. Uno dei suoi mentori fu Maurice Bardèche, propagatore del revisionismo dell'Olocausto insieme a Paul Rassinier. Influenzato da Bardèche, Duprat propose la dissoluzione dello Stato sionista e sostenne il Fronte Popolare per la Liberazione della Palestina. Duprat promosse la traduzione e la pubblicazione di testi chiave del revisionismo dell'Olocausto. Grazie a lui, furono diffusi in Francia *Die Auschwitz Lüge* (*La menzogna di Auschwitz*) di Thies Christophersen e *L'imbroglio del XX secolo di* Arthur Robert Butz.

Alle 08:40 del 18 marzo 1978, una bomba uccise François Duprat, che all'età di 37 anni divenne la prima persona ad essere assassinata per il suo sostegno al revisionismo dell'Olocausto. La moglie Jeanine, che era con lui, rimase gravemente ferita e, pur riuscendo a salvarsi la vita, perse le gambe e rimase paralizzata. Duprat stava accompagnando la moglie a scuola a Caudebe-en-Caux, dove insegnava. L'auto si è fermata a una stazione di servizio per comprare dei giornali e i criminali hanno colto l'occasione per piazzare una bomba nel sottoscocca dell'auto. Quando hanno ripreso la marcia, l'auto è saltata in aria. Le indagini hanno dimostrato che l'ordigno utilizzato era sofisticato e poteva essere opera solo di esperti. Due gruppi rivendicarono la responsabilità dell'attentato per respingere il "negazionismo della Shoah": il sedicente Comando della Memoria e il Gruppo Rivoluzionario Ebraico; tuttavia, le organizzazioni sioniste francesi condannarono pubblicamente l'omicidio e si diffuse una campagna di intossicazione per attribuire il crimine a gruppi di ultra-sinistra e/o nazionalisti rivali. I funerali di Duprat nella chiesa di Saint-Nicolas-du-Chardonnet a Parigi furono un evento di massa.

Nessuno fu arrestato e il crimine rimase impunito. Oggi ci sono pochi dubbi sul fatto che l'omicidio di Duprat sia opera del Mossad. Grazie alla pubblicazione nel 1990 di *By Way of Deception*, libro dell'ex agente Victor Ostrovsky, l'opinione pubblica internazionale ha avuto accesso a dettagli rivelatori su come i servizi segreti israeliani addestrano e armano i cosiddetti "gruppi di difesa ebraica" in diversi Paesi. Ostrovsky spiega nel suo controverso libro che i giovani di altri Paesi vengono portati in Israele per vari addestramenti legati all'intelligence. In Europa, il "Tagar", una propaggine del movimento sionista Betar, è il gruppo terroristico più importante. Tagar/Betar, che ha sede a Parigi, ha stretti legami con il governo israeliano ed è quindi utilizzato nelle operazioni segrete del Mossad. È più che probabile che questo Tagar sia collegato all'assassinio di Duprat, poiché è stato accreditato di numerosi attacchi criminali contro persone considerate "nemiche", compresi i revisionisti dell'Olocausto.

Roger Garaudy, il filosofo messo alla gogna per aver denunciato Israele

Mentre iniziamo a scrivere queste righe sul filosofo Roger Garaudy, siamo assillati da alcuni dubbi. La sua vita, esempio paradigmatico di eclettismo, è stata così ricca e variegata che si è tentati di spiegarne qualcosa a chi non conosce questo studioso, che ha scritto incessantemente durante la sua lunga vita di quasi cento anni. I nostri limiti, naturalmente, sono imposti dai contenuti che abbiamo trattato. Ciò che fondamentalmente ci interessa nella sua vasta opera di oltre cinquanta saggi è ciò che riguarda il revisionismo storico. Per questo motivo, ci concentreremo soprattutto sul libro che avrebbe provocato il cosiddetto "Affaire Garaudy", *Les Mythes fondateurs de la politique israélienne*. Questo saggio, pubblicato nel dicembre 1995, nacque probabilmente come necessità morale, come compromesso, dal momento che Garaudy era sposato con la palestinese Salma Farouqui e si era convertito all'Islam nel 1982. Per motivi di spazio, scriveremo comunque qualche paragrafo sulla sua traiettoria di vita,. Questo aiuterà a capire come Garaudy sia arrivato a denunciare la perversione dello Stato sionista.

Nella primavera del 2013 abbiamo visitato il Museo delle Tre Culture nella Torre di Calahorra, una fortezza musulmana il cui uso è stato ceduto dal Comune alla Fondazione Roger Garaudy nel 1987. Dieci anni dopo, nel settembre 1997, la Torre di Calahorra, situata di fronte alla moschea, dall'altra parte del ponte romano sul Guadalquivir, è stata iscritta nel registro dei musei della Comunità autonoma. Lì abbiamo avuto l'opportunità di acquisire diverse opere di Garaudy tradotte in spagnolo, tra cui il libro di memorie che iniziò a scrivere all'età di 75 anni, *Mi vuelta al siglo en solitario*. Utilizzeremo quindi la sua stessa voce per delineare alcuni momenti della trasformazione intellettuale, etica e religiosa di questo pensatore sintetico e conciliante. Le sue metamorfosi lo portarono a passare dal comunismo militante all'Islam, passando per il cattolicesimo, e quindi da un presunto ateismo marxista a una profonda fede in Dio.

Garaudy è nato a Marsiglia nel 1913. La nonna materna era spagnola, una minorchina esiliata ad Algeri nel 1848. Nella prefazione alle memorie afferma: "La grande ricerca della mia vita è stata proprio quella di trovarvi un senso. E anche alla storia". A vent'anni cercò questo senso nel marxismo e nel 1933 si iscrisse al Partito Comunista Francese. Dopo essere stato prigioniero della Francia di Vichy in Algeria, ha vissuto la liberazione di Parigi nel 1945. Sulla situazione francese scrisse parole illuminanti: "In un Paese in cui la stragrande maggioranza ha accettato sia l'occupazione che il regime di Vichy, si crea ora l'illusione di una resistenza unanime ed eroica. Nel 1945 in Francia c'erano più resistenti che abitanti". Poiché il Partito Comunista era stato predominante nella resistenza interna, il suo prestigio si trasformò in potere. Garaudy fu eletto nel 1945 come deputato alla prima Assemblea Costituente. Iniziò quindi la sua carriera come deputato del PCF, seguita da "quattordici anni persi in Parlamento", secondo le sue stesse parole. Alla fine dell'ottobre 1956, dopo la nazionalizzazione del Canale di Suez da parte di Nasser, Garaudy fu testimone, in qualità di vicepresidente dell'Assemblea, dell'atmosfera prebellica e dei preparativi per l'intervento anglo-francese in Egitto.

È in questi anni che iniziano i suoi dubbi e formula la significativa dicotomia tra "comunisti responsabili e comunisti responsabili", che lo porterà all'espulsione dal partito nel 1970. Sempre più favorevole all'instaurazione di un dialogo tra cristiani e marxisti, rivendica come punto di incontro la figura di padre Teilhard de Chardin, paleontologo e filosofo. Durante gli anni Sessanta, le sue posizioni contro l'ateismo e i suoi continui incontri con teologi e filosofi cristiani provocarono spesso reazioni negative da parte di molti compagni. Nessun creatore", scriveva, "può negare Dio. È consapevole della sua presenza. Anche se non lo dice...". Si può dire che Garaudy sia stato il grande animatore in Europa e in America dei dialoghi cristiano-marxisti. Nel 1969, in risposta alla domanda "Chi è Cristo per te?", scrisse bellissime parole su Gesù e sui cristiani:

"... Un falò è stato acceso: è la prova della scintilla o della prima fiamma che lo ha fatto nascere. Questo falò è stato soprattutto una rivolta degli indigenti, senza la quale, da Nerone a Diocleziano, l'"establishment" non li avrebbe perseguitati così duramente. Per questi uomini (i cristiani), l'amore diventa qualcosa di militante, di sovversivo; se non fosse per questo, Lui (Cristo), il primo, non sarebbe stato crocifisso.
Fino a questo momento tutte le saggezze meditavano sul destino e sulla stoltezza confusa con la ragione. Lui, l'opposto del destino, ne ha evidenziato la follia. Lui, la libertà, la creazione, la vita. È lui che ha sfigurato la storia".

Un anno prima di scrivere queste parole, nella sua vita era già avvenuta quella che considerava "la svolta dei sogni": dopo il fiasco del maggio 1968, il 20 agosto le truppe del Patto di Varsavia guidate dall'URSS invasero la Cecoslovacchia e abortirono la cosiddetta "Primavera di Praga". Garaudy condannò senza riserve l'intervento, ma il partito denunciò la sua "indisciplina". Il 6 febbraio 1970 fu espulso dal PCF.

La nuova fase di Roger Garaudy è segnata dai suoi viaggi in tutto il mondo. Nel suo desiderio di approfondire l'esistenza di Dio, aveva bisogno di vedere come Dio è concepito nella vita quotidiana e nelle manifestazioni artistiche di altre culture e civiltà. A tal fine, ha viaggiato in India, Cina e Giappone. Nel 1979 pubblica *Appel aux vivants*, uno dei suoi libri più apprezzati, tradotto dal francese in sette lingue, tra cui arabo, spagnolo e catalano. I diritti d'autore gli fruttarono ingenti guadagni e con essi l'opportunità di creare l'associazione "Appel aux vivants", che mirava a sollevare un movimento di "resistenza" non violenta contro "l'occupazione delle istituzioni e degli spiriti da parte dell'ideologia della crescita e dell'anestesia delle anime".

Il 17 giugno 1982, su *Le Monde*, apparve un testo di Garaudy che avrebbe segnato una svolta nella sua vita. Come egli stesso denuncia in *"La mia solitudine di fine secolo"*, l'articolo fu usato "per gettarmi nelle segrete dell'oblio". Jacques Fauvet, il direttore del giornale con cui Garaudy aveva buoni rapporti, accettò di pubblicare una pagina a pagamento in cui lui, padre Michel Lelong e il pastore Mathiot criticavano duramente i massacri di Israele in Libano e ne spiegavano il senso: "Abbiamo dimostrato che non si trattava di una svista, ma della logica interna del sionismo politico su cui si fonda lo Stato di Israele". Garaudy spiega nelle sue memorie le conseguenze del testo e denuncia: "Attraverso lettere anonime e per telefono ho ricevuto fino a nove minacce di morte". La LICRA (Ligue Internationale Contre le Racisme et l'Antisémitisme) ha intentato una causa con l'obiettivo di provocare un processo per "antisemitismo e provocazione alla discriminazione razziale". L'avvocato di Jacques Fauvet ha insistito sul fatto che lo Stato di Israele non può essere confuso con la comunità ebraica; ma l'avvocato della LICRA ha cercato di dimostrare che Garaudy era un antisemita.

Fortunatamente, si trattava solo di un prologo a quello che anni dopo sarebbe diventato l'"Affaire Garaudy". Il 24 marzo 1983, la Corte d'Appello di Parigi stabilì che si trattava di una "critica legittima alla politica di uno Stato e all'ideologia che la ispira e non di una provocazione razziale". Di conseguenza, la causa della potente lobby ebraica francese fu respinta e la LICRA dovette pagare le spese processuali. Invece di abbandonare la questione, si ricorse in appello; ma ancora una volta la sentenza della Camera Alta del Tribunale di Parigi diede ragione a Garaudy e ai due ecclesiastici che avevano cofirmato l'articolo. L'11 gennaio 1984 fu emesso un verdetto che confermava la sentenza del tribunale precedente e condannava ancora una volta la LICRA a pagare le spese, che fece nuovamente ricorso in cassazione. Ci sono voluti quasi quattro anni. Infine, il 4 novembre 1987, i sionisti persero la battaglia legale. La Corte ha respinto la cassazione e ha condannato i ricorrenti a pagare le spese. La sconfitta della lobby ebraica fu sistematicamente ignorata. Persino *Le Monde*, il cui ex direttore Fauvet era coinvolto nella vicenda, si limitò a una recensione trascurabile. Accanto alle vessazioni giudiziarie, per il filosofo se ne scatenò una ben più pietosa:

> "Ma da quel momento i media cominciarono a soffocarmi: il mio accesso alla televisione fu bloccato e tutti i miei articoli furono rifiutati. Fino a quel momento avevo pubblicato quaranta libri in tutte le principali case editrici, da Gallimard a Seuil, da Plon a Grasset e Laffont. Erano stati tradotti in ventisette lingue. Da quel momento in poi, tutte le porte furono chiuse: uno dei miei migliori editori si sentì dire dal consiglio di amministrazione: "Se pubblicherete un libro di Garaudy, non avrete il diritto di tradurre alcuna opera americana". Accettare me avrebbe significato rovinare la casa. A proposito di un'altra opera, un altro "grande" (editore) disse al suo direttore letterario, che, appassionato del libro, aveva lavorato per tre mesi per aiutarmi a dare gli ultimi ritocchi: "Non voglio Garaudy in questa casa". Questa è la storia del muro di un uomo".

Garaudy si riferisce al periodo 1982-1988 come ai "miei sei anni di vagabondaggio nel deserto". Il tentativo di seppellirlo letterariamente riflette perfettamente i piani delineati in precedenza da Adam Weishaupt e anche nei *Protocolli dei Savi Anziani di Sion*. Il primo, già alla fine del XVIII secolo, scriveva che dovevano rovinare gli scrittori a loro ostili: "Quando avremo gradualmente nelle nostre mani l'intero commercio librario, faremo in modo che (gli scrittori ostili) non abbiano né editori né lettori". Nel Dodicesimo Protocollo, che tratta del controllo dell'opinione pubblica attraverso le agenzie di stampa, la stampa e le pubblicazioni in generale, si legge: "Sconfiggeremo sicuramente i nostri avversari perché, in conseguenza delle nostre misure, non avranno a disposizione alcun giornale in cui dare sfogo alla loro opinione".

Nel 1982 Roger Garaudy sposò la palestinese Salma Farouqui e quindici giorni dopo la pubblicazione su *Le Monde* della pagina a pagamento che scatenò la bufera, il 2 luglio, "pienamente cosciente e pienamente responsabile", fece la sua professione di fede musulmana a Ginevra davanti all'imam Buzuzu: "Dio solo è Dio e Maometto è il suo profeta". La notizia della sua conversione fu una buona notizia per le comunità musulmane in Occidente, che gli inviarono inviti uno dopo l'altro. In una conferenza a Belfort dal titolo "Gesù profeta dell'Islam", in cui, come ammette nelle sue memorie, "il cuore parla con più fervore di Gesù che di Maometto", cita i versetti del Corano che riconoscono la verginità di Maria e Gesù come profeta di Dio: "Il Messia, Gesù, figlio di Maria, è l'apostolo di Dio. È la sua Parola depositata da Dio in Maria. È lo spirito che emana da Lui". Garaudy osserva che mentre Dio disse a Maometto: "Pentiti dei tuoi peccati, passati e presenti", il Corano considera Gesù e sua madre, la Vergine Maria, gli unici esseri umani che non hanno mai commesso peccato.

Quasi inevitabilmente, vide nella Spagna l'esempio storico del dialogo tra civiltà che predicava e, di conseguenza, finì a Cordova, dove si trova la più grande moschea del mondo. Una città, sottolinea il filosofo, "che durante il periodo musulmano della storia spagnola era la più grande città d'Europa, quando Parigi e Londra non erano che piccole città. Si è affermata come centro di irradiazione culturale". Nel 1987, il Comune di Cordova gli concesse la torre di Calahorra per un periodo di quarantanove anni, affinché l'evocazione del periodo di massimo splendore di Cordova potesse essere esposta lì: "Fu l'inizio per me", scrive Garaudy, "della meravigliosa avventura di realizzare un sogno".

Purtroppo, i sogni a volte danno origine a terribili incubi, come quello che Garaudy ha vissuto nel 1996 in seguito alla pubblicazione in Francia di *Les mythes fondateurs de la politique israélienne* alla fine del 1995. Quest'opera, pubblicata in Spagna con il titolo *Los mitos fundacionales del Estado de Israel,* scatenò una tempesta senza precedenti in Francia, poiché nemmeno i libri di revisionisti come Paul Rassinier, Arthur R. Butz o Robert Faurisson avevano suscitato tanto rumore nei media e nell'"intellighenzia". Durante la prima metà del 1996, le polemiche non cessarono e la vicenda passò alla storia come "Affaire Garaudy". In precedenza, Garaudy aveva visto due suoi libri sulla questione palestinese censurati ufficiosamente con i soliti mezzi usati dai gruppi di pressione ebraici: intimidazioni e ricatti. Sempre più consapevole del ruolo dell'Olocausto come argomento per mettere a tacere le critiche a Israele, Garaudy raccolse l'offerta di Pierre Guillaume, che nel 1980 aveva rilanciato la libreria "La Vielle Taupe" come casa editrice specializzata in libri revisionisti.

Robert Faurisson, che è stato più volte aggredito e minacciato di morte e che conosce in prima persona la violenza di queste tempeste mediatiche, il 1° novembre 1996 ha scritto un lungo articolo intitolato "Bilan de l'affaire Garaudy-abbé Pierre (janvier-octobre 1996)" (Bilancio dell'affare Garaudy-

Padre Pierre (gennaio-ottobre 1996)). Il professor Faurisson spiega che Pierre Guillaume, per evitare "i raggi della legge Fabius-Gayssot", vendette il libro di Garaudy al di fuori del commercio come "un bollettino riservato agli amici della Vieille Taupe". Faurisson sostiene che, a parte le considerazioni religiose e politiche, le pagine che hanno scatenato l'ira delle organizzazioni ebraiche in Francia e in gran parte del mondo occidentale sono state quelle di ispirazione revisionista che costituiscono il cuore del libro. In esse, per il gusto di un revisionista meticoloso e preciso come Faurisson, Norimberga, la Soluzione Finale, le presunte camere a gas e, infine, l'Olocausto sono stati frettolosamente rivisti. In un estratto dell'articolo Faurisson ha dichiarato:

> "Ma così com'era, con tutte le sue inadeguatezze, il libro di Garaudy non poteva che preoccupare le organizzazioni ebraiche, che già avevano una tendenza esagerata a vedere i revisionisti spuntare da ogni dove e che ora scoprivano un uomo le cui idee politiche - era stato un apparatchik stalinista del tipo più ortodosso - non potevano in alcun modo essere descritte come fasciste. R. Garaudy era stato anche protestante, poi cattolico, prima di diventare musulmano negli anni Ottanta. Nelle sue varie opere, si era dimostrato un oppositore di ogni razzismo".

I primi media a denunciarlo sono stati *Le Canard enchaîné* e *Le Monde*. Seguirono poi le organizzazioni antirazziste, guidate dalla LICRA, che lo denunciarono. L'11 marzo 1996, Pierre Guillaume tentò di stampare un'edizione pubblica, come aveva annunciato nel bollettino della Vieille Taupe, ma il suo stampatore abituale si rifiutò, così Garaudy decise di pubblicare clandestinamente l'opera rimaneggiata per conto proprio. Il 15 aprile Henri Grouès, noto come Padre Pierre, scrive una lunga lettera di sostegno all'amico Garaudy. Il 18 aprile Garaudy, accompagnato dal suo avvocato Jacques Vergès, tiene una conferenza stampa in cui cita i nomi di alcune personalità che gli hanno manifestato la loro solidarietà, tra cui, oltre a padre Pierre, padre Michel Lelong e il saggista svizzero Jean Ziegler.

Di fronte alla virulenza degli attacchi, tutti, compreso Garaudy, hanno presto cercato di giustificarsi con argomentazioni che cercavano di qualificare le loro posizioni, un fatto di cui Faurisson si rammarica: "È deplorevole che Roger Garaudy e padre Pierre non abbiano mostrato più coraggio. Da quando è scoppiata la tempesta mediatica in Francia, hanno iniziato a battere in ritirata". Tuttavia, sia il professor Faurisson che Henri Roques, abituati ad alzarsi in piedi, hanno subito accettato pubblicamente la proposta del rabbino capo Joseph Sitruk, che il 27 aprile ha suggerito un dibattito sulla Shoah. Il giorno successivo, il rabbino ha ritirato la proposta.

Il 29 aprile, il quotidiano *Liberation* titola: "Padre Pierre si rifiuta di condannare le tesi negazioniste di Garaudy". È l'inizio di un'offensiva generale: la gerarchia cattolica dichiara di non voler essere trascinata nella polemica. La Conferenza episcopale deplora l'atteggiamento di padre Pierre, ribadisce che lo sterminio degli ebrei è un fatto indiscutibile e denuncia lo scandalo della messa in discussione della Shoah. Gli attacchi si fecero sempre più forti per tutto il mese di maggio. Il 9 maggio, ad esempio, Jean-Luc Allouche, uno dei giornalisti di punta *di Liberation*, ha associato Garaudy e padre Pierre a Robert Faurisson, cosa che entrambi avevano cercato di evitare, e ha accusato i tre di cercare solo di delegittimare lo Stato di Israele. Negli Stati Uniti, lo stesso giorno, il 9 maggio, un certo J. Sobran accusò padre Pierre di "aver negato la divinità di Cristo" su *The Wanderer*, un settimanale cattolico dell'Ohio.

Da parte sua, Roger Garaudy cercò e trovò sostegno. L'11 maggio *la Tribune Juive* annuncia che Garaudy intende pubblicare il libro negli Stati Uniti e che il rabbino Elmer Berger ha scritto per lui un testo che intende utilizzare come prefazione. Il 23 maggio *Liberation* riporta un editoriale di *Al-Ahram*, un giornale considerato la voce non ufficiale del regime egiziano. Il giornale si dichiarava orgoglioso di aver accolto sulle sue pagine l'autore di un libro perseguitato in Francia e denunciava la campagna mediatica contro di lui. L'editoriale rimproverava a *Liberation* essere al servizio della propaganda sionista e gli ricordava che, invece, aveva difeso il diritto di Salman Rushdie di attaccare l'Islam. Infine, il 29 maggio, la stampa annuncia il ritiro di padre Pierre, che ha deciso di ritirarsi in un monastero italiano, dove è stato visitato da Garaudy. Padre Pierre ha dichiarato al *Corriere della Sera* che la Chiesa di Francia è intervenuta "per metterlo a tacere su pressione della stampa, ispirata da una lobby sionista internazionale". Queste parole hanno suscitato uno scandalo mondiale.

A giugno Garaudy ha pubblicato un opuscolo intitolato *Derecho de respuesta. Risposta al linciaggio mediatico di padre Pierre e Roger Garaudy*. In esso cercava di chiarire e qualificare le sue opinioni sul revisionismo. Sulle camere a gas, ha insistito sul fatto che nessun tribunale ha cercato di esaminare l'arma del delitto e ha ricordato l'esistenza del *Rapporto Leuchter*. Riconoscendo la persecuzione degli ebrei, ha negato ai sionisti il diritto di monopolizzare i crimini di Hitler e ha ricordato che sedici milioni di slavi sono morti durante la Seconda guerra mondiale. Riferendosi agli attacchi della stampa, scrisse: "Che i giornalisti sappiano una cosa: la stragrande maggioranza dei deportati nei campi nazisti non erano ebrei, anche se tutti i media hanno accreditato la tesi che solo gli ebrei furono deportati e sterminati.

Quanto a padre Pierre, a giugno lascia l'Italia e si stabilisce in Svizzera, da dove il 18 giugno invia a un giornalista di *Le Monde* un fax di dodici pagine dal titolo "Viva la verità". Due giorni dopo, il 20 giugno, monsignor Daniel Lustiger, il cardinale arcivescovo ebreo di Parigi, dichiarò sul settimanale *Tribune Juive* di aver "vissuto la controversia come un immenso disastro". L'arcivescovo ha rimproverato pubblicamente padre Peter e ha esonerato la Chiesa da ogni responsabilità. Mesi dopo, il 26 settembre, in occasione di un dibattito alla Sorbona sull'Olocausto (la

Shoah), l'arcivescovo dichiarò che "il negazionismo è lo stesso tipo di menzogna dell'uomo che uccide il fratello per sfuggire alla verità". Il suo amico Elie Wiesel fece eco a questa affermazione e dichiarò: "I negazionisti potrebbero non avere un'anima".

Infine, l'offensiva continuò per tutta l'estate del 1996. Il 16 luglio, la modesta "Librairie du Savoir" nel Quartiere Latino, di proprietà di Georges Piscoci-Danesco, un rifugiato politico rumeno che vendeva opere revisioniste, tra cui quelle di Garaudy, fu attaccata; egli fu ferito da membri di Betar e la libreria fu rasa al suolo, con circa 2.000 volumi danneggiati. I danni ammontano a 250.000 franchi. Come al solito, i terroristi del Betar rimasero impuniti, poiché, godendo della protezione ruffiana del Ministero degli Interni, la polizia non si preoccupò nemmeno di cercare i criminali. In realtà, più di cinquanta atti criminali perpetrati da organizzazioni ebraiche sono rimasti impuniti in Francia. Sempre a luglio, padre Pierre ha finalmente ritrattato la sua dichiarazione in un testo pubblicato il 23 luglio su *La Croix*: "Ho deciso di ritirare le mie parole, affidandomi ancora una volta interamente alle opinioni degli esperti della Chiesa, e chiedo scusa a tutti coloro che posso aver ferito. Voglio lasciare Dio come unico giudice dell'integrità delle intenzioni di ciascuno".

La caccia alle streghe condotta dai media in generale ha generato molteplici vittime, soprattutto persone sospettate di aver commesso il sacrilegio di essere revisioniste o negazioniste. A proposito delle due vittime principali. Robert Faurisson ha scritto quanto segue:

> "Due ottuagenari, che pensavano di conoscere la vita e gli uomini, hanno improvvisamente scoperto, con infantile sorpresa, che in realtà la loro esistenza passata era stata, in breve, facile. I due, nel giro di pochi giorni, hanno dovuto affrontare una prova eccezionale: quella che le organizzazioni ebraiche sono solite infliggere agli individui che hanno la sfortuna di provocare la loro ira. Non si tratta di un complotto o di una cospirazione da parte di queste organizzazioni, ma di una sorta di reazione ancestrale. I media, che lavorano per loro con devozione, dal momento che che andare contro di loro potrebbe essere molto costoso, sanno come mobilitarsi contro gli "antisemiti", cioè contro le persone che, con poche eccezioni, non odiano gli ebrei, ma sono odiate dagli ebrei. L'odio del Vecchio Testamento è uno dei più formidabili che esistano: nervoso, febbrile, frenetico, illimitato, soffoca le sue vittime per la repentinità e la durata della sua violenza. È un odio inestinguibile perché chi lo subisce non può permettersi di rivelare il vero motivo e quindi di mitigare, almeno in parte, la sua furia. Per esempio, per mesi Faurisson è stato preso di mira per aver "minimizzato" la stima del numero di ebrei uccisi durante la guerra mondiale. Ma si trattava solo di un artificio, il vero motivo era un altro: il sacrilegio di mettere in dubbio l'esistenza delle camere a gas. Tuttavia, rivelare questo dubbio equivaleva a correre

il rischio di creare o accrescere il dubbio nell'opinione pubblica. Da qui la necessità di parlare d'altro...".

Le denunce presentate dalla LICRA e dal MRAP (Mouvement contre le Racisme et l'Amitié entre les Peuples) hanno spinto lo Stato francese a perseguire Roger Garaudy per violazione della legge Gayssot. Il processo è iniziato nel gennaio 1998. Nel mondo arabo e musulmano il processo è stato seguito con grande attesa, senza dubbio perché si trattava di un intellettuale musulmano. Dal Golfo Persico al Nilo, centinaia, se non migliaia, di scrittori, giornalisti, avvocati e politici hanno espresso pubblicamente la loro solidarietà e protesta per l'azione della magistratura francese. Naturalmente, il primo ministro israeliano Benjamin Netanyahu e i soliti gruppi sionisti americani si sono affrettati a sottolineare che libri come quello di Garaudy costituiscono "la principale minaccia per Israele". Il tribunale di Parigi ha emesso il verdetto il 27 febbraio, giudicando il filosofo colpevole di "negazione di un crimine contro l'umanità" e "diffamazione razziale". I giudici hanno precisato che è stato giudicato l'"antisemitismo" dello scrittore e non il suo "antisionismo", sostenendo che "sebbene si rifugi in una critica politica di Israele, sta in realtà mettendo in discussione gli ebrei nel loro complesso". Il tribunale ha inflitto all'imputato una multa di 240.000 franchi e lo ha condannato a sei mesi di reclusione, che non ha scontato. Va notato che nel 1998 Roger Garaudy aveva già 85 anni, quindi sarebbe stato scandaloso che un prestigioso intellettuale ottuagenario venisse mandato in prigione in Francia, come in Germania, per reati di pensiero. Il 13 giugno 2012 Garaudy è morto all'età di 99 anni nella sua casa alla periferia di Parigi.

Robert Faurisson, l'alma mater essenziale del revisionismo

Robert Faurisson è uno dei tre pilastri principali su cui poggia il revisionismo storico, gli altri due sono Ernst Zündel e Germar Rudolf. La quantità e la qualità delle opere del professor Faurisson lo pongono all'avanguardia tra gli scrittori revisionisti. Non c'è argomento su cui non abbia scritto, perché li conosce tutti senza eccezioni. Inoltre, il suo impegno militante nella sfida intellettuale e politica che il revisionismo richiede lo ha portato a intervenire, in un modo o nell'altro, in molti procedimenti giudiziari in difesa di altri ricercatori perseguitati dalla "giustizia" in diversi Paesi: di particolare rilevanza è stato il suo contributo ai due processi contro Ernst Zündel in Canada. La sua opera completa è raccolta in quattro volumi per un totale di oltre 2.200 pagine dal titolo *Écrits révisionnistes*. In applicazione della legge Fabius-Gayssot del 13 luglio 1990, quest'opera non può essere diffusa ed è stata pubblicata privatamente al di fuori dei circuiti commerciali. Il suo contenuto è quindi vietato dalla legge, perché l'Olocausto (la Shoah) non può essere messo in discussione in Francia. I lettori interessati che sanno leggere il francese possono accedervi su Internet.

Dall'introduzione al primo volume, abbiamo tradotto la concezione del revisionismo storico del professor Faurisson:

"Il revisionismo è una questione di metodo e non di ideologia.
Essa sostiene, per qualsiasi ricerca, un ritorno al punto di partenza, un esame seguito da un riesame, una rilettura e una riscrittura, una valutazione seguita da una rivalutazione, un riorientamento, una revisione, una rifusione; è, nello spirito, il contrario dell'ideologia. Non nega, ma mira ad affermare con maggiore precisione. I revisionisti non sono "negazionisti" o "negazionisti"; si sforzano di cercare e trovare dove, apparentemente, non c'era nulla da cercare e trovare.
Il revisionismo può essere esercitato in centinaia di attività della vita quotidiana e in centinaia di campi della ricerca storica, scientifica o letteraria. Non richiede necessariamente la messa in discussione delle idee acquisite, ma spesso porta a una loro sfumatura. Cerca di distinguere il vero dal falso. La storia è essenzialmente revisionista; l'ideologia è il suo nemico. Poiché l'ideologia non è mai così forte come in tempi di guerra o di conflitto, e poiché allora produce falsità in abbondanza per le esigenze della sua propaganda, lo storico dovrà, in questa circostanza, raddoppiare la sua vigilanza: passando al setaccio dell'analisi l'esame di ciò che gli è stato propinato come "verità". Senza dubbio si renderà conto che, ovunque la guerra abbia mietuto decine di milioni di vittime, la prima delle vittime sarà stata la verità verificabile: una verità che cercherà di ricercare e ristabilire.
La storia ufficiale della Seconda guerra mondiale contiene un po' di verità combinata con molte falsità".

Il rigore metodologico e l'onestà intellettuale caratterizzano tutti gli scritti revisionisti di Faurisson, conseguenza della sua formazione accademica e della sua straordinaria capacità di lavoro. Nato il 25 gennaio 1929 a Shepperton (Inghilterra) da madre scozzese e padre francese, dopo aver trascorso alcuni anni a Singapore e in Giappone, ha completato la sua formazione giovanile in Francia, dove nel 1972 ha conseguito un dottorato in lettere e scienze umane alla Sorbona, dove ha insegnato dal 1969 al 1974. Dal 1974 al 1990, Faurisson è stato professore di letteratura francese all'Università di Lione. Autore di quattro libri di letteratura, è anche uno specialista riconosciuto nell'analisi di testi e documenti, una competenza che gli permette di accedere agli scritti storici con indiscutibile professionalità.

Il professor Faurisson è stato il primo a pubblicare importanti documenti revisionisti su Auschwitz. Negli archivi del Museo di Stato di Auschwitz scoprì i disegni tecnici e architettonici degli obitori, dei crematori e di altre strutture. Consapevole del valore della sua scoperta, decise di esporla. Nel 1978 Faurisson aveva già scritto diversi articoli in cui esprimeva la sua visione critica della storia dello sterminio degli ebrei. Il 16 novembre 1978, il quotidiano *Le Matin de Paris* pubblicò un articolo su uno sconosciuto professore dell'Università di Lione di nome Robert Faurisson e sulle sue opinioni su Auschwitz e l'Olocausto. Il fatto che la stampa abbia ripreso le sue posizioni revisioniste lo ha portato alla ribalta e ha dato inizio all'"Affaire Faurisson", che sarebbe proseguito a tempo indeterminato. Fin dall'inizio, scriveva anni dopo, "non mi sono mai fatto illusioni: sarei stato trascinato in tribunale, sarei stato condannato, ci sarebbero state aggressioni fisiche, campagne di stampa e turbolenze nella mia vita personale, familiare e professionale".

Tutto ciò che aveva immaginato si sarebbe presto avverato, perché il 20 novembre 1978, quattro giorni dopo essere finito in prima pagina su *Le Matin de Paris*, Faurisson subì il primo attentato, inneggiato da Bernard Schalscha, un giornalista ebreo di *Liberation* de Lyon che aveva riportato il giorno, il luogo e l'ora in cui Faurisson teneva i corsi. Membri dell'Unione degli Studenti Ebrei, che si erano recati a Lione in treno da Parigi, hanno attaccato il professore all'Università in presenza del dottor Marc Aron, un cardiologo che era presidente del Comitato di collegamento delle istituzioni e delle organizzazioni ebraiche di Lione. Faurisson non solo rifiutò di farsi intimidire, ma si fece avanti: nel dicembre 1978 e nel gennaio 1979 *Le Monde* pubblicò due suoi articoli in cui manifestava il suo scetticismo sulle camere a gas di Auschwitz. La risposta a tanta audacia fu un nuovo attacco nel giorno in cui stava cercando di riprendere i suoi corsi. Quel giorno Marc Aron era di nuovo all'Università.

Nell'aprile del 1979 partecipò a un impressionante dibattito alla televisione svizzera, nel corso del quale confutò gli argomenti di illustri sostenitori delle teorie sterminazioniste. La strada era stata tracciata e Robert Faurisson era deciso a seguirla senza deviare dal percorso segnato. Sempre in questi anni aveva iniziato a contribuire a *The Journal of Historical Review*, organo dell'Institute for Historical Review (IHR) in California, dove nel settembre 1983 tenne una conferenza dal titolo "Revisionism on Trial: Events in France, 1979-1983", in cui spiegò le azioni delle organizzazioni ebraiche per mettere a tacere i revisionisti attraverso cause legali e intimidazioni.

In quegli anni il professor Faurisson ha dovuto affrontare una campagna concertata per metterlo a tacere ed è stato costretto a difendersi nei tribunali francesi a causa delle sue dichiarazioni e dei suoi scritti. Il suo conto bancario è stato congelato e i funzionari giudiziari hanno ripetutamente visitato la sua casa per minacciare lui e sua moglie di sequestrare i loro beni per far fronte agli oneri finanziari imposti dai suoi commenti. A seguito di questa campagna, la sua vita familiare è stata sconvolta e la sua salute è peggiorata. Nel dicembre 1980, in un'intervista per la radio "Europe 1", Robert Faurisson pronunciò la famosa frase che riassumeva il risultato delle sue ricerche in 60 parole in francese. Le presunte camere a gas hitleriane e il presunto genocidio degli ebrei formano un'unica menzogna storica, che ha permesso una gigantesca truffa politico-finanziaria, i cui principali beneficiari sono lo Stato di Israele e il sionismo e le cui principali vittime sono il popolo tedesco - ma non i suoi leader - e il popolo palestinese nel suo complesso". Trentasei anni dopo, il professore ritiene che la frase non richieda la minima modifica.

Per queste parole insopportabili, Faurisson è stato perseguito penalmente per diffamazione razziale e incitamento all'odio. Riconosciuto colpevole, nel luglio 1981 è stato condannato a tre mesi di carcere, ma la pena è stata sospesa. Oltre a una multa di migliaia di franchi, è stato condannato a pagare 3,6 milioni di franchi di spese per la pubblicazione del verdetto in televisione e sulla stampa. In appello, nel giugno del 1982, un tribunale ha fatto cadere l'accusa di incitamento all'odio razziale e ha eliminato i 3,6 milioni di franchi. Da questo momento in poi, Faurisson si trovò legato a una catena di procedimenti legali dagli effetti rovinosi, poiché egli stesso si trovò a dover agire contro attacchi diffamatori oltraggiosamente falsi. Ben presto si rese conto che se avesse continuato a difendersi in questo modo, sarebbe finito sul lastrico, perché se avesse vinto avrebbe ricevuto un franco di risarcimento, mentre se avesse perso avrebbe dovuto pagare alla controparte somme considerevoli.

Il 25 aprile 1983, dopo essere stato citato in giudizio dalle organizzazioni ebraiche, che speravano in una condanna esemplare, si sentì emettere un verdetto relativamente favorevole, in quanto i giudici della Corte d'Appello di Parigi affermarono: "Faurisson è un ricercatore serio; non vediamo frivolezza, negligenza, omissioni deliberate o menzogne nei suoi scritti sulle camere a gas, ma è forse malizioso ed è certamente pericoloso. Lo condanniamo per questa probabile malizia e per il pericolo che comporta, ma non lo condanniamo per il suo lavoro sulle camere a gas, che è serio. Al contrario, poiché questo lavoro è serio, garantiamo a ogni francese il diritto di dire, se lo pensa, che le camere a gas non sono esistite". Verdetti come questo spiegano perché il sionista Laurent Fabius e il comunista ebreo Jean-Claude Gayssot abbiano sponsorizzato la legge Fabius-Gayssot nel 1990. Il verdetto, emesso il 26 aprile 1983, può quindi essere considerato un risultato politico, ottenuto però a spese del professor Faurisson, che è stato condannato a pagare le spese di pubblicazione del verdetto completo, stimate dai giudici in almeno 60.000 franchi.

La LICRA pubblicò il verdetto sulla rivista *History*, ma il testo era talmente falsificato che Faurisson fece causa alla lobby ebraica. Il risultato della causa fu che il professore ricevette un franco di risarcimento danni, ma dovette pagare 20.000 franchi, nonostante ciò la LICRA non pubblicò mai il testo corretto del verdetto. Un'altra causa intentata dal professor Faurisson fu contro Jean Pierre Bloch, presidente della LICRA e autore di un libro in cui lo dipingeva come un nazista e un falsificatore condannato in tribunale. Una terza causa era contro il giornale comunista *L'Humanité*. Ha perso le cause e anche i ricorsi. I giudici riconobbero che era stato diffamato, ma aggiunsero che i suoi avversari lo avevano fatto in "buona fede". Di conseguenza, gli imputati furono assolti e lui dovette pagare tutte le spese legali. Nel febbraio 1985, *Droit de Vivre*, una pubblicazione della LICRA, gongolava con il seguente titolo su una delle sue pagine: "Trattare Faurisson come un falsario è diffamarlo, ma 'in buona fede'". Era un invito a considerarlo un falsario, cosa che d'ora in poi avvenne, sempre "in buona fede".

Il ruolo di Robert Faurisson nei processi del 1985 e del 1988 contro Ernst Zündel a Toronto è stato di primissimo piano. Oltre alla sua testimonianza come testimone della difesa, il suo lavoro come esperto ombra a fianco del leggendario Doug Christie, l'avvocato principale di Zündel, è stato di fondamentale importanza. Se ne è già parlato nelle pagine dedicate alla "dinamo revisionista", ma ora è il momento di approfondire il suo contributo in quei giorni storici alla rinascita internazionale del revisionismo. Nel giugno 1984 il professor Faurisson si recò in Canada per aiutare quello che sarebbe diventato uno dei suoi grandi amici. Nel gennaio 1985 tornò a Toronto per trascorrere le sette settimane del processo con l'équipe di Zündel, che da allora considera "una persona eccezionale". Nei suoi *Scritti revisionisti* Faurisson ha lasciato ai posteri molto della sua esperienza di quei processi.

La corte era presieduta dal giudice Hugh Locke; il pubblico ministero era Peter Griffiths. L'avvocato Douglas Christie era assistito da Keltie Zubko, che sarebbe stata la madre dei suoi due figli[18]. La giuria era composta da dodici persone. Le spese furono sostenute dallo Stato, cioè dai contribuenti, e non da Sabina Citron dell'Associazione per la Memoria dell'Olocausto, che aveva promosso il caso. Faurisson trascorse centinaia di ore, a volte fino a tarda notte, con Douglas Christie, che informò e consigliò su tutte le questioni, poiché all'epoca non esisteva un esperto più grande in materia. Insieme hanno preparato i devastanti interrogatori di Raul Hilberg e Rudolf Vrba, i due principali testimoni dell'accusa. Diamo ora la parola al professor Faurisson:

---

[18] Douglas H. Christie, soprannominato dagli amici "The Battling Barrister", è morto all'età di 66 anni nel 2013. La stampa mainstream ha approfittato della sua morte per ricordare che aveva difeso una serie di "mascalzoni", "neonazisti", ecc. ecc.; tuttavia, c'è stata una piacevole sorpresa: almeno un giornale canadese, il *Times Colonist* di Victoria, nella British Columbia, dove Douglas aveva vissuto, ha ricordato ai suoi lettori che Douglas Christie era un avvocato straordinario che aveva sempre difeso la libertà di espressione. Lucien Larre, il sacerdote che ha officiato la messa funebre, ha pronunciato un discorso di commiato emozionante e lo ha definito un guerriero della libertà di parola che ha combattuto per la verità. "Non gli importava", ha detto Larre, "delle minacce alla sua vita o del numero di volte in cui le finestre del suo ufficio sono state rotte. È rimasto in piedi". La moglie Keltie Zubko ha preferito definirlo con le parole della figlia: "Credo che mia figlia l'abbia detto meglio, che tutti parlano della sua eredità come avvocato, come oratore pubblico, come oratore ispiratore - una persona che ha aiutato molte persone che erano senza casa e non potevano pagare - ma lei ha detto che la sua vera eredità era come padre".

"In Douglas Christie, Zündel è riuscito a trovare un avvocato che, oltre a essere coraggioso, è stato eroico. È per questo motivo che ho accettato di sostenere Doug Christie, giorno dopo giorno, mentre preparava e sviluppava il suo lavoro. Posso aggiungere che senza l'aiuto della sua amica Keltie Zubko non saremmo riusciti ad avere successo nel processo del 1985, una prova estenuante che a posteriori sembra un incubo. L'atmosfera che regnava in tribunale era insopportabile, soprattutto a causa dell'atteggiamento del giudice, Hugh Locke. Ho assistito a molti processi nella mia vita, compresi quelli in Francia durante il periodo dell'epurazione, l'epurazione dei "collaborazionisti" nel dopoguerra. Non ho mai incontrato un giudice così parziale, autocratico e violento come il giudice Hugh Locke. La legge anglosassone offre molte più garanzie di quella francese, ma basta un uomo per pervertire il migliore dei sistemi: il giudice Locke era quell'uomo. Ricordo che Locke gridò nella mia direzione: "Stai zitto!" mentre, da lontano, senza dire una parola, spingeva un documento in direzione di Doug Christie".

Sarebbe interessante dedicare qualche pagina agli interrogatori di Hilberg e Vrba, visto che erano assolutamente smascherati e la loro credibilità era a pezzi. Poiché ciò non è possibile, in quanto dobbiamo dare priorità alla ricerca di Faurisson, offriremo solo alcuni paragrafi esemplificativi. Raul Hilberg,, arrivò a Toronto senza libri, senza appunti, senza documenti, apparentemente sicuro di sé e della sua esperienza in altri processi in cui aveva testimoniato contro presunti criminali di guerra. "Ha testimoniato", scrive Faurisson, "per diversi giorni probabilmente al ritmo di 150 dollari l'ora". Alle domande del pubblico ministero, rispose come al solito: "Hitler diede l'ordine di sterminare la popolazione": Hitler ha dato ordine di sterminare gli ebrei, i tedeschi hanno seguito un piano, hanno usato le camere a gas.... Hilberg si è definito in questi termini: "Mi descriverei come un empirico che osserva i materiali".

Tutto è cambiato quando è iniziato il controinterrogatorio di Doug Christie che, perfettamente consigliato dal professor Faurisson, ha messo alle strette il famoso storico ebreo, la cui opera è considerata una delle bibbie dell'Olocausto. È lo stesso Faurisson a raccontare la storia:

"Per la prima volta nella sua vita, dovette affrontare un imputato che aveva deciso di difendersi ed era in grado di farlo: Doug Christie, accanto al quale ero seduto, interrogò Hilberg duramente, senza pietà, per diversi giorni. Le sue domande erano incisive, precise, implacabili. Fino a quel momento avevo avuto un certo rispetto per Hilberg per la quantità, non per la qualità, del suo lavoro; in ogni caso si poneva al di sopra dei Poliakov, dei Weller, dei Klarsfeld e di tutti gli altri. Come lui stesso ha testimoniato, la mia stima è stata sostituita da un sentimento di irritazione e pietà: irritazione perché Hilberg era costantemente impegnato in manovre evasive, e pietà perché Christie finiva per segnare un gol quasi sempre. Su ogni questione, se si doveva concludere qualcosa, diventava chiaro che Hilberg non era affatto "un empirista che guarda i materiali". Era esattamente il contrario; era un uomo perso nelle nuvole delle sue idee, una specie di teologo che aveva costruito per sé un universo mentale in cui gli aspetti fisici dei fatti non avevano posto".

Doug Christie annunciò all'"empirista che guarda i materiali" che gli avrebbe letto un elenco di campi di concentramento. Una volta terminato, gli chiese quali avesse esaminato e con quale frequenza. Hilberg ammise di non averne esaminato nessuno, né prima di pubblicare la prima edizione de *La distruzione degli ebrei europei* nel 1961, né per la pubblicazione dell'edizione definitiva nel 1985. In altre parole, lo storico che aveva iniziato le sue ricerche sulla storia dell'Olocausto nel 1948 e che era considerato la massima autorità in materia, non aveva esaminato un solo campo e aveva visitato Auschwitz una sola volta e Treblinka una sola volta. Alla domanda dell'avvocato Christie se fosse a conoscenza di un referto autoptico sul corpo di un prigioniero che stabilisse che era stato ucciso da gas velenosi, Hilberg rispose: "No". La trascrizione alle pp. 828-858, spiega il professor Faurisson, riflette il lungo interrogatorio di Doug Christie sui due presunti ordini che Hilberg sostiene nella sua opera essere stati emessi da Hitler per lo sterminio degli ebrei. Allo storico ebreo fu chiesto dove fossero, cioè dove li avesse visti. Ha dovuto ammettere che non c'era "nessuna traccia" di loro. L'avvocato gli ha quindi ricordato una dichiarazione rilasciata nel febbraio 1983 alla Avery Fisher Hall di New York, in cui Hilberg ha elaborato una tesi che non aveva nulla a che fare con l'esistenza di un ordine di sterminio. Egli disse quanto segue, testualmente:

> "Quello che iniziò nel 1941 fu un processo di distruzione non pianificato in anticipo, non organizzato centralmente da alcuna agenzia. Non c'era un progetto o un budget per le misure distruttive. Furono prese un po' alla volta, passo dopo passo. Quindi, ciò che fu realizzato non fu tanto l'esecuzione di un piano quanto un incredibile accordo mentale, un consenso - la telepatia di una vasta burocrazia".

Questa strabiliante spiegazione avrebbe più a che fare con la parapsicologia, in quanto sostiene che non ci fu alcun piano, alcun ordine centralizzato, alcun progetto e alcun budget per lo sterminio di sei milioni di ebrei - un'operazione gigantesca - ma il consenso mentale di una burocrazia che comunicava telepaticamente.

Faurisson spiega di aver preparato con l'avvocato Christie l'interrogatorio di Rudolf Vrba, autore di *I Cannot Forgive* e germe teorico del rapporto del War Refugee Board (WRB) su Auschwitz. Il libro di Arthur R. Butz fu una fonte fondamentale che fornì loro elementi molto utili per smascherare l'impostore. Furono smascherate le bugie sulle camere a gas e sulla visita di Himmler ad Auschwitz nel gennaio 1943 per inaugurare un crematorio e assistere alla gassazione di 3.000 persone. Vrba si rivelò un falso che non aveva mai messo piede né nei crematori né nelle "camere a gas". I documenti dimostrarono che Himmler era stato ad Auschwitz nel luglio 1942 e non nel gennaio 1943. È stata anche dimostrata l'impossibilità che egli avesse aperto dei crematori, poiché il primo dei nuovi crematori non fu aperto a gennaio, ma molto più tardi. In *Non posso perdonare*, Vrba descrive dettagliatamente la visita di Himmler e riporta anche le sue riflessioni e conversazioni. Vrba, un fascio di nervi, è stato ritratto per quello che era, un ciarlatano bugiardo che ha persino indignato il procuratore Griffiths con le sue inani verbosità.

Dopo aver dato un contributo essenziale alla difesa di Zündel durante il primo processo, Faurisson tornò in Francia, dove continuava la caccia alle streghe contro i revisionisti. Nel 1985 era uscito *Shoah* di Claude Lanzmann. Faurisson vi dedicò una recensione, denunciando la funzione propagandistica del film. Pierre Guillaume, editore di libri revisionisti, aveva pubblicato il testo del professore e aveva scelto come titolo uno slogan del Maggio '68: "Aprite gli occhi, rompete il televisore! Lanzmann si rivolse alla France-Presse (AFP) e riuscì a far pubblicare all'agenzia di Stato francese una lunga dichiarazione in cui dava sfogo alla sua indignazione per le critiche revisioniste al film. Naturalmente, la libertà di espressione, che viene costantemente rivendicata quando si lanciano attacchi spietati contro tutto e tutti, non poteva essere esercitata in questo caso. Di conseguenza, il 1° luglio 1987, la France-Presse ha invitato le autorità giudiziarie ad agire per "porre immediatamente fine alle macchinazioni dei revisionisti", in nome del "rispetto della libertà di inchiesta e dei diritti umani". La Federazione dei giornalisti ha denunciato l'analisi *della Shoah* come indicibile. Tra gli altri esempi del suo particolare rispetto per la libertà di espressione, ha dichiarato: "La Federazione ritiene che individui come Robert Faurisson non debbano poter scrivere impunemente.... Infangare un film come la *Shoah*, che può essere visto solo con spaventoso stupore e infinita compassione, è un attacco ai diritti dell'uomo".

In assenza della legge Fabius-Gayssot, gli insulti e le minacce hanno portato a due nuovi attacchi. Il primo fu compiuto da un certo Nicolas Ullmann il 12 giugno 1987. Questo individuo picchiò violentemente Faurisson allo Sporting-Club di Vichy. Due mesi dopo, esattamente il 12 settembre, un gruppo di militanti ebrei attaccò il professore alla Sorbona. Ad essere aggredito non fu solo lui, ma anche le persone che lo accompagnavano, tra cui l'editore Pierre Guillaume. Tutti rimasero feriti in varia misura, ma il più grave fu il professor Henry Chauveau. In quell'occasione, le guardie della Sorbona riuscirono ad arrestare uno degli aggressori, ma un poliziotto in borghese ne ordinò il rilascio ed espulse anche il professor Faurisson dalla Sorbona, dove aveva insegnato.

Nel gennaio 1988 Faurisson era di nuovo a Toronto per assistere l'amico Ernst Zündel. Come sappiamo, fu sua l'idea di assumere Fred Leuchter per recarsi in Polonia e condurre ricerche ad Auschwitz. Si trattò di un contributo importante, perché la competenza tecnica di Leuchter divenne il *Rapporto Leuchter*, che sarebbe stato una pietra miliare nella storia del movimento revisionista. Faurisson pensò che gli Stati Uniti fossero il luogo ideale per cercare un esperto di camere a gas, poiché lì si svolgevano regolarmente le esecuzioni con il gas. Gli avvocati di Zündel contattarono William M. Armontrout, direttore del penitenziario statale del Missouri, che in una lettera raccomandò Fred A. Leuchter come l'esperto più qualificato. Vi suggerisco", diceva nella lettera, "di contattare il signor Fred A. Leuchter.... Il signor Leuchter è un ingegnere specializzato in camere a gas ed esecuzioni. È molto preparato in tutti i settori ed è l'unico consulente negli Stati Uniti che io conosca". Il lettore interessato a saperne di più sul contributo di Robert Faurisson al secondo processo Zündel dovrebbe consultare il libro di Barbara Kulaszka *Did Six Million Really Die?: Report of the Evidence in the Canadian "False News" Trial of Ernst Zündel* (Toronto, 1992).

Tra il 20 novembre 1978 e il 31 maggio 1993, Robert Faurisson è stato vittima di dieci attacchi violenti. Il più grave di questi si è verificato il 16 settembre 1989, quando aveva già sessant'anni. Mentre portava a spasso il cane in un parco vicino alla sua casa di Vichy, tre uomini gli tesero una trappola. Dopo avergli spruzzato sul viso un gas urticante che lo ha momentaneamente accecato, gli aggressori lo hanno gettato a terra e hanno iniziato a colpirlo con pugni in faccia e calci al petto. Sembra chiaro che i criminali, tre teppisti ebrei membri del gruppo "fils de la mémoire juive" (figli della memoria ebraica), avessero intenzione di ucciderlo. Fortunatamente, una persona che ha assistito alla scena è intervenuta ed è riuscita a salvare l'insegnante, che è rimasto gravemente ferito. Trasportato in ospedale, è stato sottoposto a un lungo intervento chirurgico al pronto soccorso, poiché gli sono state rotte la mascella e una costola, oltre a gravi ferite alla testa. Il gruppo ebraico che ha rivendicato l'attacco ha dichiarato in un comunicato: "Il professor Faurisson è il primo, ma non sarà l'ultimo. Lasciamo in guardia coloro che negano la Shoah". Faurisson ha poi dichiarato che alla vigilia dell'attentato aveva notato con sorpresa la presenza nel parco di Nicolas Ullmann, che due anni prima lo aveva già picchiato in un club sportivo di Vichy. Come al solito, non fu effettuato alcun arresto e gli aggressori rimasero impuniti.

Il merito di Robert Faurisson è singolare in quanto, come nel caso di Ernst Zündel, vediamo un uomo solo che non si tira indietro, un intellettuale di grande statura, quasi irripetibile, che è stato ed è capace di sopportare qualsiasi cosa piuttosto che rinunciare alle sue convinzioni. Nell'aprile 1991, a seguito di un'intervista apparsa nel settembre 1990 su *Le Choc du Mois*, la 17a sezione del Tribunale correzionale di Parigi, presieduta da Claude

Grellier, inflisse una multa di 250.000 franchi a Faurisson e di altri 180.000 al direttore della pubblicazione. Nello stesso anno, la lobby ebraica riuscì a farlo espellere dall'università sulla base della legge Fabius-Gayssot. Il professore si appellò all'ICCPRHRC (Patto internazionale sui diritti civili e politici e Comitato per i diritti umani) sostenendo che la legge Fabius-Gayssot violava il diritto internazionale; tuttavia l'ICCPRHRC respinse l'appello e affermò che la legge Fabius-Gayssot era necessaria per contrastare "un possibile antisemitismo". Il 17 marzo 1992 Faurisson lanciò una sfida da Stoccolma: chiedeva una visualizzazione grafica dell'arma del delitto e della sua tecnica di funzionamento. Chiedeva che qualcuno gli mostrasse o disegnasse una camera a gas nazista. La risposta fu una nuova aggressione. Un anno dopo, il 22 maggio 1993, fu aggredito fisicamente per la seconda volta a Stoccolma. In entrambe le occasioni, la stampa svedese riportò a lungo le aggressioni subite dal professore francese.

Anni dopo, quando nell'aprile 1996 l'"Affaire Garaudy" cominciava a polarizzare l'attenzione in Francia, Robert Faurisson rilasciò una dichiarazione in cui esprimeva la sua solidarietà a Roger Garaudy e confermava "l'impostura delle camere a gas". A seguito di queste parole, il 25 settembre 1997 le organizzazioni ebraiche lo hanno citato in giudizio per l'ennesima volta. Durante il processo, Faurisson disse alla corte: "Siamo a soli tre anni dall'anno 2000 e si chiede a milioni di persone di credere in qualcosa che non hanno mai visto e di cui non conoscono nemmeno il funzionamento". Il pubblico ministero ha chiesto l'incarcerazione di Faurisson se non avesse pagato una multa adeguata, ma il professore ha risposto: "Non comprerò né pagherò la mia libertà. Nessuno mi ha mai comprato e nessuno mi comprerà mai". Infine, il 23 ottobre 1997, il tribunale lo dichiarò "colpevole" e gli chiese di pagare 120.600 franchi divisi in tre parti: 50.000 franchi come multa, 20.600 franchi per l'accusatore ebreo e altri 50.000 franchi per pagare la pubblicazione della sentenza su due giornali.

Solo tre mesi dopo, nel dicembre del 1997, gli ebrei fecero nuovamente causa. Faurisson fu citato in giudizio da un tribunale di Parigi a causa di un articolo pubblicato su un sito web il 16 gennaio 1997: "Les visions cornues de l'"Holocauste", in cui esordiva affermando che "l'Olocausto degli ebrei era una finzione". Il professore rispose alla convocazione con una lettera in cui annunciava il suo rifiuto di continuare a collaborare con la giustizia e la polizia francesi nella repressione del revisionismo. Le vessazioni continuarono: tre mesi dopo, il 16 marzo 1998, dovette comparire davanti a un tribunale di Parigi per essere processato per una definizione di "revisionismo", apparsa erroneamente su un giornale.

E così via. L'8 aprile 1998 furono gli ebrei olandesi a scagliarsi contro Faurisson. Sette anni prima, nel 1991, in collaborazione con il revisionista belga Siegfried Verbeke, aveva pubblicato in olandese *Het "Dagboek" van Anne Frank. Een Kritische benadering* (*Il "Diario" di Anne Frank. Una valutazione critica*), un opuscolo che concludeva che il "diario" era un falso, poiché la calligrafia del manoscritto originale non poteva essere quella di un bambino. Il libro fu vietato nei Paesi Bassi, ma sia il Museo di Anne Frank di Amsterdam che il Fondo Anne Frank di Basilea non erano soddisfatti della censura del libro e intrapresero un'azione legale congiunta. Il Museo si lamentava del fatto che l'opera di Faurisson li aveva costretti a fornire "istruzioni speciali" alle guide e che le critiche del professore avrebbero potuto ridurre il numero di visitatori del museo e, di conseguenza, i suoi profitti.

L'annullamento del congresso "Revisionismo storico e sionismo", che si sarebbe dovuto tenere a Beirut dal 31 marzo al 3 aprile 2001, ha rappresentato una grave battuta d'arresto per i revisionisti di tutto il mondo che si erano dati appuntamento nella capitale libanese. Il governo del Libano, vittima di continui attacchi israeliani, ha ceduto alle pressioni delle più importanti organizzazioni sioniste, sostenute dagli Stati Uniti. Robert Faurisson spiegò all'epoca a che Rafik Hariri, primo ministro libanese, era talmente intrappolato dal debito del suo Paese, che ammontava a 24.000.000.000 di dollari per quattro milioni di abitanti, da non avere altra alternativa che cedere al ricatto e vietare il congresso. Da allora, l'organizzazione di una conferenza internazionale revisionista è stata messa in dubbio. Quando Mahmoud Ahmadinejad divenne presidente della Repubblica islamica dell'Iran nel 2005, Teheran si offrì di ospitare i revisionisti di tutto il mondo. Centotrenta ricercatori provenienti da trenta Paesi sono confluiti nella capitale iraniana, dove l'11 e il 12 dicembre 2006 si è finalmente svolta la Conferenza internazionale di revisione dell'Olocausto di Teheran, accolta in Occidente con squalifiche e contraccolpi di ogni tipo.

L'11 dicembre 2006, il professor Faurisson ha tenuto un discorso basato su un documento intitolato *Le vittorie del revisionismo*, che da allora è stato tradotto in diverse lingue, tra cui lo spagnolo, e pubblicato in molti Paesi. In questo testo, dedicato al professor Mahmoud Ahmadinejad e a Ernst Zündel, Germar Rudolf e Horst Mahler, che Faurisson definisce "i nostri prigionieri di coscienza", vengono presentate in dettaglio fino a venti realtà storiche chiarite dalla ricerca revisionista, che hanno dovuto essere esplicitamente o implicitamente riconosciute dagli sterminazionisti. 1. Non c'erano camere a gas nei campi di concentramento in Germania. 2. Non c'erano camere a gas nei campi di concentramento in Germania. 2. Non ci fu alcun ordine di Hitler di sterminare gli ebrei. 3. Alla Conferenza di Wannsee non fu deciso lo sterminio degli ebrei, poiché l'espressione "soluzione finale" indicava la deportazione a est. 4. La formulazione in cui è stato presentato il sistema tedesco dei campi di concentramento è condannata. 5. La camera a gas di Auschwitz, visitata da milioni di turisti, è un falso. 6. Non sono stati trovati documenti, tracce o altre prove materiali dell'esistenza delle camere a gas. L'11 dicembre 2006, Robert Faurisson ha rilasciato un'ampia intervista alla televisione iraniana, durante la quale ha dichiarato a milioni di telespettatori iraniani che l'Olocausto è una menzogna. Questo non poteva non avere conseguenze, visto che in Francia lo aspettavano i soliti noti.

Non appena il congresso revisionista si è concluso, il 13 dicembre 2006 l'allora Presidente della Repubblica Jacques Chirac ha condannato la partecipazione di Faurisson alla conferenza di Teheran e ha chiesto personalmente un'inchiesta. Seguendo le istruzioni della massima autorità dello Stato, il Ministro della Giustizia incaricò un procuratore di Parigi di avviare un'inchiesta. Il 16 aprile 2007, il tenente di polizia Séverine Besse e un altro collega si sono recati a Vichy per interrogare il professore. Faurisson rifiutò ostinatamente di rispondere alle domande e scrisse nel rapporto ufficiale: "Mi rifiuto di collaborare con la polizia e il sistema giudiziario nella repressione del revisionismo storico".

Il magistrato Marc Sommerer, incaricato del caso, ha convocato Faurisson nove mesi dopo. Alle 9 del 24 gennaio 2008, il professore si è presentato alla stazione di polizia locale. Appena entrato, tre agenti di polizia giudiziaria inviati il giorno prima da Parigi, tra cui la stessa Séverine Besse, gli comunicarono che era in stato di fermo e che la sua abitazione sarebbe stata perquisita durante la detenzione. A lui, un uomo anziano che avrebbe compiuto 79 anni il giorno successivo, 25 gennaio, è stato perquisito il corpo e sono stati confiscati portafogli, borsa, penna, orologio, cintura, ecc. Forse volevano intimidire l'anziano professore, che disse che sua moglie era malata a casa, fatto noto alla polizia, e che per gravi ragioni mediche aveva bisogno della sua costante presenza. Ancora una volta, Faurisson rimase ostinato e non rispose a nessuna domanda. Gli fu poi detto che era oggetto di tre procedimenti penali per i quali erano stati emessi mandati di cattura dal giudice Sommerer. I primi due gli furono menzionati in relazione alla sua partecipazione alla Conferenza di Teheran. In uno, era perseguito ai sensi della Legge Fabius-Gayssot dalla Procura della Repubblica e da una serie di "organizzazioni pie" per "negazione di crimini contro l'umanità". In un altro, la LICRA lo aveva citato in giudizio per "diffamazione". La terza causa era stata intentata dal quotidiano *Libération* per motivi tortuosi che vi risparmiamo di spiegare. Faurisson è stato poi portato a casa sua, dove la perquisizione è proseguita per sei ore. Infine, il 25 luglio 2012, un giudice di Parigi gli ha notificato il processo per le tre denunce penali.

La persecuzione di Robert Faurisson per crimini di pensiero dura da quarant'anni. La notte del 19 novembre 2014, due poliziotti della vicina città di Clermond-Ferrand, uno dei quali era un maggiore, si sono presentati a casa sua a Vichy con un mandato di perquisizione: volevano sequestrare un computer e alcuni documenti. Non trovarono nessuno dei due. Ancora una volta, la LICRA aveva chiesto al pubblico ministero di intervenire contro la comparsa di un "Blog" non ufficiale del professore. Non c'è dubbio che Faurisson sia dotato di una forza interiore di natura superiore. Di fronte all'entità degli attacchi e alla portata della lotta contro nemici così potenti, qualsiasi persona normale si sarebbe arresa, ma Faurisson, che ha avuto un infarto nel 2014, non si è tirato indietro né si è abbattuto. Ha appena compiuto 87 anni il 29 gennaio 2016 e continua a resistere insieme alla moglie di 83 anni, che è riuscita a stare accanto al professore nonostante il fatto che anche lei soffra di problemi cardiaci. Faurisson ha recentemente denunciato di ricevere costantemente minacce, sia per telefono che per iscritto, e ha chiesto senza successo alla polizia di proteggerli, mentre la moglie viene molestata ogni giorno di più e soffre sempre di più per la sua malattia.

Vincent Reynouard, "I cuori salgono!".

Il caso del giovane revisionista Vincent Reynouard è un altro esempio di volontà di resistenza: di fronte a infinite avversità, ha dimostrato un coraggio encomiabile e degno di rispetto. Nato nel 1969, si è sposato nel 1991 ed è oggi padre di otto figli. Tradizionalista cattolico, nazionalsocialista convinto e revisionista, Reynouard ha rischiato tutto piuttosto che cedere di un centimetro nella denuncia della falsità della storia ufficiale. All'età di ventitré anni ha avuto la sua prima battuta d'arresto con la legge Fabius-Gayssot. L'8 ottobre 1992, un tribunale di Caen lo condanna a un mese di reclusione, con la condizionale, e a una multa di 5.000 franchi per aver dato, in forma anonima, a ventiquattro suoi studenti testi che mettevano in dubbio gli omicidi nelle camere a gas. Laureato in ingegneria chimica e diplomato all'ISMRA (Istituto dei Materiali e delle Radiazioni), ha lavorato come insegnante di matematica nelle scuole superiori e come storico libero professionista specializzato nella Seconda Guerra Mondiale. Nel 1997, dopo il ritrovamento di testi revisionisti sul disco rigido del computer che utilizzava a scuola, è stato licenziato dal ministro dell'Istruzione François Bayrou dalla professione di insegnante di scuola secondaria. Da allora, ha dovuto sopravvivere con i suoi scritti, i suoi video e il suo lavoro di ricercatore.

Autore di una dozzina di saggi e pamphlet su argomenti storici. Reynouard ha collaborato con Siegfried Verbeke a *Vrij Historisch Onderzook, VHO* (*Ricerca storica libera*), un sito web che è diventato il più grande sito editoriale revisionista in Europa. Egli stesso ha curato la pubblicazione *Sans Concession*. Il suo libro più famoso è il risultato di un'indagine sul massacro di Oradour-sur-Glane. Alle 14 del 10 giugno 1944, poco dopo lo sbarco in Normandia, le Waffen SS entrarono in questo piccolo e tranquillo villaggio del Limousin, dove si rifugiavano i combattenti della resistenza. Sei ore dopo, alle 20:00, le Waffen SS lasciarono il villaggio. Dietro di loro c'era un luogo in rovina, disseminato di cadaveri, cinquecento dei quali donne e bambini carbonizzati. La storiografia accademica attribuì il massacro ai tedeschi. Ufficialmente, essi si ritirarono attraverso il villaggio e diedero fuoco alla chiesa dove si erano rifugiati donne e bambini. Questo è esattamente ciò che Reynouard ha messo in dubbio nel suo libro di 450 pagine, pubblicato in Belgio nel 1997. In Francia il libro è apparso nel giugno 1997, dopo che Reynouard era stato espulso dall'insegnamento per le sue idee revisioniste. Tre mesi dopo, a settembre, il ministro degli Interni Jean-Pierre Chevènement ordinò il sequestro del libro e ne vietò la distribuzione e la circolazione in tutta la Francia.

Tra il 1998 e il 1999, un'équipe di collaboratori di Reynouard ha prodotto una videocassetta che riassumeva il libro e incoraggiava ad acquistarlo. Il film è uscito nel 2000 e la distribuzione è iniziata nel gennaio 2001. L'8 febbraio 2001, il prefetto della Haute-Vienne, un dipartimento della Francia centrale, ha emesso un decreto che vieta la cassetta in tutto il dipartimento. Il 27 settembre 2001, quattro anni dopo il divieto del libro, il Ministero degli Interni ha vietato il video in tutta la Francia. Il procedimento contro Vincent Reynouard ha portato a un processo che si è svolto in primo grado il 18 novembre 2003. Reynouard è stato condannato per "apologia di crimine di guerra" a un anno di carcere, a una multa di 10.000 euro e alla confisca di tutti i suoi file sequestrati. Il 14 aprile 2004 si è tenuto il processo d'appello. Reynouard è stato condannato a due anni, di cui sei mesi di reclusione effettiva e il resto di libertà vigilata, ma la multa di 10.000 euro è stata modificata in 3.000 euro. Inoltre, ha dovuto risarcire le tre parti civili che si erano costituite nel processo, tra cui l'ineludibile LICRA.

Ciononostante, Reynouard ha continuato a portare avanti idee revisioniste e nel 2005 ha scritto un pamphlet di sedici pagine intitolato *Olocausto? Ecco cosa ci nascondono*, in cui metteva apertamente in discussione la storia ufficiale e presentava una visione completamente opposta. La magistratura francese si è subito scagliata contro di lui. Il nuovo processo si è svolto l'8 novembre 2007 a Saverne, dove un tribunale lo ha condannato a un anno di prigione e a una multa di 10.000 euro per aver "messo in discussione i crimini contro l'umanità" attraverso il suddetto opuscolo. È stato inoltre condannato a pagare 3.000 euro alla LICRA. La sentenza è stata appellata, ma il 25 giugno 2008 la Corte d'appello di Colmar l'ha confermata e gli ha inflitto una nuova multa di 60.000 euro. Contemporaneamente, il 19 giugno 2008, sei giorni prima, la Corte d'appello di Bruxelles aveva condannato Reynouard e Siegfried Verbeke a un anno di carcere e a una multa di 25.000 euro per aver scritto e pubblicato testi che negavano l'Olocausto e mettevano in discussione i crimini contro l'umanità.

Inoltre, poiché Reynouard risiedeva in Belgio, le autorità francesi hanno emesso un mandato d'arresto europeo affinché i belgi potessero estradarlo, dato che, in base alla ratifica della sentenza da parte della corte d'appello di Colmar, Reynouard doveva scontare un anno di carcere anche in Francia. Il 9 luglio 2010 è stato rinchiuso nel carcere di Forest (Bruxelles). Il 23 luglio 2010, il giudice Chambers di Bruxelles ha dichiarato valido il mandato d'arresto per Reynouard emesso dalla Francia, per cui il 19 agosto

2010 è stato estradato e rinchiuso nel carcere di Valenciennes. In attesa dell'estradizione ha dichiarato: "Quando non si ha altro argomento che la prigione per liberarsi da un avversario dialettico, è perché mancano gli argomenti".

Paul-Eric Blanrue, storico fondatore del gruppo di ricerca Cercle Zététique e autore del libro *Sarkozy, Israël, et les juifs*, ha pubblicato un comunicato stampa in cui denuncia la legge Gayssot, invita a la solidarietà a Vincent Reynouard e lancia una campagna di raccolta firme in difesa della libertà di espressione e per chiedere la liberazione di Reynouard. Blanrue, oltre a denunciare il silenzio sospetto dei media francesi e internazionali, ha rilevato l'anomalia del fatto che nessuna ONG abbia detto una parola in difesa della libertà di espressione e di pensiero di Reynouard.

La mattina presto di martedì 5 aprile 2011, il revisionista 42enne ha lasciato il carcere di Valenciennes. La moglie Marina, il figlio Pierre e un gruppo di amici, tra cui Siegfried Verbeke, la moglie Edna e un gruppo di revisionisti belgi e tedeschi, lo aspettavano fuori dal cancello. Gli altri sette figli di Reynouard lo aspettavano in un caffè vicino alla prigione, facendo disegni da consegnare al padre. Dopo aver mangiato insieme in un'atmosfera gioiosa, la famiglia Reynouard dovette separarsi di nuovo, poiché Marina e i bambini dovevano tornare a Bruxelles. Vincent non poté andare con loro, poiché era sotto controllo giudiziario e gli era vietato lasciare la Francia. Infatti, il giorno successivo, il 6 aprile, è stato convocato da un giudice istruttore di Amiens per un'altra questione: è sospettato di aver inviato CD revisionisti a 120 scuole superiori in Francia nel 2009.

Il giorno della sua liberazione, Reynouard ha rilasciato un'intervista a un giornalista della rivista *Rivarol*. Le sue prime parole sono state per la moglie, che ha ringraziato per il suo atteggiamento e si è congratulato per il suo eroismo. In secondo luogo, ha ringraziato Paul-Eric Blanrue per il suo coraggio e tutti coloro che lo hanno aiutato finanziariamente e gli hanno scritto. Ha espresso l'intenzione di scrivere un libro di testimonianze e di riprendere la pubblicazione della rivista *San Concessions*, interrotta dopo l'arresto, dal momento che tutti i suoi collaboratori sono rimasti fedeli ai loro incarichi. Le ultime parole dell'intervista sono state di incoraggiamento: "Nonostante tutte le vicissitudini e tutte le insidie, la lotta continua. I cuori salgono!

Nel febbraio 2015, un tribunale di prima istanza di Coutances, in Bassa Normandia, ha nuovamente condannato Vincent Reynouard a due anni di carcere per aver pubblicato un video in cui denunciava la manipolazione politica e il lavaggio del cervello inflitto ai giovani del suo Paese e confutava la teoria dello sterminio sistematico degli ebrei europei durante la Seconda guerra mondiale. È stato inoltre multato di 35.000 euro. Di fronte alla severità della sentenza, dato che la legge Gayssot prevede un massimo di un anno di carcere per la "negazione dell'Olocausto", il procuratore stesso si è appellato alla corte d'appello di Caen, il capoluogo regionale. In un video pubblicato su internet, Reynouard aveva annunciato che non intendeva pagare un solo centesimo. Il 17 giugno 2015, alla luce delle prove che la pena inflitta dal tribunale di Coutances era "illegale", il tribunale di Caen l'ha ridotta a un anno e ha revocato la sanzione pecuniaria. Reynouard non è comparso davanti al tribunale di Caen, due mesi prima, il 25 aprile 2015, aveva annunciato in un video che sarebbe entrato in clandestinità per fuggire dalla persecuzione politica che stava subendo in Francia: "Quindi - ha detto nel video - si può dire che sono in fuga. Questa volta ho perso tutto, o quasi. Sono qui senza casa, con il mio zaino. Sono riuscito a salvare solo alcuni frammenti di file per cercare di realizzare i video promessi". Al momento in cui scriviamo, non sappiamo che fine abbia fatto Reynouard, poiché non siamo riusciti a scoprire nulla di nuovo su di lui.

3. Principali vittime di persecuzione in persecuzione in Austria:

Gerd Honsik, vittima della resa del PSOE al sionismo

Hans Strobl, presidente della Federazione Culturale del Burgenland, scrisse nel 1988 nell'epilogo di *Una soluzione per Hitler?* che la polizia di Stato austriaca aveva minacciato Gerd Honsik nel 1978 di rinchiuderlo in una clinica psichiatrica. Non spiega però perché Honsik sia stato così gravemente intimidito e invece di essere mandato in manicomio sia finito in prigione. In carcere scrisse due libri di poesie. Il primo, *Lüge, wo ist dein Sieg?* (*Bugia, dov'è la tua Vittoria?*), fu pubblicato nel 1981; il secondo, *Fürchtet euch nicht!* (*Non aver paura!*), nel 1983. Entrambi i manoscritti furono fatti uscire di nascosto dal carcere con l'aiuto di guardie carcerarie simpatizzanti del poeta, al quale era stato vietato di scrivere. Il primo libro, composto in versi classici, fu infine confiscato e costò a Honsik una multa di 41.000 scellini (allora valuta austriaca). Il presidente della Corte Suprema, apparentemente un esperto di critica letteraria, stabilì che non si trattava di "arte". Per quanto riguarda il secondo, anch'esso fu perseguito e messo al bando.

Nel 1986, per motivi politici, Honsik è stato licenziato dal suo lavoro, dove era stato impiegato per quindici anni. La persecuzione ha colpito i suoi figli in età scolare, che hanno subito pressioni, anche da parte di alcuni insegnanti. Tra il 1987 e il 1988, Honsik ha dovuto ricorrere al tribunale per diciotto volte: ha dovuto spendere 140.000 scellini in spese processuali e legali. Il peggio arrivò nel 1988 con la pubblicazione di *Freispruch für Hitler?* (*Soluzione per Hitler?*), un libro che pretendeva di essere un libro di riconciliazione. Gerd Honsik consultò un parroco cattolico, Robert Viktor Knirsch, per sapere se il sacerdote aveva capito che c'erano impedimenti morali. Il parroco gli scrisse una lettera in cui, come sacerdote cattolico, lo incoraggiava a continuare il libro:

"... La verità fa parte del seguito del bene. Chiunque cerchi la verità ha il diritto di poter dubitare, indagare e soppesare. E laddove si richiede di credere ciecamente, c'è un'alterigia, con tanto di bestemmia, che ci fa riflettere. Mentre ora coloro di cui mettete in dubbio la tesi hanno la ragione dalla loro parte, accetteranno tutte le domande con calma, daranno le loro risposte con tutta la pazienza. E non nasconderanno più le loro prove e i loro documenti. Ma se mentiranno, grideranno al giudice. Così saranno conosciuti. La verità è sempre calma, ma la menzogna è sempre in lotta per un processo terreno!

Con i miei complimenti, vi invio i miei migliori saluti.
Il sacerdote Robert Viktor Knirsh
Kahlenbergerdorf, 2/6/1988".

Dopo aver scritto queste parole a Honsik, che il poeta riprodusse nella sua opera, il parroco fu ricoverato in una clinica psichiatrica, dove presto si ammalò. Morì lunedì 26 giugno 1989. Prima di morire, espresse il desiderio che l'inno tedesco fosse suonato alla sua sepoltura. Alle 9.30 del 30 giugno si tenne una messa funebre a Kahlenbergerdorf, dopodiché il corpo di Knirsh fu sepolto nel cimitero parrocchiale. Al funerale parteciparono circa settecento persone, tra cui l'arcivescovo Krätztl e il prevosto Koberger, ma anche numerosi agenti segreti e un'unità cinofila della polizia. Quando, al termine della cerimonia, Honsik ha chiesto che venissero eseguite le ultime volontà del sacerdote, la polizia è intervenuta chiedendo ai presenti di identificarsi. Gerd Honsik è stato momentaneamente trattenuto e rimproverato per aver chiesto di suonare l'inno tedesco in circostanze in cui era vietato.

Per quanto riguarda le conseguenze della pubblicazione del libro, il processo si trascinò per anni e portò persino alla creazione di una legge che si applicasse esclusivamente al caso. Nel gennaio 1992, Honsik lasciò il Paese dopo essere stato diffamato pubblicamente in televisione, dove il dottor Neugebauer, direttore dell'Archivio documentale della Resistenza austriaca, lo accusò in presenza del Ministro degli Interni di aver pianificato un colpo di Stato. Quando fu dimostrato che si trattava di calunnie e falsità, Honsik tornò in Austria per assistere al processo, che durò diverse settimane. Il 5 maggio 1992 Gerd Honsik fu condannato a diciotto mesi di reclusione per "rivitalizzazione delle attività nazionalsocialiste". La Corte Suprema austriaca ha respinto il ricorso. Per evitare un'ulteriore incarcerazione, fuggì in Spagna, dove aveva già vissuto per un anno quando era un bambino di otto anni. Nel 1949 attraversò i Pirenei in un treno speciale con un migliaio di bambini austriaci gravemente malnutriti, in fuga dalla pulizia etnica perpetrata in Europa contro il popolo tedesco tra il 1945 e il 1948, il genocidio perfettamente documentato e nascosto.

Nel 1993, Honsik pubblicò un altro libro per il quale sarebbe stato in seguito perseguito, *Schelm und Scheusal* (*Canaglia e mostro*), in cui denunciava Simon Wiesenthal, che aveva espresso la sua soddisfazione per la lettera-bomba inviata dall'Austria all'ex SS Alois Brunner, che perse un occhio e otto dita. Stretto collaboratore di Adolf Eichmann, Brunner viveva a Damasco, dove assassini sionisti avevano tentato di ucciderlo in diverse occasioni. Wiesenthal era a conoscenza dei dettagli dell'attentato e si riferiva alla vittima come al suo "assassino di ebrei più ricercato". Tuttavia, nell'agosto 1988 Gerd Honsik gli aveva fatto visita nella capitale siriana e alla domanda "Quando ha saputo delle camere a gas?", Brunner aveva risposto: "Dopo la guerra, attraverso i giornali".

Il 7 ottobre 1993, il Primo Ministro spagnolo Felipe González si recò a Vienna. Lì, il Cancelliere della Repubblica d'Austria, Franz Vranitzky, approfittò dell'occasione per chiedergli l'estradizione di Honsik. Questo rivela chiaramente la portata del potere delle lobby ebraiche, capaci di convincere un alto leader europeo a chiedere a un altro di consegnare un rifugiato politico a causa della pubblicazione di un libro. Gerd Honsik, consapevole di ciò, ha indirizzato una lettera aperta al Parlamento spagnolo in cui chiedeva rifugio politico in Spagna. Nel testo ricordava che la Spagna lo aveva accolto da bambino nel dopoguerra e che aveva già imparato lo spagnolo. La lettera si concludeva con queste parole: "Mi rivolgo ai parlamentari spagnoli, sia di destra che di sinistra, e al popolo spagnolo, pregandoli di rimanere fermi di fronte alle pressioni internazionali che chiedono la mia estradizione. In Spagna ho trovato allora rifugio dalla fame. Oggi in Spagna cerco rifugio dalla prigione". Le autorità austriache chiedono al governo spagnolo di estradarlo, ma il 7 novembre 1995 l'Audiencia Nacional rifiuta. La Procura si oppose e ritenne, come sottolineato dalla difesa, che si trattasse di "un crimine politico e, quindi, escluso dall'estradizione". La motivazione dell'Audiencia Nacional ha ritenuto che "non fosse possibile inquadrare tale condotta come provocazione al crimine di genocidio, in quanto questo richiede lo scopo di distruggere, totalmente o parzialmente, un gruppo religioso", scopo che non poteva essere affermato "dai fatti (scrittura e pubblicazione di *Una soluzione per Hitler?*) per i quali l'imputato è stato condannato...". Sia il giudice che il procuratore dell'Audiencia hanno convenuto che il libro di Honsik non violava la legge spagnola. Pertanto, senza alcuna molestia da parte delle autorità spagnole, Gerd Honsik ha vissuto a Malaga per quasi quindici anni.

Infine, un mandato di arresto europeo emesso dal tribunale di Vienna è stato notificato dalle autorità spagnole: il 23 agosto 2007, la polizia ha arrestato Honsik a Malaga. Nel settembre 2007, il presidente della Comunità religiosa ebraica austriaca, il magnate Ariel Muzicant, israeliano nato ad Haifa, ha dichiarato al giornale *Die Gemeinde* (*La Comunità*) che la comunità ebraica stava lavorando per una legislazione europea uniforme contro i neonazisti e i revisionisti dell'Olocausto. Commentando l'arresto di Honsik in Spagna, ha dichiarato:

> "Gerd Honsik è stato arrestato dopo aver trascorso quindici anni in Spagna e sarà estradato in Austria. Personalmente ne sono felice perché dimostra ancora una volta che i miei colloqui con il Primo Ministro spagnolo, il Ministro degli Esteri e il Ministro della Giustizia nel gennaio di quest'anno hanno contribuito a far adottare al governo spagnolo una posizione corrispondente

Senza un briciolo di dissimulazione, al contrario, Muzicant si è vantato senza vergogna del suo potere e si è preso il merito di aver fatto fare al governo socialista spagnolo la cosa giusta, cioè quello che voleva il sionismo. Nel gennaio 2007 in Spagna c'era un governo del PSOE guidato da José Luis Rodríguez Zapatero. Il ministro degli Esteri era l'ineffabile Miguel Ángel Moratinos e il ministro della Giustizia era Juan Fernando López Aguilar. Il giudice che autorizzò l'estradizione fu Baltasar Garzón, che quattro anni dopo sarebbe stato condannato a undici anni di interdizione ed espulso dalla magistratura con una decisione unanime dei membri della Camera Penale della Corte Suprema. Questo giudice senza scrupoli, purtroppo difeso da molti settori della sinistra spagnola, si mise al servizio dei sionisti senza considerare che la Spagna aveva rifiutato due volte l'estradizione e che l'Audiencia Nacional aveva stabilito in una decisione del 1995 che quello di Honsik era "un crimine politico e quindi escluso dall'estradizione". La consegna di Gerd Honsik all'Austria è avvenuta il 4 ottobre 2007. Il Ministro della Giustizia austriaco, la socialista Maria Berger, ha espresso pubblicamente un ringraziamento speciale al giudice Baltasar Garzón in un comunicato stampa emesso dal Ministero della Giustizia il 5 ottobre.

Quattro anni dopo, il 26 gennaio 2012, Göran Holming, comandante dell'esercito svedese in pensione e membro di Azione Europea, un movimento per un'Europa libera, ha presentato all'Audiencia Nacional una denuncia penale contro Baltasar Garzón, il primo ministro Rodríguez Zapatero e i ministri citati. La lettera denunciava l'incontro con Ariel Muzicant e gli accordi politici raggiunti nel gennaio 2007. La lettera contestava a lungo i falsi pretesti addotti per concedere l'estradizione e accusava specificamente il giudice Garzón di prevaricazione e di violazione della legge e della Costituzione spagnola, che proibisce l'estradizione per reati politici a meno che non si tratti di "atti terroristici". Ecco il testo della richiesta:

> "Chiedo al Pubblico Ministero di verificare se l'ex Primo Ministro José Luis Rodríguez Zapatero e i suoi ex Ministri della Giustizia e degli Esteri, in collaborazione con il giudice Baltasar Garzón, debbano rispondere

dell'estradizione del poeta e scrittore austriaco Gerd Honsik, promossa attraverso un'associazione a delinquere con lo straniero Ariel Muzicant e la signora Maria Berger, e realizzata allo scopo di attuare una persecuzione politica disumana e ingiusta in Austria, e se le suddette persone abbiano cumulativamente commesso: - una persecuzione politica, disumana e ingiusta in Austria, e se le suddette persone abbiano cumulativamente commesso: una persecuzione politica, disumana e ingiusta in Austria. Maria Berger e realizzato allo scopo di attuare una persecuzione politica, disumana e ingiusta in Austria, e se le persone summenzionate hanno commesso cumulativamente:

I) Un crimine contro l'umanità,
II) il reato di abuso di potere,
III) per falsificazione del mandato d'arresto dell'UE,
IV) di cospirazione in un accordo contro la Costituzione spagnola.

Con la presente chiedo che le persone di cui sopra siano processate davanti al tribunale competente per i reati di cui sopra.

Cordiali saluti
Göran Holming, comandante in pensione dell'esercito svedese".

Torniamo ora al caso di G. Honsik. Il 3 dicembre 2007 si è tenuta a Vienna l'udienza di appello, che era stata annullata nel 1992 a causa della "mancata comparizione dell'interessato". L'appello è stato respinto e la condanna a diciotto mesi di reclusione incondizionata è stata confermata. Nel maggio 2008, la Procura di Vienna ha presentato nuove accuse contro Honsik per "rivitalizzazione delle attività nazionalsocialiste". Il 20 aprile 2009 è iniziato il processo davanti al Tribunale regionale di Vienna e il 27 aprile Honsik è stato condannato a cinque anni di reclusione a causa delle sue opinioni sull'esistenza delle camere a gas nei campi di lavoro nazionalsocialisti. Il verdetto è stato confermato dalla Corte Suprema, ma il 1° marzo 2010 la sentenza è stata ridotta a quattro anni dalla Corte d'Appello di Vienna.

Sempre il 20 luglio 2010, si è tenuto un nuovo processo contro Honsik per la pubblicazione di due libri, uno dei quali era *Schelm und Scheusal* e l'altro *Rassismus Legal?* Si trattava di un "processo 3g", cioè un processo ai sensi della sezione 3g della legge austriaca sul divieto di pubblicazione (Verbotgesetz) del 1947, che reprime severamente la "rinascita dei sentimenti nazionalsocialisti". Il giudice Andreas Böhm, che aveva condannato Honsik a cinque anni nel processo dell'aprile 2009, aveva incaricato il pubblico ministero Stefan Apostol di escludere i libri incriminati per aprire successivamente un nuovo processo che avrebbe consentito un'ulteriore condanna. Al processo, i libri sono stati esaminati separatamente. Honsik, nonostante il periodo di detenzione, o forse proprio per questo, non si fece scoraggiare e si scagliò contro Simon Wiesenthal. Le informazioni che abbiamo sulle sedute del processo provengono dalla stampa austriaca, servile come tutte le lobby ebraiche di controllo, quindi vi risparmieremo le citazioni. In breve, Honsik ha ribadito che era un fatto ammesso che non esisteva una sola camera a gas in territorio tedesco o austriaco e che il bugiardo non era lui, ma Wiesenthal. Il giudice cercò di convincere l'avvocato di Honsik, il dottor Herbert Schaller, a negare l'esistenza delle camere a gas. Più volte gli ha chiesto se anche lui sostenesse che non ci fossero camere a gas; ma l'avvocato ha sempre evitato di rispondere alle domande che in Germania venivano poste per incriminare gli avvocati degli imputati.

In teoria, Honsik non avrebbe dovuto essere rilasciato prima del 2013, ma un ricorso alla Corte di Vienna ha finalmente raggiunto l'obiettivo di una sentenza favorevole, che ha ridotto la durata della pena di diciotto mesi. Secondo quanto riferito, si è tenuto conto della sua età avanzata (70 anni) e della sua "riuscita integrazione sociale" in Spagna, dove è tornato dopo il rilascio alla fine del 2011 per stabilirsi nuovamente a Malaga, dove era stato arrestato nel 2007. Nel corso della sua vita, Gerd Honsik è stato imprigionato per quasi sei anni per aver espresso idee considerate crimini di pensiero.

David Irving condannato a tre anni di reclusione a Vienna

Il secondo processo a Ernst Zündel a Toronto è stato una pietra miliare nell'evoluzione del pensiero revisionista di David Irving, che, insieme a Robert Faurisson, ha agito come consulente dell'avvocato Doug Christie e ha testimoniato al processo come testimone della difesa. Sembra che sia stato Irving a contattare Bill Armontrout e, quando questi gli consigliò Fred Leuchter, volò a Boston in compagnia di Faurisson per incontrare l'esperto di camere a gas e convincerlo a fornire la perizia tecnica. Il *Rapporto Leuchter* dissipò tutti i dubbi di Irving sul presunto sterminio degli ebrei europei, se ancora ne aveva. Al suo ritorno a Londra dopo il processo, Irving pubblicò il rapporto dell'ingegnere americano nel Regno Unito con il titolo *Auschwitz the End of the Line: The Leuchter Report* e ne scrisse la prefazione. Nessuna delle due cose piacque all'establishment politico, e così il 20 giugno 1989 Irving e Leuchter furono condannati in una proposta presentata alla Camera dei Comuni. La proposta descriveva David Irving come "propagandista nazista e apologeta di Hitler". Per quanto riguarda il testo pubblicato, fu considerato una "pubblicazione fascista". Irving rilasciò un comunicato stampa sprezzante in risposta alla mozione dei Comuni. Il 23 giugno 1989, Irving pubblicò un testo in cui affermava inequivocabilmente che le camere a gas di Auschwitz erano una "favola".

Il 6 novembre 1989, David Irving tenne al Park Hotel di Vienna una conferenza che sedici anni dopo gli sarebbe costata una condanna a tre anni di carcere. Le organizzazioni ebraiche e vari gruppi comunisti e di estrema sinistra portarono in strada cinquemila manifestanti nel tentativo di impedire l'evento. Circa cinquecento poliziotti antisommossa dovettero formare un cordone di protezione per impedire ai più esaltati di prendere d'assalto l'edificio. A causa del contenuto delle due conferenze tenute in Austria, il governo emise un mandato di arresto per Irving e gli vietò di entrare nel Paese.

Nel gennaio 1990 David Irving tenne una conferenza a Moers, in Germania, in cui alludeva al terrore aereo alleato e sosteneva che ad Auschwitz, tra il 1940 e il 1945, erano morte tante persone quante ne erano morte nei criminali bombardamenti sulle città tedesche. Il 21 aprile 1990 Irving ha ripetuto lo stesso discorso a Monaco di Baviera, inducendo un tribunale della capitale bavarese a condannarlo, l'11 luglio 1991, a una multa di 7.000 marchi per negazione dell'Olocausto. Irving ricorre in appello e, durante l'udienza del 5 maggio 1992, i presenti nell'aula del tribunale di Monaco a lottare per il popolo tedesco per "porre fine alla sanguinosa menzogna dell'Olocausto che è stata tessuta contro il Paese per cinquant'anni". Irving ha definito Auschwitz "un'attrazione turistica". Oltre a una multa di 10.000 marchi, gli è stato vietato di entrare in Germania.

Altri Paesi seguirono l'esempio e il veto contro Irving cominciò a diffondersi. In Canada fu arrestato nel novembre 1992 ed espulso nel Regno Unito. Gli viene negato l'ingresso anche in Italia e in Australia. Il 27 aprile 1993 è stato convocato davanti a un tribunale francese per accuse legate alla Legge Gayssot. Poiché questa legge non prevede l'estradizione, lo storico ha rifiutato di recarsi in Francia e non si è presentato. Nel 1994, nel Regno Unito, è stato condannato a tre mesi di prigione per oltraggio alla corte durante una disputa legale sui diritti di pubblicazione. Alla fine fu rinchiuso per dieci giorni nella prigione londinese di Pentonville.

Lo scontro legale tra David Irving e la storica ebrea Deborah Lipstadt, ben nota negli ambienti revisionisti, è stato un punto di svolta che ha segnato lo storico britannico. Si è trattato di un lungo processo nel Regno Unito di cui riporteremo solo i fatti essenziali, poiché Irving appare in queste pagine come vittima di persecuzione in Austria e non dobbiamo deviare dal nostro obiettivo. Per i lettori che non hanno familiarità con la questione, la controversia tra Deborah Lipstadt, professoressa di ebraismo moderno e di studi sull'Olocausto alla Emory University (USA), e David Irving è iniziata nel 1993, quando Lipstadt ha squalificato Irving in *Denying the Holocaust: The Growing Assault on Truth and Memory*. Nel libro, Lipstadt definì lo storico britannico "un antisemita che falsifica documenti per motivi ideologici" e concluse che era "un pericoloso portavoce del negazionismo dell'Olocausto". Nel 1996 Irving decise di citare in giudizio Lipstadt e il suo editore britannico Penguin Books Ltd. per diffamazione, sostenendo che la sua reputazione di storico era stata danneggiata. Il processo, iniziato l'11 gennaio 2000, si è concluso l'11 aprile con la sentenza del giudice Charles Gray a favore di Lipstadt e Penguin Books. Gray ha stabilito che Irving "per motivi ideologici ha persistentemente e deliberatamente travisato e manipolato le prove storiche". Nonostante il fatto che, come ha rivelato Germar Rudolf, David Irving abbia origini ebraiche, il giudice Gray ha sostenuto nel verdetto che Irving era un "attivo negazionista dell'Olocausto"; che era "antisemita e razzista"; e che si era "associato con radicali di estrema destra per promuovere il neonazismo". Il processo e il verdetto hanno fatto il giro del mondo.

L'11 novembre 2005 David Irving è diventato la vittima più nota della persecuzione dei revisionisti in Austria. Egli stesso raccontò in seguito l'intera vicenda in un articolo pubblicato dall'*American Free Press*. Secondo il suo racconto, si era recato nel Paese per parlare a un'associazione studentesca, la confraternita studentesca "Olympia". L'argomento della conferenza, discusso in precedenza in questo lavoro, era la negoziazione di Joel Brand in Ungheria con Adolf Eichmann per liberare gli ebrei ungheresi in cambio di camion. Irving intendeva spiegare che i servizi segreti britannici avevano decifrato i codici di comunicazione ed erano a conoscenza di ciò che veniva discusso tra i sionisti e i nazisti. Poiché dal novembre 1989 pendeva su di lui un mandato di arresto emesso dal Tribunale regionale di Vienna per negazione dell'Olocausto, Irving non volle rischiare di entrare in Austria con un volo diretto e optò per un viaggio in auto da Zurigo. Dopo aver guidato per tutta la notte, arrivò a Vienna alle 8:00 del mattino, dopo aver percorso 900 chilometri.

Una volta riposato, chiamò da una stazione ferroviaria lo studente Christopher V. che lo aveva invitato: "Appuntamento A", disse Irving senza identificarsi, "tra un'ora". La sicurezza era necessaria e tutto era stato organizzato con sei mesi di anticipo. Christopher, un giovane di vent'anni, lo andò a prendere nell'atrio della stazione e lo condusse nel luogo in cui, presumibilmente, lo aspettavano più di duecento studenti. L'inizio dell'evento era previsto per le 18:00. Una volta parcheggiata l'auto, si sono avvicinati all'edificio a piedi. Appoggiandosi al muro, videro "tre corpulenti buttafuori". Non appena ha capito che si trattava della "Stapo" (Polizia di Stato), il giovane ha consegnato le chiavi dell'auto a Irving e si sono separati. Mentre tornava alla Ford Focus, Irving racconta che "uno dei buttafuori mi seguiva a circa ottanta metri di distanza; gli altri due inseguivano Christopher". Per abitudine, entrò nell'auto da destra, come se fosse un veicolo inglese, ma il volante era dall'altra parte. L'uomo iniziò a correre. Quando finalmente partì, il poliziotto era solo a una decina di metri di distanza. Nello specchietto retrovisore lo vide annotare i dati dell'auto su un blocco note. Il piano era di cercare di raggiungere Basilea, dove avrebbe dovuto prendere un aereo il giorno successivo. A circa 250 chilometri da Vienna, due auto della polizia lo costrinsero a fermarsi: "Otto poliziotti in uniforme saltarono fuori all'improvviso e corsero verso di me, gridando istericamente". Questo è il riassunto stringato di come Irving ha vissuto il suo arresto.

Il portavoce del Ministero degli Interni austriaco, Rudolf Gollia, ha riferito che lo storico britannico è stato arrestato l'11 novembre da agenti della polizia autostradale nei pressi della città di Johann in der Heide, nello Stato della Stiria. La stampa internazionale ha riportato che era stato arrestato per aver negato l'Olocausto 16 anni prima in una conferenza tenuta nel 1989. Un portavoce dell'ufficio del pubblico ministero è stato citato dai media per dire che se fosse stato processato e giudicato colpevole, avrebbe potuto essere condannato a una pena da uno a dieci anni di reclusione.

Dopo tre mesi di detenzione, il 20 febbraio 2006 è stato condannato a tre anni di reclusione dal Tribunale regionale di Vienna. Nell'atto di accusa, il pubblico ministero ha specificato che nei due discorsi pubblici del 1989 Irving aveva affermato che "Hitler ha effettivamente mantenuto la sua mano protettiva sugli ebrei" e aveva negato l'esistenza delle camere a gas. Secondo il pubblico ministero, nel 1989 Irving aveva anche sostenuto che la Notte dei cristalli non era stata perpetrata dai nazisti, ma da individui travestiti da nazisti.

In tutta onestà, va detto che le concessioni di Irving davanti al tribunale viennese hanno profondamente deluso alcuni revisionisti, che avrebbero desiderato un atteggiamento più dignitoso e più stoico. Irving ha dichiarato di aver cambiato idea sull'Olocausto perché durante un viaggio in Argentina aveva trovato nuovi materiali su Adolf Eichmann. Accettò di ritrattare alcune delle sue affermazioni e ammise persino l'esistenza delle camere a gas, ammettendo così la sua colpa di aver falsificato la storia. Sembra che con questa strategia sperasse in un'assoluzione. Era così sicuro di sé che aveva persino comprato in anticipo un biglietto aereo per tornare a Londra. Tuttavia, gli otto membri della giuria sono stati unanimi e nel verdetto il giudice Peter Liebetreu ha detto: "La precedente confessione non ci è sembrata un atto di pentimento e quindi non è stata presa in considerazione nel peso della sentenza". Il giudice gli ha chiesto se avesse capito la sentenza. "Non ne sono sicuro", ha risposto stupefatto. Mentre veniva condotto fuori dall'aula, ha dichiarato di essere sciocсato dalla severità della sentenza.

La Corte d'appello, presieduta dal giudice Ernest Maurer, ha accolto l'appello. Il 20 dicembre 2006, il giudice Maurer ha accettato di ridurre la pena iniziale a un anno di reclusione e due anni di libertà vigilata. Poiché Irving era già stato in carcere per tredici mesi, poteva essere rilasciato. Tuttavia, gli è stato vietato di rientrare in Austria. Il verdetto ha scatenato la rabbia della comunità ebraica di Vienna e del Centro di documentazione storica della Resistenza. Brigitte Bailer, direttrice del centro, ha espresso la sua indignazione. Il verdetto, ha detto, "è preoccupante perché è un segno che ci sono settori del sistema giudiziario austriaco che minimizzano il reato di negazione dell'Olocausto". Bailer ha accusato il giudice Maurer di essere un simpatizzante del partito di estrema destra FPÖ. Appena arrivato in

Inghilterra, Irving ha ribadito le sue posizioni revisioniste e ha dichiarato che "non c'è più bisogno di mostrare rimorso".

David Irving ha quindi ripreso le sue attività e ha tenuto conferenze revisioniste in Europa e in America. Nel dicembre 2007, il governo della Generalitat della Catalogna ha cercato di vietare uno degli eventi previsti in Spagna. I Mossos d'Esquadra (polizia regionale catalana), oltre a perquisire e filmare i partecipanti per intimidirli, hanno proceduto al sequestro di alcuni libri. L'oratore è stato avvertito che sarebbe stato arrestato se ci fossero stati indizi di reato d'opinione. Vista la situazione, si è deciso di sospendere la conferenza e David Irving ha tenuto una conferenza stampa con l'alibi della sua libertà di espressione.

Continuiamo in Spagna. In occasione del settantesimo anniversario dello scoppio della Seconda Guerra Mondiale, il quotidiano *El Mundo* ha preparato nel 2009 un'edizione speciale con interviste a specialisti di diverse tendenze, tra cui Irving. L'ambasciatore di Israele in Spagna, Raphael Schutz, ha inviato una lettera di protesta al giornale chiedendo la censura dei contributi di Irving. Schutz, con il suo solito vittimismo, ha affermato che non è sufficiente invocare il diritto alla "libertà di espressione". Il giornale ha definito l'ambasciatore "intransigente" e ha risposto che il quotidiano *El Mundo* non nega l'Olocausto, anzi.

Concludiamo con un aneddoto. Nel marzo 2013 è stato revocato il divieto di ingresso in Germania di David Irving, che doveva durare fino al 2022. Nel luglio dello stesso anno, ha cercato di prenotare una camera a Berlino perché il 10 settembre si sarebbe svolta nella capitale tedesca una conferenza in cui i partecipanti avrebbero dovuto pagare 119 dollari per entrare. Volker Beck del Partito Verde contattò l'associazione degli albergatori tedeschi per boicottare Irving. In questo modo è riuscito a far sì che i principali alberghi di Berlino rifiutassero di ospitare il revisionista britannico, che avrebbe dovuto trovare un'altra sistemazione.

Wolfgang Fröhlich, il "canarino" che canta ancora nella gabbia

Wolfgang Fröhlich è sulla buona strada per battere tutti i record, avendo già trascorso nove anni della sua vita in prigione e scontandone attualmente altri cinque, il che equivale a quattordici anni di carcere per crimini di pensiero. In un articolo pubblicato su *Smith's Report* nell'ottobre 2015, Roberto Hernández ha equiparato Fröhlich a quel canarino a cui alludeva il professor Faurisson nella sua nota frase: "Mettere un canarino in gabbia non può impedirgli di cantare le sue canzoni". Wolfgang Fröhlich è un ingegnere chimico austriaco convinto che la tesi dello sterminio dei deportati nelle camere a gas sia scientificamente assurda. Fröhlich, il nostro canarino in gabbia, è uno specialista dei processi di disinfezione e della costruzione di camere a gas per la disinfestazione e l'eliminazione dei microbi.

È già stato detto che la libertà di espressione e la libertà nel suo complesso sono impedite in Austria da una legge del 1947, la "Verbotsgesetz" (Legge sul divieto), il cui scopo iniziale era quello di impedire l'esistenza di qualsiasi cosa che potesse essere collegata al nazionalsocialismo. Nel 1992, questa legge è stata modificata per punire la negazione dell'Olocausto e qualsiasi tentativo di minimizzare le atrocità naziste. Nonostante la nuova applicazione della legge sul divieto, negli anni '90 Fröhlich inviò centinaia di messaggi ad avvocati, giudici, parlamentari, giornalisti, ecc. denunciando le presunte camere a gas naziste come una menzogna. Nel 1998 partecipò come esperto della difesa al processo in Svizzera contro Jürgen Graf e il suo editore Gerhard Förster, su cui torneremo più avanti. Va detto che il tribunale non fu affatto soddisfatto della sua testimonianza sull'impossibilità tecnica delle gassificazioni di massa, tanto che il pubblico ministero Dominik Aufdenblatten minacciò di incriminarlo. Il passaggio dell'interrogatorio è il seguente:

> "Aufdenblatten": Secondo lei, le gassificazioni di massa con lo Zyklon B erano tecnicamente possibili?
> Fröhlich: No.
> Aufdenblatten: Perché no?
> Fröhlich: Il pesticida Zyklon B è acido cianidrico in forma granulare. Viene rilasciato a contatto con l'aria. Il punto di ebollizione dell'acido cianidrico è di 25,7 gradi (Celsius). Più alta è la temperatura, più veloce è il tasso di evaporazione. Le camere di delocalizzazione in cui veniva utilizzato lo Zyklon B nei campi e altrove erano riscaldate a trenta gradi e anche più, in modo che l'acido cianidrico venisse rilasciato rapidamente dai suoi granuli. Tuttavia, negli obitori semi-sotterranei dei crematori di Auschwitz-Birkenau, dove, secondo i testimoni, venivano effettuati stermini di massa con lo Zyklon B, le temperature erano molto più basse. Se si ammette che le stanze venivano riscaldate con i corpi dei prigionieri, la temperatura non avrebbe superato i 15 gradi, anche in estate. Di conseguenza, l'acido cianidrico avrebbe impiegato molte ore per evaporare. Secondo i resoconti dei testimoni, le vittime sono morte rapidamente. I testimoni parlano di tempi che vanno da "istantanei" a "15 minuti". Per uccidere i prigionieri in un tempo così breve, i tedeschi avrebbero dovuto utilizzare enormi quantità di Zyklon B - stimo tra i 40 e i 50 chili per ogni gasazione. Questo avrebbe reso totalmente impossibile qualsiasi lavoro nella camera a gas. Il distaccamento speciale (Sonderkomando), che secondo i testimoni svuotava le camere dai corpi, sarebbe crollato immediatamente al suo ingresso, anche indossando le maschere antigas. Enormi quantità di acido cianidrico sarebbero fuoriuscite e l'intero campo sarebbe stato avvelenato".

La dichiarazione di Fröhlich è stata accolta con un applauso; ma il procuratore Aufdenblatten ha reagito in modo indignato e ha detto: "Per questa dichiarazione chiedo alla corte di accusarla di discriminazione razziale secondo ai sensi dell'articolo 261, altrimenti lo farò io stesso". All'udire queste parole, l'avvocato di Förster, Jürg Stehrenberger, si è alzato e ha informato la corte che, vista l'intollerabile intimidazione del testimone, si ritirava dal caso. In compagnia dell'avvocato di Graf, ha lasciato l'aula per alcuni minuti. Al loro ritorno, entrambi hanno espresso la loro veemente obiezione al comportamento del pubblico ministero, ma hanno annunciato che avrebbero comunque continuato a svolgere le loro funzioni di difensori.

Nel 2001 Wolfgang Fröhlich ha pubblicato *Die Gaskammer Lüge (Le menzogne delle camere a gas)*, un libro di quasi 400 pagine che gli è valso un mandato di cattura e lo ha costretto a nascondersi in Austria per evitare la cattura. Durante la clandestinità, concepisce il progetto di inviare dei CD intitolati *Gaskammerschwiendel (La frode delle camere a gas)*, in cui espone in dettaglio i risultati delle sue ricerche e definisce la frode "terrorismo psicologico". Il 30 maggio 2003 scrisse in una lettera che stava bene e che era desideroso di continuare il suo progetto di inviare CD a persone dell'intero spettro della società austriaca. Fino a quel momento aveva inviato circa 800 CD, nella speranza che la sua azione accelerasse la fine della "storia dell'Olocausto, secondo cui milioni di ebrei sarebbero stati gassati". Per Fröhlich si trattava di un inganno storico senza precedenti ai danni di un intero popolo ("Volksbetrug"). Infine, sabato 21 giugno 2003, Fröhlich è stato arrestato e imprigionato a Vienna. All'inizio del 2004 è stato processato e condannato a tre anni di carcere per violazione della legge sul proibizionismo ("Verbotsgesetz"), di cui due in libertà vigilata. Quando è stato rilasciato il 9 giugno 2004, si è trovato senza lavoro e senza risorse.

Mentre era in libertà vigilata, nel giugno 2005, è stata presentata una nuova accusa contro di lui per aver pubblicato gli 800 CD che provavano l'assoluta impossibilità delle gassificazioni. Dovette tornare in carcere, dove attese il nuovo processo. Il 29 agosto 2005, il giudice Claudia Bandion-Ortner ha condannato Frölich a due anni di carcere e ha annullato la sospensione della sentenza precedente, il che significa che Frölich è stato incarcerato per un totale di quattro anni. Fortunatamente, il suo ricorso alla Corte Suprema è stato accolto, cosicché la pena è stata ridotta di 29 mesi e gli è stata nuovamente concessa la libertà provvisoria. Nel dicembre 2006, appena uscito di prigione, Wolfgang Fröhlich ha partecipato alla Conferenza internazionale sull'Olocausto a Teheran, ma non ha preso la parola, cosicché, nonostante le accuse e le pressioni sulle autorità austriache, non è stato incriminato per essersi recato in Iran.

Mentre era in libertà vigilata, l'instancabile Wolfgang Fröhlich chiese a un deputato e ai governatori provinciali di abolire la legge sul divieto. Per questo motivo è stato nuovamente arrestato a fine luglio/inizio agosto 2007 e riportato in carcere, dove è rimasto fino alla celebrazione di un nuovo processo. Il 14 gennaio 2008 il giudice Martina Spreitzer-Kropiunik del Tribunale regionale di Vienna ha emesso un verdetto di colpevolezza e lo ha condannato a quattro anni di reclusione, da aggiungere ai 29 mesi revocati dalla Corte suprema. È stato quindi condannato a un totale di sei anni e quattro mesi di reclusione per reati semplici di opinione.

Incarcerato come prigioniero politico, Fröhlich, il "canarino" che non riesce a smettere di cantare, ha scritto a Barbara Prammer del Consiglio nazionale dell'SPÖ (Partito Socialdemocratico Austriaco), al cardinale Chistoph Schönborn e ad altri per spiegare la sua tesi secondo cui lo sterminio di milioni di ebrei nelle camere a gas è tecnicamente impossibile e che la morte di sei milioni di ebrei è "la più atroce menzogna nella storia dell'umanità". L'incontenibile canto di Wolfgang Fröhlich ha portato a una nuova incriminazione nei suoi confronti: il 4 ottobre 2010 è stato condannato ad altri due anni di carcere. E così via. Mezzo anno prima del suo rilascio, il 9 luglio 2015, il tribunale distrettuale di Krems, presieduto dal giudice Dr. Gerhard Wittmann, lo ha condannato ad altri tre anni di reclusione. Questa volta, il pubblico ministero Elisabeth Sebek lo aveva accusato di aver inviato lettere al cancelliere austriaco Werner Faymann, un socialdemocratico cattolico, alla rivista *Profil* e ad altre persone influenti. In queste lettere, egli esprimeva ancora una volta le sue opinioni sull'Olocausto.

L'ultima notizia che abbiamo avuto da Wolfgang Fröhlich è che il 25 novembre 2015 ha inviato una lettera di messa in mora al Comitato per i diritti umani delle Nazioni Unite e alla Convenzione europea per i diritti umani. Poiché sia Robert Faurisson che Ernst Zündel si sono rivolti senza successo agli organismi internazionali, il primo per denunciare la legge Gayssot e il secondo per denunciare la violazione dei suoi diritti, è improbabile che Fröhlich ottenga una qualche tutela. La tirannia occulta del potere globale non ammette la minima concessione quando si tratta di revisionisti che cercano di smascherare l'impostura. In ogni caso, registreremo il testo come tributo a questo onorevole ingegnere austriaco che ha tentato tutto e ha perso tutto:

> "Signore, signori,
> Con la presente formulo un
> REQUISITI
> affinché il mio reclamo per i diritti umani n. 56264/09 contro la Repubblica austriaca, che criminalizzando le mie opinioni attacca i miei diritti fondamentali, in particolare quelli relativi alla libertà di ricerca scientifica, sia riesaminato e sia fatta giustizia!
> Mi ero già rivolto alla CEDU come ricorrente contro diverse condanne pronunciate dal tribunale penale di Vienna solo perché avevo usato la mia libertà di espressione. Con lettera del 15 maggio 2012 (GZ ECHR LGer11.2R),, questo ricorso è stato respinto in quanto irricevibile!
> Attraverso la stampa, ho appreso di recente che la CEDU ha nel frattempo modificato la propria posizione giuridica in merito alle garanzie dei diritti

umani per la libertà di espressione. Nell'ottobre 2015, un politico turco che era stato condannato in Svizzera per aver espresso la sua opinione in pubblico è stato infine scagionato da tutte le accuse dalla CEDU e la Svizzera condannata per violazione dei diritti umani. Ho fatto riferimento a questa vicenda nella mia lettera del 13 luglio 2015 al Consiglio dei ministri della Repubblica austriaca, che troverete nell'allegato n. 1.

Per riassumere la mia domanda: da più di dieci anni sono in carcere in Austria per uno stesso "reato"! Il 9 luglio 2015 sono stato condannato dal tribunale di Krems ad altri tre anni di carcere, perché mi ostino a difendere il diritto fondamentale di esprimermi liberamente! Ho fatto riferimento a questa vicenda in una lettera indirizzata il 13 luglio 2015 al Ministro della Giustizia austriaco, M. Wolfgang Brandstetter, che troverete nel documento allegato n. 2.

Poiché la Repubblica austriaca è vincolata agli stessi standard giuridici (CCPR e CEDU) della Svizzera in materia di diritti umani, chiedo che la mia domanda n. 56264/09 venga esaminata.

Con i miei più cordiali saluti,

Wolfgang Fröhlich".

4. Principali vittime di persecuzione in persecuzione in Svizzera:

Jürgen Graf e Gerhard Förster condannati per aver scritto e pubblicato libri

Nato nel 1951, Jürgen Graf, che inizialmente simpatizzava con la causa palestinese e di conseguenza rifiutava il sionismo per i suoi crimini, fino al 1991 non aveva dubbi sul fatto che i nazisti avessero sterminato gli ebrei con le camere a gas. In seguito ha incontrato Arthur Vogt (1917-2003), considerato il primo revisionista svizzero, che gli ha fornito una serie di libri che gli hanno aperto gli occhi e schiarito le idee. Da quel momento in poi, "decisi di dedicare la mia vita", confessa Graf, "alla lotta contro la più mostruosa frode mai ideata da menti umane". L'impatto della lettura dei testi revisionisti fu così profondo che nel marzo del 1992 si recò a Vichy dal professor Robert Faurisson, che corresse il suo libro *Der Holocaust auf dem Prüfstand*, pubblicato all'inizio del 1993.

Jürgen Graf, che ha studiato filologia francese, inglese e scandinava, parla più di dieci lingue. A seguito della sua prima pubblicazione revisionista, nel marzo 1993 viene licenziato come insegnante di latino e francese, lingue che insegnava in una scuola secondaria di Therwill, una città vicino a Basilea. Un mese dopo incontra l'editore Gerhard Förster, il cui padre, originario della Slesia, era morto durante la brutale pulizia etnica di milioni di tedeschi dell'Europa orientale. Incapace di fermarsi, nel settembre 1993 Graf si recò da Carlo Mattogno, residente vicino a Roma, che gli fornì preziosi materiali scritti in polacco, che aveva studiato e ricercato per un decennio. Da questa prima visita, i due iniziarono una stretta collaborazione e una profonda amicizia, poiché Graf divenne il traduttore di molti scritti del revisionista italiano. In seguito, i due compiranno insieme una mezza dozzina di viaggi di ricerca (Polonia, Russia, Lituania, Belgio, Olanda), da cui scaturiranno diversi libri che finiranno per co-firmare. Nel settembre 1994, Graf volò in California per partecipare a una conferenza revisionista organizzata dall'Institute for Historical Review. Lì incontra Mark Weber, direttore dell'IHR, Ernst Zündel, Bradley Smith e altri revisionisti. Nell'ottobre 1994 ottenne un nuovo lavoro come insegnante di tedesco a Basilea; ma fu licenziato nel 1998, dopo il processo di Baden che, dopo questa frettolosa introduzione, sarà trattato nelle righe successive.

Poiché abbiamo citato Jürgen Graf come fonte in tutto questo lavoro, il suo nome dovrebbe essere ormai familiare. La collaborazione con il revisionista italiano Carlo Mattogno ha portato, come ha detto, a un importante lavoro sui campi di transito nella Polonia orientale, che la propaganda ha trasformato in campi di sterminio. *Treblinka: campo di sterminio o campo di transito?* è stata una delle nostre fonti principali nello studio dei campi della cosiddetta "Aktion Reinhard". Tuttavia, quando Graf fu condannato nel 1998, fu per le sue prime opere, dalle quali abbiamo utilizzato *El Holocausto bajo la Lupa*, un'edizione inglese di *Der Holocaust auf dem Prüfstand*, uno dei quattro libri che portarono alla sua condanna. La corte, composta da cinque membri, era presieduta dal giudice Andrea Staubli che, nel motivare il verdetto, ha respinto le argomentazioni degli imputati sul contenuto accademico dei libri, che la corte ha considerato "cinico e disumano".

Per l'importanza del suo lavoro e delle sue ricerche e per il numero di libri pubblicati, Jürgen Graf è il più importante revisionista condannato in Svizzera. Lui e il suo editore Gerhard Förster sono stati condannati il 21 luglio 1998 rispettivamente a quindici e dodici mesi di carcere per aver scritto uno e pubblicato l'altro libri presumibilmente antiebraici che incitavano alla "discriminazione razziale". La "legge antirazzista" che ha permesso l'azione penale è stata promulgata il 1° gennaio 1995 su richiesta della comunità ebraica svizzera. Essa vietava reati non specificati come la "negazione o la banalizzazione del genocidio o di altri crimini contro l'umanità". Gerhard Förster è stato riconosciuto colpevole di aver pubblicato gli scritti di Graf e di altri due autori. Jürgen Graf è stato anche condannato per aver inviato CD "razzisti" in Svezia per Ahmed Rami e in Canada per Ernst Zündel, che li ha distribuiti via Internet. Oltre alla pena detentiva, il tribunale della città di Baden, nella Svizzera settentrionale, ha inflitto a ciascuno di loro una multa di 8.000 franchi svizzeri e ha ordinato loro di restituire i 55.000 franchi che avevano guadagnato dalla vendita dei libri, di cui 45.000 franchi a Förster e 10.000 a Graf.

Il Journal of Hisorical Review ha pubblicato nel numero di luglio/agosto 1998 un'ampia sintesi del processo, iniziato il 16 luglio. Secondo questa fonte, tutti i sessanta posti a sedere dell'aula erano occupati da sostenitori di Graf e Förster. All'inizio, la corte rifiutò di far testimoniare Robert Faurisson, la cui erudizione era già temuta ovunque. Accettò invece la testimonianza del meno noto Wolfgang Fröhlich, un estratto della quale è stato riprodotto sopra. La testimonianza di Jürgen Graf durò circa due ore e fu caratterizzata da una vigorosa difesa delle opinioni e degli argomenti dei suoi libri. È interessante riportare alcune delle domande e delle risposte del controinterrogatorio. In risposta alla domanda del giudice Staubli se ci fosse stato o meno l'Olocausto, Graf ha risposto:

> "È una questione di definizione. Se per Olocausto si intende la brutale persecuzione degli ebrei, le deportazioni di massa nei campi di concentramento e la morte di molti ebrei per malattia, sfinimento e malnutrizione, allora è ovviamente un fatto storico. Ma il termine greco "olocausto" significa "completamente bruciato" o "sacrificio con il fuoco", ed è usato dagli storici ortodossi per la presunta gassazione e

incenerimento di massa degli ebrei nei "campi di sterminio". Questo è un mito".

Il giudice ha quindi cercato di interrogare Graf sul fatto che non fosse uno storico qualificato. Lo ha poi rimproverato di non preoccuparsi di offendere gli ebrei con i suoi libri. Nella sua controreplica, Graf ha citato esempi di offese agli svizzeri senza che nessuno se ne preoccupasse. "Perché si tiene conto solo dei sentimenti degli ebrei e mai di quelli dei non ebrei? Il giudice gli ha ricordato che la legge anti-razzismo è stata approvata attraverso un referendum democratico. "Non dovreste rispettarla?". Risposta:

> "All'epoca si era portati a credere che la legge servisse a proteggere gli stranieri dalla violenza razzista. In realtà serve esclusivamente a proteggere gli ebrei da qualsiasi critica. Lo dimostra in modo inconfutabile l'opuscolo 'Abschied von Rechtsstaat' (Addio allo Stato di diritto), al quale ho contribuito con due brevi saggi. Finora nessun cittadino svizzero è stato accusato di aver criticato un nero, un arabo o un turco. Solo le persone che hanno criticato gli ebrei sono state accusate e condannate".

La pubblica accusa, rappresentata dal procuratore Aufdenblatten, è stata molto dura nelle sue conclusioni e ha usato espressioni come "pseudo-scientifico", "incitamento antisemita" e "propaganda razzista" per riferirsi ai "libri criminali". Ha concluso che gli scritti di Graf hanno alimentato le fiamme dell'antisemitismo e dell'odio e non hanno cercato la verità, ma l'hanno distorta. Il procuratore ha sottolineato che Graf non ha mostrato alcun rimorso, che ha riaffermato le sue opinioni revisioniste ed è improbabile che le modifichi. Ha quindi chiesto alla corte di non prendere in considerazione la sospensione della pena né per Graf né per Förster, che a suo dire è irragionevole quanto il suo collega. Per quanto riguarda le cattive condizioni di salute del pubblicista, ha detto che non erano una scusa per la clemenza, poiché non spettava alla corte valutare se fosse troppo malato per andare in prigione, ma ai medici. Gerhard Förster morì nel settembre 1998, nove settimane dopo il processo.

Dopo gli interventi finali di Jürg Stehrenberger e Urs Oswald, gli avvocati di Förster e Graf, il giudice Staubli ha concesso a Graf dieci minuti per fare un'ultima dichiarazione, a condizione che si limitasse a questioni rilevanti relative al processo. Dopo averla ringraziata per il gesto, Jürgen Graf ha insistito sul fatto che i revisionisti cercano la verità: "Cerchiamo di avvicinarci il più possibile alla verità storica. Vogliamo che ci vengano fatti notare i nostri errori. Ci sono effettivamente degli errori nei miei libri, ma sapete chi me li ha fatti notare? Altri revisionisti! Dall'altra parte, l'unica reazione di è stata quella di insulti, calunnie, minacce, azioni legali e querele". Per quanto riguarda la sua possibile condanna, ha informato la corte che dall'inizio del XIX secolo nessuno è stato imprigionato in Svizzera per aver espresso in modo non violento la propria opinione.

> Volete voi, signore e signori della corte", si rivolge ai giudici, "rompere questa tradizione alle soglie del XXI secolo? E se insistete nel voler imprigionare uno di noi, allora per favore guardate a me e non al signor Förster, che è mortalmente malato! Mettendomi in prigione, non mi umilierete. Se lo farete, umilierete l'intero Paese, la Svizzera. Una Svizzera in cui la libertà di parola è stata abolita. Una Svizzera in cui una minoranza dello 0,6% della popolazione può decidere cosa si può scrivere, leggere, dire o pensare è una Svizzera morta".

Il fatto che alcuni dei libri per i quali Graf e Förster erano stati accusati fossero stati pubblicati prima della promulgazione della legge del 1995 non è stato considerato un fattore attenuante. Il verdetto è stato naturalmente impugnato dal dottor Urs Oswald, avvocato di Graf. Il 23 giugno 1999, il tribunale del cantone di Argovia ha confermato il verdetto, per cui è stato presentato appello a un'istanza superiore, il Tribunale federale di Losanna. L'organizzazione svizzera "Verité et Justice", guidata da René-Louis Berclaz, Philippe Brennenstuhl e dallo stesso Graf, che lavora per il ripristino della libertà intellettuale in Svizzera, ha pubblicato la documentazione del processo con il titolo *Un processo politico a Escaner. Il caso di Jürgen Graf*, un rapporto che è stato tradotto in diverse lingue. Nell'aprile 2000, Graf ha saputo che il suo appello era stato respinto e che sarebbe stato mandato in prigione il 2 ottobre.

A quei tempi era già fidanzato con Olga Stepanova, una storica bielorussa di Minsk. I due decisero di non volersi separare così a lungo e Graf optò per l'esilio. Il 15 agosto 2000, giorno del suo 49° compleanno, emigrò in Iran, dove visse fino all'aprile 2001. Per un poliglotta come lui, studiare il farsi durante i mesi trascorsi a Teheran è stato un diversivo. Da lì si è poi trasferito in Russia, dove si è stabilito dopo aver sposato Olga. Dal 2002 Graf e sua moglie vivono in Russia, dove lui si guadagna da vivere traducendo in tedesco testi scritti in inglese, russo e altre lingue europee. Oltre, naturalmente, ai suoi sforzi per denunciare la religione dell'Olocausto, la menzogna che ha avvelenato il mondo, continua a pubblicare libri: *Sobibor. Propaganda e realtà dell'Olocausto*, pubblicato da Castle Hill Publisher, la casa editrice di Germar Rudolf, è uno dei più recenti.

Gaston-Armand Amaudruz, un anno di carcere per un ottuagenario

Nato a Losanna, Gaston-Armand Amaudruz fondò e pubblicò nel 1946 il *Courrier du Continent,* una newsletter scritta in francese. Amaudruz aveva solo 28 anni quando contestò nel suo libro *Ubu Justicier au Premier Procés de Nuremberg* (1949) le affermazioni sulle camere a gas omicide. Si può quindi dire che sia stato uno dei primi revisionisti. Amaudruz scrisse che "il processo di Norimberga gli aveva fatto capire che la vittoria degli Alleati era la vittoria della decadenza". Amaudruz, che nel 1951 fondò in Svizzera il "Nuovo Ordine Europeo", un'organizzazione nazionalista, anticapitalista e anticomunista, era simpatico a personalità svizzere di spicco come il losannese François Genoud, il finanziere svizzero che per tutta la vita era stato un convinto nazionalsocialista. Devoto sostenitore della causa palestinese e grande mecenate dell'OLP, Genoud fondò la Banca commerciale araba a Ginevra nel 1958. Non per niente era conosciuto come "sceicco François" tra gli arabi[19]. Genoud descrisse Gaston-Armand Amaudruz come "un uomo integro, razzista, disinteressato, un uomo del passato".

È stato proprio a causa di due articoli pubblicati nel 1995 sul *Courrier du Continent* che Gaston-Armand Amaudruz è stato denunciato. In uno di essi aveva scritto: "Da parte mia, mantengo la mia posizione. Non credo alle camere a gas. Lasciate che gli sterminatori presentino le prove e io ci crederò. Ma dato che sto aspettando questa prova da decenni, non credo che la vedrò presto". Il processo contro di lui seguì quello di Jürgen Graf, che aveva un'amicizia personale con Amaudruz e approfittò dei dieci minuti che il giudice Staubli gli concesse per difendere l'amico davanti al tribunale di Baden alla fine del suo discorso:

> "Vorrei concludere le mie osservazioni citando un amico della Svizzera occidentale, Gaston-Armand Amaudruz, contro il quale si sta preparando a Losanna un processo simile a quello qui in corso contro Förster e me.

---

[19] Ci sono poche persone così straordinarie e così poco riconosciute come François Genoud. Le biografie che sono state scritte su di lui non riescono a presentarlo adeguatamente perché i loro autori dimostrano poco coraggio e/o troppa preoccupazione per la correttezza politica. Genoud, oltre che banchiere e pubblicista, fu un eminente stratega internazionale che si oppose con tutte le sue forze al Nuovo Ordine Mondiale. Dopo la guerra, svolse un ruolo essenziale nel salvataggio dei rifugiati anticomunisti e nazionalisti in fuga dalla vendetta dei giudeo-comunisti che avevano conquistato mezza Europa. Già nel 1936, François Genoud strinse un'amicizia di lunga data con il Gran Muftì di Gerusalemme, il leader spirituale dei musulmani in Palestina. Con la fondazione della Banca Commerciale Araba, si mise al servizio finanziario delle cause nazionaliste arabe, che cercavano di ottenere l'indipendenza dall'impero finanziario dei Rothschild. Quest'uomo eccezionale, dall'intelligenza privilegiata, ha lottato fino alla fine contro il sionismo internazionale e l'impero globale.

In numero 371 del suo bollettino *Courrier du Continent*, Amaudruz scrive: "Come nei vecchi tempi storici, cercare di imporre un dogma con la forza è un segno di debolezza. Gli sterminazionisti possono vincere i processi attraverso leggi che imbavagliano la libertà di espressione. Ma perderanno il giudizio finale nel tribunale delle generazioni future".

Poco prima dell'inizio del processo, nell'aprile 2000, Amaudruz scrisse un articolo volutamente provocatorio nel numero 418 del suo bollettino, intitolato "Viva il revisionismo! In esso denunciava nuovamente il dogma intoccabile dell'Olocausto imposto all'umanità, affermava di essere pronto ad affrontare l'impeachment e annunciava: "Preferisco obbedire alla mia coscienza piuttosto che a una legge immorale e criminale. Sono fedele alle mie convinzioni, viva il revisionismo!". Dopo una lunga indagine, il processo è iniziato l'8 aprile 2000 e il verdetto è stato emesso il 10 aprile 2000. Il tribunale ha condannato l'imputato a un anno di prigione per aver "negato" l'esistenza di camere a gas omicide nei campi di concentramento tedeschi durante la Seconda Guerra Mondiale. Il 79enne pubblicista e professore in pensione è stato giudicato colpevole di aver violato la Legge antirazzista, che considera un reato "negare, minimizzare grossolanamente o tentare di giustificare il genocidio o altri crimini contro l'umanità". Oltre all'anno di reclusione, il tribunale di Losanna ha ordinato ad Amaudruz di pagare 1.000 franchi svizzeri a ciascuna delle parti in causa: la Federazione svizzera delle comunità ebraiche, la LICRA di Parigi, l'Associazione dei figli e delle figlie dei deportati ebrei in Francia e un sopravvissuto ai campi di concentramento ebraici. Anche i costi del processo e della pubblicazione del verdetto su tre giornali e una gazzetta ufficiale sono stati sostenuti dall'imputato condannato.

Dopo il processo, Gaston-Armand Amaudruz ha raccontato la sua esperienza giudiziaria in un libro che include i rapporti incriminati. Nel settembre 2000, "Verité et Justice" ha pubblicato il testo nel terzo numero del suo bollettino con il titolo *Il processo Amaudruz. Una farsa giudiziaria*. In questo modo, l'organizzazione ha contribuito a rendere pubbliche le crudeltà del processo contro un dissidente di 79 anni. Le autorità hanno ritenuto che si trattasse di una nuova violazione della legge antirazzista e hanno denunciato Amaudruz e René-Louis Berclaz e Philippe Georges Brennenstuhl, cofondatori con Jürgen Graf di "Verité et Justice". Nel marzo 2002, "Verité et Justice" è stata sciolta per ordine del tribunale. Il 22 maggio 2002, il tribunale penale di Veveyse, nel Cantone di Friburgo, ha condannato Amaudruz e Brennenstuhl a tre mesi di reclusione e Berclaz a otto mesi di reclusione.

Nel frattempo, una corte d'appello aveva ridotto a tre mesi la condanna inflitta a Gaston-Armand Amaudruz nell'aprile 2000. Nel gennaio 2003, all'età di 82 anni e in condizioni di salute già precarie, è entrato nel carcere di Plaine de l'Orbe a Vaud, nel cantone di Waadt, per scontare la pena inflittagli dalla giustizia svizzera.

5. Principali vittime di persecuzione in persecuzione in Belgio e nei Paesi Bassi:

Siegfried Verbeke, ostinato combattente per la libertà di espressione

Belga di origine fiamminga, Siegfried Verbeke è uno dei più importanti revisionisti europei. Insieme al fratello Herbert ha fondato nel 1983 la già citata *Vrij Historisch Onderzook (Libera Ricerca Storica)*, nota con l'acronimo *VHO*, che negli anni è diventata il principale centro europeo per la pubblicazione di testi critici nei confronti della storiografia ufficiale e del dogma dell'Olocausto. *VHO* ha pubblicato un'ampia gamma di libri, opuscoli, volantini e articoli in inglese, olandese, francese e tedesco, e per un certo periodo ha pubblicato anche una newsletter. Dal 1991, quando Verbeke e Faurisson pubblicarono un opuscolo di 125 pagine sul diario fraudolento di Anne Frank, si è scatenata una persecuzione che è aumentata nel tempo. Le istituzioni governative, con il consueto sostegno delle solite organizzazioni sioniste, hanno perseguitato senza sosta Verbecke, che è stato più volte condannato al carcere e multato per il suo dissenso politico e le sue opinioni sempre pacifiche. Le autorità belghe hanno inoltre confiscato per anni tonnellate di libri e altri testi prodotti da Verbeke, che sono stati sistematicamente distrutti.

La prima condanna inflitta da un tribunale belga a Siegfried Verbeke risale al 1992: per aver diffuso scritti che mettevano in dubbio l'Olocausto, fu condannato a un anno di carcere. Fortunatamente la sua detenzione fu sospesa, ma perse i diritti civili e il diritto di voto per dieci anni. Tuttavia, le lobby ebraiche continuarono a perseguitarlo e nel 1992 la loggia massonica B'nai B'rith, l'Israel Information and Documentation Centre e la Fondazione Anna Frank si unirono al Dipartimento nazionale per la lotta al razzismo e intentarono una causa civile contro Verbeke per la pubblicazione di materiale che includeva il *Rapporto Leuchter*. Alla fine dell'anno un tribunale olandese ha ordinato a Verbeke di pagare 10.000 fiorini per ogni testo. Nel 1993, la Fondazione Anna Frank nei Paesi Bassi e il Fondo Anna Frank in Svizzera hanno citato in giudizio Verbeke, Faurisson e un loro collega della *VHO* per la pubblicazione dell'opuscolo sul diario di Anna Frank. Nell'atto di accusa si sottolineava che "Anne Frank era stata per anni un simbolo delle vittime ebree dell'Olocausto, e il suo nome e il suo diario avevano quindi acquisito un valore supplementare".

Mentre la Svizzera ha approvato la legge antirazzismo nel 1995, in Belgio nello stesso anno il parlamento ha dato il via libera a una nuova legge antirevisionista che rendeva reato mettere in discussione la versione ufficiale dell'Olocausto. Secondo la nuova legge, negare, minimizzare o cercare di giustificare il genocidio del regime nazionalsocialista era punibile con una pena detentiva fino a un anno e una multa. Si trattava di una legislazione contro la libertà di parola molto simile a quella già esistente in Francia e in Austria. Questo dimostra che l'offensiva contro il revisionismo è stata spinta dietro le quinte dalle forze occulte che tengono in pugno le "democrazie" fantoccio nate dopo la guerra mondiale. In realtà, ben prima di allora, il 23 aprile 1982, il *Jewish Chronicle* (Londra) aveva già riferito che l'Institute of Jewish Affairs di Londra, un ramo del World Jewish Congress, stava annunciando una campagna per fare pressione e convincere i governi a mettere fuori legge la "negazione dell'Olocausto". Le leggi sul crimine di pensiero anti-revisionista introdotte in diversi Paesi europei riflettono il successo di questa iniziativa.

Nel 1996, Siegfried Verbeke iniziò a collaborare con un pubblicista revisionista tedesco per creare una divisione in lingua tedesca di *VHO* supervisionata da Germar Rudolf. Nel settembre 1997 Germar Rudolf lanciò su Internet il sito vho.org, che divenne il più grande sito revisionista del mondo. Il 6 novembre 1997, nel corso di una tavola rotonda ad Anversa (Belgio), Verbeke distribuì al pubblico centinaia di copie di un opuscolo revisionista scritto da lui stesso, *Goldhagen e Spielberg Lies*, che fu accolto molto bene[20]. Questa attività, che seguì il lancio di *VHO* su Internet, fu la goccia che fece traboccare il vaso. In un articolo del 2004, lo stesso Germar Rudolf ha indicato "il noto cacciatore di streghe belga Johan Leman", che sarebbe stato presente tra il pubblico di Anversa, come la persona che ha fatto pressione sul governo belga affinché agisse contro Verbeke. Il 21 e il 29 novembre 1997 e il 7 gennaio 1998 furono compiute una serie di incursioni in quattro dei suoi locali. Furono sequestrate grandi quantità di libri e documenti e i magazzini furono sigillati. Sulla base di questa esperienza, la divisione tedesca di *VHO* divenne indipendente all'inizio del 1998. Per sfuggire all'azione penale, Castle Hill Publishers, la casa editrice di Germar Rudolf in Inghilterra, si occupò della pubblicazione dei testi tedeschi. Nel 1998, la procura di Francoforte presentò una denuncia penale contro Siegfried Verbeke. L'iniziativa era stata presa da Ignatz Bubis,, capo del Consiglio Centrale degli Ebrei in Germania. Il motivo era la distribuzione di decine di migliaia di copie della versione tedesca de *Le bugie di Goldhagen e Spielberg* alle famiglie tedesche. Il libretto fu confiscato e distrutto per ordine di un tribunale di Monaco. Il procedimento giudiziario durò due anni.

Alla fine, il 27 aprile 2000, una sentenza della Corte d'Appello di Amsterdam ha vietato *a VHO* di continuare a pubblicare e distribuire il

---

[20] Daniel Goldhagen, il cui padre era uno degli innumerevoli sopravvissuti all'"Olocausto", aveva pubblicato nel 1996 *Hitler's Willing Executioners*, un'opera in cui criminalizza tutti i tedeschi che, secondo questo ebreo americano, non solo erano a conoscenza dello sterminio ma lo sostenevano. Per quanto riguarda Steven Spielberg e il suo *Schindler's List*, riteniamo che non sia necessario alcun commento.

libretto di Verbeke e Faurisson, che metteva in dubbio l'autenticità del presunto diario di Anne Frank. Nel maggio 2001, il Ministero della Cultura belga ha ordinato a tutte le librerie belghe di rimuovere le opere di Verbeke dai loro scaffali. In questo modo, tutti i testi revisionisti sono stati ritirati dai negozi e discretamente distrutti. Con questo inqualificabile oltraggio alla libertà di espressione, l'epopea di questo inqualificabile pubblicista raggiungeva il suo culmine.

Nel corso del 2002, la casa di Verbeke è stata ripetutamente perquisita dalla polizia belga. Il 12 febbraio 2002, le autorità belghe hanno ufficialmente bandito *Vrij Historisch Onderzook* e la sua casella postale è stata temporaneamente confiscata. I locali dell'editore sono stati nuovamente perquisiti ed egli è stato sottoposto a intensi interrogatori durante le ventiquattro ore di arresto. Nei mesi successivi, i magazzini dove Verbeke conservava i suoi materiali furono costantemente visitati dalla polizia. Di conseguenza, Siegfried Verbeke decise di riorganizzarsi. Dopo aver preso in consegna nuove caselle postali, ribattezzò la sua fondazione *Vogelvrij Historisch Onderzook (Ricerca storica proibita)*. La sezione o divisione francese divenne indipendente e si trasformò in *Vision Historique Objective*. Mesi dopo, la confisca della vecchia casella postale fu revocata e l'organizzazione di Siegfried Verbeke riacquistò il suo nome e i suoi indirizzi originali.

Il 9 settembre 2003, un tribunale di Anversa ha condannato i due fratelli Verbeke a un anno di reclusione e al pagamento di 2.500 euro. Entrambi sono stati rilasciati con la condizionale e per la seconda volta Siegfried Verbeke è stato privato dei diritti civili per un periodo di dieci anni. Il motivo della condanna era la distribuzione di materiale che "minimizzava il genocidio nazista contro gli ebrei". Solo tre settimane dopo, alla fine dello stesso mese di settembre, la polizia belga ha fatto irruzione per l'ennesima volta nei locali della casa editrice, alla ricerca di prove della distribuzione di materiale revisionista con il nome e l'indirizzo di Verbeke.

Un anno dopo, il 27 novembre 2004, in seguito a un mandato d'arresto emesso dalle autorità tedesche, Verbeke è stata arrestata nella sua residenza di Kortrijk, nelle Fiandre. Il mandato d'arresto europeo, presumibilmente introdotto con il pretesto di combattere il terrorismo, è una decisione legale emessa da uno Stato membro dell'Unione, che è stata applicata nella maggior parte dei Paesi dal 1° gennaio 2004,. Tali ordini vengono solitamente eseguiti con discrezione e senza alcun impedimento legale. La Germania ha immediatamente richiesto l'estradizione in Belgio, ma sorprendentemente un giudice ha respinto la richiesta in quanto Verbeke era già stato condannato per gli stessi reati in Belgio nel settembre 2003. Secondo la legge belga, una persona non può essere accusata o processata due volte per gli stessi fatti.[21]

---

[21] Scandalosamente, nel luglio 2005 la Corte costituzionale tedesca, in risposta a una richiesta spagnola di estradizione di un tedesco di origine siriana sospettato di essere coinvolto nel brutale attentato di Madrid dell'11 marzo 2004, ha stabilito che il mandato

In ogni caso, le vessazioni nei confronti di Siegfried Verbeke non si sono fermate. Il 4 aprile 2005, un tribunale belga lo ha nuovamente condannato a un anno di carcere e a una multa di 2.500 euro per aver negato il genocidio degli ebrei durante la Seconda guerra mondiale. Poiché ha presentato ricorso contro la sentenza, la sua incarcerazione è stata nuovamente rinviata. Approfittando della sua libertà, Verbeke ha cercato di viaggiare con la sua fidanzata filippina a Manila. Quando stava per imbarcarsi all'aeroporto di Schiphol, vicino ad Amsterdam, il 4 agosto 2005, è stato arrestato dalla polizia olandese, poiché il mandato d'arresto europeo era ancora valido nei Paesi Bassi. È chiaro che, come si è rammaricato il suo avvocato, Verbeke ha commesso un grave errore, poiché se avesse voluto viaggiare da Bruxelles probabilmente non sarebbe stato arrestato perché la richiesta di estradizione era stata respinta da un magistrato belga.

Dopo tre mesi di detenzione nei Paesi Bassi, è stato finalmente estradato in Germania. Le autorità olandesi ignorarono il fatto che Verbeke aveva la nazionalità belga e che un giudice belga aveva fornito un'ottima ragione per non estradarlo in Germania. Naturalmente, Verbeke stava combattendo contro gli impostori della storia ed era molto più pericoloso di qualsiasi terrorista ricercato dalla polizia spagnola per il presunto coinvolgimento nell'omicidio di circa 200 persone. In Germania, dove al sospetto tedesco di origine siriana era stata appena rifiutata l'estradizione in Spagna, Verbeke è stato tenuto per mezzo anno in isolamento nel carcere di Heildelberg. Improvvisamente, non si sa perché, gli è stata concessa la libertà su cauzione. In totale, senza essere stato condannato né in Olanda né in Germania, Siegfried Verbeke è stato imprigionato per nove mesi come pericoloso revisionista.

Tornato nelle Fiandre, è stato nuovamente arrestato nel novembre 2006 nella sua casa di Kortrijk. Il motivo del nuovo arresto sembra essere l'esecuzione di una precedente sentenza di un tribunale belga. Questa volta è stato imprigionato in Belgio. Verbeke ha detto agli amici che sperava di riacquistare la libertà nel luglio 2007. L'ultima condanna di Verbeke di cui è a conoscenza risale al 19 giugno 2008. Abbiamo già visto nelle pagine dedicate a Vincent Reynouard che la Corte d'Appello di Bruxelles ha condannato entrambi a un anno di carcere e a una multa di 25.000 euro per la pubblicazione di testi negazionisti che mettevano in discussione i crimini contro l'umanità. Poiché nessuno dei due si è presentato, le autorità belghe hanno emesso un mandato di arresto nazionale e si sono preparate a preparare il mandato di arresto europeo.

Mentre ci accingiamo a concludere queste pagine su Siegfried Verbeke, abbiamo appreso che il quotidiano in lingua fiamminga *De Morgen* ha pubblicato un'ampia intervista di tre pagine al revisionista belga nel suo

---

d'arresto europeo non era valido in Germania. La Corte costituzionale tedesca ha sostenuto che un cittadino tedesco ha diritto a un verdetto nei tribunali tedeschi. Pertanto, le autorità tedesche hanno rilasciato il presunto terrorista.

supplemento *Zeno* di sabato 9 gennaio 2016. In essa, impassibile, Verbeke ha insistito sul fatto che le uniche camere a gas di Auschwitz erano quelle utilizzate per disinfettare i vestiti dei detenuti. Il mensile *Joods Actueel* (*Notizie ebraiche*), con sede ad Anversa, che assume una posizione bellicosa contro tutto ciò che si muove contro Israele, ha *De Morgen* per aver accolto un "fetente" come Verbeke sulle sue pagine. Secondo quanto riportato dalla stampa belga, i sionisti sono pronti a portare il giornale fiammingo in tribunale. Michael Freilich, editore e proprietario del giornale ebraico, ha dichiarato alla *Jewish Telegraphic Agency* di aver presentato una denuncia contro *De Morgen* e Verbeke presso l'ICKG (Centro interfederale per le pari opportunità e la lotta al razzismo). Freilich ha dichiarato che "*De Morgen* è a tutti gli effetti un complice di questo reato e dovrebbe essere ritenuto responsabile delle sue azioni". Secondo Freilich, i funzionari dell'agenzia statale gli hanno assicurato che stanno prendendo in considerazione un'azione legale. Il sindaco di Anversa, Bart de Wever, ha subito appoggiato l'iniziativa.

6. Principali vittime della persecuzione in persecuzione in Spagna

In Spagna, i casi più eclatanti di persecuzione politica dei revisionisti e di sottomissione al sionismo nelle corti di giustizia si trovano in Catalogna. Lì, ad esempio, Pilar Rahola, definita "feccia sionista" da Antonio Baños, deputato della CUP nel Parlamento catalano dopo le elezioni autonome del 2015, si esibisce senza pudore, con assoluta sfacciataggine, nei numerosi organi di informazione che le offrono giorno per giorno le loro postazioni e i loro microfoni. Per anni leader di Equerra Republicana de Catalunya, un partito con una profonda tradizione massonica nella sua storia, Rahola ha ammesso in un'intervista a un media digitale pro-indipendenza i suoi contatti con Israele. Quando il giornalista le ha chiesto se lavorasse come collegamento tra il presidente della Generalitat, Artur Mas, e il governo sionista. La sua risposta è stata: "La migliore risposta che posso darle è che non la darò. Mi permetta di mantenere il riserbo su queste cose. Non mostreremo tutte le carte". Quando il giornalista ha risposto: "Capisco che lavoriamo", Rahola ha confermato: "Ci sono informazioni troppo sensibili per essere rese note.... Lavoriamo molto e parliamo poco". È indubbio, quindi, che il sionismo ha in Catalogna un terreno ben fertilizzato in cui si muove con arroganza grazie all'acquiescenza e al vergognoso servilismo dei media e alla complicità di alcuni politici pro-indipendenza.

In Spagna, il caso più eclatante, l'ingiustizia più sanguinosa, è stata commessa contro un libraio ed editore di Barcellona, Pedro Varela, la cui lotta dignitosa e onesta è nota in tutti i circoli revisionisti internazionali. Il suo caso, tuttavia, non è l'unico: anche altri librai ed editori con sede in Catalogna sono stati vittime di molestie. Ramón Bau, Óscar Panadero, Carlos García e Juan Antonio Llopart sono altri nomi che dovrebbero comparire in questa sezione, poiché sono stati perseguitati per aver pubblicato libri revisionisti o per aver espresso le loro opinioni su questioni politiche che hanno a che fare con il revisionismo. Dedicheremo quindi la prima sezione sulla persecuzione in Spagna a Pedro Varela e poi presenteremo il secondo caso.

Pedro Varela, un libraio onesto vittima dell'odio e dell'intolleranza settaria

Di Pedro Varela scriveremo adeguatamente. Poiché il nostro lavoro è nato in Spagna, conosciamo perfettamente le sue difficoltà, abbiamo avuto accesso a informazioni sufficienti e possiamo spiegare il caso come merita. Il suo nome è associato al CEDADE (Círculo Español de Amigos de Europa), un'organizzazione di ideologia nazionalsocialista creata a

Barcellona nel 1966. Il primo congresso di questo gruppo si tenne nel 1969 e Jorge Mota ne fu il primo presidente e allo stesso tempo direttore della rivista *CEDADE*. Durante questi primi anni, la militanza crebbe e l'organizzazione si diffuse in tutte le regioni della Spagna, con cinquanta sedi. I gruppi in Catalogna sfoggiarono persino la "senyera" catalana durante gli anni di Franco. Pedro Varela divenne presidente della CEDADE e direttore della pubblicazione nel 1978.

A poco a poco, le idee revisioniste divennero la base fondamentale delle idee di Varela e dell'organizzazione da lui presieduta. Contattò Robert Faurisson e fece pubblicare un estratto del libro fondamentale di Arthur R. Butz. Allo stesso modo, altri autori vicini all'Institute for Historical Review, così come pubblicazioni e testi dell'IHR, furono tradotti e introdotti in Spagna grazie alla CEDADE. Nel 1989, ad esempio, la CEDADE pubblicò in Spagna l'esplosivo *Rapporto Leuchter* con una prefazione di David Irving. Uno degli ultimi eventi della CEDADE ebbe luogo a Madrid nel 1992, dove alcune personalità revisioniste si riunirono per rivendicare il diritto inalienabile alla libertà di espressione. All'incontro parteciparono Gerd Honsik, Thies Christophersen e altri che erano stati perseguitati nei loro Paesi per aver parlato liberamente. Va notato che in quel periodo si erano già svolti i due processi contro Ernst Zündel a Toronto e che in Germania le cose andavano di male in peggio. Infine, anche in Spagna si stava creando un nuovo quadro giuridico simile a quello che si stava formando in Europa, per cui Pedro Varela annunciò le sue dimissioni da presidente della CEDADE e nell'ottobre 1993 l'organizzazione scomparve definitivamente.

Negli anni Ottanta Pedro Varela si era sempre più impegnato nel revisionismo storico e nel 1988 si recò in Canada per assistere al secondo processo Zündel a Toronto. Lì incontra Faurisson, Irving, Zündel e altri revisionisti, e ha l'opportunità di conoscere personalmente Fred Leuchter. Nello stesso periodo, insieme a David Irving, organizza una manifestazione di protesta a Berlino davanti alla sede della televisione tedesca. Tenendo in mano cartelli con la scritta "storici tedeschi, bugiardi e codardi", Varela e Irving guidarono un piccolo gruppo di manifestanti per chiedere la fine della falsificazione della storia. Erano gli anni in cui il revisionismo aveva ottenuto il successo decisivo della perizia dell'ingegner Leuchter ad Auschwitz. Allo stesso tempo, i nemici dei revisionisti e della verità storica si stavano radicalizzando: come sappiamo, nel 1989 Robert Faurisson fu vittima di un vile attacco da parte di terroristi ebrei, che lo picchiarono a morte.

Nel marzo 1991 Pedro Varela parlò in tedesco al "Leuchter Kongress", un incontro all'aperto a Monaco di Baviera organizzato da Ernst Zündel. Il 25 settembre 1992, trentacinque anni, con ideali, ferme convinzioni e tante speranze nello zaino, viene arrestato in Austria, Paese che stava visitando nell'ambito di un tour in Europa. Il motivo dell'arresto è che in una visita precedente aveva pronunciato un discorso che lodava la politica di Hitler. Fu portato davanti alla polizia e rinchiuso nella prigione di

Steyr, un ex monastero cistercense, per il reato di propaganda del nazionalsocialismo. La sua corrispondenza fu monitorata. Prima che le lettere gli venissero consegnate, furono tradotte in tedesco per essere allegate al fascicolo del processo, nel caso in cui potessero essere utilizzate come prove incriminanti. Trascorse tre mesi dietro le sbarre prima di essere processato mercoledì 16 dicembre 1992 davanti a una corte di tre giudici e una giuria di otto persone. Alla fine è stato sorprendentemente assolto, in quanto si è concluso che l'imputato non conosceva la legge austriaca, motivo per cui non poteva sapere che stava commettendo un reato quando ha espresso la sua opinione su un personaggio storico.

Rispetto all'Austria o alla Germania, la Spagna è rimasta un'oasi di libertà di parola in un'Europa sempre più accondiscendente nei confronti delle lobby ebraiche. Nel 1995, l'anno in cui la Svizzera e il Belgio emanarono leggi antirazziste volte a combattere l'"odio" e la "negazione dell'Olocausto", la Spagna intraprese finalmente la stessa strada. L'11 maggio 1995, il Parlamento ha approvato una revisione del Codice penale per allineare la legislazione spagnola a quella di alcuni Paesi europei. Nel preambolo, la legge si giustificava così: "La proliferazione in diversi Paesi europei di episodi di violenza razzista e antisemita, compiuti sotto le bandiere e i simboli dell'ideologia nazista, obbliga gli Stati democratici a intraprendere un'azione decisiva per combattere...". Abbiamo già notato che le leggi contro l'"odio" e la "negazione dell'Olocausto" in Europa non sono state la conseguenza di un'espressione spontanea o di un'indignazione giustificata da parte della popolazione, ma il risultato di una campagna prefabbricata e ben organizzata al servizio del sionismo. Tre anni dopo, nel giugno 1998, l'Associazione internazionale degli avvocati e giuristi ebrei ha nuovamente chiesto nuove e più severe leggi contro il revisionismo dell'Olocausto.

Nel 1991, quattro anni prima che la Spagna si sottomettesse alle pressioni esterne per modificare la propria legislazione, Pedro Varela aveva aperto le porte della Librería Europa al numero 12 di Calle Séneca. Da lì ha cercato di lavorare onestamente vendendo libri; ma il fanatismo e l'intolleranza dei paladini della "libertà di espressione" non glielo hanno permesso: da allora le scritte ingiuriose sui muri e sulle vetrine del negozio sono state una costante e il negozio è stato attaccato in diverse occasioni. Tutto è iniziato quando nel maggio 1995, lo stesso mese in cui il Parlamento spagnolo ha approvato la modifica del Codice penale, una sedicente "Piattaforma civica Anna Frank" ha cercato di cambiare il nome di via Seneca con quello della sfortunata ragazza ebrea morta a Bergen - Belsen. È interessante notare che il Consiglio comunale di Bergen si era già rifiutato di intitolare una scuola ad Anna Frank e successivamente anche di intitolare a lei la strada che porta al monumento commemorativo del campo.

Tra il 12 maggio 1995 e l'autunno 1996, questa piattaforma civica dal nome improprio raccolse firme e fece pressione sulle duecentotrenta famiglie che abitavano in Seneca Street affinché sostenessero la ridenominazione della strada. I promotori non hanno nascosto che l'obiettivo della campagna era quello di "boicottare le attività della libreria Europa". Un bell'esempio di rispetto della libertà di espressione (la loro, ovviamente). I gruppi civici e, naturalmente, democratici che facevano parte della piattaforma erano la solita sinistra e l'estrema sinistra. Seneca Street ha perso la sua tranquillità e il quartiere ha dovuto sopportare manifestazioni di violenza e intolleranza democratica, come graffiti ingiuriosi, pietre, molotov, ecc. Pedro Varela, per offrire ai vicini e all'opinione pubblica in generale informazioni che potessero essere contrapposte a quelle fornite dai promotori del cambio di nome della via, pubblicò sotto forma di lettera circolare un testo che aveva scritto mentre studiava Storia contemporanea all'Università. Si trattava di un testo che offriva una panoramica o una sintesi rigorosamente accurata del lavoro di Faurisson, Verbeke, Felderer e Irving sulla più proficua e redditizia falsificazione letteraria del XX secolo. In questo testo, l'unico scritto da Varela tra tutti quelli presentati contro di lui dai Mossos d'Esquadra e dalla Procura, non si trova alcuna prova di odio contro qualcuno.

Il 12 dicembre 1996, la polizia catalana fa irruzione nella Librería Europa. La sorella di Pedro, Varela, stava lavorando nel negozio e la figlia stava giocando nel cortile. I Mossos sequestrarono circa 20.000 libri, oltre a periodici, riviste, poster, video.... Varela è stato poi arrestato nella sua casa di famiglia. L'operazione, che secondo *El País* era stata preparata da tre mesi, fu ordinata per volere di José María Mena, che nel 1996 era stato nominato procuratore capo della Procura della Corte Suprema di Giustizia della Catalogna. Questo giurista "progressista", che negli anni '70 era stato un militante del PSUC (comunisti catalani), riteneva che Varela "perseguisse l'odio e non un'ideologia".

Le informazioni apparse il 13 dicembre 1996 su *El País*, un giornale vicino ai socialisti spagnoli, sono un esempio di mancanza di obiettività: dopo aver elogiato i Mossos d'Esquadra per aver avuto l'onore di essere "il primo corpo di polizia in Spagna ad arrestare una persona per apologia di genocidio", il giornale affermava che la Librería Europa era un "centro per la vendita e la distribuzione di libri nazisti pubblicati nei Paesi del Sud America". Il giornale ha poi affermato che i residenti del quartiere di Gracia hanno accolto con favore l'arresto e che il Comune sta valutando la possibilità di comparire nel caso come pubblico ministero privato. Conclude confermando a che la Plataforma Cívica Ana Frank, il Comitato di Coordinamento Gay-Lesbico, l'Asociación Amical Mauthausen e SOS Racismo sono molto soddisfatti perché hanno smantellato "un complotto neonazista che usava la libreria come copertura".

Il procedimento è stato ritardato per quasi due anni perché molti dei libri sequestrati erano in inglese, tedesco e francese, per cui la Procura ha insistito per tradurli per scoprire quali parti del loro contenuto violassero la legge. Infine, il capo del Tribunale penale di Barcellona n. 3, Santiago Vidal, ha fissato a venerdì 16 ottobre 1998 l'inizio del primo processo in Spagna per apologia di genocidio e incitamento all'odio razziale. Non appena la data è stata resa nota, i sostenitori di Anna Frank, ora Piattaforma civica contro la diffusione dell'odio, hanno indetto una manifestazione contro Pedro Varela davanti all'edificio del tribunale. Alla manifestazione hanno aderito la Loggia B'nai B'rith, la Comunidad Israelita de Barcelona, la Fondazione Baruch Spinoza, la Lega Antidiffamazione, il Maccabi Barcelona, l'Asociación Judía Atid de Cataluña, l'Asociación de Relaciones Culturales Cataluña-Israel, Amical Mauthausen, la Coordinadora Gai-Lesbiana, Sos Racismo e Unión Romaní. I partecipanti hanno portato bare di cartone e candele in memoria delle vittime. Evidentemente, lo scopo della messa in scena di uno spettacolo di strada era quello di esercitare una pressione sociale e politica.

Le due sessioni del processo si sono tenute il 16 e il 17 ottobre. Shimon Samuel, presidente del Centro Wiesenthal Europa, ha partecipato come osservatore, scortato da agenti di polizia e accompagnato dalle telecamere della televisione israeliana. "Questo processo", ha dichiarato, "è un'opportunità storica per la Spagna di unirsi alla giurisprudenza europea e condannare il padrino spagnolo del neonazismo". Il procuratore ha citato una trentina di opere vendute nella libreria Europa che lodavano il Terzo Reich e le sue politiche o presentavano argomenti revisionisti sul tema dell'Olocausto. Nel processo contro Varela, la Comunitat Jueva Atid (futura) de Catalunya, SOS Racismo e la Comunità israeliana di Barcellona avevano presentato un'azione popolare. I due avvocati di Varela hanno chiarito fin dall'inizio che la legge in base alla quale il loro cliente veniva processato era incostituzionale e hanno quindi chiesto la sospensione e l'annullamento del procedimento. Il libraio, interrogato per più di quattro ore, ha respinto le accuse: "Non ho mai provocato l'odio razziale", ha detto alla corte, aggiungendo che come storico "aveva l'obbligo morale di dire la verità". Per quanto riguarda il revisionismo, ha dichiarato: "A mio parere, la revisione della storia è necessaria perché è un argomento aperto e tutto è soggetto a revisione. Gli storici devono essere scettici su tutto e devono anche rivedere ciò che è stato detto finora". In relazione ai libri presenti nella sua libreria, ha spiegato di non poter conoscere il contenuto dei 232 titoli che aveva in negozio e di non essere obbligato a farlo. Ha sottolineato che nel suo negozio vendeva libri di diverse ideologie e tra gli autori ha citato il nazionalista basco Sabino Arana, Francisco de Quevedo e ha citato anche *Il Capitale* di Marx. Per quanto riguarda il testo su Anne Frank, ne riconobbe la paternità. Nella sua dichiarazione finale ha affermato: "È toccato a me interpretare il ruolo del cattivo in questo film, come capro espiatorio di un "allarme sociale" deliberatamente creato (espressione usata dal pubblico ministero). Io condanno, condanno e attacco qualsiasi forma di genocidio. Non sono una persona genocida, né ho mai ucciso nessuno. Non ho mai desiderato il genocidio di nessuno o l'assassinio di una minoranza etnica o religiosa".

La pubblica accusa, che ha ricordato che i fatti del caso costituivano un reato nell'Unione Europea, ha chiesto due anni di reclusione per apologia di genocidio e due anni di reclusione per incitamento all'odio razziale. Questo, nonostante il fatto che il secondo comma dell'articolo 607 del nuovo Codice penale preveda che i reati contemplati in questo articolo siano punibili "con una pena detentiva di uno o due anni". Da parte sua, Jordi Galdeano, avvocato di SOS Racismo e della Comunitat Jueva Atid de Catalunya, ha chiesto una condanna esemplare a otto anni di carcere. "Ciò che è un crimine e costituisce un rischio per la democrazia", ha detto, "è la diffusione di un'ideologia che disprezza alcuni gruppi". Il 16 novembre 1998, il tribunale ha dichiarato Varela colpevole di incitamento all'odio razziale e di aver negato o giustificato il genocidio. Di conseguenza, il giudice Santiago Vidal[22], che nella sua sentenza ha definito Varela "un laureato con un brillante curriculum accademico, esperto in questioni di

---

[22] Il giudice Santiago Vidal, appartenente all'associazione "progressista" Giudici per la democrazia, è oggi una figura famosa in Spagna. I suoi rapporti con SOS Racismo sono stati rivelati quando nel settembre 2013 il Consiglio generale della magistratura gli ha vietato di collaborare con questa ONG, in quanto incompatibile con le sue funzioni di giudice. Nell'aprile 2014 è emerso che Vidal, profondamente impegnato nel nazionalismo separatista catalano, stava redigendo una Costituzione per la Catalogna, in violazione della Costituzione spagnola, essendo la Catalogna una comunità con uno Statuto di autonomia. Ancora una volta, il Consiglio generale della magistratura lo ha convocato per ricordargli i limiti del suo lavoro giurisdizionale. Vidal ha rilasciato una dichiarazione in cui assicurava che il suo lavoro era "di propria iniziativa altruistica, senza alcun incarico ufficiale da parte di alcuna istituzione pubblica o privata". Ha negato "l'intenzionalità politica" e ha proclamato la sua indipendenza e imparzialità. Nell'ottobre 2014, la magistratura ha aperto un procedimento disciplinare nei suoi confronti e ha indicato una sospensione cautelare, "data l'estrema rilevanza dei fatti e l'evidente proiezione pubblica e sociale". Nel gennaio 2015, dopo aver affermato di aver agito con indipendenza, imparzialità e senza "intenzionalità politica", questo giudice delirante ha presentato la bozza della Costituzione catalana e ha dichiarato testualmente: "Ho un sogno: vedere la nascita della Repubblica catalana come giudice". Nel febbraio 2015, il Consiglio generale della magistratura lo ha sospeso per tre anni, una sanzione che ha comportato la perdita del suo seggio nel Tribunale di Barcellona. Diventato un martire dei secessionisti, nel marzo 2015 è arrivata la notizia che il presidente Artur Mas lo ha incorporato nel governo della Generalitat per "pianificare" e "progettare" le strutture statali legate alla sfera giudiziaria. Vidal, ovviamente senza alcuna intenzione politica, si è poi messo a reclutare i 250 giudici che avrebbero iniziato a esercitare in una Catalogna indipendente, cosa che ha portato l'Alta Corte di Giustizia della Catalogna a chiedere alla Generalitat di prendere provvedimenti contro Vidal, in quanto ha capito che stava "minando la fiducia collettiva nella magistratura". È poi emerso che il Dipartimento di Giustizia della Generalitat aveva firmato un contratto triennale con Vidal come personale temporaneo. Alla fine, Vidal si è dimesso dal contratto per candidarsi al Senato come capo della lista Esquerra Republicana de Catalunya. Come senatore, nel gennaio 2017 ha rivelato che la Generalitat aveva ottenuto illegalmente i dati fiscali dei catalani, che le autorità separatiste avevano già una selezione di giudici simpatici per epurare gli oppositori e che un Paese extraeuropeo (Israele) stava addestrando un'unità dei Mossos alle tattiche di controspionaggio. L'ERC lo costrinse a dimettersi.

revisionismo storico", lo ha condannato a cinque anni di reclusione e a una multa di 720.000 pesetas. Ha inoltre ordinato a Varela di consegnare il suo passaporto e di presentarsi in tribunale ogni mese. Per quanto riguarda i 20.000 libri, è stato ordinato di bruciarli, nonostante il fatto che solo trenta delle quasi duecento opere sequestrate violassero la legge. La sentenza, molto severa, ha superato le disposizioni dell'articolo 607.2 del Codice Penale e ha portato Galdeano a esprimere la sua "intima soddisfazione". Pedro Varela, da parte sua, ha dichiarato che si trattava di "una sentenza politica e di una tremenda ingiustizia" e ha ricordato che per due anni, dalla perquisizione della polizia nella sua libreria al processo, si era creata una terribile pressione. Il 10 dicembre 1998, gli avvocati di Pedro Varela hanno presentato appello contro il verdetto e la sentenza, ed egli ha potuto evitare il carcere in attesa della decisione della corte d'appello.

Come se la libreria e la sua attività commerciale non fossero state danneggiate abbastanza per due anni, è stata indetta una manifestazione per sabato 16 gennaio 1999 con gli slogan: "Chiudiamo la libreria Europa, giovani e lavoratori in lotta contro il fascismo". "Contro il fascismo: chiudiamo la libreria nazista". Due giorni prima, giovedì 14 gennaio, Maite Varela, sorella di Pedro che lavorava nel locale, aveva avvertito la Polizia Nazionale di ciò che si stava preparando e del rischio di un attacco. Lo stesso giorno, intorno alle 13:15, è stata fatta una chiamata alla polizia regionale e la situazione è stata spiegata al Dipartimento Reclami. Alle 20:00 di sabato 16, amici o conoscenti della Librería Europa hanno segnalato al numero 091 che la manifestazione si stava dirigendo verso via Séneca. Alle 20:30 la libreria è stata attaccata. Per entrare e spaccare il negozio è stato necessario sfondare le serrande all'ingresso. Alcuni manifestanti si sono incappucciati, sono entrati nel negozio e hanno iniziato a distruggere: vetrine, vetrine, espositori, porte, scaffali, fotocopiatrici, telefono, estintore, scale, persino alcune piastrelle. Tutto è stato raso al suolo. Una volta rovesciati i mobili, hanno ammucchiato i libri sul pavimento con l'intenzione di bruciarli all'interno. Alla fine, hanno scelto di gettare circa 300 volumi in strada e di dargli fuoco sull'asfalto. Naturalmente alcuni vicini, spaventati dalle scene di violenza, hanno lanciato ulteriori richieste di aiuto, ma nessuna forza di polizia si è presentata. Quanto alla Guardia Urbana che scortava i manifestanti, si è ritirata quando è iniziato l'assalto alla libreria.

El País, che fin dall'inizio ha appoggiato il linciaggio pubblico di un uomo che si è difeso da solo contro quasi tutti, ha riportato la notizia con questo titolo: "Manifestazione di 1.600 giovani per chiedere la chiusura della libreria Europa". Nel corpo della notizia si leggeva: "La protesta è stata pacifica, ma all'arrivo alla libreria un gruppo di manifestanti ha bruciato alcuni libri che avevano portato via dal negozio, che è stato leggermente danneggiato". Naturalmente la notizia non era corredata da fotografie, perché ne sarebbe bastata una sola per vedere come era stata lasciata la libreria dopo aver subito "lievi danni". In una nota espressione, Lenin definiva "utili idioti" coloro che vengono usati come strumenti per una certa causa o politica. Sembra chiaro che gli individui che si sono incappucciati e hanno raso al suolo la libreria erano terroristi politici, probabilmente pagati, che facevano parte degli "utili idioti" travestiti da "manifestanti pacifici" al servizio del potere reale.

Per completare la vergognosa azione delle forze dell'ordine, il tribunale ha respinto la denuncia con la motivazione che i colpevoli non erano noti. Tuttavia, le telecamere hanno ripreso gli aggressori e il Comune ha avuto i nomi delle due dozzine di gruppi che hanno partecipato alla manifestazione: Assemblea d'Okupes de Terrassa, Assamblea Llibertària del Vallés Oriental, Associació d'Estudiants Progressistes, Departament de Joves de CC.OO, Esquerra Unida i Alternativa, Federació d'Associacions d'Associacions de Veïns de Barcelona, Joves Comunistes, Joves Socialistes de Catalunya, Maulets, Partido Obrero Revolucionario, Partits dels Comunistes de Catalunya, PSUC viu, Amical de Mauthausen... Ben 23 associazioni sono state elencate nella denuncia presentata da Pedro Varela al tribunale ordinario il 10 febbraio 1999. La denuncia comprendeva un elenco dei danni accertati e il loro valore stimato, che ammontava a 2.815.682 pesetas di "piccoli danni".

Finalmente, il 30 aprile 1999, Pedro Varela ricevette una splendida notizia: con decisione unanime, i tre giudici della Terza Sezione del Tribunale Provinciale di Barcellona, presieduti dalla giudice Ana Ingelmo, accolsero il ricorso presentato dall'avvocato José María Ruiz Puerta e misero in discussione la sentenza emessa dal giudice Santiago Vidal. Ritenendo che violasse il diritto alla libertà di espressione, hanno pensato di deferire il caso alla Corte costituzionale di Madrid. I tre giudici hanno ritenuto che dubitare dell'Olocausto non possa essere considerato un reato dalla Costituzione spagnola. Invece di pronunciarsi sulla condanna, hanno riflesso nella loro memoria tutti i dubbi sulla costituzionalità dell'articolo 607.2 del nuovo Codice penale. I giudici del Tribunale provinciale hanno sostenuto che l'articolo per cui Varela era stato condannato era in conflitto con l'articolo 20 della Costituzione, che sostiene il diritto di esprimere e diffondere liberamente pensieri, idee e opinioni con la parola, lo scritto o qualsiasi altro mezzo di riproduzione. Come era prevedibile, gli accusatori hanno reagito con rabbia. L'intrepido Jordi Galdeano ha deciso di non essere da meno e ha dichiarato che la decisione del tribunale è "un attacco al sistema democratico". In altre parole, quando invece di giudici e pubblici ministeri comprensivi si sono trovati di fronte a magistrati veramente indipendenti, sono stati accusati di mettere in pericolo le libertà. L'avvocato di Amical Mauthausen, Mateu Seguí Parpal, ha definito "impresentabile" il tribunale che ha messo in dubbio la criminalità di Pedro Varela.

La Corte Costituzionale, tuttavia, prima di ammettere l'esame di costituzionalità sollevato dai giudici della Terza Sezione della Corte Suprema, ha richiesto come prerequisito formale che la Corte Suprema di

Barcellona si occupasse prima del ricorso contro la condanna, e così la Terza Sezione ha fissato la data del 9 marzo 2000 per l'udienza del ricorso. Una settimana prima, il giudice, Ana Ingelmo, era stata sfidata da SOS Racismo, che l'aveva denunciata alla Procura della Repubblica per prevaricazione e aveva chiesto che si astenesse dal processo. La Camera ha accolto la contestazione e ha acconsentito a un cambio di relatore, quindi ha ordinato la sospensione dell'udienza orale e ha trattato la contestazione in un pezzo separato. Il 19 giugno 2000, un'ordinanza della Settima sezione del Tribunale provinciale di Barcellona ha respinto il ricorso.

L'udienza è stata infine fissata per il 13 luglio. Varela non ha partecipato perché si trovava in Austria. Il suo avvocato ha definito "scandalosa" la condanna a cinque anni di carcere. D'altra parte, il pubblico ministero Ana Crespo e i procuratori privati hanno chiesto all'Audiencia di confermare la condanna inflitta al proprietario della Librería Europa. Alla fine, con ordinanza del 14 settembre 2000, la Terza Sezione del Tribunale Provinciale ha nuovamente sollevato la questione di incostituzionalità. Pedro Varela è rimasto in libertà vigilata e il caso è rimasto in attesa della sentenza della Corte Costituzionale. I sostenitori della libertà di espressione e i revisionisti di tutto il mondo ritennero che in Spagna fosse stata ottenuta una vittoria, almeno temporanea, e attesero la decisione dell'Alta Corte, che avrebbe impiegato sette anni per emettere la tanto attesa sentenza.

Durante questo periodo temporaneo, Pedro Varela continuò la sua attività di libraio ed editore con l'Asociación Cultural Editorial Ojeda, che aveva fondato all'inizio del 1998. La Librería Europa iniziò anche a organizzare conferenze nei suoi locali, spesso tenute da autori revisionisti provenienti dall'estero. Improvvisamente, lunedì 10 aprile 2006, la polizia autonoma catalana ha fatto irruzione nei locali della Librería Europa. Alle 9.30 del mattino, una quindicina di agenti mascherati hanno iniziato una perquisizione che è durata fino alle cinque del pomeriggio. Sono stati sequestrati circa seimila libri per un valore di oltre 120.000 euro. Inoltre, gli agenti della polizia politica della Generalitat hanno portato via dai locali otto grandi scatole piene di documentazione, centinaia di cartelle e migliaia di foto e diapositive, cataloghi pronti per essere spediti e tredicimila programmi di conferenze. Sono stati confiscati i sei computer di che contenevano decine di libri corretti, impaginati e pronti per la pubblicazione. Questi computer contenevano anche tutte le informazioni su clienti e amici della casa editrice e della libreria. Sono stati confiscati anche dischi rigidi, copie di sicurezza, libretti di risparmio, conti bancari, libretti di assegni della libreria, contratti personali e commerciali. Come se non bastasse, i "mossos" hanno portato via fotografie incorniciate che ricordavano eventi dell'epoca della CEDADE e persino le bandiere delle comunità autonome che, insieme alla bandiera catalana, adornavano la sala conferenze.

Pedro Varela è stato arrestato. Una volta arrivato alla stazione di polizia, è stato costretto a spogliarsi per superare la perquisizione e poi è stato rinchiuso in una cella. È stato poi costretto a "suonare il piano", che nel gergo carcerario significa incidersi le dita per prendere le impronte digitali, ed è stato fotografato di faccia e di profilo con il numero del reo. Gli è stato detto che in questa occasione il motivo del suo arresto era che la Editorial Ojeda pubblicava libri "contrari alla comunità internazionale", libri che erano "contrari alle libertà pubbliche e ai diritti fondamentali". In altre parole, in una "democrazia" dove la libertà di espressione, diffusione e comunicazione sono sacrosanti segni di identità, la pubblicazione e la vendita di libri è diventata un'attività criminale perché le idee contenute nei testi erano "contrarie alla comunità internazionale". Se non fosse così grave e patetico, ci sarebbe da ridere.

Due giorni dopo il suo arresto, Varela è stato rilasciato con le accuse. È stato accusato di crimini contro un'entelechia chiamata comunità internazionale, contro l'esercizio dei diritti fondamentali e contro le libertà pubbliche per la difesa del genocidio. Juan Carlos Molinero, vice capo dell'Ufficio Generale di Investigazione Criminale, ha spiegato ai media che l'operazione non era stata diretta contro la libreria, già indagata negli anni '90, ma contro la Editorial Ojeda, per cui non erano stati chiusi né il negozio né il suo sito web. In realtà si trattava di un espediente "legale" per poter agire nuovamente contro Varela.

Dato che stiamo storicizzando la vicenda di Pedro Varela, vittima del più grande attacco alla libertà di espressione e di pubblicazione perpetrato nella Spagna "democratica", è opportuno ricordare che nell'aprile 2006 il potere in Catalogna era nelle mani di un governo noto come tripartito, sorto dopo la firma del cosiddetto Patto di Tinell. Presieduto dal socialista Pasqual Maragall, i partiti che ne facevano parte erano il Partit dels Socialistes de Catalunya (PSC), Iniciativa per Catalunya Verds-Esquerra Unida i Alternativa (propaggini dei comunisti del PSUC) e Esquerra Republicana de Catalunya (il cui emblema, secondo i suoi leader, è un triangolo massonico). Questo governo è stato quindi politicamente responsabile della persecuzione in Spagna di un uomo d'affari per aver pubblicato libri "contrari alla comunità internazionale", la cui maggioranza è stata pubblicata quasi ovunque in Europa senza alcun problema.

Come è noto, quando si vuole criminalizzare un leader che da qualche parte nel mondo si oppone ai disegni dei burattini cooptati a capo dei Paesi potenti che scatenano le guerre, questi ultimi pretendono di rappresentare la "comunità internazionale". Lo Stato o la nazione che non si sottomette viene poi accusato di "sfidare la comunità internazionale". Nel caso senza precedenti che abbiamo appena descritto, comprendiamo che ci sarebbe un indice dei libri proibiti il cui contenuto minaccia un'astrazione inconcepibile chiamata comunità internazionale.

Il 7 novembre 2007 la Corte Costituzionale ha finalmente emesso la sentenza STC 235/2007, relativa alla questione di incostituzionalità sollevata dalla Terza Sezione del Tribunale Provinciale in merito all'articolo 607, secondo comma, del Codice Penale. Il relatore era il giudice Eugeni Gay Montalvo. La sentenza, dopo aver esposto ampiamente le motivazioni giuridiche, recitava come segue:

> "Alla luce di quanto sopra, il Tribunale Costituzionale, in virtù dell'autorità conferitagli dalla Costituzione della nazione spagnola, ha deciso di accogliere parzialmente la presente questione di incostituzionalità, e di conseguenza:
> 1° Dichiarare incostituzionale e nulla l'inclusione dell'espressione "negare o" nel primo paragrafo dell'articolo 607.2 del Codice Penale.
> 2. Dichiarare che la prima clausola dell'articolo 607.2 del Codice Penale, che punisce la diffusione di idee o dottrine che tendono a giustificare il crimine di genocidio, interpretata nei termini del motivo giuridico 9 della presente sentenza, non è incostituzionale.
> 3) La questione di incostituzionalità è respinta per il resto.
> La presente sentenza sarà pubblicata nel Boletín Oficial del Estado.
> Dato a Madrid, il settimo giorno di novembre duemilasette.

In altre parole, dopo la STC 235/2007, il dogma di fede dell'Olocausto può essere negato in Spagna, così come può essere negato, ad esempio, il dogma dell'Immacolata Concezione, l'esistenza di Dio o qualsiasi altro dogma della Chiesa. La Corte Costituzionale ha ritenuto che tale negazione "rimane a uno stadio precedente a quello che giustifica l'intervento del diritto penale, nella misura in cui non costituisce nemmeno un potenziale pericolo per gli interessi giuridici protetti dalla norma in questione, cosicché la sua inclusione nel precetto comporta la violazione del diritto alla libertà di espressione". La sentenza ha affermato che "la mera negazione del reato è in linea di principio inane". La Corte, invece, ha considerato reato la diffusione "con qualsiasi mezzo" di idee che giustificano il genocidio. Ma questo non è il caso dei revisionisti che sono apparsi in queste pagine: nessuno di loro giustifica o ha mai giustificato un genocidio. Pedro Varela ha assicurato più volte a di disapprovarlo nella sua dichiarazione davanti al giudice che lo ha condannato a cinque anni.

Due mesi dopo la sentenza della Corte Costituzionale, il 10 gennaio 2008 si è tenuta l'udienza del ricorso contro la sentenza del Tribunale Provinciale, nove anni dopo la condanna a cinque anni di Pedro Varela. La difesa di Pedro Varela aveva chiesto più tempo per prepararsi, in quanto la sentenza della Corte Costituzionale era sufficientemente importante per studiarne a fondo le implicazioni legali; ma la Camera ha respinto la richiesta. Sia l'accusa che la difesa hanno ribadito le loro richieste. Infine, il 6 marzo, i giudici del Tribunale provinciale hanno emesso la sentenza accogliendo parzialmente il ricorso e riducendo la pena a sette mesi di reclusione. Si è ritenuto che Varela avesse fatto apologia del genocidio attraverso la sua attività di divulgazione di dottrine genocidarie attraverso la vendita di libri, ma che non avesse fatto discriminazioni dirette di tipo personale, e quindi è stato assolto dal reato di incitamento all'odio razziale. Pedro Varela non è dovuto entrare in carcere e ha annunciato che avrebbe preso in considerazione la possibilità di presentare un ricorso per amparo.

In ogni caso, le vessazioni nei confronti di Varela erano al culmine, poiché dopo il suo arresto nell'aprile 2006 era ancora in libertà con accuse e in attesa di un nuovo processo. Il 29 gennaio 2010 si è svolta l'udienza presso l'XI Tribunale penale di Barcellona. Di fronte all'obbligo di conformarsi alla dottrina della Corte Costituzionale, secondo la quale negare l'Olocausto non è un reato, ma giustificarlo sì; il libraio ed editore è stato accusato di diffondere idee che giustificavano il genocidio e incitavano all'odio razziale, nonostante avesse sempre dichiarato attivamente e passivamente di condannare ogni forma di violenza contro qualsiasi minoranza etnica e, ovviamente, ogni genocidio. Il procuratore Miguel Angel Aguilar ha dichiarato che non si stavano giudicando le idee, "ma la diffusione della dottrina dell'odio". Tra i libri selezionati, il procuratore ha citato dei frammenti per sostenere la sua sgangherata tesi. L'avvocato di Pedro, Varela, ha denunciato che i paragrafi estratti dal pubblico ministero da più di una dozzina di libri venduti nella libreria Europa sono stati "estrapolati dal contesto" e ha ricordato che alcuni dei libri scelti, come *La mia lotta* di Hitler, potevano essere acquistati anche nei grandi magazzini.

Il 5 marzo 2010, Estela María Pérez Franco, giudice supplente non opposto, nominata discrezionalmente alla Corte penale n. 11, ha emesso la sua sentenza, resa nota l'8 marzo. Nella sezione dedicata ai fatti provati, questo magistrato-giudice ha dedicato quindici pagine a commentare i testi dei diciassette libri di cui ha ordinato la distruzione. Ecco alcuni esempi. *Di Mi lucha* (36 copie sequestrate), ha insistito nel citare frammenti che alludono alla razza. Sembra chiaro che questo giudice non sapeva che la questione razziale è sempre stata la ragion d'essere del popolo ebraico. Basti citare un'imbarazzante dichiarazione di Golda Meir, la venerata leader sionista ed ex primo ministro di Israele,, secondo cui "l'intermarriage è peggio dell'Olocausto". Questa razzista, alludendo ai palestinesi, ha detto nel suo momento: "Il popolo palestinese non esiste. Non esiste". Il magistrato-giudice riterrebbe che Golda Meir odiasse i palestinesi? Da *Los crímenes de los buenos* di Joaquín Bochaca (2 copie intercettate), il giudice ha citato come condannabile la frase "Non sono stati gli arabi, ma i buoni, gli ebrei, a impiantare il terrorismo in Palestina". Se questa affermazione viene considerata falsa, ci si può chiedere se al momento della condanna di Pedro Varela il giudice avesse la più pallida idea di come sia nato lo Stato sionista. Colpisce l'inclusione di *Pioggia verde di Yusuf* (222 copie sequestrate), un'opera dello scrittore ebreo Israel Adam Shamir, tra i libri da distruggere. Nella sentenza, il giudice cita, tra le altre, la seguente dichiarazione di Shamir: "P. 35, righe 3-6, 'La stampa mondiale, da New York a Mosca, passando per Parigi e Londra, è perfettamente controllata dai suprematisti ebrei; non si sente uno stridore di denti senza la loro preventiva autorizzazione'". Estela Maria Perez Franco pensa che Shamir sia un bugiardo e un antisemita? I sionisti potrebbero spiegarle che considerano gli ebrei che osano criticarli "ebrei che odiano se stessi perché sono ebrei" piuttosto che antisemiti. Israel Shamir, famoso per il suo impegno a favore della causa palestinese, è autore di una trilogia che, oltre all'opera citata, comprende *The Spirit of James* e *Pardes. Uno studio sulla Cabala*, entrambi venduti nella libreria Europa. Due mesi prima del processo, su invito di Pedro Varela, Shamir aveva partecipato a una serie di conferenze tenute dalla Librería Europa: domenica 8 novembre 2009 a Madrid e lunedì 9 novembre 2009 a San Sebastián. Il titolo della sua conferenza era *La battaglia del discorso: il giogo di Sion*.

Analizzando la selezione di citazioni della sentenza potremmo scrivere almeno quindici pagine, le stesse scritte da Estela María Pérez; ma è ora il momento di guardare alla sentenza, con la quale il giudice ha condannato Pedro Varela Geiss a un anno e tre mesi di carcere "in quanto penalmente responsabile come autore di un reato di diffusione di idee genocide", e a un anno e sei mesi di carcere per "un reato commesso in violazione dei diritti fondamentali e delle libertà pubbliche garantite dalla Costituzione". È un sarcasmo insopportabile, un'ingiustizia manifesta, che Varela sia stato condannato per un crimine contro i diritti fondamentali e le libertà costituzionali, quando era proprio la vittima della violazione di questi diritti e libertà nella sua persona. È stato anche concordato "di confiscare tutti i libri descritti nei fatti provati... e di procedere alla loro distruzione una volta che la sentenza sarà definitiva".

La sentenza è diventata definitiva solo alla fine di ottobre 2010. In precedenza, nel maggio 2010, il Tribunale provinciale aveva esaminato il ricorso. Questo tribunale dell'Audiencia ha almeno mantenuto il decoro che gli spetta in quanto corte di giustizia e ha assolto Pedro Varela dal secondo reato, per il quale era stato condannato a un anno e sei mesi di reclusione; ma ha confermato il primo: "diffusione di idee genocide", per il quale era stato condannato a un anno e tre mesi. Infine, un altro giudice di Barcellona, il capo del Tribunale penale n. 15, non ha accettato di concedere a Pedro Varela la sospensione della pena che aveva richiesto. Nella sua sentenza, la giudice ha dichiarato che nell'ordinare la detenzione del libraio aveva tenuto conto del fatto che aveva un'altra condanna a sette mesi di carcere dal 2008, un fatto che dal punto di vista penale mostrava "una fedina penale che dimostra la sua pericolosità".

Pedro Varela è entrato in carcere domenica 12 dicembre 2010. Era una luminosa mattina d'inverno, sgombra di nuvole, proprio come Pedro era sgombro dal crimine. È arrivato in una piccola carovana di auto, accompagnato da un folto gruppo di amici e sostenitori che lo hanno circondato e incitato fino all'ultimo momento. Un grande striscione portato da diverse persone recitava: "Per il diritto di informare. Basta redattori in galera". Un altro compagno portava uno striscione individuale con la frase

"I libri sono vietati e gli editori sono in prigione". Con ammirevole forza d'animo e dignità, consapevole della necessità di dare un esempio di forza d'animo, Varela ha esortato i suoi amici a non perdersi d'animo. Evocò la prigionia di Quevedo nei sotterranei di San Marcos de León e ipotizzò che fosse giunto il momento di affrontare il carcere. Ha chiesto a tutti di ricordare al mondo che i libri vengono cacciati e gli editori mandati in prigione. Possiamo fare in modo", ha detto, "che nessun altro venga imprigionato per questo motivo". Con abbracci e baci, dopo averli ringraziati, ha salutato e attraversato il cancello. Si è allontanato verso gli uffici di controllo degli accessi tra gli applausi e le grida eccitate di "Forza Pedro!", "Bravo!" e "Non ti dimenticheremo Pedro!". Fortunatamente non gli fu proibito di scrivere, il che gli permise di scrivere una serie di lettere nella cella 88 del penitenziario Can Brians 1, dove scontò la sua pena. Questi testi furono poi pubblicati con il titolo *Cartas desde prisión. Pensieri e riflessioni di un dissidente*.

L'8 marzo 2011, Isabel Gallardo Hernández, un altro giudice sostituto assegnato al 15° Tribunale penale di Barcellona, ha emesso un'ordinanza in cui ordinava l'esecuzione della distruzione dei libri, come disposto nella sentenza del 5 marzo 2010. Riportiamo un frammento del dispositivo dell'ordinanza, in modo da avere una traccia dell'indice dei libri proibiti in Spagna, un Paese in cui teoricamente esiste la libertà di espressione e, di conseguenza, non esistono libri proibiti.

"DECIDO: di ordinare la distruzione di tutte le copie dei libri con i seguenti titoli:
1° La mia lotta. 2° Autoritratto di Leon Degrelle, un fascista. 3° Hitler e i suoi filosofi. 4° Hitler, discorsi degli anni 1933/1934/1935. Opere complete (volume 1). 5° I crimini dei "buoni". 6. I fondamenti della biopolitica: dimenticare ed esagerare il fattore razziale. 7. Razza, intelligenza e istruzione. 8. Nobilitas. 9. L'uomo nuovo. 10. Etica rivoluzionaria. 11. Guardia di ferro. Il fascismo rumeno. 12° I Protocolli degli Anziani di Sion. 13° Ecumenismo su tre lati: ebrei, cristiani e musulmani. 14° La pioggia verde di Yusuf. 15° Il pensiero wagneriano. 16° La storia dei vinti (il suicidio dell'Occidente). Volume II. 17° Il manuale del capo. Della Guardia di Ferro.
Anche il busto di Hitler, la svastica di ferro, gli elmetti militari, le fotografie e i manifesti a tema nazionalsocialista che sono stati rimossi dovrebbero essere distrutti.
Restituire le bandiere e la cancelleria al prigioniero".

È deplorevole che tutto venga fatto in nome della democrazia, della libertà e dei diritti fondamentali. Ci si chiede perché si debbano distruggere busti di personaggi storici, svastiche, elmetti militari, foto o manifesti. Se ci viene detto che Hitler rappresenta il male assoluto, dobbiamo sostenere che il comunismo ha prodotto i peggiori criminali della storia. Per quanto ne sappiamo, non esistono sentenze che impongano la distruzione di busti di

Lenin, Trotsky, Kaganóvich, Beria o Stalin nelle case private. Diversa è la questione delle statue in luoghi pubblici, che in alcuni Paesi sono state rimosse, se non abbattute, da popolazioni indignate dopo anni di totalitarismo comunista.

Per quanto riguarda i libri, cosa si può dire della distruzione di opere che vengono lette in tutto il mondo e che possono essere consultate liberamente nelle biblioteche spagnole. Come si può accettare la messa al bando di testi in Spagna solo perché un tribunale di Barcellona ha ritenuto provato che "il contenuto dei libri occupati riflette il disprezzo per il popolo ebraico e altre minoranze". È un sarcasmo offensivo che le opere critiche nei confronti degli ebrei debbano essere distrutte, mentre in Israele l'odio razziale è alla base dell'educazione. I talmudisti, che odiano visceralmente i cristiani, insegnano in "Abhodah Zarah" che "anche il migliore dei goyim (gentili o non ebrei) deve essere ucciso". Questo insegnamento non trasuda forse odio razziale e bigottismo della peggior specie? Maurice Samuel (1895-1972), un intellettuale sionista, nel capitolo XIV della sua opera *You Gentiles*, intitolato "Noi, i distruttori", scrive queste parole ai gentili: "Noi ebrei siamo i distruttori e resteremo tali. Nulla di ciò che potete fare soddisferà le nostre richieste e i nostri bisogni. Distruggeremo in eterno perché vogliamo che il mondo sia nostro". Non è forse razzismo criminale?

Si presume che il giudice Pérez Franco non abbia tergiversato e che se fosse stata sufficientemente erudita sugli argomenti che stava giudicando non avrebbe ordinato il rogo, ad esempio, del *Pensiero wagneriano (di cui sono state sequestrate 12 copie),* un'opera del pensatore britannico Houston Stewart Chamberlain, perché a pagina 83 l'autore osava scrivere che "l'influenza del giudaismo accelera e favorisce il progresso della degenerazione spingendo l'uomo in un turbine sfrenato che non gli lascia il tempo né di riconoscersi né di prendere coscienza di questa deplorevole decadenza..."..." La citazione proviene dalla sezione "fatti provati", nella penosa sentenza del 5 marzo 2010.

"Dalla scuola della guerra della vita. - Ciò che non mi uccide, mi rende più forte". Questa frase di Nietzsche nel *Crepuscolo degli idoli* è ideale per spiegare lo stato d'animo con cui Pedro Varela ha lasciato il carcere di Can Brians l'8 marzo 2012. "D'ora in poi raddoppierò i miei sforzi", ha dichiarato dopo aver mostrato la sua determinazione a riprendere le attività della sua libreria e a continuare a lottare contro la repressione. Un anno dopo, il 5 marzo 2013, la Corte europea dei diritti dell'uomo di Strasburgo ha ordinato alla Spagna di pagare a Varela 13.000 euro, ritenendo che il Tribunale provinciale di Barcellona avrebbe dovuto consentirgli di preparare ed esercitare la sua difesa in modo più efficace e con più tempo dopo la sentenza della Corte costituzionale del 2007. È stata una vittoria morale, poiché il libraio aveva chiesto 125.000 euro di risarcimento. I giudici della Corte di Strasburgo hanno ritenuto all'unanimità che "gli è stato consentito di apprendere solo tardivamente il cambiamento di qualifica" del reato per il quale è stato condannato a sette mesi di reclusione.

Il fatto che la Librería Europa e il suo proprietario fossero riusciti a continuare il ciclo di conferenze e a riorganizzare nuovamente le proprie attività commerciali e culturali non è piaciuto ai suoi nemici. L'11 marzo 2014 una dozzina di scagnozzi incappucciati sono stati inviati in Seneca Street. Questi coraggiosi si sono presentati alla libreria intorno alle dieci e mezza del mattino e in pieno giorno, con l'insolenza di chi sa di essere impunito, hanno iniziato l'attacco: dalla strada hanno spaccato i vetri delle vetrine con oggetti contundenti e poi hanno lanciato barattoli di vernice contro libri e mobili. Fortunatamente il personale della libreria non è stato attaccato. Secondo i testimoni oculari, il gruppo era composto da circa venti persone, ma solo gli uomini incappucciati hanno agito con violenza. Pedro Varela ha sporto denuncia ai Mossos d'Esquadra, anche se con poche speranze di essere arrestato, visto che non c'erano mai stati arresti prima.

La Germania, lo Stato che perseguita la propria ombra, non poteva rimanere in disparte senza partecipare alle vessazioni contro il libraio ed editore spagnolo. La sua comparsa nella persecuzione è avvenuta nel febbraio 2009, quando il Consolato generale tedesco di Barcellona ha presentato una denuncia contro Pedro Varela per aver commercializzato *Mein Kampf* (*La mia lotta*) senza l'autorizzazione dello Stato di Baviera. La pubblicazione dell'opera in Germania era un reato fino al 30 aprile 2015, quando, a settant'anni dalla morte di Hitler, il libro è diventato di dominio pubblico. Con questo pretesto, l'instancabile Miguel Ángel Aguilar, un giurista "progressista" della schiera di Baltasar Garzón, Santiago Vidal, José María Mena e simili, noto come il procuratore dell'odio, poiché dirige il Servizio contro i crimini di odio e discriminazione della Procura di Barcellona, nel settembre 2015 ha accusato Pedro Varela di un reato contro la proprietà intellettuale, un reato che, per inciso, non ha nulla a che fare con l'odio e la discriminazione. Il procuratore dell'odio ha chiesto sommariamente due anni di reclusione per Varela, la sua interdizione per tre anni come editore e commerciante e una multa di 10.800 euro per aver pubblicato il libro senza autorizzazione o licenza, pur sapendo che i diritti dell'opera appartenevano allo Stato tedesco della Baviera in virtù di una sentenza della Camera di Giustizia di Monaco. Inoltre, ha chiesto un'ulteriore multa di 216.000 euro e un risarcimento di 67.637 euro allo Stato della Baviera.

Per quanto riguarda i diritti sulle opere di Hitler, sappiamo che Paula Hitler, sorella del "Führer", aveva affidato a François Genoud, lo "sceicco François" (vedi nota 19), la gestione editoriale di numerosi testi del fratello, tra cui *il Mein Kampf*. Il banchiere svizzero stava lavorando a un accordo globale con lei per acquisire i diritti di tutte le opere di Adolf Hitler, ma Paula morì nel 1960. Anche allora le autorità bavaresi, che avevano sequestrato il contratto tra Hitler e la casa editrice della NSDAP (Franz Eher Verlag), reclamavano con ansia i diritti per lo Stato della Baviera.

Comunque sia, l'odio di Pedro Varela dovrebbe essere tra i fatti provati, dato che *il Mein Kampf* è stato e viene venduto in tutto il mondo. In India, ad esempio, Hitler è un autore di culto. La sua famosa opera è diventata un classico ed è stata a lungo un bestseller. Si può acquistare nelle bancarelle per strada e di tanto in tanto entra nella top ten dei bestseller. L'avvocato di Pedro Varela, Fernando Oriente, ha respinto la tesi della difesa secondo cui lo Stato di Baviera e la Repubblica Federale di Germania avevano o avevano avuto i diritti e ha sostenuto che il console tedesco "non aveva alcuna legittimità". L'avvocato ha ricordato che la prima edizione del libro in Spagna risale al 1935 e che il diritto d'autore di una persona deceduta prima del 7 dicembre 1987 è libero, come stabilito da un decreto reale del 1996 sulla Legge sulla Proprietà Intellettuale. L'avvocato di Varela si è rammaricato che l'intenzione della Baviera sia quella di "agire come un censore del pensiero, impedendo la libera diffusione delle idee sancite dalla Costituzione".

Stavamo per concludere, ma abbiamo letto nell'edizione del 28 gennaio 2016 di *El País* in Catalogna il seguente titolo: "Il procuratore studia il gesto di un neonazista nella libreria Europa". La notizia recita: "il leader storico dell'estrema destra Ernesto Milá presenterà lì (nella libreria Europa) il suo nuovo libro *El tiempo del despertar*, che esalta l'ascesa del nazismo". In altre parole, il procuratore dell'odio capisce che la presentazione di un libro può essere un atto criminale. Dopo aver seppellito più di cento milioni di vittime del comunismo in tutto il mondo, dopo l'oppressione di questa ideologia totalitaria in mezza Europa per cinquant'anni, una conferenza sui campioni comunisti è ancora "progressista"; ma se il relatore è "un neonazista", siamo di fronte al male assoluto, all'apologia del nazionalsocialismo, dell'odio razziale, dell'antisemitismo.

Purtroppo il revanscismo, il risentimento e l'odio sono all'ordine del giorno nella Spagna di oggi, ma si annidano nel petto dei sempre democratici "antifascisti". A ottant'anni dalla guerra civile, protetti da una Legge della Memoria Storica che viene usata in modo settario per ricordare solo i crimini di una delle parti in conflitto fratricida, i partiti della cosiddetta "sinistra progressista", che hanno conquistato il potere nei grandi consigli comunali grazie a patti di tutti contro uno, si dedicano a distruggere monumenti, a rimuovere le targhe in memoria dei religiosi fucilati, a cambiare i nomi delle strade... Con ragione e superiorità morale, come al solito, mostrano un'intolleranza e un fanatismo che minacciano l'armonia e la riconciliazione tra gli spagnoli, che sembravano assicurate grazie alla Costituzione del 1978. Per questo motivo, vista l'atmosfera, si può sospettare che la persecuzione di Pedro Varela non cesserà.

Post Scriptum

Purtroppo, mesi dopo aver scritto l'ultima frase, il nostro sospetto si è avverato: avendo già concluso questa *Storia fuorilegge*, abbiamo appreso che il 7 luglio 2016 è entrata nel Juzgado de Guardia (Juzgado de Instrucción numero 18 di Barcellona) una nuova denuncia presentata dalla Procura della Repubblica contro l'Asociación Cultural Editorial Ojeda come persona giuridica e contro il suo vicepresidente Pedro Varela. La denuncia era diretta anche contro Carlos Sanagustín García, Antonio de Zuloaga Canet, Viorica Minzararu e Nicoleta Aurelia Damian, persone legate all'associazione e alla Librería Europa. Il giudice Carmen García Martínez ha immediatamente ordinato misure "cautelari urgenti", tra cui: la cessazione delle attività di Editorial Ojeda, la chiusura di Librería Europa e il blocco dei due siti web della libreria. Assurdamente, la Procura dell'Odio di Barcellona ha invocato l'articolo 510.1 a della Costituzione spagnola, che si riferisce ai diritti fondamentali e alle libertà pubbliche, per continuare la sua spietata persecuzione di Varela.

Venerdì 8 luglio, i Mossos d'Esquadra hanno arrestato i due commessi della Librería Europa, entrambi di origine rumena, e i due membri dell'Asociación Cultural Editorial Ojeda nelle loro abitazioni. Pedro Varela non era in città, perché era in viaggio con la figlia minore e stava campeggiando in montagna da qualche parte in Spagna. Durante la perquisizione della libreria sono stati confiscati quindicimila libri e materiale informatico. La libreria Europa è stata sigillata. Alle 7:00 della stessa mattina, la polizia catalana ha fatto irruzione anche nell'abitazione di Pedro Varela. Oltre ai computer, gli agenti hanno sequestrato tutto il denaro contante che teneva in casa.

Dopo aver appreso che era stato emesso un mandato d'arresto, Pedro Varela ha rilasciato una dichiarazione in cui annunciava che sarebbe comparso in tribunale, cosa che ha fatto il 15 luglio. Accompagnato dai suoi avvocati, il libraio ed editore si è presentato al nono giudice istruttore che aveva emesso il mandato d'arresto. Si è rifiutato di testimoniare. Il pubblico ministero, Miguel Ángel Aguilar, ha chiesto la custodia cautelare in carcere per il rischio di fuga e la reiterazione dei reati. Il giudice ha ordinato la custodia cautelare con una cauzione di 30.000 euro, che Varela non ha potuto pagare. Gli avvocati Luis Gómez e Javier Berzosa hanno cercato di ottenere una riduzione della cauzione. Hanno sostenuto che il loro cliente non era un uomo ricco e che non poteva usare il denaro sequestrato dai Mossos d'Esquadra a casa sua per pagare la cauzione. Quello che ha", ha detto Berzosa, "è stato preso durante la perquisizione della sua casa". Varela è stato così ricoverato nel carcere Modelo di Barcellona. Fortunatamente, un amico ha pagato la cauzione giudiziaria il giorno stesso e Pedro ha potuto riacquistare la libertà in serata.

Per quanto riguarda le altre persone, dopo 24 ore di detenzione, sono state rilasciate con l'accusa di promuovere l'odio e la discriminazione per aver partecipato all'"organizzazione di conferenze nella libreria in cui si glorifica e si giustifica il genocidio nazista e si nega l'Olocausto ebraico". L'accusa intendeva incarcerare i due uomini, il presidente e il tesoriere dell'Asociación Cultural Editorial Ojeda, ma il giudice li ha rilasciati. Pochi giorni dopo l'apposizione dei sigilli alla Librería Europa, davanti alla porta con cerniera è apparsa una splendida corona di fiori, posata su un cavalletto di legno con la seguente scritta: "Dalla cultura e dalla libertà alla Librería Europa".

Il 18 luglio Esteban Ibarra, presunto campione di tolleranza che presiede il Movimento contro l'Intolleranza, una ONG che dal 1995 ha ricevuto quasi sette milioni di euro di sovvenzioni pubbliche, ha intentato una causa contro Pedro Varela e gli altri dirigenti della libreria e della casa editrice. Ibarra ha annunciato che avrebbe promosso un'azione popolare e che contava sulla partecipazione della Federazione delle comunità ebraiche di Spagna, della Lega internazionale contro il razzismo (LICRA), della Comunità ebraica Bet Shalom di Barcellona, ecc. Per concludere il linciaggio pubblico di un singolo uomo, il Comune di Barcellona ha annunciato per bocca del vicesindaco Jaume Asens, responsabile di Stato per i diritti umani di Podemos, che il Comune sarebbe comparso come pubblico ministero nel caso "per l'offesa a tutta la città". Jaume Asens, un "antisistema" diventato separatista, ha dichiarato che "la Librería Europa era una sede dell'estrema destra in città".

Durante il regime di Franco c'era la censura, che serviva a proteggere i librai, in quanto sapevano quali opere non potevano vendere. Ora in Spagna non esiste più la censura e in teoria nessun libraio dovrebbe temere nulla. Tuttavia, un uomo d'affari, un uomo capace di "offendere un'intera città" vendendo libri, viene ferocemente perseguitato. Temiamo che questa volta i nemici di Pedro Varela siano decisi a rinchiuderlo per sempre in una prigione di silenzio. Dopo oltre vent'anni di persecuzione, Varela è diventato un dissidente leggendario in Spagna e uno dei più tenaci in Europa. Le sue convinzioni e la sua dignità di persona sono esemplificate dal suo atteggiamento esemplare di resistenza pacifica. La sua lotta per la libertà di espressione e di pensiero merita il riconoscimento non solo di coloro che condividono le sue idee revisioniste, ma di tutti coloro che credono veramente nella libertà.

Altri librai ed editori perseguitati in Catalogna

Il seguente caso conferma l'ingiustizia commessa nei confronti di Pedro Varela. Conosciuto come il caso della Librería Kalki, ha coinvolto quattro librai ed editori che sono stati assolti dalla Corte Suprema mentre Varela, anch'egli libraio ed editore, stava scontando una pena detentiva per fatti identici. Se ne potrebbero trarre molte e diverse conclusioni, che lasceremo alla fine. Ci limitiamo ora a una sintetica esposizione dei fatti dopo aver delineato i personaggi: Óscar Panadero, Ramón Bau, Juan Antonio

Llopart e Carlos García, condannati dal Tribunale Provinciale di Barcellona per diffusione di idee genocide con sentenza del 28 settembre 2009.

Il primo, Óscar Panadero, figlio di un dirigente del PSUC, nipote di anarchici e nipote di falangisti, è stato educato da bambino alle discussioni dei tre credi ideologici e ha finito per scegliere il nazionalsocialismo. Nato a Barcellona nel 1977, ha abbandonato la scuola con ottimi voti e ha optato per un'educazione da autodidatta. Né gli insegnanti né i genitori riuscirono a convincere il giovane adolescente, che confermò di non avere alcuna intenzione di cedere a una scuola che insegnava falsità. Dopo essere passato per associazioni come Alternativa Europea e il Movimento Social Republicano, finì nel Círculo de Estudios Indoeuropeos (CEI), il cui presidente era Ramón Bau. Nel gennaio 2003, dopo aver venduto la sua proprietà e rinunciato a un buon lavoro, apre la Libreria Kalki, di cui è proprietario e gestore. Solo mezzo anno dopo è iniziata la sua persecuzione politica: l'8 luglio 2003 e il 25 maggio 2004 la polizia regionale ha fatto irruzione nel locale e, come nel caso della libreria Europa, ha sequestrato migliaia di libri e riviste, oltre a cataloghi, opuscoli, ecc.

Il secondo, Ramón Bau, anch'egli di Barcellona, partecipò a diciassette anni alla fondazione del Círculo Español de Amigos de Europa e collaborò con Pedro Varela alle sue attività editoriali. Bau lavorò a stretto contatto con Varela e divenne segretario generale della CEDADE. Nel 1984 fonda le Ediciones Bau, Bausp y Wotton e pubblica più di cento riviste. Nel giugno 1998 ha fondato il Círculo de Estudios Indoeuropeos. Bau, intellettuale ricco di conoscenze, è un convinto nazionalsocialista e un autoproclamato wagneriano.

Juan Antonio Llopart, il terzo dei perseguitati catalani, nacque a Molins de Rei da una famiglia falangista. Fondatore delle Ediciones Nueva República, fu anche il motore della rivista *Nihil Obstat*. Llopart, da Ediciones Nueva República, ha sponsorizzato e organizzato una serie di conferenze, Disidencia, che per diversi anni hanno visto la partecipazione di personalità internazionali, combattenti controcorrente nel campo della cultura. È autore di numerose opere e ha collaborato a diverse pubblicazioni.

Il quarto, Carlos García, membro della CEI e anch'egli di tradizione falangista, sostiene di essere uno studente del nazionalsocialismo. Segretario di Óscar Panadero, ha raccontato un aneddoto significativo sul suo arresto: quando nel 2004, di notte, dieci poliziotti fecero irruzione nella sua casa, quello che comandava era in abiti civili e portava una stella rossa comunista sul bavero. García ritiene che questo fosse un modo per fargli capire chi lo stava cercando.

Ebbene, dopo essere stati arrestati in modo umiliante ed essere stati trattenuti per diversi giorni nelle segrete, è stato aperto un procedimento contro di loro presso il Juzgado de Instrucción n° 4 de Sant Feliu de Llobregat (Tribunale di istruzione n° 4 di Sant Feliu de Llobregat). Una volta decretata l'apertura del procedimento orale, il caso è stato deferito al Tribunale provinciale di Barcellona, che ha emesso la sentenza il 28 settembre 2009. I quattro sono stati condannati a pene detentive fino a tre anni e mezzo per i reati di diffusione di idee genocide, reati contro i diritti e le libertà fondamentali e associazione illegale. Ramón Bau, presidente della CEI, e Óscar Panadero, proprietario della Librería Kalki, hanno ricevuto tre anni e mezzo; Carlos García, tre anni; Juan Antonio Llopart, amministratore delle Ediciones Nueva República, non è stato condannato per associazione illecita, ed è stato quindi condannato a due anni e mezzo di carcere.

Gli avvocati hanno presentato ricorso in cassazione alla Corte Suprema per violazione della legge e dei precetti costituzionali, oltre che per vizio di forma. Il 12 aprile 2011, la Corte Suprema ha emesso la sentenza 259/2011, il cui relatore era il giudice Miguel Colmenero Menéndez de Luarca. La sentenza ha ritenuto ammissibili i ricorsi in cassazione per violazione della legge e del precetto costituzionale, nonché per vizio di forma. Di conseguenza, gli imputati sono stati assolti dai reati per i quali erano stati condannati e tutte le sentenze della Corte Suprema sono state rese nulle. La sentenza consta di 218 pagine. Nella sezione "Fundamentos de Derecho" (fondamenti di diritto), sono stati riportati gli stessi argomenti che, quando sono stati avanzati dalla difesa di Pedro Varela, erano stati respinti dai tribunali catalani che lo avevano processato e condannato. Un estratto è riportato di seguito:

> "Pertanto, nel caso di editori o librai, il possesso di alcune copie di tali opere, in numero maggiore o minore, allo scopo di venderle o distribuirle, come avverrebbe per molte altre possibili opere su temi simili, o anche contrari nel loro senso più profondo ma ugualmente discriminatorio ed escludente, non costituisce di per sé un atto di diffusione di idee al di là del mero fatto di mettere i loro supporti documentali a disposizione di potenziali utenti, e quindi nulla di diverso da quanto ci si può aspettare dalla loro dedizione professionale, anche se contengono una qualche forma di giustificazione del genocidio, non costituiscono un incitamento diretto all'odio, alla discriminazione o alla violenza contro questi gruppi, o un incitamento indiretto alla commissione di atti che costituiscono genocidio, e anche se queste opere contengono concetti, idee o dottrine discriminatorie o offensive nei confronti di gruppi di persone, non si può ritenere che questi atti di diffusione creino da soli un clima di ostilità che comporta un certo pericolo di concretizzarsi in specifici atti di violenza contro di loro.
> Nei fatti accertati non vi è alcuna descrizione, necessaria ai fini dell'applicazione del reato, di atti di promozione, pubblicità, difesa pubblica, raccomandazione, elogio o incitamento o atti analoghi attribuiti agli imputati che facciano riferimento alla bontà delle idee o delle dottrine contenute nei libri da loro editi, distribuiti o venduti per il loro contenuto filonazista, discriminatorio o di genocidio o di giustificazione del genocidio, o l'opportunità di acquisirli per la conoscenza e lo sviluppo di

tali idee o dottrine, o in ogni modo di caldeggiarne l'attuazione, che potevano essere considerate come attività di divulgazione, che avevano una portata più ampia ed erano diverse dal fatto di pubblicare determinate opere o di metterne a disposizione copie a potenziali clienti.
Né si può ritenere che gli atti addebitati nel resoconto fattuale siano volti a glorificare i leader nazisti per le loro attività discriminatorie o genocide, e pertanto, fatta salva l'opinione che tali persone possano meritare, in relazione a quanto detto finora, non possono essere considerati come un'istigazione indiretta al genocidio o come un'attività volta a creare un clima ostile da cui potrebbero essere dedotti atti specifici contro le persone offese o contro i gruppi di cui fanno parte".

In parole povere ("in cui la gente è solita parlare con i propri vicini"), il fatto che i librai o gli editori, nell'esercizio della loro attività professionale, vendano o pubblichino determinati libri non implica che questi giustifichino il genocidio, l'odio o la violenza contro qualcuno. La Corte Suprema, e questo sarebbe applicabile al caso di Pedro Varela, non ha ritenuto che nei "fatti provati" ci fosse qualcosa legato ad atti di promozione o giustificazione della pratica delle idee contenute nei libri pubblicati o distribuiti. Né ha ritenuto che un'eventuale istigazione al genocidio potesse essere attribuita ai condannati sulla base degli atti addotti nel resoconto dei fatti. Per quanto riguarda l'affermazione che gli imputati facevano parte di un'associazione illegale, la Corte Suprema ha spiegato nella sentenza che "non è sufficiente provare l'ideologia del gruppo o dei suoi membri" e ha ritenuto che i dati disponibili non dimostrassero che il gruppo fosse "un'organizzazione strutturata con i mezzi per trasformare l'orientamento ideologico nella promozione della discriminazione".

La sentenza n. 235 del 7 novembre 2007 e la sentenza n. 259 del 12 aprile 2011 della Divisione Penale della Corte Suprema tutelano i diritti alla libertà ideologica e alla libertà di espressione, in modo che qualsiasi idea possa essere difesa e diffusa. Tuttavia, invece di congratularsi per due sentenze che tutelano le libertà di tutti, alcuni media "progressisti", sempre asserviti alla voce dei loro padroni, si sono stracciati le vesti e hanno considerato le sentenze come un passo indietro. In altre parole, quando i giudici e i pubblici ministeri agiscono secondo certi interessi, anche se limitano i diritti fondamentali, si tratta di sentenze esemplari; ma altrimenti i magistrati sono conservatori e carcerati. Nel loro settarismo, questi media e i gruppi che li sostengono ignorano il fatto che la Costituzione non vieta le ideologie, siano esse a un estremo o all'altro dello spettro politico. Secondo i giudici della Corte Suprema, la Costituzione "non proibisce le ideologie", quindi "le idee in quanto tali non dovrebbero essere perseguite penalmente". La Corte Suprema ha insistito sul fatto che la tolleranza di tutti i tipi di idee permette di accettare anche quelle che mettono in discussione la Costituzione stessa, "per quanto possano essere considerate riprovevoli". In breve, la Corte Suprema si è basata sulla giurisprudenza della Corte Costituzionale, secondo la quale "nella tutela della libertà di opinione c'è spazio per qualsiasi opinione, per quanto sbagliata o pericolosa possa sembrare al lettore, anche per quelle che attaccano lo stesso sistema democratico. La Costituzione protegge anche chi lo nega".

La sentenza della Corte Suprema è stata una battuta d'arresto, una battuta d'arresto per l'Alta Corte di Barcellona. All'epoca, Pedro Varela si trovava ancora nel carcere di Can Brians. Nel giugno 2011, mezzo anno dopo il ricovero volontario, la commissione per il trattamento carcerario gli aveva negato il permesso di vedere la moglie e la figlia piccola, che da allora non aveva più visto. Poiché i poteri di esecuzione delle carceri sono stati trasferiti alla Generalitat de Catalunya, è chiaro che i funzionari del carcere obbedivano alle istruzioni politiche del governo catalano. Pedro Varela aveva fatto domanda per il terzo grado e gli era stata negata. Il 3 marzo 2011 ha presentato ricorso contro il rifiuto. Se fosse stata fatta giustizia, non appena fosse stata resa nota la sentenza della Corte Suprema che assolveva i quattro librai ed editori condannati per gli stessi reati, il corrispondente Tribunale di Sorveglianza Penitenziaria avrebbe dovuto risolvere il ricorso contro il rifiuto del terzo grado e ordinare automaticamente la liberazione condizionale del detenuto. Nonostante la giurisprudenza della Corte Suprema non consideri i fatti per cui è stato in carcere come un reato, Varela ha scontato la sua pena per intero. È stato così dimostrato ancora una volta che il suo caso era politico e non aveva nulla a che fare con l'equità e la giustizia.

7. Principali vittime di persecuzione in persecuzione in Svezia:

Ditlieb Felderer, l'ebreo beffardo che usa la satira corrosiva

Questo revisionista, che è stato accusato, processato, condannato e imprigionato in Svezia, gestisce attualmente un sito web irriverente, *Ditliebradio*, dove ha optato per un umorismo sardonico per denunciare le imposture. In modo sarcastico e macabro, utilizza tutti i tipi di fotografie ironiche, comprese quelle pornografiche, per deridere le menzogne sull'Olocausto, i crimini del sionismo, l'adesione della Chiesa cattolica ai dogmi, i Testimoni di Geova e tutto il resto. A volte utilizza fotomontaggi audaci e ingegnosi per illustrare meglio le sue denunce. Per tutto questo, Felderer è conosciuto come l'eccentrico revisionista. Il suo bizzarro senso dell'umorismo è stato usato dagli sterminazionisti e dai propagandisti per screditarlo. Lui sembra non curarsene, ritenendo che la "sensibilità" dei falsificatori della storia e dei bugiardi compulsivi non debba essere affatto rispettata.

Secondo Elliot Y. Neaman, dottore di ricerca in storia presso l'Università della California a Berkeley e professore all'Università di San Francisco, Ditlieb Felderer è ebreo, così come sua madre, che discendeva da una famiglia di Testimoni di Geova. Nato a Innsbruck nel 1942, è fuggito dai nazisti con la sua famiglia: sono andati in Italia e da lì sono emigrati in Svezia, dove ha studiato. Ha quindi la nazionalità svedese. Nel 1976, lavorando per una pubblicazione dei Testimoni di Geova, ha iniziato a viaggiare nei campi. Anni dopo, tra il 1978 e il 1980, ha effettuato una seconda serie di visite in quelli che teoricamente erano campi di sterminio. È stato uno dei primi ricercatori a cercare prove ad Auschwitz. Durante questi viaggi, scattò quasi 30.000 fotografie, registrando anche i dettagli più banali delle strutture. Molte di esse sono utilizzate nei suoi fotomontaggi. Ad Auschwitz, Felderer fotografò la piscina, il moderno ospedale e la sua sezione di ginecologia, il teatro, la biblioteca, le aule dove si tenevano i corsi di scultura, la cucina, che era una delle strutture più grandi del campo. Ha avuto accesso ad archivi che richiedevano un permesso speciale e vi ha scoperto la partitura musicale di un brano intitolato "Auschwitz Waltz", che sarebbe stato eseguito dall'orchestra del campo.

Tra i suoi principali contributi come revisionista c'è la scoperta del ruolo svolto nei campi dai Testimoni di Geova, che collaboravano con l'amministrazione delle SS. Abbiamo già detto che, in qualità di importante testimone di Geova, fu espulso dalla setta quando denunciò che era falso che i tedeschi avessero sterminato 60.000 membri, poiché secondo le sue ricerche stabilì che solo 203 di loro erano morti (vedi nota 15). Fu durante questa disputa con la leadership della setta che gli capitò tra le mani il libro di Richard Verrall (Richard Harwood) *Did Six Million Realy Die?*, di cui pubblicò un'edizione svedese nel 1977 e distribuì circa 10.000 copie. Da allora il suo impegno nel revisionismo storico è stato permanente. Dopo aver fondato la rivista *Bible Researcher* nel 1978, nel 1979, anno in cui incontrò Ernst Zündel, pubblicò il libro *Auschwitz Exit* con lo pseudonimo di Abraham Cohen. Come risultato delle sue ricerche, nello stesso anno ha pubblicato il *Diario di Anna Frank - Una bufala?*

Felderer era già appassionato di alcune eccentricità, alcune delle quali disturbavano Zündel, che le considerava controproducenti. Una di queste finì per costargli la prigione. Poiché il Museo di Auschwitz espone capelli di presunte vittime uccise nelle camere a gas, Felderer ebbe l'idea di prenderli in giro in un opuscolo molto diffuso intitolato: "Vi prego di accettare questi capelli di una vittima del gas". L'opuscolo fu inviato ai funzionari del Museo di Auschwitz. Il testo dell'opuscolo era inframmezzato da disegni e battute che prendevano in giro i funzionari del museo e gli sterminatori. Nel primo disegno, una donna sorridente tiene in mano un regalo incartato con la scritta: "Per favore, mandateci tutte le vostre cianfrusaglie. Ne abbiamo bisogno per le nostre mostre e documentazioni autentiche". Il secondo scherzo era un clown che diceva: "Sono un esperto sterminatore. Inviateci generosamente i vostri documenti a tutti i nostri indirizzi. Sarete ricordati per questo". La terza illustrazione era un uomo che piangeva lacrime di coccodrillo; il testo sottostante recitava: "Sono stato gasato sei volte! No! Dieci volte, no!... e ci sono altri 5.999.999 come me a Neu Jork! I sei milioni di ebrei gasati sono una bufala!". Durante il primo processo Zündel fu interrogato e spiegò che secondo lui la satira era necessaria per denunciare un'impostura sostenuta da Stati potenti e dal potere del denaro.

Nel 1980, la polizia svedese arrestò Ditlieb Felderer per aver pubblicato l'opuscolo. In questa prima occasione trascorse tre settimane in prigione. Nel 1982 fu arrestato una seconda volta a causa del controverso pamphlet. Questa volta fu accusato di agitazione contro un gruppo etnico e un tribunale di Stoccolma lo condannò a sei mesi di carcere. Felderer ha dichiarato che durante questa detenzione è stato trattato in modo disumano. Non sapendo se fosse giorno o notte, ha detto, passava la maggior parte del tempo a fissare il muro di un bunker di cemento di due metri per tre, poiché non gli era quasi permesso di uscire per respirare aria fresca. La cella non aveva servizi igienici e lui veniva scortato e chiuso in un bagno quando aveva bisogno di fare i suoi bisogni. Per protestare contro la sua situazione e perché gli veniva impedito di scrivere, ha fatto tre scioperi della fame, finché non gli è stato permesso di fare un po' di esercizio fisico e ha ricevuto carta e matita. Felderer ha riferito di essere stato picchiato più volte e di aver subito insulti.

Nel 1988, al secondo processo di Zündel, egli mostrò 300 volantini presi durante le sue visite ai campi e chiese la protezione del revisionismo e la libertà di parola invece della persecuzione. L'accusa gli presentò alcuni dei suoi opuscoli. Gli chiese di leggerne uno intitolato "Tre contributi ebraici alla civiltà occidentale". I contributi si riferivano alla bomba atomica, sviluppata da Robert Oppenheimer, alla bomba all'idrogeno, il cui padre era Edward Teller, e alla bomba al neutrone, di Samuel Cohen. Tutti e tre erano ebrei. Felderer ha testimoniato che il suo volantino parlava di alcune persone che avevano creato queste terribili armi di distruzione. Un altro dei volantini che gli sono stati mostrati alludeva al suo ricovero in un ospedale psichiatrico quando era sotto processo: si lamentava del fatto che in Svezia i detrattori venivano internati e paragonava questa pratica a quella usata in Unione Sovietica. L'accusa della Corona rispose a Felderer che non poteva accettare che le autorità svedesi pensassero che fosse malato e avesse bisogno di aiuto; ma lui insistette che gli esami a cui era stato sottoposto dimostravano che era perfettamente sano di mente.

Sembra che dopo la sua testimonianza al processo di Toronto, pensasse di aver fatto tutto il possibile e che le sue ricerche si fossero fermate. Ernst Zündel ha sempre riconosciuto l'eccellente lavoro di Felderer sui campi di concentramento e sul diario di Anna Frank, ma riteneva che la satira non fosse un genere efficace per uno storico, perché può mettere in discussione la serietà di altri lavori. Zündel si rammaricava del fatto che Feldererer si fosse spinto troppo in là nella sua presa in giro attraverso pamphlet e disegni. Nonostante la sua scomparsa dalla scena, Feldererer ha denunciato ripetute molestie e insulti. Non per nulla è considerato uno dei ricercatori pionieri del revisionismo.

Come abbiamo notato nella nota 15, le ultime notizie che abbiamo avuto da Ditlieb Felderer sono che nel novembre 2013 ha incolpato il giudice ebreo Johan Hirschfeldt di essere dietro "azioni terroristiche" contro di lui e sua moglie filippina. Sul suo sito web *Ditliebradio*, Feldererer ha fatto riferimento a documenti segreti del Ministero degli Esteri svedese per lanciare accuse molto gravi contro Hirschfeldt, che ha accusato di aver istigato attacchi contro di loro da parte di teppisti per conto dell'ADL (Anti-Defamation League). Sembra che in uno di questi atti, che Feldererer descrive come terrorismo di Stato, sua moglie abbia quasi perso la vita. Secondo Felderer, Carl Bildt, allora ministro degli Esteri, potrebbe essere ritenuto responsabile della sua inazione. Felderer ha anche accusato il giudice Hirschfeldt di aver perseguitato con false accuse Ahmed Rami, un revisionista marocchino che è stato più volte attaccato e ha gestito per molti anni il sito web *Radio Islam*.

Ahmed Rahmi, architetto di *Radio Islam* e principale revisionista musulmano

Questo marocchino di origine berbera era un ufficiale dell'esercito reale marocchino quando, il 16 agosto 1972, partecipò a un fallito colpo di Stato contro il re Hassan II, che considerava un fantoccio del potere ebraico.

Dopo la clandestinità, Ahmed Rami si recò a Parigi e da lì in Svezia, dove chiese e ottenne asilo politico nel 1973. Da allora vive a Stoccolma, dove ha pubblicato cinque libri in svedese. La sua apparizione in queste pagine è dovuta alle attività revisioniste che hanno finito per costargli il carcere nel Paese che lo aveva accolto.

Nel 1987 ha fondato e gestito una stazione radiofonica chiamata *Radio Islam*, che gli ha permesso di comunicare con gli svedesi e i circa ottantamila musulmani che vivono nel Paese. Il suo slogan era "Radio Islam - Il combattente per la libertà - Unisciti alla lotta contro la dominazione ebraica e il razzismo! Nelle sue trasmissioni radiofoniche iniziò a lanciare contenuti revisionisti, in particolare le opere di Robert Faurisson. Nel 1988, l'emittente ha dato notizia del processo a Ernst Zündel a Toronto. Convinto sostenitore della causa palestinese, Rami collegò fin dall'inizio l'Olocausto all'usurpazione sionista della Palestina e, di conseguenza, la liberazione del popolo palestinese allo svelamento delle menzogne imposte dal sionismo. Questa franchezza ha fatto sì che la radio venisse bollata come antisemita e nel 1989 il Ministro della Giustizia, su pressione della lobby ebraica, ha presentato un'accusa di incitamento all'odio razziale.

Il processo contro Ahmed Rami è iniziato nel settembre 1989 ed è durato fino a novembre. Il processo è iniziato presso il Tribunale distrettuale di Stoccolma il 15 settembre. Fin dall'inizio, la difesa di Rami ha respinto le accuse di lesa maestà e diffamazione nei confronti di un gruppo etnico e ha sostenuto che la libertà di espressione non può essere limitata perché qualcuno si sente insultato. Inoltre, l'avvocato Ingemar Folke ha insistito sul fatto che Rami si era limitato a citare passi della Bibbia in cui gli ebrei venivano descritti come ricattatori, avidi, sadici, sfruttatori e criminali. Il fatto che i testi provenissero dal Pentateuco ha indotto la stampa svedese a ritenere che il tribunale dovesse interpretare in ultima istanza se contenessero espressioni di razzismo o disprezzo per altri gruppi etnici. Il procuratore Hakan Bondestam ha chiamato a testimoniare contro il revisionista marocchino il rabbino Morton Narrowe e l'ex vescovo luterano di Stoccolma Krister Stendahl, professore onorario all'Università di Harvard, che sono arrivati dagli Stati Uniti. Stendahl ha dichiarato che "*Gli ebrei e le loro menzogne*" di Lutero non era cristiano e che Lutero era un antisemita. Da parte sua, Rami ha presentato come testimoni Jan Hjärpe, noto professore di Islam all'Università di Lund, e Jan Bergman, professore di religione all'Università di Uppsala. Entrambi hanno testimoniato che, a loro avviso, la libertà di espressione è stata attaccata da Sweden quando si è trattato di mettere a tacere le critiche a Israele e la questione palestinese. L'avvocato Folke ha insistito sulla necessità di distinguere tra antisemitismo e antisionismo e ha sottolineato che il suo cliente stava cercando di difendere i diritti del popolo palestinese e che le critiche alle politiche di uno Stato non possono essere considerate odio razziale. Il quotidiano *Expressen*, in una dimostrazione di insidiosa malafede, ha ritenuto nella sua edizione del 23 ottobre 1989 che fosse "praticamente impossibile separare l'antisemitismo dall'antisionismo".

Sugli altri temi, Rami è stato accusato di negare l'Olocausto. Sosteneva impassibile che il presunto genocidio di sei milioni di ebrei "era un'enorme bufala propagandistica". Alcuni giornali si sono indignati per le citazioni di Rami *dai Protocolli degli Anziani di Sion* e per la sua affermazione che gli ebrei non erano stati sterminati nelle camere a gas. Il principale difensore di Rami e dei professori Hjärpe e Bergman sulla stampa svedese fu Jan Myrdal, figlio del premio Nobel Gunner Myrdal. Con l'avanzare del processo, il procuratore Bondestam si rese conto che prolungarlo era controproducente perché Rami lo stava usando per "continuare la sua propaganda antisemita durante il processo". Il 14 novembre è stato pronunciato il verdetto e Ahmed Rami è stato dichiarato colpevole. Alla sentenza, è stato condannato a sei mesi di reclusione per "incitamento contro un gruppo etnico", per il quale è stato condannato al carcere nel febbraio 1990. La licenza di *Radio Islam* è stata annullata per un anno. Robert Faurisson ha successivamente riferito sulle attività del suo collega revisionista in carcere. Secondo il professore, Rami è riuscito a spiegare le sue idee non solo ai detenuti, ma anche alle guardie, motivo per cui le autorità lo hanno trasferito in un'altra struttura più piccola, dove il risultato è stato lo stesso.

Per quanto riguarda l'annullamento della licenza radiofonica, il Consiglio della radio comunitaria di Stoccolma permise alla stazione di continuare a trasmettere fino al 28 novembre 1990. Quando l'emittente riprese le sue attività nel 1991, lo fece sotto la direzione di David Janzon, un nazionalista svedese membro della "Sveriges Nationella Förbund" (Alleanza Nazionale Svedese), successivamente condannato per lo stesso reato nel 1993. La stazione radio rimase quindi inattiva tra il 1993 e il 1995. La programmazione è stata ristabilita sotto la guida di Ahmed Rami nel 1996, quando ha lanciato anche il suo famoso sito web, che ha mantenuto lo stesso nome di *Radio Islam*. Inizialmente, questo sito era molto attivo nella critica del razzismo ebraico e del dominio sionista sul mondo. Inoltre, sono apparsi testi revisionisti molto interessanti in 23 lingue. Oggi, e da qualche anno, il sito, gestito da un gruppo di sedicenti "combattenti per la libertà" di diversi Paesi che sostengono Ahmed Rami, viene rinnovato raramente. Non sappiamo quale sia la ragione di questa mancanza di attività, anche se è probabile che sia dovuta alle molestie subite da Rami.

Nei suoi *Écrits révisionnistes*, Robert Faurisson racconta che tra il 17 e il 21 marzo 1992 si recò a Stoccolma su invito di un suo amico marocchino. Nel pomeriggio/sera dello stesso giorno del suo arrivo, Rami, due giovani svedesi e il professor Faurisson furono aggrediti e quasi linciati da individui armati di bastoni, coltelli e bombe lacrimogene. I capi del gruppo di aggressori erano i responsabili di un club studentesco ebraico. Grazie a queste minacce, la comunità ebraica di Stoccolma riuscì ad annullare tutte le conferenze che Ahmed Rami aveva organizzato per far parlare il professor Faurisson; ma non gli si poté impedire di esprimersi liberamente e diffusamente sulle frequenze di *Radio Islam*. Il secondo soggiorno del professore a Stoccolma è avvenuto tra il 3 e il 6 dicembre dello stesso anno. All'aeroporto, il "profeta nazista", come lo hanno definito alcuni media, è stato accolto da Rami, da alcuni amici arabi e da un somalo. Paradossalmente, due manifestanti ebrei reggevano uno striscione con la scritta "Abbasso il razzismo! Faurisson rimase a casa del suo ospite e racconta negli *Écrits* che ci furono due attacchi notturni alla casa di Rami.

Nell'ottobre 2000 Rami è stato nuovamente condannato per "incitamento all'odio razziale". Il tribunale svedese che lo ha processato in contumacia gli ha inflitto una multa di circa 25.000 dollari. Sia in Francia che in Svezia è stato indagato per "crimini d'odio" a causa del suo ruolo nel mantenimento di *Radio Islam*. In Svezia, l'indagine si è conclusa nel 2004 e il pubblico ministero non è stato in grado di fornire prove che Ahmed Rami fosse responsabile dei contenuti pubblicati sul sito. La vicenda di *Radio Islam* è arrivata al Parlamento svedese nel novembre 2005. Il dibattito si è svolto a causa del gran numero di cause che le organizzazioni ebraiche hanno presentato in tribunale, chiedendo che Ahmed Rami fosse perseguito in Svezia o portato davanti a un tribunale internazionale. L'idea era stata proposta in Marocco da Robert Assaraf, leader della comunità ebraica marocchina, che nel marzo 2000, in una dichiarazione alla rivista *Jeune Afrique*, aveva chiesto retoricamente: "Gli ebrei marocchini, che sono sparsi in tutto il mondo, non dovrebbero mobilitarsi per processare Ahmed Rami?".

Il dibattito al Parlamento svedese si è svolto il 10 novembre 2005. I membri ebrei della Camera hanno criticato il governo per aver abdicato ad Ahmed Rami e alle sue attività antiebraiche in Svezia. Il Ministro della Giustizia e degli Interni Thomas Bodström si è difeso con queste parole: "In uno Stato di diritto, non spetta a me o ai membri del Parlamento accusare o giudicare Ahmed Rami. È una questione di competenza della Procura. Ma la procura non è stata in grado di trovare alcuna prova che dimostri che Ahmed Rami ha violato la legge svedese". Per il disagio di alcuni parlamentari, il ministro ha ricordato che "la legge svedese non vieta di mettere in discussione o negare l'Olocausto". Il ministro Bodström ha ricordato che in Svezia si è convenuto che i cittadini non possono essere costretti a credere nell'Olocausto e che non è possibile vietare di metterne in dubbio la veridicità storica. Tuttavia, ha suggerito "la possibilità di esercitare una certa influenza in Parlamento proponendo una legge e, naturalmente, contribuendo al lavoro svolto nell'Unione Europea".

L'ultima novità che sappiamo su Ahmed Rami e *Radio Islam* è che nel dicembre 2015 la polizia italiana ha aperto un'indagine. Il motivo era la pubblicazione in italiano sul sito web di un elenco di ebrei influenti che operano nel Paese. Venivano elencati i nomi di giornalisti, uomini d'affari, attori e varie personalità che venivano descritte come "mafia giudeonazista". I rappresentanti della comunità ebraica hanno considerato questo un incitamento alla violenza settaria e hanno usato aggettivi come "inaccettabile" o "spregevole" per riferirsi alla questione. Il leader della comunità ebraica di Roma ha dichiarato al *Corriere della Sera* che "si tratta di una rappresentazione insopportabile dell'odio antisemita". Alcuni avvocati hanno chiesto la chiusura immediata del sito. Nel frattempo, Giuseppe Giulietti e Raffaele Lorusso, presidente e segretario generale della Federazione Nazionale della Stampa Italiana, hanno definito la pubblicazione della lista "un atto miserabile, razzista e intollerabile". In un comunicato stampa hanno scritto: "Offende innanzitutto i musulmani che hanno scelto la strada del dialogo e del rispetto. Questa lista evoca tempi bui e muri che dovremmo abbattere tutti insieme".

Questi due ipocriti si riferivano, ovviamente, a tutti i muri tranne quello alto otto metri eretto dai sionisti in Palestina. Quanto al "dialogo e al rispetto", esso non include, ovviamente, il popolo palestinese, tanto meno il milione e mezzo di gazesi che vivono in condizioni subumane nella loro prigione a cielo aperto. Come è noto, nel luglio/agosto 2014 circa duemila persone, un quarto delle quali bambini, sono state uccise e novemila sono rimaste gravemente ferite, se non gravemente mutilate. Naturalmente non si è trattato di "un atto miserabile, razzista e intollerabile". Due anni dopo il "tollerabile" bombardamento dei civili palestinesi, Gaza, grazie al "dialogo e al rispetto", è ancora in rovina e i suoi abitanti rimangono indigenti.

8. Principali vittime di persecuzione in Australia:

Frederick Töben, imprigionato in Germania, Inghilterra e Australia

Il dottor Fredrick Töben è una delle vittime più illustri e coraggiose del movimento revisionista. Questo australiano di origine tedesca avrebbe potuto essere annoverato tra le vittime della Germania, in quanto la "Bundesrepublik" è il Paese che si è accanito maggiormente nella sua persecuzione. Tuttavia, abbiamo scelto di dedicargli uno spazio esclusivo e di collocarlo in Australia perché è lì che ha fondato nel 1994 l'Adelaide Institute, un'istituzione dedicata alla ricerca storica che sarebbe l'equivalente in Australia dell'Institute for Historical Review in California.

Le lobby ebraiche in Australia hanno cercato senza sosta di chiudere il sito web dell'Istituto di Adelaide. Nel 1996 la potente lobby ebraica "Executive Council of Australian Jewry" (ECAJ) ha intrapreso la prima azione legale per chiudere il sito web dell'Istituto. Il dottor Töben, autore di numerose opere di storia, educazione e politica, ha svolto ricerche sulla maggior parte dei campi di concentramento oggi esistenti: Buchenwald, Dachau, Oranienburg, Sachsenhausen, Auschwitz-Birkenau, tra gli altri. In quest'ultimo ha ispezionato la presunta camera a gas nell'aprile 1997 e ha girato un video altamente raccomandabile che fa parte del documentario *Judea Declares War on Germany*, pubblicato dall'IHR di Los Angeles.

Nel 1999 si è recato in Europa per condurre ricerche in diversi Paesi, tra cui Polonia, Ucraina, Ungheria, Repubblica Ceca e Germania. Mentre si trovava nell'ufficio di un procuratore tedesco famoso per il suo lavoro contro i negazionisti, Hans-Heiko Klein, con il quale avrebbe discusso della legislazione tedesca che vieta il dissenso dalla versione ufficiale della Seconda Guerra Mondiale, il 9 aprile 1999 è stato arrestato per aver pubblicato o inoltrato in Germania testi revisionisti dell'Istituto Adelaide. Il mandato d'arresto recitava: "dall'aprile 1996 e più recentemente tra il gennaio e l'aprile 1999, ha spedito da Adelaide (Australia) a destinatari nella Repubblica Federale Tedesca, tra l'altro, una newsletter mensile dell'Istituto di Adelaide, di cui è il direttore responsabile". Un reato penale, senza dubbio, che giustificava, come recitava il mandato d'arresto, la sua custodia cautelare in attesa del processo.

La detenzione preventiva si è protratta ignominiosamente per sette mesi. Il 3 maggio, l'ufficio del procuratore del tribunale distrettuale di Mannheim la confermò in un nuovo mandato d'arresto. Le accuse, oltre all'invio della newsletter su, specificavano che era "uno dei principali revisionisti" e precisavano alcuni dei contenuti inammissibili della newsletter, come l'affermazione che "lo sterminio era una leggenda inventata dagli ebrei allo scopo di sottomettere il popolo tedesco". Questo secondo mandato d'arresto lo accusava di incitamento all'odio, attacco alla dignità altrui e denigrazione della memoria degli ebrei morti, tutti reati che disturbavano la pace pubblica.

Non appena in Australia si è diffusa la notizia dell'arresto del direttore dell'Adelaide Institute, i gruppi per i diritti civili si sono mobilitati per denunciare l'arresto di Fredrick Töben in Germania in base a "leggi draconiane sulla libertà di parola". John Bennett, noto revisionista e attivista australiano che presiede l'Australian Civil Liberties Union, ha esortato le persone a recarsi presso le ambasciate tedesche e altre istituzioni per protestare. Bennett ha organizzato un fondo per garantire la difesa legale e il rilascio di Töben. Anche un altro gruppo, Electronic Frontiers Australia (EFA), un gruppo indipendente che promuove la libertà di espressione online, si è espresso contro l'arresto e ha espresso rabbia per il fatto che le autorità tedesche abbiano trattato il materiale pubblicato su un sito web australiano come se fosse stato pubblicato in Germania. Il presidente dell'EFA, l'avvocato Kimberley Heitman, ha accusato il governo tedesco di voler legiferare in pratica per tutti. Anche Mark Weber, direttore dell'IHR, ha protestato indignato per l'arresto e la detenzione del collega australiano, ma nulla ha cambiato la situazione di Töben in Germania.

Dopo sette mesi di carcere senza cauzione, l'8 novembre 1999 è stato portato davanti al tribunale distrettuale di Mannheim, presieduto dal giudice Klaus Kern. Il primo giorno del processo, Töben annunciò che non si sarebbe difeso dalle accuse mosse contro di lui, perché ciò sarebbe servito solo a far scattare nuove accuse contro di lui per ulteriori violazioni delle leggi tedesche sulla "negazione dell'Olocausto" e sull'"incitamento all'odio". Ha tuttavia respinto l'affermazione delle autorità tedesche secondo cui i revisionisti sarebbero pericolosi neonazisti o antisemiti. Anche il suo avvocato, Ludwig Bock, ha annunciato che non avrebbe difeso il dottor Töben, perché rischiava di essere incriminato anche lui. Si è quindi limitato a leggere una dichiarazione alla corte in cui ha paragonato la persecuzione di Töben e di altri "negazionisti dell'Olocausto" ai processi alle streghe del Medioevo. Ha affermato che le leggi tedesche contro il revisionismo violano gravemente il principio della libertà di espressione. Ha giustificato la sua decisione e quella del suo cliente a un giornalista: "Se dico qualcosa, andrò io stesso in prigione, e se lui dice qualcosa, sarà esposto a un altro processo".

Il procuratore Klein ha poi confermato che questi timori erano pienamente giustificati: "Se avessero ripetuto cose illegali in tribunale, avrei presentato nuove accuse". Come è già stato spiegato, il sistema giuridico in Germania rende imputati e testimoni indifesi e impedisce agli avvocati di di esercitare liberamente la loro professione. Nel novembre 1999, infatti, Ludwig Bock era in attesa dell'esito del suo appello, poiché mentre difendeva Günter Deckert era stato condannato e multato di 9.000 DM per aver denunciato che i leader politici e i giudici del suo Paese proibivano il dibattito sul tema dell'Olocausto.

Il processo si è concluso il 10 novembre 1999. Il tribunale ha giudicato Töben colpevole di incitamento all'odio razziale, insulto alla memoria dei morti e negazione pubblica del genocidio, perché nei suoi scritti inviati a persone in Germania aveva messo in dubbio le prove dello sterminio dell'Olocausto. Klaus Kern, il giudice che ha presieduto l'udienza, ha affermato che non c'erano dubbi sul fatto che Töben fosse colpevole di "negazione dell'Olocausto" e che, poiché non mostrava alcun segno di rettifica della sua condotta, doveva essere condannato al carcere. È stato quindi condannato a dieci mesi di carcere. Fortunatamente, il giudice Kern ha tenuto conto del fatto che l'imputato aveva già trascorso sette mesi in prigione e ha accettato di pagare una multa di 6.000 marchi al posto dei restanti tre mesi di pena. Gli amici tedeschi di Frederick Töben raccolsero immediatamente il denaro ed entro 24 ore dal verdetto fu rilasciato.

Particolarmente importante nella sentenza è stata la decisione su Internet, poiché le conseguenze potrebbero essere di vasta portata. Il tribunale di Mannheim ha dichiarato che la legge tedesca non ha giurisdizione sugli scritti e le pubblicazioni online del Dr. Töben, e quindi ha rifiutato di prendere in considerazione le prove presentate dall'accusa in relazione al sito web dell'Adelaide Institute. Il giudice Kern ha sostenuto che la corte poteva prendere in considerazione solo il materiale che Töben aveva inviato via e-mail o distribuito fisicamente in Germania. Appena rilasciato, Töben ha dichiarato che questa è una vittoria per la libertà di espressione: "Abbiamo salvato Internet", ha detto, "come luogo in cui possiamo dire la verità senza essere puniti per questo". Da parte sua, anche il pubblico ministero Hans-Heiko Klein era consapevole che il verdetto del tribunale avrebbe potuto creare un pericoloso precedente e ha immediatamente presentato appello. È la prima volta", ha dichiarato, "che un tribunale tedesco decide che alcune cose dette su Internet in Germania non possono essere soggette alla legge tedesca. È una cosa molto negativa. Indebolirà la nostra legislazione, che è molto importante per garantire che la storia non si ripeta in Germania".

In Australia, la lotta è proseguita con una nuova battaglia. Come abbiamo detto all'inizio, nel 1996 l'ECAJ (Executive Council of Australian Jewry), la più potente delle lobby ebraiche australiane, aveva presentato una denuncia per vietare il sito web dell'Adelaide Institute da Internet. Un anno dopo la vittoria di Töben per la libertà di Internet nella causa tedesca, il 10 ottobre 2000, la Commissione per i Diritti Umani e le Pari Opportunità (HREOC), su pressione dell'ebraismo australiano, ha emesso un'ingiunzione contro l'Adelaide Institute. Kathleen McEvoy, commissario dell'HREOC, ha sostenuto che l'Istituto aveva violato la Sezione 18C della Legge sulla Discriminazione Razziale del 1975, pubblicando materiali il cui scopo principale era quello di denigrare gli ebrei. McEvoy ha dichiarato che tali materiali, "nessuno dei quali di sufficiente livello storico, intellettuale o scientifico", dovevano essere vietati perché "intimidatori, insultanti e offensivi". Il vicepresidente dell'ECAJ Jeremy Jones si è affrettato a ribadire che "il negazionismo dell'Olocausto di Töben è offensivo, insultante e, come confermato da HREOC, illegale". Jones ha aggiunto che il commissario "ha dimostrato di comprendere la necessità di applicare le leggi che includono Internet e ha appoggiato il punto di vista di altre giurisdizioni secondo cui l'antisemitismo mascherato da pseudo-storia è pernicioso quanto la peggiore forma di odio razziale". Peter Wertheim, avvocato dell'ECAJ nel procedimento legale e leader della comunità ebraica, ha definito il caso "una pietra miliare" perché "ha affrontato l'odio su Internet per la prima volta in Australia e molto probabilmente nel mondo".

La risposta del dottor Töben è stata di sfida: ha affermato di non avere alcuna intenzione di rispettare l'ordine della HREOC (Commissione per i Diritti Umani e le Pari Opportunità) e di non avere intenzione di scusarsi per la pubblicazione di "materiale oggettivamente corretto". Töben ha accusato l'HREOC di considerare solo gli interessi degli ebrei e ha definito le sue azioni immorali. Ha detto di non avere "intenzione di fare nulla" perché la verità non può essere considerata un'offesa per nessuno. All'inizio di novembre 2000 l'Australia/Israel & Jewish Affairs Council si è unito all'ECAJ nel presentare una petizione alla Corte Federale del Paese per far rispettare l'ordine di censura dell'HREOC contro Töben e l'Istituto di Adelaide.

Il tentativo di censura dell'Adelaide Institute ha creato un precedente vergognoso per un Paese con una lunga tradizione di rispetto per le libertà civili e la libertà di parola. Terry Lane, editorialista e commentatore televisivo di lunga data, ha chiesto al commissario McEvoy se avesse intenzione di "ordinare a tutte le persone sincere che non amano un gruppo o un altro di cessare e desistere e scusarsi". Il giornalista si è spinto fino a dire che le affermazioni di Töben sulle camere a gas "potevano essere provate o smentite dalle prove", quindi non c'era bisogno di censurarle prima. Se Töben dice la verità", ha aggiunto Lane, "nulla può fermarlo. Se è uno scrittore malintenzionato, sarà ignorato. Dovremmo verificare le sue affermazioni, non vietarle". Un altro autore, il difensore dei diritti civili Nigel Jackson, ha definito l'HREOC un organismo "pseudo-giudiziario" e ha definito il suo ordine "una vittoria degli interessi sui principi". Il 17 settembre 2002, la Corte federale, in risposta all'istanza delle lobby ebraiche, ha confermato l'applicazione delle leggi contro l'odio razziale contro il sito web dell'Adelaide Institute. Nel 2003, nel caso Töben contro Jones, la Corte ha emesso la prima sentenza australiana in materia di odio razziale contro gruppi religiosi. Töben non ha rimosso il materiale in questione e si è rifiutato di scusarsi.

Nel 2004, un tribunale di Mannheim ha emesso un mandato d'arresto europeo (MAE) contro Frederick Töben, accusato di aver pubblicato online materiale antisemita e/o revisionista in Australia, Germania e altri Paesi. Nonostante il mandato d'arresto europeo, il dottor Töben ha viaggiato per il mondo senza problemi. Nel 2005 ha rilasciato un'intervista alla televisione pubblica iraniana in cui ha denunciato lo Stato di Israele, "fondato sulla menzogna dell'Olocausto". Nel dicembre 2006 partecipò alla Conferenza di Teheran insieme ai suoi colleghi revisionisti. Tuttavia, nel suo Paese continuano a sorgere problemi a causa del suo rifiuto di rimuovere i testi censurati dal sito web dell'Istituto e, di conseguenza, del suo scontro con la Corte federale.

Jeremy Jones del Consiglio Esecutivo dell'Ebraismo Australiano (ECAJ), nel frattempo, ha continuato la sua incessante ricerca nei tribunali. Alla fine di febbraio 2008, il dottor Töben, convocato presso la Corte Federale di Sydney, ha lanciato forti accuse contro due giudici ebrei dell'Alta Corte, Alan Goldberg e Stephen Rothman, che ha accusato di "propagandare l'Olocausto ebraico" al fine di "proteggere una menzogna storica". Il 7 agosto 2008, il quotidiano australiano *The Advertiser* ha riferito che "il revisionista dell'Olocausto Frederick Töben potrebbe essere incarcerato per oltraggio alla Corte Federale se non riuscisse ad affrontare una multa". È stato accusato di aver continuato a pubblicare testi razzisti sul sito web dell'Adelaide Institute, nonostante un'ordinanza della Corte federale del settembre 2002 e un'ulteriore ingiunzione del 2007.

Due mesi dopo, il 1° ottobre 2008, Töben era in viaggio dagli Stati Uniti a Dubai. Quando il suo aereo è atterrato all'aeroporto di Heathrow per una sosta tecnica. La polizia britannica è salita a bordo dell'aereo e, in applicazione del MAE del 2004, ha arrestato il revisionista australiano a bordo. Il 3 è stato portato davanti alla Corte distrettuale di Westminster e i giudici britannici hanno deciso di tenerlo nel carcere londinese di Wandsworth in attesa di una decisione sulla sua richiesta di estradizione. Töben ha dichiarato di essere protetto dal trattato di Schengen e di non voler accettare l'estradizione, ma l'udienza è stata fissata per il 17 ottobre.

I revisionisti britannici si sono mobilitati contro l'oltraggio perpetrato nei confronti del loro collega australiano. Un gruppo di sostenitori, tra cui David Irving, manifestò davanti al tribunale. La stampa dedicò una notevole attenzione alla vicenda. *Il Telegraph* riportò il caso Töben in modo appropriato, definendo l'arresto "un palese attacco alla libertà di parola". In un editoriale ha avvertito: "L'arresto del dottor Frederick Töben dovrebbe allarmare tutti noi". In Parlamento, il portavoce del Partito liberaldemocratico Chris Huhne ha ricordato che la "negazione dell'Olocausto" non è un reato in Gran Bretagna e ha invitato i tribunali britannici a respingere l'estradizione di Töben. Contemporaneamente, Andreas Grossmann, procuratore del tribunale distrettuale di Mannheim, ha accolto con favore l'arresto e ha dichiarato che, nonostante i tentativi di evitare l'estradizione in Germania, spera di avere Töben in tribunale il prossimo anno. Nelle dichiarazioni rilasciate ai media australiani,

Grossmann ha avvertito che la testardaggine e l'ostinazione dell'imputato potrebbero costargli cinque anni di carcere in Germania.

Il 17 ottobre 2008 c'era attesa. Giornalisti con telecamere e microfoni si sono radunati davanti alla City of Westminster Magistrates Court. Kevin Lowry-Mullins, l'avvocato di Töben, prima di entrare dichiarò che avrebbero combattuto ogni questione. A parlare con i giornalisti c'era anche Lady Michèle Renouf, la revisionista britannica di origine australiana che gestisce il sito web *Jailing Opinions*, che ha assistito Töben da quando ha saputo del suo arresto. Sostenitrice convinta della libertà di ricerca, espressione e pensiero, Renouf ha sottolineato l'importanza della decisione del tribunale per le libertà nel Regno Unito. Tuttavia, l'udienza è stata rinviata al 29 ottobre. Lowry-Mullins ha spiegato all'uscita la portata della sentenza, in quanto si trattava di stabilire se uno Stato potesse richiedere l'estradizione nel Regno Unito di qualsiasi persona, anche se il reato imputato non era un reato nel Regno Unito.

Finalmente il 29 ottobre è arrivata la vittoria attesa da Töben, da Lady Renouf e da tanti revisionisti in tutto il mondo. Daphne Wickham, giudice della Westminster Magistrates' Court, ha stabilito davanti a un'aula gremita di sostenitori di Töben che il mandato d'arresto europeo non era valido perché non specificava a sufficienza i reati: non citava il nome del sito web, né il luogo o la data di pubblicazione dei materiali, ma si limitava a parlare di pubblicazioni su Internet in tutto il mondo. Melanie Cumberland, l'avvocato che rappresentava le autorità tedesche, ha sostenuto che le informazioni richieste potevano essere fornite; ma il giudice distrettuale ha detto: "Il requisito, a mio avviso, non può essere soddisfatto da un'informazione a goccia a goccia come e quando fornita dall'autorità del paese emittente. Ritengo che i dettagli siano vaghi e imprecisi. Ritengo che l'ordinanza non sia valida e pertanto disconosco l'imputato". In altre parole, senza nemmeno entrare nel merito se i presunti reati d'opinione fossero o meno reati passibili di estradizione, il giudice ha fatto cadere le accuse contro il dottor Töben a causa di difetti formali nel mandato d'arresto. Cumberland ha annunciato l'intenzione di ricorrere in appello alla Corte Suprema. In attesa di tale ricorso, il giudice Wickham, dopo avergli vietato di rilasciare dichiarazioni alla stampa, ha concesso a Töben il rilascio provvisorio su cauzione di 100.000 sterline a condizione che fornisse un indirizzo riconosciuto, che sarebbe stato quello di Lady Renouf.

Michèle Renouf ha dichiarato all'uscita che non temevano di finire davanti alla Corte Suprema, perché questo avrebbe permesso al caso del dottor Töben di ottenere un maggiore impatto internazionale. Infine, forse ritenendo che il deposito del ricorso su potesse finire per danneggiare gli interessi della lobby dell'Olocausto, il 18 novembre gli avvocati di Töben sono stati informati che le autorità tedesche rinunciavano al ricorso. La sera del 19 novembre, mentre il Parlamento britannico onorava il sionista Shimon Peres con l'Ordine di San Michele e San Giorgio, Fredrick Töben festeggiava la libertà con i suoi amici. Il 21 novembre Kevin Lowry-Mullins comunicò che il suo passaporto gli era stato restituito e che si stava preparando a lasciare la Gran Bretagna. L'avvocato si rammaricava che il suo cliente non avesse ricevuto alcun risarcimento per i quasi due mesi di detenzione contro la sua volontà a Londra.

Il 3 dicembre 2008 Töben è tornato in Australia; ma, lungi dal godere di una tregua, ha dovuto affrontare la continuazione della persecuzione che il Consiglio esecutivo dell'ebraismo australiano aveva avviato nel 1996. Nell'aprile 2009, Töben è stato condannato per aver ignorato l'ordine della Corte federale di rimuovere il materiale dal sito web dell'Istituto di Adelaide. Condannato a tre mesi di reclusione, ha sostenuto di non avere i soldi per pagare una multa per evitare la reclusione, né tantomeno le spese legali di un processo così lungo, come richiesto da Jeremy Jones, che aveva intentato la causa per conto delle organizzazioni ebraiche. A giugno Töben ha presentato appello contro il verdetto.

L'udienza di appello si è tenuta il 13 agosto 2009. L'avvocato David Perkins ha dichiarato alla corte che i testi pubblicati sul sito web dell'Adelaide Institute erano solo "una goccia nel mare" rispetto alla quantità di materiale revisionista disponibile online. I giudici hanno insistito sul fatto che il caso non riguardava l'Olocausto, le camere a gas o l'esecuzione degli ebrei durante la Seconda guerra mondiale, ma la disobbedienza agli ordini della Corte federale. Evidentemente si trattava di un cavillo, cioè di un'argomentazione falsa presentata con sufficiente abilità da farla sembrare vera. Il Tribunale federale non avrebbe ordinato la rimozione del materiale nel 2002 senza le pressioni delle lobby ebraiche che volevano vietare i testi che mettevano in dubbio la versione ufficiale della storia. I tre giudici della Corte federale australiana hanno quindi respinto il ricorso e confermato la condanna al carcere. "Voi seguite gli ordini ciecamente, signori", ha detto Töben ai giudici mentre lasciava l'aula.

Frederick Töben divenne così il primo prigioniero di coscienza nella storia legale dell'Australia. Inizialmente ha trascorso una settimana nel blocco di massima sicurezza della prigione di Yatala, nella periferia nord di Adelaide, dove sono detenuti i peggiori criminali. Successivamente è stato trasferito in un centro di detenzione molto meno rigoroso a Cadell, a circa 200 chilometri a nord-est di Adelaide, dove ha potuto ricevere il sostegno dei suoi amici, che hanno continuato a fargli visita. L'Istituto di Adelaide divenne gestito da Peter Hartung, un uomo d'affari e consigliere politico con uno spirito di resilienza degno del suo predecessore e amico.

Per quanto riguarda le spese del procedimento, il dottor Töben ha dovuto sostenerle. Il 25 giugno 2010, Jeremy Jones, che si è comportato come un segugio che non molla la preda, ha presentato una dichiarazione di costi e spese pari a 104.412 dollari. Il 30 giugno, la Corte federale decise di richiedere 56.435 dollari come accantonamento e il 15 settembre 2010 emise un certificato di valutazione in cui si affermava che l'importo richiesto dalla

Corte era corretto. Iniziò così un'altra complicata battaglia legale tra Jeremy Jones e Fredrick Töben che si protrasse per oltre due anni, con un continuo aumento dell'importo richiesto. Il 27 febbraio 2012, Jeremy Jones ha chiesto una nuova valutazione delle spese. Il 10 aprile, il dottor Töben ha presentato un'istanza interlocutoria in cui, tra l'altro, chiedeva di eliminare o escludere la valutazione delle spese processuali. Il 3 maggio 2012 il giudice Mansfield ha respinto la richiesta di Töben, che ha dovuto pagare anche le spese relative all'istanza interlocutoria. Il 18 maggio 2012 Fredrick Töben ha scritto a Jeremy Jones in questi termini:

> "La vostra richiesta nei miei confronti di costi superiori a 175.000 dollari è ingiusta e inammissibile. Ho venduto la casa in cui ho vissuto per ventisette anni, l'unico bene che avevo, per soddisfare le vostre precedenti richieste. Non ho altri fondi o titoli e non sarò in grado di pagare un centesimo. Se necessario, potete chiedere la mia insolvenza. Ho sempre esercitato il mio diritto alla libertà di espressione. Per dimostrare l'ingiustizia che mi avete arrecato, mantengo un'azione legale incrociata contro di voi presso la Corte Federale, chiedendo un risarcimento danni per violazione degli articoli 18 (1) e 20 (1) della clausola 2 del Competition and Consumer Act (non ci azzardiamo a tradurre il titolo di tale legge). Intendo anche intentare un'azione per diffamazione. I motivi di questa azione risalgono al suo articolo del 31 agosto 2009 ("L'ultima parola: disprezzo per la verità"), che ha pubblicato su Internet e che è ancora presente. Se le azioni legali che propongo saranno accolte dalla Corte, mi aspetto di ricevere una somma considerevole a titolo di risarcimento danni, sufficiente a soddisfare le vostre richieste di spese. Tuttavia, sono disposto a rinunciare ai miei diritti legali di citarla in giudizio per le azioni di cui sopra, a condizione che lei rinunci alla sua richiesta di rimborso delle spese.
> Attendo con ansia i vostri consigli".

Queste righe, tratte dagli archivi documentari dell'Istituto di Adelaide, che contengono i testi del processo giudiziario, riflettono la lotta impari di un uomo umile, privo di risorse, contro le lobby ebraiche australiane, la cui ricchezza è praticamente illimitata. Fredrick Töben, che era stato imprigionato in Germania, in Inghilterra e in Australia all'indirizzo, aveva perso tutti i suoi beni materiali ed era rovinato, ma la sua convinzione e la sua grandezza erano esemplari e lo rendono oggi un paradigma per tutti coloro che si sforzano, in un modo o nell'altro, di far sì che le future generazioni di giovani studino una vera storia mondiale in cui gli impostori siano smascherati.

Senza spazio per ulteriori dettagli, aggiungiamo che dopo diciassette anni di persecuzione legale da parte dei rappresentanti della comunità ebraica australiana, il 24 settembre 2012 il dottor Fredrick Töben è stato dichiarato insolvente dai magistrati della Corte federale di Sydney. Scaduto il termine legale per il ricorso, *The Australian jewishnews* ha dato la notizia a fine ottobre con il titolo "Töben tied up". Secondo la legge australiana, la dichiarazione di insolvenza comportava la confisca del passaporto di Töben per facilitare il controllo del suo patrimonio e delle sue entrate. Così, "legato", fu condannato a vivere da povero per il resto della sua vita come punizione per i suoi "crimini".

9. ALTRE VITTIME DI PERSECUZIONE PER CRIMINI DI PENSIERO:

Tutti contro il vescovo cattolico Richard Williamson

Il caso del vescovo cattolico inglese Richard Nelson Williamson è noto a livello internazionale per le ripercussioni delle sue dichiarazioni sull'Olocausto. Monsignor Williamson apparteneva alla Fraternità San Pio X e fu scomunicato da Giovanni Paolo II nel 1988. Nel novembre 2008, la televisione svedese ha registrato un'intervista con lui a Ratisbona (Germania), che è stata trasmessa il 21 gennaio 2009, pochi giorni prima che Papa Benedetto XVI emettesse un decreto che revocava la scomunica a lui e ad altri tre vescovi rinnegati. Le parole del vescovo hanno prodotto uno scandalo mediatico, scatenato dalle organizzazioni sioniste, e sono arrivate a compromettere le relazioni del Vaticano con i leader religiosi ebrei. L'intervista inizia così:

> P. "Williamson, sono queste le tue parole: 'Non un solo ebreo è stato ucciso nelle camere a gas. Queste non sono altro che bugie, bugie, bugie'. Sono queste le sue parole?
> R. - Credo che lei mi citi dal Canada, sì, molti anni fa. Credo che le prove storiche siano schiaccianti contro l'uccisione di sei milioni di ebrei nelle camere a gas come risultato di una politica deliberata di Adolf Hitler.
> P. - Ma lei ha detto che non è stato ucciso un solo ebreo.
> R. - Nelle camere a gas.
> P. - Quindi non c'erano camere a gas.
> R. - Penso che non ci siano state camere a gas, sì".

Il dogma di fede dell'Olocausto era appena stato pubblicamente negato da un vescovo cattolico. Anatema! Per il resto dell'intervista, Williamson si rivolse ai revisionisti e disse che secondo loro tra i 200.000 e i 300.000 ebrei erano morti nei campi di concentramento, ma nessuno di loro nelle camere a gas. Dopo aver chiesto all'intervistatore se avesse sentito parlare del *Rapporto Leuchter*, monsignor Williamson ha illuminato il giornalista rispondendo che non lo conosceva: le ricerche ad Auschwitz, le condizioni in una camera a gas, le caratteristiche dello Zyklon B erano gli argomenti spiegati dal sacerdote. L'intervistatore reagì con una domanda: "Se questo non è antisemitismo, cos'è l'antisemitismo?". La risposta fu che la verità storica non poteva essere antisemitismo.

Le critiche a un crimine di pensiero così efferato furono feroci e le richieste immediate. Già a gennaio il procuratore di Regensburg, Günter Ruckdaeschel, aveva annunciato l'apertura di un'indagine contro Williamson. Le critiche si sono estese a Papa Benedetto XVI per aver revocato la scomunica. Un portavoce del Vaticano ha immediatamente sottolineato che le opinioni del vescovo erano inaccettabili e violavano l'insegnamento della Chiesa. In un articolo in prima pagina, il quotidiano vaticano *L'Osservatore Romano* ha ribadito che il Papa deplora qualsiasi forma di antisemitismo e che tutti i cattolici dovrebbero fare lo stesso. Il rabbino David Rosen dell'American Jewish Committee, il rabbino Marvin Hier del Simon Wiesenthal Center e la Jewish Agency, di fatto il portavoce del governo israeliano, hanno denunciato il Vaticano per aver graziato un negazionista dell'Olocausto.

Il vescovo Williamson, ora tornato nella sua sede di La Reja, nella provincia di Buenos Aires, ha ringraziato il Papa per la sua decisione, che ha definito "un passo avanti per la Chiesa". Il 26 gennaio 2009, il cardinale Angelo Bagnasco, presidente della Conferenza episcopale italiana, ha difeso la decisione del Papa di riabilitare Williamson, ma ha criticato le sue opinioni come "infondate e ingiustificate". Anche il presidente della Conferenza episcopale tedesca, Heinrich Mussinghoff, si è affrettato a "condannare fermamente l'esplicita negazione dell'Olocausto". Monsignor Williamson ha rilasciato una dichiarazione in cui si scusa con il Papa per avergli causato "angoscia e problemi" a causa delle sue opinioni sull'Olocausto, che lui stesso ha definito "imprudenti".

Le proteste e le pressioni delle organizzazioni ebraiche si moltiplicarono e misero a nudo l'incapacità del Vaticano di rispondere in modo diverso dall'obbedienza e dalla docilità. Charlotte Knobloch, presidente del Consiglio centrale degli ebrei in Germania, ha annunciato che in queste circostanze avrebbe sospeso i suoi dialoghi con i leader cattolici. Il 3 febbraio 2009, il Gran Rabbinato d'Israele ha ufficialmente interrotto le relazioni con il Vaticano e ha cancellato un incontro previsto per il 2 e 4 marzo con la Commissione della Santa Sede per le relazioni con gli ebrei. Oded Weiner, direttore generale del Rabbinato, ha indirizzato una lettera al cardinale Walter Casper, in cui affermava: "senza scuse pubbliche e ritrattazioni, sarà difficile continuare il dialogo".

Lo stesso giorno, il 3 febbraio, Angela Merkel, fedele alla voce dei suoi padroni, ha chiesto a Papa Benedetto XVI di chiarire la posizione della Chiesa: "Il Papa e il Vaticano", ha detto, "devono chiarire senza ambiguità che non ci può essere negazionismo". In Germania l'intera macchina per alimentare il fuoco dello "scandalo" era in piena attività: la *Bild Zeitung* ha avvertito il Papa che "lo sterminio di sei milioni di ebrei non può essere negato" senza una reazione. *La Süddeutsche Zeitung* ha applaudito l'avvertimento del cancelliere e ha ricordato che un Papa tedesco non potrebbe "appoggiare un negazionista dell'Olocausto" senza offendere la comunità ebraica. *La Berliner Zeitung* ha scritto che Williamson non si era limitato a borbottare in privato, ma aveva parlato pubblicamente, invitando il Papa a scomunicarlo di nuovo. Per cercare di contenere le critiche, il 4 febbraio Benedetto XVI ha ordinato a Richard Williamson di ritrattare "pubblicamente e inequivocabilmente".

Il vescovo viveva in Argentina da cinque anni, ma il 19 febbraio è stato dichiarato "persona non grata". Il Ministero degli Interni argentino, attraverso la Direzione Nazionale della Migrazione, ha invitato il vescovo britannico a lasciare il Paese entro dieci giorni. Nella nota si affermava che si teneva conto "della notorietà pubblica in seguito alle sue dichiarazioni antisemite rilasciate a un media svedese, in cui dubitava che il popolo ebraico fosse stato vittima dell'Olocausto". Il governo argentino ha aggiunto nella nota che le dichiarazioni di Williamson "hanno offeso profondamente il popolo ebraico e l'umanità".

Monsignor Williamson, recatosi in Inghilterra, ha comunque resistito a tutte le pressioni e in un'intervista a *Der Spiegel* ha dichiarato di aver sempre cercato la verità e di essersi quindi convertito al cattolicesimo. Ha dichiarato di essere convinto di ciò che ha detto: "Oggi dico la stessa cosa che ho detto nell'intervista alla televisione svedese: le prove storiche devono prevalere e non le emozioni. E se troverò altre prove del contrario, ritratterò, ma ci vorrà tempo". Il vescovo ha redatto uno scritto di scuse, ma Federico Lombardi, portavoce del Vaticano, ha detto che "non ha soddisfatto le condizioni per essere riammesso nella Chiesa". Naturalmente, anche la comunità ebraica l'ha respinta. Marvin Hier del Centro Simon Wiesenthal ha chiesto: "Se vuole scusarsi deve affermare l'Olocausto".

Brigitte Zypries, Ministro della Giustizia tedesco, ha infine respinto la possibilità di emettere un MAE affinché le autorità britanniche arrestassero il vescovo e lo estradassero in Germania. Infine, nell'aprile 2010, si è tenuto a Ratisbona un processo al quale Williamson non si è presentato. Nemmeno i tre giornalisti svedesi che avevano preso parte all'intervista sono venuti a testimoniare. L'avvocato Matthias Lossmann ha chiesto invano l'assoluzione. Monsignor Williamson è stato condannato a una multa di 10.000 euro per "incitamento all'odio razziale". A seguito di un appello, nel luglio 2011, sempre in contumacia, Williamson è stato condannato in seconda istanza al pagamento di 6.500 euro, ma a causa di vizi procedurali è stata imposta una revisione del procedimento. Il 24 febbraio 2012 è stato assolto. Il tribunale ha ritenuto che le accuse fossero state formulate in modo errato perché l'accusa non aveva specificato adeguatamente la natura del reato. La sentenza è stata quindi annullata a causa di errori procedurali. Poiché rimaneva aperta la possibilità di nuove accuse, il 16 gennaio 2013 è stato condannato in contumacia per la terza volta. Questa volta la multa è stata ridotta a 1.600 euro. Williamson si è rifiutato di pagare e ha fatto nuovamente ricorso.

Come si può notare, ciò che è stato importante nel caso è stato il clamore monumentale, le molestie incessanti, le reazioni sproporzionate contro un sacerdote cattolico solo perché ha osato dire la sua. A nostro avviso, non sono state le solite condanne e minacce delle organizzazioni ebraiche internazionali o le richieste fatte al Papa dalla stampa tedesca e dalla Cancelliera Merkel, figlia di un ebreo polacco e risposata con un professore ebreo, ma la capitolazione del Vaticano e della Chiesa ad essere veramente deplorevole. "Sono venuto nel mondo per rendere testimonianza alla verità", rispose Gesù a Pilato mentre stava per essere consegnato. "Conoscerete la verità e la verità vi farà liberi", insegnò ai suoi discepoli. Purtroppo, la gerarchia cattolica ha rinunciato da tempo a dire la verità come ha insegnato Gesù Cristo. Sia il Vaticano che la Croce Rossa sanno benissimo qual è la verità sui cosiddetti campi di sterminio; ma i loro attuali leader hanno capitolato, preferendo mentire e attenersi dolorosamente al dogma di fede dell'Olocausto.

Il 25 marzo 2016, Venerdì Santo, il Santo Padre Francesco ha presieduto la Via Crucis nel Colosseo a Roma. L'evento è stato trasmesso da numerose emittenti televisive a centinaia di milioni di persone in tutto il mondo. Il Papa ha incaricato il cardinale Gualtiero Basseti di scrivere le meditazioni. Per la terza stazione, Gesù cade per la prima volta, Basseti ha fatto riferimento alle sofferenze del mondo di oggi. Nel primo punto della meditazione scrive: "... Ci sono sofferenze che sembrano negare l'amore di Dio: dov'è Dio nei campi di sterminio? E poco dopo, prima di recitare il Padre Nostro: "...Ti preghiamo, Signore, per gli ebrei morti nei campi di sterminio...". È ovvio che non c'era bisogno di menzionare tra le tragedie di oggi e in primo piano una sofferenza di settant'anni fa. Solo la servitù giustifica questa menzione da parte del cardinale Basseti, che, ovviamente, ha dimenticato di scrivere una sola parola per lo sfortunato popolo palestinese. Sì, come monsignor Williamson, la Chiesa sa che i campi di sterminio non sono esistiti. Sa la verità, ma afferma la menzogna per viltà, perché è asservita all'inganno e ignora le parole di Cristo: "Conoscerete la verità e la verità vi farà liberi".

Haviv Schieber, l'ebreo che si tagliò i polsi per evitare la deportazione in Israele

In *On the Wrong Side of Just About Everything But Right About It All*, Dale Crowley Jr. racconta di aver partecipato al funerale di Haviv Schieber con i suoi amici più stretti in una bufera di neve, uno scenario adatto alla vita tormentata e coraggiosa di questo ebreo revisionista. Dale Crowley cita questa frase di Schieber: "I miei fratelli ebrei amano odiare. Non sanno perdonare. Sono malati e hanno bisogno del medico, Gesù, e della medicina, la Bibbia". Schieber, poi, era un cristiano e nei suoi articoli, interviste e dichiarazioni ha sempre espresso il suo desiderio di verità e giustizia. "Il nazismo", ha detto una volta, "mi ha fatto paura perché ero ebreo. Il sionismo mi fa vergognare di essere ebreo". Quando gli veniva chiesto se i Protocolli dei dotti anziani di Sion fossero autentici, rispondeva immancabilmente: "Come vuoi. È tutto vero".

Ernst Zündel ha imparato molto da Haviv Schieber, con il quale ha mantenuto una buona amicizia. Zündel lo considerava una persona estremamente intelligente. Da lui ottenne informazioni di prima mano sul sionismo, poiché Schieber gli spiegò la realtà dello Stato di Israele. Nel 1932 Schieber era un appassionato sionista che emigrò dalla natia Polonia per vivere nella Palestina mandataria britannica. Aveva amici palestinesi e visse e fece affari con loro fino al 1936 quando, disilluso dalla realtà, scelse di tornare in Polonia. Lì vide come, invece di aiutare gli ebrei più bisognosi, le organizzazioni sioniste selezionavano solo giovani socialisti che potevano essere utili ai loro piani per il futuro Stato. Nel 1939, quando i nazisti invasero la Polonia, tornò in Palestina, dove si sposò, creò una famiglia e divenne sindaco ebreo di Beersheba. Il suo definitivo disincanto nei confronti del sionismo avvenne quando ne scoprì la vera natura durante la guerra di conquista del 1948-1949. Stufo di omicidi e ingiustizie, il 18 marzo 1959 volò negli Stati Uniti da Israele.

I sionisti iniziarono allora la loro persecuzione e fecero pressione sulle autorità statunitensi affinché lo deportassero. La battaglia legale per ottenere l'asilo politico durò più di quindici anni. Inizialmente gli fu concesso di rimanere fino al 1° febbraio 1960. Il 4 aprile 1961 un'ordinanza del tribunale ordinò la sua deportazione, ma le sue affermazioni sul fatto che sarebbe stato fisicamente perseguitato in Israele furono ascoltate e rinviate. Infine, il 5 agosto 1964, fu invitato a lasciare volontariamente il Paese come alternativa all'espulsione, ma fu avvertito che se non avesse lasciato gli Stati Uniti sarebbe stato espulso. La procedura di asilo si protrasse fino ai primi anni Settanta. Il 23 giugno 1970, una corte d'appello gli negò lo status di rifugiato politico a tempo indeterminato. Quando le pressioni sioniste stavano per dare i loro frutti, Haviv Schieber si tagliò le vene all'aeroporto di Washington D.C. per evitare di essere messo su un aereo per Israele.

Negli Stati Uniti, Schieber divenne l'ammirato Chisciotte di un gruppo di americani, ebrei e cristiani, che vedevano in lui un indomito idealista. Schieber divenne un vortice di attività in difesa dei diritti del popolo palestinese e nella denuncia dell'impostura del sionismo. Haviv Schieber morì nel 1987. Negli ultimi anni della sua vita, nonostante due gravi operazioni nel 1985, continuò il suo lavoro a capo del suo "Comitato per lo Stato di Terra Santa", istituito per lottare per uno Stato in cui ebrei, arabi e cristiani potessero vivere in pace.

Hans Schmidt, l'americano imprigionato per quattro parole

Emigrato negli Stati Uniti nel 1949, Hans Schmidt ha ottenuto la cittadinanza nel 1955. Oltre a sposarsi e ad avere due figli, divenne un uomo d'affari nel settore della ristorazione, ma aveva anche fondato e presieduto il German-American National Political Action Committee (GANPAC), un'organizzazione dedicata alla protezione dei diritti e degli interessi della più grande minoranza etnica del Paese. Nel 1985, i suoi uffici di Santa Monica (California) furono attaccati e in parte danneggiati. Schmidt, che era in contatto con l'IHR e aveva partecipato ad alcune conferenze dell'IHR, curava e pubblicava due newsletter di grande impatto, il *GANPAC Brief* in inglese e l'*USA-Bericht* in tedesco. Attivista per i diritti civili, era schietto nei suoi punti di vista e nelle sue opinioni revisioniste, tra cui la denuncia della falsificazione della storia e della campagna per l'Olocausto. Era anche spietato riguardo al tradimento e alla capitolazione dei leader politici tedeschi.

Il 9 agosto 1995 fu arrestato all'aeroporto di Francoforte. Aveva 68 anni ed era in pensione. Si era recato in Germania per visitare l'anziana madre e stava per tornare in Florida. Schmidt era stato arrestato sulla base di un mandato d'arresto emesso il 28 marzo 1995 da un giudice di Schwerin, sostituito da un secondo mandato d'arresto datato 5 ottobre. Il "reato" era stato l'invio di una copia della sua newsletter *USA-Bericht* (*Rapporto USA*) a casa di Rudi Geil, un membro del "Bundesrat". La newsletter conteneva una lettera aperta da lui scritta in risposta a un articolo pubblicato su *Die Zeit*. Offeso da quanto letto, Geil ha presentato la denuncia che ha portato al mandato di arresto. Il paragrafo offensivo che ha portato all'arresto alludeva alla "sinistra, agli anarchici, agli ebrei e ai massoni che infestano il sistema politico, insieme alla stampa controllata". Secondo il mandato d'arresto, le espressioni "l'ebreo infestato" e "il massone infestato" erano rivolte a questi due gruppi di popolazione in Germania. Le accuse contro di lui riguardavano il famoso paragrafo 130 (I, 2) ed erano le solite.

Per la prima volta un cittadino americano è stato arrestato per aver scritto qualcosa in una e-mail inviata dagli Stati Uniti, per aver espresso un'opinione assolutamente legale nel suo Paese. I leader politici statunitensi, così rapidi nel condannare le violazioni dei diritti umani e della libertà di espressione quando sono nel loro interesse, sono rimasti in silenzio. Quando sono stati interpellati, hanno liquidato la questione con il noto "problema interno". Le proteste sono arrivate dagli attivisti americani per i diritti civili, che hanno inviato una marea di lettere a funzionari e giornalisti tedeschi e hanno pubblicato annunci sui giornali per denunciare il trattamento di Schmidt. Il 22 agosto, ad esempio, un gruppo di cittadini si è presentato fuori dal consolato tedesco all'indirizzo di New York con un grande striscione intitolato "Travelers Alert" (Allarme viaggiatori), in cui si avvertivano gli americani che intendevano recarsi in Germania del rischio di essere imprigionati se avessero espresso "opinioni politiche scorrette".

Durante la detenzione, Schmidt ha accusato l'ambasciata statunitense di aver fornito false informazioni alla Germania per facilitare il suo processo. A causa delle sue delicate condizioni di salute, i suoi avvocati riuscirono a farlo rilasciare su cauzione nel gennaio 1996. Così, dopo aver trascorso cinque mesi in prigione, riuscì a tornare negli Stati Uniti e ad evitare ulteriori procedimenti giudiziari. Lì ha scritto un libro sulla sua esperienza, intitolato *Jailed in "Democratic" Germany*, pubblicato nel 1997. Fino alla sua morte, avvenuta nel 2010, ha continuato a lottare contro il potere delle lobby ebraiche e la loro influenza negli Stati Uniti e nel mondo.

Arthur Topham, condannato in Canada per "odio" verso gli ebrei

Arthur Topham è un combattente revisionista di lunga data che nel novembre 2015 è stato condannato in Canada per il reato di "odio". Topham gestisce il sito web *The Radical Press*. Da otto anni resiste alle vessazioni dei nemici della libertà di parola, per cui la sua lotta è stata lunga ed eroica. Il sito è stato sabotato in diverse occasioni. Il primo attacco ai materiali pubblicati sul sito è avvenuto nel 2007. Sono state formulate accuse contro Topham in base alla legge canadese sui diritti umani. Il suo primo arresto e la sua incarcerazione, il 16 maggio 2012, hanno coinciso con un ulteriore sabotaggio del sito. È stato accusato di "promuovere intenzionalmente l'odio contro persone di razza o religione ebraica". È noto che le due persone che lo hanno citato in giudizio hanno agito su ordine della loggia massonica ebraica B'nai B'rith del Canada.

Lo stesso Topham ha rivelato che il testo che ha contribuito maggiormente alla presentazione della causa è un articolo satirico intitolato *Israel Must Perish*, scritto nel maggio 2011, in cui Arthur Topham parodiava il famoso *Germany Must Perish* di Theodore N. Kaufman, pubblicato nel 1941. Ciò che ha fatto è stato semplicemente sostituire i nomi nelle frasi che trasudavano più odio per la Germania. Cioè, dove nel libro di Kaufmann si parlava di "nazisti", Topham aveva scritto "ebrei"; invece di "Germania", aveva scritto "Israele"; invece di "Hitler", aveva scritto "Netanyahu". Intendeva smascherare l'ipocrisia degli ebrei, che accusano gli altri di odio. Il 15 aprile 2014, un giudice del tribunale provinciale di nome Morgan, emulando le pratiche dell'Inquisizione, ha vietato la pubblicazione dei nomi delle due persone che avevano presentato la denuncia penale contro Arthur Topham, editore di *The Radical Press*, per "crimine d'odio".

Il processo contro Topham è iniziato il 26 ottobre 2015 e si è concluso il 12 novembre con un verdetto di colpevolezza per Topham. Al momento in cui scriviamo, la sentenza, che potrebbe essere di due anni meno un giorno, non è ancora nota. I lettori interessati a maggiori dettagli sul processo possono consultare il sito web di *The Radical Press*, che contiene una trascrizione completa degli archivi di ogni sessione del processo. Il musicista jazz e revisionista ebreo Gilad Atzmon è intervenuto nel processo e ha anche pubblicato un estratto l'8 novembre 2015. Spiega che la Corona ha presentato tra gli esperti di ebraismo e antisemitismo Len Rudner, un "professionista ebreo" che per quindici anni ha lavorato per il Congresso ebraico del Canada e per l'organizzazione che gli è succeduta, il Center for

Israel and Jewish Affairs (CIJA). Prima dell'inizio del processo, aveva cercato di costringere il provider di servizi Internet a chiudere il sito. Lo stesso Rudner ha intentato una causa civile contro Topham. Come nei casi di Pedro Varela e della Librería Europa o di Fredrick Töben e del sito dell'Adelaide Institute, la maggior parte dei libri e dei testi elencati da Rudner può essere ottenuta su Internet o acquistata liberamente su Amazon e nelle librerie.

Gilad Atzmon (vedi nota 16), che non è solo un musicista ma anche un filosofo e un autore di diversi libri, è stato l'esperto di questioni ebraiche presentato da Arthur Topham e dal suo avvocato Barcley Johnson per controbattere le argomentazioni di Rudner. La competenza di Atzmon in materia di "politica dell'identità ebraica" è stata riconosciuta dalla corte. La giuria ha ascoltato con interesse le spiegazioni precise e complesse di questo ebreo unico nel suo genere, che ha affermato che molti degli scritti apparentemente antisemiti sono stati prodotti dai primi sionisti. Atzmon, ex soldato, ha vissuto in prima persona la perversa ideologia del sionismo e i meccanismi tribali fanaticamente applicati in Israele.

L'ultima notizia che abbiamo appreso è che venerdì 20 novembre 2015, dopo essere stato giudicato colpevole nel precedente processo, Arthur Topham è comparso presso la Corte Suprema di Quesnel per un'udienza relativa alla questione della cauzione e anche per ulteriori rivendicazioni relative alla pubblicazione su *The Radical Press* di una foto della giuria davanti all'edificio del tribunale. Jennifer Johnson, il procuratore della Corona, ha richiesto una serie di condizioni estremamente severe. Sembra che, mentre Topham e Johnson sono comparsi di persona, Bruce Butler, il giudice della Corte Suprema, e l'avvocato difensore Barcley Johnson siano comparsi per telefono rispettivamente da Vancouver e da Victoria. Il giudice ha stabilito che la pubblicazione della foto dei giurati, che erano in piedi nella neve e fotografati da una distanza in cui i loro volti non potevano essere visti chiaramente, non poteva costituire un pericolo per la loro sicurezza. In ogni caso, ne ha chiesto il ritiro.

10. Appendice sulla spietata persecuzione dei nonagenari

I perseguitati elencati in quest'ultima sezione, che scriviamo in appendice, non sono più revisionisti, né hanno commesso crimini di pensiero. Sono persone che normalmente non entrerebbero mai nei libri di testo di storia. Forse farebbero parte di quella che Miguel de Unamuno considerava intra-storia. I loro nomi sono stati sulle prime pagine dei giornali per un giorno o due e poi sono scomparsi per sempre. Proprio per questo motivo, affinché non finiscano nell'oblio, abbiamo scelto di inserirli nel nostro lavoro, anche se in modo sintetico. Si tratta di nonagenari vittime di indicibili persecuzioni per il semplice fatto di aver prestato servizio come soldati nell'esercito durante la Seconda guerra mondiale. Normalmente, questi uomini anziani che hanno servito il loro Paese da adolescenti dovrebbero essere onorati e riconosciuti, ma sono trattati come criminali.

Il famoso caso di John Demjanjuk, estradato, accusato, processato e condannato a morte, è già stato citato. Un altro caso noto è quello di Frank Walus, testimone di Zündel nel processo del 1985. Accusato ingiustamente dal cacciatore di nazisti Wiesenthal di essere il "Macellaio di Kielce", subì una feroce campagna mediatica negli Stati Uniti, che portò al suo pubblico pestaggio. Il meccanico americano di origine tedesca fu aggredito sette volte da scagnozzi ebrei, che quasi lo uccisero con un attacco di acido. Per finanziare la sua difesa, ha venduto la sua casa e si è rovinato. Perse anche la cittadinanza statunitense. Dopo un lungo e costoso processo di appello, vinse, ma la sua salute era già molto cagionevole e dopo aver subito diversi attacchi di cuore morì. Ci sono altri casi come questi che potrebbero essere raccontati, ma preferiamo dare spazio ora agli ex soldati anonimi, di cui presenteremo solo alcuni esempi.

Nell'aprile 2013, in Germania si è saputo che i pubblici ministeri avevano deciso di compiere un "ultimo sforzo" per trovare i criminali nazisti. A tal fine, era stata compilata una lista con i nomi di 50 guardie di Auschwitz e di altri campi ancora in vita che dovevano essere indagate per dare soddisfazione ai sopravvissuti dell'Olocausto. "Lo dobbiamo alle vittime", ha dichiarato Kurt Schrimm, capo dell'Ufficio centrale delle autorità giudiziarie per l'indagine sui crimini nazionalsocialisti, che ha riferito che il Museo di Auschwitz ha trasmesso loro la lista dei nomi delle ex guardie.

Efrain Zuroff, furioso cacciatore di nazisti, direttore del Centro Simon Wiesenthal di Gerusalemme e una delle menti dell'"Operazione Last Chance", ha dichiarato che il fatto che la maggior parte dei nomi sulla lista siano ottuagenari o nonagenari non è una ragione per cui non si debba fare "giustizia". Autore di *Operation Last Chance: One Man's Quest to bring Nazi Criminals to Justice*, il giustiziere afferma nel suo libro: "Non guardate questi uomini e dite che sembrano deboli e fragili. Pensate a qualcuno che all'apice della sua forza ha dedicato le sue energie all'omicidio di uomini, donne e bambini. Il passare del tempo non diminuisce in alcun modo la colpa degli assassini. La vecchiaia non dovrebbe offrire loro protezione". La famosa Deborah Lipstadt, professoressa della Emory University, ha sostenuto l'idea che non ci sia un limite di età per perseguire i criminali.

Laszlo Csatary

È il primo nome a comparire nell'elenco gestito dai procuratori tedeschi e dal SWC (Simon Wiesenthal Center). Nel luglio 2012, poco dopo l'arrivo del sionista Laurent Fabius al Ministero degli Esteri, si è svolto in

Francia un incontro tra Fabius, i cacciatori di nazisti e i gruppi della comunità ebraica. A seguito dell'incontro, la Francia ha chiesto all'Ungheria di arrestare Laszlo Csatary, che viveva a Budapest sotto il proprio nome. Un portavoce del Ministero dichiarò che non ci poteva essere "nessuna immunità" per coloro che avevano compiuto l'Olocausto. Il 18 luglio 2102 il SWC ha riferito che Csatary era stato arrestato. Il suo avvocato Gabor Horwath ha dichiarato che è stato interrogato per tre ore a porte chiuse da un procuratore di Budapest, che lo ha accusato di antisemitismo. Non sono state mosse accuse contro di lui, ma è stato messo agli arresti domiciliari. Secondo i suoi persecutori, partecipò alla deportazione di oltre 15.000 ebrei ad Auschwitz nel 1944. Csatary ha negato di essere un antisemita e ha citato esempi di relazioni con ebrei nella sua famiglia e nella sua cerchia di amici. Ha anche negato di essere stato un comandante del ghetto di Kosice, nell'Ungheria alleata dei tedeschi. Horwath ha detto che "avrebbe potuto essere facilmente scambiato per qualcun altro". Per fare pressione, i vigilanti hanno organizzato manifestazioni davanti alla casa con cartelli che recitavano "Ultima possibilità per la giustizia". Un gruppo dell'Unione Europea degli Studenti Ebrei, tutti con facce molto indignate, ha formato una catena con le mani legate. Due "attivisti" si sono arrampicati sul pavimento e hanno attaccato alla porta svastiche barrate e uno striscione con lo slogan "Non dimentichiamo mai". Nell'agosto 2013, Laszlo Csatary è morto all'età di 98 anni in attesa del processo. Nel dare notizia del decesso, l'avvocato ha ricordato che Csatary era stato solo un intermediario tra funzionari ungheresi e tedeschi e non era stato coinvolto in alcun reato.

Samuel Kunz

Il 21 dicembre 2010, Christoph Göke, portavoce della procura di Dortmund, ha riferito che un uomo di 90 anni, Samuel Kunz, ex guardia di Sobibor che aveva contribuito allo sterminio di 430.000 ebrei, è stato accusato. Secondo la stampa, Kunz ha ammesso di aver lavorato nel 1942-43 nel "campo di sterminio" di Belzec. Quando la polizia ha fatto irruzione nel suo appartamento, l'anziano ha negato di essere stato coinvolto personalmente in qualsiasi crimine. I telegiornali riportarono che si stava verificando una "raffica di arresti" tra i novantenni e che i cacciatori di nazisti erano soddisfatti dello zelo della polizia. Accanto al salasso delle persone, è proseguito anche quello economico: pochi giorni prima dell'arresto di Kunz, il 9 dicembre 2010, Ruediger Grube, amministratore delegato della Deutsche Bahn, ha dichiarato che le sofferenze delle vittime del nazismo non sono state dimenticate e che l'azienda ferroviaria di Stato avrebbe donato 6,6 milioni di dollari per finanziare progetti a favore dei sopravvissuti, devoluti all'EVZ (Foundation for Remembrance, Responsibility and the Future).

Johan Breyer

A seguito di un mandato di arresto emesso dalla Germania, nel luglio 2014 Johan Breyer, un uomo di 89 anni emigrato negli Stati Uniti nel 1952, è stato arrestato nella sua casa di Philadelphia, in Pennsylvania, con l'accusa di aver agito come complice nell'omicidio di centinaia di migliaia di ebrei. Breyer ha ammesso di essere stato una guardia ad Auschwitz, ma ha detto di aver prestato servizio all'estero e di non avere nulla a che fare con gli omicidi. Sebbene il suo avvocato, Dennis Boyle, abbia avvertito che il suo cliente era in condizioni di salute troppo precarie per essere incarcerato in attesa di un'udienza per l'estradizione, il giudice ha dichiarato che il centro di detenzione era attrezzato per curarlo e ha rifiutato la cauzione. L'Associated Press ha riportato le dichiarazioni rilasciate a Gerusalemme dal cacciatore di nazisti Efraim Zuroff, il quale ha ricordato all'opinione pubblica americana che nel 2013 le autorità tedesche avevano affisso in alcune città dei manifesti con lo slogan "In ritardo, ma non troppo", affinché il decrepito Breyer venisse estradato. Zuroff ha aggiunto che la Germania "merita credito" per "aver fatto un ultimo sforzo per massimizzare il perseguimento dei responsabili dell'Olocausto".

Oskar Gröning

La vergognosa campagna di manifesti merita un commento, poiché Oskar Gröning era una delle trenta guardie di Auschwitz prese di mira nel contesto dell'operazione "Spät, aber nicht zu spät" (In ritardo, ma non troppo). Le fotografie raffigurano in bianco e nero la facciata principale di Auschwitz sullo sfondo e i binari della ferrovia sul terreno innevato, che convergevano prima dell'ingresso del campo. In basso, una striscia rossa con la scritta sopra citata. Il Centro Wiesenthal ha offerto una ricompensa di 25.000 euro a chi avesse denunciato i nonni. Il Centro Wiesenthal ha riferito che sei casi si trovavano nel Baden-Würtenberg, sette in Baviera, due in Sassonia-Anhalt, quattro in Nord Westfalia, quattro in Bassa Sassonia, due in Assia e uno ciascuno in Renania-Palatinato, Amburgo, Schleswig-Holstein, Sassonia e Meclemburgo-Pomerania occidentale. Tutti erano ex guardie.

Uno dei quattro perseguiti in Bassa Sassonia è Oskar Gröning, arrestato nel marzo 2014. Quando è stato formalmente accusato nel settembre 2014, Gröning, noto come il "contabile di Auschwitz", aveva 93 anni ed era accusato di complicità nell'omicidio di almeno 300.000 persone. "Oskar Gröning non ha ucciso nessuno con le sue mani, ma faceva parte della macchina dello sterminio", ha detto la sopravvissuta Judy Lysy al giudice in pensione Thomas Walter, che ha indagato su Gröning a Toronto e Montreal. Il processo è iniziato nell'aprile 2015 e il deterioramento della salute di

Gröning ha costretto a sospenderlo per alcuni giorni. Il verdetto è stato reso pubblico il 15 luglio. Sebbene il pubblico ministero avesse chiesto tre anni e mezzo di carcere, il tribunale di Luneburg, non tenendo conto del fatto che Gröning aveva già 94 anni e non aveva ucciso nessuno, lo ha condannato a quattro anni. Il ministro della Giustizia Heiko Maas, socialdemocratico, ha dichiarato che il processo ha contribuito ad alleviare il "grande fallimento" del sistema giudiziario tedesco, che è riuscito a consegnare alla giustizia solo circa 50 dei 6.500 membri delle SS di Auschwitz sopravvissuti alla guerra.

Reinhold Hanning

Nell'estate del 2015, il tribunale che doveva processare Reinhold Hanning, una ex guardia di Auschwitz di 93 anni accusata di complicità nell'omicidio di 170.000 persone, era in attesa di una relazione medica per determinare se il nonagenario fosse mentalmente idoneo a sostenere il processo. Anke Grudda, portavoce del tribunale di Detmold, in Nord Westfalia, ha dichiarato all'Associated Press che il processo non potrà iniziare fino a quando non sarà completata la perizia neurologica. Il quotidiano britannico *Daily Mail* ha riferito che non ci sono prove sufficienti per dimostrare se Hanning abbia preso decisioni da solo o abbia semplicemente assistito altri nel lavoro. Il caso è stato integrato dalle dichiarazioni di un presunto nipote delle vittime, Tommy Lamm, 69 anni, che ha raccontato da Gerusalemme la storia dei suoi nonni, che furono rasati e gassati poco dopo essere arrivati ad Auschwitz, e ha collegato Hanning alla loro morte. Lamm si è detto disposto ad andare in Germania per impiccarlo con le proprie mani. Infine, nel novembre 2015, i neurologi hanno concluso che Reinhold Hanning poteva sopportare sessioni di tribunale di due ore al giorno.

Siert Bruins

Accusato di aver ucciso un membro della resistenza durante la guerra mondiale, Siert Bruins, ex guardia giurata olandese di 92 anni, è stato processato in Germania nel settembre 2013. La pubblica accusa, nonostante il fatto che fosse un nonagenario, ha chiesto l'ergastolo. Il pubblico ministero ha sostenuto che Bruins aveva ucciso Aldert Klaas Dijkema, che nel settembre 1944 stava lavorando per la resistenza contro l'occupazione tedesca dei Paesi Bassi. Sorprendentemente, il giudice ha ritenuto che non vi fossero prove sufficienti che l'imputato fosse l'autore del presunto crimine, avvenuto settant'anni prima. Detlef Hartmann, l'avvocato della sorella di Aldert Klaas, che avrebbe cercato vendetta, ha dichiarato che il suo cliente è sconvolto dalla decisione del tribunale. Da parte sua, Siert Bruins ha lasciato l'aula con un deambulatore e non ha potuto esprimere un'opinione.

Una donna di 91 anni

Molti dei detenuti erano solitamente malati, poiché è impossibile raggiungere i novant'anni senza un grave deterioramento fisico e soprattutto mentale. Nella maggior parte dei casi, i nomi completi di questi anziani non sono stati rivelati nemmeno alla stampa. Così ci ritroviamo con una vittima anonima, che servirà come simbolo di tante persone sconosciute che hanno sofferto e continuano a soffrire per l'odio insaziabile che, a distanza di ottant'anni, viene ancora manifestato dalle eterne "vittime"; ma anche come simbolo della miseria morale e politica della Repubblica Federale Tedesca, la cui Cancelliera Angela Merkel dichiara cinicamente che il suo Paese deve pagare "in eterno" per l'Olocausto. Uno Stato che perseguita uomini anziani che hanno servito la loro patria ed eseguito gli ordini dei loro superiori non ha né credibilità né dignità.

Il 22 settembre 2015 *Fox News* ha pubblicato questa notizia: "Donna tedesca di 91 anni accusata di 260.000 morti ad Auschwitz". Il corpo della notizia riportava che una donna di 91 anni non identificata era stata accusata dai procuratori tedeschi di essere coinvolta nella morte di 260.000 ebrei ad Auschwitz. *Il Times of Israel,* una delle fonti di *Fox News,* ha specificato che la donna, un membro delle SS, era stata un operatore radio sotto il comandante del campo nel luglio 1944. Heinz Döllel, portavoce dell'ufficio del procuratore, ha dichiarato che non sembra che la donna non sia in grado di sostenere un processo, anche se la corte non deciderà se procedere con il caso fino al prossimo anno. È molto probabile che il tribunale,, considerando l'essere un operatore radiofonico un crimine abominevole, alla fine la processerà.

CAPITOLO XIII

LA PRIMA GRANDE BUGIA DEL 21° SECOLO: GLI ATTACCHI DELL'11 SETTEMBRE 2001

Nonostante la versione ufficiale degli attentati dell'11 settembre 2001, alcune persone poco informate si attengono oggi alla versione ufficiale. In tutto il mondo sono sorti movimenti che chiedono la verità, poiché le prove che è stata fabbricata una grande menzogna sono inconfutabili. Il problema principale per scoprire cosa sia realmente accaduto è, come sempre, l'assoggettamento dei mass media, che sostengono una falsa interpretazione dell'accaduto e nascondono le prove con il loro trattamento dell'informazione, che equivale a una cooperazione criminale sotto forma di insabbiamento. Negli Stati Uniti, numerose associazioni per la verità sull'11 settembre: piloti, architetti e ingegneri, scienziati, vigili del fuoco, militari, attori e artisti, professionisti del settore medico, avvocati, atleti, ecc. chiedono l'accertamento dei fatti. La maggior parte di queste organizzazioni si è unita al cosiddetto "Movimento per la verità sull'11 settembre", nato nel 2004. Il problema principale del movimento per la verità sull'11 settembre è che oggi è molto infiltrato. Coloro che lavorano per frammentare e minare la sua credibilità utilizzano la tecnica nota come "confondere le acque", che consiste nel mescolare informazioni di ogni tipo, dalle più fantasiose alle più reali, al fine di creare confusione e rompere la coesione e la forza del movimento.

    Le torri gemelle di New York non sono cadute a causa dell'impatto di aerei o di incendi di paraffina, ma sono crollate a causa di demolizioni controllate preparate in anticipo. Il volo American Airlines 77 non si è schiantato contro il Pentagono. È assolutamente incredibile che qualcuno possa ancora sostenere questa falsità: l'impatto è stato causato da un missile e le prove grafiche sono più che sufficienti: video e fotografie mostrano i fori rotondi in ciascuno degli anelli dell'edificio che sono stati penetrati dall'ordigno. Inoltre, i rottami dell'aereo non sono mai stati ritrovati, ma pezzi del missile sì. Il volo United Ailines 93 non si è schiantato a Shanksville, ma è stato abbattuto. La storia ufficiale secondo cui i passeggeri eroici si sarebbero sacrificati per salvare altre vite è un'invenzione. Nelle pagine seguenti forniremo argomentazioni e prove sufficienti di tutto ciò.

    Pochi giorni dopo gli attacchi criminali, George W. Bush dichiarò che gli Stati Uniti avrebbero lanciato una guerra al terrorismo che sarebbe durata quattordici anni. Questo era il tempo che gli strateghi dell'11 settembre avevano calcolato che sarebbe stato necessario per ristrutturare il Medio Oriente attraverso le guerre che avevano pianificato di lanciare. Nel 2016, quindici anni dopo, l'incubo per i popoli della regione sembra senza fine. La destabilizzazione è diffusa: alle guerre scatenate dagli Stati Uniti in Afghanistan e in Iraq sono seguite disastrose guerre civili in entrambi i Paesi e in altri della regione provocate dall'esterno. Particolarmente grave è il caso della distruzione totale della Siria, portata avanti da gruppi terroristici finanziati e armati dall'Occidente, da Israele e dalle monarchie arabe della regione. Anche nello Yemen è in corso una guerra civile con l'intervento diretto dell'Arabia Saudita. Solo l'Iran, principale obiettivo di Israele, mantiene intatta la propria integrità territoriale. Oggi, l'intervento di Russia, Iran ed Hezbollah in Siria, il ruolo della Turchia nella guerra, l'esplosione della situazione in Bahrein, Libano, Egitto e Libia costituiscono un cocktail esplosivo che potrebbe sfociare in un conflitto generalizzato mai visto dalla Seconda Guerra Mondiale. Tutto questo ha avuto origine dagli attentati dell'11 settembre 2001.

Una nuova Pearl Harbour o la bugia necessaria per iniziare la guerra

Nel numero di novembre/dicembre 1998 della rivista *Foreign Affairs* è apparso un articolo intitolato "Terrorismo catastrofico: affrontare il nuovo pericolo". L'articolo, scritto da un ebreo sionista di nome Philip Zelikow, annunciava un attacco catastrofico che "potrebbe comportare perdite di vite umane e di proprietà senza precedenti in tempo di pace e minare il senso di sicurezza fondamentale dell'America, come fece il test atomico sovietico nel 1949". Gli Stati Uniti, ha continuato Zelikow, dovrebbero rispondere con misure draconiane, riducendo le libertà civili, consentendo una maggiore sorveglianza dei cittadini, la detenzione dei sospetti e l'uso letale della forza. Potrebbero seguire altre violenze, o altri attacchi terroristici o contrattacchi da parte degli Stati Uniti....". Questo moderno profeta stava preannunciando non solo gli attentati dell'11 settembre e altri sostituti, ma anche il Patriot Act.

Dopo gli attacchi, questo sionista è stato nominato direttore esecutivo della Commissione sull'11 settembre, che ha pubblicato la favola nota come *Rapporto della Commissione sull'11 settembre*. Questo testo, un insulto all'intelligenza, non rispondeva a nessuna delle domande pertinenti poste dal pubblico e dal Movimento per la verità sull'11 settembre. La Commissione guidata da Zelikow è stata aiutata nella sua missione di insabbiamento della verità dalla preziosa assistenza del NIST (National Institute of Standards and Technology), il cui investigatore principale era un altro sionista di nome Stephen Cauffman. Questo ebreo fu il principale autore di un rapporto insensato con un ragionamento umiliante e vergognoso che attribuiva la caduta dei tre edifici (WTC 1, WTC 2 e WTC 7) agli incendi. Ma andiamo per gradi.

Al centro dei piani dei complottisti c'era il PNAC (Progetto per il Nuovo Secolo Americano), formato nel 1997 da due sionisti estremisti, William Kristol e Robert Kagan, che è diventato rapidamente un think tank influente e aggressivo che ha dato il tono alla politica estera degli Stati Uniti. Prima degli attentati, il PNAC aveva invocato "un evento catastrofico e catalizzante, come una nuova Pearl Harbour". Sappiamo che Pearl Harbour è stato l'attacco provocato da Roosevelt, che ha sacrificato tremila militari per far entrare gli Stati Uniti nella Seconda Guerra Mondiale. Il PNAC era composto da membri dei cosiddetti "neocons", il cui guru intellettuale o ideologo era il filosofo ebreo Leo Strauss, che prima di morire nel 1973 aveva diretto il dottorato del suo protetto Abram Shulsky.

Insieme a Paul Wolfowitz, vicesegretario alla Difesa e futuro presidente della Banca Mondiale, Shulsky è stato direttore dell'Office of Special Plans, che nel 2003 ha preparato l'invasione dell'Iraq. Shulsky e Wolfowitz, entrambi ebrei, scrissero un documento di ricerca intitolato *Leo Strauss e il mondo dell'intelligence*, che promuoveva l'idea che "una certa dose di inganno è essenziale quando si governa". Strauss sosteneva l'efficacia della manipolazione in politica, l'utilità della menzogna e la sua idoneità a guidare le masse. Un altro discepolo ebreo di Leo Strauss è stato Samuel Huntington, autore del famoso *The Clash of Civilisations and the Reshaping of the World Order*, in cui ha articolato la sua teoria di un mondo in cui le civiltà si scontrano. Huntington ha ovviamente indicato il nuovo nemico musulmano e ha previsto un'epoca di scontri.

È significativo che i membri principali della cricca neocon/PNAC fossero ebrei sionisti. Ne fanno parte: Richard Perle, Paul Wolfowitz, Elliot Cohen, Douglas Feith, Kenneth Adelman, Dov Zakheim, Elliot Abrams, Lewis "Scooter" Libby, David Wurmser, Daniel Pipes e Stephen Bryen. Al di sopra di tutti, tre goyim erano stati posti come fronti: George Bush, il fantoccio messo alla presidenza degli Stati Uniti nel novembre 2000 dopo aver truccato le elezioni in Florida, dove suo fratello Jeb Bush era governatore, il vicepresidente Dick Cheney e il segretario alla Difesa Donald Rumsfeld, che pur non essendo ebrei erano anche sionisti, nel senso che condividevano una politica di difesa allineata agli interessi di Israele ed erano favorevoli a spingere gli Stati Uniti in una guerra prolungata in Medio Oriente. La bozza di piano per l'egemonia globale degli Stati Uniti redatta da il PNAC era intitolata "Ricostruire le difese dell'America" e il suo principale autore era Dov Zakheim.

Nel maggio 2001 Donald Rumsfeld nominò revisore dei conti del Pentagono uno di questi sionisti, forse il più fanatico, il rabbino Dov Zakheim, che non solo aveva la cittadinanza statunitense ma anche quella israeliana. In altre parole, una posizione di massima importanza era nelle mani di un sionista con passaporto israeliano. Un individuo il cui nonno era un rabbino russo sposato con una donna della famiglia di Karl Marx. Il libro di riferimento per approfondire le manovre di questa cabala di cospiratori è *The High Priests of War* di Michael Collins Piper[23]. Il padre di Zakheim era un membro dell'organizzazione terroristica Betar, legata all'Irgun. Dov Zakheim, educato agli insegnamenti *del Talmud,* editorialista del *Jerusalem Post* e membro del comitato editoriale di *Israeli Affairs,* riuscì a entrare nel Dipartimento della Difesa nel 1981, sotto il presidente Ronald Reagan. Da quel momento in poi, questo insider si è mosso come un pesce nell'acqua, infiltrandosi nelle agenzie di sicurezza nazionale del Dipartimento. Oltre ad essere membro del PNAC, Dov Zakheim, consigliere di Bush quando era governatore del Texas e suo principale consigliere di politica estera durante la campagna presidenziale del 2000, è membro di altri think tank come il CFR (Council on Foreign Relations), la Heritage Foundation e il Center for International and Strategic Studies.

Già nel giugno 2003, in Germania, è stato pubblicato un libro che dimostra chiaramente che l'11 settembre è il risultato di una gigantesca cospirazione. Abbiamo l'edizione spagnola, pubblicata nel 2006 con il titolo *La CIA y el 11 de septiembre. Il terrorismo internazionale e il ruolo dei servizi segreti.* Il suo autore, Andreas von Büllow, esperto delle macchinazioni criminali dei servizi segreti, è stato per venticinque anni membro del Bundestag, dove ha partecipato a commissioni d'inchiesta sui "servizi". Dopo essere stato segretario generale del Ministro della Difesa del Bundestag, è stato Ministro della Ricerca e della Tecnologia dal 1980 al 1982.

Questo lavoro di von Büllow è stato innovativo nel 2003, ma oggi ci sono centinaia di libri che affermano che l'11 settembre è stato un "lavoro dall'interno". Molti di essi sono stati scritti da lacchè pagati per "confondere le acque" e smuovere le acque. In questo modo, hanno lo scopo di screditare le "teorie del complotto",, un modo peggiorativo di riferirsi alle affermazioni di "menti riscaldate" che mettono in dubbio la versione ufficiale di certi eventi o della storia in generale. Significativamente, due mesi dopo gli attentati, il 10 novembre 2001, George Bush ha dichiarato, e cito: "Non tollereremo le oltraggiose teorie del complotto sugli attentati dell'11 settembre, menzogne maligne volte a scagionare i terroristi, i veri colpevoli". Poco dopo ha formulato un'altra idea strategica: "O siete con noi o siete con

---

[23] Il libro di Michael Collins Piper rivela che, sebbene si chiamino "neoconservatori", sono comunisti incalliti e trotzkisti. Secondo Collins Piper, questi "neoconservatori" sono una cabala segreta di ebrei sionisti che lavorano dietro le quinte. Sostenuti e spinti al potere dai banchieri, l'11 settembre 2001 controllavano la Casa Bianca, la CIA e il Pentagono. Collins Piper fornisce una grande quantità di informazioni essenziali, che dimostrano come l'obiettivo finale dei cospiratori sia quello di usare gli Stati Uniti come pedina per fare il lavoro sporco dei globalisti nel loro intento di costruire un impero internazionale con un governo centrale da loro controllato.

i terroristi". In seguito, ha continuato con l'"asse del male" per indicare i Paesi che stava prendendo di mira nella sua "guerra al terrore".

È quindi interessante sapere come è stata preparata la nuova Pearl Harbour, chi ha potuto organizzare gli attacchi dell'11 settembre e chi li ha eseguiti. Le principali agenzie coinvolte sono la National Security Agency (NSA), la CIA e il Mossad, ma ce ne sono altre. È chiaro che i veri colpevoli erano in grado di controllare il Pentagono, dove la versione ufficiale è che il volo American Airlines 77 ha colpito. Per quanto riguarda la mancanza di controllo nello spazio aereo americano, teoricamente il più sorvegliato al mondo e quindi il più sicuro, è impossibile che gli aerei non siano stati intercettati dalle forze aeree. Per evitare questa intercettazione, è stato necessario disattivare i normali protocolli d'azione. Fu Donald Rumsfeld a passare l'istruzione J-3 CJCSI 3610.01A al presidente degli Stati Maggiori Riuniti, il generale Richard Myers. Victor Thorn spiega in *9-11 Exposed* che, secondo il DOD 3025.15 (DOD sta per Department of Defense), l'istruzione equivaleva al licenziamento. Per quanto riguarda la Casa Bianca, che fu evacuata, fu il Vicepresidente Dick Cheney ad essere lasciato al comando del Presidential Emergency Operations Center (PEOC).

Eventi rilevanti precedenti agli attacchi

Il complesso del World Trade Center (WTC) è nato da un'idea dei fratelli Rockefeller, David e Nelson. Quest'ultimo, morto nel 1979, è stato per quindici anni governatore di New York e poi vicepresidente degli Stati Uniti con Gerald Ford. Entrambi sono noti per essere importanti sostenitori del Nuovo Ordine Mondiale (NWO) e sionisti. Il 24 luglio 2001, Larry Silverstein, ex presidente dello United Jewish Appeal di New York, ha affittato il complesso del World Trade Center all'Autorità Portuale per novantanove anni. Il prezzo dell'affitto era di 100 milioni di dollari all'anno. Questo ebreo, che aveva presieduto l'UJA (United Jewish Agency), un'organizzazione sionista apparentemente filantropica, era uno dei criminali coinvolti negli attentati di New York che aveva realizzato i maggiori profitti. Invece di essere indagato e consegnato alla giustizia, è ancora in libertà senza problemi dopo essersi arricchito con i risarcimenti.

Politicamente legato al Likud, Silverstein era un amico intimo di Ariel Sharon e Benjamin Netanyahu. La sua amicizia con quest'ultimo era ed è stretta: prima dell'11 settembre si sentivano al telefono ogni domenica pomeriggio. Vale la pena ricordare che è stato Netanyahu a coniare l'espressione "guerra al terrore", uno slogan che da allora è sempre stato in voga. Molteplici rapporti collegano Larry Silvertstein al traffico di eroina e al riciclaggio di denaro. Il negoziatore dell'operazione con l'Autorità Portuale era un altro ebreo sionista, Saul Eisenberg, membro dell'UJA e della United Jewish Federation. Eisenberg era anche vicepresidente dell'AIPAC (American Israel Public Affairs Committee), la più potente lobby ebraica degli Stati Uniti, il cui sostegno è essenziale per diventare presidente degli Stati Uniti.

Con il World Trade Center nelle mani di Larry Silverstein, la questione della sicurezza del complesso poteva essere controllata con una certa facilità, soprattutto considerando che era nelle mani del fratello minore del Presidente Bush, Marvin Bush, che aveva responsabilità di alto livello alla Securacom, la società che supervisionava la sicurezza del WTC, della United Airlines e dell'aeroporto internazionale di Dulles, situato a circa 40 chilometri da Washington. Il volo American Airlines 77, che secondo la versione ufficiale si è schiantato contro il Pentagono, era decollato dall'aeroporto di Dulles. Marvin Bush era anche membro del consiglio di amministrazione della KuwAm (Kuwait-American Coporation), una società che era uno dei principali azionisti di Securacom. Un altro membro della famiglia Bush, Wirt D. Walker III, cugino dei fratelli Bush, è stato amministratore delegato di Securacom dal 1999 al 2002.

Ma c'è di più. Una società di sicurezza privata, la "International Consultants on Targeted Security" (ICTS), ha provveduto alla sicurezza di ciascuno dei terminal in cui sono avvenuti i dirottamenti. L'ICTS è una società israeliana fondata nel 1982 da membri dello Shin Bet. Il sistema di sicurezza dell'agenzia israeliana per i passeggeri consiste nel valutare il loro grado di rischio in base a una serie di criteri come l'età, il nome, la provenienza, ecc. Il metodo sviluppato dall'ICTS si chiama Advanced Passenger Screening (APS). Ezra Harel e Menachem Atzmon sono i suoi presidenti e molti dei suoi dipendenti erano e sono ex membri delle Forze di Difesa israeliane (IDF), cioè dello Shin Bet. Pertanto, questa società israeliana aveva accesso agli aeroporti vitali la mattina dell'11 settembre. È molto probabile che tra i dipendenti statunitensi vi fossero dei "sayanim", ebrei residenti all'estero che approfittano della loro nazionalità per fornire informazioni al Mossad o al governo israeliano.

Possiamo ora tornare alle attività di Larry Silverstein e dei suoi colleghi nei giorni precedenti l'11 settembre. Dopo aver affittato il WTC per novantanove anni, l'ineffabile Silverstein stipulò una polizza assicurativa da 3,2 miliardi di dollari, che copriva per la prima volta gli attacchi terroristici. Naturalmente Silverstein, amico intimo di Netanyahu, era un insider di lunga data, ma non era il solo: lo erano molti altri insider, come dimostrano le speculazioni di borsa nelle settimane precedenti l'11 settembre. Merryl Lynch, Goldman Sachs e Morgan Stanley, società di investimento che occupavano ventidue piani in ciascuna delle torri gemelle, detenevano azioni delle due compagnie aeree e le avevano vendute prima degli attacchi.

Andreas von Bülow spiega nel libro sopra citato che l'"Istituto israeliano di politica internazionale di Herzliya per l'antiterrorismo" aveva compilato dieci giorni dopo l'attentato una serie di affari legati agli infiltrati dell'11 settembre. Il numero di azioni della United Airlines in vendita ogni giorno, ad esempio, era di 4.744 azioni, rispetto alla media abituale di 396 azioni; le azioni dell'American Airlines messe in vendita ogni giorno erano 4.515, rispetto a una media di 748. Entrambe le transazioni", scrive von Bülow, "hanno avuto un volume rispettivamente undici e sei volte superiore al solito". Merryll Linch, ad esempio, ha venduto 12.215 azioni quattro giorni prima dell'11 settembre rispetto alle 252 del giorno precedente. La Zim American Israeli Company aveva affittato uno spazio al sedicesimo e diciassettesimo piano della Torre 1 del WTC. Per interrompere rapidamente il contratto di locazione, che scadeva alla fine dell'anno, ha dovuto pagare una multa di 50.000 dollari. Una settimana prima dell'11 settembre ha lasciato i suoi uffici. La società madre dell'azienda è la "Zim Israel Navigation Company", per metà di proprietà dello Stato di Israele e per metà della "Israel Corporation", di proprietà dell'uomo d'affari israeliano Frank Lowy.

Scott Forbes, un esperto di computer che ha lavorato come analista informatico per il WTC Fiduciary Trust, ha testimoniato che nel fine settimana precedente all'11 settembre si è verificata una serie di interruzioni di corrente senza precedenti e l'elettricità è completamente saltata. Di conseguenza, non c'erano telecamere, chiusure o altri protocolli di sicurezza. Nel video *9-11 Marvin Bush, capo della Securacom al WTCS*, le dichiarazioni di Forbes sono riprese in un'intervista di Victor Thorn in *9-11 Exposed*: "L'accesso era libero a meno che non si chiudessero le porte con chiavi manuali. Vedere così tanti estranei che non lavoravano al WTC era insolito. C'erano uomini con tute bianche dalla testa ai piedi e con visiere di plastica che tiravano fuori rotoli di filo dalle scatole e camminavano per gli edifici quel fine settimana". Nessuno sapeva chi fossero questi uomini e cosa stessero facendo. Le dichiarazioni di Scott Forbes sono state confermate anche da William Rodriguez, uno dei più noti testimoni dell'11 settembre. Entrambi sospettavano cosa fosse successo quando hanno assistito al crollo delle torri. Scott Forbes informò numerose autorità, tra cui la Commissione per l'11 settembre, ma fu ignorato. Ben Fountain, analista finanziario, ricorda nel video le ripetute e insolite evacuazioni avvenute nelle torri prima dell'attacco. Nel denunciare l'inspiegabile trascuratezza delle misure di sicurezza, commenta che mancavano persino i cani da fiuto per gli esplosivi.

Sia Victor Thorn in *9-11 Evil* che Andreas von Bülow in *The CIA and 9/11* evidenziano il fatto sorprendente che quattro società di telecomunicazioni con sede in Israele hanno un accesso quasi completo alle telecomunicazioni statunitensi. Queste società sono: Amdocs, Converse Infosys, Odigo e Checkpoint Systems. La prima era presieduta fino al 6 settembre 2011 da Dov Baharav, quando è stato sostituito da Eli Gelman. Amdocs controlla le registrazioni di quasi tutte le chiamate effettuate dalle venticinque maggiori aziende degli Stati Uniti ed è anche responsabile della fatturazione e dell'assistenza telefonica per il 90% delle aziende. Il suo sistema informatico principale si trova in Israele. Andreas von Bülow lo spiega saggiamente con queste parole:

"Il 90% delle telefonate interne e probabilmente anche gran parte di quelle transatlantiche tra le diverse compagnie telefoniche e le rispettive reti passano attraverso un'unica società di liquidazione che raccoglie i dati da liquidare e li rende disponibili. Questa società, Amdocs, è in mani israeliane. Il software proviene da software house israeliane. Il computer principale dell'azienda non si trova negli Stati Uniti, ma in Israele.
Così come è del tutto naturale che, nell'ambito della divisione internazionale del lavoro, una società israeliana, nell'ambito dell'aggiudicazione al miglior offerente, si aggiudichi l'appalto per la raccolta e la liquidazione di quasi tutto il servizio telefonico di un Paese grande come gli Stati Uniti, è altrettanto ovvio che i servizi segreti utilizzino proprio questo canale per avere accesso a gran parte delle telefonate, dei fax, delle e-mail e delle connessioni informatiche nazionali e internazionali. Questo organigramma è tutt'altro che casuale. Se questi canali sono stati utilizzati, bisogna congratularsi con gli intercettatori del Mossad. Questa procedura deve essere resa nota all'opinione pubblica e alla politica statunitense. Ma poiché sia la politica che i media statunitensi tacciono completamente sulla questione, i responsabili possono anche tacere".

Non potrebbe essere più chiaro. Questa società è in grado di analizzare e determinare le telecomunicazioni e attraverso di essa il Mossad ha accesso a informazioni sensibili negli Stati Uniti, eppure nessuno apre bocca per denunciarlo. Di conseguenza, nei mesi e nelle settimane precedenti l'11 settembre, gli israeliani hanno potuto conoscere le comunicazioni relative agli attentati, ma non solo attraverso Amdocs, bensì anche attraverso le altre società.

La seconda società israeliana di telecomunicazioni è Converse Infosys, che vende tecnologia di intercettazione ai servizi segreti e alla polizia. Converse Infosys era anche il fornitore di apparecchiature informatiche della Federal Reserve. Questa società israeliana è responsabile dell'installazione delle apparecchiature di intercettazione automatica. Con il pretesto che è necessaria solo per la manutenzione degli impianti, Converse è collegata tramite linee di servizio dirette a tutti gli impianti di intercettazione della Confederazione e della maggior parte degli Stati. È attraverso questa società, quindi, che vengono effettuate le intercettazioni e le telefonate. Le conversazioni sessuali tra Bill Clinton e Monica Lewinsky, utilizzate per ricattare il presidente, sono state registrate da Converse. Von Bülow spiega che i funzionari statunitensi sospettano di "aver interrotto indagini penali in materia di spionaggio e traffico di droga dando seguito alle telefonate intercettate". In effetti, sia Amdocs che Converse Infosys sono state accusate di vendere furtivamente i loro tabulati telefonici. In relazione agli attentati, ancora una volta Israele aveva quindi la possibilità di intercettare, a sua discrezione, qualsiasi conversazione telefonica negli Stati

Uniti e le intercettazioni non potevano essere rilevate perché automaticamente integrate nel sistema di telecomunicazioni stesso.

Il quotidiano israeliano *H'aaretz* ha pubblicato una storia rivelatrice riguardante Odigo, la terza azienda di proprietà israeliana. Secondo il giornale, due ore prima che il volo American Airlines 11 si schiantasse contro la Torre Nord del World Trade Center, Odigo, con sede a Herzliya e specializzata nella trasmissione di dati via SMS, ha avvisato i dipendenti della sua sede di New York, a due isolati dalle torri gemelle, dell'imminente attacco. L'azienda è leader nel monitoraggio della messaggistica istantanea sui computer di casa. Infine, Checkpoint Systems, anch'essa con sede in Israele, era responsabile di un'altissima percentuale delle barre di controllo degli accessi ai computer del governo federale e delle principali aziende statunitensi.

In breve, quattro società israeliane controllavano quasi l'intera rete di comunicazione statunitense. Potevano quindi agire come "Grande Fratello". Naturalmente, sono state in grado di creare la leggenda dei diciannove dirottatori arabi intercettando solo le loro conversazioni telefoniche. Furono quindi queste società israeliane a raccogliere le conversazioni tra i presunti terroristi, che erano sotto costante sorveglianza. L'intera questione delle presunte telefonate dei parenti dei dirottatori o delle voci all'interno degli aerei deve essere compresa anche in termini di meccanismi delle compagnie israeliane.

Gli attacchi

Che i presunti dirottatori non sapessero pilotare nemmeno un aereo leggero è un fatto confermato dai loro istruttori di volo. Bruno Cardeñosa, giornalista e autore di *9/11: Historia de una infamia* e *11-M Claves de una conspiración*, nella sua indagine sui piloti, riferisce di aver intervistato la persona che ha trascorso più tempo con Mohamed Atta, il suo istruttore di volo, lo spagnolo Iván Chirivella, che ha insegnato a volare anche a Marwan Al-Shehhi, l'altro presunto pilota suicida. Chirivella ha spiegato a Cardeñosa che nei mesi di settembre e ottobre 2000 ha trascorso ore e ore ogni mattina in aereo con i due arabi: "Nonostante le regole della scuola lo vietassero", ha detto Chirivella, "hanno sempre volato insieme. Era un'eccezione, ma chi paga ha ragione, come tutti sappiamo". Ecco un breve estratto dell'intervista:

"Se dovesse fare una stima, di quanti alunni si occupava a scuola?
- Circa cinquanta.
- Se dovesse classificarli in base alla loro categoria di piloti, dove si collocherebbero Al-Shehhi e Atta tra i cinquanta studenti che aveva?
- Il 49° e il 50°", rispose Ivan senza pensarci due volte.

L'istruttore spagnolo di origine canaria, a cui è stato vietato di tornare a lavorare negli Stati Uniti dopo esservi stato per quattordici anni, ha confermato che Mohamed Atta è stato il peggior studente che ha avuto. È quindi assolutamente impossibile che i due studenti di Chirivella abbiano potuto eseguire le complicatissime manovre loro attribuite. Altri istruttori di volo hanno confermato l'incompetenza dei piloti suicidi, la cui conoscenza dell'inglese era scarsa. Hani Hanjour, l'attentatore che avrebbe volato a livello del suolo per colpire il Pentagono, non era preparato a sostenere l'esame di pilota dopo 600 ore di volo. Nell'agosto 2001, non gli fu permesso di noleggiare un aereo leggero Cessna all'aeroporto di Bowie, nel Maryland, perché gli istruttori ritenevano che non fosse abbastanza competente per pilotarlo.

A proposito del dirottamento degli aerei con coltelli di plastica, von Büllow spiega che se l'esistenza di armi pericolose fosse stata trascurata durante i controlli dei bagagli e dei passeggeri, avrebbe scatenato "una valanga di richieste di risarcimento danni di importo astronomico secondo la legge statunitense". Un altro fatto è che le compagnie aeree non menzionano alcun nome dei dirottatori nelle loro liste passeggeri. Secondo le compagnie aeree, nessuno di loro si è registrato. Le indagini dei giornalisti britannici hanno dimostrato che sette dei diciannove attentatori suicidi citati da erano ancora vivi dopo l'attacco. Due giornali, *The Independent* e *The Daily Mirror*, e la BBC sono riusciti a trovarli e intervistarli e le immagini sono su Internet.

Non c'è dubbio che la storia dei diciannove piloti suicidi sia un depistaggio, ma né l'FBI né i media americani o europei, così esigenti quando fa comodo ai loro capi, si sono minimamente preoccupati della dubbia credibilità della lista dei responsabili dell'attentato, che è stata offerta in poche ore come per magia. La prova culminante, degna dei peggiori film hollywoodiani, è arrivata giorni dopo, quando il passaporto di Mohamed Atta è stato trovato intatto tra le macerie. In altre parole, tutto era ridotto in polvere tranne il passaporto di uno dei piloti suicidi, la prova definitiva che era lui a pilotare il volo 11 dell'American Airlines. La stupida credulità della stampa e dell'opinione pubblica è quella di piangere o di scoppiare a ridere. Come vedremo nelle pagine seguenti, gli aerei sono stati quasi certamente pilotati a distanza dall'edificio n. 7, che è stato demolito nel pomeriggio. Per quanto riguarda il crollo delle torri gemelle, non c'è dubbio che sia avvenuto tramite demolizioni controllate.

Si potrebbe scrivere a lungo sull'inazione della difesa aerea e sul ruolo del generale Richard Myers, a capo dello Stato Maggiore. Andreas von Bülow spiega che il controllore del traffico aereo rilevò che il Boeing AA 11 aveva spento il transponder automatico alle 8:14 e fece ancora in tempo a sentire i dirottatori che alle 8:23 riferirono di avere alcuni aerei in loro possesso e di essere in procinto di tornare all'aeroporto di Boston-Logan. Von Bülow scrive: "Dopo aver spento il transponder, il controllo del traffico aereo a terra aveva ancora 31 minuti a disposizione e, dopo aver ascoltato la conversazione a bordo, aveva 22 minuti per agire prima della collisione nella torre nord. Potevano seguire la rotta dell'aereo ed erano obbligati a informare immediatamente il controllo dello spazio aereo militare". Il 13 settembre 2001, il generale Richard Myers ha testimoniato davanti alla Commissione Servizi Armati del Senato che i caccia sono decollati solo dopo la collisione al Pentagono, cioè un'ora dopo l'attacco alla Torre Nord. Si tratta di una spiegazione inaccettabile e pericolosa, che ha stupito senatori e membri del Congresso. Fu sostituita poco dopo dalla versione del NORAD (North American Aerospace Defense Command), secondo cui i caccia erano decollati ma erano arrivati troppo tardi.

Per quanto riguarda il crollo delle torri gemelle, è indiscutibile che siano cadute per demolizione controllata. Gli studi tecnici di numerosi ingegneri e architetti sulle strutture in acciaio sono conclusivi. La temperatura massima che la paraffina bruciata può raggiungere è di circa 375°. L'acciaio fonde solo a temperature superiori a 1.300° e perde la sua stabilità a 800°. La conducibilità termica di una costruzione in acciaio devia immediatamente il calore puntiforme in tutte le direzioni e quindi la temperatura alla fonte dell'incendio si abbassa senza indugio. La teoria che l'alta temperatura sia stata la causa del crollo delle torri è insostenibile.

Gli edifici sono crollati perché erano state installate cariche esplosive in punti strategici della struttura. Più di cento soccorritori hanno riferito di aver sentito le esplosioni. Il nome dell'esplosivo utilizzato è termite o nano-termite. Le cariche esplosive sono state collocate sui pilastri d'acciaio e in punti strategici dell'edificio. L'esplosione sarebbe stata innescata da un computer. I comandi elettronici sono stati probabilmente programmati e trasmessi in frazioni successive di secondo tramite accensione a distanza. Le masse di detriti sono cadute in caduta libera. La velocità di caduta è esattamente quella della forza di gravità, per cui la velocità delle masse in caduta aumenta da 9,81 metri nel primo secondo ad altri 9,81 metri in ogni secondo successivo. Quindi sono crollati rispettivamente in 9 e 11 secondi, in un crollo senza precedenti per i grattacieli con struttura in acciaio. La distruzione è stata estremamente rapida. Sotto le macerie sono state trovate tonnellate di acciaio fuso, anche se alcuni pezzi sono stati scaraventati a 200 metri di distanza. 80.000 tonnellate di cemento, travi e lastre metalliche sono state polverizzate nell'aria e sono stati prodotti enormi volumi di nubi piroclastiche espansive. Tracce di termite sono state trovate nell'acciaio fuso e nella polvere del WTC.

L'edificio n. 7 merita una menzione speciale. Dal 1987 era di proprietà di Larry Silverstein. L'ipoteca era nelle mani del Blackstone Group, il cui amministratore delegato era un ebreo sionista di nome Stephen A. Schwartzman. Il presidente della società era un altro ebreo, Peter G. Peterson, che fino al 2004 era contemporaneamente presidente della Federal Reserve Bank di New York e, insieme al suo socio Schwartzman, membro del Consiglio di amministrazione del CFR. Peterson era stato presidente di Lehman Brothers dal 1973 al 1977. L'edificio ospitava gli uffici della CIA, del Dipartimento della Difesa, della Securities and Exchange Commission, dei Servizi Segreti degli Stati Uniti, dell'Office of Emergency Management, di quattro o cinque banche e di altrettante compagnie di assicurazione. C'erano milioni di documenti relativi a indagini in corso contro la mafia, le banche, il traffico internazionale di droga, il riciclaggio di denaro e il terrorismo.

L'edificio 7 del World Trade Center (WTC 7), situato a circa 100 metri dalla Torre Nord, non è stato colpito da alcun aereo, ma i suoi 47 piani con struttura in acciaio sono crollati alle 17:20 del pomeriggio dell'11 settembre. Il crollo, come nel caso delle torri, è avvenuto simmetricamente in 6,5 secondi. Il crollo di questo edificio è stato annunciato 23 minuti prima del suo verificarsi da BBC News. Durante la trasmissione televisiva, la giornalista Jane Standley afferma che l'edificio di Salomon Brothers (WTC 7) è crollato senza sapere che è visibile alle sue spalle. Si sapeva quindi in anticipo che l'edificio sarebbe caduto. I vigili del fuoco erano impegnati a far allontanare le persone dalle vicinanze tra le 16:00 e le 17:00. Le immagini mostrano che si tratta di una demolizione convenzionale, poiché l'edificio crolla dal piano terra. È crollato dall'interno e la struttura esterna si è piegata verso l'interno. A differenza delle torri, le nubi di polvere si sono originate a livello del suolo e non all'altezza dei piani superiori.

Incredibilmente, il rapporto della Commissione sull'11 settembre, reso pubblico il 22 luglio 2004, non menziona nemmeno l'edificio numero 7. In un'intervista televisiva del 2004, Larry Silverstein ha dichiarato quanto segue: "Ricordo una telefonata del capo dei vigili del fuoco. Mi disse che non erano sicuri di poter contenere l'incendio e io dissi: "Abbiamo avuto una perdita di vite umane così terribile, forse la cosa più intelligente da fare è abbatterlo". Hanno deciso di buttarlo giù e abbiamo visto l'edificio crollare". Con la solita sfacciataggine (Chutzpah), Silverstein mente senza nemmeno considerare che la demolizione implica che le cariche esplosive erano state precedentemente piazzate. Nonostante questo riconoscimento pubblico da parte di Silverstein, nel 2007 il NIST ("National Institute of Standards and Technology") stava ancora studiando il motivo del crollo. In un rapporto che screditava e screta il NIST, si escludeva la possibilità di esplosivi e si insisteva sul fatto che era crollato a causa degli incendi.

È in questo edificio che è stato necessariamente installato il centro di controllo remoto che ha permesso di dirigere gli aerei contro le torri gemelle. Tra le 9:00 e le 10:00, prima del crollo delle torri gemelle, il WTC 7 è stato sgomberato: senza dipendenti, i veri responsabili dell'11 settembre hanno avuto a disposizione l'intero edificio. Alle 16:00 la polvere generata dal crollo delle torri si era depositata e la squadra criminale che aveva azionato il telecomando poté andarsene. Alle 16:10 circa la CNN ha riferito che il WTC 7 era in fiamme. In quel momento, sebbene ci fossero incendi solo al settimo e al dodicesimo piano, i vigili del fuoco stavano già facendo uscire le persone dall'area circostante con il pretesto che l'edificio avrebbe potuto crollare a causa degli incendi.

Già negli anni '50 gli inglesi avevano sviluppato la tecnologia per far volare gli aerei militari senza piloti. Negli anni '70 questa tecnica, chiamata "sistema di controllo del volo", è stata perfezionata dalla DARPA (Defense Advanced Projects Agency), un'agenzia di difesa del Pentagono incaricata di adattare la tecnologia militare ad uso civile per poter far atterrare a distanza gli aerei dirottati. Il telecomando può persino privare il pilota del controllo del suo aereo e farlo atterrare automaticamente in condizioni di scarsa visibilità. Andres von Bülow scrive quanto segue a proposito del sistema di pilotaggio elettronico:

> "L'11 settembre, i 19 dirottatori si sarebbero impadroniti dei quattro Boeing 757 e 767 e avrebbero affrontato l'equipaggio e i piloti, alcuni dei quali avevano un addestramento militare, solo con alcuni coltelli rudimentali. I piloti e gli equipaggi dei quattro aerei erano stati addestrati e preparati per i dirottamenti. Secondo le regole, avrebbero dovuto digitare i numeri 7700 sia nella cabina di pilotaggio che in altre parti dell'aereo, allertando così il controllo del traffico aereo a terra di ciò che stava accadendo a bordo. Tuttavia, nessuno dei quattro aerei ha dato il segnale. I quattro velivoli hanno volato per più di mezz'ora senza stabilire alcun collegamento con il suolo prima di essere portati verso i loro obiettivi".

Victor Thorn completa queste informazioni in *9-11 Evil*. Thorn spiega che il rabbino Dov Zakheim, con la sua doppia cittadinanza, si aggirava nei corridoi del governo da più di vent'anni. Tra il 1981 e il 1985 ha lavorato presso il Dipartimento della Difesa. Dal 1985 al 1987 è stato vice assistente del Segretario alla Difesa per la pianificazione e le risorse. Nel 1997 è entrato a far parte della Task Force per la riforma della Difesa. Come sappiamo, nel 2001 Donald Rumsfeld lo ha nominato revisore dei conti del Pentagono. Thorn lo indica come un agente di alto livello della cabala dei banchieri sionisti, di cui la dinastia Rothschild è il principale esponente. Secondo questo autore, in qualità di revisore dei conti del Pentagono, Zakheim ha orchestrato l'assegnazione di oltre duemila miliardi di dollari. Ma ciò che è più rilevante per la questione del controllo remoto degli aerei è che Zakheim era un ex amministratore delegato e vicepresidente della Systems Planning Corporation, un'agenzia di appalti per la difesa specializzata in tecnologie di guerra elettronica e sistemi di controllo remoto degli aerei. Il Radar Physics Group, una delle filiali della Corporation, ha prodotto una tecnologia avanzata chiamata Flight Termination System, in grado di controllare a distanza tutti i tipi di aerei, compresi i jet passeggeri. Questo sistema era in grado di controllare fino a dieci voli diversi contemporaneamente e di terminare le loro missioni. Questo è esattamente ciò che serviva per un'operazione come quella dell'11 settembre 2001, che era stata preparata da anni. Diamo ora la parola a Victor Thorn (le parentesi nella citazione sono sue):

> Questa argomentazione acquista ancora più peso se si considera che durante il suo mandato di revisore dei conti del Pentagono, le forze armate hanno "perso" 56 jet da combattimento, 32 carri armati e 36 unità di lancio di missili Javelin. Infine, Zackheim ha negoziato un contratto in base al quale 32 aerei Boeing sono stati inviati alla base aerea di MacDill, in Florida, come parte di un contratto di leasing per. Questi aerei, i fondi mancanti e le attrezzature militari scomparse potevano forse far parte di un'operazione volta ad adattare alcuni aerei di linea con tecnologia di controllo a distanza da utilizzare la mattina dell'11 settembre? Se qualcuno era in grado di farlo, era il rabbino Dov Zakheim.
> Il suo ruolo di mente dell'11 settembre, tuttavia, non è ancora completo. Una delle filiali della sua società - la Systems Planning Corporation - era un'entità nota come Tridata Corporation Perché questo è rilevante? Ebbene, dopo l'attentato al WTC del 1993 (organizzato, tra l'altro, da elementi infiltrati nell'FBI), indovinate a chi fu affidato il compito di indagare sul crimine? Tridata Corporation. Pertanto, Dov Zakheim aveva accesso a tutti i piani del World Trade Center e ne conosceva la stabilità strutturale. Perché pensate che l'attentato "fallito" del 1993 abbia avuto luogo? Proprio per iniziare il processo che ha portato all'11 settembre".

Eric Hufschmid, autore di *Painful Questions: An Analysis on the September 11th Attack (Domande dolorose: un'analisi dell'attacco dell'11 settembre)* e di un supplemento video al libro intitolato *Painful Deceptions (Inganni dolorosi)*, sostiene che il bunker che fungeva da centro di comando per la distruzione del WTC si trovava al 23° piano dell'edificio n. 7. Andreas von Büllow fornisce ulteriori informazioni interessanti. Questo edificio", scrive, "conteneva un'intercapedine di oltre cinque piani, che ospitava due sottostazioni di trasformazione con dieci trasformatori, ciascuno alto dieci metri e largo dodici". L'edificio è stato costruito sopra questi trasformatori. Inoltre, c'erano generatori di emergenza da 20 megawatt e serbatoi di gasolio. Sopra i generatori e i serbatoi per i generatori di emergenza, "c'era", continua l'autore, "la sede dell'antiterrorismo della CIA, ma anche la sezione di spionaggio contro le delegazioni di tutti i Paesi dell'ONU a New York". L'estratto che segue merita la citazione integrale:

> "Alla fine degli anni '90, per volere di Jerry Hauer, direttore del World Trade Center, tra il 23° e il 25° piano dell'edificio 7 fu costruito un bunker di emergenza alternativo per il primo sindaco di New York, affinché fosse disponibile come centro di comando in caso di attacco terroristico. Negli anni '90 si era già diffuso il timore che Saddam Hussein volesse attaccare gli Stati Uniti con l'arma chimica dell'antrace. Per questo motivo, il

quartier generale di emergenza è stato progettato non solo per attacchi con armi convenzionali, ma anche con armi biologiche. Il quartier generale, con i suoi 4.640 metri quadrati di uffici, disponeva di un proprio impianto di aerazione e di una riserva d'acqua di oltre 40.000 litri. L'edificio poteva resistere a tempeste di oltre 260 chilometri orari. I generatori di emergenza funzionavano con 22.000 litri di gasolio, anch'esso immagazzinato vicino al piano terra".

Come al solito, quando scopriamo chi è Jerome (Jerry) Hauer, scopriamo che è un altro ebreo sionista, presumibilmente esperto di bioterrorismo. Perché questo centro di emergenza per l'ufficio del sindaco sia installato sopra trasformatori alti cinque piani con 130.000 volt e serbatoi di gasolio con una capacità di 159.000 litri è un enigma. In ogni caso, questo bunker era probabilmente il centro operativo da cui venivano guidati gli aerei tramite telecomando. È anche il luogo in cui doveva essere concentrato l'intero dispositivo per l'innesco delle cariche esplosive a orologeria che hanno provocato la caduta delle torri.

Per quanto riguarda l'attacco al Pentagono, non c'è traccia dell'aereo. Bisogna considerare che un Boeing 757 vuoto contiene 60 tonnellate di metallo, plastica e vetro. Poi ci sarebbero le persone e i bagagli. Cosa sia successo al volo American Airlines 77 e alle sessantaquattro persone che si suppone fossero a bordo è un altro enigma, l'ennesimo. L'unica cosa certa è che nessun aereo ha colpito l'edificio. Basti pensare che le immagini delle torri sono state trasmesse quasi ininterrottamente, più e più volte, ad nauseam, ma non c'è un solo filmato del Pentagono. Le telecamere di sicurezza del Pentagono stesso, della stazione di servizio CITGO, dell'hotel Sheraton e del Dipartimento dei Trasporti della Virginia avrebbero ripreso filmati spettacolari di un aereo che volava a bassa quota. I filmati registrati dalle telecamere di questi luoghi sono stati confiscati. Pochi investigatori ora contestano il fatto che sia stato un missile da crociera a fare un buco rotondo in un lato del Pentagono recentemente ristrutturato. Non vi si lavorava ancora abitualmente, motivo per cui pochissime persone sono state colpite dall'esplosione. I pochi detriti ritrovati erano la fusoliera di un missile. Le immagini dell'impatto sono visibili su Internet, poiché in risposta a una richiesta dell'associazione "Judicial Watch", il Dipartimento della Difesa ha fornito due video che mostrano la scia del missile pochi istanti prima dell'esplosione.

Tuttavia, il volo American Airlines 77 è decollato. I radar di terra, sia militari che civili, hanno seguito l'aereo durante il suo viaggio e quindi deve essere finito da qualche parte. Questo Boeing stava volando dall'aeroporto internazionale di Washington Dulles verso l'Ohio. Sopra l'Ohio, le comunicazioni radio sono state interrotte e il transponder ha smesso di trasmettere segnali ai radar di terra. L'ultima conversazione con i controllori del traffico aereo ha avuto luogo alle 8:50. Sei minuti dopo c'è stato un altro tentativo senza successo da parte dei controllori del traffico aereo. Si presume che l'aereo abbia abbandonato la rotta e abbia virato per tornare a centinaia di chilometri da Washington. Poiché i controllori di terra sapevano già cosa era successo a New York, hanno tentato ancora e ancora invano di stabilire il collegamento. Secondo la versione ufficiale, l'aereo si è diretto verso la Casa Bianca e poi ha sorvolato il Pentagono e vi si è schiantato contro. Poiché questo non è vero, la domanda è: dove è finito il volo 77?

Il pilota suicida era Hani Hanjour, al quale un mese prima era stato negato il permesso di decollare con uno degli aerei all'aeroporto di Bowie, nel Maryland. Questo asso dell'aviazione, se accettiamo la versione ufficiale, è sceso da un'altitudine di 2.100 metri a una velocità di 800 chilometri orari. Per farlo, compì una virata di 270 gradi che gli permise di posizionare l'aereo a pochi metri dal suolo. Dopo aver smontato i cavi telefonici e aver passato vicino a una stazione di servizio, ha guidato il Boeing 757 contro l'ala sud-ovest del Pentagono senza danneggiare minimamente l'erba. È stata una manovra strabiliante, attribuita a un pilota inesperto e incapace di pilotare da solo un aereo leggero Cessna. I professionisti dell'aviazione di tutto il mondo concordano sul fatto che ci vorrebbe un pilota di straordinaria abilità per realizzare una manovra del genere. Hani Hanjour chiaramente non poteva essere un pilota di questo tipo.

Molto è stato scritto sul volo United Airlines 93, che volava da Nevark (New Jersey) a San Francisco con quarantasei persone a bordo, e, naturalmente, è stato utilizzato da Hollywood nel 2006 per presentare *Flight 93*, il film di propaganda obbligatorio a sostegno della versione ufficiale dell'11 settembre. Tutto invitava a fabbricare una storia mediatica di eroi americani, secondo la quale i passeggeri avevano appreso dai loro telefoni cellulari che altri tre aerei erano stati dirottati, così decisero di agire in modo altruistico e di sacrificarsi per salvare persone sconosciute che sarebbero state prese di mira dagli attentatori suicidi. Così hanno fatto irruzione nella cabina di pilotaggio, hanno lottato con l'attentatore che pilotava l'aereo e hanno fatto precipitare l'aereo. In realtà, è improbabile che telefoni cellulari con una potenza di tre o cinque watt possano stabilire e mantenere una connessione su un aereo che vola a 800 km/h su una zona rurale. D'altra parte, è noto che i telefoni cellulari non riescono a stabilire una connessione al di sopra di un'altitudine di volo di 700 metri e di solito falliscono senza eccezioni al di sopra dei 2.000 metri. Infine, tra le molte telefonate trasmesse dalla stampa, si è stabilito che i dirottatori potrebbero essere di origine iraniana, con fasce rosse in testa e fusciacche rosse intorno alla vita (come appaiono nel film). Uno di loro portava con sé una borsa in cui, teoricamente, sarebbe stata collocata la bomba sull'aereo dopo aver superato tutti i controlli. Poiché abbiamo già parlato di quali compagnie avevano in mano le telecomunicazioni e a chi appartenevano, lasciamo qui la questione dei telefoni cellulari.

Per quanto riguarda i fatti realmente accaduti, Lisa Guliani e Victor Thorn hanno pubblicato la loro ricerca congiunta in *Phantom Flight 93*.

Secondo questi autori, il volo 93 non si è schiantato a Shanksville, in Pennsylvania, ma è stato abbattuto dai militari ed è finito vicino a un villaggio di New Baltimore, a sette miglia dal luogo in cui il governo intendeva farlo. Inoltre, per distogliere l'attenzione dalla reale ubicazione del relitto, fu creata un'operazione diversiva: un missile fu sparato contro una striscia di terra abbandonata a Shanksville, creando una grande nuvola a fungo e lasciando un ampio cratere. Così, mentre l'attenzione dei media era rivolta a questo sito, il relitto del volo 93 fu rimosso clandestinamente dal sito di New Baltimore, che fu immediatamente isolato dagli agenti dell'FBI e dalla polizia di Stato locale.

Eventi significativi dopo gli attacchi

La rimozione delle prove è stata palese. Le strutture metalliche sono state immediatamente rimosse e fuse per essere riciclate prima che gli esperti avessero il tempo di fare qualcosa. Questo fatto è stato successivamente denunciato da alcuni membri della Commissione d'inchiesta della Camera dei Rappresentanti. Il 6 marzo 2002, durante una riunione convocata per ascoltare il parere degli esperti, il professor Astaneh-Asl dell'Università di Berkeley si è lamentato del fatto che i pezzi erano stati fusi prima che potesse studiare la struttura e raccogliere altre parti metalliche. Nel rapporto, la Commissione ha concluso che l'indagine sul posto è stata ostacolata e che "alcuni pezzi critici di metallo erano scomparsi prima che il primo investigatore arrivasse sul posto". Il rapporto rileva che agli investigatori non è stato nemmeno permesso di conservare i pezzi di metallo prima che venissero portati al riciclaggio, per cui "prove fondamentali sono andate perse". Il professor Corbett, del John Jay College of Criminal Justice, ha denunciato alla Commissione che gli ingegneri che conducevano l'indagine erano part-time e mal pagati.

L'ufficio del sindaco si è rifiutato per tre giorni di rispondere a domande orali e scritte su chi avesse preso la decisione di inviare il metallo delle torri al riciclaggio. Il sindaco di New York era Michael Bloomberg, un sionista dichiarato, amico intimo di Benjamin Netanyahu. Bloomberg è stato socio dei banchieri Salomon Brothers e ha fatto fortuna grazie a una società di informazioni finanziarie: "Bloomberg Limited Partnership". Nel febbraio 2009, la rivista *Forbes* lo ha inserito tra le venti persone più potenti del mondo. Nel 2013 ha ricevuto il Premio Genesis, considerato il "Nobel ebraico". Il rifiuto di spiegare la rimozione illegale e irresponsabile delle prove ha indignato le famiglie delle vittime, sostenute dagli ingegneri, che ritenevano che uno studio dei supporti metallici avrebbe permesso di determinare cosa avesse causato il crollo. Bloomberg dichiarò qualche mese dopo che esistevano modi migliori per spiegare la tragedia dell'11 settembre. Se si vuole avere un'idea dei metodi di costruzione e della progettazione", ha detto, "allora oggi e in questo periodo ci si dovrebbe rivolgere al computer.... Osservare da vicino solo un pezzo di metallo di solito non ci dice nulla. Nelle settimane successive agli attentati, agli esperti non è stato permesso di accedere ai progetti dell'edificio.

Per quanto riguarda gli stipendi degli ingegneri che lavoravano part-time, Andreas von Bülow spiega che erano talmente minimi che gli scienziati avevano lavorato nei loro fine settimana liberi senza essere pagati. Egli ricorda che i critici si sono lamentati per la cifra "astronomica" di 600.000 dollari spesi per le indagini sugli attacchi. Per fare un paragone, basti pensare che la maggioranza repubblicana al Congresso all'epoca stanziò 40 milioni di dollari per indagare sul caso Monica Lewinsky e la sua relazione sessuale con Bill Clinton. Mentre il laboratorio dell'FBI analizzò le tracce di sperma del Presidente sul vestito della stagista, il NIST non si interessò nemmeno di analizzare i resti del WTC 7. Alla domanda sul perché l'edificio n. 7 sia crollato, il rapporto della FEMA (Federal Emergency Management Agency) ha risposto vergognosamente che le specifiche dell'incendio nel WTC 7 e le modalità di crollo dell'edificio erano sconosciute.

Più di sessanta israeliani sono stati arrestati dopo l'11 settembre. Le prove che collegano alcuni di loro agli attentati sono considerate informazioni riservate. Particolarmente scandaloso è il caso dei cosiddetti "studenti d'arte israeliani", in realtà agenti del Mossad sempre vicini a Mohamed Atta e agli altri terroristi. Infatti, vivevano nelle stesse città in cui si muovevano i presunti diciannove attentatori suicidi. Molti di loro vivevano addirittura nello stesso condominio della Florida dove risiedevano Mohamed Atta e alcuni dei presunti dirottatori. Già nella primavera del 2001 erano stati individuati dal dipartimento di sicurezza della Drug Enforcement Administration (DEA) e dall'FBI, che avevano allertato altre agenzie. L'ufficio della DEA di Orlando ha dimostrato il legame di questo gruppo di israeliani con il traffico di droga. I numeri di telefono di uno degli "studenti" lo collegavano a indagini sull'ecstasy in corso in Florida, California, Texas e New York.

Da un'inchiesta del giornalista Carl Cameron è emerso che nelle settimane precedenti gli attentati più di 200 israeliani erano stati arrestati perché sospettati di lavorare per servizi segreti stranieri. Dopo l'11 settembre, gli investigatori statunitensi hanno affermato di ritenere che i detenuti avessero raccolto informazioni sugli attentati e non le avessero condivise. "Le prove che collegano gli israeliani all'11 settembre sono segrete", ha dichiarato un alto funzionario intervistato da Cameron. Uno di questi arresti è avvenuto all'inizio di marzo 2001, quello di Peer Segalovitz, che è stato sottoposto a interrogatorio. Secondo un rapporto della DEA pubblicato da Justin Raimondo nel suo articolo "9/11: What did Israel know?", pubblicato nell'ottobre 2002, Segalovitz ha ammesso di essere uno dei trenta studenti d'arte israeliani che all'epoca vivevano in Florida. Non ha voluto rivelare il motivo del suo soggiorno, ma ha ammesso che perseguiva obiettivi non legittimi. Il ventisettenne "studente" ha ammesso di essere un ufficiale (guardiamarina) di un'unità israeliana di stanza sulle Alture del Golan con il numero di identità 5087989 e di essere specializzato in esplosioni.

Dopo gli attacchi, cinque di questi israeliani, i cosiddetti "israeliani danzanti", sono stati i primi ad essere arrestati. Diverse forze dell'ordine hanno ricevuto chiamate per segnalare individui che non solo avevano registrato gli eventi, ma stavano festeggiando con gioia. Gli uomini erano stati avvistati nel Liberty Park del New Jersey, vicino a New York, e si trovavano a bordo di un camion appartenente alla società di traslochi "Urban Moving Systems". Ecco alcune delle dichiarazioni delle persone che li hanno segnalati: "Stavano registrando il disastro con grida di gioia e di scherno". "Facevano salti di gioia dopo l'impatto iniziale". "Sembrava che stessero girando un film. Erano felici, insomma... Non mi sembravano sciocchi. Ho pensato che fosse strano. "Sembrava che fossero legati a questa storia. Sembrava che sapessero cosa sarebbe successo quando erano nel parco". Ce ne sono altre, ma tutte le testimonianze sono sulla stessa linea: i membri del gruppo stavano festeggiando, applaudendo, eccitati per la distruzione.

Durante gli interrogatori, hanno affermato di essere stati iscritti all'Accademia Bezalel di Arte e Design. Contattata da Pina Calpen, rappresentante dell'Accademia Bezalel in Israele, ha negato che qualcuno di loro abbia studiato lì negli ultimi dieci anni. Hanno infatti lavorato per lo Shin Bet e la loro specialità era l'intercettazione di segnali elettronici. Questi israeliani sono stati trattenuti per due mesi e interrogati da diversi agenti del controspionaggio dell'FBI, che hanno concluso che le loro attività facevano parte di un'operazione di intelligence israeliana. Ci sono stati altri "studenti" che si sono spostati con i camion della Urban Moving Systems: altri due sono stati arrestati vicino al George Washington Bridge di New York. Il veicolo era apparentemente imbottito di esplosivo, poiché è stato fatto saltare in aria dopo l'arresto dei sospetti. Questo bizzarro evento è rimasto un mistero, poiché non c'è stata alcuna indagine e tutto ciò che si sa sono queste prime notizie.

Per quanto riguarda l'azienda di traslochi Urban Moving Systems, era di proprietà di un israeliano di nome Dominik Otto Suter. La maggior parte degli investigatori evita questo nome ed è riluttante a seguirlo ulteriormente perché sa che porta a implicazioni dirette con il Mossad. Gli agenti ebrei arrestati erano Silvan Kurzberg, Paul Kurzberg, Yaron Shmuel, Oded Ellner e Omer Marmari. Tutti e cinque sapevano cosa doveva accadere e si muovevano in un grande furgone del Mossad, nel quale sono stati trovati abiti arabi, residui di esplosivo e taglierini. Dominik Otto Suter era in una lista di sospetti dell'FBI e in un'occasione era stato anche interrogato. Quando cercarono di tornare a trovarlo, il posto era stato sgomberato e Suter era già volato in Israele. Nel marzo 2002, il quotidiano ebraico *The Forward* ha riferito che i servizi segreti americani avevano scoperto che la Urban Moving Systems fungeva da copertura per il Mossad.

Con grande sorpresa della DEA e dell'FBI, un giudice ha autorizzato l'espulsione degli israeliani due settimane dopo il loro arresto. Ci fu indignazione e molte proteste, che alla fine ebbero effetto. Gli agenti ebrei furono così trattenuti per altre dieci settimane, sei delle quali trascorse in isolamento. Alla fine, un pezzo grosso del Dipartimento di Giustizia che era vice procuratore generale, Michael Chertoff, cittadino israeliano con doppia cittadinanza, venne in loro aiuto. Sua madre era stata un agente fondatore del Mossad e sia suo padre che suo nonno erano rabbini talmudici. Chertoff, un sionista esaltato che in seguito è stato nominato Segretario di Stato per la Sicurezza Nazionale, ha inviato agenti del Mossad in Israele nel novembre 2001. Questo ebreo talmudico sarebbe poi diventato il principale autore del Patriot Act, che ha ridotto i diritti e le libertà degli americani in nome della lotta al terrorismo.

Michael Chertoff e Michael Mukasey, un altro ebreo talmudico che nel 2007 è stato nominato da Bush Procuratore Generale degli Stati Uniti, sono stati i due principali responsabili della mancata indagine sulla strage dell'11 settembre. Ovviamente, nessuno dei due aveva la minima lealtà verso gli Stati Uniti. Sono infatti due traditori che dovrebbero essere in prigione. C'è altro da aggiungere su Mukasey, che è stato responsabile di garantire che il suo collega Silverstein incassasse 4,6 miliardi di dollari dalle compagnie di assicurazione. Michael Mukasey e Alvin Hellerstein, un altro ebreo talmudico, sono i giudici che hanno gestito le principali controversie relative all'11 settembre. Un figlio di Hellerstein, Joseph Z. Hellerstein, è emigrato nel 2001 in Israele e vive in un insediamento ebraico nella Cisgiordania occupata, dove è membro di uno dei principali studi legali israeliani. Nonostante Silverstein avesse stipulato una polizza da 3,2 miliardi di dollari, Mukasey accettò le affermazioni di Silverstein e considerò le torri due obiettivi separati e non un unico attacco.

L'insaziabile Larry Silverstein, soprannominato "Lucky Larry", in una dimostrazione di estrema spudoratezza, nel 2004 ha citato in giudizio American Airlines e United Airlines, chiedendo 8 miliardi di dollari di danni. Silverstein ha accusato le compagnie aeree di essere responsabili delle violazioni della sicurezza che hanno permesso la distruzione del WTC. La sfacciataggine era ormai così palese che nemmeno il giudice Alvin Hellerstein osò pronunciarsi contro le compagnie aeree questa volta. Nel 2013, Hellerstein ha finalmente stabilito che "Lucky Larry" era già stato risarcito per la perdita dei suoi beni. Hellerstein giustificò il verdetto sostenendo che Silverstein non poteva essere risarcito due volte per gli stessi danni, in quanto ciò è vietato dalla legge di New York. Tuttavia, nell'agosto 2013 un portavoce di Silverstein ha dichiarato che avrebbe fatto appello alla decisione di Hellerstein.

Su Osama bin Laden, Al Qaeda e la falsa pista arabo-musulmana

Mentre centinaia di milioni di persone in tutto il mondo erano ancora incollate ai loro schermi televisivi, sono apparse inaspettatamente immagini dalla Palestina: una donna araba e un gruppo di bambini che la circondavano sono stati presentati come se stessero festeggiando ciò che stava accadendo a New York. In contrasto con il dolore e la paura della gente, di fronte alle scene di persone in fuga per il terrore, questo filmato in diretta da Gerusalemme è stato mostrato ripetutamente in tutti i telegiornali. Giorni dopo, è emerso che i palestinesi nel filmato erano felici e i bambini saltavano di gioia perché avevano ricevuto molti dolci. Un articolo del *Jerusalem Times* del 14 settembre 2001 riconosceva che il Ministero della Difesa israeliano era responsabile delle riprese. Pare che abbiano comprato 200 shekel di dolci e caramelle e li abbiano distribuiti ai passanti e ai bambini di Gerusalemme Est.

Una volta registrate, le immagini sono state trasmesse alla CNN tramite la Reuters di Londra. È chiaro che il nastro è stato poi deliberatamente trasmesso alle redazioni televisive e alle agenzie di stampa, al fine di influenzare l'opinione pubblica internazionale contro il popolo palestinese. Von Bülow denuncia la malizia e la servitù dei media del suo Paese: "I media tedeschi hanno riprodotto nei loro titoli le immagini delle torri crollate insieme a quelle dei palestinesi che gridavano di gioia". Giorni dopo Ariel Sharon si è preso la responsabilità di collegare direttamente il presidente Arafat e tutto il suo popolo a quanto accaduto in America. Sharon dichiarò che Yasser Arafat e i palestinesi erano i principali terroristi del Medio Oriente e complici di Osama bin Laden.

L'attribuzione degli attentati a Osama bin Laden è stata quasi istantanea: alle 16 del pomeriggio dell'11 settembre, la CNN lo indicava già come possibile autore degli attacchi contro gli Stati Uniti. I media di manipolazione citavano fonti ufficiali e attribuivano al terrorista di origine saudita gli attacchi del 1998 alle ambasciate statunitensi in Kenya e Tanzania e alla corazzata MSS Cole nel 2000. Già il giorno dopo i media collegavano Bin Laden ad Al Qaeda e lo indicavano come il leader di una rete internazionale di terroristi musulmani. Anche il primo attacco al World Trade Center del 1993 è stato attribuito a lui. Due giorni dopo, il Dipartimento di Giustizia pubblicò i nomi dei diciannove dirottatori e il Dipartimento di Stato minacciò tutti i Paesi che sostenevano o ospitavano i terroristi. Sia il vicepresidente Cheney che il segretario alla Difesa Rumsfeld fecero riferimento a circa sessanta Paesi e annunciarono una guerra che sarebbe stata lunga.

La versione ufficiale basata su una falsa pista si era già affermata nel giro di pochi giorni e doveva essere consolidata. In altre parole, la tesi secondo cui diciannove terroristi musulmani agli ordini del super-terrorista Osama bin Laden erano riusciti a eludere la sorveglianza civile e militare del Paese più potente del mondo doveva essere propagata ripetutamente in tutto il mondo. Questi uomini, in barba a tutte le misure di difesa, si erano impadroniti senza ostacoli di quattro aerei passeggeri con coltelli di plastica e, con nozioni solo superficiali di pilotaggio di velivoli leggeri, li avevano magicamente diretti con precisione matematica verso obiettivi vitali nelle città più protette del pianeta. Inoltre, per dimostrare ulteriormente la loro competenza di terroristi, hanno lasciato impronte digitali ovunque: bagagli nelle auto, testamenti, passaporti, fatture di hotel.... Le spiegazioni ufficiali furono accolte all'inizio con scetticismo, ma con il passare dei giorni, delle settimane e dei mesi, i ripetuti messaggi divennero efficaci e la guerra contro il terrorismo internazionale fu pienamente giustificata.

Una parte importante della campagna di propaganda e manipolazione sono stati i nastri che ritraevano bin Laden a cavallo; mentre puntava un kalashnikov; seduto con un fucile dietro la schiena; mentre parlava con suo figlio; nascosto nel suo nascondiglio di montagna a Tora Bora; mentre camminava in compagnia del medico egiziano Aymán al-Zawahirí, suo secondo e successore alla guida di Al Qaeda.... Sebbene un giornale pakistano abbia inizialmente pubblicato un'intervista a bin Laden in cui questi negava il suo coinvolgimento negli attentati, i mass media di tutto il mondo hanno presto diffuso una nuova versione in cui il leader di Al Qaeda si diceva orgoglioso degli attentati di New York e Washington e li applaudiva. Dopo aver espresso il suo odio per gli americani, ha annunciato ulteriori attacchi terroristici contro gli Stati Uniti e i loro amici occidentali. Al-Jazeera, nata da un'emittente della BBC in Qatar, ha svolto un ruolo fondamentale nel conferire ai video un'aura di autenticità nel mondo arabo-musulmano. In una registrazione trasmessa da Al-Jazeera, Bin Laden pronuncia queste parole:

> "Dio Onnipotente ha raggiunto l'America nel suo luogo più vulnerabile. Ha distrutto i suoi edifici più iconici. Grazie ad Allah. Ecco gli Stati Uniti. Da nord a sud e da est a ovest sono terrorizzati. Lode ad Allah... Ma quando ora, dopo ottant'anni, la spada si abbatte sugli Stati Uniti, l'ipocrisia è suscitata dal lamento per la morte di questi assassini che hanno macchiato il sangue, l'onore e i luoghi sacri dei musulmani.... Quando Dio Onnipotente ha voluto che la missione di un gruppo di musulmani, i vendicatori dell'Islam, avesse successo, ha permesso loro di distruggere gli Stati Uniti. Chiedo a Dio Onnipotente di glorificarli e di renderli partecipi del Paradiso".

Questo era il Bin Laden divulgato dalla propaganda, il nemico pubblico numero uno, il terrorista la cui immagine era stampata su rotoli di carta igienica che andavano a ruba negli Stati Uniti. Tuttavia, la realtà era diversa. Osama bin Laden era un doppio o triplo agente. I suoi servizi alla CIA e all'ISI (Pakistan Intelligence Service) erano essenziali. Bin Laden reclutò per la CIA mercenari musulmani fondamentalisti in più di quaranta Paesi per combattere contro le truppe sovietiche che avevano invaso l'Afghanistan all'inizio degli anni Ottanta. Questi "combattenti per la libertà", come furono definiti dal Presidente Reagan, erano elencati in un database della CIA, che spendeva milioni di dollari per pagarli. Al Qaeda significa appunto "la base". Bin Laden probabilmente lavorava anche per l'Arabia Saudita, essendo amico intimo del capo dei suoi servizi segreti. Questi mercenari musulmani, noti come "afghani", sono stati addestrati in campi costruiti sulle montagne dell'Afghanistan dalla società di costruzioni di Osama bin Laden, allestiti con l'aiuto degli americani, ma alcuni sono stati addestrati anche in strutture militari statunitensi. Questi "afghani" erano armati segretamente dalla CIA e gli istruttori provenivano da Gran Bretagna, Pakistan e Stati Uniti. È noto che il chimerico organizzatore dell'11 settembre, due mesi prima degli attentati, a luglio, si è sottoposto a più di una settimana di cure in un ospedale statunitense a Dubai per una malattia ai reni. Diversi media, tra cui *Le Figaro* nell'edizione dell'11 ottobre 2001 e *Global Free Press*, hanno riferito che il 12 luglio il delegato della CIA Larry Mitchel gli ha fatto visita in compagnia di un principe saudita che era a capo dei servizi segreti. Tutto indica, quindi, che poco prima dell'11 settembre le relazioni tra il capo dei terroristi e la CIA erano ancora stabili.

Osama bin Laden è stato ucciso e resuscitato diverse volte. L'ultima volta è stato ucciso il 2 maggio 2011 ad Abbottabad (Pakistan). Nel dicembre 2012, a meno di due anni dalla "brillante operazione" dei "Navy Seals", il miglior corpo operativo speciale della Marina, è uscito il film *Zero Dark Thirty*. È noto che Hollywood non perde tempo e sfrutta ogni occasione per fare soldi con film di propaganda che vengono venduti in tutti e cinque i continenti. Tuttavia, nell'agosto 2015 è stata rilasciata al *Moscow Tribune* un'intervista esclusiva a Edward Snowden, in cui l'ex contractor della National Security Agency (NSA) affermava che Osama Bin Laden era ancora vivo e risiedeva alle Bahamas.

Il fatto che i media di tutto il mondo abbiano fatto di tutto per screditare queste informazioni di Snowden è quasi certamente un segno che egli sta dicendo la verità. Snowden è forse uno dei più validi combattenti emersi da molto tempo a questa parte. Il suo coraggio e la sua intelligenza sono da ammirare. Ecco le sue parole: "Ho dei documenti", ha detto, "che dimostrano che Bin Laden riceve denaro dalla CIA. Riceve più di 100.000 dollari al mese che vengono trasferiti sul suo conto bancario personale a Nassau". Snowden ha affermato che la CIA ha diffuso la falsa notizia della sua morte affinché le agenzie di sicurezza e antiterrorismo del mondo smettessero di cercarlo e lui potesse vivere in pace. Sembra che sia stata presa in considerazione la possibilità di ucciderlo, ma Snowden ha dichiarato: "Osama bin Laden era uno dei migliori agenti della CIA... Che tipo di impressione lascerebbero gli Stati Uniti? Che impressione darebbero gli Stati Uniti agli altri agenti se mandassero i SEAL a uccidere bin Laden". Snowden ha affermato che l'ISI pakistano ha collaborato con la CIA per far credere al mondo che l'ex leader di Al Qaeda sia morto ad Abbottabad e ha annunciato che nel suo nuovo libro di prossima pubblicazione fornirà documenti che confermano che bin Laden è ancora vivo.

La verità è nota, ma tutti tacciono e obbediscono

Gli attentati dell'11 settembre 2001 sono stati definiti negli Stati Uniti un "lavoro dall'interno", un intricato piano di terrorismo di Stato ordito da traditori infiltrati nel Dipartimento di Stato, nel Pentagono e nella Casa Bianca, molti dei quali con doppia nazionalità. Si sono avvalsi di una schiera di esperti informatici ed elettronici, di appaltatori e di tecnici degli esplosivi che hanno agito sotto i loro ordini. Nell'ingannare l'opinione pubblica internazionale, il ruolo dei media controllati dal capitalismo ebraico è stato, come sempre, essenziale. Le masse sono programmate per accettare ciò che viene presentato davanti ai loro occhi e non sono in grado di vedere dietro la spessa cortina di fumo che nasconde la realtà. Il Nuovo Ordine Mondiale già in atto, basato sulla falsificazione e sulla menzogna, prevede che le persone non siano in grado di discernere tra il vero e il falso.

Lo scopo immediato degli attacchi era quello di giustificare una guerra per il controllo del Medio Oriente, che fin dall'inizio è sempre stata diretta contro gli Stati considerati nemici di Israele. Durante i due mandati di George Bush, un folto gruppo di neoconservatori al servizio del sionismo e del potere occulto che lo sostiene si è impadronito del Dipartimento della Difesa, e in particolare del Defense Policy Board Advisory Committee (DPBAC o DPB), un Consiglio della Difesa che la mattina dell'11 settembre e durante i primi anni dell'Amministrazione Bush era presieduto da Richard Perle, soprannominato "il Principe delle Tenebre", un sionista che già nel 1986 era stato considerato dal *Washington Post* "l'uomo più potente del Pentagono". È stato questo Consiglio dei Consiglieri per la Difesa a mettere in moto le guerre. Ari Shavit, giornalista ebreo di *The Forward*, ha pubblicato il 9 aprile 2003 un rapporto in cui affermava: "La guerra in Iraq è stata concepita da venticinque intellettuali neo-conservatori, la maggior parte dei quali ebrei".

Il principale artefice della guerra contro l'Iraq fu Paul Wolfowitz, che creò l'OSP ("Office of Special Plans"), presieduto dal già citato Abram Shulsky, discepolo avanzato di Leo Strauss. Questo Ufficio per i Piani Speciali era così potente che per due anni ha persino soppiantato il Defence Intelligence Board (DIA). Dopo l'operazione Enduring Freedom in Afghanistan, Wolfowitz e Shulsky lanciarono l'operazione Iraqi Freedom il 20 marzo 2003. Come ricompensa per i servizi resi, nel 2005 Paul Wolfowitz fu nominato presidente della Banca Mondiale, carica che mantenne fino al 2007.

Il 30 novembre 2007, l'ex presidente italiano Francesco Cossiga ha rilasciato dichiarazioni esplosive al prestigioso *Corriere della Sera*. Cossiga ha affermato che tutti i governanti occidentali e tutti i servizi segreti sanno che sono stati i servizi segreti statunitensi e israeliani a perpetrare gli attentati dell'11 settembre 2001. Francesco Cossiga, Presidente del Senato dal 1983 fino alla sua elezione a Presidente della Repubblica, era considerato un politico onesto e incorruttibile, molto stimato dal popolo italiano. Dopo aver denunciato l'"Operazione Gladio" e il ruolo dei servizi segreti statunitensi e della NATO, nascosti dietro operazioni "false flag" che hanno provocato numerose vittime civili, ha dovuto rassegnare le dimissioni. Cossiga ha detto esattamente: "Ci hanno fatto credere che Osama bin Laden avesse confessato di essere l'autore dell'attentato dell'11 settembre 2001 contro le due torri di New York, mentre in realtà i servizi segreti americani ed europei sanno perfettamente che quel disastroso attentato era stato pianificato dalla CIA e dal Mossad per accusare i Paesi arabi di terrorismo in modo da poter attaccare Iraq e Afghanistan".

Questa è la verità più dolorosa. I leader e i governanti occidentali e internazionali conoscono la verità, ma non osano rivelarla pubblicamente come ha fatto Cossiga. Pur conoscendo la perversione del Potere Occulto che ha soggiogato i popoli e le nazioni di tutto il mondo, preferiscono sottomettersi ad esso, perché non ignorano che coloro che vi si sono opposti sono stati immancabilmente distrutti. I media, la partitocrazia, i politici cooptati, il ricatto economico, la corruzione, l'omicidio, sono i mezzi fondamentali utilizzati per imporre la paura. Come nel caso dell'Olocausto, tutti, compresa la Chiesa cattolica, preferiscono assecondare la storia per evitare colpi dolorosi come quello che abbiamo subito noi spagnoli l'11 marzo 2004. Sì, i servizi segreti e i governanti spagnoli sanno oggi che la strage di Madrid è stata, come l'11 settembre, un'operazione a bandiera falsa attribuita ad Al Qaeda e organizzata da servizi segreti stranieri, un crimine efferato con fini politici che ha tolto la vita a quasi duecento persone innocenti che si recavano al lavoro. Sanno, ma possono solo tacere. Potremmo scrivere a lungo su dell'11 marzo 2004 a Madrid, ma è ora di fermarci.

BIBLIOGRAFIA

ADLER, Cyrus, *Jacob H. Schiff: His Life and Letters*, ed. William Heinemann, Londra, 1929.

ALGER, John Goldworth, *Paris in 1789 to 1794*, ed. AMS Press, New York, 1970.

ALLISON PEERS, Edgar, *La tragedia spagnola 1930-1936*, ed. Methuen & Co. Londra, 1936.

ALLISON PEERS, Edgar, *Catalogna Infelix*, ed. Methuen & Co., Londra 1937.

ALLEN, Gary e ABRAHAM, Larry, *Nadie se atreve a llamarlo conspiración*, Ojeda, Barcellona, 1998.

ANTELMAN, S. Marvin, *Eliminare l'oppio* (vol. 1), ed. Zahavia Ltd. New York-Tel Aviv, 1974.

ANTELMAN, S. Marvin, *Per eliminare l'oppio* (vol. 2), Rabbi Marvin S. Antelman, stampato in Israele, 2002.

ANTI-KOMINTERN, *Das Rotbuch über Spanien*, ed. Nibelungen Verlag GmbH, Berlin-Leipzig, 1937.

ARAD, Yitzhak, *Belzec, Sobibor, Treblinka: The Operation Reinhard Death Camps*, ed. Indiana University Press. USA, 1999.

ARMSTRONG, George, *Rothschild Money Trust*, ed. Bridger House Publishers, USA.

ARMSTRONG, Hamilton Fish, *Tito e Golia*, ed. Victor Gollancz Ltd., Londra, 1951.

AVTORKHANOV, Adburahman, *Staline Assassiné. Le complot de Béria*, ed. Presses de la Renaissance, Parigi, 1980.

AZAÑA, Manuel, *Memorias políticas y de guerra*, ed. Oasis, Mexico DF, 1968.

BACQUE, James, *Altre perdite*, ed. Macdonald and Co., Londra, 1990.

BAKONY, Itsvan, *El comunismo chino y los judíos chinos*, ed. Udecan, Messico, 1968.

BARNES, Harry Elmer, *In Quest of Truth and Justice*, ed. National Historical Society, Chicago, 1928.

BAR-ZOHAR, Michel, *Les vengeurs*, ed. J'ai Lu, Parigi, 1968.

BERBEROVA, Nina, *Histoire de la baronne Boudberg*, ed. Actes Sud, Arles, 1988.

BETHELL, Nicholas, *L'ultimo segreto*, Basic Books, Inc., Publishers, New York, 1974.

BIEBERSTEIN, Johannes Rogalla von, *Antisemitismo, bolchevismo y Judaísmo*, La Editorial Virtual (edizione elettronica), Argentina, 2011.

BIRD, Kai e LIFSCHULTZ, Lawrence, *Hiroshima's Shadow*, ed. The Pamphleteer's Press, Stony Creek, Connecticut, 1998.

BLACK, Edwin, *The Transfer Agreement: The Untold Story of the Secret Pact Between the Third Reich & Jewish Palestine*, ed. Macmillan Publishing Co., New York, 1984.

BLANC, Olivier, *Les hommes de Londres, histoire secrète de la terreur*, ed. Albin Michel, Paris, 1989.

BLUMENSON, Martin, *The Patton Papers*, ed. Houghton Mifflin Co., Boston, 1972.

BOCHACA, Joaquín, *Los crímenes de los "buenos"*, ed. Ojeda, Barcellona, 2005.

BOLLOTEN, Burnett, *La Guerra Civil española: Revolución y contrarrevolución*, ed. Alianza, Madrid, 1989.

BOLLOTEN, Burnett, *El gran engaño. Las izquierdas y su lucha por el poder en la zona republicana*, ed. Luis Caralt, Barcellona 1975.

BORKENAU, Franz, *El reñidero español*, ed. Ruedo ibérico, Parigi, 1971.

BRASOL, Boris, *The World at the Cross Roads*, ed. Christian Book Club of America, Palmdale, California, 1970.

BRASOL, Boris, *The Balance Sheet of Sovietism*, ed. Duffield and Co., New York, 1922.

BRENAN, Gerald, *El laberinto español*, ed. Círculo de Lectores, Barcellona, 1988.

BRENNER, Lenni, *51 Documents: Zionist Collaboration with the Nazis*, ed. Barricade Books, Fort Lee (New Jersey), 2002.

BRITON, Frank L., *Behind Communism*, ed. Criminal Politics Book Club, Cincinnati, 2003.

BRONDER, Dietrich, *Bevor Hitler kam*, ed. Hans Pfeiffer Verlag, Hannover, 1964.

BROUÉ, Pierre, *Les Procès de Moscou*, ed. René Juliard, Francia, 1964.

BROUÉ, Pierre, *Trotsky y la guerra civil española*, ed. Jorge Álvarez, Buenos Aires, 1966.

BROUÉ, P. e TÉMINE, E., *La revolución y la guerra en España* (2 volumi), ed. Fondo de Cultura Económica, Madrid, 1977.

BUBER-NEUMANN, Margarete, *Sotto due dittatori: prigioniero di Stalin e Hitler*, ed. Pimlico, Londra, 2008.

BUCHAN John, *Oliver Cromwell*, ed. Reprint Society, Londra, 1941.

BUECHNER, Howard A., *Dachau: The Hour of the Avenger*, ed. Thunderbird Press, Metairie, Louisiana, 1986.

BULLÓN DE MENDOZA, Alfonso, *José Calvo Sotelo*, ed. Ariel, Barcellona, 2004.

BÜLLOW, Andreas von, *La CIA e l'11 settembre*. Ellago, ed. Ellago, Castellón, 2006.

BUTZ, Arthur Robert, *The Hoax of the Twentieth Century*, ed. Theses & Dissertations Press, Chicago, 2003.

CAMPOAMOR, Clara, *La revolución española vista por una republicana*, ed. Espuela de Plata, Siviglia, 2005.

CARDEÑOSA, Bruno, *11-M Claves de una conspiración*, ed. Espejo de Tinta, Madrid, 2004.

CARDEÑOSA, Bruno *11-S: Historia de una infamia*, ed. Corona Borealis, Málaga, 2003.

CARDOZO, Harold, *The March of a Nation*, ed. The "Right" Book Club, Londra, 1937.

CARR, E. H., *La Revolución Bolchevique 1917-1923*, ed. Alianza, Madrid, 1979.

CASADO, Segismundo, *Así cayó Madrid*, ed. Guadiana, Madrid, 1968.

CERESOLE, Norberto, *La falsificazione della realtà*, Ediciones Libertarias, Madrid, 1998.

CHEREP-SPIRIDOVICH, Arthur, *Il governo segreto mondiale o "La mano nascosta"*, ed. The Book Tree, Escondido (California), 2000.

CHOMSKY, Noam, *El triángulo fatal: Estados Unidos, Israel y Palestina*, Popular, Madrid, 2004.

COCHRAN, M. H., *Germany Not Guilty in 1914*, ed. Ralph Myles, editore, Colorado Springs, 1972.

COHEN, Avner, *Israel and the Bomb*, ed. Columbia University Press, New York, 1998.

COLEMAN, John, *The Conspirator's Hierarchy: The Committee of 300*, ed. Global Review Publications Inc. Las Vegas (Nevada),

COLEMAN, John, *The Rothschil Dynasty*, ed. Global Review Publications Inc., Las Vegas (Nevada), 2006.

COLLINS PIPER, Michael, *La nuova Babilonia. Those Who Reign Supreme*, ed. American Free Press, Washington D.C., 2009.

COLLINS PIPER, Michael, *The High Priests of War*, ed. American Free Press, Washington, DC, 2003.

COLLINS PIPER, Michael, *Il Golem*, ed. American Free Press, Washington, DC, 2007.

CONQUISTA, Robert, *Stalin e l'assassinio di Kirov*, ed. Hutchinson, Londra, 1989.

CONQUEST, Robert, *Stalin -Breaker of Nations*, ed. Penguin Books USA Inc., 1991.

CONQUISTA, Robert, *Il Grande Terrore. A Reassessment*, ed. Hutchinson, Londra, 1990.

CONQUEST, Robert, *The Harvest of Sorrow La collettivizzazione sovietica e la carestia del terrore*, ed. Oxford University Press, New York, 1986.

CORTI, Egon Caesar, *L'ascesa della casa Rothschild*, ed. Victor Gollancz Ltd. Londra, 1928.

CORTI, Egon Caesar, *The Reign of the House of Rothschild*, ed. Cosmopolitan Book Corporation, New York, 1928.

COSTON, Henri, *Les causes cachées de la Deuxième Guerre mondiale*, ed. Lectures Françaises, Paris, 1975.

COSTON, Henri, *L'Europe des banquiers*, ed. Documents et témoignages, Paris, 1963.

COURTOIS, Stéphane, WERTH, Nicolas, PANNÉ, Jean-Louis e altri, *El libro negro del comunismo*, ediciones B, Barcellona, 2010.

CUFFI, Canadell José -Oriol, *L'ombra di Bela Kun*, ed. Cat. Casals, Barcellona, 1950.

CUNNINGHAM, Cushman, *L'impero segreto*, ed. Leela Publishing, North Fort Myers (Florida), 2001.

DAVIDSON Eugene, *The Making of Adolf Hitler*, ed. Macdonald and Jane's Publishers Ltd, Londra, 1978.

DAVIES, Joseph E., *Mission to Moscow*, ed. Victor Gollancz Limited, Londra, 1942.

DAVIES, Raymond Arthur, *Odissea attraverso l'inferno*, ed. L. B. Fischer, New York, 1946.

DEUTSCHE INFORMATIONSSTELLE, *Dokumente polnischer Grausamkeit*, ed. Volk und Reich, Berlino, 1940.

DILLON, George F., *The War of Antichrist with the Church and Christian Civilization: Lectures delivered in Edinburg in October 1884*, ed. BiblioLife, United States, 2009.

DISRAELI, Benjamin, *Coningsby*, ed. Everyman's Library, Londra 1911.

DJILAS, Milovan, *Conversazioni con Stalin*, ed. Harcourt, Brace and World, New York, 1962.

DOLLINGER, Hans, *Gli ultimi cento giorni*, ed. Plaza & Janes, Barcellona, 1967.

DOUSSINAGUE, José María, *España tenía razón 1939-1945*, ed. Espasa-Calpe, Madrid, 1950.

DWINGER, Edwin Erich, *Der Tod in Polen: Die volksdeustsche Passion*, ed. Eugen-Diederichs, Jena, 1940.

DZIAK, John J., *Chekisty: A History of the KGB*, Lexington Books, Lexington, 1987.

ECKEHART, Dietrich, *Cuatro años de gobierno de Hitler*, ed. Zig-Zag, Santiago del Cile, 1937.

ENAULT, Louis, *Paris brulé par la Comunne*, ed. Plon Henri, Parigi 1871.

ESSER, Heinz, *Die Hölle von Lamsdorf. Dokumentation über ein polnisches Vernichtungslager*, ed. A. Laumannsche, Dülmen, 1973.

EVANS, M. Stanton, *Blacklisted by History. The Untold Story of Senator Joe McCarthy*, ed. Crown Forum, New York, 2007.

FAY, Bernard, *La guerra dei tre loculi*, ed. Organización Sala, Madrid, 1974.

FAHEY, Denis, *The Rulers of Russia*, ed. Browne & Nolan, Dublino, 1939.

FAURISSON, Robert, *Las Victorias del revisionismo*, ed. Ojeda, Barcellona, 2008.

FAURISSON, Robert, *Écrits révisionnistes (1974-1998)*, PDF Sax.overblog.com

FERGUSON, Niall, *The House of Rothschild Money's Prophets 1798-1848* (vol. 1), ed. Penguin Books, New York, 1999.

FERGUSON, Niall, *The House of Rothschild The World's Banker 1849-1999* (vol. 2), ed. Penguin Books, New York, 2000.

FERRER, Benimeli J. A., *La Masonería en la españa del Siglo XX*, ed. Universidad de Castilla la Mancha, 1996.

FERRER, Joan, *Storia della lingua yiddish*, Universitat de Girona, 2005.

FINK, Carole, *Marc Bloch. Una vida para la Historia*, ed. Universitat de València, Valencia, 2004.

FINKELSTEIN, Israel, *The Archaeology of the Israelite Settlement*, ed. Israel Exploration Society, Jerualem, 1988.

FINKELSTEIN, Israel, *From Nomadism to Monarchy: Archaeological and Historical Aspects of Early Israel*, ed. Biblical Archaeological Society, Washington D.C., 1994.

FLYNN, John T., *El mito de Roosevelt*, ed. Mateu, Barcellona, 1962.

FORD, Henry, *L'ebreo internazionale. Un problema del mundo*, ed. Orbis, Barcellona, 1942.

FORRESTAL, James, *The Forrestal Diaries*, ed. The Viking Press, New York, 1951.

FOSS, William e GERAHTY, Cecil, *L'Arena spagnola*, The Right Book Club, Londra, 1938.

FRANKEL, Jonathan, *L'affare Damasco. "Ritual Murder", Politics and the Jewis in 1840*, ed. Cambridge University Press, New York, 1997.

FREEDMAN, Benjamin, *I fatti sono fatti*, (Lettera al dottor David Goldstein), New York, 1954.

FREEDMAN, Benjamin, *The Hidden Tyranny*, ed. Liberty Bell Publications.

FRY, Leslie, *Waters Flowing Eastward: The War Against The Kingship of Christ*, ed. Britons Publishing House, Londra, 1953.

GARAUDY, Roger, *Los mitos fundacionales del Estado de Israel*, Ed. Ojeda, Barcellona, 2008.

GARAUDY, Roger, *Mi vuelta al siglo en solitario*, ed. Plaza & Janés, Barcellona, 1996.

GEORGE, Konstantin, *L'intesa tra Stati Uniti e Russia che salvò l'Unione. The Campaigner*, luglio 1978, ed. Campaigenr Publications, New York.

GIBSON, Ian, *Paracuellos: cómo fue*, ed. Arcos Vergara, Barcellona, 1983.

GIBSON, Ian, *Granada, 1936. El asesinato de García Lorca*, Círculo de Lectores, Barcellona, 1986.

GIL-WHITE, Francisco, *Il crollo dell'Occidente: The Next Holocaust and its Consequences* (10 vols.), ed. F.A.C.C.E. S, Messico, 2013.

GILBERT, Martin, *Churchill e gli ebrei. Un'amicizia lunga una vita*, ed. Henry Holt and Company, New York, 2007.

GILLIARD, Pierre, *Le tragique destin de Nicolas II et de sa famille*, ed. Payot, Parigi, 1928.

GOLLANCZ, Victor, *In Darkest Germany*, ed. Victor Gollancz Ltd., Londra, 1947.

GOLDSTEIN, Paul, *B'nai B'rith, arma britannica contro l'America. The Campaigner* (Vol. 11 n. 10), dicembre 1978, ed. Campaigner Publications, New York.

GOODRICH, Thomas, *Hellstorm: The Death of Nazi Germany, 1944-1947*, ed. Aberdeen Books, Sheridan, 2010.

GOULÉVITCH, Arsene de, *Tsarisme et Révolution*, ed. Alexis Redier (Editions de la Revue Française), Parigi, 1931.

GRAF, Jürgen, *El Holocausto bajo la lupa*, ed. Ojeda, Barcellona, 2007.

GRAF, Jürgen, KUES Thomas e MATTOGNO Carlo, *Sobibor: Holocaust Propaganda and Reality*, ed. The Barnes Review, Washington D. C., 2010.

GRAF, Kessler Harry, *Walter Rathenau. Sein Leben und sein Werk*, ed. Rheinische Verlags-Anstalt, Wiesbaden, 1962.

GRENFELL, Russell, *Odio incondizionato. Culpabilidad de guerra alemana y el futuro de Europa*, ed. Espasa-Calpe, Madrid, 1955.

GRIFFIN, Des, *Fourth Reich of the Rich*, ed. Emissary Publications, South Pasadena, 1981.

GRUSD, Edward E., *B'nai B'rith The story of a covenant*, ed. Appleton Century, New York, 1966.

GUNTHER, John, *Behind Europe's Curtain*, ed. Hamish Hamilton, Londra, 1949.

GUY CARR, William, *Pawns in the Game*, St. George Press, Glendale, California, 1979.

GUY CARR, William, *Satana, Principe di questo mondo*, ed. Omini Publications, Palmadale, 1997.

HAGEN, Walter, *Le Front Secret*, ed. Les Iles d'Or, Parigi, 1952.

HALLETT, Greg, *Hitler era un agente britannico*, ed. FNZ Inc, Auckland, Nuova Zelanda, 2006.

HALLIDAY, E. M., *Russia in Revolution*, ed. American Heritage Publishing Co., New York, 1967.

HART, Alan, *Arafat. Biografía política*, ed. Iepala, Madrid, 1989.

HARWOOD, Richard, *¿Murieron realmente seis millones?"*, edizione promossa dalla CEDADE, Barcellona, 1986.

HERMANN, Greife, *Jewish-Run Concentration Camps in the Soviet Union*, ed. Truth at Last, Marietta (Georgia), 1999.

HERNÁNDEZ, Jesús, *Yo fui un ministro de Stalin*, ed. Gregorio del Toro, Madrid, 1974.

HERREN, Ricardo, *La Biblia, sólo leyenda y religión*, in La aventura de la Historia, n. 36, ed. Arlanza, Madrid, 2001.

HERZEN, Alexander, *Il mio passato e i miei pensieri*, ed. University of California Press, Berkeley, 1982.

HESS, Moses, *Roma e Gerusalemme*, ed. Philosophical Library, New York, 1958.

HILBERG, Raúl, *La distruzione degli ebrei europei*, ed. Akal, Madrid, 2005.

HITLER, Bridget, *Le memorie di Bridget Hitler*, ed. Duckworth, Londra, 1979.

HOBSON, John Atkinson, *Imperialism: A Study*, ed. Cosimo Classics, New York, 2005.

HOGGAN, David L., *The Myth of the Six Million: Examining the Nazi Extermination Plot*, ed. The Barnes Review, Washington, D. C., 2006.

HOGGAN, David L., *Der Erzwungene Krieg*, ed. Verlag der deutschen Hochschullehrer-Zeitung, Tübingen, 1963.

HOGGAN, David L., *The Forced War: When Peaceful Revision Failed*, ed. Institute for Historical Review, Los Angeles, 1989.

HOGGAN, David L., *The Myth of the 'New History': Technics and Tactics of the New Mythologists of American History*, ed. Institute for Historical Review, Torrance, California, 1985.

HONSIK, Gerd, *Una soluzione per Hitler*, ed. Bright-Rainbow, Barcellona, 1993.

HOWSON, Gerald, *Armi per la Spagna: la storia non raccontata della guerra civile spagnola*, Península, Barcellona, 2000.

HUFSCHMID, Eric, *Painful Questions: An Analysis of the September 11th Attack*, ed. Endpoint Softward, Goleta (California), 2002.

HUGHES, Emrys, *Winston Churchill: British Bulldog*, ed. Exposition Press, New York, 1955.

IRVING, David, *La distruzione di Dresda*, ed. Ojeda, Barcellona, 2009.

IRVING, David, *La guerra di Hitler*, ed. Planeta, Barcellona, 1988.

JACKSON, Gabriel, *Juan Negrín*, ed. Crítica, Barcellona, 2008.

JASNY, Naum, *L'agricoltura socializzata dell'URSS. Piani e risultati*, ed. Standford University Press, Standford, 1949.

JEFFRIES, J. M. N., *Palestine: The Reality*, ed. Longmans, Green & Co., Londra, 1939.

JENSEN, B., *The Palestine Plot*, ed. Omni Publications, Hawthorne (California) 1987.

JORDAN, George Racey, *Dai diari del maggiore Jordan*, ed. Harcourt, Brace & Co, New York, 1952.

JOSEPHSON, Emanuel M., *Roosevelt's Communist Manifesto*, ed. Chedney Press, New York, 1955.

KAHAN, Stuart, *Il lupo del Cremlino*, ed. Datanet, S. A., Barcellona, 1988.

KAPLAN, Fred, *I maghi di Armageddon*, ed. Simon & Schuster, New York, 1984-.

KARDEL, Hennecke, *Adolf Hitler, fondatore di Israele. Israele in guerra con gli ebrei*, ed. Marva, Svizzera, 1974.

KARL, Mauricio, *Yalta* (2 volumi), ed. AHR, Barcellona, 1955.

KARL, Mauricio, *Técnica del Komintern en España*, ed. Gráfica Corporativa, Badajoz, 1937.

KARL, Mauricio, *Pearl Harbour, traición de Roosevelt*, NOS, Madrid, 1954.

KARL, Mauricio, *Malenkov*, NOS, Madrid, 1954.

KASTEIN, Josef, *Storia e destino degli ebrei*, Simon Publications, New York, 2001.

KAUFMAN, Theodore N., *Germany must perish*, ed. Liberty Bell Publications, West Virginia, 1980.

KENNAN, George F., *Memorie di un diplomatico*, ed. Luis de Caralt, Barcellona, 1972.

KHADER, Bichara, *Los hijos de Agenor*, ed. Bellaterra, Barcellona, 1998.

KNOBLAUGH, Edward, *Corresponsal en España*, ed. Fermín Uriarte, Madrid, 1967.

KOCH, Paul H. *Illuminati*, ed. Planeta, Barcellona, 2004.

KOESTLER, Arthur, *La tredicesima tribù*, Random House, New York, 1976.

KOGON, Eugen, *Sociología de los campos de concentración*, ed. Taurus, Madrid, 1965.

KOLENDIC, Anton, *Les derniers jours. Dalla morte di Staline a quella di Béria (marzo-dicembre 1953)*, Fayard, Parigi, 1982.

KOLTSOV, Mikhail, *Diario della guerra di Spagna*, Ruedo Ibérico, Parigi, 1963.

KRIVITSKY, Walter, *Yo, jefe del Servicio Secreto Militar Soviético*, NOS, Madrid, 1945.

KÜHNL, Reinhard, *La República de Weimar*, ed. Alfons el Magnàmim, IVEI, Valencia, 1991.

KULISHER, Eugene M., *The Displacement of Population in Europe*, ed. Inland Press Ltd., Montreal, 1943.

LAMM, Hans, *Walter Rathenau. Denker und Staatmann*, ed. Landeszentrale für politische Bildung, Hannover, 1968.

LANDOWSKY, José, *Sinfonía en rojo mayor*, ed. Latino Americana S. A., Messico, 1971.

LASKE, Karl, *Le banquier noir François Genoud*, ed. Du Seuil, Paris, 1996.

LAUGHLIN, John C. *La arqueología y la Biblia*, ed. Crítica, Barcellona, 2001.

LAZARE, Bernard, *L'antisemitismo, la sua storia e le sue cause*, Kareline, 2010.

LEESE, Arnold Spencer, *My Irrelevant Defence: Meditations inside Gaol and Out on Jewish Ritual Murder*, ed. The Patriot Press, Henderson (Nevada), 2004.

LENOE, Matthew E. *The Kirov Murder and Soviet History*, Yale University Press, 2010.

LEUCHTER, Alfred, *Rapporto Leuchter*, edizione promossa dalla CEDADE, Barcellona, 1989.

LEUCHTER, Fred A., FAURISSON, Robert, RUDOLF, Germar, *The Leuchter Reports*, ed. Theses & Dissertations Press, Chicago, 2005.

LIDDELL, HART B. H., *The Other Side of the Hill*, ed. Pan Books, Londra, 1999.

LIDDELL, HART B. H., *The Revolution in Warfare*, ed. Faber & Faber, Londra, 1946.

LILIENTHAL, Alfred, *What Price Israel*, H. Regnery Co., Chicago, 1953.

LINA, Jüri, *Sotto il segno dello Scopione*, ed. Referent Publishing, Stoccolma, 2002.

LIVINGSTONE, David, *Terrorismo e Illuminati*, ed. BookSurge LLC, USA 2007.

LOCKHART, R. H. Bruce, *Memorie di un agente britannico*, ed. Pan Books, Londra, 2002.

LOCKHART, Robin Bruce, *Reilly Ace of Spies*, ed. Futura Publications, Londra, 1983.

LOMBARD, Jean, *La cara oculta de la Historia Moderna* (quattro volumi), ed. Fuerza Nueva, Madrid, 1976-1980.

LOOMIS, Stanley, *Paris in the Terror June 1793 - July 1794*, ed. J. B. Lippincott Company, Philadelphia, 1964.

LUTTIKHUIZEN, Gerard P., *La pluriformidad del cristianesimo primitivo*, ed. El Almendro, Córdoba, 2007.

MACDONOGH, Giles, *Dopo il Reich*, ed. Galaxia Gutenberg, Barcellona, 2010.

MADELIN, Louis, *Fouché*, ed. Espasa-Calpe, Madrid, 1972.

MADARIAGA, Salvador de, *España. Saggio di storia contemporanea*, ed. Espasa Calpe, Madrid, 1978.

MANDEL, Arthur, *Le Messie Militant ou La Fuite du Ghetto*, Archè, Milano, 1989.

MANDELL HOUSE, Edward, *Philip Dru: Administrator*, ed. Robert Welch University Press, Appleton (Wisconsin), 1998.

MARGIOTTA, Domenico, *Souvenirs d'un trente-troisième: Adriano Lemmi, chef suprême des francs-maçons*, ed. Facsimile Publisher, Londra, 2013.

MARSCHALKO, Louis, *The World Conquerors*, ed. Joseph Sueli Publications, London, 1958.

MARX, Karl, *Las luchas de clases en Francia (1848 a 1850)*, ed. Ayuso, Madrid, 1975.

MATA, Santiago, *El tren de la muerte*, ed. La Esfera de los Libros, Madrid, 2011.

MATTOGNO, Carlo, *Belzec nella propaganda, nelle testimonianze, nella ricerca archeologica e nella storia*, ed. The Barnes Review, Washington D. C., 2011.

MATTOGNO, Carlo e GRAF, Jürgen, *Treblinka: Extermination Camp or Transit Camp?*, ed. The Barnes Review, Washington D. C., 2010.

McCORMICK, Donald, *The Mask of Merlin: A Critical Study of David Lloyd George*, ed. MacDonald and Co., Londra, 1963.

McFADDEN, Louis T., *Federal Reserve Exposed. Discorsi collettivi del deputato Louis T. McFadden*, ed. Omni Publications, 1970.

McMEEKIN, Sean, *Il più grande furto della storia. The Looting of Russia by the Bolshevics*, Yale University Press, New Haven and London, 2009.

MELGUNOV, Sergei P., *The Red Terror in Russia*, ed. Hyperion Press, Connecticut, 1975.

MELGUNOV, Sergei P., *The Bolshevik Seizure of Power*, ed. ABC-Clio Inc. Santa Barbara (California), 1972.

MILES, Jonathan, *Le nove vite di Otto Katz*, ed. Bantam Books, Londra, 2010.

MOCH, Jules, *Yougoslavie terre d'expérience*, ed. Du Rocher, Monaco, 1953.

MOCK, James R. LARSON, Cedric, *Words that Won the War: The Story of the Committee on Public Information 1917-1919*, ed. Cobden Press, Meriden (Connecticut), 1984.

MOLA, Emilio, *Memorias de mi paso por la Dirección General de Seguridad* (3 voll.), ed. Librería Bergua, Madrid, 1932.

MULLINS, Eustace, *Questo individuo difficile, Ezra Pound*, ed. Angriff Press, Hollywood, California, 1961.

MULLINS, Eustace, *I segreti della Federal Reserve*, ed. Bridger House Publishers, Carson City (Nevada) 1991.

MULLINS, Eustace, *La maledizione di Canaan*, ed. Revelation Books, Staunton, Virginia, 1987.

MULLINS, Eustace, *Mullins' New History of the Jews*, ed. The International Institute of Jewish Studies, Staunton (Virginia), 1968.

MULLINS, Eustace, *La storia segreta della bomba atomica*, 1998.

NEILSON, Francis, *The Makers of War*, ed. C. C. Neelson Publishing Co., Appleton, Visconsin, 1950.

NETCHVOLODOW, Alexandre, *L'empereur Nicolas II et les Juifs*, ed. Etienne Chiron, Parigi, 1924.

NOSSACK, Hans Erich, *L'affondamento. Hamburgo, 1943*, ed. La Uña Rota, Segovia, 2010.

NUNBERG, Ralph, *The Fighting Jew*, ed. Creative Age Press, New York, 1945.

ORDÓÑEZ MÁRQUEZ, Juan, *La apostasía de las masas y la persecución religiosa en la provincia de Huelva 1931-1936*, C.S.I.C., Madrid, 1968.

ORLOV, Alexander, *Historia secreta de los crímenes de Stalin* ed. Destino, Barcellona, 1955.

OSIPOVA, Irina, *Si el mundo os odia*, ed. Encuentro, Madrid, 1998.

OSTROVSKY, Victor e HOY, Claire, *By Way of Deception*, ed. St. Martin's Press, New York, 1990.

PAPPÉ, Ilan, *La limpieza étnica de Palestina*, ed. Crítica, Barcellona, 2008.

PATKIN, A. L. *The Origins of the Russian Jewish-Labour Movement*, F. W. Cheshire, Melbourne, 1947.

PAYNE, Stanley G., *Falange. Historia del fascismo español*, ed. Sarpe, Madrid, 1985.

PEREA CAPULINO, Juan, *Los culpables: Recuerdos de la guerra/1936-1939*, ed. Flor de Viento, Barcellona, 2007.

PERRY, Roland, *Il quinto uomo*, ed. Pan Books, Londra, 1995.

PINAY, Maurice, *Complot contra la Iglesia* (tre volumi), Mundo Libre, Messico, 1985.

PIPES, Richard, *A Concise History of the Russian Revolution*, ed. Harvill Press, Londra, 1995.

PONCINS, Léon de *Histoire secrète de la révolution espagnole*, ed. Gabriel Beauchesne et ses fils, Paris, 1938.

PONCINS, Léon de, *Segreti di Stato*, ed. Britons Publishing Company, Devon, 1975.

PONCINS, Léon de, *Freemasonry and Judasism Secret Powers Behind Revolution*, A&B Publishers Group, Brooklyn, New York, 2002.

PONCINS, Léon de, *Société des Nations, super-état maçonnique*, ed. Gabriel Beauchesne et ses fils, Paris, 1936.

POOL, Ithiel de Sola, *Satellite Generals: Study of Military Elites in the Soviet Sphere*, ed. Greenwood Press, London, 1976.

POUGET de SAINT-ANDRÉ, Henri, *Les auteurs cachés de la Révolution Française*, ed. Perrin & Cie Libraires-Éditeurs, Paris, 1923.

POUND, Ezra, *Qui la voce dell'Europa. Alocuciones desde Radio Roma*, ed. Nueva República, Barcellona, 2006.

PUNTILA, L. A., *Histoire politique de la Finlande de 1809 à 1955*, Éditions de la Baconnière, Neuchâtel, 1966.

QUIGLEY, Carroll, *Tragedia e speranza*, The Macmillan Company, New York, 1974.

RADOSH, Ronald, HABECK, Mary R e SEVOSTIANOV, Grigory, *Spain Betrayed. The Soviet Union in the Spanish Civil War*, ed. Yale University Press, New Haven and London, 2001.

RAPHAEL, Marc Lee, *Jews and Judaism in the United States: A Documentary History*, ed. Behrman House, INC., New York, 1983.

RASSINIER, Paul, *Las mentira de Ulises*, ed. Ojeda, Barcellona, 2006.

RASSINIER, Paul, *Les responsables de la Seconde Guerre Mondiale*, ed. Nouvelles Editions Latines, Paris, 1967.

RAYFIELD, Donald, *Stalin y los verdugos*, ed. Taurus, Madrid, 2003.

REED, Douglas, *La controversia di Sion*, Durban, Dolphin Press, 1978.

REED, Douglas, *Insanity Fair*, ed. Jonathan Cape Ltd., Londra, 1938.

REED, John, *Diez días que estremecieron al mundo*, ed. Akal, Madrid, 1974.

REEVES, John, *The Rothschilds: The Financials Rulers of Nations*, ed. Gordon Press, New York, 1975.

REITLINGER, Gerald, *La solución final*, ed. Grijalbo, Barcellona, 1973.

RENIER, G. J., *Robespierre*, ed. Peter Davies, Londra, 1936.

RICCIOTTI, Giuseppe, *Historia de Israel. Dalle origini alla cautela* (vol. 1), ed. Luis Miracle, Barcellona, 1945.

RICCIOTTI, Giuseppe, *Historia de Israel. Desde la cautividad hasta el año 135 después de Jesucristo* (vol. 2), ed. Luis Miracle, Barcellona, 1947.

ROBISON, John, *Proofs of a Conspiracy Against All Religions and Governments of Europe Carried on in the Secret Meetings of Freemasons, Illuminati and Reading Societies*, ed. Forgotten Books, Londra, 2008.

ROMERSTEIN, Herbert e BREINDEL, Eric, *The Venona Secrets*, ed. Regnery Publishing, Inc., Washington, D.C., 2000.

ROSENSTEIN, Neil, *The Unbroken Chain: Biographical Sketches and the Genealogy of Illustratious Jewish Families from the 15th-20th Century*, ed. Shengold Publishers, Inc., New York, 1976.

ROSS, Marjorie, *El secreto encanto de la KGB: Las cinco vidas de Iosif Grigulievich*, ed. Grupo Editorial Norma, USA, 2006.

ROTH, Cecil, *Los judíos secretos. Storia dei marrani*, Altalena editores, Madrid, 1979.

ROTHMAN, Stanley, LICHTER, S. Robert, *Roots of Radicalism*, ed. Oxford University Press, New York, 1982.

RUDOLF, Germar, *Dissecting the Holocaust*, ed. Theses & Dissertations Press, Illinois (Chicago), 2003.

RUDOLF, Germar, *Resistere è obbligatorio*, ed. Castle Hill Publishers, Uckfield (UK) 2012.

RUDOLF, Germar, *Lectures on the Holocaust*, ed. Theses & Dissertations Press, Illinois (Chicago), 2004.

RUMMEL, Jack, *Robert Oppenheimer Dark Prince*, ed. Facts On File, New York, 1992.

SACHAR, Howard, *Israel and Europe: An Appraisal in history*, Random House, Inc. New York, 1999.

SACK, John, *Occhio per occhio*, ed. Basic Books, New York, 1993.

SAINT-AULAIRE, Conte de, *La Renaissance de l'Espagne*, Plon, Parigi, 1938.

SALLUSTE, *Les origines secrètes du bolchevisme Henri Heine et Karl Marx*, ed. Jules Tallandier, Paris, 1930.

SÁNCHEZ ALBORNOZ, Claudio, *Origenes de la Nacion Española. El Reino de Asturias*, Madrid, Ed. Sarpe, 1985.

SAROLEA, Charles, *Impressioni della Russia sovietica*, ed. Eveleigh Nash & Grayson, Ltd., Londra, 1924.

SAYERS, Michael e KAHN, Albert E., *The Great Conspiracy Against Russia*, ed. Current Books Distributors, Sydney, 1949.

SCHACHT, Hjalmar, *Memorie*, ed. AHR, Barcellona, 1954.

SCHLAYER, Félix, *Diplomático en el Madrid rojo*, ed. Espuela de Plata, Siviglia, 2008.

SCHOLEM, Gershom, *Le messianisme juif*, Calman-Lévy, 1974.

SCHOLEM, Gershom, *Las grandes tendencias de la mística judía*, ed. Fondo de Cultura Económica, Messico 1996.

SCHÖNMAN, Ralph, *La storia nascosta del sionismo*, ed. Veritas Press, Santa Barbara, 1988.

SERGE, Víctor, *Memorias de mundos desaparecidos (1901-1941)*, ed. Siglo XXI, Messico, 2003.

SETON-WATSON, Robert William, *German, Slav, and Magyar: a Study in the Origins of the Great War*, ed. Williams and Norgate, Londra, 1916.

SEYMOUR, Charles, *The Intimate Papers of Colonel House* (2 volumi), Ed. Ernest Benn, Londra, 1926.

SHAHAK, Israele, *Historia judía, religión judía*, Madrid, Antonio Machado Libros, 2003.

SHAHAK, Israele, *Open Secrets: Israel Nuclear and Foreign Policies*, ed. Pluto Press, Londra, 1997.

SHERWOOD, Robert E., *Roosevelt e Hopkins. Una storia intima* (2 volumi) ed. Los Libros de Nuestro Tiempo, Barcellona, 1950.

SKOUSEN, W. Cleon, *The Naked Capitalist*, ed. W. Cleon Skousen, Salt Lake City, Utah, 1971.

SLEZKINE, Yuri, *The Jewish Century*, ed. Princeton University Press, New Jersey, 2004.

SOLOMON, Georg, *Unter den Roten Machthabern*, ed. Verlag für Kulturpolitik, Berlino, 1930.

SOLZHENITSYN, Alexandr, *Archipiélago Gulag* (tre volumi), ed. Tusquets (Tiempo de Memoria), Barcellona, 2005 (volumi I e II), 2007 (volume III).

SOMBART, Werner, *The Jews and Modern Capitalism*, ed. Transaction Publishers, Stati Uniti, 1982.

SPRINGMEIER, Fritz, *Bloodlines of the Illuminati*, ed. Ambassador House, Westminster, 1999.

STARR MILLER, Edith (Lady Queenborough), *Teocrazia occulta*, ed. Christian Book Club of America, Palmdale (California), 1980.

STEINHAUSER, Karl, *EG -Die Super-UdSSR von Morgen*, ed. Gruber, Vienna, 1992.

STOLYPINE, Alexandra, *L'homme du dernier tsar*. Alexis Redier (Editions de la Revue Française), Parigi, 1931.

SUTTON, Antony C., *Wall Street and the Rise of Hitler*, ed. GSG& Associates, San Pedro (California), 2002.

SUTTON, Antony C., *Wall Street e la rivoluzione bolscevica*, ed. Veritas Publishing Co., Morley (Australia), 1981.

SUTTON, Antony C., *Wall Street and FDR*, ed. Arlington House Publishers, New York, 1975.

SZEMBEK, Jean, *Journal, 1933-1939*, Plon, Parigi 1952.

TANSILL, Charles Callan, L'*America va in guerra*, ed. Little, Brown and Co. Boston, 1938.

TAYLOR, Alan J. P., *Le origini della Seconda guerra mondiale*, Penguin Books, Londra, 1964.

THOMPSON, Thomas L., *The Mythic Past: Biblical Archaeology and Myth of Israel*, ed. The Perseus Books Group, USA, 2000.

THORN, Victor, *9-11 Exposed*, ed. Sisyphus Press, State College, Pennsylvania, 2004.

THORN, Victor, *9-11 Evil*, ed. Sisyphus Press, State College, Pennsylvania, 2006.

TROTSKY, León, *Mi vida. Ensayo autobiográfico*, ed. Cénit, Madrid, 1930.

UTLEY, Freda, *The China Story*, ed. Henry Regnery Co., Chicago, 1951.

VALTIN, Jan, *La noche quedó atrás*, ed. Luis de Caralt, Barcellona 1966.

VEALE, F. J. P., *Advance to Barbarism*, ed. C. C. Nelson Publishing Co., Appleton, Wisconsin, 1953.

VEGA, Lope de, *El niño inocente de la Guardia*, a cura di Marcelino Menéndez Pelayo in Atlas, Madrid, 1965.

VELARDE FUERTES, Juan, *Política económica de la Dictadura*, ed. Guadiana de Publicaciones, Madrid, 1968.

VIDARTE, Juan-Simeón, *No queríamos al Rey: testimonio de un socialista español*, ed. Grijalbo, Barcellona, 1977.

VIDARTE, Juan-Simeón, *Todos fuimos culpables: testimonio de un socialista español*, ed. Grijalbo, Barcellona, 1978.

VORA, Erika, *Silent No More*, ed. Xlibris Corporation, Stati Uniti, 2012.

VRIES DE HEEKELINGEN, Herman de, *Israël. Son passé. Son avenir*, ed. Librairie Académique Perrin, Parigi, 1937.

WALSH, William Thomas, *Isabella di Spagna*, ed. Sheed & Ward, New York, 1931.

WARBURG, Sidney, *El dinero de Hitler*, ed. NOS, Madrid, 1955.

WARD, John, *With the "Die-Hards" in Siberia*, Londra, Cassell, 1920.

WASSERSTEIN, Bernard, *The Secret Lives of Trebitsch Lincoln*, ed. Yale University Press, New Haven, 1988.

WEBSTER, Nesta, *Revolución mundial*, ediciones de "El libro bueno", Messico, 1935

WECKERT, Ingrid, *Flashpoint: Kristallnacht 1938: Instigators, Victims and Beneficiaries*, Institute for Historical Review, California, 1991.

WEDEMEYER, Albert, *Wedemeyer Reports*, Henry Holt & Co, New York, 1958.

WEINTRAUB, Ben, *Il dogma dell'olocausto del giudaismo: chiave di volta del nuovo ordine mondiale*, ed. Robert L. Brook, Washington, D. C. 1995.

WEIZMANN, Chaim, *Trial and Error. L'autobiografia di Chaim Weizmann*, ed. Hamish Hamilton, Londra, 1949.

WEXLER, Paul, *La riflessività a due livelli in yiddish. Ebrei, sorbi, khazari e il dialetto di Kiev-Polessi*, Berlino, Mouton de Gruyter, 2002.

WHALEN, William J., *Christianity and American Freemasonry*, ed. The Bruce Publishing Company, Milwaukee, 1961.

WILCOX, Robert T., *Target Patton: The Plot to Assassinate General George S. Patton*, ed. Regnery Publishing, Washington D. C., 2008.

WILTON, Robert, *Gli ultimi giorni dei Romanov*, ed. Christian Book Club of America, Hawthorne (California), 1969.

WITTLIN, Thaddeus, Il *commissario Beria*, Euros, Barcellona, 1975.

ZAYAS, Alfred M. de, *Nemesis at Potsdam. The Expulsion of the Germans from the East*, ed. University of Nebraska Press, Lincoln, 1989.

ZENTNER, Christian, *Las guerras de la posguerra*, ed. Bruguera, Barcellona, 1975.

ZETTERBERG, Seppo, *La Finlandia dopo il 1917*, Edizioni Otava S.A. Helsinki, 1991.

ZWEIG, Stefan, *Joseph Fouché: The Portrait of a Politician*, ed. Cassell, Londra 1934.

Altri libri

OMNIA VERITAS LTD PRESENTA:

IMPERIUM

LA FILOSOFIA
DELLA STORIA
E POLITICA

DA

FRANCIS PARKER YOCKEY

La parola Europa cambia significato: d'ora in poi significherà Civiltà occidentale; l'unità organica che ha creato, come fasi della sua vita, le idee-nazione di Spagna, Italia, Francia, Inghilterra e Germania.

Questo libro è diverso da tutti gli altri

OMNIA VERITAS LTD PRESENTA:

I Conquistatori del MONDO
I VERI CRIMINALI DI GUERRA

Per più di un secolo, con vari pretesti, si è scatenata una battaglia per il potere sulle nazioni...

La struttura della società moderna, con la sua sovrappopolazione, ha sviluppato come conseguenza l'idolatria del potere...

OMNIA VERITAS LTD PRESENTA:

LA TRACCIA DELL'EBREO NEI SECOLI

Uno dei segni più caratteristici e significativi dell'ostilità degli ebrei verso gli europei è l'odio per il cristianesimo...

Non sorprende quindi che la Chiesa abbia sempre più proibito le opere ebraiche...

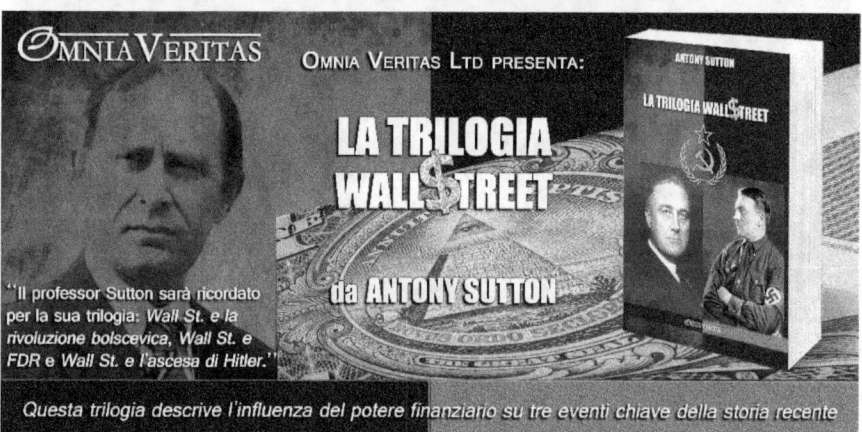

OMNIA VERITAS LTD PRESENTA:

ROBERT FAURISSON

SCRITTI REVISIONISTI
I

1974-1983

"Non nega, ma cerca di affermare in modo più preciso. I revisionisti non sono "negazionisti"; si sforzano di cercare e trovare dove, a quanto pare, non c'era più nulla da cercare o trovare".

Il revisionismo è una questione di metodo, non di ideologia

Omnia Veritas Ltd presente:

Questo romanzo anticipatore descrive un colpo di Stato guidato dai bianchi negli Stati Uniti che prende di mira neri ed ebrei, i quali vengono raffigurati come controllori dello Stato americano.

I Diari di Turner offrono spunti di riflessione di valore unico...

MK ULTRA
Abuso rituale e controllo mentale
Strumenti di dominazione della religione senza nome

Per la prima volta, un libro tenta di esplorare la complessa questione dell'abuso rituale traumatico e del conseguente controllo mentale....

Come è possibile programmare mentalmente un essere umano?

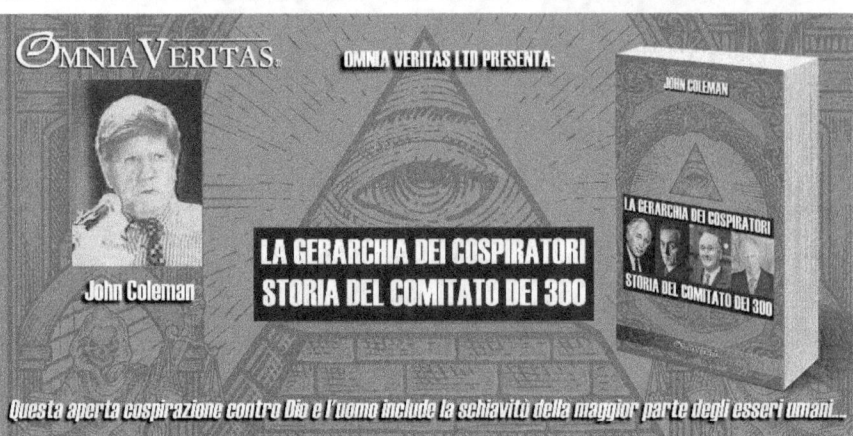

www.ingramcontent.com/pod-product-compliance
Lightning Source LLC
Chambersburg PA
CBHW071943220426
43662CB00009B/968